田正平 肖 朗 主编

中国
教育经典
解读

Zhongguo
Jiaoyu Jingdian
Jiedu

第二版

上海教育出版社
SHANGHAI EDUCATIONAL
PUBLISHING HOUSE

近年来,我国新基础教育改革正在轰轰烈烈地开展,新课程改革也搞得如火如荼,并取得了许多重要成果。广大中小学教师以及幼儿园教师都以满腔的热情和高度的责任感积极参与了新基础教育改革和新课程改革。

面对教育改革的大潮,作为一名老教育工作者,我一直在思考这样一个问题:到底什么叫教育创新? 人类社会继往开来,教育这个社会现象至今已有数千年历史。从教育发展历程来看,前人在探索教育规律这条道路上已做了大量工作,进行过无数次教育实验,提出过很多教育理念,既有成功的,也有失败的,可以说是不计其数。如果我们的教师对此一点也不知道,那怎么能自称创造了新理论和新模式呢?

就中国教育的发展而言,教育是中华民族在数千年历史中所创造的文化的一个重要组成部分。作为我国伟大的教育家、儒家教育理论体系的奠基人,孔子的教育思想多被记载在《论语》之中。孟子、荀子也都在自己的著作中富有哲理地论述了教育问题。《礼记》中的《学记》是中国教育史上第一篇教育专论,至今已有两千多年的历史。在这之后,西汉的董仲舒、北齐的颜之推、唐朝的韩愈和柳宗元、南宋的朱熹、明朝的王守仁、明末清初的王夫之和清初的颜元都是具有历史影响的教育家。在近代中国教育历史上,蔡元培、杨贤江、晏阳初、黄炎培、陶行知、陈鹤琴都是一些很有影响的教育家,为寻求改造中国社会和改良中国教育之路,形成了丰富多彩的教育理论。

从西方教育的发展来说,进入近现代社会以来的三四百年间,西方教育的一些代表人物不仅进行过有益的教育探索与实验,而且发表过有代表性的教育论著,提出过有启迪的教育思想。17 世纪捷克出了一位伟大的教育家夸美纽斯,他的著作《大教学论》可以说奠定了近代西方教育理论的基础,夸美纽斯在教育学上所起的作用相当于哥白尼在天文学上所起的作用。因此,他的《大教学论》即使在今天也值得一读。在这之后,英国的洛克和法国的卢梭都提出过鲜明的教育新理念,他们分别在《教育漫话》和《爱弥儿》中阐述的不少观点在今天仍有生命力。再接下去,德国的赫尔巴特在其代表作《普通教育学》中提出了系统的教育理论,他的教学法在我国中小学曾被广泛采用。到 19 世纪末 20 世纪初,在美国出现了以杜威为创始人的实用主义教育流派,这是一个非常重要、影响极大的教育流派。杜威提出了"教育即生长""教育即生活""学校即社会""做中学"等一系列与欧洲传统教育完全不同的新理念。经过师从杜威的胡适、陶行知、陈鹤琴等人的宣传推广,杜威的教育思想曾在近代中国产生过极大的影响。20 世纪以来,世界上又涌现出很多有影响的教育家,在教育舞台上展现他们的睿智才华。

对于世界上那么多有影响的教育家留下的那么多经典的教育理论著作,我们教师的确不可能一一都去阅读完。但是,对于教育发展历史上重要的教育家以及他们的代表作、主要的教育理论贡献,我们不应该一无所知。实际上,如果没有传承,那就没有什么创新可言。我始终认为,一定要在传承的基础上谈创新。要教育创新,要出新的教育思想和新的教育理论,一要站在巨人的肩膀上,二要研究新的社会现实和时代现实。

冷静地思考一下,这几年来在教育改革与发展的大潮中形式主义与浮躁现象还是相当严重的,我把它们称为"浮肿病"与"多动症"。也许这一场教育改革如果最终失败的话,原因大概就出在上面讲的两种病上。例如,在我们正在进行的课程改革中,所推出的研究性学习与设计教学十分相似,我不知道提出研究性课程的同志是否了解过美国教育家克伯屈的设计教学法及其后为什么会停止实施的原因。又如,改革开放后的教育改革提出以学生发展为本,学生是主体,课程改革又搞了研究性课程,这是不是又在走向现代派教育?诸如此类的问题,值得我们去思考、去认识。

这里我说一个小例子。记得1978 年刚刚对外开放,我被临时要求接待联合国教科文组织的一位官员。他来中国是想了解《学会生存》这本著作在我国的影响与评价。当他在考察完北京、西安、南京之后,竟发现没有人知道这本到 1974 年已被译成33 种文字、在全世界范围得到广泛传播的著作,他对此十分惊讶和失望。正巧我看过这本著作,于是我与这位官员有了一场有趣的对话,并使他满意而去。之后，我立即建议出版社翻译出版了《学会生存》这本著作。说实在的，无论在当时，还是在现在，这本由法国前总理富尔主编的著作都可以称得上是世界教育理论书库中的一本巨著。如果你不知道这本著作，不知道它提出了什么教育理念和观念，不知道教育理念在它之后又有什么新的发展，却闭门造车、夜郎自大地称自己有了什么创造，岂不给人笑话！

正是为了使广大教师了解教育上的巨人是谁，他的肩膀在哪里，上海教育出版社在2004年教师节之际精心推出了《中国教育经典解读》和《外国教育经典解读》这两本书。这无疑是上海教育出版社为广大教师所做的一件很有意义的事情。为了编著和出版好这两本书，中国教育学会会长、北京师范大学教授和博导顾明远先生进行了筹划并给予指导。

《中国教育经典解读》一书由浙江大学田正平、肖朗两位教授主编；《外国教育经典解读》一书由华东师范大学单中惠教授和安徽教育学院①朱镜人教授主编。从这两本书的篇目来看，内容是精彩纷呈的，值得一读。《中国教育经典解读》一书精心选取50多位中国历代教育家的代表作，其中包括了孔子、孟子、荀子、董仲舒、颜之推、韩愈、朱熹、王守仁、颜元以及严复、康有为、梁启超、张之洞、蔡元培、黄炎培、陶行知、陈鹤琴等著名教育家脍炙人口的诸多名作。《外国教育经典解读》一书精心选取了20多位外国教育家的代表作，其中包括：古希腊柏拉图的《理想国》，古罗马昆体良的《雄辩术原理》，文艺复兴时期蒙田的《论儿童教育》，17世纪夸美纽斯的《大教学论》和洛克的《教育漫话》，18世纪卢梭的《爱弥儿》，19世纪裴斯泰洛齐的《葛笃德如何教育她的子女》、赫尔巴特的《普通教育学》、福禄培尔的《人的教育》、第斯多惠的《德国教师培养指南》以及斯宾塞的《教育论》，20世纪前半期杜威的《民主主义与教育》、蒙台梭利的《童年的秘密》、马卡连柯的《普通学校的苏维埃教育问题》以及泰勒的《课程与教学的基本原理》，20世纪后半期布鲁纳的《教育过程》、苏霍姆林斯基的《把整个心灵献给孩子》、朗格朗的《终身教育引论》、皮亚杰的《教育科学与儿童心理学》、柯尔伯格的《道德教育的哲学》、富尔等的《学会生存》、赞科夫的《教学与发展》、巴班斯基的《教学教育过程最优化》、阿莫纳什维利的《学校无分数教育三部曲》、加德纳的《多元智能》、派纳等的《理解课程》以及德洛尔等的《教育——财富蕴藏其中》。

尽管我从1936年起就参加教育工作，经历了近现代教育变革的全过程，但当有人称我为"教育家"甚至称我为"著名教育家"的时候，我是脸红的，我只承认自己是一名老教育工作者。我一直在努力学习教育理论，努力在教育第一线实践，不停

---

① 安徽教育学院，2007年更名为"合肥师范学院"。——编者注

地学习、实践和探索。这次,上海教育出版社出版《中国教育经典解读》和《外国教育经典解读》这两本书,不仅给广大教师,而且也给我本人提供了学习与探索的精神食粮。我坚信,阅读教育经典,可以使我们教师更有文化和教育的涵养,更加理性地思考教育改革与发展中的问题。就这一点来说,包括我在内的广大教师应该对上海教育出版社表示由衷的感谢。

在《中国教育经典解读》和《外国教育经典解读》即将付梓之际,该书的策划、责编张文忠主任要我为这两本书写篇序言。我考虑再三,决定把自己平时所思考的有关阅读教育经典的一些想法写在这里。是为序。

吕型伟

2004 年夏初

目录

《论语》 ... 1
　论语(节选) ... 1

《墨子》 ... 13
　兼爱(下)(节选) ... 13
　公孟(节选) ... 17

《孟子》 ... 21
　孟子(节选) ... 21

《管子》 ... 39
　弟子职 ... 39

《荀子》 ... 43
　劝学 ... 43
　解蔽(节选) ... 48
　性恶(节选) ... 54

《韩非子》 ... 59
　五蠹(节选) ... 59
　显学(节选) ... 65

《吕氏春秋》 ... 70
　诬徒(节选) ... 70

《礼记》 ... 73

　学记 ... 73

　乐记（节选） ... 79

　中庸（节选） ... 83

　大学 ... 88

董仲舒 ... 94

　对贤良策（节选） ... 94

　深察名号（节选） ... 104

司马迁 ... 110

　儒林列传 ... 110

　论六家要指 ... 119

扬　雄 ... 123

　学行（节选） ... 123

王　充 ... 127

　问孔（节选） ... 127

　超奇（节选） ... 130

　实知（节选） ... 133

刘　劭 ... 137

　八观 ... 137

颜之推 ... 144

　教子 ... 144

　勉学（节选） ... 147

　涉务 ... 155

杂艺　　　　　　　　　　　　　　　　　… 158

韩　愈　　　　　　　　　　　　　　　… 163

原性　　　　　　　　　　　　　　　　　… 163

师说　　　　　　　　　　　　　　　　　… 165

进学解　　　　　　　　　　　　　　　　… 168

李　翱　　　　　　　　　　　　　　　… 172

复性书　　　　　　　　　　　　　　　　… 172

柳宗元　　　　　　　　　　　　　　　… 181

答韦中立论师道书　　　　　　　　　　　… 181

与太学诸生喜诣阙留阳城司业书　　　　　… 184

张　载　　　　　　　　　　　　　　　… 188

经学理窟(节选)　　　　　　　　　　　　… 188

王安石　　　　　　　　　　　　　　　… 194

明州慈溪县学记　　　　　　　　　　　　… 194

上仁宗皇帝万言书(节选)　　　　　　　　… 196

原教　　　　　　　　　　　　　　　　　… 208

答曾子固书　　　　　　　　　　　　　　… 210

程　颢　　　　　　　　　　　　　　　… 213

请修学校尊师儒取士札子　　　　　　　　… 213

识仁　　　　　　　　　　　　　　　　　… 216

朱　熹　　　　　　　　　　　　　　　… 219

白鹿洞书院揭示　　　　　　　　　　　　… 219

衡州石鼓书院记 ... 221
大学章句序 ... 224
学校贡举私议 ... 227
语录（节选） ... 235

陆九渊 ... 242

白鹿洞书院讲义 ... 242
好学近乎知 ... 244
语录（节选） ... 246

王守仁 ... 253

答顾东桥书（节选） ... 253
训蒙大意示教读刘伯颂等 ... 260
教约 ... 262
万松书院记 ... 264
稽山书院尊经阁记 ... 268
示弟立志说 ... 271
教条示龙场诸生 ... 276

李 贽 ... 281

答以女人学道为见短书 ... 281
童心说 ... 283

徐光启 ... 287

泰西水法序 ... 287
几何原本杂议 ... 289

黄宗羲 ... 292

学校 ... 292

取士 … 297

明儒学案发凡 … 303

顾炎武 … 307

夫子之言性与天道 … 307

生员论 … 309

与友人论学书 … 313

王夫之 … 317

知性论 … 317

尚书引义(节选) … 319

书院 … 323

颜 元 … 327

总论诸儒讲学 … 327

上太仓陆桴亭先生书 … 329

性理评(节选) … 333

漳南书院记 … 335

戴 震 … 339

原善(节选) … 339

与是仲明论学书 … 358

与姚孝廉姬传书 … 362

孟子字义疏证(节选) … 364

章学诚 … 370

清漳书院留别条训(节选) … 370

论课蒙学文法 … 376

冯桂芬 ... 385

　采西学议 ... 385

　改科举议 ... 390

王　韬 ... 398

　原士 ... 398

容　闳 ... 403

　予之教育计划(节选) ... 403

刘坤一 ... 408

　变通政治筹议先务四条折(节选) ... 408

李端棻 ... 422

　请推广学校折 ... 422

张之洞 ... 429

　招考自强学堂学生示并章程 ... 429

　劝学篇·序 ... 432

　劝学篇·游学第二 ... 436

　劝学篇·设学第三 ... 439

　劝学篇·学制第四 ... 443

　劝学篇·广译第五 ... 445

郑观应 ... 449

　学校上 ... 449

　女教(节选) ... 453

盛宣怀 ... 457

筹集商捐开办南洋公学情形折（节选） ... 457

张百熙 ... 462

奏办京师大学堂疏 ... 462

张　謇 ... 469

通州师范学校议 ... 469

致美国政府请求以退还庚子赔款酌拨补助南通文化

教育事业基金意见书（节选） ... 475

严　复 ... 480

原强修订稿（节选） ... 480

康有为 ... 493

请废八股试帖楷法试士改用策论折 ... 493

请开学校折 ... 498

请广译日本书派游学折 ... 502

严　修 ... 507

奏请设经济专科折 ... 507

蔡元培 ... 512

对于新教育之意见 ... 512

就任北京大学校长之演说 ... 519

以美育代宗教说 ... 522

新教育与旧教育之歧点 ... 529

普通教育和职业教育 ... 533

我在教育界的经验 ... 538

梁启超 ... 549

与林迪臣太守论浙中学堂课程应提倡实学书 ... 549

学校总论 ... 552

论师范(节选) ... 562

论女学(节选) ... 565

论幼学(节选) ... 568

王国维 ... 573

论教育之宗旨 ... 573

徐特立 ... 577

抗战五个年头中的教育 ... 577

黄炎培 ... 582

学校教育采用实用主义之商榷 ... 582

中华职业教育社宣言书 ... 588

陈独秀 ... 594

今日之教育方针 ... 594

宪法与孔教 ... 601

俞子夷 ... 609

小学教员该注重理论,还是注重经验? ... 609

小学教学法上的新旧冲突(节选) ... 613

教学法的科学观和艺术观(节选) ... 626

晏阳初 ... 635

平民教育概论 ... 635

中国农村教育与农村建设问题 ... 647

陶行知　　　　　　　　　　　　　　　　　　… 651

　　中华教育改进社改造全国乡村教育宣言书　　… 651

　　试验乡村师范学校答客问　　　　　　　　　… 652

　　教学做合一　　　　　　　　　　　　　　　… 658

　　手脑相长歌　　　　　　　　　　　　　　　… 661

　　创造的教育（节选）　　　　　　　　　　　… 663

　　小先生与民众教育　　　　　　　　　　　　… 669

廖世承　　　　　　　　　　　　　　　　　　… 675

　　性教育与中学校（节选）　　　　　　　　　… 675

　　对于改革中学教育的一些意见　　　　　　　… 682

　　中学教育改造的基本原则　　　　　　　　　… 689

陈鹤琴　　　　　　　　　　　　　　　　　　… 696

　　儿童心理及教育儿童之方法　　　　　　　　… 696

　　我们的主张　　　　　　　　　　　　　　　… 703

　　创造的艺术（节选）　　　　　　　　　　　… 715

　　儿童教育的根本问题　　　　　　　　　　　… 720

　　怎样做父母　　　　　　　　　　　　　　　… 724

梁漱溟　　　　　　　　　　　　　　　　　　… 730

　　乡农学校的办法及其意义（节选）　　　　　… 730

第二版后记　　　　　　　　　　　　　　　　… 738

第一版后记　　　　　　　　　　　　　　　　… 739

孔子(前551—前479),名丘,字仲尼,鲁国陬邑(今山东曲阜东南)人。春秋末期思想家、政治家、教育家。其教育思想集中反映在《论语》中。据《汉书·艺文志》:"《论语》者,孔子应答弟子时人及弟子相与言而接闻于夫子之语也。当时弟子各有所记。夫子既卒,门人相与辑而论篡,故谓之《论语》。"今本《论语》共二十篇。

论语(节选)

【题解】
孔子所处的春秋时代,正是中国由奴隶社会开始向封建社会过渡的大转变时期。对当时的大转变,孔子认为是"天下无道""礼崩乐坏"。这个"礼"就是周礼,孔子以维护周礼为己任。但他同时认为周礼必须有所改革,而且只有经过改革的周礼才合乎他的理想——"道"。《论语》主要以语录的方式记述了孔子及其门人的言行,各篇以除"子曰"外的首二或三字题名,以便查阅,如"学而""为政""卫灵公"之类,原无其他意思。这里选录的各章,按其主要内容另加标题。

性、习

【原文】
子曰:"性相近也,习[1]相远也。"(《阳货》上)

子曰:"唯上知[2]与下愚不移。"(《阳货》上)

子曰:"中人以上,可以语上[3]也;中人以下,不可以语上也。"(《雍也》下)

子曰:"君子上达,小人下达[4]。"(《宪问》中)

子曰:"莫我知也夫!"子贡[5]曰:"何为其莫知子也?"子曰:"不怨天,不尤[6]人,下学而上达[7]。知我者,其天乎?"(《宪问》下)

孔子曰:"生而知之者上也,学而知之者次也;困而学之,又其次也;困而不学,民斯为下矣。"(《季氏》)

子曰:"我非生而知之者,好古,敏以求之者也。"(《述而》下)

子贡曰:"夫子之文章[8],可得而闻也。夫子之言性与天道,不可得而闻也。"

（《公冶》上）

礼、仁

子曰："道之以政[9]，齐之以刑，民免而无耻[10]。道之以德，齐之以礼[11]，有耻且格[12]。"（《为政》上）

林放问礼之本。子曰："大哉问！礼，与其奢也，宁俭。丧，与其易也，宁戚[13]。"（《八佾》上）

子曰："恭而无礼则劳，慎而无礼则葸[14]，勇而无礼则乱，直而无礼则绞[15]。君子笃于亲，则民兴于仁；故旧不遗，则民不偷[16]。"（《泰伯》上）

子曰："周监于二代，郁郁乎文哉！吾从周[17]。"（《八佾》下）

樊迟问仁。子曰："爱人。"（《颜渊》下）

颜渊[18]问仁。子曰："克己复礼为仁[19]。一日克己复礼，天下归仁[20]焉。为仁由己，而由人乎哉？"颜渊曰："请问其目。"子曰："非礼勿视，非礼勿听，非礼勿言，非礼勿动。"颜渊曰："回虽不敏，请事斯语矣。"（《颜渊》上）

子曰："人而不仁，如礼何？人而不仁，如乐何？"（《八佾》上）

仲弓[21]问仁。子曰："出门如见大宾，使民如承大祭[22]。己所不欲，勿施于人。在邦无怨，在家无怨[23]。"仲弓曰："雍虽不敏，请事斯语矣。"（《颜渊》上）

子贡曰："如有博施于民而能济众，何如？可谓仁乎？"子曰："何事于仁！必也圣乎！尧舜其犹病诸！夫仁者，己欲立而立人，己欲达而达人[24]。能近取譬，可谓仁之方也已。"（《雍也》下）

子曰："参[25]乎！吾道一以贯之。"曾子曰："唯。"子出，门人问曰："何谓也？"曾子曰："夫子之道，忠恕[26]而已矣。"（《里仁》下）

子贡问曰："有一言而可以终身行之者乎？"子曰："其恕乎！己所不欲，勿施于人。"（《卫灵公》下）

子曰："志士仁人，无求生以害仁，有杀身以成仁。"（《卫灵公》上）

子曰："君子而不仁者有矣夫，未有小人而仁者也。"（《宪问》上）

子之武城，闻弦歌之声。夫子莞尔[27]而笑，曰："割鸡焉用牛刀？"子游[28]对曰："昔者偃也闻诸夫子曰：'君子学道则爱人，小人学道则易使也。'"子曰："二三子！

偃之言是也。前言戏之耳。"（《阳货》上）

有教无类

子曰："有教无类[29]。"（《卫灵公》下）

子曰："自行束脩[30]以上，吾未尝无诲焉。"（《述而》上）

子适[31]卫，冉有仆[32]。子曰："庶[33]矣哉！"冉有曰："既庶矣，又何加焉？"曰："富之。"曰："既富矣，又何加焉？"曰："教之。"（《子路》上）

子曰："吾有知乎哉？无知也。有鄙夫[34]问于我，空空如也。我叩其两端而竭焉[35]。"（《子罕》上）

互乡[36]难与言，童子见，门人惑。子曰："与其进也，不与其退也，唯何甚？人洁己以进，与其洁也，不保其往也[37]。"（《述而》下）

子曰："后生可畏，焉知来者之不如今也？四十、五十而无闻焉，斯亦不足畏也已。"（《子罕》下）

诗、书、礼、乐

子曰："兴于《诗》，立于礼，成于乐[38]。"（《泰伯》上）

子所雅言，《诗》、《书》、执礼，皆雅言也[39]。（《述而》下）

子曰："小子何莫学夫《诗》？《诗》可以兴，可以观，可以群，可以怨[40]。迩之事父，远之事君；多识于鸟兽草木之名。"（《阳货》下）

陈亢问于伯鱼[41]曰："子亦有异闻乎？"对曰："未也。尝独立，鲤趋而过庭。曰：'学《诗》乎？'对曰：'未也。''不学《诗》，无以言。'鲤退而学《诗》。他日又独立，鲤趋而过庭。曰：'学《礼》乎？'对曰：'未也。''不学《礼》，无以立。'鲤退而学《礼》。闻斯二者。"陈亢退而喜曰："问一得三，闻《诗》，闻《礼》，又闻君子之远其子也。"（《季氏》）

子以四教：文、行、忠、信[42]。（《述而》下）

子曰："君子博学于文，约之以礼，亦可以弗畔[43]矣夫。"（《雍也》下）

子曰："质胜文则野，文胜质则史[44]。文质彬彬，然后君子。"（《雍也》下）

3

樊迟[45]请学稼。子曰："吾不如老农。"请学为圃。曰："吾不如老圃。"樊迟出。子曰："小人哉，樊须也！上好礼，则民莫敢不敬；上好义，则民莫敢不服；上好信，则民莫敢不用情[46]。夫如是，则四方之民襁[47]负其子而至矣，焉用稼？"（《子路》上）

因材施教

子曰："从我于陈蔡者，皆不及门也[48]。"德行：颜渊、闵子骞[49]、冉伯牛[50]、仲弓。言语：宰我[51]、子贡。政事：冉有，季路[52]。文学：子游、子夏[53]。（《先进》上）

子路问："闻斯行诸？"子曰："有父兄在，如之何其闻斯行之？"冉有问："闻斯行诸？"子曰："闻斯行之。"公西华[54]曰："由也问闻斯行诸，子曰'有父兄在'；求也问闻斯行诸，子曰'闻斯行之'。赤也惑，敢问。"子曰："求也退[55]，故进之。由也兼人[56]，故退之。"（《先进》下）

柴也愚，参也鲁，师也辟，由也喭[57]。（《先进》下）

闵子侍侧，訚訚如也[58]；子路，行行如也[59]；冉有、子贡，侃侃如也[60]。子乐。"若由也，不得其死然。"（《先进》上）

子游曰："子夏之门人，小子当洒扫应对进退，则可矣，抑末也[61]。本之则无，如之何？"子夏闻之，曰："噫！言游过矣！君子之道，孰先传焉？孰后倦焉[62]？譬诸草木，区以别矣。君子之道，焉可诬也？有始有卒者，其惟圣人乎！"（《子张》）

学、思

子曰："吾十有[63]五而志于学，三十而立[64]，四十而不惑，五十而知天命，六十而耳顺[65]，七十而从心所欲，不逾矩[66]。"（《为政》上）

子曰："学而时习之，不亦说[67]乎？有朋[68]自远方来，不亦乐乎？人不知而不愠，不亦君子乎？"（《学而》上）

子曰："述而不作，信而好古，窃比于我老彭[69]。"（《述而》上）

子曰："盖有不知而作之者，我无是也。多闻，择其善者而从之；多见而识之；知之次也。"（《述而》下）

子曰:"多闻阙疑,慎言其余,则寡尤;多见阙殆,慎行其余,则寡悔[70]。言寡尤,行寡悔,禄在其中矣[71]。"(《为政》下)

子曰:"夏礼,吾能言之,杞不足征也。殷礼,吾能言之,宋不足征也[72]。文献不足故也,足,则吾能征之矣。"(《八佾》上)

子贡问曰:"孔文子[73]何以谓之'文'也?"子曰:"敏而好学,不耻下问,是以谓之'文'也。"(《公冶》下)

子曰:"由!诲女知之乎!知之为知之,不知为不知,是知也。"(《为政》下)

子绝四:毋意,毋必,毋固,毋我[74]。(《子罕》上)

子曰:"学而不思则罔[75],思而不学则殆[76]。"(《为政》下)

子曰:"吾尝终日不食,终夜不寝,以思,无益,不如学也。"(《卫灵公》下)

子路使子羔为费宰[77]。子曰:"贼夫人之子。"子路曰:"有民人焉,有社稷[78]焉,何必读书,然后为学?"子曰:"是故恶夫佞者[79]。"(《先进》下)

启发、诱导

子曰:"不愤不启,不悱不发[80]。举一隅不以三隅反,则不复也。"(《述而》上)

子谓子贡曰:"女与回也孰愈[81]?"对曰:"赐也何敢望[82]回?回也闻一以知十,赐也闻一以知二。"子曰:"弗如也,吾与女弗如也。"(《公冶》上)

子贡曰:"贫而无谄,富而无骄,何如?"子曰:"可也。未若贫而乐,富而好礼者也。"子贡曰:"《诗》云:'如切如磋,如琢如磨[83]。'其斯之谓与?"子曰:"赐也,始可与言《诗》已矣,告诸往而知来者。"(《学而》下)

子夏问曰:"'巧笑倩兮,美目盼兮,素以为绚兮[84]',何谓也?"子曰:"绘事后素[85]。"曰:"礼后乎?"子曰:"起[86]予者商也!始可与言《诗》已矣。"(《八佾》上)

颜渊喟然叹曰:"仰之弥[87]高,钻之弥坚。瞻之在前,忽焉在后。夫子循循然[88]善诱人,博我以文,约我以礼,欲罢不能。既竭吾才,如有所立卓尔[89]。虽欲从之,末由也已。"(《子罕》上)

子路、曾皙[90]、冉有、公西华侍坐。子曰:"以吾一日长乎尔,毋吾以也。居则曰:'不吾知也!'如或知尔,则何以哉?"子路率尔[91]而对曰:"千乘之国,摄乎大国之间[92],加之以师旅,因之以饥馑;由也为之,比及三年,可使有勇,且知方[93]也。"

夫子哂之。"求！尔何如？"对曰："方六七十，如[94]五六十，求也为之，比及三年，可使足民。如其礼乐，以俟君子。""赤！尔何如？"对曰："非曰能之，愿学焉。宗庙之事，如会同，端章甫，愿为小相焉[95]。""点！尔何如？"鼓瑟希[96]，铿尔，舍瑟而作，对曰："异乎三子者之撰。"子曰："何伤乎？亦各言其志也。"曰："莫春[97]者，春服既成，冠者五六人，童子六七人，浴乎沂，风乎舞雩[98]，咏而归。"夫子喟然叹曰："吾与[99]点也！"三子者出，曾皙后。曾皙曰："夫三子者之言何如？"子曰："亦各言其志也已矣。"曰："夫子何哂由也？"曰："为国以礼，其言不让，是故哂之。""唯求则非邦也与？""安见方六七十如五六十而非邦也者？""惟赤则非邦也与？""宗庙会同，非诸侯而何？赤也为之小，孰能为之大？"（《先进》下）

力 行

子贡问君子。子曰："先行，其言而后从之。"（《为政》上）

子曰："古者言之不出，耻躬之不逮也[100]。"（《里仁》下）

子曰："君子欲讷[101]于言而敏于行。"（《里仁》下）

子曰："始吾于人也，听其言而信其行；今吾于人也，听其言而观其行。于予与改是。"（《公冶》上）

子曰："文莫[102]吾犹人也，躬行君子，则吾未之有得。"（《述而》下）

子曰："弟子入则孝，出则弟，谨而信，泛爱众而亲仁。行有余力，则以学文。"（《学而》上）

改 过

子曰："君子不重则不威，学则不固。主忠信。无友不如己者。过，则勿惮改。"（《学而》下）

子曰："见贤思齐焉，见不贤而内自省也。"（《里仁》下）

子曰："法语之言[103]，能无从乎？改之为贵。巽与之言[104]，能无说乎？绎[105]之为贵。说而不绎，从而不改，吾末如之何也已矣。"（《子罕》下）

子曰："已矣乎！吾未见能见其过而内自讼[106]者也。"（《公冶》下）

子曰："过而不改，是谓过矣。"（《卫灵公》下）

子曰:"德之不修,学之不讲,闻义不能徙,不善不能改,是吾忧也。"(《述而》上)

子曰:"三人行,必有我师焉:择其善者而从之,其不善者而改之。"(《述而》下)

哀公[107]问:"弟子孰为好学?"孔子对曰:"有颜回者好学,不迁怒,不贰过。不幸短命死矣。今也则亡[108],未闻好学者也。"(《雍也》上)

学不厌、教不倦

子曰:"默而识[109]之,学而不厌[110],诲人不倦,何有于我哉?"(《述而》上)

子曰:"若圣与仁,则吾岂敢? 抑为之不厌,诲人不倦,则可谓云尔已矣。"公西华曰:"正唯弟子不能学也。"(《述而》下)

子曰:"爱之,能勿劳乎? 忠焉,能勿诲乎?"(《宪问》上)

子曰:"温故而知新,可以为师矣。"(《为政》上)

叶公[111]问孔子于子路,子路不对。子曰:"女奚不曰:'其为人也,发愤忘食,乐以忘忧,不知老之将至云尔。'"(《述而》下)

子曰:"其身正,不令而行;其身不正,虽令不从。"(《子路》上)

——选自程树德撰,程俊英、蒋见元点校:《论语集释》,中华书局 1990 年版,第 1177、1185、404、1003、1019、1158—1159、480、318、68、143—145、514、182、873、817—821、142、824、427—428、257—263、1106、1073、957、1188—1189、1126、445、905、585、492—494、616、529—530、475、1212、1168—1169、486、417、400、896—898、739—742、787、777、763、1318—1320、70—76、1—8、431、490、115、160、325、110、573、103、1118、794—796、448、307、54—56、157—159、593—595、797—814、97、276、278、313、499、27、33—36、269、617、357、1118、439、482、365、436、500、958、94、478—479、901 页。

【注释】

[1] 习,习染,指学习和环境的影响。

[2] 知,音 zhì,通"智"。

[3] 语上,告以高深的道理。

[4] 君子、小人,春秋时有两种含义:从社会地位上区分为统治者与被统治者,从统治阶级的道德上区分为有德者与无德者。第一个含义是基本的。上达、下达,依邢昺疏,上达指达于德义,下达指达于财利。

[5] 子贡,即端木赐,字子贡,卫人,孔子弟子。从事过商业,善于辞令,有政治才能。

[6] 尤,怨恨;归咎。

[7]"下学而上达",从学习日用事物开始,逐渐提高到通达德义。

[8]文章,指《诗》《书》《礼》《乐》。

[9]"道之以政",用政法诱导民众。道,同"导"。政,政法。

[10]"民免而无耻",民众只能暂时免于罪过,却没有廉耻之心。免,苟免;免罪。

[11]"齐之以礼",用礼教来约束整顿民众。

[12]格,正,归于正道。

[13]易,弛,指哀不足。戚,指哀有余。《礼记·檀弓》:"丧礼,与其哀不足而礼有余也,不若礼不足而哀有余也。"

[14]葸,音 xǐ,畏惧。

[15]绞,急切。

[16]偷,薄情。与"仁厚"相对。

[17]"周监于二代,郁郁乎文哉!吾从周",周代的制度是借鉴夏商二代的制度建立的,它多么丰富多彩啊!我主张依照周代的制度。监,借鉴。郁郁,丰富;繁盛。

[18]颜渊,名回,字子渊,鲁人,在孔子诸弟子中以德行著称。

[19]"克己复礼为仁",克制自己,使言行都合于礼的原则,这就是仁。

[20]归仁,称赞为仁人。

[21]仲弓,即冉雍,字仲弓,鲁人,孔子弟子,也以德行见称。

[22]"出门如见大宾,使民如承大祭",出门戒高傲,须如迎见大宾;使唤人民戒骄慢,须如承奉大祭。孔安国注:"为仁之道,莫尚乎敬。"

[23]"在邦无怨,在家无怨",能以敬律己,以恕待人,则无怨者。在邦,仕于诸侯之邦。在家,仕于大夫之家。

[24]"己欲立而立人,己欲达而达人",自己要站得住,同时也使别人能站得住;自己要事事行得通,同时也要使别人事事行得通。

[25]参,即曾参(shēn),字子舆,鲁人。孔门弟子中的后辈,以孝行著称。他继承孔子思想中唯心的方面,后来发展为思孟学派。

[26]忠,尽己之心谓忠,如"己欲立而立人,己欲达而达人"。恕,推己及人谓恕,如"己所不欲,勿施于人"。

[27]莞尔,微笑貌。

[28]子游,即言偃,字子游,吴人,孔子弟子。

[29]"有教无类",教育没有族类的界限。类,族类;种类。这只是把教育的对象从贵族扩大到平民,并非把奴隶阶级也包括在内。

[30]束脩,一束干肉,古代作为一种礼物,弟子通常以束脩为初次进见的礼品。束,十条为束。脩,干肉。

[31] 适,往。

[32] 冉有,即冉求,字子有,鲁人,孔子弟子,有政治与军事才能。仆,驾车。

[33] 庶,众,指人口众多。

[34] 鄙夫,庸俗鄙陋的人;庄稼汉。

[35] "我叩其两端而竭焉",我盘问他疑难问题的两个方面,然后尽量告诉他。叩,反问。两端,两头。竭,尽。

[36] 互乡,地名。

[37] "人洁己以进,与其洁也,不保其往也",一个人能改正自己以求进步,应赞许他自新,不可只记住他过去是怎样的。与,赞许。往,前日。

[38] "兴于《诗》,立于礼,成于乐",修身应当从学《诗》开始,继之学礼以立身,学乐以成德性。

[39] 雅言,用正音(相较方音而言)读讲。音正然后辞义明达。雅言,一说常言。执,执守;执行。礼为人所执行遵守,非徒诵读而已。故谓之"执礼"。

[40] 兴,比喻。观,观察风俗盛衰。群,群居切磋。怨,讽刺时政。

[41] 陈亢,字子亢,又字子禽,陈人。伯鱼,即孔鲤,字伯鱼,孔子之子。

[42] 文,《诗》《书》《礼》《乐》。行,躬行;实践。忠,忠心。信,信实。

[43] 畔,同"叛"。

[44] 史,指如史官的记载有浮文虚辞。

[45] 樊迟,一名须,字子迟,齐人。

[46] 用情,诚实不欺。情,实情。

[47] 襁,古代负婴儿用的布兜。

[48] "从我于陈蔡者,皆不及门也",跟从我在陈蔡受困的那些弟子,现在都不在我这里了。皇侃以"德行"以下,另作一章。考所列十人,如子游、子夏,受教于孔子是在他晚年返鲁以后,不可能相从于陈蔡,皇侃之说亦通。门,家塾之门。

[49] 闵子骞,即闵损,字子骞(qiān),鲁人。

[50] 冉伯牛,即冉(rǎn)耕,字伯牛,鲁人。

[51] 宰我,即宰予,字子我,鲁人。

[52] 季路,即仲由,字子路,一字季路,鲁人。孔门弟子中的前辈。好勇力,敢直言,为孔子所重。

[53] 子夏,即卜商,字子夏,晋人,一说卫人。孔门弟子中的后辈。以文学著称,才思敏捷,受孔子称赞。孔子死后,他居西河教授,为魏文侯师,是儒家经典的重要传授者。

[54] 公西华,即公西赤,字子华,鲁人,在孔门弟子中以善礼仪见称。

[55] 退,谦退。

[56] 兼人,胜人;好胜过别人。

[57] 柴,即高柴,字子高,齐人。鲁,迟钝。师,即颛孙师,字子张,陈人。辟,偏激。喭,音 yàn,粗鲁。

［58］"訚訚如也"，正直貌。訚，音 yín。

［59］"行行如也"，刚强貌。

［60］"侃侃如也"，温和貌。

［61］"抑末也"，然而这只是末节而已。

［62］"孰先传焉？孰后倦焉"，哪一项先传授呢，哪一项最后讲述呢？

［63］有，同"又"。

［64］立，以礼修身。

［65］耳顺，何晏集解引郑玄曰："耳闻其言，则知其微旨。"后因以"耳顺"为六十岁的代称。

［66］矩，法度。

［67］说，同"悦"。

［68］朋，古代朋与友的称呼有区别。《周礼·地官·大司徒》郑玄注："同师曰朋，同志曰友。"此处"朋"字指弟子。

［69］老彭，即彭祖，商朝大夫。一说指老聃与彭祖。

［70］"多闻阙疑，慎言其余，则寡尤；多见阙殆，慎行其余，则寡悔"，包咸注："尤，过也。疑则阙之，其余不疑，犹慎言之，则少过。殆，危也。所见危者，阙而不行，则少悔。"

［71］"禄在其中矣"，官职俸禄就在这里面了。

［72］杞、宋，周代国名。征，证验。周初封夏的后裔于杞，封商的后裔于宋，使其子孙贤者，奉宗庙祭祀，行前代历法，以保存旧的典章文物。至孔子时，杞、宋两国已衰，文物遗留很少，因此没有足够的材料取证。

［73］孔文子，即孔圉（yǔ），卫国大夫，谥号"文"。

［74］"毋意，毋必，毋固，毋我"，不浮空揣测，不绝对肯定，不拘泥固执，自以为是。

［75］罔，通"惘"，迷惑貌。

［76］殆，疑惑。

［77］费，音 bì，鲁邑名，在今山东费县西北。宰，邑的长官。

［78］社，土神。稷，谷神。社稷，在此指土地和五谷。

［79］佞者，口快强辩的人。

［80］"不愤不启，不悱不发"，朱熹注："愤者，心求通而未得之意。悱者，口欲言而未能之貌。启，谓开其意。发，谓达其辞。"

［81］孰，谁。愈，较好。

［82］望，同他相比。

［83］"如切如磋，如琢如磨"，见《诗·卫风·淇奥》。意谓：好像象牙、牛骨经过了切磋，好像美玉、宝石经过了琢磨。诗的本意在说明精益求精。

［84］"巧笑倩兮，美目盼兮，素以为绚兮"，前两句见《诗·卫风·硕人》，后一句无可考。倩，笑貌。盼，

动目貌。素,粉地,画之质也。绚,采色,画之饰也。全句意谓:美人有动人的素质,又加以彩色的华装。

[85] 绘事,绘画之事也。后素,后于素也。《考工记》曰:"绘画之事后素功。"谓先以粉地为质,而后施五采,犹人有美质,然后可加文饰。

[86] 起,启发。

[87] 弥,益加;更加。

[88] 循循然,有次序地;有步骤地。

[89] "如有所立卓尔",似乎望到先生卓然独立的身影。

[90] 曾皙,即曾点,字皙,曾参父。也是孔子弟子。

[91] 率尔,贸然;轻率貌。

[92] "摄乎大国之间",处于大国的包围和威胁之下。摄,夹。

[93] 方,道义的方向。

[94] 如,或者。

[95] 宗庙之事,祭祀祖先的事。会,诸侯国之间的盟会。同,诸侯共同朝见天子。端,礼服。章甫,礼冠。相,赞礼的人,如今之司仪。

[96] 希,通"稀"。

[97] 莫春,暮春,春季之末,指农历的三月。莫,同"暮"。

[98] "浴乎沂,风乎舞雩",沂水在曲阜城南,隔水有祷雨之坛。故在水边浴后,到坛上乘凉。沂,水名。舞雩,祷雨坛。雩,音 yú。

[99] 与,同意;赞成。

[100] "古者言之不出,耻躬之不逮也",古人话不随便出口,因为他们怕自己做不到。躬,躬行。逮,及。

[101] 讷,说话缓慢谨慎。

[102] 莫,大约。

[103] "法语之言",合于礼法的话。

[104] "巽与之言",恭逊谨敬的话。

[105] 绎,思索其理。

[106] 自讼,自责;自我批评。

[107] 哀公,即鲁哀公,前494—前468年在位。

[108] 亡,同"无"。

[109] 识,音 zhì,记住。

[110] 厌,满足。

[111] 叶公,即诸梁,字子高。楚人,封于叶(今河南叶县)。叶,楚邑名。公,邑长尊称。

【解读】

《论语》多为极简约的语录体，它基本上是孔子与其门人的教育和教学实录，也是后人研究孔子教育活动和教育思想最可靠、最基本的资料。

孔子的教育思想和经验丰富。选文按照主题节录《论语》，难免挂一漏万。不过，这一方法也有利于梳理、概括孔子的教育思想。选文主要突出了孔子教育思想的以下几点内容：

一、"性相近""习相远"的教育作用论。在人性论上，孔子最先提出"性相近也，习相远也"的论断，认为人的先天素质差别很小，人性的差别主要是由教育和习染的不同造成的，从而肯定了教育的作用。但是，孔子同时又提出"唯上知与下愚不移""中人以上，可以语上也；中人以下，不可以语上也"等相反的教育命题，说明孔子的人性论是有严格等级差别的。

二、"有教无类"的教育对象论。孔子适应当时新兴士阶层的政治要求，创设私学，把以前贵族独占的文化传授给平民，"自行束脩以上，吾未尝无诲焉"，扩大了受教育的对象。

三、"克己复礼，天下归仁"的教育价值论。"仁"即"忠恕之道"，是最高的道德境界。教育的价值在于"克己""复礼""归仁"，即克制自己的欲求，按照周礼行事，最后归于"仁"。

四、《诗》《书》《礼》《乐》的教育内容说。其中，孔子特别强调了学《诗》的重要性，认为《诗》"可以兴，可以观，可以群，可以怨"。

五、教学方法论。因材施教、启发诱导、学思结合、身体力行等都是孔子在教学方法上的创造。因材施教讲的是要根据学生个性才能的特点来施教。启发诱导强调了学生在认识活动中的主体性和主动性。"学而不思则罔，思而不学则殆"是主张学思结合的名言。身体力行则强调了为学的功效不在于言辩，而在于躬行，躬行的严格要求则是"择其善者而从之""过则勿惮改"。

六、"学而不厌，诲人不倦"的教学境界论。

孔子的这些教育思想和观点，对后世的教育理论和实践都产生了深远的影响，是我国古代教育优良传统的典范。

（叶志坚）

墨子（约前 468—前 376），名翟，宋人，后
长期住在鲁国。春秋战国之际思想家、政治
家，墨家的创始人。墨家学派的著作汇编为
《墨子》，《汉书·艺文志》著录七十一篇，现存
五十三篇。

兼爱（下）（节选）

【题解】 墨子生活在春秋战国之交，当时小农、小手工业者和私商的社会地位有所提高，但仍处于被剥削和被压迫的状态。墨家代表小生产者的利益，这就决定了墨家学说的主要内容是：在不平等的社会中求平等，在不合理的社会中求合理，在战争环境中求和平。《兼爱》篇就是阐述墨家"兼相爱，交相利"的思想主张的。《兼爱》分上、中、下三篇。张纯一说："凡三篇者，盖墨分为三。各尊所闻。叙述有详略耳。"（《墨子集解》）

【原文】 子墨子[1]言曰：仁人之事者，必务求兴天下之利，除天下之害。然当今之时，天下之害孰[2]为大？曰：若大国之攻小国也，大家之乱小家也，强之劫弱，众之暴寡，诈之谋愚，贵之敖贱[3]，此天下之害也。又与[4]为人君者之不惠也，臣者之不忠也，父者之不慈也，子者之不孝也，此又天下之害也。又与今人之贱人，执其兵刃毒药水火，以交相亏贼[5]，此又天下之害也。姑尝本原[6]若众害之所自生，此胡[7]自生？此自爱人利人生与[8]？即[9]必曰非然也，必曰从恶人贼人生。分名[10]乎天下恶人而贼人者，兼与？别与[11]？即必曰别也。然即之交别者，果生天下之大害者与？是故别非也。

子墨子曰：非人者，必有以易之。若非人而无以易之，譬之犹以水救水也，其说将必无可焉。是故子墨子曰：兼以易别。然即兼之可以易别之故何也？曰：藉[12]为人之国若为其国，夫谁独举[13]其国以攻人之国者哉？为彼者由[14]为己也。为人之都若为其都，夫谁独举其都以伐人之都者哉？为彼犹为己也。为人之家若为其家，夫谁独举其家以乱人之家者哉？为彼犹为己也。然即国都不相攻伐，人家不相乱贼，此天下之害与？天下之利与？即必曰天下之利也。姑尝本原若众利之

所自生，此胡自生？此自恶人贼人生与？即必曰非然也，必曰从爱人利人生。分名乎天下爱人而利人者，别与？兼与？即必曰兼也。然即之交兼者，果生天下之大利者与？是故子墨子曰兼是也。且乡[15]吾本言曰：仁人之事者，必务求兴天下之利，除天下之害。今吾本原兼之所生天下之大利者也，吾本原别之所生天下之大害者也。是故子墨子曰别非而兼是者，出乎若方[16]也。

今吾将正求兴天下之利而取之，以兼为正。是以聪耳明目相为视听乎，是以股肱毕强[17]相为动宰[18]乎，而有道肆[19]相教诲。是以老而无妻子者，有所侍[20]养以终其寿；幼弱孤童之无父母者，有所放依以长其身。今唯毋[21]以兼为正，即若[22]其利也。不识天下之士所以皆闻兼而非[23]者，其故何也？

然而天下之士非兼者之言犹未止也，曰：即善矣。虽然，岂可用哉？子墨子曰：用而不可，虽我亦将非之。且焉有善而不可用者？姑尝两而进之。谁[24]以为二士，使其一士者执别，使其一士者执兼。是故别士之言曰："吾岂能为吾友之身若为吾身，为吾友之亲若为吾亲。"是故退睹其友，饥即不食，寒即不衣[25]，疾病不侍养，死丧不葬埋。别士之言若此，行若此。兼士之言不然，行亦不然，曰："吾闻为高士于天下者，必为其友之身若为其身，为其友之亲若为其亲，然后可以为高士于天下。"是故退睹其友，饥则食之，寒则衣之，疾病侍养之，死丧葬埋之。兼士之言若此，行若此。若之二士者，言相非而行相反与？当[26]使若二士者，言必信，行必果，使言行之合犹合符节也，无言而不行也。然即敢问，今有平原广野于此，被甲婴[27]胄，将往战，死生之权[28]未可识也；又有君大夫之远使于巴、越、齐、荆[29]，往来及否未可识也，然即敢问不识将恶[30]也？家室，奉承亲戚[31]，提挈妻子，而寄托之，不识于兼之有[32]是乎？于别之有是乎？我以为当其于此也，天下无愚夫愚妇，虽非兼之人，必寄托之于兼之有是也。此言而非兼，择即取兼，即此言行费[33]也。不识天下之士所以皆闻兼而非之者，其故何也？

···········

然而天下之非兼者之言犹未止，曰：意不忠[34]亲之利，而害为孝乎？子墨子曰：姑尝本原之孝子之为亲度者。吾不识孝子之为亲度者，亦欲人爱利其亲与？意[35]欲人之恶贼其亲与？以说观之，即欲人之爱利其亲也。然即吾恶先从事即得此？若我先从事乎爱利人之亲，然后人报我爱利[36]吾亲乎？意我先从事乎恶人之亲,然后人报我以爱利吾亲乎?即必吾先从事乎爱利人之亲,然后人报我以爱利吾亲也。然即之交孝子者,果不得已乎毋先从事爱利人之亲者与?意以天下之孝子为遇,而不足以为正乎?姑尝本原之先王之所书《大雅》之所道曰:"无言而不仇,无德而不报。投我以桃,报之以李[37]。"即此言爱人者必见爱也,而恶人者必见恶也。不识天下之士所以皆闻兼而非之者,其故何也?……今若夫兼相爱、交相利,此其有利且易为也,不可胜计也。我以为则无有上说[38]之者而已矣,苟有上说之者,劝之以赏誉,威之以刑罚,我以为人之于就兼相爱、交相利也,譬之犹火之就上、水之就下也,不可防止于天下。

故兼者圣王之道也,王公大人之所以安也,万民衣食之所以足也。故君子莫若审兼而务行之,为人君必惠,为人臣必忠,为人父必慈,为人子必孝,为人兄必友,为人弟必悌。故君子莫若[39]欲为惠君、忠臣、慈父、孝子、友兄、悌弟,当若兼之不可不行也,此圣王之道而万民之大利也。

——选自孙诒让撰,孙启治点校:《墨子间诂》,中华书局2017年版,第113—126页。

【注释】

[1] 子,古代男子的美称,有学问、有道德的人称"子",故称墨翟为"墨子"。而弟子对师的尊称也称"子",墨子前再冠"子"字,表明这是墨翟弟子对其师的尊称。

[2] 孰,谁;哪个。

[3] 敖贱,自大而瞧不起低贱的。敖,同"傲"。

[4] 又与,又如。

[5] 亏贼,损害。

[6] 姑尝本原,姑且探求其根源。

[7] 胡,何;怎么。

[8] 与,同"欤"。

[9] 即,与"则"古同声通用。

[10] 名,明。

[11] 兼,指相爱相利。别,指相恶相害。

[12] 藉,通"借",假如。

[13] 举,扶护;抬高。

[14] 由,同"犹"。

[15] 乡，同"向"，过去；从前。

[16] 方，道路；方向。

[17] 毕强，敏捷强健。

[18] 动宰，孙诒让说："宰"疑当作"举"。"动举"与"动作"义同。

[19] 肆，尽力。

[20] 俞樾说，"侍"当为"持"。

[21] 毋，语气词。

[22] 若，此。

[23] "非"后当有"之"字。

[24] 谁，王引之说，"谁"字义不可通，"谁"当为"设"。

[25] "饥即不食，寒即不衣"，陈澧《东塾读书记》："此谓友饥而不馈以食，友寒而不赠以衣也。"

[26] 当，王引之说："'当'与'傥'同。"孙诒让说："'当'疑为'尝'之借字。"

[27] 婴，加。

[28] 权，疑当作"机"。

[29] 巴、越、齐、荆，春秋战国时代的四个国名。以周为中心，齐在东，越在东南，荆在南，巴在西南，四国皆在边远。

[30] 俞樾说，"恶"后脱"从"字。

[31] 亲戚，古人有以"亲戚"称父母。

[32] 戴望说，"有"皆为"友"之音误。

[33] 费，通"拂"，违反。

[34] 忠，当作"中"，读 zhòng，合于。

[35] 意，通"抑"。

[35] "爱利"前当有"以"字。

[37] "无言而不仇，无德而不报。投我以桃，报之以李"，见《诗·大雅·抑》。仇，用。全句大意是：没有说了话而不产生作用的，没有施了恩惠而不受到报答的，有人把桃子投赠给我，我就用李子报答他，善往则善来。

[38] 说，同"悦"。

[39] 王念孙说，"若"前不当有"莫"字。

解读

　　《兼爱(下)》是讨论社会问题的，也反映了墨家的教育思想，主要阐发了"兼爱"的学说。所谓"兼爱"，就是要天下人爱人如爱己，彼此相亲相爱。墨子认为，社会上一切灾害都生于"别"（即各自从偏爱出发，亏人以遂其私）。拯救的办法是以

"兼"（即每个人都毫无分别地爱一切人）易"别"。"为吾友之身若为吾身,为吾友之亲若为吾亲","为人之家若为其家","为人之国若为其国",如此,则"国都不相攻伐,人家不相乱贼",天下治矣。而在教育方面,这就要求它所培养的人,应该是奉行这种教义的"兼士"。

"兼爱"学说在主观上表达了反对压迫、反对剥削的愿望和思想;但是,在客观上易为统治阶级所利用,作为麻痹人民斗争意志的工具。

公孟（节选）

【题解】 战国时期,儒、墨并称为两大"显学"。墨子所代表的阶级与儒家不同,导致二者思想学说的根本对立。儒墨之间的斗争也是战国时期"百家争鸣"的重要内容。《公孟》篇以对话体的形式,记录了墨子与儒者的辩论及同弟子的谈话。

【原文】 公孟子[1]谓子墨子曰:"君子共[2]己以待,问焉则言,不问焉则止。譬若钟然,扣[3]则鸣,不扣则不鸣。"子墨子曰:"是言有三物[4]焉,子乃今知其一身也[5],又未知其所谓也。若大人[6]行淫暴于国家,进而谏,则谓之不逊,因左右而献谏,则谓之言议,此君子之所疑惑也。若大人为政,将因于国家之难,譬若机[7]之将发也然,君子之必以谏,然而大人之利,若此者,虽不扣必鸣者也。若大人举不义之异行,虽得大巧之经[8],可行于军旅之事,欲攻伐无罪之国,有之也,君得之,则必用之矣。以广辟土地,著税伪材[9]。出必见辱,所攻者不利,而攻者亦不利,是两不利也。若此者,虽不扣必鸣者也。且子曰:'君子共己待,问焉则言,不问焉则止,譬若钟然,扣则鸣,不扣则不鸣。'今未有扣子而言,是子之谓[10]不扣而鸣邪?是子之所谓非君子邪?"

公孟子谓子墨子曰:"实为善人,孰不知?譬若良玉[11],处而不出,有余糈[12]。譬若美女,处而不出,人争求之。行而自衒[13],人莫之取也。今子遍从人而说之,何其劳也?"子墨子曰:"今夫世乱,求美女者众,美女虽不出,人多求之。今求善者寡,不强说人,人莫之知也。且有二生于此,善筮,一行为人筮者,一处而不出者。

行为人筮者与处而不出者,其糈孰多?"公孟子曰:"行为人筮者其糈多。"子墨子曰:"仁义钧[14],行说人者,其功善亦多,何故不行说人也?"

…………

子墨子曰:"问于儒者:'何故为乐?'曰:'乐以为乐也[15]。'"子墨子曰:"子未我应也。今我问曰:'何故为室?'曰:'冬避寒焉,夏避暑焉,室以为男女之别也。'则子告我为室之故矣。今我问曰:'何故为乐?'曰:'乐以为乐也。'是犹曰:'何故为室?'曰:'室以为室也'。"

子墨子谓程子[16]曰:"儒之道足以丧天下者,四政焉。儒以天为不明,以鬼为不神,天鬼不说,此足以丧天下。又厚葬久丧,重为棺椁,多为衣衾,送死若徙,三年哭泣,扶后起,杖后行,耳无闻,目无见,此足以丧天下。又弦歌鼓舞,习为声乐,此足以丧天下。又以命为有,贫富寿夭、治乱安危有极[17]矣,不可损益也。为上者行之,必不听治矣;为下者行之,必不从事矣,此足以丧天下。"程子曰:"甚矣!先生之毁儒也。"子墨子曰:"儒固无此若四政者,而我言之,则是毁也。今儒固有此四政者,而我言之,则非毁也,告闻也。"……

…………

有游[18]于子墨子之门者,身体强良,思虑徇通[19],欲使随而学。子墨子曰:"姑学乎,吾将仕子。"劝于善言而学,其年[20],而责仕于子墨子。子墨子曰:"不仕子。子亦闻夫鲁语乎?鲁有昆弟五人者,亓[21]父死,亓长子嗜酒而不葬,亓四弟曰:'子与我葬,当为子沽酒。'劝于善言而葬,已葬而责酒于其四弟,四弟曰:'吾末[22]予子酒矣。子葬子父,我葬吾父,岂独吾父哉?子不葬,则人将笑子,故劝子葬也。'今子为义,我亦为义,岂独我义也哉?子不学,则人将笑子,故劝子于学。"

有游于子墨子之门者,子墨子曰:"盍学乎?"对曰:"吾族人无学者。"子墨子曰:"不然,夫好美者,岂曰吾族人莫之好,故不好哉?夫欲富贵者,岂曰我族人莫之欲,故不欲哉?好美、欲富贵者,不视人犹强为之。大义,天下之大器也,何以视人必强为之?"

…………

二三子有复[23]于子墨子学射者,子墨子曰:"不可,夫知者必量亓力所能至而从事焉。国士战且扶人,犹不可及^[24]也。今子非国士也,岂能成学又成射哉?"

·············

——选自孙诒让撰,孙启治点校:《墨子间诂》,中华书局 2017 年版,第 448—463 页。

【注释】

[1] 公孟子,孟与"明"通。公孟子,即公明子。他的观点属于儒家,疑为孔子再传弟子,与墨翟同时。

[2] 共,音 gǒng,拱默;拱手不言。

[3] 扣,同"叩",敲击。《非儒下》:"君子若钟,击之则鸣,弗击不鸣。"

[4] 三物,指三种情形,一种为不扣则不鸣,另两种为不扣必鸣。

[5] 一身也,王引之说,"身"字义不可通,"一身也"当为"一耳"。

[6] 大人,指统治者。

[7] 机,机辟,亦作"机臂",捕捉鸟兽的机关。

[8] 大巧之经,指精妙的策划。经,经略。

[9] "著税伪材",税取财货。著,疑为"籍"。籍税,赋税。伪,疑为"賏",音 guì,古"货"字。材,与"财"通。

[10] "谓"前当有"所"字。

[11] 玉,疑当为"巫"。

[12] 糈,音 xǔ,祭神用的精米。

[13] 衒,音 xuàn,炫耀。

[14] 钧,通"均",同样。

[15] "乐以为乐也",前一"乐"字为音乐(yuè)之"乐",后一"乐"字为快乐(lè)之"乐",两字古读音同。

[16] 程子,即程繁,与墨翟同时的儒者。《三辩》中载有他与墨翟的辩论。

[17] 极,命定。

[18] 游,游学。

[19] 徇通,通达。徇,遍。

[20] 其年,一年。其,同"期"。

[21] 亓,古"其"字。

[22] 末,道藏本、吴钞本并作"未"。

[23] 复,再。

[24] 及,兼做。

【解读】

《公孟》篇对儒家的礼乐思想和关于天命、鬼神的观点提出了批评。墨子在辩论及谈话中,反复申明其"非命""非乐""明鬼""节葬""非儒"的主张。

墨子从积极救世的精神出发,反对儒者"共己以待""扣则鸣,不扣则不鸣"的处世态度,强调为了国家、君主、百姓的安危,必须"遍从人而说之""虽不扣必鸣"。这就是墨家一贯奉行的"上说下教"的主张。墨子反对儒者只注重表面上"穿古服说古话",指出"行之不在服",仁或不仁,不在古言与古服,关键在于有所作为。

在教育方面,墨子认为学习的目的在于"为义",而不在于"求仕"。墨子还鼓励学生学义、行义、言行一致,为了"义"不辞劳苦,不畏责难。从对儒家"乐以为乐"的诘难中,突出了学习目的性的重要意义。

(叶志坚)

孟子(约前 372—前 289),名轲,字子舆,邹(今山东邹城东南)人。战国时思想家、政治家、教育家。其著作汇编为《孟子》,《汉书·艺文志》著录十一篇,现存七篇。

孟子(节选)

【题解】 孟子主要活动在战国中期。这一时期,主要的诸侯国都已实行封建制,地主阶级已建立了统治。在这种形势下,孟子成为地主阶级的思想代表。孟子受业于子思之门人。历游齐、宋、滕、魏等国,一度任齐宣王客卿。因主张不见用,晚年退居,专心著书讲学。《孟子》七篇,共二百六十一章,记述了孟子有关政治、哲学、伦理等思想观点的问答与争论,同时也记录了孟子的教育活动和教育主张。下选各章,按其主要内容另加标题。

性 善

【原文】 告子[1]曰:"性犹杞柳也,义犹杯棬[2]也;以人性为仁义,犹以杞柳为杯棬。"

孟子曰:"子能顺杞柳之性而以为杯棬乎? 将戕贼[3]杞柳而后以为杯棬也? 如将戕贼杞柳而以为杯棬,则亦将戕贼人以为仁义与? 率天下之人而祸仁义者,必子之言夫!"

告子曰:"性犹湍水也,决诸[4]东方则东流,决诸西方则西流。人性之无分于善不善也,犹水之无分于东西也。"

孟子曰:"水信无分于东西,无分于上下乎? 人性之善也,犹水之就下也。人无有不善,水无有不下。今夫水,搏而跃之,可使过颡[5];激而行之,可使在山。是岂水之性哉? 其势则然也。人之可使为不善,其性亦犹是也。"

告子曰:"生之谓性。"

孟子曰:"生之谓性也,犹白之谓白与?"

曰:"然。"

"白羽之白也,犹白雪之白;白雪之白犹白玉之白与?"

曰:"然。"

"然则犬之性犹牛之性，牛之性犹人之性与？"（《告子》上）

公都子曰："告子曰：'性无善无不善也。'或曰：'性可以为善，可以为不善；是故文武兴，则民好善；幽厉[6]兴，则民好暴。'或曰：'有性善，有性不善；是故以尧为君而有象；以瞽瞍为父而有舜；以纣为兄之子，且以为君，而有微子启、王子比干。'今曰'性善'，然则彼皆非与？"

孟子曰："乃若其情[7]，则可以为善矣，乃所谓善也。若夫为不善，非才[8]之罪也。恻隐[9]之心，人皆有之；羞恶之心，人皆有之；恭敬之心，人皆有之；是非之心，人皆有之。恻隐之心，仁也；羞恶之心，义也；恭敬之心，礼也；是非之心，智也。仁义礼智，非由外铄我也[10]，我固有之也，弗思耳矣。故曰，'求则得之，舍则失之。'或相倍蓰[11]而无算者，不能尽其才者也。《诗》曰，'天生蒸民，有物有则。民之秉彝，好是懿德[12]。'孔子曰：'为此诗者，其知道乎！故有物必有则；民之秉彝也，故好是懿德。'"

孟子曰："富岁，子弟多赖[13]；凶岁，子弟多暴，非天之降才尔殊也，其所以陷溺其心者然也。今夫麰麦[14]，播种而耰之，其地同，树之时又同，浡然而生，至于日至之时，皆熟矣。虽有不同，则地有肥硗[15]，雨露之养、人事之不齐也。故凡同类者，举相似也，何独至于人而疑之？圣人，与我同类者。故龙子[16]曰：'不知足而为屦，我知其不为蒉[17]也。'屦之相似，天下之足同也。口之于味，有同耆[18]也；易牙[19]先得我口之所耆者也。如使口之于味也，其性与人殊，若犬马之与我不同类也，则天下何耆皆从易牙之于味也？至于味，天下期于易牙，是天下之口相似也。惟耳亦然。至于声，天下期于师旷[20]，是天下之耳相似也。惟目亦然。至于子都[21]，天下莫不知其姣也。不知子都之姣[22]者，无目者也。故曰，口之于味也，有同耆焉；耳之于声也，有同听焉；目之于色也，有同美焉。至于心，独无所同然乎？心之所同然者何也？谓理也，义也。圣人先得我心之所同然耳。故理义之悦我心，犹刍豢[23]之悦我口。"（《告子》上）

孟子曰："人之所不学而能者，其良能[24]也；所不虑而知者，其良知也。孩提之童[25]无不知爱其亲者，及其长也，无不知敬其兄也。亲亲，仁也；敬长，义也；无他，达之天下也。"（《尽心》上）

孟子曰："人皆有不忍人之心[26]。先王有不忍人之心，斯有不忍人之政矣。以不忍人之心，行不忍人之政，治天下可运之掌上。所以谓人皆有不忍人之心者，今人乍[27]见孺子将入于井，皆有怵惕[28]恻隐之心——非所以内交[29]于孺子之父母也，非所以要誉于乡党朋友也，非恶其声而然也。由是观之，无恻隐之心，非人也；无羞恶之心，非人也；无辞让之心，非人也；无是非之心，非人也。恻隐之心，仁之端[30]也；羞恶之心，义之端也；辞让之心，礼之端也；是非之心，智之端也。人之有是四端也，犹其有四体也。有是四端而自谓不能者，自贼者也；谓其君不能者，贼其君者也。凡有四端于我者，知皆扩而充之矣，若火之始然[31]，泉之始达。苟能充之，足以保四海；苟不充之，不足以事父母。"（《公孙丑》上）

仁 义

孟子见梁惠王[32]。王曰："叟[33]！不远千里而来，亦将有以利吾国乎？"

孟子对曰："王！何必曰利？亦有仁义而已矣。王曰，'何以利吾国？'大夫曰，'何以利吾家？'士庶人曰，'何以利吾身？'上下交征利而国危矣。万乘之国，弑其君者，必千乘之家；千乘之国，弑其君者，必百乘之家[34]。万取千焉，千取百焉，不为不多矣。苟为后义而先利，不夺不餍[35]。未有仁而遗其亲者也，未有义而后其君者也。王亦曰仁义而已矣，何必曰利？"（《梁惠王》上）

宋牼[36]将之楚，孟子遇于石丘，曰："先生将何之？"

曰："吾闻秦楚构兵，我将见楚王说而罢之。楚王不悦，我将见秦王说而罢之。二王我将有所遇焉。"

曰："轲也请无问其详，愿闻其指。说之将何如？"

曰："我将言其不利也。"

曰："先生之志则大矣，先生之号则不可。先生以利说秦楚之王，秦楚之王悦于利，以罢三军之师，是三军之士乐罢而悦于利也。为人臣者怀利以事其君，为人子者怀利以事其父，为人弟者怀利以事其兄，是君臣、父子、兄弟终去仁义，怀利以相接，然而不亡者，未之有也。先生以仁义说秦楚之王，秦楚之王悦于仁义，而罢三军之师，是三军之士乐罢而悦于仁义也。为人臣者怀仁义以事其君，为人子者怀仁义以事其父，为人弟者怀仁义以事其兄，是君臣、父子、兄弟去利，怀仁义以相接也，然而不王者，未之有也。何必曰利？"（《告子》下）

滕文公[37]问为国。

孟子曰："民事不可缓也。《诗》云：'昼尔于茅，宵尔索绹；亟其乘屋，其始播百谷[38]。'民之为道也，有恒产者有恒心，无恒产者无恒心。苟无恒心，放辟邪侈，无不为已。及陷乎罪，然后从而刑之，是罔民也。焉有仁人在位罔民而可为也？是故贤君必恭俭礼下[39]，取于民有制。阳虎[40]曰：'为富不仁矣，为仁不富矣。'

"夏后氏五十而贡，殷人七十而助，周人百亩而彻，其实皆什一也[41]。彻者，彻也；助者，藉[42]也。龙子曰：'治地莫善于助，莫不善于贡。'贡者，校数岁之中以为常[43]。乐岁，粒米狼戾[44]，多取之而不为虐，则寡取之；凶年，粪其田而不足，则必取盈焉。为民父母，使民盻盻[45]然，将终岁勤动，不得以养其父母，又称贷而益之，使老稚转乎沟壑，恶在其为民父母也？夫世禄[46]，滕固行之矣。《诗》云：'雨我公田，遂及我私[47]。'惟助为有公田。由此观之，虽周亦助也。

"设为庠序学校以教之。庠者，养也；校者，教也；序者，射也。夏曰校，殷曰序，周曰庠；学则三代共之，皆所以明人伦也。人伦明于上，小民亲于下。有王者起，必来取法，是为王者师也。

"《诗》云：'周虽旧邦，其命惟新[48]'，文王之谓也。子力行之，亦以新子之国！"（《滕文公》上）

曰："无恒产而有恒心者，惟士为能。若民，则无恒产，因无恒心。苟无恒心，放辟邪侈，无不为已。及陷于罪，然后从而刑之，是罔民也。焉有仁人在位罔民[49]而可为也？是故明君制民之产，必使仰足以事父母，俯足以畜妻子，乐岁[50]终身饱，凶年免于死亡；然后驱而之善，故民之从之也轻。

"今也制民之产，仰不足以事父母，俯不足以畜妻子；乐岁终身苦，凶年不免于死亡。此惟救死而恐不赡，奚暇治礼义哉？

"王欲行之，则盍反其本矣：五亩之宅，树之以桑，五十者可以衣帛矣。鸡豚狗彘之畜，无失其时，七十者可以食肉矣。百亩之田，勿夺其时，八口之家可以无饥矣。谨庠序之教，申之以孝悌之义，颁白[51]者不负戴于道路矣。老者衣帛食肉，黎民不饥不寒，然而不王者，未之有也。"（《梁惠王》上）

陈相[52]见孟子，道许行[53]之言曰："滕君[54]则诚贤君也；虽然，未闻道也。贤者与民并耕而食，饔飧[55]而治。今也滕有仓廪府库，则是厉[56]民而以自养也，恶得贤？"

孟子曰："许子必种粟而后食乎？"

曰："然。"

"许子必织布而后衣乎？"

曰："否；许子衣褐。"

"许子冠乎？"

曰："冠。"

曰："奚冠？"

曰："冠素[57]。"

曰："自织之与？"

曰："否；以粟易之。"

曰："许子奚为不自织？"

曰："害[58]于耕。"

曰："许子以釜甑爨[59]，以铁耕乎？"

曰："然。"

"自为之与？"

曰："否；以粟易之。"

"以粟易械器者，不为厉陶冶[60]；陶冶亦以其械器易粟者，岂为厉农夫哉？且许子何不为陶冶，舍[61]皆取诸其宫中而用之？何为纷纷然与百工交易？何许子之不惮烦？"

曰："百工之事固不可耕且为也。"

"然则治天下独可耕且为与？有大人之事，有小人之事[62]。且一人之身，而百工之所为备[63]，如必自为而后用之，是率天下而路[64]也。故曰，或劳心，或劳力；劳心者治人，劳力者治于人；治于人者食人，治人者食[65]于人，天下之通义也。

"当尧之时，天下犹未平，洪水横流，泛滥于天下，草木畅茂，禽兽繁殖，五谷不登，禽兽逼人，兽蹄鸟迹之道交于中国。尧独忧之，举舜而敷治[66]焉。舜使益[67]掌火，益烈山泽而焚之，禽兽逃匿。禹疏九河[68]，瀹济漯[69]而注诸海，决汝汉，排淮泗而注之江[70]，然后中国可得而食也。当是时也，禹八年于外，三过其门而不入，虽欲耕,得乎?

"后稷[71]教民稼穑,树艺五谷;五谷熟而民人育。人之有道也,饱食、暖衣、逸居而无教,则近于禽兽。圣人有忧之,使契为司徒,教以人伦,——父子有亲,君臣有义,夫妇有别,长幼有叙,朋友有信。放勋曰:'劳之来之,匡之直之,辅之翼之,使自得之,又从而振德之。'[72]圣人之忧民如此,而暇耕乎?"(《滕文公》上)

孟子曰:"仁言不如仁声之入人深也[73],善政不如善教之得民也。善政,民畏之;善教,民爱之。善政得民财,善教得民心。"(《尽心》上)

孟子曰:"……城郭不完,兵甲不多,非国之灾也;田野不辟,货财不聚,非国之害也。上无礼,下无学,贼民兴,丧无日矣。……"(《离娄》上)

孟子曰:"民为贵,社稷次之,君为轻。是故得乎丘民[74]而为天子,得乎天子为诸侯,得乎诸侯为大夫。诸侯危社稷,则变置。牺牲既成,粢盛既洁,祭祀以时,然而旱干水溢,则变置社稷[75]。"(《尽心》下)

齐宣王[76]问曰:"汤放桀,武王伐纣,有诸?"

孟子对曰:"于传有之。"

曰:"臣弑其君,可乎?"

曰:"贼仁者谓之'贼',贼义者谓之'残'。残贼之人谓之'一夫'。闻诛一夫纣矣,未闻弑君也。"(《梁惠王》下)

孟子谓齐宣王曰:"王之臣有托其妻子于其友而之楚游者,比其反也[77],则冻馁其妻子,则如之何?"

王曰:"弃之。"

曰:"士师[78]不能治士,则如之何?"

王曰:"已[79]之。"

曰:"四境之内不治,则如之何?"

王顾左右而言他。(《梁惠王》下)

存心养性

孟子曰:"尽其心[80]者,知其性也。知其性,则知天矣。存其心,养其性,所以事天也。夭寿不贰[81],修身以俟之,所以立命也。"(《尽心》上)

孟子曰:"仁,人心也;义,人路也。舍其路而弗由,放其心而不知求,哀哉! 人有鸡犬放,则知求之;有放心而不知求。学问之道无他,求其放心而已矣。"(《告子》上)

孟子曰:"养心莫善于寡欲。其为人也寡欲,虽有不存焉者,寡矣;其为人也多欲,虽有存焉者,寡矣。"(《尽心》下)

孟子曰:"牛山[82]之木尝美矣,以其郊于大国也,斧斤伐之,可以为美乎? 是其日夜之所息[83],雨露之所润,非无萌蘖之生焉,牛羊又从而牧之,是以若彼濯濯[84]也。人见其濯濯也,以为未尝有材焉,此岂山之性也哉? 虽存乎人者,岂无仁义之心哉? 其所以放其良心者,亦犹斧斤之于木也,旦旦而伐之,可以为美乎? 其日夜之所息,平旦之气,其好恶与人相近也者几希,则其旦昼之所为,有梏亡之矣。梏之反复,则其夜气不足以存;夜气不足以存,则其违禽兽不远矣。人见其禽兽也,而以为未尝有才焉者,是岂人之情也哉? 故苟得其养,无物不长;苟失其养,无物不消。孔子曰:'操则存,舍则亡;出入无时,莫知其乡[85]。'惟心之谓与?"(《告子》上)

公孙丑问曰:"夫子加[86]齐之卿相,得行道焉,虽由此霸王,不异矣。如此,则动心[87]否乎?"

孟子曰:"否;我四十不动心。"

曰:"若是,则夫子过孟贲[88]远矣。"

曰:"是不难,告子先我不动心。"

曰:"不动心有道乎?"

曰:"有。北宫黝[89]之养勇也:不肤桡,不目逃[90],思以一豪挫于人,若挞之于市朝;不受于褐宽博[91],亦不受于万乘之君;视刺万乘之君,若刺褐夫;无严[92]诸侯,恶声至,必反之。孟施舍[93]之所养勇也,曰:'视不胜犹胜也;量敌而后进,虑胜而后会[94],是畏三军者也。舍岂能为必胜哉? 能无惧而已矣。'孟施舍似曾子,北宫黝似子夏。夫二子之勇,未知其孰贤,然而孟施舍守约[95]也。昔者曾子谓子襄[96]曰:'子好勇乎? 吾尝闻大勇于夫子矣:自反而不缩[97],虽褐宽博,吾不惴[98]焉;自反而缩,虽千万人,吾往矣。'孟施舍之守气[99],又不如曾子之守约也。"

曰:"敢问夫子之不动心与告子之不动心,可得闻与?"

"告子曰:'不得于言,勿求于心;不得于心,勿求于气[100]。'不得于心,勿求于

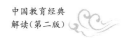

气,可;不得于言,勿求于心,不可。夫志,气之帅也;气,体之充也。夫志至焉,气次焉[101];故曰:'持其志,无暴其气[102]。'"

"既曰,'志至焉,气次焉。'又曰,'持其志,无暴其气。'何也?"

曰:"志壹则动气,气壹则动志也,今夫蹶者趋者[103],是气也,而反动其心。"

"敢问夫子恶乎长?"

曰:"我知言[104],我善养吾浩然之气[105]。"

"敢问何谓浩然之气?"

曰:"难言也。其为气也,至大至刚,以直养[106]而无害,则塞于天地之间。其为气也,配义与道;无是,馁也。是集义所生者,非义袭而取之也[107]。行有不慊于心[108],则馁矣。我故曰,告子未尝知义,以其外之也。必有事焉,而勿正,心勿忘,勿助长也[109]。无若宋人然:宋人有闵其苗之不长而揠[110]之者,芒芒然归,谓其人曰:'今日病[111]矣!予助苗长矣!'其子趋而往视之,苗则槁矣。天下之不助苗长者寡矣。以为无益而舍之者,不耘苗者也;助之长者,揠苗者也——非徒无益,而又害之。"

"何谓知言?"

曰:"诐辞知其所蔽,淫辞知其所陷,邪辞知其所离,遁辞知其所穷[112]。——生于其心,害于其政;发于其政,害于其事。圣人复起,必从吾言矣。"

"宰我、子贡善为说辞;冉牛、闵子、颜渊善言德行。孔子兼之,曰:'我于辞命,则不能也。'然则夫子既圣矣乎?"

曰:"恶[113]!是何言也?昔者子贡问于孔子曰:'夫子圣矣乎?'孔子曰:'圣则吾不能,我学不厌而教不倦也[114]。'子贡曰:'学不厌,智也;教不倦,仁也。仁且智,夫子既圣矣。'夫圣,孔子不居——是何言也?"

"昔者窃闻之:子夏、子游、子张皆有圣人之一体[115],冉牛、闵子、颜渊则具体而微[116],敢问所安。"

曰:"姑舍是。"

曰:"伯夷、伊尹[117]何如?"

曰:"不同道。非其君不事,非其民不使;治则进,乱则退,伯夷也。何事非君,何使非民;治亦进,乱亦进,伊尹也。可以仕则仕,可以止[118]则止,可以久则久,可

以速则速[119]，孔子也。皆古圣人也，吾未能有行焉；乃所愿，则学孔子也。"（《公孙丑》上）

景春[120]曰："公孙衍、张仪[121]岂不诚大丈夫哉？一怒而诸侯惧，安居而天下熄。"

孟子曰："是焉得为大丈夫乎？子未学礼乎？丈夫之冠也，父命之；女子之嫁也，母命之，往送之门，戒之曰：'往之女家，必敬必戒，无违夫子！'以顺为正者，妾妇之道也。居天下之广居，立天下之正位，行天下之大道[122]；得志，与民由之；不得志，独行其道。富贵不能淫，贫贱不能移，威武不能屈，此之谓大丈夫。"（《滕文公》下）

孟子曰："鱼，我所欲也，熊掌亦我所欲也；二者不可得兼，舍鱼而取熊掌者也。生亦我所欲也，义亦我所欲也；二者不可得兼，舍生而取义者也。生亦我所欲，所欲有甚于生者，故不为苟得也；死亦我所恶，所恶有甚于死者，故患有所不辟[123]也。如使人之所欲莫甚于生，则凡可以得生者，何不用也？使人之所恶莫甚于死者，则凡可以辟患者，何不为也？由是则生而有不用也，由是则可以辟患而有不为也，是故所欲有甚于生者，所恶有甚于死者。非独贤者有是心也，人皆有之，贤者能勿丧耳。……"（《告子》上）

孟子曰："舜发于畎亩之中，傅说举于版筑之间，胶鬲举于鱼盐之中，管夷吾举于士，孙叔敖举于海，百里奚举于市[124]。故天将降大任于是人也，必先苦其心志，劳其筋骨，饿其体肤，空乏其身，行拂乱其所为，所以动心忍性，曾[125]益其所不能。人恒过，然后能改；困于心，衡于虑，而后作；征于色，发于声，而后喻[126]。入则无法家拂士[127]，出则无敌国外患者，国恒亡。然后知生于忧患而死于安乐也。"（《告子》下）

孟子曰："子路，人告之以有过，则喜。禹闻善言，则拜[128]。大舜有大焉，善与人同，舍己从人，乐取于人以为善。自耕稼、陶、渔以至为帝，无非取于人者[129]。取诸人以为善，是与人为善者也。故君子莫大乎与人为善。"（《公孙丑》上）

教　学

孟子曰："君子之所以教者五：有如时雨化之者，有成德者，有达财[130]者，有答

问者,有私淑艾[131]者。此五者,君子之所以教也。"(《尽心》上)

孟子曰:"羿之教人射,必志于彀[132];学者亦必志于彀。大匠诲人必以规矩,学者亦必以规矩。"(《告子》上)

公孙丑曰:"道则高矣,美矣,宜若登天然,似不可及也;何不使彼为可几及而日孳孳[133]也?"

孟子曰:"大匠不为拙工改废绳墨,羿不为拙射变其彀率。君子引而不发,跃如也。中道而立,能者从之。"(《尽心》上)

孟子曰:"梓匠轮舆[134]能与人规矩,不能使人巧。"(《尽心》下)

孟子曰:"君子深造之以道,欲其自得之也。自得之,则居之安;居之安,则资[135]之深;资之深,则取之左右逢其原,故君子欲其自得之也。"(《离娄》下)

徐子[136]曰:"仲尼亟[137]称于水,曰:'水哉,水哉!'何取于水也?"

孟子曰:"源泉混混[138],不舍昼夜,盈科[139]而后进,放乎四海。有本者如是,是之取尔。苟为无本,七八月之间雨集,沟浍皆盈;其涸也,可立而待也。故声闻过情[140],君子耻之。"(《离娄》下)

孟子曰:"孔子登东山[141]而小鲁,登泰山而小天下,故观于海者难为水,游于圣人之门者难为言。观水有术,必观其澜。日月有明,容光[142]必照焉。流水之为物也,不盈科不行;君子之志于道也,不成章不达[143]。"(《尽心》上)

孟子曰:"无或[144]乎王之不智也。虽有天下易生之物也,一日暴之,十日寒之[145],未有能生者也。吾见亦罕矣,吾退而寒之者至矣,吾如有萌焉何哉?今夫弈之为数[146],小数也;不专心致志,则不得也。弈秋,通国之善弈者也。使弈秋诲二人弈,其一人专心致志,惟弈秋之为听。一人虽听之,一心以为有鸿鹄[147]将至,思援弓缴[148]而射之,虽与之俱学,弗若之矣。为是其智弗若与?曰:非然也。"(《告子》上)

孟子曰:"博学而详说之,将以反说约也。"(《离娄》下)

孟子曰:"言近而指远者,善言也;守约而施博者,善道也。君子之言也,不下带而道存焉[149];君子之守,修其身而天下平。人病舍其田而芸[150]人之田——所求于人者重,而所以自任者轻。"(《尽心》下)

咸丘蒙[151]曰:"舜之不臣尧[152],则吾既得闻命矣。《诗》云,'普天之下,莫非王土;率土之滨,莫非王臣[153]。'而舜既为天子矣,敢问瞽瞍之非臣,如何?"

曰:"是诗也,非是之谓也;劳于王事而不得养父母也。曰,'此莫非王事,我独贤劳也。'故说诗者,不以文害辞,不以辞害志。以意逆志,是为得之[154]。如以辞而已矣,《云汉》之诗曰:'周余黎民,靡有孑遗[155]。'信斯言也,是周无遗民也。……"(《万章》上)

曹交[156]问曰:"人皆可以为尧舜,有诸?"

孟子曰:"然。"

"交闻文王十尺,汤九尺,今交九尺四寸以长,食粟而已,如何则可?"

曰:"奚有于是?亦为之而已矣。有人于此,力不能胜一匹雏,则为无力人矣;今曰举百钧[157],则为有力人矣。然则举乌获[158]之任,是亦为乌获而已矣。夫人岂以不胜为患哉?弗为耳。徐行后长者谓之弟,疾行先长者谓之不弟。夫徐行者,岂人所不能哉?所不为也。尧舜之道,孝弟而已矣。子服尧之服,诵尧之言,行尧之行,是尧而已矣。子服桀之服,诵桀之言,行桀之行,是桀而已矣。"

曰:"交得见于邹君,可以假[159]馆,愿留而受业于门。"

曰:"夫道若大路然,岂难知哉?人病不求耳。子归而求之,有余师。"(《告子》下)

——选自杨伯峻译注:《孟子译注》,中华书局1960年版,第253—255、258—261、307、79—80、1—2、280、117—118、17、123—125、306、162、328、42、40、301、267、339、263、61—63、140—141、265—266、298、82—83、320、273、320—321、326、189、190、311—312、264—265、190、338、215、276—277页。

【注释】

[1]告子,名不详,一说名不害,战国时人,学兼儒墨而异于两家,提出"性无善无不善"的命题,对人性作了近于唯物的解释,与孟子性善论相对立。

[2]杯棬,亦作"杯圈",一种未经雕饰的木质饮酒器。棬,音 quān,曲木制成的盂。

[3]戕贼,伤害;残害。

[4]诸,"之于"的合音。

[5]颡,音 sǎng,额。

[6]幽厉,即幽王和厉王,西周的暴君。

[7]情,情感,指恻隐、羞恶、恭敬、是非。

[8]才,材质。

［9］恻隐,同情。

［10］"非由外铄我也",非由外力强加给我。铄,熔化金属。

［11］蓰,音 xǐ,五倍。

［12］蒸民,《诗》作"烝民"。"天生烝民,有物有则。民之秉彝,好是懿德",见《诗·大雅·烝民》。烝, 众多。物,事物。则,法则。秉,执持。彝,常理。懿,美德。

［13］赖,善良。一说赖,即"懒",懈怠。

［14］麰麦,大麦。麰,音 móu。

［15］硗,音 qiāo,贫瘠。

［16］龙子,古贤者。

［17］蒉,音 kuì,用草编的容器,多用来盛土。

［18］耆,同"嗜"。

［19］易牙,春秋时齐桓公的宠臣,善于调味。

［20］师旷,春秋时晋平公的乐师。

［21］子都,春秋时郑国大夫公孙阏,字子都,当时的美男子。

［22］姣,美。

［23］刍豢,指家畜。刍,家畜吃草的叫刍,如牛羊。豢,吃谷物的叫豢,如犬豕。

［24］良能,朱熹注:"良者,本然之善也。"

［25］孩提之童,会作稚笑、可以牵抱的两三岁幼童。

［26］"人皆有不忍人之心",赵岐注:"言人人皆有不忍加恶于人之心也。"指人皆有怜恤别人的情感。

［27］乍,忽然。

［28］怵惕,恐惧警惕。

［29］内交,结交。内,同"纳"。

［30］端,起端;萌芽。

［31］然,同"燃"。

［32］梁惠王,即魏惠王,前369—前319年在位,从安邑(今山西夏县西北)迁都大梁(今河南开封市), 从此魏称"梁"。

［33］叟,老者之称。

［34］万乘之国,天子之国,畿内地方千里,有兵车万辆。千乘之国,诸侯之国,采地方百里,有兵车千 辆。百乘之家,指大国之卿,采邑有兵车百辆。乘,兵车。

［35］餍,满足。

［36］宋牼,即宋钘,又称"宋荣",战国时道家宋尹学派的代表,主张破私见,寡情欲,禁攻寝兵。遗著存 今《管子》书中。

［37］滕文公,滕,战国时的小国,故城在今山东滕县西南。文公姓姬名宏,本谥"元",后世因避讳改

称"文"。

[38] "昼尔于茅,宵尔索绹;亟其乘屋,其始播百谷",见《诗·豳风·七月》。于茅,去采割茅草。索绹,制造绳索。亟,急。乘屋,上屋顶进行修理。此诗言农民劳动无休止。

[39] 恭俭礼臣,认真理政,节约用度,礼待臣下。

[40] 阳虎,即阳货,与孔丘同时,鲁国正卿季氏的总管(宰),曾挟季氏而专国政,失败后出奔齐。

[41] "夏后氏五十而贡,殷人七十而助,周人百亩而彻,其实皆什一也",夏朝一农夫受田五十亩,纳所收获部分谷物为税,称"贡"。商朝一农夫受田七十亩,在公田上服劳役,称"助"。周朝一农夫受田百亩,计全部收获而纳十分之一,称"彻"。三朝度量制度不一,受田面积未必增加,纳税方式名称不同,实际上都是十分之一。

[42] 藉,同"借",借民力以耕公田。

[43] "校数岁之中以为常",比较几年的收成,取其平均数以为常例。

[44] 狼戾,即狼藉,指谷物抛撒地上的样子。

[45] 盻盻,恨视貌。盻,音 xì。

[46] 世禄,世袭俸禄。

[47] "雨我公田,遂及我私",见《诗·小雅·大田》。

[48] "周虽旧邦,其命惟新",见《诗·大雅·文王》。意谓:周虽是旧时诸侯小邦,因文王日新其德并推及于民,得受命而为天子。

[49] 罔民,设罗网来陷害人民。罔,同"网"。

[50] 乐岁,丰收年成叫"乐岁",灾荒年成叫"凶岁"。

[51] 颁白,头发花白,谓年老。颁,同"斑"。

[52] 陈相,原为儒家陈良的弟子,后见农家许行,转信其说。

[53] 许行,战国时楚人,农家的代表。主张人人参加生产,君民并耕,以足衣食。

[54] 滕君,指滕文公。

[55] 饔飧,指自己做饭。饔,音 yōng,早餐。飧,音 sūn,晚餐。

[56] 厉,虐害;剥削。

[57] 素,生丝织物。

[58] 害,妨碍。

[59] 釜,中国古代炊器。甑,音 zèng,一种古代蒸饭的瓦器。爨,音 cuàn,烧火煮饭。

[60] 陶冶,陶匠、铁匠。

[61] 舍,赵岐注:"舍,止也。"

[62] 大人之事,指劳心、统治人、受人供养。小人之事,指劳力、受人统治、供养别人。大人,指统治者。小人,指被统治者。

[63] "且一人之身,而百工之所为备",一个人的生活需要,依靠百工的产品来供给。

［64］路,指奔走道路,无时休息。

［65］食,供养。

［66］敷治,遍布治化。

［67］益,舜之臣,管理山林水泽。

［68］禹疏九河,传说禹在黄河下流开九条支流,以减弱水势。

［69］瀹,音yuè,疏通河道。济漯,即济水、漯水,古水名。漯,音yuè。

［70］汝,即汝水,在今河南。汉,即汉江,长江最长支流。淮,即淮河。泗,即泗水,在今山东。古今河流有变迁,今唯汉江入长江。

［71］后稷,古代周族始祖,姬姓,名弃,为舜的稷官,主管农事,教民耕种,后世祀为谷神。

［72］放勋,唐尧的称号;一说是尧的名。劳、来,慰劳;勉励。匡之,邪者使正。直之,枉者使直。振德,救困施恩。

［73］"仁言不如仁声之入人深也",政教法度的训言不如雅颂乐声感人之深。

［74］丘民,民众。

［75］"牺牲既成,粢盛既洁,祭祀以时,然而旱干水溢,则变置社稷",人民对土神、谷神诚敬,而还有水旱之灾,那就是神不称职,应废掉而另立新的社稷。牺牲,供祭祖的牛、羊、豕。粢盛,供祭祀用的谷物装在祭器内。粢,音zī,古代供祭祀的谷物。以时,春秋二祭按时不失。

［76］齐宣王,战国时齐国君,姓田,名辟彊,威王之子,前319—前301年在位。孟子以仁政游说他,不见用,故去齐至魏。

［77］比,及。反,同"返"。

［78］士师,狱官。其属有乡士、遂士之官,士师皆当治之。

［79］已,罢去。

［80］尽其心,尽量发展自己的心性。

［81］"夭寿不贰",不管生命长短,都没有二心。贰,疑惑。

［82］牛山,在齐临淄南郊。

［83］息,滋息;生长。

［84］濯濯,山光秃无草木之状。

［85］乡,通"向"。

［86］加,居。

［87］动心,朱熹注:"任大责重如此,亦有所恐惧疑惑而动其心乎?"

［88］孟贲,战国时勇士。

［89］北宫黝,春秋时齐人,姓北宫,名黝,属于"漆雕氏之儒"一派。

［90］"不肤桡,不目逃",不因肌肤被刺而退却,不因眼睛被刺而逃避。桡,亦作"挠",退却。

［91］褐宽博,指穿粗衣的匹夫。褐,粗衣,贫贱者的服装。

[92] 无严,无可尊敬。

[93] 孟施舍,姓孟,名施舍,事迹未详。

[94] 会,会兵;会战。

[95] 守约,得其要领;掌握重点而不烦琐。

[96] 子襄,曾参的弟子。

[97] 缩,理直。

[98] 惴,恐惧。

[99] 气,指勇气。在《孟子》中,"气"字含义甚广,有时指精神力量、气概,有时也指意志。

[100] "不得于言,勿求于心;不得于心,勿求于气",朱熹注:"告子谓于言有所不达,则当舍置其言,而不必反求其理于心;于心有所不安,则当力制其心,而不必更求其助于气,此所以固守其心而不动之速也。"

[101] "夫志至焉,气次焉",心志向那里,气也随之。

[102] 持,坚守。暴,伤;乱。

[103] 蹶,跌倒。趋,奔跑。

[104] 知言,善于辨析他人之言辞。

[105] 浩然之气,正气;正大刚直之气。

[106] 直养,用正义去培养。

[107] "非义袭而取之也",不是偶然做一件合于正义的事情便可取得。袭,突击。

[108] 不慊于心,不满于心,即问心有愧。

[109] "必有事焉,而勿正,心勿忘,勿助长也",朱熹注:"此言养气者,必以集义为事,而勿预期其效。其或未充,则但当勿忘其所有事,而不可作为以助其长,乃集义养气之节度也。"正,预期。

[110] 揠,拔。

[111] 病,疲倦。

[112] 诐辞,偏邪不正的言论。诐,音bì,偏颇;不正。淫辞,邪僻荒诞的言论。邪辞,不合正道的言论。遁辞,理屈辞穷或不愿吐露真意时,用来支吾搪塞的话。穷,理屈;辞屈。

[113] 恶,表示惊讶的叹词。

[114] "圣则吾不能,我学不厌而教不倦也",见《论语·述而》:"子曰:'若圣与仁,则吾岂敢? 抑为之不厌,诲人不倦,则可谓云尔已矣。'"

[115] 一体,一部分。

[116] 具体而微,总体的部分都具备而形状或规模较小。

[117] 伯夷,商末孤竹君的长子,与其弟叔齐互相让位,终于都弃位奔周。因反对武王伐纣,武王灭商后,兄弟俩隐居首阳山,不食周粟而死。伊尹,助商汤灭夏,辅政历经三王。

[118] 止,隐处。

[119] 久,留。久与速相对。速,快离开。

[120] 景春,战国时的纵横家。

[121] 公孙衍,姓公孙,名衍,战国时魏人,著名说客,在秦官至大良造,后入魏为将,主张合纵抗秦。张仪,亦战国时魏人,著名说客,倡连横,游说各国事秦,曾任秦相。

[122] "居天下之广居,立天下之正位,行天下之大道",朱熹注:"广居,仁也。正位,礼也。大道,义也。"

[123] 辟,同"避"。

[124] "舜发于畎亩之中,傅说举于版筑之间,胶鬲举于鱼盐之中,管夷吾举于士,孙叔敖举于海,百里奚举于市",舜耕于历山,三十被征用,后为天子;傅说是从事版筑的奴隶,商王武丁访求为相;胶鬲是鱼盐贩,受到西伯(文王)的举荐;管夷吾(管仲)为士官(狱官)拘执的囚犯,由鲍叔牙推荐,被齐桓公任命为卿;孙叔敖隐居海滨,被举作楚庄王的令尹;百里奚自虞逃亡到秦,隐身都市,秦穆公举以为相。这些人都是经过艰苦的生活锻炼,然后担起重任的。

[125] 曾,同"增"。

[126] "困于心,衡于虑,而后作;征于色,发于声,而后喻",要等困难来了,苦思不得解决,然后才能奋发有为;要显出在面容上,发出声音来,然后才能被人了解。困,苦;苦苦思索。衡,同"横",梗塞;不顺利。作,奋起;有作为。征,显露;表现。色,面容。喻,了解。

[127] 法家,守法度的世臣。拂士,辅佐的贤士。拂,同"弼"。

[128] "禹闻善言,则拜",见《书·大禹谟》:"禹拜昌言。"昌言,善言;正当的言论。

[129] "自耕稼、陶、渔以至为帝,无非取于人者",见《史记·五帝本纪》。

[130] 达财,使之通达。成才。财,同"才"。

[131] 私淑艾,指不能及门受业,传闻而知,私学之以善治其身。淑,善。艾,治。

[132] 羿,音 yì,有穷氏部族首领,善于射箭,有射日的传说。彀,音 gòu,把弓拉满。

[133] 孳孳,勤勉努力。孳,同"孜"。

[134] 梓匠轮舆,古代对梓人、匠人、轮人、舆人的并称。亦泛指木工。

[135] 资,积蓄。

[136] 徐子,即徐辟。

[137] 亟,数次。

[138] 混混,泉水涌出之貌。

[139] 盈科,水充满坑坎。盈,满。科,坎。

[140] 声闻过情,名声超过实际。

[141] 东山,疑指山东蒙阴县西南之蒙山。

[142] 容光,幽微的空隙。

[143] "不成章不达",朱熹注:"言学当以渐,乃能至也。成章,所积者厚,而文章外见也。达者,足于此

而通于彼也。"

[144] 或,通"惑"。

[145] "一日暴之,十日寒之",朱熹注:"我见王之时少,犹一日暴之也;我退则谄谀杂进之日多,是十日寒之也。"暴之,犹言温之。

[146] 弈,围棋。数,技术。

[147] 鸿鹄,天鹅。

[148] 缴,音 zhuó,系在箭上的生丝绳,射鸟用。此处指系着丝绳的箭。

[149] "不下带而道存焉",举平常的事来说明重要的道理。不下带,最近而常见的地方。带,腰带。

[150] 芸,同"耘"。

[151] 咸丘蒙,孟轲弟子。

[152] "舜之不臣尧",尧老时,舜代执政,他并不把尧当作臣而以天子自居。

[153] "普天之下,莫非王土;率土之滨,莫非王臣",见《诗·小雅·北山》。毛诗序:"役使不均,已劳于王事而不得养其父母焉。"普,遍。率,循。

[154] "不以文害辞,不以辞害志。以意逆志,是为得之",朱熹注:"言说诗之法,不可以一字而害一句之义,不可以一句而害设辞之志,当以己意迎取作者之志,乃可得之。"

[155] "周余黎民,靡有孑遗",见《诗·大雅·云汉》。靡有孑遗,没有一个单独存下来。

[156] 曹交,赵岐注:"曹交,曹君之弟。"

[157] 钧,三十斤。

[158] 乌获,战国时秦武王的大力士,传说他能举千钧。

[159] 假,借。

【解读】 人性问题是战国时期"百家争鸣"的争论焦点之一。孟子持"性善论",此为其教育思想之理论基础。孟子的"性善论"主要是在反驳当时告子的"人性无善无不善"主张的过程中得到阐释的。譬如,告子以"水之无分于东西"喻"人性之无分于善不善",孟子驳以"水无有不下"喻"人无有不善"。人性本善,善有"四端",即为"恻隐之心""羞恶之心""辞让之心""是非之心"。这是人与生俱来的,是人与非人的界线。"恻隐之心,仁之端也;羞恶之心,义之端也;辞让之心,礼之端也;是非之心,智之端也。"此"四端"扩而充之,便形成仁、义、礼、智"四德"。"仁义礼智,非由外铄我也,我固有之也"。因为是我所固有,所以不学而会,不学而能,是谓"良知""良能"。

"四德"以"仁""义"为主。"礼"是实施"仁""义"的节文,"智"是对"仁""义"的了解与自觉。"为人臣者怀仁义以事其君,为人子者怀仁义以事其父,为人弟者怀仁义以事其兄,是君臣、父子、兄弟去利,怀仁义以相接也,然而不王者,未之有也。"讲仁义,目的在实施"仁政",达于"王道"。"王道"与"霸道"对立,故"仁政"重教:"善政不如善教之得民也""善教得民心"。"民为贵,社稷次之,君为轻",得民心者得天下。

人性虽善,可后天的教育还是重要的。四端"苟能充之,足以保四海;苟不充之,不足以事父母"。不过,孟子所说的教育主要在于"反求诸己"的自我教育、自我修养。既然人性本善,教育所要做的就是存其善心、养其善性而已,因此说:"学问之道无他,求其放心而已矣。"

在教学思想上,孟子主张坚持标准,主动自得。"大匠诲人必以规矩,学者亦必以规矩",这是讲标准、规矩;"君子引而不发,跃如也""君子深造之以道,欲其自得之也",这是强调为学贵在主动自得。在教学方法上,孟子也提出了"言近而指远""守约而施博",以及"盈科而后进"等主张。

(叶志坚)

《管子》系战国时齐稷下学者托名管仲所作。管仲（? —前645），名夷吾，字仲，颍上（颍水之滨）人。春秋初期政治家。曾被齐桓公任命为卿，帮助齐桓公实现霸业。战国时，稷下学繁荣，管仲的许多崇奉者打着他的旗号，杂糅各种学说，表达各自的主张，前后相传，遂汇集成《管子》。据刘向校录，《管子》定著八十六篇，今存七十六篇。

弟子职

【题解】 本篇名中的"职"字当理解为"职守"，即分内应该做的事。《弟子职》篇古代单行，《汉书·艺文志》将其列入"六艺"孝经类。宋朱熹谓《弟子职》篇乃"言童子入学受业事师之法"；今人郭沫若则认为"当是齐稷下学宫之学则"。稷下学宫为田午所办，草创于田齐桓公当政之时，终结于齐国覆灭之日，历时150年左右。稷下学宫成立不久，便成为战国时期"百家争鸣"的园地、教育与学术的中心。学宫声望甚高，一时学者、弟子云集。游学者日众，也使得订立学则、学规成为必要。本文即详述做弟子者在从师受业过程中所应奉行的规矩准则。

【原文】 先生施教，弟子是则。温恭自虚，所受是极[1]。见善从之，闻义则服。温柔孝悌，毋骄恃力。志毋虚邪，行必正直。游居有常，必就有德。颜色整齐，中心必式[2]。夙兴夜寐，衣带必饬[3]。朝益[4]暮习，小心翼翼。一此不解[5]，是谓学则。

少者之事，夜寐蚤[6]作。既拚[7]盥漱，执事有恪[8]。摄衣共盥，先生乃作。沃盥彻盥，泛拚正席，先生乃坐。出入恭敬，如见宾客。危坐乡师[9]，颜色毋怍。受业之纪，必由长始。一周则然，其余则否。始诵必作，其次则已[10]。

凡言与行，思中以为纪。古之将兴者，必由此始。后至就席，狭坐则起[11]。若有宾客，弟子骏作[12]。对客无让，应且遂行。趋进受命，所求虽不在，必以反命。反坐复业，若有所疑，捧手问之。师出皆起。至于食时，先生将食，弟子馔馈。摄衽盥漱，跪坐而馈。置酱错[13]食，陈膳毋悖。凡置彼食，鸟兽鱼鳖。必先菜羹，羹戢[14]中别。戢在酱前，其设要方。饭是为卒，左酒右酱。告具而退，捧手而立。三饭二斗[15]，左执虚豆，右执挟匕[16]。周还而贰，唯嗛之视[17]。同嗛以齿，周则有始。柄尺不跪[18]，是谓贰纪。先生已食，弟子乃彻。趋走进漱，拚前敛祭[19]。先生有命，弟子乃食。以齿相要[20]，坐必尽席。饭必捧擎[21]，羹不以手。亦有据膝，毋有隐肘[22]。既食乃饱，循咡覆手[23]。振衽扫席，已食者作。抠衣而降，旋而乡席。各彻其馈，如于宾客。既彻并器[24]，乃还而立。

凡拚之道，实水于盘，攘臂袂及肘。堂上则播洒，室中握手[25]。执箕膺揲[26]，厥中有帚。入户而立，其仪不贷[27]。执帚下箕，倚于户侧。凡拚之纪，必由奥[28]始。俯仰磬折[29]，拚毋有彻[30]。拚前而退，聚于户内。坐板排之，以叶适己。实帚于箕。先生若作，乃兴而辞。坐执而立，遂出弃之。既拚反立，是协是稽[31]，暮食复礼。昏将举火，执烛隅坐。错总[32]之法，横于坐所。栉之远近[33]，乃承厥火。居句如矩[34]，蒸间容蒸。然者处下，捧碗以为绪[35]。右手执烛，左手正[36]栉。有堕代烛[37]，交坐毋倍尊者。乃取厥栉，遂出是去。

先生将息，弟子皆起。敬奉枕席，问所何趾。俶衽则请，有常则否[38]。先生既息，各就其友。相切相磋，各长其仪[39]。周则复始，是谓弟子之纪。

——选自黎翔凤撰，梁运华整理：《管子校注》，中华书局2004年版，第1144—1162页。

［1］"所受是极"，凡是教师所传授的都应深求其本原。另一解：教师所教的，都应尽力去实行。

［2］"中心必式"，内心必须诚敬。式，法度。

［3］饬，音 chì，正；整。

［4］朝益，今朝所增授的新课。益，加。

［5］解，同"懈"。

［6］蚤，通"早"。

［7］拚，音 fèn，扫除。

［8］恪，敬谨。

［9］"危坐乡师"，端正坐着，面向老师。危，正。乡，音 xiàng，通"向"。

［10］"始诵必作，其次则已"，古人席地而坐，以臀就踵曰坐，直其身曰跪，初诵时直身以示敬，随后即复坐。

［11］"狭坐则起"，古每席容四人，按长幼序坐；有后至者，席狭不容，旁坐之人即起而让座。狭坐，坐在左右两旁。

[12] 骏作,迅速起立。

[13] 错,音 cù,置;设。

[14] 胾,音 zì,切成大块的肉。

[15] "三饭二斗",三碗饭两碗羹。斗,当作"汁",指羹。

[16] 虚,疑当作"甗"(yǎn),古代蒸煮用的炊具。豆,古代盛食物的器皿,陶制、竹制、木制、铜制的形体不尽相同。挟,当作"梜"(jiā),筷子。匕,勺、匙类取食物的用具。

[17] "周还而贰,唯嗛之视",来回给先生添饭与羹,见到饭羹吃完就代加。还,当为"旋"。贰,重添。嗛,音 qiàn,食尽。

[18] "柄尺不跪",豆器有直柄,长一尺,用豆送饭,则立着送,而不跪着送;古人是席地而坐的。

[19] "拚前敛祭",古人饭前必祭,食毕,则扫席前,收拾祭物。敛,收。

[20] 相要,相约束。

[21] 擥,音 lǎn,同"揽"。

[22] "亦有据膝,毋有隐肘",两手可以放在膝上,两肘不可靠几案。隐,凭靠。

[23] "循咡覆手",揩嘴洗手。咡,音 èr,口旁。

[24] 并器,收藏食器。并,当为"屏",藏。

[25] "室中握手",室内洒水不能远泼,而要用手掬水近洒。

[26] "执箕膺揲",拿畚箕时,使箕舌对着自身。膺,亲近。揲,箕舌。

[27] 贷,音 tè,通"忒",失误。

[28] 奥,室内西南隅。古时祭祀设神主或尊长居坐之处。扫除必从奥开始,是敬长之意。

[29] 磬折,弯腰。表示谦恭。

[30] 彻,动;触动。

[31] "是协是稽",打扫完毕之后,进行读讲复习的课业。王筠认为"是协是稽,但指拚礼之节奏而言"。协,合。稽,考。

[32] 总,古代扎麻秆成束为烛,叫作"总",也称为"蒸"或"薪"。

[33] 柎,燃烧将尽的残烛。远近,指长短。

[34] "居句如矩",取烛引火时,已燃的向上,未燃的横执,如一勾一股,构成矩形。居,同"倨",即"股"。句,音 gōu,同"勾"。

[35] "然者处下,捧碗以为绪",燃烧的灰烬落下,要捧着碗承贮残烬。绪,残烬。

[36] 正,整。

[37] "有堕代烛",烛火将灭时,再点新烛代之。

[38] "俶衽则请,有常则否",初次为先生铺设枕席,应先请问,此后则不必复问。俶,音 chù,始;最初。衽,音 rèn,卧席,在此作动词用。

[39] 仪,通"义",义理。

【解读】　　本文分为两部分。第一部分是"总则",讲总体要求。区区十句八十字,其中既言"志",又言"行";既有内心世界的要求,也有"颜色""衣带"等外在形象方面的讲究;既讲从师受业时的范则,更讲日常"游居"中的规矩,可谓文约而义丰。第二部分是"细则",讲行为准则。从时间上看,从早起到晚息,正好讲了一天的作息,末句的"周则复始",强调的是做弟子的应当天天如此,恪守做弟子的"纲纪",可见其严。从内容上看,涉及早起的漱洗打扫、受业过程中的诵读应对、饮食时的程序分寸、洒扫时的操持手法,乃至黄昏时取烛引火的具体讲究,以及服侍先生起居的种种规矩礼节,可见其细。

　　中国的传统教育历来强调修身、齐家、治国、平天下。为学即修身,而修身则须从细微之处入手,这可以说是中国古人的教育信条。《弟子职》篇对弟子在从师受业过程中的洒扫、进退、应对等种种细节均作了严格而详尽的规定,这里既包含儒家注重礼义教化的道德精神,也体现了稷下学士尊师重教、注重个人修身、强调从细节入手来锻造道德人格的治学要求。先生有先生的职守,弟子有弟子的规矩,坚持师生之别,要求弟子严守做弟子的规矩分寸,这也是《弟子职》篇的精神实质所在。诚然,从《弟子职》篇中也不难看出,在古代中国,弟子眼中的业师就是绝对的权威;在先生面前,弟子须得"小心翼翼""中心必式"。这种对师道尊严的过分强调,需要读者用批判的眼光来看待。

(叶志坚)

荀子(约前313—前238),名况,时人尊而号为"卿",又称"孙卿",赵国人。战国末思想家、教育家。著作有《荀子》,经刘向校定为三十二篇。其中《大略》《宥坐》等最后六篇,或系其弟子所记。

劝　学

《劝学》为《荀子》首篇,该篇专论教育问题,集中表达了荀子的教育观。

君子曰:学不可以已[1]。青,取之于蓝[2]而青于蓝;冰,水为之而寒于水。木直中绳,𫐓[3]以为轮,其曲中规,虽有槁暴[4],不复挺者,𫐓使之然也。故木受绳则直,金就砺则利,君子博学而日参省乎己[5],则知明而行无过矣。故不登高山,不知天之高也;不临深溪,不知地之厚也;不闻先王之遗言,不知学问之大也。干、越[6]、夷、貉之子,生而同声,长而异俗,教使之然也。《诗》曰:"嗟尔君子,无恒安息。靖共尔位,好是正直。神之听之,介尔景福[7]。"神莫大于化道,福莫长于无祸。吾尝终日而思矣,不如须臾之所学也,吾尝跂[8]而望矣,不如登高之博见也。登高而招,臂非加长也,而见者远;顺风而呼,声非加疾[9]也,而闻者彰。假[10]舆马者,非利足也,而致千里;假舟楫[11]者,非能水也,而绝[12]江河。君子生非异也,善假于物也。南方有鸟焉,名曰蒙鸠[13],以羽为巢而编之以发,系之苇苕[14],风至苕折,卵破子死。巢非不完也,所系者然也。西方有木焉,名曰射干[15],茎长四寸,生于高山之上而临百仞之渊;木茎非能长也,所立者然也。蓬[16]生麻中,不扶而直[17]。兰槐之根是为芷[18]。其渐之滫[19],君子不近,庶人不服,其质非不美也,所渐者然也。故君子居必择乡,游必就士,所以防邪僻而近中正也。物类之起,必有所始。荣辱之来,必象其德。肉腐出虫,鱼枯生蠹[20]。怠慢忘身,祸灾乃作。强自取柱[21],柔自取束。邪秽在身,怨之所构[22]。施薪若一,火就燥也[23];平地若一,水就湿也。草木畴[24]生,禽兽群焉,物各从其类也。是故质的[25]张而弓矢至焉,林木茂而斧斤至焉,树成阴而众鸟息焉,醯酸而蜹聚焉[26]。故言有召祸也,行有招辱也,君子慎其所立乎！

积土成山,风雨兴焉;积水成渊,蛟龙生焉;积善成德,而神明自得,圣心备焉。故不积跬步,无以至千里;不积小流,无以成江海。骐骥[27]一跃,不能十步;驽马十驾[28],功在不舍。锲[29]而舍之,朽木不折;锲而不舍,金石可镂[30]。螾[31]无爪牙之利,筋骨之强,上食埃土,下饮黄泉,用心一也。蟹六跪[32]而二螯,非蛇蟺[33]之穴无可寄托者,用心躁也。是故无冥冥[34]之志者无昭昭之明,无惛惛之事者无赫赫之功。行衢道[35]者不至,事两君者不容。目不能两视而明,耳不能两听而聪。螣蛇无足而飞,梧鼠五技而穷[36]。《诗》曰:"尸鸠在桑,其子七兮。淑人君子,其仪一兮。其仪一兮,心如结兮[37]。"故君子结于一也。

昔者瓠巴鼓瑟而流鱼出听[38],伯牙鼓琴而六马仰秣[39]。故声无小而不闻,行无隐而不形;玉在山而草木润,渊生珠而崖不枯。为善不积邪,安有不闻者乎? 学恶乎始? 恶乎终? 曰:其数则始乎诵经,终乎读礼[40];其义则始乎为士,终乎为圣人[41]。真积力久则入,学至乎没而后止也。故学数有终,若其义则不可须臾舍也。为之,人也;舍之,禽兽也。故《书》者,政事之纪也;《诗》者,中声之所止也[42];《礼》者,法之大分,类之纲纪也[43],故学至乎《礼》而止矣。夫是之谓道德之极。《礼》之敬文也,《乐》之中和也,《诗》、《书》之博也,《春秋》之微也[44],在天地之间者毕矣。君子之学也,入乎耳,箸[45]乎心,布乎四体,形乎动静,端而言,蝡而动[46],一可以为法则。小人之学也,入乎耳,出乎口。口耳之间则四寸耳,曷足以美七尺之躯哉! 古之学者为己,今之学者为人。君子之学也,以美其身;小人之学也,以为禽犊[47]。故不问而告谓之傲[48],问一而告二谓之囋[49]。傲,非也;囋,非也;君子如向[50]矣。学莫便乎近其人[51]。《礼》、《乐》法而不说,《诗》、《书》故而不切,《春秋》约而不速[52]。方其人之习君子之说,则尊以遍矣,周于世矣[53]。故曰学莫便乎近其人。学之经[54]莫速乎好其人,隆礼次之。上不能好其人,下不能隆礼,安特将学杂识志,顺《诗》、《书》而已耳[55],则末世穷年,不免为陋儒而已。将原先王,本仁义,则礼正其经纬蹊径也。若挈裘领,诎五指而顿之[56],顺者不可胜数也。不道礼宪[57],以《诗》、《书》为之,譬之犹以指测河也,以戈舂黍也,以锥飡壶也[58],不可以得之矣。故隆礼,虽未明,法士[59]也;不隆礼,虽察辩,散儒[60]也。问楛[61]者勿告也,告楛者勿问也,说楛者勿听也,有争气者勿与辩也。故必由其道至,然后接之,非其道则避之。故礼恭而后可与言道之方，辞顺而后可与言道之理，色从而后可与言道之致。故未可与言而言谓之傲，可与言而不言谓之隐，不观气色而言谓之瞽。故君子不傲，不隐，不瞽，谨顺其身[62]。《诗》曰："匪交匪舒，天子所予[63]。"此之谓也。

百发失一，不足谓善射；千里跬步不至，不足谓善御；伦类不通，仁义不一[64]，不足谓善学。学也者，固学一之也。一出焉，一入焉，涂巷之人也。其善者少，不善者多，桀、纣、盗跖[65]也。全之尽之，然后学者也。君子知夫[66]不全不粹之不足以为美也，故诵数以贯之[67]，思索以通之，为其人以处之，除其害者以持养之，使目非是无欲见也，使耳非是无欲闻也，使口非是无欲言也，使心非是无欲虑也。及至其致好之也[68]，目好之五色，耳好之五声，口好之五味，心利之有天下。是故权利不能倾也，群众不能移也，天下不能荡也。生乎由是，死乎由是，夫是之谓德操[69]。德操然后能定，能定然后能应，能定能应，夫是之谓成人。天见其明，地见其光[70]，君子贵其全也。

——选自王先谦撰，沈啸寰、王星贤点校：《荀子集解（上）》，中华书局1988年版，第1—20页。

［1］已，停止。

［2］蓝，草名，也叫"蓼蓝"，叶可制蓝靛，作染料。

［3］鞣，音róu，用火烤使直木弯曲。

［4］槁，枯。暴，通"曝"，晒干。

［5］日参省乎己，自己日日参验省察。

［6］干、越犹言吴越，皆国名。干原为吴的敌国，后并于吴，故吴亦称"干"。

［7］"嗟尔君子，无恒安息。靖共尔位，好是正直。神之听之，介尔景福"，见《诗·小雅·小明》。恒，经常。靖，安心。共，同"恭"。神，慎重。介，助。景，大。诗的大意是：君子们！不要常常求安乐休息啊！要专心恭奉自己的职务，好好地做正直的事。慎听这些话，会给你带来很大的幸福。

［8］跂，踮起脚跟。

［9］疾，壮；雄壮。

［10］假，凭借；借助。

［11］楫，桨。

［12］绝，渡过。

［13］蒙鸠，即鹪鹩，也叫"巧妇鸟"。

[14] 苇苕,芦苇。

[15] 射干,多年生草本植物,根茎可作药物。

[16] 蓬,蓬草,也叫"飞蓬"。

[17] 王念孙云:后面有"白沙在涅,与之俱黑"二句,而今本脱之。

[18] 兰槐,香草,其根叫"芷",有香味。

[19] 渐,浸;沾染。潃,音 xiǔ,酸臭的陈淘米水。亦泛指污臭之水。

[20] 蠹,音 dù,蛀虫。

[21] "强自取柱",物性过硬则反易折断。

[22] 构,结。

[23] "施薪若一,火就燥也",柴草堆放得好像一样,火总是向干的地方烧去。

[24] 畴,同"俦",同类。

[25] 质的,箭靶。

[26] 醯,音 xī,醋。蜹,音 ruì,同"蚋",蚊的一种。

[27] 骐骥,良马名。

[28] 驽马,劣马。一日的行程为一驾,十日的行程为十驾。

[29] 锲,音 qiè,刻。

[30] 镂,雕刻。

[31] 螾,音 yǐn,同"蚓",蚯蚓。

[32] 跪,足。

[33] 蟺,音 shàn,鳝鱼。

[34] 冥冥,与"惛惛"义同,意为沉默专精于学。

[35] 衢道,岔道。

[36] "螣蛇无足而飞,梧鼠五技而穷",梧鼠五技之多,不如螣蛇一技之精。螣蛇,龙类,能兴云雾而游其中。螣,音 téng。"梧鼠"当为"鼫鼠"。五技:能飞而不能上屋,能爬树而不能至树梢,能游水而不能渡溪谷,能挖穴而不能掩蔽自己,能走而不能超过人。

[37] "尸鸠在桑,其子七兮。淑人君子,其仪一兮。其仪一兮,心如结兮",见《诗·曹风·鸤鸠》。尸鸠,布谷鸟。淑人,善人。仪,通"义"。结,坚固。此诗谓:尸鸠筑巢于桑树上,养了七只小鸟,旦下夕上,始终如一。善人君子,执义也应如此。执义专一,用心就坚定不移。引此诗以明为学须专心一志。

[38] "瓠巴鼓瑟而流鱼出听",《列子·汤问》:"瓠巴鼓琴而鸟舞鱼跃。"《淮南子·说山训》高诱注:"瓠巴,楚人也,善鼓瑟。"瓠,音 hù。

[39] 伯牙,楚人,善鼓琴,事见《吕氏春秋·本味》。六马,古代天子所乘之车驾六马。仰秣,吃饲料的马仰起头来听琴声。

[40] 数，术；途径。经，指《诗》《书》。礼，指典礼。

[41] “其义则始乎为士，终乎为圣人”，《荀子·儒效》：“彼学者，行之，曰士也；敦慕焉，君子也；知之，圣人也。”《荀子·修身》：“好法而行，士也；笃志而体，君子也；齐明而不竭，圣人也。”荀况将学者分为士、君子、圣人三等，而学成圣人则是最高的目的。

[42] “《诗》者，中声之所止也”，《诗》可以调节乐音使之止于中和。

[43] “《礼》者，法之大分，类之纲纪也”，《礼》是法的根据、律例的纲领。分，疑为“本”。类，律例。

[44] “《春秋》之微也”，《春秋》以隐微的词句，表达褒贬沮劝之意。

[45] 箸，同“著”，明辨。

[46] 端，通“喘”，小声说话。蠕，音 rú，像蚯蚓那样慢慢爬行。

[47] “小人之学也，以为禽犊”，小人不能修身，而只以所学求悦于人。禽犊，禽和犊。古代用作馈赠的礼品，因以喻干禄进身之物。

[48] 傲，急躁。

[49] 囋，音 zá，多言。

[50] 向，通“响”，响应。

[51] 其人，指贤师。

[52] “《礼》、《乐》法而不说，《诗》、《书》故而不切，《春秋》约而不速”，《礼》《乐》有大法而不能详说，《诗》《书》存前代故事而不能切于当世，《春秋》文义隐约而不能速晓。

[53] “方其人之习君子之说，则尊以遍矣，周于世矣”，效仿良师学习君子的学说，则品德高尚，知识渊博，通达世事。方，通“仿”，效仿。

[54] 经，通“径”，道路。

[55] “安特将学杂识志，顺《诗》、《书》而已耳”，则只能学些杂说，读通《诗》《书》罢了。安，犹“则”。特；只。顺，借为“训”。

[56] 诎，同“屈”。顿，引。

[57] “不道礼宪”，不践行礼法。道，蹈。宪，法。

[58] “以锥飡壶也”，以锥代箸向壶中取食。飡，同“餐”。

[59] 法士，崇尚礼法之士。

[60] 散儒，不遵礼法、不自检束的儒生。

[61] 问楛，指问非礼义之事。楛，恶劣；不正当。

[62] “谨顺其身”，君子之言与不言，皆视问者的情况。

[63] “匪交匪舒，天子所予”，见《诗·小雅·采菽》。交，通“绞”，急切。舒，舒缓。予，赐予。引此诗以明答问之理。

[64] 一，同下文“学一”的“一”，指学之全、尽、粹。

[65] 盗跖，春秋战国之际人，反抗贵族的起义领袖，古籍中都按统治者的看法，把他称为大盗。

[66] 夫,彼。

[67] 诵数以贯之,诵读群书以贯穿为全粹之学。

[68] "及至其致好之也",及至好学乐道达到极致之时。

[69] 德操,有德而能坚持正确的道路。

[70] 光,通"广"。

【解读】

《劝学》篇较系统地阐述了荀子的教育思想。

荀子首先提出了一个十分重要的观点:人的知识与才能不是先天就具备的,而是后天"善假于物"以及"教使之然"的结果,由此肯定环境和教育在人的发展过程中的巨大作用。蓬能长直,香芷发臭,均是受所处环境的影响。而自然现象的启示就是:"君子居必择乡,游必就士,所以防邪僻而近中正也。"

《劝学》篇指出教育的目的是"成人",途径是坚持"德操"。荀子说:"君子知夫不全不粹之不足以为美也,……生乎由是,死乎由是,夫是之谓德操。德操然后能定,能定然后能应,能定能应,夫是之谓成人。"

根据这个目标,荀子设计了一套教学内容。"学恶乎始? 恶乎终? 曰:其数则始乎诵经,终乎读礼",这是对教学内容的概述,接着,《劝学》篇又全面阐述了《书》《诗》《礼》《乐》《春秋》等具体课程的作用和意义问题。

在教学上,荀子主张"问楛者勿告",即不讲非礼义的、不正当的东西。同时更要求"君子不傲,不隐,不瞽,谨顺其身",即答者应视问者的情况,慎重其事,且有的放矢地进行教学。

《劝学》篇也揭示了学习上的一些规律,例如,"青,取之于蓝而青于蓝;冰,水为之而寒于水",就是说,学习从前人积累的知识和经验出发,完全可以超过前人。这种观点有力地反驳了老、庄一派所谓"绝学无忧"的文化虚无主义。另外,《劝学》篇还提出了一系列重要的教育方法和治学方法,例如,"积善成德""用心专一""锲而不舍""学莫便乎近其人""好其人"等思想。

解蔽（节选）

【题解】

在战国时代的"百家争鸣"中,荀子通过批判各家学说,着重研究了认识论的问题。《解蔽》篇就是这方面的代表性成果,它专论思想方法问题。《解蔽》反对片面地看问题,主张对一切事物作全面的了解，然后给予适当的判断。

【原文】

　　凡人之患，蔽于一曲而暗于大理[1]。治则复经[2]，两疑[3]则惑矣。天下无二道，圣人无两心。今诸侯异政，百家异说，则必或是或非，或治或乱。乱国之君，乱家之人[4]，此其诚心莫不求正而以自为也，妒缪于道而人诱其所迨也[5]。私其所积[6]，唯恐闻其恶也；倚其所私，以观异术[7]，唯恐闻其美也。是以与治虽走而是己不辍也[8]，岂不蔽于一曲而失正求也哉！心不使[9]焉，则白黑在前而目不见，雷鼓在侧而耳不闻，况于使者乎！德道之人，乱国之君非之上，乱家之人非之下，岂不哀哉！

　　故[10]为蔽：欲为蔽，恶为蔽，始为蔽，终为蔽，远为蔽，近为蔽，博为蔽，浅为蔽，古为蔽，今为蔽。凡万物异[11]则莫不相为蔽，此心术之公患[12]也。……昔宾孟[13]之蔽者，乱家是也。墨子蔽于用而不知文[14]，宋子蔽于欲而不知得[15]，慎子蔽于法而不知贤[16]，申子蔽于执而不知知[17]，惠子蔽于辞而不知实[18]，庄子蔽于天而不知人[19]。故由用谓之道，尽利矣；由俗谓之道，尽嗛矣[20]；由法谓之道，尽数[21]矣；由执谓之道，尽便[22]矣；由辞谓之道，尽论[23]矣；由天谓之道，尽因[24]矣：此数具者，皆道之一隅也。夫道者，体常而尽变[25]，一隅不足以举之。曲知之人，观于道之一隅而未之能识也，故以为足而饰之，内以自乱，外以惑人，上以蔽下，下以蔽上，此蔽塞之祸也。孔子仁知且不蔽，故学乱术[26]，足以为先王者也。一家得周道[27]，举而用之，不蔽于成积[28]也。故德与周公齐，名与三王并，此不蔽之福也。圣人知心术之患，见蔽塞之祸，故无欲无恶，无始无终，无近无远，无博无浅，无古无今，兼陈万物而中县衡焉[29]。是故众异不得相蔽以乱其伦也。何谓衡？曰：道。……人何以知道？曰：心。心何以知？曰：虚壹而静[30]。心未尝不臧[31]也，然而有所谓虚；心未尝不满[32]也，然而有所谓一；心未尝不动也，然而有所谓静。人生而有知，知而有志[33]。志也者，臧也，然而有所谓虚，不以所已臧害所将受谓之虚。心生而有知，知而有异，异也者，同时兼知之。同时兼知之，两也，然而有所谓一，不以夫[34]一害此一谓之壹。心，卧则梦，偷则自行，使之则谋[35]。故心未尝不动也，然而有所谓静，不以梦剧[36]乱知谓之静。……虚壹而静，谓之大清明。万物莫形而不见，莫见而不论[37]，莫论而失位。坐于室而见四海，处于今而论久远，疏观万物而知其情，参稽治乱而通其度[38]，经纬天地而材官万物，制割大理，而宇宙里矣[39]。……心者，形之君也，而神明之主也，出令而无所受令。自禁也，自使也，自夺也，自取也，自行也，自止也。故口可劫而使墨云，形可劫而使诎申[40]，心不可劫而使易意，是之则受，非之则辞。故曰：心容其择也，无禁必自见，其物也杂博，其情之至也不贰[41]。……

凡观物有疑[42]，中心不定，则外物不清，吾虑不清，则未可定然否也。冥冥[43]而行者，见寝石以为伏虎也，见植林以为后人也，冥冥蔽其明也。醉者越百步之沟，以为蹞步之浍也[44]，俯而出城门，以为小之闺[45]也，酒乱其神也。厌目[46]而视者，视一以为两；掩耳而听者，听漠漠而以为哅哅[47]：埶乱其官也。故从山上望牛者若羊，而求羊者不下牵也，远蔽其大也；从山下望木者，十仞[48]之木若箸，而求箸者不上折也，高蔽其长也。水动而景[49]摇，人不以定美恶，水埶玄[50]也。瞽者仰视而不见星，人不以定有无，用精[51]惑也。有人焉，以此时定物，则世之愚者也。彼愚者之定物，以疑决疑，决必不当。夫苟不当，安能无过乎？夏首[52]之南有人焉，曰涓蜀梁，其为人也，愚而善畏。明月而宵行，俯见其影，以为伏鬼也，卬[53]视其发，以为立魅也，背而走，比至其家，失气而死，岂不哀哉！凡人之有鬼也，必以其感忽[54]之间、疑玄之时正[55]之。此人之所以无有而有无之时也，而己以正事。故伤于湿而击鼓鼓痹[56]，则必有敝鼓丧豚之费矣，而未有俞[57]疾之福也。故虽不在夏首之南，则无以异矣。

凡以知[58]，人之性也；可以知，物之理也。以可以知人之性，求可以知物之理而无所疑止[59]之，则没世穷年不能遍也。其所以贯[60]理焉虽亿万，已不足以浃万物之变[61]，与愚者若一。学，老身长子而与愚者若一，犹不知错[62]，夫是之谓妄人。故学也者，固学止之也。恶乎止之？曰：止诸至足。曷谓至足？曰：圣也[63]。圣也者，尽伦者也；王也者，尽制者也。两尽者，足以为天下极矣。故学者，以圣王为师，案以圣王之制为法，法其法，以求其统类[64]，以务象效[65]其人。向是而务，士也；类是而几[66]，君子也；知之，圣人也。……

——选自王先谦撰，沈啸寰、王星贤点校：《荀子集解（下）》，中华书局1988年版，第386—407页。

【注释】

[1]"蔽于一曲而暗于大理",杨倞注:"蔽者,不能通明,滞于一隅,如有物壅蔽之也。"曲,部分。大理,道理的全体。

[2]治,整治。复经,恢复经常的正道。

[3]两,心怀二意。疑,怀疑不决。

[4]"乱家之人",指蔽于一曲的各派学者。家,学派。

[5]妒,嫉妒。缪,认识错误。人诱其所迨,人就其所好而诱之。迨,借为"怡",爱好。

[6]积,积习。

[7]倚,偏。异术,与己不同的学术。

[8]"是以与治虽走而是己不辍也",与追求大理背道而驰,一向自以为是。治,指对大理的追求。

[9]使,役使;运用。

[10]故,同"胡",何。一说:"故"当作"数"。

[11]异,好恶不同。

[12]心术之公患,思想方法的共同弊病。

[13]宾孟,周景王之佞臣,欲立王子朝者。

[14]用,功用;功利。文,礼乐制度。

[15]"宋子蔽于欲而不知得",这里批评宋钘只知人的情欲一面,而不知还有德性的一面。宋子,即宋钘。得,同"德"。

[16]"慎子蔽于法而不知贤",这里批评慎到只知法治而不知还需要贤能。慎子,即慎到,战国时赵人,法家中主张法治一派。

[17]"申子蔽于埶而不知知",这里批评申不害只知用权势,而不知还需要才智。申子,即申不害,战国时郑人,法家中主张势治一派。埶,同"势"。

[18]"惠子蔽于辞而不知实",这里批评惠施只知辞辩而不顾事物的实际。惠子,即惠施,战国时宋人,名家。

[19]"庄子蔽于天而不知人",这里批评庄周只知天道而不知人道。庄子,即庄周,战国时宋人,道家,著有《庄子》。

[20]"由俗谓之道,尽嗛矣",以"欲"论道,则道限于适意而已。俗,通"欲"。嗛,同"慊",满足。

[21]数,度数;法律条文。

[22]便,便利。

[23]论,辩说。

[24]因,因循自然。

[25]"体常而尽变",以常理为体,而极尽其变化。

[26]乱术,治天下之术;治蔽之术。《说文》:"乱,治也。"

[27]周道,普遍的道理。周,普遍。

[28] 成积,已有的积习。

[29] "兼陈万物而中县衡焉",把一切事理摊开而以道衡量之。县,同"悬"。县衡,设立标准。

[30] "虚壹而静",虚心专一而镇静。

[31] 臧,同"藏",包藏,指已知的事物。

[32] 满,当作"两",指兼知他物。

[33] 志,同"识",记住。

[34] 夫,彼。

[35] "心,卧则梦,偷则自行,使之则谋",心在睡眠时会做梦,松懈时会乱想,运用时则会思考。偷,松弛。谋,思考。

[36] 剧,甚;剧烈。

[37] 论,读为"伦",理。

[38] "参稽治乱而通其度",参验考究前代的治乱而明其法度。

[39] 经纬,安排使有条理。材官,区别各物的特性而加以利用,使物尽其能。制割,主宰;操纵。里,当为"理"。

[40] 劫,迫。墨,同"默"。墨云,或沉默或说话。诎申,弯曲和伸展。

[41] "心容其择也,无禁必自见,其物也杂博,其情之至也不贰",心可以任意选择,没有禁止而必定自己表现出来,它认识的事物博杂,它的精神专一不二。情,读"精"。

[42] 疑,疑惑。

[43] 冥冥,黑夜;晚上。

[44] 蹞,同"跬",半步。浍,小沟。

[45] 闺,小门。

[46] 厌目,按目。厌,同"压"。

[47] 漠漠,寂静无声貌。咰咰,喧扰声。

[48] 仞,古代长度单位,据陶方琦《说文仞字八尺考》谓周制为八尺,汉制为七尺,东汉末为五尺六寸。

[49] 景,影。

[50] 玄,同"眩",昏乱。

[51] 精,眼的精明。

[52] 夏首,夏水之首。夏水,古水名。

[53] 卬,古"仰"字。

[54] 感忽,恍惚。

[55] 正,当作"定"。

[56] "故伤于湿而击鼓鼓痹",此句疑有脱字,王念孙认为原文可能是:"故伤于湿而痹,痹而击鼓烹豚。"痹,泛指关节或肌肉肿痛,击鼓烹豚,祭神祈求病愈的行动。

[57] 俞,通"愈",治好病。

[58] 以知,可知;能知。以,当作"可"。

[59] 疑止,有所不为。

[60] 贯,习。

[61] "已不足以浃万物之变",但最终也不能穷尽万事万物的变化。已,终。浃,周遍。

[62] 不知错,不知舍弃无用之学。错,舍置。

[63] 圣也,当为"圣王"。

[64] 统类,纲纪法例。统,纪。类,与法相类的例。

[65] 象效,效法。象,法。

[66] 几,近。

解读

《解蔽》篇讨论如何解除蒙蔽,以正确认识事物。

荀子反对认识过程中的片面性。《解蔽》篇开始就说:"凡人之患,蔽于一曲而暗于大理。""一曲"就是局部;"大理"就是全面。人们在认识上的通病就是容易陷于片面。这种片面性往往源于人的"私其所积""倚其所私",即人总是只偏爱自己掌握的知识,或只是以自己掌握的理论为依据,不容纳"异术"。这样,自然要"蔽于一曲而失正求"了。文章列举了墨子、宋子、庄子等人受蒙蔽的情况及其恶果,以证明解除蒙蔽之必要。

荀子接着说:"故为蔽:欲为蔽,恶为蔽,始为蔽,终为蔽,远为蔽,近为蔽,博为蔽,浅为蔽,古为蔽,今为蔽。""凡万物异则莫不相为蔽。"这句话涉及一个辩证法的真理。这里所举的欲、恶,始、终,远、近等,都是矛盾的对立面。人在认识矛盾统一体的两方面时,往往只看见一面,而看不见对立的另一面。譬如,对于一件事,只见其可欲的一面,不见其可恶的一面,正因为只看其可欲,所以为其所"蔽",而更不见其可恶的一面。这样,认识就有片面性了。荀子还袭用道家"心术"的概念,认为"蔽于一曲"是"心术之公患"。

如何解除蒙蔽,去除"心术之公患"? 荀子提出,最为关键的是建立一个正确的标准,把握住事物的各个方面,认真加以比较权衡,才能获得正确的认识。而这个正确的标准,荀子认为就是"道"。只要掌握了道,就可以"坐于室而见四海,处于今而论久远","恶有蔽矣哉?"

"人何以知道?"荀子也具体说明了掌握"道"的方法:"虚壹而静。""虚",就是要消除"先见","不以所已臧害所将受";"壹",就是要专一,"不以夫一害此一";

"静"，就是要冷静观察，不妄动，"不以梦剧乱知"；如此，方能得"大清明"。

性恶（节选）

荀子生活的时代，已是战国末期，他比孟子晚了半个多世纪。当时，奴隶制彻底走向崩溃，封建制不断巩固与发展。作为新兴地主阶级的代表，荀子的思想学说很多是与孟子针锋相对的。其中人性论思想的对立就是表现之一。荀子主张"性恶"，与孟子的"性善"说根本对立。《性恶》篇就是专门针对孟子的"性善论"而写的。

人之性恶，其善者伪[1]也。今人之性，生而有好利焉，顺是，故争夺生而辞让亡焉；生而有疾[2]恶焉，顺是，故残贼生而忠信亡焉；生而有耳目之欲，有好声色焉，顺是，故淫乱生而礼义文理[3]亡焉。然则从[4]人之性，顺人之情，必出于争夺，合于犯分乱理[5]而归于暴。故必将有师法之化，礼义之道，然后出于辞让，合于文理，而归于治。用[6]此观之，然则人之性恶明矣，其善者伪也。故枸木必将待檃栝、烝、矫然后直[7]，钝金必将待砻、厉[8]然后利。今人之性恶，必将待师法然后正，得礼义然后治。今人无师法则偏险[9]而不正，无礼义则悖乱而不治。古者圣王以人之性恶，以为偏险而不正，悖乱而不治，是以为之起礼义，制法度，以矫饰人之情性而正之，以扰[10]化人之情性而导之也。始皆出于治，合于道者也。今之人，化师法，积文学，道[11]礼义者为君子；纵性情，安恣睢[12]，而违礼义者为小人。用此观之，然则人之性恶明矣，其善者，伪也。孟子曰："人之学者，其性善[13]。"曰：是不然。是不及知人之性，而不察乎人之性、伪之分者也。凡性者，天之就也，不可学，不可事[14]；礼义者，圣人之所生也，人之所学而能，所事而成者也。不可学、不可事而在人者谓之性，可学而能、可事而成之在人者谓之伪。是性、伪之分也。今人之性，目可以见，耳可以听。夫可以见之明不离目，可以听之聪不离耳，目明而耳聪，不可学明矣。孟子曰："今人之性善，将皆失丧其性故也[15]。"曰：若是，则过矣。今人之性，生而离其朴，离其资[16]，必失而丧之。用此观之，然则人之性恶明矣。所谓性善者，不离其朴而美之，不离其资而利之也。使夫资朴之于美，心意之于善，若夫可以见之明不离目,可以听之聪不离耳,故曰目明而耳聪也。今人之性,饥而欲饱,寒而欲暖,劳而欲休,此人之情性也。今人饥,见长[17]而不敢先食者,将有所让也;劳而不敢求息者,将有所代也。夫子之让乎父,弟之让乎兄,子之代乎父,弟之代乎兄,此二行者,皆反于性而悖于情也。然而孝子之道,礼义之文理也。故顺情性则不辞让矣,辞让则悖于情性矣。用此观之,然则人之性恶明矣,其善者伪也。

问者曰:"人之性恶,则礼义恶[18]生?"应之曰:凡礼义者,是生于圣人之伪,非故[19]生于人之性也。故陶人埏埴[20]而为器,然则器生于工人之伪,非故生于人之性也。故工人斫[21]木而成器,然则器生于工人之伪,非故生于人之性也。圣人积思虑,习伪故[22],以生礼义而起法度,然则礼义法度者,是生于圣人之伪,非故生于人之性也。若夫目好色,耳好声,口好味,心好利,骨体肤理好愉佚,是皆生于人之情性者也,感而自然,不待事而后生之者也。夫感而不能然,必且待事而后然者,谓之生于[23]伪。是性、伪之所生,其不同之征也。故圣人化性而起伪[24],伪起而生礼义,礼义生而制法度。然则礼义法度者,是圣人之所生也。故圣人之所以同于众,其不异于众者[25],性也;所以异而过众者,伪也。夫好利而欲得者,此人之情性也。假之人有弟兄资财而分者,且顺情性,好利而欲得,若是,则兄弟相拂夺[26]矣;且化礼义之文理,若是则让乎国人矣。故顺情性则弟兄争矣,化礼义则让乎国人矣。凡人之欲为善者,为性恶也。夫薄愿厚,恶愿美,狭愿广,贫愿富,贱愿贵,苟无之中者,必求于外;故富而不愿财,贵而不愿埶,苟有之中者,必不及于外。用此观之,人之欲为善者,为性恶也。今人之性,固无礼义,故强学而求有之也;性不知礼义,故思虑而求知之也。然则生而已[27],则人无礼义,不知礼义。人无礼义则乱,不知礼义则悖。然则生而已,则悖乱在己。用此观之,人之性恶明矣,其善者伪也。

孟子曰:"人之性善。"曰:是不然。凡古今天下之所谓善者,正理平治也;所谓恶者,偏险悖乱也。是善恶之分也已。今诚以人之性固正理平治邪?则有[28]恶用圣王,恶用礼义矣哉!虽有圣王礼义,将曷[29]加于正理平治也哉!今不然,人之性恶。故古者圣人以人之性恶,以为偏险而不正,悖乱而不治,故为之立君上之埶以临之,明礼义以化之,起法正以治之,重刑罚以禁之,使天下皆出于治,合于善也。是圣王之治,而礼义之化也。今当试[30]去君上之埶,无礼义之化,去法正之治,无刑罚之禁,倚[31]而观天下民人之相与也,若是,则夫强者害弱而夺之,众者暴寡而哗之[32]，天下之悖乱而相亡不待顷矣。用此观之，然则人之性恶明矣，其善者伪也。……

"涂之人可以为禹"，曷谓也？曰：凡禹之所以为禹者，以其为仁义法正也。然则仁义法正有可知可能之理，然而涂之人也，皆有可以知仁义法正之质，皆有可以能仁义法正之具，然则其可以为禹明矣。今以仁义法正为固无可知可能之理邪？然则唯[33]禹不知仁义法正，不能仁义法正也。将使涂之人固无可以知仁义法正之质，而固无可以能仁义法正之具邪？然则涂之人也，且内不可以知父子之义，外不可以知君臣之正。不然。今涂之人者，皆内可以知父子之义，外可以知君臣之正，然则其可以知之质，可以能之具，其在涂之人明矣。今使涂之人者以其可以知之质，可以能之具，本夫仁义之可知之理，可能之具[34]，然则其可以为禹明矣。今使涂之人伏术[35]为学，专心一志，思索孰察，加日县久，积善而不息，则通于神明，参于天地矣[36]。故圣人者，人之所积而致矣。曰："圣可积而致，然而皆不可积，何也？"曰：可以而不可使也。故小人可以为君子而不肯为君子，君子可以为小人而不肯为小人。小人、君子者，未尝不可以相为也，然而不相为者，可以而不可使也。故涂之人可以为禹则然，涂之人能为禹，未必然也。虽不能为禹，无害可以为禹。足可以遍行天下，然而未尝有能遍行天下者也。夫工匠、农、贾，未尝不可以相为事也，然而未尝能相为事也。用此观之，然则可以为，未必能也；虽不能，无害可以为。然则能不能之与可不可，其不同远矣，其不可以相为明矣。

——选自王先谦撰，沈啸寰、王星贤点校：《荀子集解（下）》，中华书局1988年版，第434—444页。

注释

［1］伪，通"为"，人为。凡不是天性而是人作为的谓之伪。

［2］疾，同"嫉"。

［3］文理，条理；有理有节的行为。

［4］从，音 zòng，通"纵"，放任。

［5］犯分乱理，依上下文义，当作"犯文乱理"。

［6］用，同"由"。下同。

［7］枸，音 gōu，弯曲。檃栝，矫正弯曲木材的工具。烝，蒸木使柔。矫，矫曲使直。

［8］砻，厉，磨。厉，同"砺"。

［9］险,邪。

［10］扰,驯。

［11］道,蹈;实践。

［12］"安恣睢",放任无拘束。

［13］"人之学者,其性善",人们学习正是为了发展其天性的善。

［14］事,为;修饰。

［15］"将皆失丧其性故也","故"下似脱一"恶"字。指都因丧失本性,所以才恶。

［16］朴,质朴。资,资材。

［17］长,尊长。

［18］恶,音 wū,何。

［19］故,本。

［20］埏埴,和泥制作陶器。埏,音 shān,捶击。埴,音 zhí,黏土。

［21］斫,音 zhuó,砍;削。

［22］故,事理。

［23］生于,此两字疑为衍文。

［24］化性而起伪,谓变化本性的恶而树立人为的善。起,兴起。

［25］"其不异于众者",疑当为"而不过于众者"。

［26］拂夺,争夺。拂,违反。

［27］生而已,任天性自发地生长。生,亦作"性"。

［28］有,读"又"。

［29］曷,何。

［30］当试,尝试。

［31］倚,立。

［32］"众者暴寡而哗之",人多者陵暴人少者而分裂之。暴,陵暴。哗,音 huá,当中裂开。

［33］唯,读为"虽"。

［34］"本夫仁义之可知之理,可能之具",应为"本夫仁义法正之可知可能之理"。

［35］伏术,从事于道术。伏,通"服",从事。术,道。

［36］"则通于神明,参于天地矣",通于神明,达到精神的清明。参于天地,《荀子·天论》:"天有其时,地有其财,人有其治,夫是之谓能参。"指人能配合天地。

【解读】

　　《性恶》篇专论人性问题,集中批判孟子的"性善论",系统地阐述了荀子"性恶论"的基本主张。

荀子首先断言:"人之性恶,其善者伪也。"他接着举出一些证据,试图证明"性恶"。譬如,从人天生的"好利""疾恶""好声色",可见"人之性恶";再如,"凡人之欲为善者,为性恶也",这就是说,人总是欲求他所没有的东西,如果他已有了,也就不欲求了;既然人欲求"善",可见他本性中原来没有"善"。荀子指出"性善论"的错误在于,混淆了"性"与"伪"的区别,把人为的礼义当成天赋的本性。在他看来,顺人之性,而不以礼义为节制,则争夺、残贼、淫乱生,而辞让、忠信、礼义文理亡矣。可见人的本性是同礼义相矛盾的,也说明人性本来就不是善的,而是恶的。

孟子认为,"人皆可以为尧舜";荀子也说,"涂之人可以为禹"。表面上看,他们都承认人可以成为"圣人",其实质还是不同。孟子主张只要扩充人性中原有的"善端",就可成为"圣人";而荀子强调人的本性中虽无"善端",但有学习"礼义"的能力。既然"仁义法正有可知可能之理",那么,涂之人也当有"可以为禹"之可能。但是,可以为禹,却未必能为禹,"然则能不能之与可不可,其不同远矣"。变可能为现实,关键在于后天的努力。因此,荀子鼓励、告诫人们要"伏术为学,专心一志"。

荀子从"性恶论"出发,认为教育的作用就是改造人的本性,使之合于礼义。由此强调了后天努力的重要性,强调了教育与环境的影响对人们道德观念所起的作用。这正是"性恶论"的积极意义之所在。

(叶志坚)

韩非(约前280—前233),尊称"韩非子",出身韩国贵族。战国末思想家,法家主要代表人物。后人将其著作汇编为《韩非子》,《汉书·艺文志》著录五十五篇。

《韩非子》

五蠹（节选）

题解

《五蠹》是一篇论述韩非历史观和政治思想的重要作品。韩非出身韩国贵族,与李斯同为荀子的学生。"韩非处弱韩危极之时"(王先慎《韩非子集解》王先谦序),公元前258年,魏、楚联合救赵,秦军大败,自此以后,秦暂时停止了对东方各国的进攻,这应该说是韩国自救自强最好的而且是唯一的机会。司马迁云:"非见韩之削弱,数以书谏韩王,韩王不能用。于是韩非疾治国不务修明其法制,执势以御其臣下,富国强兵而以求人任贤,反举浮淫之蠹而加之于功实之上。以为儒者用文乱法,而侠者以武犯禁。宽则宠名誉之人,急则用介胄之士。今者所养非所用,所用非所养。悲廉直不容于邪枉之臣,观往者得失之变,故作《孤愤》《五蠹》《内外储》《说林》《说难》十余万言。"(《史记·老子韩非列传》)此为韩非作《五蠹》的历史背景。

原文

上古之世,人民少而禽兽众,人民不胜禽兽虫蛇,有圣人作,构[1]木为巢以避群害,而民悦之,使王天下,号之曰有巢氏。民食果蓏蚌蛤[2],腥臊恶臭而伤害腹胃,民多疾病,有圣人作,钻燧[3]取火以化腥臊,而民说之,使王天下,号之曰燧人氏。中古之世,天下大水,而鲧、禹决渎[4]。近古之世,桀、纣暴乱,而汤、武征伐。今有构木钻燧于夏后氏之世者,必为鲧、禹笑矣。有决渎于殷、周之世者,必为汤、武笑矣。然则今有美尧、舜、汤、武、禹之道于当今之世者,必为新圣笑矣。是以圣人不期修古,不法常可[5],论世之事,因为之备。宋人有耕田者,田中有株[6],兔走[7],触株折颈而死,因释[8]其耒而守株,冀复得兔,兔不可复得,而身为宋国笑。今欲以先王之政,治当世之民,皆守株之类也。

··········

夫古今异俗,新故异备。如欲以宽缓之政、治急世之民,犹无辔策[9]而御驸马,此不知之患也。今儒、墨皆称先王兼爱天下,则视民如父母[10]。何以明其然也?曰:"司寇[11]行刑,君为之不举乐;闻死刑之报,君为流涕。"此所举先王也[12]。夫以君臣为如父子则必治,推是言之,是无乱父子[13]也。人之情性,莫先[14]于父母,皆见[15]爱而未必治也,虽厚爱矣,奚遽不乱?今先王之爱民,不过父母之爱子,子未必不乱也,则民奚遽治哉!且夫以法行刑而君为之流涕,此以效仁[16],非以为治也。夫垂泣不欲刑者仁也,然而不可不刑者法也。先王胜其法不听其泣,则仁之不可以为治亦明矣。且民者固服于势,寡能怀于义。仲尼,天下圣人也,修行明道以游海内,海内说其仁,美其义,而为服役者七十人,盖贵仁者寡,能义者难也。故以天下之大,而为服役者七十人,而仁义者一人。鲁哀公[17],下主也,南面君国,境内之民莫敢不臣。民者固服于势,诚易以服人,故仲尼反为臣,而哀公顾[18]为君。仲尼非怀其义,服其势也。故以义则仲尼不服于哀公,乘势则哀公臣仲尼。今学者之说人主也,不乘必胜之势,而务行仁义则可以王,是求人主之必及仲尼,而以世之凡民皆如列徒[19],此必不得之数[20]也。

今有不才之子,父母怒之弗为改,乡人谯[21]之弗为动,师长教之弗为变。夫以父母之爱,乡人之行,师长之智,三美加焉,而终不动其胫毛,不改;州部[22]之吏,操官兵、推公法而求索奸人,然后恐惧,变其节,易其行矣。故父母之爱不足以教子,必待州部之严刑者,民固骄于爱、听于威矣。故十仞之城,楼季[23]弗能逾者,峭[24]也;千仞之山,跛牂[25]易牧者,夷也。故明王峭其法、而严其刑也。布帛寻常[26],庸人不释;铄金百溢,盗跖不掇[27]。不必害则不释寻常,必害手则不掇百溢,故明主必其诛也。是以赏莫如厚而信,使民利之;罚莫如重而必,使民畏之;法莫如一而固,使民知之。故主施赏不迁,行诛无赦。誉辅其赏,毁随其罚,则贤不肖俱尽其力矣。

············

儒以文乱法,侠以武犯禁,而人主兼礼之,此所以乱也。夫离法者罪,而诸先生以文学取;犯禁者诛,而群侠以私剑养[28]。故法之所非,君之所取;吏之所诛,上之所养也。法趣上下四相反也[29],而无所定,虽有十黄帝不能治也。故行仁义者非所誉,誉之则害功;文学者非所用,用之则乱法。……然则为匹夫计者,莫如修行义而习文学。仁义修则见信，见信则受事；文学习则为明师，为明师则显荣；此匹夫之美也。然则无功而受事，无爵而显荣，为有政如此，则国必乱，主必危矣。故不相容之事，不两立也。斩敌者受赏，而高慈惠之行；拔城者受爵禄，而信廉[30]爱之说；坚甲厉[31]兵以备难，而美荐绅[32]之饰；富国以农，距敌恃卒，而贵文学之士；废敬上畏法之民，而养游侠私剑之属。举行如此，治强不可得也。国平养儒侠，难至用介士[33]，所利非所用，所用非所利。是故服事者简其业[34]，而游学者日众，是世之所以乱也。

且世之所谓贤者，贞信[35]之行也。所谓智者，微妙之言也。微妙之言，上智之所难知也。今为众人法，而以上智之所难知，则民无从识之矣。故糟糠不饱者不务粱肉，短褐[36]不完者不待文绣。夫治世之事，急者不得，则缓者非所务也。今所治之政，民间之事，夫妇[37]所明知者不用，而慕上知之论，则其于治反矣。故微妙之言，非民务也。若夫贤良贞信之行者，必将贵不欺之士。不欺之士者，亦无不欺之术也。布衣相与交，无富厚以相利，无威势以相惧也，故求不欺之士。今人主处制人之势，有一国之厚，重赏严诛，得操其柄，以修明术之所烛[38]，虽有田常、子罕之臣[39]，不敢欺也，奚待于不欺之士？今贞信之士不盈于十，而境内之官以百数，必任贞信之士，则人不足官，人不足官则治者寡而乱者众矣。故明主之道，一法而不求智，固术而不慕信，故法不败，而群官无奸诈矣。

今人主之于言也，说其辩[40]而不求其当焉；其用于行也，美其声[41]而不责其功焉。是以天下之众，其谈言者务为辩而不周[42]于用，故举先王言仁义者盈廷，而政不免于乱；行身者竞于为高而不合于功，故智士退处岩穴、归禄不受，而兵不免于弱。政不免于乱，此其故何也？民之所誉，上之所礼，乱国之术也。今境内之民皆言治，藏商、管之法[43]者家有之，而国愈贫，言耕者众，执耒者寡也；境内皆言兵，藏孙、吴之书[44]者家有之，而兵愈弱，言战者多，被甲者少也。故明主用其力，不听其言；赏其功，必禁无用；故民尽死力以从其上。夫耕之用力也劳，而民为之者，曰：可得以富也。战之为事也危，而民为之者，曰：可得以贵也。今修文学、习言谈，则无耕之劳、而有富之实，无战之危、而有贵之尊，则人孰不为也？是以百人事智而一人用力，事智者众则法败，用力者寡则国贫，此世之所以乱也。故明主之国，无书简之文[45]，以法为教；无先王之语[46]，以吏为师；无私剑之捍，以斩首为勇[47]。是境内之民，其言谈者必轨于法，动作者归之于功，为勇者尽之于军。是故无事则国富，有事则兵强，此之谓王资[48]。既畜王资而承敌国之釁[49]，超五帝，侔[50]三王者，必此法也。

……………………

是故乱国之俗，其学者则称先王之道，以籍[51]仁义，盛容服而饰辩说，以疑[52]当世之法而贰人主之心。其言古者，为设[53]诈称，借于外力，以成其私而遗社稷之利。其带剑者，聚徒属，立节操，以显其名而犯五官[54]之禁。其患御者[55]，积于私门[56]，尽货赂而用重人之谒[57]，退汗马之劳。其商工之民，修治苦窳[58]之器，聚弗靡之财[59]，蓄积待时而侔[60]农夫之利。此五者，邦之蠹也。人主不除此五蠹之民，不养耿介之士，则海内虽有破亡之国，削灭之朝，亦勿怪矣。

——选自韩非著，陈奇猷校注：《韩非子新校注（下册）》，上海古籍出版社 2000 年版，第 1085—1122 页。

【注释】

[1] 构，架。

[2] 蓏，音 luǒ，瓜类植物的果实。蜯，同"蚌"。蛤，蛤蜊。

[3] 燧，古代取火的器具。

[4] 决渎，疏浚河道。渎，沟。

[5] "圣人不期修古，不法常可"，圣人不必要遵行先王古法，不效法所谓永远适宜的制度。期，要求。修，遵循。法，效法。可，适宜。

[6] 株，砍树余下的树桩。

[7] 走，跑。

[8] 释，借为"捨"，放下。

[9] 辔，音 pèi，缰绳。策，马鞭。

[10] 视民如父母，谓看待人民如父母看待子女一样。

[11] 司寇，官名，掌刑狱。

[12] "此所举先王也"，此所称举先王的事例。

[13] 乱父子，"父"字当删。

[14] 先，超越。

[15] 见，同"现"。

[16] 效仁，表示仁爱。效，明。

[17] 鲁哀公,姬姓,名将,前494—前468年在位。

[18] 顾,反。

[19] 列徒,仲尼诸弟子。

[20] 数,理。

[21] 谯,音qiào,呵责。

[22] 州部,州衙。

[23] 楼季,战国魏文侯之弟,善于腾跳的勇士。

[24] 峭,同"陗",高。

[25] 牂,音zāng,母羊。

[26] 寻常,古代长度单位,八尺为寻,十六尺为常。

[27] 铄金,烧熔的黄金。溢,同"镒",重量单位,二十四两为一镒。掇,拾。

[28] 私剑,指暗杀。养,谓侠士被蓄养。

[29] 法,谓法之所非。趣,当作"取",谓君之所取。上,谓君之所养。下,谓吏之所诛。四者正相反。

[30] 廉,当作"兼"。

[31] 厉,同"砺"。

[32] 荐绅,同"搢绅",插笏于绅带,旧时官宦或儒者的装饰。亦用作官宦或儒者的代称。

[33] 介士,甲士。

[34] 服事,服役。简,惰。

[35] 贞信,坚贞诚实。

[36] 短褐,古时贫苦人穿的粗布衣服。

[37] 夫妇,匹夫匹妇。

[38] 之所烛,当改为"烛之"。烛,照。

[39] 田常、子罕之臣,春秋时齐田常、宋子罕,皆大夫而权势凌驾于国君。

[40] 辩,巧言。

[41] 声,虚名。

[42] 周,合。

[43] 商,即商鞅,有《商君书》。管,即管仲。

[44] 孙、吴之书,孙子有二:一是春秋齐人孙武,有《吴孙子》。另一是战国齐人孙膑,有《齐孙子》。吴起,战国卫人,先为魏文侯郡守,后为楚悼王令尹,著兵法书已佚。今传《吴子》出伪托。

[45] 书简之文,简册记载的文献。

[46] 先王之语,儒墨称道先王的话。

[47] "无私剑之捍,以斩首为勇",无私斗之悍,而以战场杀敌为勇。捍,借为"悍"。

[48] 王资,谓法、吏、耕、战四者为王者最可靠的凭借。资,凭借。

[49] 承,通"乘"。釁,音 xìn,同"衅"。

[50] 伴,等同。

[51] 籍,当为"藉",假借。

[52] 疑,借为"拟"。

[53] 为设,编造假话。为,借为"伪"。

[54] 五官,司徒、司马、司空、司士、司寇,亦泛指百官。

[55] 患御者,畏惧抗敌守御的人。御,守御。

[56] 私门,权贵私家之门。

[57] 用重人之谒,利用向权贵的请谒。

[58] 窳,音 yǔ,粗劣。

[59] 弗靡之财,侈靡之财。弗,当作"沸"。

[60] 伴,借为"牟",取。

【解读】

《五蠹》系统论述了韩非的历史观和政治思想。

首先,韩非继承和发展了商鞅关于历史分上世、中世、下世三期之说,把历史分为上古、中古、近古三个时期。韩非还认识到:时代不同,生活中的问题也不同;问题不同,解决的办法也不同。因此,他说:"是以圣人不期修古,不法常可,论世之事,因为之备。""世"指时代,"事"指事务或问题,"备"指处理事务或解决问题的办法。"事"因"世"的不同而不同,"备"因"事"的不同而不同。古代的东西不适于今,所以"不期修古";本来没有"常可"的东西,所以"不法常可"。与儒家、道家"颂古非今"的历史观相比,韩非主张社会政治制度要随客观具体情况而改变,反对复古守旧。

其次,韩非运用了比喻、例证等方法,论述了仁、爱"不可以为治"的道理,主张"法治"。韩非进而反对儒家的道德说教,称"此必不得之数也",认为统治者应利用人的自私自利,主张"赏莫如厚而信""罚莫如重而必",以赏罚为手段,来推动耕战以收富国强兵之效。"无事则国富,有事则兵强,此之谓王资。"这是韩非为当时的地主阶级所设计的总策略。"王资"的意思就是称王的资本和条件。

此篇所谓"五蠹"者,是指:学者或文学者(儒家之徒)、带剑者(游侠)、言谈者(到处游说的投机政客)、患御者(逃避耕战依附豪门的人)以及"商工之民"(工商业者)。"此五者,邦之蠹也。"其中为害最大的是儒和侠。"儒以文乱法,侠以武犯禁",就是说,儒是用文的方法同新兴地主阶级斗争,侠是以武的方法给新兴地主阶级捣乱。因此，韩非排斥六艺文学，强调"明主之国，无书简之文，以法为教；无先王之语，以吏为师"，明确地表达了法家"以法为教""以吏为师"的教育观。

显学（节选）

【题解】 战国时期，整个社会处于大变革当中，各国的社会发展也很不平衡。但总的来说，封建社会制度已初步建立，同时奴隶社会制度的残余又未肃清。因此，在意识形态领域出现了不同学派之间的斗争，形成了"百家争鸣"的局面。其中，如何对待"先王之教"的问题，成了各派争论的焦点之一。《显学》篇正是在这样的背景之下，批判了儒墨，以阐明其"法治"思想。它断言儒墨都是"愚诬之学，杂反之辞"，必须禁绝；主张"不务德而务法"。

【原文】 世之显学，儒、墨也。儒之所至[1]，孔丘也。墨之所至，墨翟也。自孔子之死也，有子张之儒，有子思之儒，有颜氏之儒，有孟氏之儒，有漆雕氏之儒，有仲良氏之儒，有孙氏之儒，有乐正氏之儒[2]。自墨子之死也，有相里氏之墨，有相夫氏之墨，有邓陵氏之墨[3]。故孔、墨之后，儒分为八，墨离为三，取舍相反、不同，而皆自谓真孔、墨，孔、墨不可复生，将谁使定世之学乎？孔子、墨子俱道尧、舜，而取舍不同，皆自谓真尧、舜，尧、舜不复生，将谁使定儒、墨之诚乎？殷、周七百余岁，虞、夏二千余岁[4]，而不能定儒、墨之真，今乃欲审尧、舜之道于三千岁之前，意者其不可必乎！无参验而必[5]之者，愚也；弗能必而据之者，诬也。故明据先王，必定尧、舜者，非愚则诬也。愚诬之学，杂反[6]之行，明主弗受也。

……自愚诬之学、杂反之辞争，而人主俱听之，故海内之士，言无定术，行无常议[7]。夫冰炭不同器而久，寒暑不兼时而至，杂反之学不两立而治，今兼听杂学缪[8]行同异之辞，安得无乱乎？听行如此，其于治人又必然矣。

…………

……藏书策，习谈论，聚徒役，服[9]文学而议说，世主必从而礼之，曰："敬贤士，先王之道也。"夫吏之所税，耕者也；而上之所养，学士也。耕者则重税，学士则多赏，而索民之疾作而少言谈，不可得也。立节参民，执操不侵[10]，怨言过于耳必随之以剑,世主必从而礼之,以为自好之士。夫斩首之劳不赏,而家斗之勇尊显,而索民之疾战距敌[11]而无私斗,不可得也。国平则养儒侠,难至则用介士,所养者非所用,所用者非所养,此所以乱也。且夫人主于听学也,若是其言,宜布之官而用其身,若非其言,宜去其身而息其端。今以为是也而弗布于官,以为非也而不息其端,是而不用,非而不息,乱亡之道也。

··············

……夫严家无悍虏[12],而慈母有败子,吾以此知威势之可以禁暴,而德厚之不足以止乱也。

夫圣人之治国,不恃人之为吾善也,而用其不得为非也。恃人之为吾善也,境内不什数;用人不得为非,一国可使齐。为治者用众而舍寡,故不务德而务法。夫必恃自直之箭,百世无矢;恃自圜之木,千世无轮矣。自直之箭[13]、自圜[14]之木,百世无有一,然而世皆乘车射禽者何也? 隐[15]栝之道用也。虽有不恃隐栝而有自直之箭、自圜之木,良工弗贵也,何则? 乘者非一人,射者非一发也。不恃赏罚而恃自善之民,明主弗贵也,何则? 国法不可失,而所治非一人也。故有术之君,不随适然[16]之善,而行必然之道。

··············

今巫祝[17]之祝人曰:"使若[18]千秋万岁。"千秋万岁之声聒耳[19],而一日之寿无征于人,此人所以简[20]巫祝也。今世儒者之说人主,不善今之所以为治,而语已治之功;不审官法之事,不察奸邪之情,而皆道上古之传,誉先王之成功。儒者饰辞曰:"听吾言则可以霸王。"此说者之巫祝,有度之主不受也。故明主举实事,去无用;不道仁义者[21]故,不听学者之言。

今不知治者必曰:"得民之心。"欲得民之心而可以为治,则是伊尹、管仲无所用也,将听民而已矣。民智之不可用,犹婴儿之心也。夫婴儿不剔首则腹痛,不揊痤则寖益[22]。剔首、揊[23]痤必一人抱之,慈母治之,然犹啼呼不止,婴儿子不知犯其所小苦致其所大利也。今上急耕田垦草以厚民产也,而以上为酷;修刑重罚以为禁邪也,而以上为严;征赋钱粟以实仓库、且以救饥馑备军旅也,而以上为贪;境内必知介,而无私解[24],并力疾斗所以禽[25]虏也,而以上为暴。此四者所以治安也,而民不知悦也。夫求圣通之士者,为民知之不足师用。昔禹决江浚河而民聚瓦石,子产开亩树桑郑人谤訾[26]。禹利天下,子产存郑,皆以受谤,夫民智之不足用亦明矣。故举士而求贤智,为政而期适民,皆乱之端,未可与为治也。

——选自韩非著,陈奇猷校注:《韩非子新校注(下册)》,上海古籍出版社 2000 年版,第 1124—1147 页。

【注释】

[1] 至,极。

[2] "有子张之儒,有子思之儒,有颜氏之儒,有孟氏之儒,有漆雕氏之儒,有仲良氏之儒,有孙氏之儒,有乐正氏之儒",儒分为八:子张,孔子弟子颛孙师。子思,孔伋,孔子之孙。颜氏,颜回。孟氏,孟轲。漆雕氏,孔子弟子漆雕开,好勇任侠。仲良氏,鲁人仲良怀,相传与传乐有关。孙氏,荀况。乐正氏,指孟轲弟子乐正克。

[3] "有相里氏之墨,有相夫氏之墨,有邓陵氏之墨",墨别为三:"相里勤之弟子,五侯之徒,南方之墨者,苦获、己齿、邓陵子之属,俱诵墨经,而倍谲不同,相谓别墨。"(《庄子·天下》)相里勤疑即相里氏。邓陵子即邓陵氏。相夫氏亦作伯夫氏。

[4] "殷、周七百余岁,虞、夏二千余岁",应改为"虞、夏七百余岁,殷、周二千余岁",年数仅据传闻。

[5] 必,肯定。

[6] 杂反,杂乱违法。

[7] "言无定术,行无常议",谓言论不一贯,行为无准则。术,读作"述"。议,读作"仪"。

[8] 缪,借为"谬"。

[9] 服,习。

[10] "民"当作"明"。"立节参明,执操不侵",把自己的名节立得崇高显明,牢牢持守不许别人侵犯。参,高。操,把持。

[11] 距敌,拒敌。

[12] 虏,奴隶。

[13] 箭,矢竹。

[14] 圜,借为"圆"。

[15] 隐,借为"檃"。

[16] 适然,偶然。

[17] 巫,以祈祷求神为职业的人。祝,祭祀时致祝词及传神言的人。

[18] 若,汝。

[19] 聒耳,杂乱刺耳。聒,音 guō。

[20] 简,怠慢。

[21] 者,借为"诸"。

[22] "不剔首则腹痛,不揊痤则寖益",不割治头疮就要加痛,不剖开脓包就要增大。剔,音 tì,同"剃"。
剔首,割治头疮。腹,当作"复"。揊,音 pì,压挤疮脓等。痤,痈。

[23] 揊,音 pì,同"揊"。

[24] 私解,指倚靠权贵而免除兵役。

[25] 禽,同"擒"。

[26] "昔禹决江浚河而民聚瓦石,子产开亩树桑郑人谤訾",《吕氏春秋·乐成》:"禹之决江水也,民聚
瓦砾。事已成,功已立,为万世利。禹之所见者远也,而民莫之知。"《左传·襄公三十年》:"子产
使都鄙有章,上下有服,田有封洫,庐井有伍。大人之忠俭者,从而与之;泰侈者,因而毙之。……
从政一年,舆人诵之,曰:'取我衣冠而褚之,取我田畴而伍之。孰杀子产,吾其与之!'及三年,又
诵之,曰:'我有子弟,子产诲之。我有田畴,子产殖之。子产而死,谁其嗣之?'"

【解读】

《显学》是批判儒墨与阐明"法治"思想的作品。

韩非首先从方法论上,用"参验"的方法来批判儒墨学说。儒家和墨家都引证尧舜,作为他们立论的依据。可是,他们所说的尧舜并不相同。韩非说:"欲审尧、舜之道于三千岁之前,意者其不可必乎! 无参验而必之者,愚也;弗能必而据之者,诬也。故明据先王,必定尧、舜者,非愚则诬也。"韩非这些话的认识论含义是,凡命题或理论都必须经过"参验"才可确定它是真实的,只有必定是真实的命题或理论才可以作为立论或行动的根据。这说明韩非的认识论已接触到唯物主义的一个要点:实践是检验真理的标准。

韩非是注重实际功利而不重精神教化的。他认为"先王之教",即仁义道德的说教,是不切实际的,无益于国计民生,只是一种空谈。脱离事功的仁义之说,如同神巫的祷词一样,无非是骗人的。"故明主举实事,去无用;不道仁义者故,不听学者之言。"

重实力,则须行"法治"。韩非抨击了儒家的德治说,论证了"法治"的优越性和实行"法治"教育的重要性。他承袭商鞅的"贵法不贵德"的观点,提出了"不务德而务法",主张不重教化,而只强制人民守法、力耕、备战。在他看来,耕战刑法虽然表面残忍,却是"犯其所小苦致其所大利也"。接着,他又从人性自私的观点出发,反复论证为善去恶要靠"法治",不能靠道德教化。他说:"夫严家无悍虏,而慈母有败子,吾以此知威势之可以禁暴,而德厚之不足以止乱也。"强调了"法治"对改造人的不良品质的作用,反对溺爱,主张严格要求。当然,依靠"法治"进行的教育,其目标

不可能定得太高。"不恃人之为吾善也,而用其不得为非也",就是说,不求其为善,但求其不为恶,由此达到"一国可使齐"。

但是,韩非看不起人民群众的智慧。他说:"民智之不可用,犹婴儿之心也。""举士而求贤智,为政而期适民,皆乱之端,未可与为治也。"同时,他也忽视了教育培养人的作用。

(叶志坚)

《吕氏春秋》

诬徒（节选）[1]

【题解】

《吕氏春秋》以阴阳家的《月令》作为"十二纪"的架子。其中论礼乐教化的文章多列于"三夏纪"。因为阴阳家认为，夏天的"德"主"长"，而礼乐教化是关乎人的教育成长的。《诬徒》篇列于"孟夏纪"，反映的是儒家的教育思想，所论"皆教学之方，与《学记》表里"（汪中《述学·吕氏春秋附考》）。

【原文】

四曰：达师之教也。使弟子安焉、乐焉、休焉、游焉、肃焉、严焉。此六者得[2]于学，则邪辟之道塞矣，理义之术胜[3]矣。此六者不得于学，则君不能令于臣，父不能令于子，师不能令于徒。

人之情，不能乐其所不安，不能得于[4]其所不乐。为之而乐矣。奚待贤者？虽不肖者犹若劝之。为之而苦矣，奚待不肖者？虽贤者犹不能久。反诸人情，则得所以劝学矣。子华子[5]曰："王者乐其所以王，亡者亦乐其所以亡[6]。故烹兽不足以尽兽，嗜其脯则几[7]矣。然则王者有嗜[8]乎理义也，亡者亦有嗜乎暴慢也。所嗜不同，故其祸福亦不同[9]。"

不能教者：志气不和，取舍数变，因无恒心，若晏阴喜怒无处[10]；言谈日易，以恣自行，失之在己，不肯自非。愎过自用，不可证移[11]。见权亲势及有富厚者，不论其材，不察其行，驱而教之[12]，阿而谄之，若恐弗及；弟子居处修洁，身状出伦。闻识疏达，就学敏疾，本业几终[13]者，则从而抑之，难而悬之，妒而恶之；弟子去则冀终[14]，居则不安，归则愧于父母兄弟，出则惭于知友邑里；此学者之所悲也，此师徒相与异心也。人之情,恶异于己者,此师徒相与造怨尤也。人之情,不能亲其所怨,不能誉其所恶。学业之败也,道术之废也,从此生矣。

善教者则不然,视徒如己。反己以教,则得教之情也。所加于人,必可行于己。若此则师徒同体。人之情,爱同于己者,誉同于己者,助同于己者。学业之章明也,道术之大行也,从此生矣。不能学者:从师苦而欲学之功也[15],从师浅而欲学之深也。草木鸡狗牛马,不可谯诟遇之[16],谯诟遇之,则亦谯诟报人,又况乎达师与道术之言乎? 故不能学者:遇师则不中[17],用心则不专,好之则不深,就业则不疾,辩论则不审,教[18]人则不精。于师愠[19],怀于俗,羁神于世[20];矜势好尤,故湛于巧智,昏于小利,惑于嗜欲;问事则前后相悖,以章则有异心[21],以简则有相反;离则不能合,合则弗能离,事至则不能受。此不能学者之患也。

——选自王利器著:《吕氏春秋注疏(第一册)》,巴蜀书社 2002 年版,第 442—461 页。

[1] 诬徒,又名"诋役",谓枉责弟子。徒,役,指弟子。

[2] 得,契合;适合。

[3] 术胜,高诱注:"术,道也。胜,犹行也。"

[4] 许维遹曰:"'得'下'于'字疑因上文而误衍。下文云:'人之情,不能亲其所怨,不能誉其所恶。'文例正与此同。"

[5] 子华子,古之体道人。高注:"体,行也。"谓身体力行也。刘向云:"子华子,程氏,名本,字子华,晋人也。……善持论,不肯苟容于诸侯,聚徒著书,自号程子。"

[6] "王者乐其所以王,亡者亦乐其所以亡",乐其所以王,故得王,汤、武是也;乐其所以亡,故得亡,桀、纣是也。

[7] 几,近。

[8] 嗜,犹乐。

[9] 嗜理义则获福,嗜暴慢则获祸,故曰祸福亦不同。

[10] "若晏阴喜怒无处",如天气阴晴不定一样喜怒无常。晏,晴朗。处,常。

[11] 证移,劝说改变。证,规谏。

[12] "驱而教之",赶着去教他。

[13] 几终,近于告成。

[14] 去则冀终,高诱注:"弟子欲去,则冀终其业。"一说冀字当为"莫"。

[15] 苦,粗略。功,精致。

[16]"谯诟遇之"，粗暴地对待它们。谯诟，责骂诟辱。

[17]不中，不相得。

[18]教，效。

[19]愠，怒。不能别是非，故怨于师。王念孙曰："'于师愠'当作'愠于师'。注'怒'为'怨'字之误。"

[20]羁神于世，精神牵制于时务。

[21]章，篇章的"章"，《文心雕龙·章句》："积句而成章，积章而成篇。……章总一义。"异心，异义。

解读

　　本文以对比的方式，分析了"善教者"和"不能教者"、"善学者"和"不能学者"的不同态度与方法，指出教育的成败取决于师生双方的共同努力和密切配合程度。

　　不善教者有种种表现，其结果是使学生深受其害："去则冀终，居则不安，归则愧于父母兄弟，出则惭于知友邑里"，更使师徒"相与异心""相与造怨尤"，并最终导致"学业之败""道术之废"。善教者则"视徒如己""反己以教"，因为他"得教之情""师徒同体"，所以终致"学业之章明""道术之大行"。在学的方面，要注意避免片面地寻人之短，不尊师，不虚心，不专一。本文也注意到了教学过程中人的心理情感因素的作用问题。

（叶志坚）

《礼记》，亦称《小戴记》或《小戴礼记》。儒家经典之一。为秦汉以前各种礼仪论著的选集。相传西汉戴圣编纂，共四十九篇。大率为孔子弟子及其再传、三传弟子等所记，是研究中国古代社会情况、儒家学说和文物制度的参考书。相传戴圣叔父戴德亦编有一种性质类似的书，习称《大戴礼记》，原有八十五篇，今存三十九篇。

学 记

【题解】

据考证，《学记》为战国后期思孟学派的作品，也受荀子的思想影响。《学记》第一次从理论上对我国先秦时期的教育和教学进行了比较全面系统的总结，是我国第一篇比较系统完备的教育专论。

【原文】

发虑宪[1]，求善良，足以谀闻[2]，不足以动众。就贤体远[3]，足以动众，未足以化民。君子[4]如欲化民成俗，其必由学乎！

玉不琢不成器，人不学不知道。是故古之王者建国君民，教学为先。《兑命》曰："念终始典于学。"[5]其此之谓乎！

虽有嘉肴，弗食不知其旨[6]也；虽有至道，弗学不知其善也。是故学然后知不足，教然后知困。知不足，然后能自反也。知困，然后能自强也。故曰："教学相长也[7]。"《兑命》曰："学学半[8]。"其此之谓乎！

古之教者，家有塾，党有庠，术有序，国有学[9]。比年入学，中年考校[10]。一年视离经辨志[11]，三年视敬业乐群[12]，五年视博习亲师，七年视论学取友[13]，谓之小成[14]。九年知类通达[15]，强立而不反[16]，谓之大成。夫然后足以化民易俗，近者说服，而远者怀之。此大学之道也。《记》曰："蛾子时术之。"[17]其此之谓乎！

大学始教，皮弁祭菜[18]，示敬道也。《宵雅》肄三，官其始也[19]。入学鼓箧，孙其业也[20]。夏、楚二物，收其威也[21]。未卜禘[22]，不视学，游其志也。时观而弗语,存其心也。幼者听而弗问,学不躐等也。此七者,教之大伦也。《记》曰:"凡学,官先事,士先志[23]。"其此之谓乎!

大学之教也,时。教必有正业[24],退息必有居[25]。学不学操缦[26],不能安弦。不学博依[27],不能安诗。不学杂服[28],不能安礼。不兴其艺[29],不能乐学。故君子之于学也,藏焉,修焉,息焉,游焉[30]。夫然,故安其学而亲其师,乐其友而信其道。是以虽离师辅[31]而不反也。《兑命》曰:"敬孙务时敏,厥修乃来[32]。"其此之谓乎!

今之教者,呻其占毕[33],多其讯[34],言及于数[35],进而不顾其安[36],使人不由其诚,教人不尽其材,其施之也悖,其求之也佛[37]。夫然,故隐其学[38]而疾其师,苦其难而不知其益也。虽终其业,其去之必速。教之不刑[39],其此之由乎!

大学之法,禁于未发之谓豫[40],当其可之谓时,不陵节而施之谓孙[41],相观而善之谓摩。此四者,教之所由兴也。

发然后禁,则扞格而不胜。时过然后学,则勤苦而难成。杂施而不孙,则坏乱而不修。独学而无友,则孤陋而寡闻。燕朋逆其师,燕辟废其学[42]。此六者,教之所由废也。

君子既知教之所由兴,又知教之所由废,然后可以为人师也。故君子之教喻[43]也,道而弗牵,强而弗抑[44],开而弗达。道而弗牵则和[45],强而弗抑则易[46],开而弗达则思。和易以思,可谓善喻矣。

学者有四失,教者必知之。人之学也,或失则多,或失则寡,或失则易,或失则止[47]。此四者,心之莫同[48]也。知其心,然后能救其失也。教也者,长善而救其失者也。

善歌者使人继其声,善教者使人继其志。其言也约而达[49],微而臧[50],罕譬而喻,可谓继志矣。

君子知至学之难易,而知其美恶[51],然后能博喻;能博喻然后能为师;能为师然后能为长;能为长然后能为君。故师也者,所以学为君也[52],是故择师不可不慎也。《记》曰:"三王、四代[53]唯其师。"此之谓乎!

凡学之道,严[54]师为难。师严然后道尊,道尊然后民知敬学。是故君之所不臣于其臣者二:当其为尸[55],则弗臣也;当其为师,则弗臣也。大学之礼,虽诏于天子,无北面,所以尊师也^[56]。

善学者师逸而功倍,又从而庸^[57]之。不善学者师勤而功半,又从而怨之。善问者如攻坚木,先其易者,后其节目,及其久也,相说以解^[58]。不善问者反此。善待问者如撞钟,叩之以小者则小鸣,叩之以大者则大鸣,待其从容^[59],然后尽其声。不善答问者反此。此皆进学之道也。

记问之学^[60],不足以为人师,必也其听语^[61]乎。力不能问,然后语之。语之而不知,虽舍之可也。

良冶之子,必学为裘。良弓之子,必学为箕。始驾马者反之,车在马前^[62]。君子察于此三者,可以有志于学矣。

古之学者,比物丑类^[63]。鼓无当于五声^[64],五声弗得不和。水无当于五色,五色弗得不章。学无当于五官^[65],五官弗得不治。师无当于五服^[66],五服弗得不亲。

君子曰:"大德不官^[67],大道不器^[68]。大信不约,大时不齐^[69]。察于此四者,可以有志于学矣。"三王之祭川也,皆先河而后海,或源也,或委也^[70]。此之谓务本。

——选自《十三经注疏》整理委员会整理:《十三经注疏·礼记正义·上》,北京大学出版社 2000 年版,第 1224—1249 页。

注释

[1] 发虑宪,郑玄注:"宪,法也。言发计虑当拟度于法式也。"谓考虑政事要依照先王的法度。

[2] 谀,音 xiǎo,小。闻,声闻。

[3] 就贤,请教贤人。体远,关怀远人。

[4] 君子,在位的统治者。孔颖达疏:"君谓君于上位,子谓子爱下民。谓天子、诸侯及卿大夫。"

[5] 兑,应为"说",音 yuè。《说命》,《古文尚书》篇名。"念终始典于学",对教育事业要始终念念不忘。典,经常。

[6] 旨,美。

[7] "教学相长也",教与学是相互助长的。

[8] "学学半",见《书·说命下》:"惟教,学半。"敩,音 xiào,同"教"。王夫之说:"敩以自强,而研理益精,足以当学之半也。"

[9] "古之教者,家有塾,党有庠,术有序,国有学",据《周礼》:古二十五家为闾,聚居一巷,巷门有塾,民朝夕出入时,在塾受教。五百家为党,党有庠,以教闾塾所升者。万二千五百家为遂(即术),遂有序,以教党庠所升者。诸侯及天子国中有学,以教世子、群后之子及遂序选升之士。按:西周

未必确有这种制度。

[10] 比年,每年。中年,隔一年。

[11] 离经辨志,分析经文章句,辨别学者志向。

[12] 敬业乐群,专心学业,朋友相亲。

[13] 论学取友,论说所学之是非,择取善人以为友。

[14] 小成,七年成就,比九年尚小,故谓小成。

[15] 知类通达,王夫之说:"知类,推广其知以辨事类也。通达者,通所知以达于行也。"

[16] 强立,临事不惑。不反,不违师教。

[17] 《记》,古书。"蛾子时术之",小蚁学习大蚁时时衔土而构成大蚁巢,学者也应时时学习而知"至道"。蛾,音 yǐ,通"蚁"。

[18] 皮弁,古冠名,指祭祀的冠服。祭菜,祭先圣先师用的果蔬。

[19] "《宵雅》肄三,官其始也",《小雅》之《鹿鸣》《四牡》《皇皇者华》三篇为君臣宴乐之诗,开学时就令习唱,一开始就用做官来劝勉学生。宵,小。肄,习。

[20] "入学鼓箧,孙其业也",入学时,先击鼓召集,后开书箧出书授读,使学者敬重其学业。孙,恭顺。

[21] "夏、楚二物,收其威也",用夏楚责犯礼者,目的是要收到威严整肃的效果,防止怠惰。夏楚,同"榎楚",用榎木、荆条做成的鞭扑之具,用于责罚。

[22] 卜禘,禘,音 dì,夏季大祭,祭前必先卜,故云卜禘。

[23] "凡学,官先事,士先志",为官者先教以为官之事,为士者先教以立士之志。

[24] 正业,古指大学中规定的课业。陈澔集说:"谓四时之教各有正业,如春秋教以礼乐,冬季教以《诗》《书》,春诵夏弦之类是也。"

[25] 有居,有常居。

[26] 操缦,操弄弦索,调弦听音。

[27] 博依,广泛地取助于比喻。

[28] 杂服,古代所规定的各色服制。

[29] 兴,歆;喜。艺,指礼、乐、射、御、书、数六种古代教学科目。

[30] "藏焉,修焉,息焉,游焉",孙希旦解:"藏,谓入学受业也。修,修正业也。息,退而私居也。游,谓游心于居学也。"

[31] 辅,朋友。

[32] "敬孙务时敏,厥修乃来",认真循序持续不断地努力学习,学业就会得到成就。孙,同"逊"。时,及时。敏,疾速。厥,其。

[33] "呻其占毕",今之师自不晓经义,但吟诵其所视简之文。呻,吟诵。占毕,看书;读书。

[34] 讯,问。

[35] "言及于数",其发言出说,不首其义,动云"有所法象"而已。

[36] "进而不顾其安",务其所诵多,不唯其未晓。

[37] 佛,通"拂",违背。

[38] 隐其学,以学为可厌。隐,含痛。

[39] 刑,成功。

[40] "禁于未发之谓豫",防止不善之萌芽曰豫。

[41] "不陵节而施之谓孙",不超过学生的接受能力进行教学,就叫作合乎顺序。陵,超越。节,程度。施,施教。孙,顺序。

[42] 燕朋,轻慢朋友。燕辟,亦作"燕譬",谓轻慢老师为讲解深义而作的浅近比喻。一说指燕游邪僻。

[43] 喻,晓喻,开导。

[44] "强而弗抑",勉励而不强制。

[45] 和,融洽。

[46] 易,安易。

[47] "或失则多,或失则寡,或失则易,或失则止",郑玄注:"失于多,谓才少者;失于寡,谓才多者;失于易,谓好问不识者;失于止,谓好思不问者。"

[48] 心之莫同,心性不同。

[49] 约而达,简约而透彻。

[50] 微而臧,精微而完善。

[51] 美恶,资质才能的差异。

[52] "故师也者,所以学为君也",郑玄注:"弟子学于师,学为君。"

[53] 三王、四代,三王,夏禹、商汤、周文王;夏、商、周加虞为四代。

[54] 严,尊敬。

[55] 尸,郑玄注:"尸,主也,为祭主也。"装扮作祖先神而受祭的人叫作"尸"。

[56] "虽诏于天子,无北面,所以尊师也",在朝,天子南面,臣北面;在学,天子面东立,教师面西立,不以臣待之,表示尊师。

[57] 庸,归功。

[58] "及其久也,相说以解",孔颖达疏:"及其经久,师徒相爱说,以解义理。"说,同"悦"。

[59] 从容,从,同"舂"(chōng),击也。撞钟时,一舂然后一容,其声方尽。以喻答问时,一问然后一答,以尽义理也。

[60] "记问之学",所学止于预先记诵难题以待学者之问。

[61] 听语,待问而语之。

[62] "始驾马者反之,车在马前",小马初驾,系随车后。

[63] "比物丑类",以同类事物相比较。丑类,同类;族类。

[64] 五声,指宫、商、角、徵、羽五音。

[65] 五官,耳、目、口、鼻、心。

[66] 五服,依生者和死者亲属关系的远近亲疏不同,分五等丧服:斩衰、齐衰、大功、小功、缌麻。在此,指五服内的亲属。

[67] "大德不官",大德不限于一官之事。

[68] "大道不器",大道不限于一器之用。

[69] "大时不齐",大时不限于一季之齐。大时,全年四季。

[70] "或源也,或委也",祭百川之时,先祭源,后祭委。委,流所聚也。

【解读】

《学记》开宗明义提出"建国君民,教学为先""化民成俗,其必由学"的思想,明确了教育的目的和作用。

接着,《学记》通篇论述大学之道、大学之教、大学之法与大学之礼。"大学"始于"小学"。塾、庠、序、学,此为教育实体的层次分别;"小成""大成",这是教育程度的两级水平。大成,"然后足以化民易俗,近者说服,而远者怀之",这才是"大学之道"。大学之教,须遵循特定的程序和要求。始教之时,要"示敬道";后"官其始",也就是通过诵习《鹿鸣》等三篇诗文,熟悉当官为政之道;后"孙其业""收其威""游其志""存其心",最后还要求"学不躐等"。"此七者,教之大伦也","大伦"就是基本要求。此外,也有不那么基本的要求,如大学之教,尚需处理好"教"与"退息"、"正业"与"居"的关系。"今之教"若不能遵循这些要求(或曰规律),势必"不刑"。大学之法"豫""时""孙""摩",这是教学的四个原则。遵之,则"教之所由兴也";逆之,则"教之所由废也"。为人师,要晓得教之兴废的缘由,因此要"善喻",即"道而弗牵""强而弗抑""开而弗达",说的都是"喻"这个原则的具体要求。为人师,还须知道"学者有四失",由此引申出"长善救失"的原则。再者,为人师还得"能博喻";相反,"记问之学",则"不足以为人师"。不过,善教只是一方面,善学则是问题的另一方面,为人师还要懂得"进学之道"。凡此种种,足见为人师之不易!因此,"大学之礼,虽诏于天子,无北面",强调要尊师。尊师则重道,重道则"民知敬学"。中国古代尊师重道的教育传统由此形成。

此外,《学记》也分析了教与学之间关系的问题,并且提出了"教学相长"的命题,深化了古代的教学思想。

从《学记》中可以看出,中国古代的教学体制已相当完备,教学规则也相当周密,教学内容丰富,且有严密的考核制度。

乐记（节选）

【题解】

据《史记正义》，《乐记》为孔子的再传弟子公孙尼子的作品，不过现存的《乐记》中有一部分是汉儒纂辑的。《乐记》总结并发展了先秦儒家关于乐教的理论，是我国古代关于音乐教育的专著。

【原文】

凡音[1]之起，由人心生也。人心之动，物使之然也。感于物而动，故形于声。声相应，故生变，变成方[2]，谓之音。比音而乐之，及干戚、羽旄，谓之乐[3]。

乐者，音之所由生也，其本在人心之感于物也。是故其哀心感者，其声噍以杀[4]。其乐心感者，其声啴[5]以缓。其喜心感者，其声发以散[6]。其怒心感者，其声粗以厉。其敬心感者，其声直以廉[7]。其爱心感者，其声和以柔。六者非性也，感于物而后动。是故先王慎所以感之者。故礼以道其志，乐以和其声，政以一其行，刑以防其奸。礼、乐、刑、政，其极一也[8]，所以同民心而出治道也。

凡音者，生人心者也。情动于中，故形于声。声成文[9]，谓之音。是故治世之音，安以乐，其政和。乱世之音，怨以怒，其政乖。亡国之音，哀以思，其民困。声音之道，与政通[10]矣。

宫为君，商为臣，角为民，徵为事，羽为物[11]。五者不乱，则无怗懘[12]之音矣。宫乱则荒[13]，其君骄。商乱则陂[14]，其官坏[15]。角乱则忧，其民怨。徵乱则哀，其事勤。羽乱则危[16]，其财匮。五者皆乱，迭相陵，谓之慢。如此，则国之灭亡无日矣。

郑、卫之音[17]，乱世之音也，比[18]于慢矣。桑间、濮上之音[19]，亡国之音也，其政散，其民流[20]，诬上行私而不可止也。

凡音者，生于人心者也。乐者，通伦理者也。是故知声而不知音者，禽兽是也。知音而不知乐者[21]，众庶是也。唯君子为能知乐。是故审声以知音，审音以知乐，审乐以知政，而治道备矣。是故不知声者，不可与言音。不知音者，不可与言乐。知乐，则几[22]于礼矣。礼乐皆得，谓之有德。德者得也。是故乐之隆，非极音也[23]。食飨之礼，非致味也。《清庙》之瑟，朱弦而疏越，壹倡而三叹，有遗音者矣[24]。大飨之礼，尚玄酒而俎腥鱼。大羹不和[25]，有遗味者矣。是故先王之制礼乐也，非以极口腹耳目之欲也，将以教民平[26]好恶，而反[27]人道之正也。

人生而静，天之性也[28]。感于物而动，性之欲也。物至知知[29]，然后好恶形焉。好恶无节于内，知诱于外，不能反躬，天理灭矣[30]。夫物之感人无穷，而人之好恶无节，则是物至而人化物[31]也。人化物也者，灭天理而穷人欲者也。于是有悖逆诈伪之心，有淫泆作乱之事。是故强者胁弱，众者暴寡，知者诈愚，勇者苦怯，疾病不养，老幼孤独不得其所，此大乱之道也。

是故先王之制礼乐，人为之节[32]。衰麻[33]哭泣，所以节丧纪也。钟鼓干戚，所以和安乐也。昏姻冠笄[34]，所以别男女也。射、乡食飨[35]，所以正交接也。礼节民心，乐和民声，政以行之，刑以防之。礼、乐、刑、政，四达而不悖[36]，则王道备矣。

乐者为同，礼者为异[37]。同则相亲，异则相敬。乐胜则流，礼胜则离[38]。合情饰貌者，礼乐之事也。礼义立，则贵贱等矣。乐文同，则上下和矣。好恶著，则贤不肖别矣。刑禁暴，爵举贤，则政均矣。仁以爱之，义以正之。如此，则民治行矣。

乐由中出，礼自外作[39]。乐由中出，故静[40]。礼自外作，故文[41]。大乐必易，大礼必简。乐至则无怨，礼至则不争。揖让而治天下者，礼乐之谓也。暴民不作，诸侯宾服，兵革不试，五刑[42]不用，百姓无患，天子不怒，如此，则乐达矣。合父子之亲，明长幼之序，以敬四海之内，天子如此，则礼行矣。

大乐与天地同和，大礼与天地同节[43]。和，故百物不失；节，故祀天祭地。明则有礼乐，幽则有鬼神。如此，则四海之内，合敬同爱矣。礼者，殊事[44]合敬者也。乐者，异文[45]合爱者也。礼乐之情同，故明王以相沿[46]也。故事与时并，名与功偕。

故钟鼓管磬[47]，羽籥[48]干戚，乐之器也。屈伸俯仰，缀兆[49]舒疾，乐之文也。簠簋俎豆，制度文章[50]，礼之器也。升降上下，周还裼袭[51]，礼之文也。故知礼乐之情者能作，识礼乐之文者能述。作者之谓圣，述者之谓明。明圣者，述作之谓也。

⋯⋯⋯⋯⋯

——选自《十三经注疏》整理委员会整理：《十三经注疏·礼记正义·上》，北京大学出版社 2000 年版，第 1250—1270 页。

【注释】

[1] 音,乐音。古代音乐有宫、商、角、徵、羽五声。单有一声,无他声相杂,叫"声";五声交错相和,叫"音"。

[2] "变成方",音的清浊高低变化有一定的旋律节奏。方,指旋律,节奏。

[3] "比音而乐之,及干戚、羽旄,谓之乐",乐器相配合把乐曲演奏出来,并有执干戚、羽旄的舞蹈,这才叫作"乐"。比,序次。干,盾。戚,斧。羽,雀羽。旄,旄牛尾。武舞执干戚,文舞执羽旄。

[4] 噍以杀,噍,音 jiāo,声音急促。杀,微细。

[5] 啴,音 chǎn,宽舒。

[6] 发以散,发扬无碍。

[7] 直以廉,正直不邪。廉,清正。

[8] "其极一也",所达到的目的是一致的。极,至。

[9] "声成文",与上文"变成方"意同。

[10] 通,相互为因。

[11] "宫为君,商为臣,角为民,徵为事,羽为物",宫、商、角、徵、羽五声,其丝弦依次由粗而细,其音依次由重浊而轻清。声音的重轻,比附人事的尊卑,说明音乐与政事伦理相通。

[12] 怗懘,音 zhānchì,乐音不和谐。

[13] 荒,散漫。

[14] 陂,偏邪不正。

[15] 坏,不尽职务。

[16] 危,声尖偏急。

[17] "郑、卫之音",孔颖达疏:"郑国之音好滥淫志,卫国之乐促速烦志,并是乱世之音也。"春秋时郑卫两国的新乐,对古乐作了变革。

[18] 比,近;同。

[19] "桑间、濮上之音",《史记·乐书》张守节正义:"昔殷纣使师延作长夜靡靡之乐,以致亡国。武王伐纣,此乐师延将乐器投濮水而死。后晋国乐师师涓夜过此水,闻水中作此乐,因听而写之。既得还国,为晋平公奏之。师旷抚之曰:'此亡国之音也,得此必于桑间濮上乎?纣之所由亡也。'"桑间,地名,在濮水边。

[20] 流,迁徙逃亡。

[21] 不知乐者,不知"乐"通政事伦理的人。

[22] 几,近。

[23] "非极音也",不在于追求最美妙的音乐。极,穷尽。

[24] 《清庙》,《诗·周颂》的第一篇,为"颂之始"。朱弦,熟丝做成的弦线,弦音浊。疏越,把底孔疏通加大,孔大则声缓。越,瑟的底孔。"壹倡而三叹",一人歌唱而三人和之。倡,音"唱"。有遗音,余音不绝。

[25] 大飨,合祭祖先。玄酒,以水为酒。俎,装牲品的礼器。腥鱼,生鱼。大羹,不和五味的肉汁,古代
祭祀时用。

[26] 平,整治。

[27] 反,同"返"。

[28] "人生而静,天之性也",人初生时因无情欲而恬静,这就是禀于自然的天性。

[29] "物至知知",事物到来,心智就知觉它。至,来。第一个"知"字读"智",心智。

[30] "不能反躬,天理灭矣",不能反过来节制自己的情欲,天性就会受损害而丧亡。躬,自己。天理,
天性。

[31] 物至而人化物,不能节制自己,就会为外界事物所诱惑而变化。

[32] "人为之节",为法度以遏欲。

[33] 衰麻,丧服。衰,音 cuī。

[34] 冠笄,男二十而冠,女许嫁而笄,古代男女成年的礼节。笄,音 jī。

[35] "射、乡食飨",举行大射和乡饮酒礼时宴请宾客。射,大射。乡,乡饮酒。

[36] "四达而不悖",四者通行而不相悖。

[37] "乐者为同,礼者为异",乐是为了和协上下,礼是为了区别贵贱。

[38] "乐胜则流,礼胜则离",过于强调乐,则漫无约束,破坏了尊卑之敬;过于强调礼,则上下分离,破
坏了相亲之和。胜,过。流,不敬。离,不和。

[39] "乐由中出,礼自外作",郑玄注:"和在心也,敬在貌也。"

[40] 静,合于自然之静。

[41] 文,郑玄注:"文,犹动也。"礼是外部的行为规范,使动作合乎这种规范才叫作礼,因此说是动的。

[42] 五刑,刑法轻重分五等:墨、劓(yì)、刖(fèi)、宫、大辟。

[43] "大乐与天地同和,大礼与天地同节",大乐像天地的阴阳相和,大礼像天地的尊卑有节度。

[44] 殊事,尊卑有别。

[45] 异文,随事制乐。

[46] 相沿,因袭,相因而有损益。沿,同"沿"。

[47] 磬,音 qìng,古击乐器,石制或玉制。

[48] 籥,音 yuè,古管乐器。

[49] 缀兆,古代乐舞中舞者的行列位置。

[50] 簠簋,音 fǔguǐ,簠和簋。两种盛黍稷稻粱之礼器。豆,木制装肉食的器皿。制度,定规。文章,
文饰。

[51] 升降,登阶下阶。上下,上堂下堂。周还,回旋转折。裼,音 xī,敞开或脱去上衣,露出身体的一部
分。袭,加外衣。

【解读】 《乐记》是这样交代音乐起源的："凡音之起，由人心生也。人心之动，物使之然也。感于物而动，故形于声。声相应，故生变，变成方，谓之音。比音而乐之，及干戚、羽旄，谓之乐。"就是说，音乐来源于人的心理活动。人的心理活动由外物而致：人心受外来的刺激而受感动，于是出声。因刺激的性质、强弱不同，激发出来的声音也不同，于是形成一定的旋律节奏，这就叫"音"。用乐器相配合把这些"音"演奏出来，并伴以舞蹈，这才叫"乐"。此为《乐记》的朴素唯物主义观点。

"乐"一经产生，便作用于人和社会。它可以"化人"，可以"和民声"，可以易风俗，还可以防"人之好恶无节"。古代教育家重视音乐教育的原因，从根本上来说，还是为了满足统治阶级的需要。因为从性质上来看，音乐与政事伦理是相通的：所谓"声音之道，与政通矣""乐者，通伦理者也""审乐以知政，而治道备矣"，说的都是这个道理。为了实现礼治，须得重视乐教，礼与乐并重正是先秦儒家所提倡的。《乐记》也是把"乐"与"礼"相提并论的。所谓"乐者为同，礼者为异""乐由中出，礼自外作"，这是从"乐"与"礼"对立的方面来并提；所谓"礼乐皆得，谓之有德""揖让而治天下者，礼乐之谓也"，这是从"礼"与"乐"统一的方面来并提。相提并论的目的是要将乐教与礼教并重，并重的目的无非是达到"无怨""不争"以及"暴民不作，诸侯宾服，兵革不试，五刑不用"的政治局面。因此说，"礼乐刑政"，其用意都是一致的。"先王之制礼乐"，也不是为了"极口腹耳目之欲"，而是要"教民平好恶，而反人道之正"。

中庸（节选）

【题解】 《中庸》是思孟学派的作品。《史记·孔子世家》说："伯鱼年五十，先孔子死。伯鱼生伋，字子思，……子思作《中庸》。"不可尽信。《中庸》共三十三章，是儒家讲"中庸之道"的专著，其中有些地方概括并发展了先秦儒家的教育思想，含有积极的因素。《中庸》后成为"四书"之一。

【原文】 天命[1]之谓性，率性[2]之谓道，修道[3]之谓教。道也者，不可须臾离也，可离非道也。是故君子戒慎乎其所不睹，恐惧乎其所不闻。莫见乎隐[4]，莫显乎微，故君子慎其独也。喜怒哀乐之未发谓之中[5]，发而皆中节谓之和[6]。中也者，天下之大本也。和也者，天下之达道[7]也。致中和，天地位焉，万物育焉。

仲尼曰:"君子中庸,小人反中庸。君子之中庸也,君子而时中。小人之中庸也,小人而无忌惮也。"子曰:"中庸其至矣乎!民鲜能久矣。"子曰:"道之不行也,我知之矣。知者过之,愚者不及也。道之不明也,我知之矣。贤者过之,不肖者不及也。人莫不饮食也,鲜能知味也。"子曰:"道其不行矣夫。"

子曰:"舜其大知也与?舜好问而好察迩言[8],隐恶而扬善,执其两端,用其中于民[9],其斯以为舜乎!"

子曰:"人皆曰予知,驱而纳诸罟擭[10]陷阱之中,而莫之知辟也。人皆曰予知,择乎中庸,而不能期月[11]守也。"

子曰:"回[12]之为人也,择乎中庸,得一善,则拳拳服膺而弗失之矣[13]。"子曰:"天下国家可均也,爵禄可辞也,白刃可蹈也,中庸不可能也。"

　　　　…………

子曰:"素隐行怪[14],后世有述焉,吾弗为之矣。君子遵道而行,半涂而废,吾弗能已矣。君子依乎中庸,遁世[15]不见,知而不悔,唯圣者能之。……"

子曰:"道不远人,人之为道而远人,不可以为道。《诗》云:'伐柯伐柯,其则不远[16]。'执柯以伐柯,睨而视之,犹以为远。故君子以人治人,改而止。忠恕违道不远,施诸己而不愿,亦勿施于人。君子之道四,丘未能一焉。所求乎子以事父,未能也。所求乎臣以事君,未能也。所求乎弟以事兄,未能也。所求乎朋友先施之,未能也。庸德之行,庸言之谨,有所不足,不敢不勉,有余不敢尽,言顾行,行顾言。君子胡不慥慥[17]尔。君子素其位而行,不愿乎其外[18]。素富贵行乎富贵,素贫贱行乎贫贱,素夷狄行乎夷狄,素患难行乎患难。君子无入而不自得焉。在上位不陵下,在下位不援上。正己而不求于人,则无怨。上不怨天,下不尤人。故君子居易以俟命[19],小人行险以徼幸。"

子曰:"射有似乎君子,失诸正鹄[20],反求诸其身。……"

　　　　…………

"……天下之达道五,所以行之者三,曰君臣也、父子也、夫妇也、昆弟也、朋友之交也。五者,天下之达道也。知、仁、勇三者,天下之达德[21]也。所以行之者一也。或生而知之,或学而知之,或困而知之[22],及其知之,一也。或安而行之[23],或利而行之,或勉强而行之,及其成功,一也。"

子曰："好学近乎知[24]，力行近乎仁，知耻近乎勇。知斯三者，则知所以修身。知所以修身，则知所以治人。知所以治人，则知所以治天下国家矣。"……

…………

诚者，天之道也。诚之者，人之道也[25]。诚者不勉而中，不思而得，从容中道，圣人也。诚之者，择善而固执之者也。

博学之，审问之，慎思之，明辨之，笃行之[26]。有弗学，学之弗能，弗措也[27]。有弗问，问之弗知，弗措也。有弗思，思之弗得，弗措也。有弗辨，辨之弗明，弗措也。有弗行，行之弗笃，弗措也。人一能之，己百之，人十能之，己千之。果能此道矣，虽愚必明，虽柔必强。

自诚明谓之性，自明诚谓之教[28]。诚则明矣，明则诚矣。

唯天下至诚，为能尽其性。能尽其性，则能尽人之性。能尽人之性，则能尽物之性。能尽物之性，则可以赞天地之化育[29]。可以赞天地之化育，则可以与天地参[30]矣。

其次致曲[31]，曲能有诚，诚则形，形则著，著则明，明则动，动则变，变则化。唯天下至诚为能化。

…………

诚者自成也，而道自道也[32]。诚者物之终始[33]，不诚无物。是故君子诚之为贵。诚者非自成己而已也，所以成物也。成己，仁也。成物，知也。性之德也，合外内之道也。故时措之宜也。故至诚无息，不息则久，久则征[34]，征则悠远，悠远则博厚，博厚则高明。博厚所以载物也，高明所以覆物也，悠久所以成物也。博厚配地，高明配天，悠久无疆。如此者，不见而章，不动而变，无为而成，天地之道，可壹言而尽也。……

…………

故君子尊德性而道问学[35]，致广大而尽精微，极高明而道中庸，温故而知新，敦厚以崇礼。

是故居上不骄，为下不倍。国有道，其言足以兴。国无道，其默足以容[36]。《诗》曰："既明且哲，以保其身[37]。"其此之谓与？

——选自《十三经注疏》整理委员会整理：《十三经注疏·礼记正义·下》，北京大学出版社2000年版，第1661—1700页。

【注释】

［1］天命,天所赋予。

［2］率性,循性而行。

［3］修道,修治此道。

［4］"莫见乎隐",虽隐而无不显。见,同"现"。

［5］"喜怒哀乐之未发谓之中",感情未发,无所偏倚,故谓之中。

［6］"发而皆中节谓之和",既发而合于中道,故谓之和。

［7］达道,人所共行之道。

［8］迩言,亲近者所言。

［9］"执其两端,用其中于民",把握住过与不及两个极端,以中道用于民众。

［10］罟擭,捕取禽兽的工具,即扣网。罟,音 gǔ,网。

［11］期月,一整月。期,音 jī。

［12］回,即颜回。

［13］拳拳,奉持之貌。服膺,谨记在心。膺,胸。

［14］"素隐行怪",深求隐僻之理,过为诡异之行。素,当作"索",求。

［15］遁世,避世。

［16］"伐柯伐柯,其则不远",见《诗·豳风·伐柯》。意谓:砍斧柄呀砍斧柄,斧柄的样子在身旁。柯,
斧柄。则,法。

［17］慥慥,笃实貌。慥,音 zào。

［18］"君子素其位而行,不愿乎其外",君子因现在所居之位,而为所当为;无慕乎其外,思不出其位也。
素,现在。愿,慕。

［19］居易,素位而行。易,平易之地。俟命,不愿乎外。

［20］正鹄,皆射之的;目标。

［21］达德,人所共得之理。

［22］困而知之,谓临事有困,始学而知之。

［23］安而行之,谓心安而行之。

［24］知,同"智"。

［25］"诚者,天之道也。诚之者,人之道也",郑玄注:"言诚者,天性也。诚之者,学而诚之者也。"朱熹注:"诚
者,真实无妄之谓,天理之本然也。诚之者,未能真实无妄,而欲其真实无妄之谓,人事之当然也。"

［26］"博学之,审问之,慎思之,明辨之,笃行之",朱熹注:"此诚之之目也。学、问、思、辨,所以择善而
为知,学而知也。笃行,所以固执而为仁,利而行也。"

［27］"有弗学,学之弗能,弗措也",不学则已,学之不能则不止。

［28］"自诚明谓之性,自明诚谓之教",由诚而明,得之天性;由明而诚,学而知之,得之于教。

［29］赞天地之化育,谓助天地之化生万物。

[30] 与天地参,谓与天地并立而三。

[31] 其次,谓自明而诚者。致,推致。曲,一方面。

[32] "诚者自成也,而道自道也",诚者,物之所以自成;而道者,人所当行之道。

[33] "诚者物之终始",诚,贯穿着万物自始至终。

[34] "久则征",持久就见效验。

[35] 尊德性,尊崇天赋之善性。道问学,与"尊德性"相对,通过学习知识来培养善性。朱熹与陆九渊曾围绕这一命题展开治学方法上的争辩,朱主张先道问学,"即物穷理";陆则主张先尊德性,"发明本心"。

[36] "其默足以容",沉默可以自容其身而免祸。

[37] "既明且哲,以保其身",见《诗·大雅·烝民》。

【解读】　《中庸》的核心是解释儒家的中庸之道。它说:"喜怒哀乐之未发谓之中,发而皆中节谓之和。中也者,天下之大本也。和也者,天下之达道也。"意思是:人的喜怒哀乐之情,未发之时是无所谓偏倚的,这就叫"中",因为"中"存在于本性之中,是先天的德性,所以是"天下之大本"。一旦发出且能一一合乎道德规范(皆中节)的,就叫"和","和"是"天下之达道"。"致中和",则能立天下之大本,行天下之达道,于是"天地位焉,万物育焉",即天地万物各得其所。"中""和"既存于人情的发与未发之中,那么人只要有一颗"诚"心,也就能有中庸之道。"诚者,天之道也。诚之者,人之道也。""诚"是天道,圣人生而知之,生来具有中庸之道,是"不勉而中,不思而得"的;学而知之的人,只要坚持"择善而固执",同样可以得道。接着,《中庸》进一步指出:"自诚明谓之性,自明诚谓之教。"由诚心而明事理,说的是天性;由明事理而诚心,说的是教育。圣贤"自诚明",不过是少数,多数的普通人,其天性易为外物所蒙蔽。无诚在心,则不能明事理,须先教他们去蒙蔽,明事理,复本性,方能由明而诚。这里《中庸》强调了教的作用。

教与道、性不同。《中庸》开篇即讲"天命之谓性,率性之谓道,修道之谓教",认为人性得之于天命,而道早已存在于人的本性之中,一个人只要顺着天性,就可得道。而对易受蒙蔽的普通人来说,还是要修道,择善固执,接受教育。

《中庸》把学习过程分为由知到行的五个步骤:博学之,审问之,慎思之,明辨之,笃行之。前四者为"达知",最后者为"践行"。首先,人通过广博地猎取知识,从中发现问题,认真思考,辨明事理,方为"达知"。但学习并不就此终止。由知到行,这是《中庸》关于学习过程的基本思想。当然,它所说的"行",不过是修身养性而已，并非我们今天所说的实践。《中庸》把"知"分为三种："或生而知之，或学而知之，或困而知之"，三者所代表的智力和身份不同，知的程度亦有深浅，但其"知之"的目的"一也"。相应地，"行"亦分为三种："或安而行之，或利而行之，或勉强而行之。"生知者可以安然而行，学知者需因势利导而行，困知者需勉力而行。三者虽有不同，然"及其成功，一也"。

《中庸》还要求："有弗学，学之弗能，弗措也。"措即停止，就是说，要么不学，学了就要学会，没学会就决不停止。"问""思""辨""行"也一样，不达目标，则不止。这是讲学习的劲头和精神。有了这种劲头，则"人一能之，己百之，人十能之，己千之"，最终可达"虽愚必明，虽柔必强"。也就是说，通过顽强的学习，愚蠢的人可以变聪明，软弱的人也可以变坚强。

《中庸》的教育思想，特别是它的学习理论的部分，对后世的影响极大。

大　学

【题解】
《大学》一般也被认作儒家思孟学派的作品，但其中也有荀子思想的影响。它是儒家论大学教育的一篇专著。下面所引全文是《十三经注疏》中的古本《大学》。《大学》后经朱熹整理编定为"经"一章和解释经文的"传"十章（传文有朱熹自补者，顺序亦与古本颇有不同），成为"四书"之一，影响深远。

【原文】
大学之道，在明明德，在亲民，在止于至善[1]。知止而后有定[2]，定而后能静，静而后能安，安而后能虑，虑而后能得。物有本末，事有终始，知所先后，则近道矣。古之欲明明德于天下者，先治其国。欲治其国者，先齐其家。欲齐其家者，先修其身。欲修其身者，先正其心。欲正其心者，先诚其意。欲诚其意者，先致其知。致知在格物[3]。物格而后知至，知至而后意诚，意诚而后心正，心正而后身修，身修而后家齐，家齐而后国治，国治而后天下平。自天子以至于庶人，壹是皆以修身为本，其本乱而末治者否矣[4]。其所厚者薄，而其所薄者厚，未之有也[5]。此谓知本，此谓知之至也[6]。所谓诚其意者，毋自欺也，如恶恶臭，如好好色，此之谓自谦[7]。故君子必慎其独[8]也。小人闲居为不善，无所不至，见君子而后厌然[9]，掩[10]其不善，而著其善。人之视己，如见其肺肝，然则何益矣？此谓诚于中形于外，故君子必慎其独也。曾子曰："十目所视，十手所指，其严乎？"富润屋，德润身，心广体胖[11]，故君子必诚其意。《诗》云："瞻彼淇澳，菉竹猗猗。有斐君子，如切如磋，如琢如磨。瑟兮僩兮，赫兮喧兮。有斐君子，终不可喧兮[12]。""如切如磋"者，道学也。"如琢如磨"者，自修也。"瑟兮僩兮"者，恂栗[13]也。"赫兮喧兮"者，威仪也。"有斐君子，终不可喧兮"者，道盛德至善，民之不能忘也。《诗》云："於戏，前王不忘[14]。"君子贤其贤而亲其亲，小人乐其乐而利其利，此以没世不忘也。《康诰》曰"克明德"[15]，《大甲》曰"顾諟天之明命"[16]，《帝典》曰"克明峻德"[17]，皆自明也。汤之《盘铭》[18]曰："苟日新，日日新，又日新。"《康诰》曰："作新民[19]。"《诗》曰："周虽旧邦，其命惟新[20]。"是故君子无所不用其极。《诗》云："邦畿千里，惟民所止[21]。"《诗》云："缗蛮黄鸟，止于丘隅[22]。"子曰："于止，知其所止，可以人而不如鸟乎？"《诗》云："穆穆文王，於缉熙敬止[23]。"为人君止于仁，为人臣止于敬，为人子止于孝，为人父止于慈，与国人交止于信。

子曰："听讼，吾犹人也。必也使无讼乎[24]？"无情者不得尽其辞，大畏民志。此谓知本。所谓修身在正其心者，身有所忿懥，则不得其正；有所恐惧，则不得其正；有所好乐，则不得其正；有所忧患，则不得其正。心不在焉，视而不见，听而不闻，食而不知其味。此谓修身在正其心。所谓齐其家在修其身者，人之其所亲爱而辟[25]焉，之其所贱恶而辟焉，之其所畏敬而辟焉，之其所哀矜而辟焉，之其所敖惰而辟焉。故好而知其恶，恶而知其美者，天下鲜矣。故谚有之曰："人莫知其子之恶，莫知其苗之硕[26]。"此谓身不修，不可以齐其家。所谓治国必先齐其家者，其家不可教，而能教人者无之，故君子不出家而成教于国。孝者，所以事君也；弟[27]者，所以事长也；慈者，所以使众也。《康诰》曰："如保赤子[28]。"心诚求之，虽不中不远矣。未有学养子而后嫁者也。一家仁，一国兴仁；一家让，一国兴让；一人贪戾，一国作乱。其机[29]如此。此谓一言偾事[30]，一人定国。尧、舜率天下以仁，而民从之。桀、纣率天下以暴，而民从之。其所令反其所好，而民不从。是故君子有诸己而后求诸人，无诸己而后非诸人。所藏乎身不恕[31]而能喻诸人者，未之有也。故治国在齐其家。《诗》云："桃之夭夭，其叶蓁蓁。之子于归，宜其家人[32]。""宜其家人"，而后可以教国人。《诗》云："宜兄宜弟[33]。""宜兄宜弟"，而后可以教国人。

《诗》云："其仪不忒，正是四国[34]。"其为父子、兄弟足法，而后民法之也。此谓治国在齐其家。所谓平天下在治其国者，上老老而民兴孝，上长长而民兴弟，上恤孤而民不倍，是以君子有絜矩之道[35]也。所恶于上，毋以使下；所恶于下，毋以事上；所恶于前，毋以先后；所恶于后，毋以从前；所恶于右，毋以交于左；所恶于左，毋以交于右。此之谓"絜矩之道"。《诗》云："乐只君子，民之父母[36]。"民之所好好之，民之所恶恶之，此之谓"民之父母"。《诗》云："节彼南山，维石岩岩。赫赫师尹，民具尔瞻[37]。"有国者不可以不慎，辟则为天下僇矣[38]。《诗》云："殷之未丧师，克配上帝。仪监于殷，峻命不易[39]。"道得众则得国，失众则失国。是故君子先慎乎德。有德此有人，有人此有土，有土此有财，有财此有用。德者本也，财者末也。外本内末，争民施夺。是故财聚则民散，财散则民聚。是故言悖而出者，亦悖而入，货悖而入者，亦悖而出。《康诰》曰："惟命不于常[40]。"道善则得之，不善则失之矣。《楚书》[41]曰："楚国无以为宝，惟善以为宝。"舅犯曰："亡人无以为宝，仁亲以为宝。"[42]《秦誓》[43]曰："若有一介臣，断断[44]兮，无他技，其心休休焉，其如有容焉。人之有技，若己有之。人之彦[45]圣，其心好之，不啻若自其口出，实[46]能容之，以能保我子孙黎民，尚亦有利哉！人之有技，媢嫉以恶之。人之彦圣，而违之，俾不通，实不能容，以不能保我子孙黎民，亦曰殆哉！"唯仁人放流之，迸[47]诸四夷，不与同中国。此谓唯仁人，为能爱人，能恶人。见贤而不能举，举而不能先，命也。见不善而不能退，退而不能远，过也。好人之所恶，恶人之所好，是谓拂人之性，灾必逮[48]夫身。是故君子有大道，必忠信以得之，骄泰以失之。生财有大道，生之者众，食之者寡，为之者疾，用之者舒，则财恒足矣。仁者以财发身，不仁者以身发财。未有上好仁而下不好义者也，未有好义其事不终者也，未有府库财非其财者也。孟献子[49]曰："畜马乘，不察于鸡豚[50]。伐冰之家，畜牛羊[51]。百乘之家，不畜聚敛之臣[52]。与其有聚敛之臣，宁有盗臣[53]。"此谓国不以利为利，以义为利也。长国家而务财用者，必自小人矣。彼为善之，小人之使为国家，灾害并至，虽有善者，亦无如之何矣？此谓国不以利为利，以义为利也。

　　——选自《十三经注疏》整理委员会整理：《十三经注疏·礼记正义·下》，北京大学出版社 2000 年版，第 1859—1882 页。

【注释】

[1]"在明明德,在亲民,在止于至善",郑玄注:"明明德,谓显明其至德也。"亲民,朱熹作"新民"。止,必至;郑玄注:"犹自处也。"

[2]"知止而后有定",知止于至善而后心有定向。

[3]致,推极。格,推究。

[4]"其本乱而末治者否矣",不修己而先治人,不可。

[5]"其所厚者薄,而其所薄者厚,未之有也",复说上句之意,以结前文。以上,朱熹说是"经一章,盖孔子之言,而曾子述之"。以下是"传十章,则曾子之意而门人记之也"。朱熹对传文的次序作了调整,并自撰一段传文,详见注[6]。

[6]"此谓知本,此谓知之至也",此谓知本,程颐说这四字衍。此谓知之至也,朱熹认为此句是第五章(按他调整后的章序)的结语。自撰传文云:"传之五章,盖释格物、致知之义,而今亡矣。间尝窃取程子之意以补之曰:'所谓致知在格物者,言欲致吾之知,在即物而穷其理也。盖人心之灵莫不有知,而天下之物莫不有理,惟于理有未穷,故其知有不尽也。是以《大学》始教,必使学者即凡天下之物,莫不因其已知之理而益穷之,以求至乎其极。至于用力之久,而一旦豁然贯通焉,则众物之表里精粗无不到,而吾心之全体大用无不明矣。此谓物格,此谓知之至也。'"

[7]自谦,自得;自足。谦,通"慊"。

[8]必慎其独,谓慎其独居之所为,即不自欺也。

[9]厌然,掩藏貌。

[10]掩,遮蔽;掩藏。

[11]润,润泽。胖,安舒。

[12]"瞻彼淇澳,菉竹猗猗。有斐君子,如切如磋,如琢如磨。瑟兮僴兮,赫兮喧兮。有斐君子,终不可喧兮",见《诗·卫风·淇澳》。淇,淇水。澳,音 yù,亦作"奥",水曲之处。猗猗,美丽茂盛。猗,音ē。斐,文雅。瑟,庄严。僴,音 xiàn,勇武。喧,显赫。

[13]恂栗,恐惧。恂,音 xún。

[14]"於戏,前王不忘",见《诗·周颂·烈文》。前王,文王、武王。

[15]《康诰》,《尚书》篇名。克,能。

[16]《大甲》,即《太甲》,《古文尚书》篇名。顾,顾念。误,同"是",此。

[17]《帝典》,即《书·尧典》。峻,大。

[18]汤,商王成汤。盘铭,沐浴之盘,上刻铭文以自警。

[19]"作新民",振起自新之民。

[20]"周虽旧邦,其命维新",见《诗·大雅·文王》。旧邦,殷时诸侯之邦。

[21]"邦畿千里,惟民所止",见《诗·商颂·玄鸟》。邦畿,王都。

[22]"缗蛮黄鸟,止于丘隅",见《诗·小雅·缗蛮》。缗蛮,鸟声。丘隅,山丘一角。

[23]"穆穆文王,於缉熙敬止",见《诗·周颂·文王》。穆穆,深远。於,音 wū,叹词。缉,继续。熙,

光明。

[24] "听讼,吾犹人也。必也使无讼乎",见《论语·颜渊》。

[25] 辟,通"僻",偏。

[26] 硕,大。

[27] 弟,音 tì,同"悌"。

[28] 赤子,婴儿。

[29] 机,根由。

[30] 偾事,败事。偾,音 fèn。

[31] 所藏乎身不恕,谓不能修己而推己及人为不恕。

[32] "桃之夭夭,其叶蓁蓁。之子于归,宜其家人",见《诗·周南·桃夭》。夭夭,艳丽。蓁蓁,草木茂盛貌。蓁,音 zhēn。

[33] "宜兄宜弟",见《诗·小雅·蓼萧》。

[34] "其仪不忒,正是四国",见《诗·曹风·鸤鸠》。忒,音 tè,差误。

[35] 絜矩之道,郑玄注:"絜,犹结也,挈也。矩,法也。君子有挈法之道,谓常执而行之,动作不失之。"

[36] "乐只君子,民之父母",见《诗·小雅·南山有台》。只,语助词。

[37] "节彼南山,维石岩岩。赫赫师尹,民具尔瞻",见《诗·小雅·节南山》。节,高峻貌。岩岩,层层岩石。师尹,周幽王太师尹氏。具,俱。

[38] 辟,同"僻",不正。僇,音 lù,同"戮"。

[39] "殷之未丧师,克配上帝。仪监于殷,峻命不易",见《诗·大雅·文王》。师,众人。仪,宜。仪监于殷,宜以殷为鉴。峻命,指天命。

[40] "惟命不于常",天命不能常保。

[41] 《楚书》,郑玄注:"楚昭王时书",即《国语·楚语》。

[42] 舅犯,晋文公舅狐偃,字子犯。文公为公子时,出亡在外,故曰亡人。

[43] 《秦誓》,《尚书》篇名。

[44] 断断,专诚守一。

[45] 彦,贤士。

[46] 实,确实;实在。

[47] 进,通"屏",摒斥。

[48] 逮,及。

[49] 孟献子,姓仲孙,名蔑,春秋鲁大夫。

[50] "畜马乘,不察于鸡豚",士初为大夫,有车马,不以鸡豚为利。

[51] 据上下文,此句疑漏"不"字。当作"伐冰之家,不畜牛羊"。概指卿大夫以上,即丧祭用冰之大夫,不以牛羊为利。

[52] "百乘之家,不畜聚敛之臣",有采邑之卿大夫,不养搜刮人民财富的家臣。

[53] 盗臣,盗大夫之家者。盗臣只盗一家之财,与聚敛之臣比,危害较小。

【解读】

《大学》通篇的主旨在于说明"大学之道"。

"大学之道,在明明德,在亲民,在止于至善。"起句即点明了大学教育的三纲领。"明明德",就是要通过存养的工夫,把天生的"明德"发扬光大,达到修己之目的。修己为治人,所以要"亲民","亲民"体现了儒家德治与仁政思想;朱熹《大学章句》认为,应作"新民",意为推己及人,亦合乎儒家"修己治人"思想。"止于至善"则是最高目标。何谓"至善",即"为人君止于仁,为人臣止于敬,为人子止于孝,为人父止于慈,与国人交止于信"。这也是对先秦儒家伦理思想的总结和概括。

为实现三纲领,《大学》推出了八条目:格物、致知、诚意、正心、修身、齐家、治国、平天下。前五条在"明明德",后三条在"亲民"或"止于至善"。八条目的关键在修身。因为儒家认为修己才能治人,统治者必须先修其身,才能齐家治国平天下。八条目的基础是格物致知,这也是自我教育的起点。诚意是正心的前提条件。"富润屋,德润身,心广体胖,故君子必诚其意。"欲诚其意,就要做到不"自欺"。因此说"君子必慎其独","慎独"成为后世儒家所标榜的道德修养的最高境界。"意诚而后心正"。要正心,则须陶冶性情,并要避免"忿懥""恐惧""好乐""忧患"等来扰乱感情。要齐家,则要做到"好而知其恶,恶而知其美",即应抑制自己的私情,严守道德规范,对待事物,无论好恶,都能做到不偏不倚。"家齐而后国治","治国必先齐其家"。"一家仁,一国兴仁;一家让,一国兴让","仁"与"让"体现在家庭教育中,则是孝、悌、慈,只要家家做到孝、悌、慈,也就家齐而国治了。在此,《大学》首次明确指出了家庭教育与国家、社会的关系,并突出了家庭教育的重要性。"国治而后天下平","平天下在治其国"。欲平天下,须讲"絜矩之道"。所谓"絜矩之道",就是"所恶于上,毋以使下;所恶于下,毋以事上;所恶于前,毋以先后;……"一言以蔽之,也就是儒家所提倡的身教原则和所谓"己所不欲,勿施于人"的恕道。只要君子有"絜矩之道",即可做到上下相安,秩序稳定,国治而天下平。

(叶志坚)

董仲舒

董仲舒(前179—前104),广川(治今河北景县西南)人。西汉经学家、教育家。著作很多,但流传下来的很少,现存《春秋繁露》和保存在《汉书·董仲舒传》中的《对贤良策》。

对贤良策(节选)

【题解】 汉初在政治上实行"无为而治",给人们提供了休养生息的机会,但也暴露出许多弊端。至汉武帝即位时,地方分离倾向依然严重,边疆匈奴威胁加剧,"无为而治"已无法适应统治的需要。面对种种社会矛盾,如何实现政策的根本转变,实行"有为而治",是汉武帝要解决的重大问题。为此,他发下诏书,广泛听取天下的对策。所谓对策,就是应荐者回答皇帝提出的有关政治、经济、文化以及其他方面问题的策问。汉朝采用这种形式来选拔贤良之士,因此对策又称"对贤良策"或"贤良对策"。本篇是董仲舒前后三次回答汉武帝的策问集,因为首篇论及天人关系,因此又称为"天人三策"。

一

【原文】 制曰:朕获承至尊休德,传之亡穷,而施之罔极,任大而守重,是以夙夜不皇康宁,永惟万事之统,犹惧有阙。故广延四方之豪俊,郡国诸侯公选贤良修洁博习之士,欲闻大道之要,至论之极。今子大夫襃然为举首,朕甚嘉之。子大夫其精心致思,朕垂听而问焉。

盖闻五帝三王之道,改制作乐而天下洽和,百王同之。当虞氏之乐莫盛于《韶》,于周莫盛于《勺》。圣王已没,钟鼓管弦之声未衰,而大道微缺,陵夷至呼桀纣之行,王道大坏矣。夫五百年之间,守文之君,当涂之士,欲则先王之法以戴翼其世者甚众,然犹不能反,日以仆灭,至后王而后止,岂其所持操或悖缪而失其统与?固天降命不可复反,必推之于大衰而后息与?乌呼!凡所为屑屑,夙兴夜寐,务法上古者,又将无补与?三代受命,其符安在?灾异之变,何缘而起?性命之情,或夭或寿,或仁或鄙,习闻其号,未烛厥理。伊欲风流而令行,刑轻而奸改,百姓和乐,政事宣昭,何修何饬而膏露降,百谷登,德润四海,泽臻草木,三光全,寒暑平,受天之祜,享鬼神之灵,德泽洋溢,施呼方外,延及群生?

子大夫明先圣之业,习俗化之变,终始之序,讲闻高谊之日久矣,其明以谕朕。科别其条,勿猥勿并,取之于术,慎其所出。乃其不正不直,不忠不极,枉于执事,书之不泄,兴于朕躬,毋悼后害。子大夫其尽心,靡有所隐,朕将亲览焉。

仲舒对曰:

陛下发德音,下明诏,求天命与情性,皆非愚臣之所能及也。臣谨案《春秋》之中,视前世已行之事,以观天人相与之际,甚可畏也。国家将有失道之败,而天乃先出灾害以谴告之,不知自省,又出怪异以警惧之,尚不知变,而伤败乃至。以此见天心之仁爱人君而欲止其乱也。自非大亡道之世者,天尽欲扶持而全安之,事在强勉[1]而已矣。强勉学问,则闻见博而知益明;强勉行道,则德日起而大有功:此皆可使还[2]至而(立)有效者也。《诗》曰"夙夜匪解",《书》云"茂哉茂哉!"皆强勉之谓也。

道者,所繇适[3]于治之路也,仁义礼乐皆其具[4]也。故圣王已没,而子孙长久安宁数百岁,此皆礼乐教化之功也。王者未作乐之时,乃用先王之乐宜于世者,而以深入教化于民。教化之情不得,雅颂之乐不成,故王者功成作乐,乐其德也[5]。乐者,所以变民风,化民俗也;其变民也易,其化人也著。故声发于和而本于情,接于肌肤,臧[6]于骨髓。故王道虽微缺,而管弦之声未衰也。夫虞氏之不为政久矣,然而乐颂遗风犹有存者,是以孔子在齐而闻《韶》也。……

…………

臣闻命者天之令也,性者生之质也,情者人之欲也。或夭或寿,或仁或鄙,陶冶而成之,不能粹[7]美,有治乱之所生,故不齐也[8]。孔子曰:"君子之德风(也),小人之德草(也),草上之风必偃[9]。"故尧舜行德则民仁寿,桀纣行暴则民鄙夭。夫上之化下,下之从上,犹泥之在钧,唯甄者之所为[10];犹金之在镕[11],唯冶者之所铸。"绥之斯来,动之斯和[12]",此之谓也。

臣谨案《春秋》之文,求王道之端,得之于正[13]。正次王,王次春。春者,天之所为也;正者,王之所为也。其意曰,上承天之所为,而下以正其所为,正王道之端云尔。然则王者欲有所为,宜求其端于天。天道之大者在阴阳。阳为德,阴为刑;刑主杀而德主生。是故阳常居大夏,而以生育养长为事;阴常居大冬,而积于空虚不用之处。以此见天之任德不任刑也。天使阳出布施于上而主岁功[14],使阴入伏于下而时出佐阳;阳不得阴之助,亦不能独成岁。终阳以成岁为名,此天意也。王者承天意以从事,故任德教而不任刑。刑者不可任以治世,犹阴之不可任以成岁也。为政而任刑,不顺于天,故先王莫之肯为也。今废先王德教之官,而独任执法之吏治民,毋乃任刑之意与! 孔子曰:"不教而诛谓之虐[15]。"虐政用于下,而欲德教之被四海,故难成也。

············

……今陛下贵为天子,富有四海,居得致之位,操可致之势[16],又有能致之资,行高而恩厚,知明而意美,爱民而好士,可谓谊[17]主矣。然而天地未应而美祥莫至者,何也? 凡以教化不立而万民不正也。夫万民之从利也,如水之走下,不以教化堤防之,不能止也。是故教化立而奸邪皆止者,其堤防完也;教化废而奸邪并出,刑罚不能胜者,其堤防坏也。古之王者明于此,是故南面而治天下,莫不以教化为大务。立大学以教于国,设庠序[18]以化于邑,渐民以仁,摩民以谊,节民以礼,故其刑罚甚轻而禁不犯者,教化行而习俗美也。

圣王之继乱世也,埽除其迹而悉去之,复修教化而崇起之。教化已明,习俗已成,子孙循之,行五六百岁尚未败也。至周之末世,大为亡道,以失天下。秦继其后,独不能改,又益甚之,重禁文学,不得挟书,弃捐礼谊而恶闻之,其心欲尽灭先王之道,而颛为自恣苟简之治[19],故立为天子十四岁而国破亡矣[20]。自古以来,未尝有以乱济乱,大败天下之民如秦者也。其遗毒余烈,至今未灭,使习俗薄恶,人民嚚顽[21],抵冒殊扞[22],孰烂如此之甚者也。孔子曰:"腐朽之木不可雕也,粪土之墙不可圬[23]也。"今汉继秦之后,如朽木粪墙矣,虽欲善治之,亡可奈何。法出而奸生,令下而诈起,如以汤止沸,抱薪救火,愈甚亡益也。窃譬之琴瑟不调,甚者必解而更张之,乃可鼓[24]也;为政而不行,甚者必变而更化[25]之,乃可理也。当更张而不更张,虽有良工不能善调也;当更化而不更化,虽有大贤不能善治也。故汉得天下以来,常欲善治而至今不可善治者,失之于当更化而不更化也。古人有言曰:"临渊羡鱼,不如(蛛)〔退〕而结网。"今临政而愿治七十余岁矣,不如退而更化;更化则可善治,善治则灾害日去,福禄日来。《诗》云:"宜民宜人,受禄于天。"为政而宜于民者,固当受禄于天。夫仁谊礼知信五常之道,王者所当修饬也;五者修饬,故受天之祐,而享鬼神之灵,德施于方外,延及群生也。

二

天子览其对而异焉,乃复册之曰:

制曰:盖闻虞舜之时,游于岩郎之上,垂拱无为,而天下太平。周文王至于日
昃不暇食,而宇内亦治。夫帝王之道,岂不同条共贯与?何逸劳之殊也?

盖俭者不造玄黄旌旗之饰。及至周室,设两观,乘大路,朱干玉戚,八佾陈于
庭,而颂声兴。夫帝王之道岂异指哉?或曰良玉不瑑,又曰非文无以辅德,二端
异焉。

殷人执五刑以督奸,伤肌肤以惩恶。成康不式,四十余年天下不犯,囹圄空虚。
秦国用之,死者甚众,刑者相望,耗矣哀哉!

乌呼!朕夙寤晨兴,惟前帝王之宪,永思所以奉至尊,章洪业,皆在力本任贤。
今朕亲耕藉田以为农先,劝孝弟,崇有德,使者冠盖相望,问勤劳,恤孤独,尽思极
神,功烈休德未始云获也。今阴阳错缪,氛气充塞,群生寡遂,黎民未济,廉耻贸乱,
贤不肖浑(淆),未得其真,故详延特起之士,(意)庶几乎!今子大夫待诏百有余人,
或道世务而未济,稽诸上古之不同,考之于今而难行,毋乃牵于文系而不得骋(欤)
〔与〕?将所繇异术,所闻殊方与?各悉对,著于篇,毋讳有司。明其指略,切磋究
之,以称朕意。

仲舒对曰:

············

臣闻圣王之治天下也,少则习之学,长则材诸位[26],爵禄以养其德,刑罚以威
其恶,故民晓于礼谊而耻犯其上。武王行大谊,平残贼,周公作礼乐以文[27]之,至
于成康之隆,囹圄[28]空虚四十余年。此亦教化之渐而仁谊之流[29],非独伤肌肤之
效也。至秦则不然。师申商之法,行韩非之说,憎帝王之道,以贪狼[30]为俗,非有
文德以教训于(天)下也。诛名而不察实[31],为善者不必免,而犯恶者未必刑也。
是以百官皆饰(空言)虚辞而不顾实,外有事君之礼,内有背上之心,造伪饰诈,趣利
无耻;又好用憯酷[32]之吏,赋敛亡度,竭民财力,百姓散亡,不得从耕织之业,群盗
并起。是以刑者甚众,死者相望,而奸不息,俗化使然也。故孔子曰"导之以政,齐

之以刑,民免而无耻",此之谓也。

今陛下并有天下,海内莫不率服,广览兼听,极群下之知,尽天下之美,至德昭然[33],施于方外[34]。夜郎、康居,殊方万里,说[35]德归谊,此太平之致也。然而功不加于百姓者,殆王心未加焉。曾子曰:"尊其所闻,则高明矣;行其所知,则光大矣。高明光大,不在于它,在乎加之意而已[36]。"愿陛下因用所闻,设诚于内而致行之,则三王何异哉!

陛下亲耕藉田[37]以为农先,夙寤晨兴,忧劳万民,思惟往古,而务以求贤,此亦尧舜之用心也,然而未云获者,士素不厉也[38]。夫不素养士而欲求贤,譬犹不(瑑)〔琢〕玉而求文采也。故养士之大者,莫大(虙)〔呼〕太学;太学者,贤士之所关[39]也,教化之本原。今以一郡一国之众,对亡应书者[40],是王道往往而绝也。臣愿陛下兴太学,置明师,以养天下之士,数考问以尽其材,则英俊宜可得矣。今之郡守、县令,民之师帅,所使承流而宣化[41]也;故师帅不贤,则主德不宣,恩泽不流。今吏既亡教训于下,或不承用主上之法,暴虐百姓,与奸为市[42],贫穷孤弱,冤苦[43]失职,甚不称陛下之意。是以阴阳错缪,氛气充塞,群生寡遂,黎民未济,皆长吏不明,使至于此也。

夫长吏多出于郎中、中郎,吏二千石子弟选郎吏,又以富訾[44],未必贤也。且古所谓功者,以任官称职为差,非(所)谓积日累久也。故小材虽累日,不离于小官;贤材虽未久,不害为辅佐。是以有司[45]竭力尽知,务治其业而以赴功。今则不然。(累)日以取贵,积久以致官,是以廉耻贸乱,贤不肖浑淆,未得其真。臣愚以为使诸列侯、郡守、二千石各择其吏民之贤者,岁贡各二人以给宿卫,且以观大臣之能;所贡贤者有赏,所贡不肖者有罚。夫如是,诸侯、吏二千石皆尽心于求贤,天下之士可得而官使[46]也。遍得天下之贤人,则三王之盛易为,而尧舜之名可及也。毋以日月为功,实试贤能为上,量材而授官,录德而定位,则廉耻殊路,贤不肖异处矣。……

三

制曰:盖闻"善言天者必有征于人,善言古者必有验于今"。故朕垂问乎天人之应,上嘉唐虞,下悼桀纣,浸微浸灭浸明浸昌之道,虚心以改。今子大夫明于阴阳所以造化,习于先圣之道业,然而文采未极,岂惑呼当世之务哉?条贯靡竟,统纪未终,意朕之不明与?听若眩与?夫三王之教所祖不同,而皆有失,或谓久而不易者道也,意岂异哉?今子大夫既已著大道之极,陈治乱之端矣,其悉之究之,孰之复之。《诗》不云呼?"嗟尔君子,毋常安息,神之听之,介尔景福。"朕将亲览焉,子大夫其茂明之。

仲舒复对曰:

············

册曰:"善言天者必有征[47]于人,善言古者必有验于今。"······古者修[48]教训之官,务以德善化民,民已大化之后,天下常亡一人之狱矣。今世废而不修,亡以化民,民以故弃行谊而死财利,是以犯法而罪多,一岁之狱以万千数。以此见古[49]之不可不用也,故《春秋》变古则讥之。天令之谓命,命非圣人不行;质朴之谓性,性非教化不成;人欲之谓情,情非度制[50]不节。是故王者上谨于承天意,以顺命也;下务明教化民,以成性也;正法度之宜,别上下之序,以防欲也:修此三者,而大本举矣。人受命于天,固超然异于群生[51],入有父子兄弟之亲,出有君臣上下之谊,会聚相遇,则有耆老长幼之施;粲然有文[52]以相接,欢然有恩以相爱,此人之所以贵也。生五谷以食之,桑麻以衣之,六畜以养之,服牛乘马,圈豹槛虎,是其得天之灵,贵于物也。故孔子曰:"天地之性人为贵。"明于天性,知自贵于物;知自贵于物,然后知仁谊;知仁谊,然后重礼节;重礼节,然后安处善[53];安处善,然后乐循理;乐循理,然后谓之君子。故孔子曰"不知命,亡以为君子",此之谓也。

············

册曰:"三王之教所祖不同,而皆有失,或谓久而不易者道也,意岂异哉?"臣闻夫乐而不乱复[54]而不厌者谓之道;道者万世亡弊,弊者道之失也。先王之道必有偏而不起之处,故政有眊[55]而不行,举其偏者以补其弊而已矣。三王之道所祖不同,非其相反,将以救溢扶衰,所遭之变然也。故孔子曰:"亡为而治者,其舜呼!"改正朔,易服色,以顺天命而已;其余尽循尧道,何更为哉!故王者有改制之名,亡变道之实。然夏上忠,殷上敬,周上文者,所继之救,当用此也。孔子曰:"殷因于夏礼,所损益可知也;周因于殷礼,所损益可知也;其或继周者,虽百世可知也。"此言百王之用,以此三者矣。夏因于虞,而独不言所损益者,其道如一而所上同也。道之大原[56]出于天，天不变，道亦不变，是以禹继舜，舜继尧，三圣相受而守一道，亡救弊之政也，故不言其所损益也。繇[57]是观之，继治世者其道同，继乱世者其道变。今汉继大乱之后，若宜少损周之文致，用夏之忠者。

陛下有明德嘉道，愍世俗之靡薄[58]，悼王道之不昭，故举贤良方正之士，论（谊）〔议〕考问，将欲兴仁谊之休德，明帝王之法制，建太平之道也。……然而臣窃有怪者。夫古之天下亦今之天下，今之天下亦古之天下，共是天下，古（亦）〔以〕大治，上下和睦，习俗美盛，不令而行，不禁而止，吏亡奸邪，民亡盗贼，囹圄空虚，德润草木，泽被四海，凤皇来集，麒麟来游，以古准今，壹何不相逮[59]之远也！安所缪盭[60]而陵夷若是？意者有所失于古之道与？有所诡于天之理与？试迹之〔于〕古，返之于天，党[61]可得见乎。

夫天亦有所分予[62]，予之齿者去其角[63]，傅其翼者两其足[64]，是所受大者不得取小也。古之所予禄者，不食于力，不动于末[65]，是亦受大者不得取小，与天同意者也。夫已受大，又取小，天不能足，而况人乎！此民之所以嚣嚣[66]苦不足也。身宠而载高位，家温而食厚禄，因乘富贵之资力，以与民争利于下，民安能如之哉！是故众其奴婢，多其牛羊，广其田宅，博其产业，畜其积委，务此而亡已，以迫蹴[67]民，民日削月朘[68]，浸以大穷。富者奢侈羡溢，贫者穷急愁苦；穷急愁苦而上不救，则民不乐生；民不乐生，尚不避死，安能避罪！此刑罚之所以蕃而奸邪不可胜者也。故受禄之家，食禄而已，不与民争业，然后利可均布，而民可家足。此上天之理，而亦太古之道，天子之所宜法以为制，大夫之所当循以为行也。……

《春秋》大一统者[69]，天地之常经，古今之通谊也。今师异道，人异论，百家殊方，指意不同，是以上亡以持一统[70]；法制数变，下不知所守。臣愚以为诸不在六艺之科孔子之术者[71]，皆绝其道，勿使并进。邪辟之说灭息，然后统纪可一而法度可明，民知所从矣。

——选自班固著，颜师古注：《汉书》，中华书局1962年版，第2495—2523页。

【注释】

［1］强勉，努力；尽力而为。

［2］还，迅速；立即。

[3] 适,往;到达。

[4] 具,具体表现。

[5] "乐其德也",作乐是为了歌颂他的功德。

[6] 臧,同"藏"。

[7] 粹,纯。

[8] "有治乱之所生,故不齐也",有的在治世生成,有的在乱世生成,因此不同样。

[9] 偃,倒;伏。

[10] "犹泥之在钧,唯甄者之所为",好像泥土放在转盘上,完全听任陶匠的作为。钧,制陶器的转盘。
      甄者,陶匠。

[11] 镕,熔铸金属的模具。

[12] "绥之斯来,动之斯和",见《论语・子张》。意谓:一安抚百姓,百姓自会从远方来投靠;一动员百
      姓,百姓自会同心协力。

[13] 正,指正月。

[14] 岁功,一年的成就。

[15] "不教而诛谓之虐",见《论语・尧曰》。意谓:不加教育便加杀戮叫作虐。

[16] "操可致之势",掌握了可以招致的权势。

[17] 谊,同"义"。

[18] 庠序,古代乡学。后概称学校。

[19] "颛为自恣苟简之治",专以私意、妄断、苟且、简略的办法来治国。颛,同"专"。

[20] "十四岁而国破亡矣",秦自公元前 221 年统一中国,到公元前 207 年灭亡,只存在了十四年。

[21] 嚚顽,愚蠢而顽固。嚚,音 yín。

[22] "抵冒殊扦",指抵触冒犯,违法乱德。

[23] 圬,泥工抹墙的工具,用以称抹墙的行动。

[24] 鼓,即弹(琴)。

[25] 更化,改制;改革。

[26] "长则材诸位",成年后随其才之优劣而授予官位。

[27] 文,修饰,指制度和规范。

[28] 囹圄,音 língyǔ,监狱。

[29] 流,流行。

[30] 贪狼,贪婪残酷。

[31] 诛,责;追究。名,名称。实,实质。

[32] 憯酷,残酷。憯,音 cǎn。

[33] 至德,最高道德。昭,明;显明。

101

［34］方外,四方之外。

［35］说,同"悦",喜悦;悦服。

［36］"尊其所闻,则高明矣;行其所知,则光大矣。高明光大,不在于它,在乎加之意而已",见《大戴礼记·曾子疾病》:"君子尊其所闻,则高明矣;行其所闻,则广大矣。高明广大,不在于他,在加之志而已矣。"前句意谓:尊重自己所听到的道理,就能高明;实践自己所知道的道理,就能光大。

［37］藉田,皇帝自留一田,每年举行亲耕仪式,以示重农。其实尽借民力代耕,故称"藉田"。

［38］素,平时。厉,勉励。

［39］关,关系。一说是由,由来。

［40］"对亡应书者",对策没有切合经义的。另一说:书,指举贤良文学之诏书。

［41］宣化,宣布教化。

［42］"与奸为市",同奸人交易而求利。

［43］冤苦,指断冤苦之案。

［44］富訾,富有资产。訾,音 zī。

［45］有司,古代设官分职,各有专司,因称职官为"有司"。

［46］官使,授之官职以使其才。

［47］征,验证;证明。

［48］修,设立。

［49］古,指古法。

［50］度制,同制度。

［51］群生,指人以外的所有生物,即万物。

［52］粲然有文,有明著的礼仪。

［53］安处善,安然地处于善道。

［54］复,反复。

［55］眊,音 mào,昏聩;惑乱。

［56］原,同"源",根源。

［57］繇,由。

［58］愍,音 mǐn,同"悯",悲悯。靡薄,谓人心不古,风俗浇薄。

［59］不相逮,相距;差距。

［60］缪盭,错乱;违背。缪,同"谬"。盭,音 lì,通"戾"。

［61］党,同"倘",倘若,这里作或许解。

［62］分予,分别赐予;赐予有所区别。

［63］"予之齿者去其角",给它上齿的就不给它的角,指牛以外的牲口;牛有角而无上齿。

［64］"傅其翼者两其足",附上它翅膀的就只给它两只脚,指鸟类。相反,兽类有四足就没有翅膀。傅,

附,犹言装上。

[65] "不食于力,不动于末",不像农工依靠劳力、商贾依靠贸利来生活。力,指农工。末,指商贾。

[66] 嚣嚣,怨愁;怨恨。嚣,音 áo。

[67] 迫蹴,逼迫;压迫。

[68] 朘,音 juān,剥削;缩减。

[69] "《春秋》大一统者",《春秋》尊王,特别重视天下的一统,贬责诸侯的自专。大,重视。

[70] 上亡以持一统,领导者不能掌握统一思想的标准。

[71] 六艺之科,《易》《书》《诗》《礼》《乐》《春秋》的科目。孔子之术,指儒学。

解读

　　三篇对策集中反映了董仲舒的三大文教思想。其一是罢黜百家,独尊儒术。汉初在文化教育上采取的宽松政策虽然给各学派的发展提供了良好的机会,但是各学派之间相互争雄,势必危及政治思想的稳定。董仲舒认为,循行正确的治国之道,不仅需要政治上的统一,还需要指导思想上的统一,这样才能上下一致,四方同心,实施教化也有可循的确定内容。他从"天人感应"的观点出发,认为天是至上的主宰,王权是天授的,因此王者须"承天意以从事"。《春秋》大一统,是天地的不变原则,正是天意的体现;而政令统一也必须以思想学术统一为前提。儒家强调正定名分,最适合中央集权政体的需要,因此主张罢黜百家,独尊儒术。

　　其二是兴太学以养士。实行有为政治的另一个急需解决的问题是人才。汉武帝在策问中抱怨虽然他昼夜勤劳,"尽思极神",但没有得到应有的政治功效。董仲舒认为这是没有贤才辅佐的缘故,而得不到贤才的原因是汉初不养士,不办教育,"不素养士而欲求贤,譬犹不(瑑)〔琢〕玉而求文采",因此他认为求贤才的关键是养士,养士的关键是设立太学,聘请明师教导天下之士,太学不仅是培养人才的场所,还是推行教化的手段。

　　其三是重视选举,任贤使能。董仲舒认为,天道有阴阳,阳为德,阴为刑,天意尊阳而卑阴,因此为政当任德教而不任刑罚,吏为民之师帅,必求其贤。然而,汉初人才的选拔和任用存在着很多弊端,官吏基本上来源于官僚子孙荫袭或者捐资得官,升迁也存在着论资排辈的现象。对此,董仲舒提出了加强选举、合理任用人才的主张,荐贤者赏,荐不肖者罚,官吏的任用和升迁要遵循"量材而授官,录德而定位"的原则,使真正的人才得到合理的使用。

　　董仲舒的主张得到了汉武帝的肯定和支持,对汉朝的文教政策产生了极大的影响,对后世的影响也十分深远。罢黜百家,独尊儒术政策的实行,使儒学取得了独尊的地位,此后儒家思想成为中国封建社会的正统思想,儒家经典成为国家规定的教科书。太学的设立,使封建政权有了集中培养统治人才的教育机构,朝廷把握了教育大权和学术发展方向,太学制度为以后历代所沿用。

深察名号(节选)

【题解】　人性问题一直是中国古代思想家、教育家致力探究的课题,董仲舒就是其中一位重要的代表人物。本文为《春秋繁露》第三十五篇,以唯心主义名实论的观点论述了人性问题。

【原文】　治天下之端[1],在审辨大[2]。辨大之端,在深察名号。名者,大理之首章也。录其首章之意,以窥其中之事,则是非可知,逆顺自著,其几通于天地矣。是非之正[3],取之逆顺,逆顺之正,取之名号,名号之正,取之天地,天地为名号之大义也。古之圣人,謞[4]而效天地谓之号,鸣而施命[5]谓之名。名之为言,鸣与命也,号之为言,謞而效也。謞而效天地者为号,鸣而命者为名。名号异声而同本,皆鸣号而达天意者也。天不言,使人发其意;弗为,使人行其中。名则圣人所发天意,不可不深观[6]也。受命之君[7],天意之所予也。故号为天子者,宜视天如父,事天以孝道也。号为诸侯者,宜谨视所候奉之天子也。号为大夫者,宜厚其忠信,敦其礼义,使善大于匹夫之义[8],足以化也。士者,事也;民者,瞑[9]也。士不及化[10],可使守事从上而已。五号自赞,各有分[11]。分中委曲,曲有名[12]。名众[13]于号,号其大全。名也者,名其别离分散[14]也。号凡而略,名详而目[15]。目者,遍辨其事也;凡者,独举其大也。享鬼神者号,一曰祭。祭之散名[16],春曰祠,夏曰礿[17],秋曰尝,冬曰烝。猎禽兽者号,一曰田。田之散名,春苗,秋搜,冬狩,夏狝。无有不皆中天意者。物莫不有凡号,号莫不有散名,如是[18]。是故事各顺于名,名各顺于天。天人之际,合而为一。同而通理,动而相益,顺而相受,谓之德道。……

…………

名生于真,非其真,弗以为名。名者,圣人之所以真物也。名之为言真也。故凡百讥有黮黮者[19],各反其真,则黮黮者还昭昭耳。欲审曲直,莫如引绳;欲审是非,莫如引名。名之审于是非也,犹绳之审于曲直也。诘[20]其名实,观其离合,则是非之情不可以相谰[21]已。今世暗[22]于性,言之者不同,胡不试反性之名。性之名非生与?如其生之自然之资[23]谓之性。性者质也。诘性之质于善之名,能中之与?既不能中矣,而尚谓之质善,何哉?性之名不得离质。离质如毛,则非性已[24],不可不察也。……栣[25]众恶于内,弗使得发于外者,心也。故心之为名栣也。人之受气苟无恶者,心何栣哉?吾以心之名,得人之诚[26]。人之诚,有贪有仁。仁贪之气,两在于身。身之名,取诸天。天两有阴阳之施,身亦两有贪仁之性。天有阴阳禁,身有情欲栣,与天道一也。是以阴之行不得干春夏,而月之魄常厌于日光[27]。乍全乍伤[28],天之禁阴如此,安得不损其欲而辍[29]其情以应天。天所禁而身禁之,故曰身犹天也。禁天所禁,非禁天也。必知天性不乘[30]于教,终不能栣。察实以为名,无教之时,性何遽[31]若是。故性比于禾,善比于米。米出禾中,而禾未可全为米也。善出性中,而性未可全为善也。善与米,人之所继天而成于外,非在天所为之内也。天之所为,有所至而止。止之内谓之天性,止之外谓之人事[32]。事在性外,而性不得不成德。民之号,取之瞑也。使性而已善,则何故以瞑为号?以霣者言,弗扶将,则颠陷猖狂,安能善?性有似目,目卧幽而瞑[33],待觉而后见。当其未觉,可谓有见质,而不可谓见。今万民之性,有其质而未能觉,譬如瞑者待觉,教之然后善。当其未觉,可谓有善质,而不可谓善,与目之瞑而觉,一概之比也。静心徐察之,其言可见矣。性而瞑之未觉;天所为也。效天所为,为之起号,故谓之民。民之为言,固犹瞑也,随其名号以入其理,则得之矣。是正名号者于天地,天地之所生,谓之性情[34]。性情相与[35]为一瞑。情亦性也。谓性已善,奈其情何?故圣人莫谓性善,累[36]其名也。身之有性情也,若天之有阴阳也。言人之质而无其情,犹言天之阳而无其阴也。穷论者,无时受也[37]。名性,不以上,不以下,以其中名之[38]。性如茧如卵。卵待覆[39]而成雏,茧待缲而为丝,性待教而为善。此之谓真天。天生民性有善质,而未能善,于是为之立王以善之,此天意也。民受未能善之性于天,而退受成性之教于王。王承天意,以成民之性为任者也。今案其真质,而谓民性已善者,是失天意而去王任也。万民之性苟已善,则王者受命尚何任也?其设名不正,故弃重任而违大命,非法言[40]也。《春秋》之辞,内事之待外者,从外言之[41]。今万民之性,待外教然后能善,善当与教,不当与性[42]。与性,则多累而不精[43]，自成功而无贤圣，此世长者之所误出也，非《春秋》为辞之术也。不法之言、无验之说，君子之所外[44]，何以为哉？或曰：性有善端，心有善质，尚安非善？应之曰：非也。茧有丝而茧非丝也，卵有雏而卵非雏也。比类率然[45]，有何疑焉。天生民有《六经》，言性者不当异[46]。然其或曰性也善，或曰性未善，则所谓善者，各异意也。性有善端，动之爱父母，善于禽兽，则谓之善。此孟子之善。循三纲五纪，通八端之理，忠信而博爱，敦厚而好礼，乃可谓善。此圣人之善也。是故孔子曰："善人吾不得而见之，得见有常者斯可矣。"由是观之，圣人之所谓善，未易当也，非善于禽兽则谓之善也。使动其端善于禽兽则可谓之善，善奚为弗见也？夫善于禽兽之未得为善也，犹知于草木而不得名知。万民之性善于禽兽而不得名善，知之名乃取之圣。圣人之所命，天下以为正。正朝夕者视北辰，正嫌疑者视圣人。圣人以为无王之世，不教之民，莫能当善。善之难当如此，而谓万民之性皆能当之，过矣。质[47]于禽兽之性，则万民之性善矣；质于人道之善，则民性弗及也。万民之性善于禽兽者许[48]之，圣人之所谓善者弗许。吾质之命性者[49]异孟子。孟子下质于禽兽之所为，故曰性已善；吾上质于圣人之所为，故谓性未善。善过性，圣人过善[50]。《春秋》大元，故谨于正名。名非所始[51]，如之何谓未善已善也。

——选自苏舆撰，钟哲点校：《春秋繁露义证》，中华书局 1992 年版，第 284—310 页。

［1］端，开端；第一步。

［2］审辨大，指详细研究事物的类别和纲领。辨，区别。大，大纲。

［3］正，标准。

［4］謞，音 xiào，大声呼叫。

［5］施命，命名。

［6］深观，深入观察。

［7］"受命之君"，古代帝王托于神权，自称受天命而当君王。

［8］"使善大于匹夫之义"，使自己的德行超过一般人的标准。

［9］瞑，闭目，即懵懂，愚昧。

［10］"士不及化"，士还没有达到能化民的程度。

［11］五号，指天子、诸侯、大夫、士、民五种称号。赞，指明；表明。各有分，谓五种称号各自表明其职分。

[12] "分中委曲,曲有名",职分中的每一个部分又各有其名。

[13] 众,多;超过。

[14] 别离分散,指事物的各个具体部分。

[15] "号凡而略,名详而目",号是概括的、大略的,名是具体的、详细的。

[16] 散名,指各种事物分散的名称。

[17] 礿,音 yuè,古代宗庙之祭的祭名。

[18] "是"指代上文所举的两个例子。如是,即就像所举的例子一样。

[19] 黮黮者,指愚昧的人。黮,音 dǎn,深黑色。

[20] 诘,深究。

[21] 相谰,相诬。

[22] 暗,指愚昧不明。

[23] 资,本质。

[24] "离质如毛,则非性已",论性若离开本质一丝一毫,就不是性。毛,言其微小。

[25] 柅,音 rěn,捍御。

[26] 诚,实况。

[27] 魄,月中阴影。厌,损抑。

[28] "乍全乍伤",月亮时圆时缺。

[29] 辍,停止。

[30] 乘,借助;凭借。

[31] 何遽,怎么。

[32] 人事,指政治教化。

[33] 瞑,同"眠"。

[34] "天地之所生,谓之性情",董仲舒所论之"性"有两种含义,广义的"性"包含有仁有贪,狭义"性"与情并提,仅指仁性。

[35] 相与,相合。

[36] 累,带累;损害。

[37] "穷论者,无时受也",彻底追问这种说法,就永远没有成立的可能。

[38] "名性,不以上,不以下,以其中名之",见《春秋繁露·实性》:"圣人之性不可以名性,斗筲之性又不可以名性。名性者,中民之性。"

[39] 覆,孵化。

[40] 法言,合乎礼法之言,引申为正确的言论。

[41] "内事之待外者,从外言之",国内的事情,但由外因所导致或由外因所造成的,则要将外因说明。内事,指国内的事情。

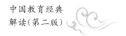

[42]"善当与教,不当与性",善应当归属于教化,而不应当归属于性。

[43]"多累而不精",设名多累而不精确。

[44]外,排斥;拒绝。

[45]"比类率然",同于此类的皆如此。

[46]"言性者不当异",讨论性的人不应当各持异说。

[47]质,考察。

[48]许,赞许;同意。

[49]"吾质之命性者",我考究性之所以命名。质,考究。

[50]"善过性,圣人过善",人道之善是超越万民之性的,圣人又是超越人道之善而为天下的准绳。

[51]"名非所始",正名而没有追溯到它的起源。

【解读】 本文继承发展了孔子关于"正名"的思想,除了考察论述关于"天子、诸侯、大夫、士、民"这五种称号的含义,还从哲学上探讨人性的名实问题,最后归结到重视圣王教化的政治思想。这里着重阐述董仲舒的人性论。一方面,他从以下三方面批驳了孟子的性善论:第一是从正名的角度驳孟子的性善论(包括关于性、心、民的命名);第二是用圣人的言论驳孟子的性善论,董仲舒认为圣人的言论从未有关于性善的说法,以此证明性善论不符合圣人的思想;第三以天道的权威驳孟子的性善论,董仲舒认为天有阴阳之分,因而人性就有仁、贪两方面因素,仁是指人性中那些有利于发展封建社会道德的先天因素,贪是指人性中那些将导致与封建道德相抵触的先天因素,它们是人性中的两个对立物,必须分别对待,仁性经教化而成善,贪性则需要加以限制。另一方面,董仲舒又批判地继承了荀子的性恶论对人性的定义,董仲舒认为:"生之自然之资谓之性""性者质也",人性就是指人天生的素质("生之质")。这种"自然之质"不是"恶"的,而是含有"善质",从而修正了荀子的性恶论。董仲舒认为:"性比于禾,善比于米。米出禾中,而禾未可全为米也。善出性中,而性未可全为善也。"更简单地说,"性有善质,而未能善"。董仲舒所谓的善,是指封建社会的伦理道德:"循三纲五纪,通八端之理,忠信而博爱,敦厚而好礼,乃可谓善。"董仲舒强调"性待教而为善",为他强调教育的作用提供了思想基础。与孟子性善说以及荀子性恶说不同,董仲舒提出了自己的"性三品"说,认为人的天性分为上、中、下三等。他说"名性,不以上,不以下,以其中名之",即《春秋繁露·实性》所说的圣人之性、中民(即万民)之性及斗筲之性;圣人之性超过善,斗筲之性不足以语善,万民之性"如瞑者待觉,教之然后善",王者的职责即是"承天意,以成民之性"。

董仲舒的这种观点,从人性方面为封建帝王对人民的绝对统治权和"任德教而不任刑罚"的政治主张提供了理论依据。以后荀悦、韩愈的"性三品说"即源于此。

(刘崇民)

司马迁

司马迁(约前145或前135—?),字子长,夏阳(今陕西韩城南)人。西汉史学家、文学家、思想家。其父司马谈为武帝太史令,父死继任太史令,后因李陵案获罪下狱,受宫刑;出狱后任中书令,发愤继父业,著《太史公书》一百三十篇,后称《史记》。

儒林列传

【题解】 《儒林列传》系《史记》第一百二十一篇。姚承云:"儒谓博士,为儒雅之林,综理古文,宣明旧艺,咸劝儒者,以成王化者也。"(《史记正义》)司马迁认为"自孔子卒,京师莫崇庠序,唯建元元狩之间,文辞粲如也"(《史记·太史公自序》),因而作《儒林列传》,叙述西汉前期多位经学大师的事迹,并概言其传承弟子,反映了汉武帝时期儒学兴盛的局面。

【原文】 太史公曰:余读功令[1],至于广厉[2]学官之路,未尝不废书而叹也。曰:嗟乎!夫周室衰而《关雎》[3]作,幽厉[4]微而礼乐坏,诸侯恣行,政由强国。故孔子闵王路废而邪道兴,于是论次《诗》《书》,修起礼乐。适齐闻《韶》,三月不知肉味[5]。自卫返鲁,然后乐正,《雅》《颂》各得其所[6]。世以混浊莫能用,是以仲尼干七十余君无所遇[7],曰"苟有用我者,期月而已矣[8]"。西狩获麟,曰"吾道穷矣[9]"。故因史记作《春秋》[10],以当王法,以辞微而指博,后世学者多录焉。

自孔子卒后,七十子之徒散游诸侯,大者为师傅卿相,小者友教士大夫,或隐而不见。故子路居卫,子张居陈,澹台子羽居楚,子夏居西河,子贡终于齐[11]。如田子方、段干木、吴起、禽滑釐[12]之属,皆受业于子夏之伦,为王者师。是时独魏文侯[13]好学。后陵迟以至于始皇[14],天下并争于战国,儒术既绌[15]焉,然齐鲁之间,学者独不废也。于威、宣之际[16],孟子、荀卿之列,咸遵夫子之业而润色之,以学显于当世。

及至秦之季世,焚《诗》《书》[17],坑术士[18],《六艺》从此缺焉。陈涉之王也,而鲁诸儒持孔氏之礼器往归陈王。于是孔甲[19]为陈涉博士,卒与涉俱死。陈涉起匹夫,驱瓦合适戍[20],旬月以王楚,不满半岁竟灭亡,其事至微浅,然而缙绅先生之徒负孔子礼器往委质[21]为臣者,何也?以秦焚其业,积怨而发愤于陈王也。

及高皇帝诛项籍,举兵围鲁,鲁中诸儒尚讲诵习礼乐,弦歌之音不绝,岂非圣人之遗化,好礼乐之国哉?故孔子在陈,曰"归与归与!吾党之小子狂简,斐然成章,不知所以裁之"[22]。夫齐鲁之闲[23]于文学,自古以来,其天性也。故汉兴,然后诸儒始得修其经蓺[24],讲习大射乡饮之礼[25]。叔孙通作汉礼仪,因为太常,诸生弟子共定者,咸为选首[26],于是喟然叹兴于学。然尚有干戈,平定四海[27],亦未暇遑庠序之事也。孝惠、吕后时[28],公卿皆武力有功之臣。孝文[29]时颇征用,然孝文帝本好刑名[30]之言。及至孝景[31],不任儒者,而窦太后又好黄老之术,故诸博士具官待问,未有进者。

及今上[32]即位,赵绾、王臧之属明儒学[33],而上亦乡之,于是招方正贤良文学之士[34]。自是之后,言《诗》于鲁则申培公,于齐则辕固生,于燕则韩太傅。言《尚书》自济南伏生。言《礼》自鲁高堂生。言《易》自菑川田生。言《春秋》于齐鲁自胡毋生,于赵自董仲舒。及窦太后崩,武安侯田蚡为丞相[35],绌黄老、刑名百家之言,延文学儒者数百人,而公孙弘以《春秋》白衣为天子三公,封以平津侯[36]。天下之学士靡然乡风矣。

公孙弘为学官,悼道之郁滞,乃请曰:"丞相御史言:制曰[37]'盖闻导民以礼,风之以乐。婚姻者,居室之大伦也。今礼废乐崩,朕甚愍[38]焉。故详延天下方正博闻之士,咸登诸朝。其令礼官劝学,讲议洽闻兴礼,以为天下先。太常议,与博士弟子,崇乡里之化,以广贤材焉'。谨与太常臧、博士平等议曰:闻三代之道,乡里有教,夏曰校,殷曰序,周曰庠[39]。其劝善也,显之朝廷;其惩恶也,加之刑罚。故教化之行也,建首善[40]自京师始,由内及外。今陛下昭至德,开大明,配天地,本人伦,劝学修礼,崇化厉贤,以风四方,太平之原也。古者政教未洽,不备其礼,请因旧官而兴焉。为博士官[41]置弟子五十人,复其身[42]。太常择民年十八已上,仪状端正者,补博士弟子。郡国县道邑[43]有好文学,敬长上,肃政教,顺乡里,出入不悖所闻者,令相长丞上属所二千石[44],二千石谨察可者,当与计[45]偕,诣太常,得受业如弟子。一岁皆辄试,能通一蓺以上,补文学掌故[46]缺;其高弟可以为郎中[47]者,太常籍奏。即有秀才异等,辄以名闻。其不事学若下材及不能通一蓺,辄罢之,而请诸不称者罚。臣谨案诏书律令下者，明天人分际，通古今之义，文章尔雅，训辞深厚，恩施甚美。小吏浅闻，不能究宣，无以明布谕下。治礼次治掌故，以文学礼义为官，迁留滞[48]。请选择其秩比二百石以上，及吏百石通一艺以上，补左右内史、大行卒史[49]；比百石已下，补郡太守卒史：皆各二人，边郡一人。先用诵多者，若不足，乃择掌故补中二千石属[50]，文学掌故补郡属，备员。请著功令。佗如律令。"制曰："可。"自此以来，则公卿大夫士吏斌斌多文学之士矣。

申公者，鲁人也。高祖过鲁，申公以弟子从师[51]入见高祖于鲁南宫。吕太后时，申公游学长安，与刘郢同师。已而郢为楚王，令申公傅其太子戊。戊不好学，疾申公。及王郢卒，戊立为楚王，胥靡[52]申公。申公耻之，归鲁，退居家教，终身不出门，复谢绝宾客，独王命召之乃往。弟子自远方至受业者百余人。申公独以《诗》经为训以教，无传（疑），疑者则阙不传。

兰陵王臧既受《诗》，以事孝景帝为太子少傅，免去。今上初即位，臧乃上书宿卫上，累迁，一岁中为郎中令[53]。及代赵绾亦尝受《诗》申公，绾为御史大夫[54]。绾、臧请天子，欲立明堂[55]以朝诸侯，不能就其事，乃言师申公。于是天子使使束帛加璧安车驷马[56]迎申公，弟子二人乘轺传[57]从。至，见天子。天子问治乱之事，申公时已八十余，老，对曰："为治者不在多言，顾力行何如耳。"是时天子方好文词，见申公对，默然。然已招致，则以为太中大夫[58]，舍鲁邸，议明堂事。太皇窦太后好老子言，不说儒术，得赵绾、王臧之过以让上，上因废明堂事，尽下赵绾、王臧吏，后皆自杀[59]。申公亦疾免以归，数年卒。

弟子为博士者十余人：孔安国至临淮太守，周霸至胶西内史，夏宽至城阳内史，砀鲁赐至东海太守，兰陵缪生至长沙内史，徐偃为胶西中尉，邹人阙门庆忌为胶东内史。其治官民皆有廉节，称其好学。学官弟子行虽不备，而至于大夫、郎中、掌故以百数。言《诗》虽殊，多本于申公。

清河王太傅辕固生者，齐人也。以治《诗》，孝景时为博士。与黄生争论景帝前。黄生曰："汤武非受命，乃弑[60]也。"辕固生曰："不然。夫桀纣虐乱，天下之心皆归汤武，汤武与天下之心而诛桀纣，桀纣之民不为之使而归汤武，汤武不得已而立，非受命为何？"黄生曰："冠虽敝，必加于首；履虽新，必关于足。何者，上下之分也。今桀纣虽失道，然君上也；汤武虽圣，臣下也。夫主有失行，臣下不能正言匡过以尊天子,反因过而诛之,代立践南面,非杀而何也?"辕固生曰:"必若所云,是高帝代秦即天子之位,非邪?"于是景帝曰:"食肉不食马肝,不为不知味;言学者无言汤武受命,不为愚[61]。"遂罢。是后学者莫敢明受命放杀者。

窦太后好《老子》书,召辕固生问《老子》书。固曰:"此是家人言耳[62]。"太后怒曰:"安得司空城旦书乎[63]?"乃使固入圈刺豕。景帝知太后怒而固直言无罪,乃假[64]固利兵,下圈刺豕,正中其心,一刺,豕应手而倒。太后默然,无以复罪,罢之。居顷之,景帝以固为廉直,拜为清河王太傅。久之,病免。

今上初即位,复以贤良征固。诸谀儒多疾毁固,曰"固老",罢归之。时固已九十余矣。固之征也,薛人公孙弘亦征,侧目而视固。固曰:"公孙子,务正学以言,无曲学以阿世[65]!"自是之后,齐言《诗》皆本辕固生也。诸齐人以《诗》显贵,皆固之弟子也。

韩生[66]者,燕人也。孝文帝时为博士,景帝时为常山王太傅。韩生推《诗》之意而为《内外传》数万言,其语颇与齐鲁间殊,然其归一也。淮南贲生受之。自是之后,而燕赵间言《诗》者由韩生。韩生孙商为今上博士。

伏生者,济南人也。故为秦博士。孝文帝时,欲求能治《尚书》者,天下无有,乃闻伏生能治,欲召之。是时伏生年九十余,老,不能行,于是乃诏太常使掌故朝错往受之。秦时焚书,伏生壁藏之。其后兵大起,流亡,汉定,伏生求其书,亡数十篇,独得二十九篇,即以教于齐鲁之间。学者由是颇能言《尚书》,诸山东大师无不涉《尚书》以教矣。

伏生教济南张生及欧阳生,欧阳生教千乘兒宽。兒宽既通《尚书》,以文学应郡举,诣博士受业,受业孔安国。兒宽贫无资用,常为弟子都养[67],及时时间行佣赁,以给衣食。行常带经,止息则诵习之。以试第次,补廷尉史[68]。是时张汤方向学,以为奏谳掾[69],以古法议决疑大狱,而爱幸宽。宽为人温良,有廉智,自持,而善著书、书奏,敏于文,口不能发明也。汤以为长者,数称誉之。及汤为御史大夫,以兒宽为掾,荐之天子。天子见问,说之。张汤死后六年,兒宽位至御史大夫。九年而以官卒。宽在三公位,以和良承意从容得久,然无有所匡谏;于官,官属易之,不为尽力。张生亦为博士。而伏生孙以治《尚书》征,不能明也。

自此之后,鲁周霸、孔安国,雒阳贾嘉,颇能言《尚书》事。孔氏有古文《尚书》,

而安国以今文读之,因以起其家。逸《书》得十余篇^[70],盖《尚书》滋多于是矣。

诸学者多言《礼》,而鲁高堂生最本。《礼》固自孔子时而其经不具,及至秦焚书,书散亡益多,于今独有《士礼》^[71],高堂生能言之。

而鲁徐生善为容^[72]。孝文帝时,徐生以容为礼官大夫。传子至孙徐延、徐襄。襄,其天资善为容,不能通《礼经》;延颇能,未善也。襄以容为汉礼官大夫,至广陵内史。延及徐氏弟子公户满意、桓生、单次,皆尝为汉礼官大夫。而瑕丘萧奋以《礼》为淮阳太守。是后能言《礼》为容者,由徐氏焉。

自鲁商瞿受《易》孔子,孔子卒,商瞿传《易》,六世至齐人田何,字子庄^[73],而汉兴。田何传东武人王同子仲,子仲传菑川人杨何。何以《易》,元光元年征,官至中大夫。齐人即墨成以《易》至城阳相。广川人孟但以《易》为太子门大夫。鲁人周霸,莒人衡胡,临菑人主父偃,皆以《易》至二千石。然要言《易》者本于杨何之家。

董仲舒,广川人也。以治《春秋》,孝景时为博士。下帷讲诵,弟子传以久次相受业,或莫见其面,盖三年董仲舒不观于舍园,其精如此。进退容止,非礼不行,学士皆师尊之。今上即位,为江都相。以《春秋》灾异之变推阴阳所以错行,故求雨闭诸阳,纵诸阴,其止雨反是。行之一国,未尝不得所欲。中废为中大夫,居舍,著《灾异之记》。是时辽东高庙灾,主父偃疾之,取其书奏之天子^[74]。天子召诸生示其书,有刺讥。董仲舒弟子吕步舒不知其师书,以为下愚。于是下董仲舒吏,当死,诏赦之。于是董仲舒竟不敢复言灾异。

董仲舒为人廉直。是时方外攘四夷,公孙弘治《春秋》不如董仲舒,而弘希世用事,位至公卿。董仲舒以弘为从谀。弘疾之,乃言上曰:"独董仲舒可使相胶西王。"胶西王素闻董仲舒有行,亦善待之。董仲舒恐久获罪,疾免居家。至卒,终不治产业,以修学著书为事。故汉兴至于五世之间,唯董仲舒名为明于《春秋》,其传公羊氏也。

胡毋生,齐人也。孝景时为博士,以老归教授。齐之言《春秋》者多受胡毋生,公孙弘亦颇受焉。

瑕丘江生为穀梁《春秋》。自公孙弘得用,尝集比其义,卒用董仲舒。

仲舒弟子遂者:兰陵褚大,广川殷忠,温吕步舒。褚大至梁相。步舒至长史,持节使决淮南狱^[75],于诸侯擅专断,不报,以《春秋》之义正之,天子皆以为是。弟子通者,至于命大夫;为郎、谒者、掌故者以百数。而董仲舒子及孙皆以学至大官。

——选自司马迁撰:《史记》,中华书局 1982 年版,第 3115—3129 页。

【注释】

［1］功令,关于考课的法令。

［2］厉,此字疑衍。

［3］《关雎》,《诗·周南》篇名。依《鲁诗》说,是讽刺周康王好色晏起之作;现代学者多以为是写上层
社会男女恋爱的作品。雎,音 jū。

［4］幽厉,指周幽王(前 781—前 771 年在位)与其祖父周厉王(前 877—前 841 年在位)。两人都是人
民反抗的暴君。

［5］"适齐闻《韶》,三月不知肉味",见《论语·述而》:"子在齐闻《韶》,三月不知肉味。曰:'不图为乐
之至于斯也!'"《韶》,虞舜时的乐曲名。

［6］"自卫返鲁,然后乐正,《雅》《颂》各得其所",见《论语·子罕》郑玄注:"反鲁,鲁哀公十一年冬也。
是时道衰乐废,孔子来还,乃正之也,故曰'《雅》、《颂》各得其所'也。"

［7］"仲尼干七十余君无所遇",见《庄子·天运》:"孔子谓老聃曰:'丘治《诗》、《书》、《礼》、《乐》、《易》、
《春秋》六经,自以为久矣,孰知其故矣,以奸者七十二君,论先王之道而明周、召之迹,一君无所钩
用。甚矣夫! 人之难说也,道之难明邪!'"《儒林列传》盖本此。然《庄子》多寓言,谓孔丘"干七十
二君",未必可信。

［8］"苟有用我者,期月而已矣",见《论语·子路》:"苟有用我者,期月而已可也,三年有成。"

［9］"西狩获麟,曰'吾道穷矣'",《春秋公羊传·哀公十四年》载:樵夫猎得麟麟,麟麟是仁兽,不产于
中国,有王者则至,无王者则不至。今无圣王,麟至而被猎,故孔子闻而悲叹。

［10］因史记作《春秋》,据鲁国史记写《春秋》。

［11］"子路居卫,子张居陈,澹台子羽居楚,子夏居西河,子贡终于齐",参见《史记·仲尼弟子列传》。

［12］禽滑釐,战国初人。初受业于子夏,后学于墨子,尽得其学,尤精研攻防城池的战术。

［13］魏文侯,姬姓,名斯,战国时魏国的建立者,前 445—前 396 年在位。《史记·魏世家》:"文侯受子
夏经艺。"又称,魏文侯以卜子夏、田子方、段干木三人为师。

［14］"后陵迟以至于始皇",《汉书·儒林传》删去此句。陵迟,衰颓。

［15］绌,通"黜",贬抑。

［16］威、宣之际,齐威王(前 356—前 320 年在位)、齐宣王(前 319—前 301 年在位)时,在齐国都临淄
(在今山东淄博市临淄区)稷门外稷下广置学宫,招纳各地学者,命曰列大夫以尊宠之,各著书言
治乱之事。齐襄王(前 283—前 265 年在位)时学宫犹存。

［17］"焚《诗》《书》",秦始皇三十四年(前 213 年),博士淳于越反对郡县制,要求根据古制,分封子弟。

丞相李斯反驳其议,主张禁止儒生以古非今,以私学诽谤朝政。秦始皇采纳李斯建议,下令:焚烧《秦记》以外的列国史记,对不属于博士官的私藏《诗》《书》等亦限期缴出烧毁;谈论《诗》《书》的处死,以古非今的灭族;禁止私学,欲学法令的以吏为师。

[18] "坑术士",据《史记·秦始皇本纪》:秦始皇使侯生、卢生等方士求奇药,方士求药未得,畏罪潜逃,始皇闻之大怒,于是使御史悉案问在咸阳诸生,迫使诸生互相告发,查出犯禁令的四百六十余人,皆坑之咸阳,使天下知之,以为戒。

[19] 孔甲,名鲋(fù),字甲,孔子八世孙。秦末儒生。

[20] "驱瓦合适戍",带着一群未经训练的士兵去戍守边地。瓦合,众瓦聚合,比喻乌合之众。

[21] 委质,质,通"贽",礼物。委贽,执贽以为礼也。

[22] "孔子在陈,曰'归与归与! 吾党之小子狂简,斐然成章,不知所以裁之'",见《论语·公冶》何晏集解:"孔子在陈,思归欲去,故曰吾党之小子狂简者,进趋于大道,妄穿凿以成文章,不知所以裁制,我当归以裁制之耳。遂归。"

[23] 闲,通"娴",熟习。

[24] 蓺,通"艺",技艺;技能。

[25] 大射,诸侯将祭之前,集群臣举行大射的典礼。乡饮,乡大夫三年选贤者送于诸侯,将行时,以宾礼款待,与之饮酒,谓之乡饮酒礼。

[26] "叔孙通作汉礼仪,因为太常,诸生弟子共定者,咸为选首",叔孙通,薛人,曾为秦博士,后归刘邦,官至太子太傅。太常,亦称"奉常",九卿之一,掌宗庙礼仪。《史记·叔孙通传》载:汉高祖因患群臣无礼,采纳叔孙通的建议,令制订朝仪。叔孙通征集鲁儒生和他的弟子,据古礼与秦仪拟订之,先使群臣演习,然后实行,从此朝廷不敢有人再喧哗失礼。于是任叔孙通为太常,参与订礼仪者皆为郎。

[27] "然尚有干戈,平定四海",汉初,陈豨、卢绾、韩信、英布等人发起夺取权位的战争,汉的统治尚未稳固,还要用武力去扫平。

[28] "孝惠、吕后时",汉惠帝刘盈,前194年继其父刘邦即位,实权掌握在其母吕后手中。吕后死于前180年。

[29] 孝文,汉文帝刘恒(前180—前157年在位)。

[30] 刑名,指法家,循名责实,辨是非,定赏罚。刘向《别录》:"申子学号刑名。刑名者,以名责实,尊君卑臣,崇上抑下。"申子,战国时期法家申不害。

[31] 孝景,汉景帝刘启(前157—前141年在位)。

[32] 今上,指汉武帝刘彻(前141—前87年在位)。

[33] "赵绾、王臧之属明儒学",赵绾(wǎn),代郡人,官至御史大夫。王臧(zāng),兰陵人,官至郎中令。两人皆学《诗》于鲁人申培公。

[34] 乡,音xiàng,通"向"。招方正贤良文学之士,《汉书·武帝纪》载:建元元年(前140年)招举贤良

方正直言极谏之士,后因故作罢。元光元年(前 134 年)再招举贤良,元光三年又举。

[35] "武安侯田蚡为丞相",田蚡(fén),汉景帝王皇后同母弟,武帝初年,封"武安侯",为太尉,后任丞相,好儒者经术。

[36] "公孙弘以《春秋》白衣为天子三公,封以平津侯",公孙弘,字季,西汉菑川薛(今山东滕州南)人。四十余岁始治《春秋公羊传》,六十岁应征为博士,后又应策试列第一。习文法,通吏事,引经义以议政治,得武帝赏识,元朔五年(前 124 年)为丞相,封"平津侯"。白衣为平民之服,因此作为平民的代称。三公,指丞相、太尉及御史大夫。

[37] 制曰,此诏见《汉书·武帝纪》元朔五年,公孙弘的奏书也作于同时。制,皇帝的诏书。

[38] 愍,音 mǐn,忧虑。

[39] "夏曰校,殷曰序,周曰庠",见《孟子·滕文公上》。

[40] 建首善,树立模范。

[41] 博士官,汉代太常的属官。武帝建元五年立五经博士,元朔五年公孙弘上书,始为博士官设弟子。

[42] "复其身",免除他本身的徭役。

[43] 郡国县道邑,汉初,郡和王国同为地方高级行政区域,郡直隶中央,王国由分封的诸王统治。郡下设县,县内有蛮夷杂居的称"道",作为列侯公主食俸禄的县称"邑"。

[44] 令,大县的县长。相,侯国的相。长,小县的县长。丞,县丞。二千石,禄两千石的郡守或王国相。

[45] 计,计吏。

[46] 文学掌故,文学,掌文章之事。掌故,掌管礼乐制度等的故实。二者皆为郡国属员。

[47] 郎中,属光禄勋,管理车骑门户,并内充侍卫,外从征伐。

[48] "治礼次治掌故,以文学礼义为官,迁留滞",治礼与掌故,以文学礼义之事为官,若留任不当,应改调。治礼,官名。次治,二字疑衍。

[49] 左内史,即左冯翊,掌治高陵、栎阳等二十四县。右内史,即京兆尹,掌治长安、新丰等十二县。大行,掌对外及民族事务。卒史,属官的通称。

[50] 中二千石属,指左右内史与大行的卒史。

[51] "申公以弟子从师",申培公少时从齐人浮丘伯学《诗》,随师见刘邦。

[52] 胥靡,古代服劳役的奴隶或刑徒。亦为刑罚名。

[53] 郎中令,九卿之一,武帝太初元年(前 104 年)改称"光禄勋",管理宫殿侍卫。

[54] 御史大夫,三公之一,职务为监察、执法、兼掌重要图书。

[55] 明堂,古时为天子宣明政教的地方,凡朝会、祭祀、庆赏、选士、养老、教学等活动,都在其中举行。

[56] 安车,古代可以坐乘的小车。古车立乘,此为坐乘,故称安车。供年老的高级官员及贵妇人乘用。高官告老还乡或征召有重望的人,往往赐乘安车。安车多用一马,礼尊者则用四马。驷马,驾车的四匹马。

[57] 轺传,古代一种驿站车,驾两匹马。轺,音 yáo。

[58] 太中大夫,官名,职掌议论。

[59] "太皇窦太后好老子言,不说儒术,得赵绾、王臧之过以让上,上因废明堂事,尽下赵绾、王臧吏,后皆自杀",事载《汉书·武帝纪》建元二年及《汉书·田蚡传》。

[60] 弑,封建时代,凡臣杀君,子杀父母,都是叛逆,叫作"弑"。

[61] "食肉不食马肝,不为不知味;言学者无言汤武受命,不为愚",吃肉的人不吃带毒的马肝,不能算作不懂滋味;论学的人不谈论汤、武受命的事情,也不能算作痴愚。景帝说这话,意在使二人停止辩论。

[62] "此是家人言耳",这是奴仆的言论。

[63] 司空,掌建造兼刑徒的官。城旦,刑的一种,受刑者晨起筑城。当时有引用儒家经义来断案的,故骂儒书为"司空城旦书"。

[64] 假,借。

[65] "曲学以阿世",以邪僻的学术来迎合世人。

[66] 韩生,名婴,其著《汉书·艺文志》录《韩诗内传》四卷,《韩诗外传》六卷。西晋时,《韩诗》虽存而无传者,南宋后仅存《外传》。

[67] 都养,古代对厨工的一种称谓。

[68] 廷尉史,廷尉属官。廷尉,九卿之一,掌司法。史,官佐的通称。

[69] 奏谳掾,进奏评议的佐吏。谳,音 yàn。掾,音 yuàn。

[70] "孔氏有古文《尚书》,而安国以今文读之,因以起其家。逸《书》得十余篇",见《汉书·艺文志》:"《古文尚书》者,出孔子壁中。武帝末,鲁共王坏孔子宅,欲以广其宫,而得《古文尚书》及《礼记》、《论语》、《孝经》凡数十篇,皆古字也。……孔安国者,孔子后也,悉得其书,以考二十九篇,得多十六篇。""因以起其家",因而兴起古文家法。

[71] 《士礼》,高堂生所传《士礼》十七篇,即今存的《仪礼》。

[72] 容,礼仪之容。

[73] "自鲁商瞿受《易》孔子,孔子卒,商瞿传《易》,六世至齐人田何,字子庄",见《汉书·儒林传》:"自鲁商瞿子木受《易》孔子,以授鲁桥庇子庸。子庸授江东骄臂子弓。子弓授燕周丑子家。子家授东武孙虞子乘。子乘授田何子装。"

[74] "居舍,著《灾异之记》。是时辽东高庙灾,主父偃疾之,取其书奏之天子",辽东高祖祠庙于建元六年(前135年)遭火,董仲舒依《春秋》推论天灾谴告之说,草稿未上,主父偃见而嫉恨,窃书上奏。事载《汉书·董仲舒传》《汉书·五行志》。

[75] 淮南狱,元狩元年(前122年)淮南王刘安谋反的案件。

【解读】

　　本文分为序与分传两部分。序概述从孔子到汉武帝时期儒学的兴衰及其独尊地位的确立;分传列述"五经"传授的过程和经师的事迹。

　　孔子删订的"六经"(《乐》后失传)战国时遭贬抑,秦时曾经"焚书坑儒",陈涉时有鲁诸儒投奔陈王以泄对秦之愤,两汉之争时鲁中诸儒依然不忘初心。汉初儒学有所复兴,但并没有被重用;直到汉武帝时儒学独尊地位得以确立。其传承者战国时有子路、子张、澹台子羽、子夏、子贡、田子方、段干木、吴起、禽滑釐、孟子、荀卿,陈涉时有孔甲,汉初有叔孙通等。到汉武帝时,儒学立"五经",经师众多。

　　分传按《诗》《书》《礼》《易》《春秋》的顺序逐一记人叙事,人物众多却秩序井然,要言不烦。研究《诗》的人,有鲁人申培公,齐人辕固生,燕人韩生。申培公弟子有百余人,如王臧、赵绾;弟子中为博士者十余人,如孔安国、周霸、夏宽、砀鲁赐、缪生、徐偃、阙门庆忌。韩生弟子有贲生,其孙韩商为汉武帝时博士。研究《尚书》的人,有济南人伏生。伏生有弟子张生、欧阳生,欧阳生有弟子兒宽;孔安国后又兴起了《今文尚书》。研究《礼》的人,有鲁人高堂生,鲁人徐生擅长演习礼仪。徐生传习礼仪至儿子,又至孙子徐延、徐襄;徐氏弟子有公户满意、桓生、单次。研究《易》的人本于杨何之家。研究《春秋》的人,有齐人胡毋生,广川人董仲舒。董仲舒弟子有褚大、殷忠、吕步舒。

　　本文对儒学的传承叙述分明,是研究中国古代思想文化和教育的重要文献。其中记载了汉武帝时"罢黜百家,独尊儒术"文教政策颁施的情况,也反映出儒学经师言传身教,培养了众多弟子。自《史记》以"儒林传"记述了儒学传授源流,以后历代"正史"均依此例。

论六家要指

【题解】　《论六家要指》是《史记》最后一篇《太史公自序》中的一部分,为司马迁记录其父司马谈对阴阳、儒、墨、法、名、道六家的评论。

【原文】　《易大传》[1]:"天下一致而百虑,同归而殊途。"夫阴阳、儒、墨、名、法、道德,此务为治者也,直[2]所从言之异路,有省不省耳[3]。尝窃观阴阳之术,大祥而众忌讳,使人拘而多所畏[4];然其序四时之大顺,不可失也。儒者博而寡要,劳而少功,是以其事难尽从;然其序君臣父子之礼,列夫妇长幼之别,不可易也。墨者俭而难遵,是以其事不可遍[5]循；然其强本节用，不可废也。法家严而少恩；然其正君臣上下之分，不可改矣。名家使人俭[6]而善失真；然其正名实，不可不察也。道家使人精神专一，动合无形[7]，赡足万物。其为术也，因阴阳之大顺，采儒墨之善，撮名法之要，与时迁移，应物变化，立俗施事，无所不宜，指约而易操，事少而功多。儒者则不然。以为人主天下之仪表也，主倡而臣和，主先而臣随。如此则主劳而臣逸。至于大道之要，去健羡[8]，绌聪明，释此而任术。夫神大用则竭，形大劳则敝。形神骚动，欲与天地长久，非所闻也。

夫阴阳四时、八位、十二度、二十四节各有教令，顺之者昌，逆之者不死则亡。未必然也，故曰"使人拘而多畏"。夫春生夏长，秋收冬藏，此天道之大经也，弗顺则无以为天下纲纪，故曰"四时之大顺，不可失也"。

夫儒者以《六蓺》为法。《六蓺》经传以千万数，累世不能通其学，当年不能究其礼，故曰"博而寡要，劳而少功"。若夫列君臣父子之礼，序夫妇长幼之别，虽百家弗能易也。

墨者亦尚尧舜道，言其德行曰："堂高三尺，土阶三等，茅茨不剪，采椽不刮。食土簋，啜土刑，粝粱之食，藜藿之羹。夏日葛衣，冬日鹿裘[9]。"其送死，桐棺三寸[10]，举音不尽其哀。教丧礼，必以此为万民之率。使天下法若此，则尊卑无别也。夫世异时移，事业不必同，故曰"俭而难遵"。要曰强本节用，则人给家足之道也。此墨子之所长，虽百家弗能废也。

法家不别亲疏，不殊贵贱，一断于法，则亲亲尊尊之恩绝矣。可以行一时之计，而不可长用也，故曰"严而少恩"。若尊主卑臣，明分职不得相逾越，虽百家弗能改也。

名家苛察缴绕[11]，使人不得反其意，专决于名而失人情，故曰"使人俭而善失真"。若夫控名责实，参伍不失，此不可不察也。

道家无为，又曰无不为[12]，其实易行，其辞难知。其术以虚无为本，以因循[13]为用。无成埶，无常形，故能究万物之情。不为物先，不为物后，故能为万物主。有法无法，因时为业；有度无度，因物与合。故曰"圣人不朽，时变是守。虚者道之常也，因者君之纲"也。群臣并至，使各自明也。其实中其声[14]者谓之端，实不中其声者谓之窾[15]。窾言不听，奸乃不生，贤不肖自分，白黑乃形。在所欲用耳，何事不成。乃合大道，混混冥冥。光耀天下，复反无名。凡人所生者神也，所托者形也。神大用则竭，形大劳则敝，形神离则死。死者不可复生，离者不可复反，故圣人重之。由是观之，神者生之本也，形者生之具也。不先定其神〔形〕，而曰"我有以治天下"，何由哉？

——选自司马迁撰：《史记》，中华书局1982年版，第3288—3292页。

**注
释**

［1］《易大传》，指《周易·系辞》。

［2］直，但。

［3］"有省不省耳"，有好不好罢了。省，善。

［4］"大祥而众忌讳，使人拘而多所畏"，太重视吉凶的预兆，忌讳繁多，使人拘泥怕动。祥，吉凶的先兆。众，多。拘，拘于时日的禁忌。

［5］遍，到处；普遍。

［6］俭，通"检"，拘检。

［7］"动合无形"，行动合乎无形的道。

［8］健羡，贪欲。

［9］"茅茨不剪，采椽不刮。食土簋，啜土刑，粝粱之食，藜藿之羹。夏日葛衣，冬日鹿裘"，见《韩非子·五蠹》："尧之王天下也，茅茨不剪，采椽不斫，粝粢之食，藜藿之羹，冬日麑裘，夏日葛衣。"茅茨，茅草的屋盖。采，栎木。刮，《汉书》作斫(zhuó)，削。土簋，中国古代食器。簋，音guǐ。土刑，盛羹汤的瓦器。粝粱，粗粮。藜藿，粗劣的汤羹。

［10］"桐棺三寸"，以桐木做棺材，厚三寸。

［11］缴绕，缠绕。

［12］"道家无为，又曰无不为"，见《老子·三十七章》："道常无为而无不为。"

［13］因循，纯任自然。

［14］实中其声，名实相合。声，指"名"。

［15］窾，音kuǎn，空虚。

**解
读**

　　本文开篇即指出，"夫阴阳、儒、墨、名、法、道德，此务为治者也"，强调各家对治理国家的实际效用，并在此基础上分析了各家的思想特点。

　　全文分为总论和分论两部分。总论对阴阳、儒、墨、名、法、道六家作了总括性的评论，分论则对各家的思想特点作了具体的评述。在作者看来，阴阳家"使人拘而多所畏"，但能够"序四时之大顺"；儒家"博而寡要，劳而少功"，但能够"序君臣父子之礼，列夫妇长幼之别"；墨家"俭而难遵"，但其"强本节用"，乃"人给家足之道也"；法家"严而少恩"，但能够"正君臣上下之分""明分职不得相逾越"；名家"使人俭而善失真"，但可以"正名实"。作者在对上述五家学说进行分析时，既肯定其长处，又指出其短处，努力克服"非此即彼"的思维方式及分析模式。然而在评说道家的时候，没有提及其缺点，他认为道家"使人精神专一，动合无形，赡足万物"，同时吸收了阴阳、儒、墨、名、法的精华，"事少而功多"，体现了他对道家的推崇。总之，本文肯定阴阳、儒、墨、名、法、道六家的治世功能均不容忽视，主张各家可以并存发展，与作者认为各家"同归而殊途"的思想具有一致性，可以说这种主张明显体现了作者不赞同当时汉武帝实行"罢黜百家，独尊儒术"的文教政策。

在中国历史上，本文率先对诸子思想进行分类，把先秦以来的学术划分为六个主要的学派，并对其思想特点作了较为辩证的分析和评述，其所蕴含的思想观点对中国古代学术及教育的发展具有重要的历史意义和价值。

（罗佳玉）

扬雄(前53—后18),一作杨雄,字子云,
蜀郡成都(今属四川)人。西汉文学家、哲学
家、语言学家。著作主要有《法言》《太玄》《方
言》《训纂篇》,明人辑有《扬侍郎集》,今人有
《扬雄集校注》。

学行（节选）

【题解】 《法言》模仿《论语》体例而作,是一部旨在弘扬儒学的言论集,全书共十三卷,本文是其第一篇,主要论述了作者的治学观。

【原文】 学行之,上也;言之,次也;教人,又其次也;咸无焉,为众人。

或曰:"人羡久生[1],将以学也,可谓好学已乎?"曰:"未之好也,学不羡。"

…………

或曰:"学无益也,如质何[2]?"曰:"未之思矣。夫有刀者砥[3]诸,有玉者错[4]诸,不砥不错,焉攸[5]用?砥而错诸,质在其中矣。否则辍[6]。"

…………

学以治之,思以精之,朋友以磨之,名誉以崇之,不倦以终之,可谓好学也已矣。

…………

或问:"世言铸金,金可铸与?"曰:"吾闻觌[7]君子者,问铸人[8],不问铸金。"或曰:"人可铸与?"曰:"孔子铸颜渊矣。"或人踧[9]尔曰:"旨哉[10]!问铸金,得铸人。"

学者,所以修性也。视、听、言、貌、思,性所有也。学则正,否则邪。

师哉!师哉!桐子之命也[11]。务学不如务求师。师者,人之模范也。模不模,范不范,为不少矣。

一哄之市,不胜异意焉[12];一卷之书,不胜异说焉。一哄之市,必立之平[13];一卷之书,必立之师。

习乎习!以习非之胜是也,况习是之胜非乎?于戏!学者审其是而已矣。或曰:"焉知是而习之?"曰:"视日月而知众星之蔑[14]也,仰圣人而知众说之小也。"

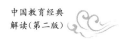
学之为王者事,其已久矣。尧、舜、禹、汤、文、武汲汲[15],仲尼皇皇[16],其已久矣。

或问"进"。曰:"水。"或曰:"为其不舍昼夜与?"曰:"有是哉! 满而后渐者,其水乎?"……

…………

鸟兽触其情者也[17],众人则异乎! 贤人则异众人矣,圣人则异贤人矣。礼义之作,有以矣夫。人而不学,虽无忧,如禽何?

学者,所以求为君子也。求而不得者有矣,夫未有不求而得之者也。

睎骥之马[18],亦骥之乘也。睎颜之人,亦颜之徒也。或曰:"颜徒易乎?"曰:"睎之则是。"曰:"昔颜尝睎夫子矣,正考甫尝睎尹吉甫矣,公子奚斯尝睎正考甫矣[19]。不欲睎则已矣,如欲睎,孰御[20]焉?"

或曰:"书与经同[21],而世不尚,治之可乎?"曰:"可。"或人哑尔笑曰:"须以发策决科[22]。"曰:"大人之学也,为道;小人之学也,为利。子为道乎? 为利乎?"或曰:"耕不获,猎不飨,耕猎乎?"曰:"耕道而得道,猎德而得德,是获飨已,吾不睹参、辰[23]之相比也。"是以君子贵迁善[24]。迁善者,圣人之徒与! 百川学海,而至于海;丘陵学山,不至于山,是故恶夫画也[25]。

…………

或曰:"使我纡朱怀金[26],其乐可量也。"曰:"纡朱怀金者之乐,不如颜氏子之乐。颜氏子之乐也,内;纡朱怀金者之乐也,外。"或曰:"请问屡空之内。"曰:"颜不孔,虽得天下不足以为乐。""然亦有苦乎?"曰:"颜苦孔之卓之至也。"或人瞿然[27]曰:"兹苦也,只其所以为乐也与!"

曰:"有教立道,无止仲尼;有学术业,无止颜渊。"或曰:"立道,仲尼不可为思矣。术业,颜渊不可为力矣。"曰:"未之思也,孰御焉?"

——选自汪荣宝撰,陈仲夫点校:《法言义疏》,中华书局1987年版,第5—44页。

注释 [1] 久生,长生。
[2] "如质何",对个人本性的发展有何作用。

〔3〕礲,同"砻",磨。

〔4〕错,同"厝",磨刀石,这里指琢磨。

〔5〕攸,所。

〔6〕辍,停止。

〔7〕觌,音 dí,见。

〔8〕铸人,培养造就人才。

〔9〕踧,音 cù,惊惧不安貌。

〔10〕旨哉,太好了。

〔11〕"师哉! 师哉! 桐子之命也",教师决定儿童的前途。桐,同"童"。

〔12〕"一哄之市,不胜异意焉",一条巷内的小市场,有各种不同的价格。哄,音 hòng,同"巷"。

〔13〕"必立之平",必须有平价人确定公平的价格。

〔14〕莐,小。

〔15〕汲汲,心情急切貌。

〔16〕皇皇,匆忙貌。

〔17〕"鸟兽触其情者也",鸟兽是受其情欲冲动支配的。

〔18〕睎,音 xī,企望;仰慕。骥,良马。

〔19〕"正考甫尝睎尹吉甫矣,公子奚斯尝睎正考甫矣",西周宣王大臣尹吉甫作《周颂》,春秋宋襄公的大夫正考甫仰慕尹吉甫而作《商颂》,鲁僖公的大夫公子奚斯仰慕正考甫而作《鲁颂》。

〔20〕御,阻挡。

〔21〕书,指"经"以外的儒家书籍。经,指儒家经典。西汉时重要的有《易》《书》《诗》《礼》《春秋》等。

〔22〕"须以发策决科",读书研究学问必须用来应试决定科第。

〔23〕参、辰,星名,参星在西方,辰星在北方,出没两不相见。

〔24〕迁善,改恶从善。

〔25〕恶,憎恶。画,画地自限。

〔26〕纡朱怀金,抱着系了红丝带的金印,比喻做了高官。

〔27〕瞿然,吃惊貌。

【解读】 本文是《法言》首篇,与《论语》以"学而"为首篇、《荀子》以《劝学》为首篇用意相同,表达了作者对学的特别重视。作者模仿《论语》的体例,以语录和问答的形式对学习的重要性、学习的目的和教师的作用进行了阐述。

扬雄认为学习极其重要,学习能端正品行,不学则容易产生邪念,"学则正,否则邪"。人如果不学习,不守礼义,不约束自己,虽然没有忧愁,但也只能和禽兽差不多。人的优良素质深深潜藏,就像未磨砺的刀和玉一样,需要通过学习的磨砺才能发扬光大。一般人和圣人之间的区别,并不像鸟与凤凰、兽与麒麟那样不可逾越,关键在于有没有向圣人看齐的志向,"睎骥之马,亦骥之乘也。睎颜之人,亦颜之徒也""不欲睎则已矣,如欲睎,孰御焉?"即使存在学圣人之道而达不到圣人之行的情况,学也总比不学强,更不能因此否定学习的重要性,"学者,所以求为君子也。求而不得者有矣,夫未有不求而得之者也"。即使是圣人,他们也在不断地学习,"尧、舜、禹、汤、文、武汲汲,仲尼皇皇,其已久矣"。普通人的智慧比圣人差远了,就更需要学习。

关于学习的目的,扬雄继承了儒家的传统观点,认为学习的终极目的在于学习做人,追随圣人之道,成为君子。"学者,所以修性也。"他反对以追求高官厚禄、个人功名为目的的庸俗功利主义学习观,提出了"学不羡"的观点,即学习动机中不能有个人贪图功利之情,"大人之学也,为道;小人之学也,为利"。为利之学绝不能和为道之学相提并论。

扬雄还非常重视教师的作用。他认为,学习的过程离不开教师的帮助,对学者来说,致力于自己学习还不如致力于寻求合适的老师;对儿童来说,教师的作用更是重大,"师哉!师哉!桐子之命也"。教师决定儿童的前途。教师还具有重大的学术评判和导向作用,"一哄之市,必立之平;一卷之书,必立之师"。除了在学术上,在为人处世、修身养性上教师也应当是学生效法的楷模,"师者,人之模范也"。扬雄的学习观值得后世借鉴。

(刘崇民)

王充

王充(27—约97),字仲任,会稽上虞(今浙江绍兴市上虞区)人。东汉思想家。著有《讥俗》《养性》《政务》《论衡》等书,但流传至今的只有《论衡》,其他均已失传。

问孔(节选)

【题解】 本文为《论衡》第二十八篇。王充所处的汉代社会风气表现为迷信老师,崇拜古人,尤其盲从孔子的思想。王充通过撰写本文对《论语》中记载的孔子言行提出质疑,指明其中也有不妥之处,旨在破除时人对孔子的迷信。

【原文】 世儒学者,好信师而是古,以为贤圣所言皆无非,专精讲习,不知难问。夫贤圣下笔造文,用意详审,尚未可谓尽得实,况仓卒吐言,安能皆是? 不能皆是,时人不知难;或是,而意沉难见,时人不知问。案贤圣之言,上下多相违;其文,前后多相伐[1]者,世之学者,不能知也。

论者皆云:"孔门之徒,七十子之才,胜今之儒。"此言妄也。彼见孔子为师,圣人传道,必授异才,故谓之殊。夫古人之才,今人之才也,今谓之英杰,古以为圣、神,故谓七十子历世希[2]有。使当今有孔子之师,则斯世学者,皆颜、闵[3]之徒也;使无孔子,则七十子之徒,今之儒生也。何以验之? 以学于孔子,不能极问[4]也。圣人之言,不能尽解;说道陈义,不能辄形(敕)[5]。不能辄形(敕),宜问以发之;不能尽解,宜难以极之。皋陶陈道帝舜之前,浅略未极,禹问难之,浅言复深,略指复分[6]。盖起问难此(訨)说,激而深切,触而著明也。

孔子笑子游之弦歌,子游引前言以距孔子[7]。自今案《论语》之文,孔子之言,多若笑弦歌之辞,弟子寡若子游之难,故孔子之言遂结不解。以七十子不能难,世之儒生,不能实道是非也。

凡学问之法,不为[8]无才,难于距师[9],核道实义,证定是非也。问难之道,非必对圣人及生时也。世之解说说人者,非必须圣人教告乃敢言也。苟有不晓解之问,迢(追)难孔子,何伤于义? 诚有传圣业之知,伐孔子之说,何逆于理? 谓问孔子

之言,难其不解之文,世间弘才大知生[10],能答问、解难之人,必将贤吾世间难问之言是非[11]。

…………

孔子曰:"赐不受命,而货殖焉,亿则屡中[12]。"何谓不受命乎? 说曰:"〔不〕受当富之命,自以术知,数亿中时也。"

夫人富贵,在天命乎? 在人知也? 如在天命,知术求之不能得;如在人,孔子何为言"死生有命,富贵在天[13]"? 夫谓富不受命,而自〔以〕知术得之,贵亦可不受命,而自以努力求之。世无不受贵命而自得贵,亦知无不受富命而自得富者。成事:孔子不得富贵矣,周流应聘,行说诸侯,智穷策困,还定《诗》《书》,望绝无异,称"已矣夫"[14]。自知无贵命,周流无补益也。孔子知己不受贵命,周流求之不能得,而谓赐不受富命,而以术知得富,言行相违,未晓其故。

或曰:"欲攻子贡之短也。子贡不好道德,而徒好货殖,故攻其短,欲令穷服[15]而更其行节。"夫攻子贡之短,可言"赐不好道德,而货殖焉",何必言"不受命",与前言"富贵在天"相违反也?

…………

子贡问政,子曰:"足食,足兵,民信之矣。"曰:"必不得已而去,于斯三者何先?"曰:"去兵。"曰:"必不得已而去,于斯二者何先?"曰:"去食。自古皆有死,民无信不立。"[16]信最重也。

问〔曰〕:使治国无食,民饿,弃礼义。礼义弃,信安所立? 传曰:"仓廪实,知礼节;衣食足,知荣辱[17]。"让生于有余,争生于不足。今言去食,信安得成? 春秋之时,战国饥饿,易子而食,析骸而炊。口饥不食,不暇顾恩义也。夫父子之恩,信矣,饥饿弃信,以子为食。孔子教子贡去食存信,如何? 夫去信存食,虽不欲信,信自生矣;去食存信,虽欲为信,信不立矣。

子适卫,冉子仆。子曰:"庶矣哉!"曰:"既庶矣,又何加焉?"曰:"富之。"曰:"既富矣,又何加焉?"曰:"教之。"[18]语冉子先富而后教之,教子贡去食而存信,食与富何别? 信与教何异? 二子殊教,所尚不同,孔子为[19]国,意何定哉?

——选自黄晖撰:《论衡校释(附刘盼遂集解)(上)》,中华书局2017年版,第459—492页。

【注释】

[1] 伐,抵触。

[2] 希,通"稀"。

[3] 颜、闵,即颜渊、闵子骞。

[4] 极问,追根究底地问难。

[5] 形(敕),告诫详尽之意。

[6] "皋陶陈道帝舜之前,浅略未极,禹问难之,浅言复深,略指复分",见《史记·夏本纪》:"帝舜朝,禹、伯夷、皋陶相与语帝前。皋陶述其谋曰:'信其道德,谋明辅和。'禹曰:'然,如何?'皋陶曰:'於!慎其身修,思长,敦序九族,众明高翼,近可远在已。'"

[7] "孔子笑子游之弦歌,子游引前言以距孔子",见《论语·阳货》:"子之武城,闻弦歌之声。夫子莞尔而笑,曰:'割鸡焉用牛刀?'子游对曰:'昔者偃也闻诸夫子曰:"君子学道则爱人,小人学道则易使也。"'子曰:'二三子!偃之言是也。前言戏之耳。'"

[8] 为,作"畏"解。

[9] 距师,指不一概听信老师,能独立思考,敢与老师问难辩论。距,通"拒",抗拒。

[10] 弘才大知生,才智广博的先生。

[11] "必将贤吾世间难问之言是非",一定会称赞我对问难的主张。疑"世间""是非"皆衍文。

[12] "赐不受命,而货殖焉,亿则屡中",见《论语·先进》。意谓:赐(子贡)没有禀受天命而去做买卖,却总能预测行情而成功。货殖,经商营利。亿,预测。

[13] "死生有命,富贵在天",见《论语·颜渊》。

[14] "称'已矣夫'",见《论语·子罕》:"凤鸟不至,河不出图,吾已矣夫!"

[15] 欲令穷服,要指出他的短处,使他内心信服。

[16] "子贡问政,子曰:'足食,足兵,民信之矣。'曰:'必不得已而去,于斯三者何先?'曰:'去兵。'曰:'必不得已而去,于斯二者何先?'曰:'去食。自古皆有死,民无信不立。'"见《论语·颜渊》。

[17] "仓廪实,知礼节;衣食足,知荣辱",见《管子·牧民·国颂》:"仓廪实则知礼节,衣食足则知荣辱。"

[18] "子适卫,冉子仆。子曰:'庶矣哉!'曰:'既庶矣,又何加焉?'曰:'富之。'曰:'既富矣,又何加焉?'曰:'教之。'"见《论语·子路》。庶,人口众多。

[19] 为,治。

【解读】

在本文中,王充采用以子之矛攻子之盾的办法,指出孔子言论中有许多自相矛盾的地方。例如,孔子认为端木赐没有禀受天命而去做买卖,却总能预测行情而成功。对此王充指出,如果富贵在天命,那依靠本领和智慧也是不能得到富贵的;如果富贵在人的智慧,就与孔子所说的"死生有命,富贵在天"相矛盾。又如,子贡问政,孔子认为与食、兵相比,信最重要。对此王充认为,在老百姓饥饿的情况下,信无法建立;而在与冉求去卫国的对话中,孔子提出了"庶、富、教"的观点,这与"信比食重要"的观念又有所矛盾。正是因为圣贤的话前后有很多自相违背的地方,他们的文章上下也有很多互相矛盾的地方,所以王充认为学者要"距师",即不盲目听信老师,而要能独立思考,敢与老师问难辩论。

王充认为,做学问不在于有无才能,难就难在敢于反问老师来核实道理,确定是非,为此他主张对老师进行追问和责难,这样言论见解才能更深刻明白。这种"核道实义,证定是非"的独立思考精神,与当时"独尊儒术"的文教政策和谨守"师法""家法"的教风学风是根本对立的,不但在当时,而且在整个封建时代都具有明显的积极意义。

当然,从本文中也能看出王充并未全盘否定孔子,他认为孔门七十子的才能与今天的儒生相差无几,这是因为他们得到孔子的教导,才能有如此成就,这表明其对孔子的学问和教学能力的肯定。

超奇(节选)

【题解】本文为《论衡》第三十九篇,主要阐述了各类儒者的划分标准,认为达到最高标准者为鸿儒,是"超而又超""奇而又奇"的人,故篇名为"超奇"。作者在文中不仅明确了人才标准,还对汉代文教名人进行了品评。

【原文】通书千篇以上,万卷以下,弘畅雅闲,审定文读,而以教授为人师者,通人也。杼其义旨,损益其文句,而以上书奏记,或兴论立说,结连篇章者,文人、鸿儒也。好学勤力,博闻强识,世间多有;著书表文,论说古今,万不耐[1]一。然则著书表文,博通所能用之者也。入山见木,长短无所不知;入野见草,大小无所不识。然而不能伐木以作室屋,采草以和方药,此知草木所不能用也。夫通人览见广博,不能掇以论说,此为匮生书主人,孔子所谓"诵《诗》三百,授之以政,不达[2]"者也,与彼草木不能伐采,一实也。孔子得《史记》[3]以作《春秋》,及其立义创意,褒贬赏诛,不复因《史记》者,眇[4]思自出于胸中也。凡贵通者,贵其能用之也。即[5]徒诵读,读诗讽术，虽千篇以上，鹦鹉能言之类也。衍传书之意，出膏腴之辞，非俶傥之才，不能任也。夫通览者，世间比有；著文者，历世希[6]然。近世刘子政父子、杨子云、桓君山[7]，其犹文、武、周公并出一时也；其余直有，往往而然，譬珠玉不可多得，以其珍也。

故夫能说一经者为儒生，博览古今者为通人，采掇传书以上书奏记者为文人，能精思著文连结篇章者为鸿儒。故儒生过俗人，通人胜儒生，文人逾[8]通人，鸿儒超文人。故夫鸿儒，所谓超而又超者也。以超之奇，退与儒生相料[9]，文轩[10]之比于敝车，锦绣之方[11]于缊袍也，其相过，远矣。如与俗人相料，太山之巅堁[12]，长狄之项跖[13]，不足以喻。故夫丘山以土石为体，其有铜铁，山之奇也。铜铁既奇，或出金玉。然鸿儒，世之金玉也，奇而又奇矣。

奇而又奇，才相超乘，皆有品差。

儒生说名于儒门，过俗人远也。或不能说一经，教诲后生。或带徒聚众，说论洞溢，称为经明。或不能成牍，治一说。或能陈得失，奏便宜，言应经传，文如星月。其高第若谷子云、唐子高[14]者，说书于牍奏之上，不能连结篇章。或抽列[15]古今，纪著行事[16]，若司马子长[17]、刘子政之徒，累积篇第，文以万数，其过子云、子高远矣，然而因成纪前，无胸中之造。若夫陆贾[18]、董仲舒，论说世事，由意而出，不假取于外，然而浅露易见，观读之者，犹曰传记。阳成子长[19]作《乐经》，杨子云作《太玄经》，造于助（眇）思，极窅冥[20]之深，非庶几之才，不能成也。孔子作《春秋》，二子作两经，所谓卓尔蹈孔子之迹，鸿茂参贰圣之才者也。

——选自黄晖撰：《论衡校释（附刘盼遂集解）（中）》，中华书局 2017 年版，第 708—710 页。

【注释】

[1] 耐，古通"能"。

[2] "诵《诗》三百，授之以政，不达"，见《论语·子路》。不达，不能办好。

[3] 《史记》，指鲁国《史记》。

[4] 眇，音 miào，精妙。

[5] 即，若。

[6] 希，同"稀"。

[7] 刘子政父子，即刘向和刘歆。刘向（约前 77—前 6），字子政，西汉经学家、目录学家、文学家。曾奉命校群书，著《别录》，又著《洪范五行传》《新序》《说苑》《列女传》等。子刘歆（？—23），字子骏，

西汉末古文经学派的开创者,目录学家、天文学家。继父业,总校群书,撰成《七略》,极力表彰《逸礼》《左传》《毛诗》《古文尚书》等古文经。杨子云,即扬雄(前53—后18),一作杨雄,字子云。桓君山,即桓谭(约前20—后56),字君山,东汉思想家。反对谶纬神学,著《新论》。

[8] 逾,超过;胜过。

[9] 相料,相比量。

[10] 文轩,雕饰华美的车子。

[11] 方,相比。

[12] 巅墆,山顶和山脚。墆,音 dì。

[13] 长狄,春秋时狄族的一支,传说其人身材较高,故称。项跖,从头至脚掌。跖,音 zhí。

[14] 谷子云,即谷永(? —约前8),字子云,汉成帝时为大司农,博学经书。唐子高,即唐林,字子高,以明经而显名,王莽时封侯。

[15] 抽列,提出而列述。

[16] 行事,往事。

[17] 司马子长,即司马迁(约前145或前135—?),字子长,西汉史学家、文学家、思想家,著《史记》。

[18] 陆贾,楚人,汉初政论家、辞赋家。高帝、文帝时曾两度奉使南越,说服赵佗归附汉朝。官至太中大夫,著有《新语》。

[19] 阳成子长,即阳城衡,字子长,曾补《史记》。

[20] 宦冥,同"窈冥",幽远。宦,音 yǎo。

解读

　　在本文中,王充将人才从低到高依次分为儒生、通人、文人、鸿儒四等,明确提出"能说一经者"为儒生,"博览古今者"为通人,"采掇传书以上书奏记者"为文人,"能精思著文连结篇章者"为鸿儒。他认为博通者世间多有,能使用博通著书撰文的鸿儒却不常有,乃"世之金玉"。强调文章要能体现作者"胸中之造",富于原创性和实用性,才是最好的。因此在王充看来:作《乐经》的阳成子长、作《太玄经》的杨子云是鸿儒;陆贾、董仲舒所写文章虽然具有原创性,但"浅露易见",稍次之;司马子长、刘子政等人虽然文章写得多,但缺乏原创性,又次之;谷子云、唐子高不能"连结篇章",只能"说书于牍奏之上",更是等而下之了。

　　王充提出以文章及其思想的原创性作为评价人才的主要因素和标准,是对当时盛行的复古主义学风的批判,也表达了"学为所用"的朴素思想。他重视著书立说,要求文章有创新性,这种观点对后世产生了重要影响。

(罗佳玉)

实知（节选）

【题解】

东汉时，儒家思想在意识形态领域占支配地位，但与春秋战国时期不同的是，儒家思想被涂上了一层神秘主义的色彩，掺进了谶纬学说，这使儒学变成了"儒术"。王充写《论衡》一书，就是对这种儒术和神秘主义的谶纬学说进行批判，对经典和俗书中记载的种种矛盾、错误、虚伪和迷信进行驳斥。本文为《论衡》第七十八篇，从认识论的角度考察知识的来源问题，对谶纬迷信的先验论作了有力的批判。

【原文】

儒者论圣人，以为前知千岁，后知万世，有独见之明[1]，独听之聪[2]，事来则名，不学自知，不问自晓，故称圣，〔圣〕则神矣。若蓍、龟之知吉凶，蓍草称神，龟称灵矣。贤者才下不能及，智劣不能料，故谓之贤。夫名异则实殊，质同则称钧[3]，以圣名论之，知圣人卓绝，与贤殊也。

……

……行事，文记谲[4]常人言耳，非天地之书，则皆缘前因古，有所据状；如无闻见，则无所状。凡圣人见祸福也，亦揆端推类[5]，原始见终，从闾巷论朝堂，由昭昭察冥冥[6]。谶书秘文[7]，远见未然[8]，空虚暗昧，豫睹未有，达[9]闻暂见，卓谲怪神[10]，若非庸口所能言。

放象事类以见祸[11]，推原往验以处来事[12]，〔贤〕者亦能，非独圣也。……先知、之见方来之事，无达视洞听[13]之聪明，皆案兆察迹[14]，推原事类。春秋之时，卿大夫相与会遇，见动作之变，听言谈之诡，善则明吉祥之福，恶则处凶妖之祸。明福处祸，远图未然，无神怪之知，皆由兆类。以今论之，故夫可知之事者，思虑所能见也；不可知之事，不学不问不能知也。不学自知，不问自晓，古今行事，未之有也。夫可知之事，推精思之，虽大无难；不可知之事，厉心学问，虽小无易。故智能之士，不学不成，不问不知。

……

人才有高下，知物由学。学之乃知，不问不识。子贡曰："夫子焉不学？而亦何常师之有[15]?"孔子曰:"吾十有五而志乎学[16]。"五帝、三王,皆有所师。曰:"是欲为人法也。"曰:精思亦可为人法,何必以学者？事难空知,圣贤之才能立也。所谓"神"者,不学而知;所谓"圣"者,须学以圣。以圣人学,知其非圣[17]。天地之间,含血之类,无性知[18]者。……

事有难知易晓,贤圣所共关思[19]也。若夫文质之复,三教之重,正朔相缘[20],损益相因[21],贤圣所共知也。古之水火,今之水火也;今之声色,后世之声色也。鸟兽草木,人民好恶,以今而见古,以此而知来,千岁之前,万世之后,无以异也。追观上古,探察来世,文质之类,水火之辈,贤圣共之;见兆闻象,图画[22]祸福,贤圣共之;见怪名物,无所疑惑,贤圣共之。事可知者,贤圣所共知也;不可知者,圣人亦不能知也。何以明之？使圣空坐先知雨也,性能一事知远道[23],孔窍[24]不普,未足以论也。所论(谓)先知性达者,尽知万物之性,毕睹千道之要也。如知一不通二,达左不见右,偏驳[25]不纯,踦校[26]不具,非所谓圣也。如必谓之圣,是明圣人无以奇也。詹何之徒圣,孔子之党亦称圣,是圣无以异于贤,贤无以乏于圣也。贤圣皆能,何以称圣奇于贤乎？如俱任用术数[27],贤何以不及圣？

实者,圣贤不能 知 性〔知〕,须任耳目以定情实。其任耳目也,可知之事,思之辄决;不可知之事,待问乃解。天下之事,世间之物,可思而〔知〕,愚夫能开精[28];不可思而知,上圣不能省[29]。孔子曰:"吾尝终日不食,终夜不寝以思,无益,不如学也[30]。"天下事有不可知,犹结有不可解也。见说[31]善解结,结无有不可解。结有不可解,见说不能解也。非见说不能解也,结有不可解;及其解之,用不能也。圣人知事,事无不可知。事有不可知,圣人不能知。非圣人不能知,事有不可知;及其知之,用不知也。故夫难知之事,学问所能及也;不可知之事,问之学之,不能晓也。

——选自黄晖撰:《论衡校释(附刘盼遂集解)(下)》,中华书局 2017 年版,第 1241—1260 页。

注释

[1]明,视力,谓洞察事物的能力。

[2]聪,听力,谓辨别事物的能力。

[3]钧,同"均",相等。

[4]谲,音 jué,卓踔,即超绝。

[5]揆端推类,谓审察预兆,推论同类事物的因果。揆,音 kuí,度量;揣度。

［6］昭昭,指显而易见的事。冥冥,指昏暗不明的事。

［7］谶书,即"图谶",是巫师或方士制作的隐语或预言。秘文,指"纬书",是方士化的儒生编集起来附
　　会儒家经典的著作。

［8］未然,尚未发生的事。

［9］达,突然。

［10］"卓谲怪神",离奇古怪。

［11］"放象事类以见祸",依照同类事物的因果以预见祸福。放象,仿效;依据。

［12］"推原往验以处来事",推究过去的经验以判断未来。

［13］达视洞听,指超过一般人的视力和听力。达视,看得非常远。洞听,听得非常透彻。

［14］案,考察。兆,征象。

［15］"夫子焉不学? 而亦何常师之有",见《论语·子张》。

［16］"吾十有五而志乎学",见《论语·为政》。

［17］圣,据文意当为"神"。

［18］性知,生而知之。

［19］关思,留心思考。

［20］正朔相缘,历法的因袭。

［21］损益相因,礼制的增损和沿用。

［22］图画,说明。

［23］"性能一事知远道",生来能对一件事先知远见。

［24］孔窍,泛指人的聪明才智。

［25］偏驳,偏蔽驳杂。

［26］踦校,残缺不全。踦,音 qī。

［27］术数,用阴阳五行推测人事吉凶的法术。

［28］开精,开悟;明白。

［29］省,明白。

［30］"吾尝终日不食,终夜不寝以思,无益,不如学也",见《论语·卫灵公》。

［31］见说,据《吕氏春秋·说山训》:"兒说之为宋王解闭结也。"这里"见说"当为"兒说"之误。兒说,传
　　说中是一个擅长解绳结的人。

【解读】

　　汉儒认为,圣人能"前知千岁,后知万世,有独见之明,独听之聪,事来则名,不
学自知,不问自晓"。《白虎通》则称:"圣人所以能独见前睹,与神通精者,盖天所生
也。"王充在本文中批判了这种观点。他指出,天地之间,只要是含有血气的生物,

没有天生就知道一切的,实际上,圣贤也不能天生就知道一切,必须依靠耳闻、目睹来确定事情的真相,而不学就能自己知道、不问就能自己通晓的事例,从古至今都没有见到过。他认为,世上根本没有什么"达视洞听之聪明",所谓可以先知预见到未来的事情,不过是通过考察事情的征兆和迹象,根据同类事物进行推论的结果,"如无闻见,则无所状"。所谓"圣人"的"独见之明,独听之聪",都是建立在一定的经验凭据的基础上,"圣人"过人的料事能力在于他积累了比常人更为丰富的可以作为判断依据的经验和知识。据此,王充提出了"知物由学"的认识论,主张"学而知之"。既然世上没有生知、先知,那么获得知识的唯一途径就是学习,不论才智高低,都是如此,即使是圣人也不例外,三皇、五帝都是有所师法的,孔子十五岁就有志于学了,"所谓'圣'者,须学以圣",学习才是他们成为圣人的正确途径。

王充的这种"知物由学"的认识论,祛除了汉代谶纬神学加在孔子头上的神秘主义光环,具有唯物主义的思想因素,成为古代教育思想史上的重要观点。

(刘崇民)

刘劭(约 186—约 245),字孔才,广平邯郸(今属河北)人。三国魏思想家。一生著述甚多,但大多散佚,至今仅有《人物志》一书传世,全书分上、中、下三卷,共十二篇。

刘

劭

八　观

【题解】

两汉选拔官吏实行察举制,重德轻才,将品德操行作为选拔官员的主要依据。但随着世家大族势力的急剧膨胀,重视门第之风愈演愈烈,到了东汉末年,察举大权已完全为地方名士所控制,选举不实、名实不副的现象屡见不鲜,选官制度的弊病已暴露无遗。汉魏之际,社会发生了大变动,"罢黜百家,独尊儒术"的一统格局在这一变动中受到严重冲击,人才标准也出现了重大变化,统治阶级由注重人才的道德品质转向注重人才的实际才干,实行"唯才是举"及"九品中正制"来选拔人才,那么如何品鉴人才就成了关键所在。《人物志》作为一部品鉴人才的理论著作,正是适应这种需要而产生的。本文主要阐述了才性品鉴之法。

【原文】

八观者,一曰观其夺救[1],以明间杂[2]。二曰观其感变[3],以审常度。三曰观其志质[4],以知其名。四曰观其所由,以辨依似[5]。五曰观其爱敬,以知通塞。六曰观其情机,以辨恕惑[6]。七曰观其所短,以知所长。八曰观其聪明,以知所达。

何谓观其夺救,以明间杂?夫质有至、有违[7],若至胜违,则恶情夺正,若然而不然[8]。故仁出于慈,有慈而不仁者。仁必有恤[9],有仁而不恤者。厉必有刚,有厉而不刚者。若夫见可怜则流涕,将分与则吝啬[10],是慈而不仁者。睹危急则恻隐,将赴救则畏患,是仁而不恤者。处虚义则色厉,顾利欲则内荏[11],是厉而不刚者。然则慈而不仁者,则吝夺之也。仁而不恤者,则惧夺之也。厉而不刚者,则欲夺之也。故曰:慈不能胜吝,无必其能仁也。仁不能胜惧,无必其能恤也。厉不能胜欲,无必其能刚也。是故不仁之质胜,则伎[12]力为害器。贪悖之性胜,则强猛为祸梯。亦有善情救恶,不至为害[13],爱惠分笃[14],虽傲狎不离,助善著明,虽疾恶[15]无害也。救济过厚,虽取人,不贪也。是故观其夺救,而明间杂之情,可得知也。

何谓观其感变，以审常度？夫人厚貌深情，将欲求之，必观其辞旨[16]，察其应赞[17]。夫观其辞旨，犹听音之善丑。察其应赞，犹视知之能否也。故观辞察应，足以互相别识。然则论显扬正，白也；不善言应，玄也；经纬玄白，通也；移易无正[18]，杂也；先识未然，圣也；追思玄事，睿也；见事过人，明也；以明为晦，智也；微忽[19]必识，妙也；美妙不昧，疏[20]也；测之益深，实也；假合炫耀，虚也[21]；自见其美，不足也；不伐[22]其能，有余也。故曰：凡事不度[23]，必有其故。忧患之色，乏而且荒。疾疢[24]之色，乱而垢杂。喜色愉然以怿[25]，愠色厉然以扬。妒惑之色，冒昧无常。及其动作，盖并[26]言辞。是故其言甚怿而精色[27]不从者，中有违也。其言有违而精色可信者，辞不敏也。言未发而怒色先见者，意愤溢也。言将发而怒气送之者，强所不然也[28]。凡此之类，征见于外，不可奄违[29]。虽欲违之，精色不从。感愕以明，虽变可知。是故观其感变而常度之情可知。

何谓观其至质，以知其名？凡偏材之性[30]，二至以上[31]，则至质相发，而令名生矣。是故骨直气清[32]，则休[33]名生焉。气清力劲，则烈名生焉。劲智精理，则能名生焉。智直强悫[34]，则任名生焉。集于端质[35]，则令德济焉。加之学，则文理灼焉。是故观其所至之多少，而异名之所生可知也。

何谓观其所由，以辨依似？夫纯讦[36]性违，不能公正。依讦似直，以讦讦善。纯宕[37]似流，不能通道。依宕似通，行傲过节。故曰：直者亦讦，讦者亦讦，其讦则同，其所以为讦则异。通者亦宕，宕者亦宕，其宕则同，其所以为宕则异。然则何以别之？直而能温者，德也。直而好讦者，偏也。讦而不直者，依也。道而能节者，通也。通而时过者，偏也。宕而不节者，依也。偏之与依，志同质违，所谓似是而非也。是故轻诺[38]，似烈而寡信。多易，似能而无效。进锐，似精[39]而去速。诃者，似察而事烦。讦施[40]，似惠而无成。面从，似忠而退违。此似是而非者也。亦有似非而是者。大权，似奸而有功。大智，似愚而内明。博爱，似虚而实厚。正言，似讦而情忠。夫察似明非，御情之反[41]，有似理讼，其实难别也。非天下之至精，其孰能得其实？故听言信貌，或失其真。诡情御反，或失其贤。贤否之察，实在所依。是故观其所依，而似类之质可知也。

何谓观其爱敬，以知通塞？盖人道之极，莫过爱敬。是故《孝经》以爱为至德，以敬为要道。《易》以感为德，以谦为道。《老子》以无为德，以虚为道。《礼》以敬为本,《乐》以爱为主。然则人情之质,有爱敬之诚,则与道德同体,动获人心,而道无不通也。然爱不可少于敬。少于敬,则廉节者归之,而众人不与。爱多于敬,则虽廉节者不悦,而爱接者死之[42]。何则,敬之为道也,严而相离,其势难久。爱之为道也,情亲意厚,深而感物。是故观其爱敬之诚,而通塞之理可得而知也。

何谓观其情机,以辨恕惑? 夫人之情有六机:杼[43]其所欲则喜;不杼其所能则怨;以自伐历之则恶[44];以谦损下之[45]则悦;犯其所乏则婟[46];以恶犯婟则妒;此人性之六机也。夫人情莫不欲遂其志,故烈士乐奋力之功,善士乐督政之训,能士乐治乱之事,术士乐计策之谋,辨士乐陵讯之辞[47],贪者乐货财之积,幸者乐权势之尤[48]。苟赞其志,则莫不欣然。是所谓杼其所欲则喜也。若不杼其所能,则不获其志。不获其志,则戚。是故功力不建,则烈士奋[49]。德行不训,则正人哀[50]。政乱不治,则能者叹。敌能未弭,则术人思。货财不积,则贪者忧。权势不尤,则幸者悲。是所谓不杼其能,则怨也。人情莫不欲处前,故恶人之自伐。自伐,皆欲胜之类也。是故自伐其善,则莫不恶也。是所谓自伐历之,则恶也。人情皆欲求胜,故悦人之谦。谦所以下之,下有推与之意,是故人无贤愚,接之以谦,则无不色怿。是所谓以谦下之,则悦也。人情皆欲掩其所短,见其所长。是故人驳其所短,似若物冒之。是所谓驳其所乏,则婟也。人情陵上者也,陵犯其所恶,虽见憎,未害也。若以长驳短[51],是所谓以恶犯婟,则妒恶生矣。凡此六机,其归皆欲处上。是以君子接物,犯而不校[52]。不校,则无不敬下,所以避其害也。小人则不然。既不见机,而欲人之顺己,以佯爱敬为见异,以偶邀会[53]为轻,苟犯其机,则深以为怨。是故观其情机,而贤鄙之志可得而知也。

何谓观其所短,以知所长? 夫偏材之人,皆有所短。故直之失也,讦。刚之失也,厉[54]。介[55]之失也,拘。夫直者不讦,无以成其直,既悦其直,不可非其讦,讦也者,直之征也。刚者不厉,无以济其刚,既悦其刚,不可非其厉,厉也者,刚之征也。和者不懦,无以保其和,既悦其和,不可非其懦,懦也者,和之征也。介者不拘,无以守其介,既悦其介,不可非其拘,拘也者,介之征也。然有短者,未必能长也。有长者,必以短为征。是故观其征之所短,而其材之所长可知也。

何谓观其聪明,以知所达? 夫仁者,德之基也。义者,德之节也。礼者,德之文也。信者,德之固也。智者,德之帅也。夫智出于明。明之于人,犹昼之待白日,夜之待烛火。其明益盛者,所见及远。及远之明难,是故守业勤学,未必及材。材艺精巧,未必及理。理义辨给,未必及智。智能经事,未必及道。道思玄远,然后乃周。是谓学不及材,材不及理,理不及智,智不及道。道也者,回覆变通。是故别而论之,各自独行,则仁为胜。合而俱用,则明为将。故以明将仁,则无不怀。以明将义,则无不胜。以明将理,则无不通。然则苟无聪明,无以能遂。故好声而实,不克则恢[56]。好辩而理,不至则烦[57]。好法而思,不深则刻[58]。好术而计,不足则伪。是故钧材而好学,明者为师。比力而争,智者为雄。等德而齐,达者称圣。圣之为称,明智之极名也。是以观其聪明,而所达之材可知也。

——选自梁满仓译注:《人物志》,中华书局 2014 年版,第 122—151 页。

【注释】

[1] 夺,指"恶情夺正"。救,指"善情救恶"。

[2] 间杂,两种以上的东西交错夹杂。

[3] 感变,言谈神色反映出情感变化。

[4] 志质,下文作"至质",皆指"才质"。至,成。

[5] 依似,仿佛相似。

[6] 情机,情感产生的根由。恕,仁爱之心。惑,迷惑。

[7] "质有至、有违",品质有至善的,也有邪恶的。

[8] "则恶情夺正,若然而不然",邪恶的感情为正道所克服,似如此而并不如此。

[9] 恤,体恤;周济。

[10] 吝啬,小气;鄙吝。

[11] "处虚义则色厉,顾利欲则内荏",谈论道义则精神激励,看到利害则内心怯懦。色厉而内荏,见《论语·阳货》。

[12] 伎,同"技",技巧;技艺。

[13] "善情救恶,不至为害",善人的感情过于仁慈,看到恶人将受应得的惩处,怜而挽救,这种善人为害不大。

[14] "爱惠分笃",平生结交的情分深厚。

[15] 疾恶,痛恨坏人坏事。

[16] 辞旨,言辞意旨。

[17] 应赞,应对。

[18] 无正,无人评正是非。

[19] 微忽,极言细小;隐约细微。微和忽,都是古代极小的度量单位名。

[20] 疏,疏朗。

[21] "假合炫耀,虚也",刘昞注:"道听涂说,久而无实,犹池水无源,泄而虚竭。"

[22] 伐,自我夸耀。

[23] "凡事不度",对待事物失其常度。

[24] 疢,音 chèn,热病。泛指病。

[25] 怿,音 yì,喜悦。

[26] 并,从;随。

[27] 精色,神色。

[28] "强所不然也",强行人所不以为然的事。

[29] 奄违,掩盖违背。奄,同"掩"。

[30] 偏材之性,见《人物志·九征》:"一至谓之偏材,偏材,小雅之质也。"

[31] "二至以上",达到具有质与气二个表征以上。

[32] 骨直气清,见《人物志·九征》:"是故骨植而柔者谓之弘毅,弘毅也者,仁之质也。气清而朗者谓之文理,文理也者,礼之本也。"

[33] 休,美。

[34] 愨,音 què,诚笃。

[35] "集于端质",集合数项的质性。

[36] 讦,音 jié,攻击别人的短处或揭发别人的隐私。

[37] 宕,放荡;不受拘束。

[38] 轻诺,轻易许诺。

[39] 精,精进;猛进。

[40] 讦施,诡伪的施与。

[41] "御情之反",掌握住人情而反复辨明。御,支配;掌握。

[42] "爱接者死之",接受爱的人甘心为施爱者去死。

[43] 杼,同"抒",表达。

[44] "以自伐历之则恶",以能力遍夸于人,则为人所厌恶。历,遍。

[45] 以谦损下之,以谦卑自居下位。

[46] 姻,音 hù,嫉恨。

[47] 陵讯之辞,谈锋敏锐的辩论。

[48] 尤,突出;更高。

[49] 烈士奋,有雄心壮志之士激愤不能尽其才能。

[50] 正人哀,善士哀叹不能行其教化。

[51] 以长驱短，以己之长驳人之短。

[52] "犯而不校"，受冒犯而不计较。

[53] 偶邂会，指偶然无意的触犯。

[54] 懦，软弱。

[55] 介，节操。

[56] 恢，迂远。

[57] "不至则烦"，达不到则语言繁冗。

[58] 刻，苛刻。

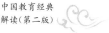

在本文中，刘劭提出了正确识人辨才的八种方法：一曰观其夺救，以明间杂；二曰观其感变，以审常度；三曰观其志质，以知其名；四曰观其所由，以辨依似；五曰观其爱敬，以知通塞；六曰观其情机，以辨恕惑；七曰观其所短，以知所长；八曰观其聪明，以知所达。

所谓"观其夺救，以明间杂"，是指人的性情是复杂的，存在着矛盾和斗争，各种因素互相损益，因此要观察一个人"夺"和"救"的行为表现，以了解他性情中各种因素间杂的情况，即通过观察他的"恶情夺正"与"善情救恶"情况来了解其立场和境界。所谓"观其感变，以审常度"，是指人们"厚貌深情"，仅靠外貌是不易了解其性情的，要观察他在变动状态下的表现，以了解他平常的气度，即通过观察他的喜怒变化来了解其脾性和品格。所谓"观其志质，以知其名"，是指当一个人两种以上充分发展的品质互相激发，他便会有某种名声，因此观察一个人品性、气质发展的情况，就可以了解他的性情和才能；观察一个人的志向、气质，就可以了解其未来的发展。所谓"观其所由，以辨依似"，是指通过观察他的行为动机来了解其为人处世是否公正，因为人们的行为表现有时似是而非，有时似非实是，所以观察品鉴人物，要看他的行为的来龙去脉，透过现象来抓住本质。所谓"观其爱敬，以知通塞"，是指爱与敬是处理人际关系的重要准则，观察一个人对人爱敬的情况，就可以知道他人际关系的好坏和事业的成败。所谓"观其情机，以辨恕惑"，是指可以通过观察一个人的情绪变化来了解其志趣，刘劭认为，人的性情有六个枢机，触动枢机就会有喜怒哀乐的反映，所以观察一个人的情机，就可知其思想品德的高低。所谓"观其所短，以知所长"，是指每个人都有自己的短处，而且一个人的短处往往与长处相关联，因而观察一个人的短处，可以知其与短处相关的长处。所谓"观其聪明，以知所达"，是指对一个人来说，聪明才智很重要，观察一个人的聪明程度，了解其知识水平和认识能力,就可以知道他会成为哪个层次的人才。

　　认识人是教育人和选拔人的前提条件。刘劭的"八观"辨才法,包含了大量的心理学知识,把人的个性心理特征及其差异作为认识人、教育人、选拔人的重要依据和基础,促进了我国古代教育理论的心理化过程,对中国古代心理学和教育学的发展均产生了一定的影响。

（刘崇民）

颜之推(531—约590以后),字介,琅邪临沂(今属山东)人。北齐教育家、文学家、音韵训诂学家。所著《颜氏家训》被后人誉为家教规范,影响很大。

颜之推

教 子

【题解】 本文是《颜氏家训》中集中论述儿童教育的篇章,提出了儿童教育的原则和方法,并结合生动的事例进行阐述,具有较强的说服力。

【原文】

上智不教而成,下愚虽教无益,中庸[1]之人,不教不知也。古者,圣王有胎教之法:怀子三月,出居别宫,目不邪视,耳不妄听,音声滋味,以礼节之。书之玉版,藏诸金匮[2]。生子咳䫏[3],师保固明孝仁礼义,导习之矣。凡庶[4]纵不能尔,当及婴稚,识人颜色,知人喜怒,便加教诲,使为则为,使止则止。比及数岁,可省笞罚。父母威严而有慈,则子女畏慎而生孝矣。吾见世间,无教而有爱,每不能然;饮食运为[5],恣其所欲,宜诫翻奖,应诃反笑,至有识知,谓法当尔。骄慢已习,方复制之,捶挞至死而无威,忿怒日隆而增怨,逮于成长,终为败德。孔子云:“少成若天性,习惯如自然”是也。俗谚曰:“教妇初来,教儿婴孩。”诚哉斯语!

凡人不能教子女者,亦非欲陷其罪恶;但重[6]于诃怒。伤其颜色,不忍楚挞惨其肌肤耳。当以疾病为谕[7],安得不用汤药针艾救之哉?又宜思勤督训者,可愿[8]苟虐于骨肉乎?诚不得已也。

王大司马母魏夫人,性甚严正;王在湓城时,为三千人将,年逾四十,少不如意,犹捶挞之,故能成其勋业。梁元帝时,有一学士,聪敏有才,为父所宠,失于教义:一言之是,遍于行路[9],终年誉之;一行之非,揜藏文饰[10],冀其自改。年登婚宦,暴慢日滋,竟以言语不择,为周逖抽肠衅鼓云[11]。

父子之严,不可以狎[12];骨肉之爱,不可以简。简则慈孝不接,狎则怠慢生焉。由命士[13]以上,父子异宫,此不狎之道也;抑搔痒痛,悬衾箧枕[14],此不简之教也。

或问曰:"陈亢喜闻君子之远其子,何谓也?"对曰:"有是也。盖君子之不亲教其子也,《诗》有讽刺之辞,《礼》有嫌疑之诫,《书》有悖乱之事,《春秋》有邪僻之讥,《易》有备物之象:皆非父子之可通言,故不亲授耳。"

齐武成帝子琅邪王,太子母弟也,生而聪慧,帝及后并笃爱之,衣服饮食,与东宫[15]相准。帝每面称之曰:"此黠儿也,当有所成。"及太子即位,王居别宫,礼数优僭,不与诸王等;太后犹谓不足,常以为言。年十许岁,骄恣无节,器服玩好,必拟乘舆[16];尝朝南殿,见典御进新冰,钩盾献早李,还索不得,遂大怒,訽曰:"至尊已有,我何意无?"不知分齐[17],率皆如此。识者多有叔段州吁之讥[18]。后嫌宰相,遂矫诏斩之,又惧有救,乃勒麾下军士,防守殿门;既无反心,受劳而罢,后竟坐此幽薨[19]。

人之爱子,罕亦能均;自古及今,此弊多矣。贤俊者自可赏爱,顽鲁者亦当矜怜,有偏宠者,虽欲以厚之,更所以祸之。共叔[20]之死,母实为之。赵王[21]之戮,父实使之。刘表[22]之倾宗覆族,袁绍[23]之地裂兵亡,可为灵龟明鉴[24]也。

齐朝有一士大夫,尝谓吾曰:"我有一儿,年已十七,颇晓书疏,教其鲜卑语及弹琵琶,稍欲通解,以此伏事公卿,无不宠爱,亦要事也。"吾时俯[25]而不答。异哉,此人之教子也! 若由此业,自致卿相,亦不愿汝曹为之。

——选自王利器撰:《颜氏家训集解(增补本)》,中华书局 1993 年版,第 8—21 页。

[1] 中庸,智力中等。
[2] 金匮,金属制作的藏书柜,古人以金统称各种金属。
[3] 咳嗁,孩提,指在襁褓中的婴儿。嗁,音 tí。
[4] 凡庶,普通人;平民。
[5] 运为,行为。
[6] 重,难;不愿意。
[7] 谕,作比喻。
[8] 可愿,岂愿。
[9] "一言之是,遍于行路",一句话说对了,就到处夸奖。行路,路人;陌生人。
[10] "揜藏文饰",百般遮掩粉饰。揜,音 yǎn。
[11] 周逖,疑为周迪,南朝陈将领。临川南城(今江西南城东南)人。衅鼓,古代战争时,杀人或杀牲以

血涂鼓行祭。

[12] 狎,亲近而不庄重。

[13] 命士,古代称读书做官者为士,命士指受有爵命的士。

[14] "悬衾箧枕",把被子捆好悬挂起来,把枕头放进箱子里。箧,音 qiè。

[15] 东宫,太子所居之处,也代指太子。

[16] 乘舆,帝王所乘之车,也代指帝王。

[17] 分齐,分际;分寸。

[18] 叔段,春秋时期郑庄公之弟,恃其母姜氏的宠爱,骄奢无度,密谋作乱,被打败后出逃。州吁,卫桓
     公之弟,早年受其父庄公宠爱,后杀桓公自立卫君,终被国人杀死。

[19] 薨,音 hōng,诸侯死称"薨",琅邪王十四岁时为北齐后主所杀。

[20] 共叔,即叔段,叔段逃亡至共国,因此被称为"共叔""共叔段"。

[21] 赵王,指汉高祖刘邦与戚姬所生之子赵隐王如意。戚姬欲让高祖废太子而以赵王代之,未能如
     愿。高祖死后,吕后囚戚姬,毒死赵王。

[22] 刘表,东汉末人,献帝时任荆州牧,本当以长子刘琦为嗣,因听信后妻之言,以少子刘琮为嗣。刘
     表死后,刘琮率州投降曹操,后被杀,刘琦走江南。

[23] 袁绍,东汉末人,任冀州牧,有三子——袁谭、袁熙、袁尚。绍偏爱少子袁尚,死后由袁尚继位,袁
     谭、袁熙不服,兄弟三人自相残杀,攻伐不断,终被曹操攻破,袁氏遂亡。

[24] 灵龟明鉴,古人以龟壳占卜,以铜镜照形,故以此二物比喻可资借鉴的事物。

[25] 俯,向下;低头。

解读

在本文中,颜之推主要阐述了儿童教育的三个原则。首先是对儿童及早进行
教育的原则。他认为,幼年时期是奠定毕生基础的重要阶段,家长应利用这个最好
的教育时机,及早对幼儿进行教育,而且是越早越好,有条件的家庭可以从胎教开
始,一般的家庭即使不能达到这个要求,也应当从幼儿时期就开始施行教育。颜之
推认为早期教育能收到事半功倍的效果,因为儿童幼年时期心理纯净,处于各种思
想观念的形成时期,可塑性很强,这个时期无论是好的教育与环境的影响,还是坏
的教育与环境的影响,都会在儿童心灵上打下很深的烙印,长大以后很难改变。如
果忽视早期教育,等儿童长大养成了恶习,再去制止约束,花再多力气也是事倍功
半甚至适得其反。他用民间谚语"教妇初来,教儿婴孩"作比喻,说明儿童教育应及
早进行的道理。其次,对儿童的教育应当遵循严与慈相结合的原则,反对溺爱。根
据他的观察,一般家庭对子女的教育,往往处理不好"严"与"慈"的关系。他说,有
些父母对子女在生活方面尽量给予满足,放任自流,很少限制。做错了事理应训

诚,反而鼓励;说错了话理应责备,反而以笑谅解,这种有爱而无教的现象,是绝对不能收到良好效果的。那么,正确的做法是什么呢?他说:"父母威严而有慈,则子女畏慎而生孝矣。"这就是说,父母对子女既有严格要求,勤于督训,又有适当的关怀和爱护,才能收到良好的教育成果。最后,颜之推提出"爱子贵均"的原则,主张多子女的父母应当对子女一视同仁而不能偏爱,不论子女聪明还是愚笨,都应以同样的标准来对待。"贤俊者自可赏爱,顽鲁者亦当矜怜",然而在现实生活中,聪慧有才的子女往往为父母所宠,而失于严格的教育,颜之推认为这是不可取的,偏爱某一个孩子,做父母的虽然本意是想多给他一些好处,但客观上往往因此给他带来祸害,与初衷完全背离。

颜之推的上述主张,可取之处甚多,为我国古代儿童教育理论的发展作出了较大贡献。

勉学(节选)

【题解】 本文是作者劝勉子弟学习的文章,集中反映了作者的学习观。

【原文】

自古明王圣帝,犹须勤学,况凡庶乎!此事遍于经史,吾亦不能郑重[1],聊举近世切要[2],以启寤汝耳。士大夫子弟,数岁已上,莫不被教,多者或至《礼》、《传》,少者不失《诗》、《论》。及至冠婚,体性[3]稍定;因此天机,倍须训诱。有志尚者,遂能磨砺,以就素业[4];无履立[5]者,自兹堕慢[6],便为凡人。人生在世,会当有业:农民则计量耕稼,商贾则讨论货贿,工巧则致精器用,伎艺则沈思法术,武夫则惯习弓马,文士则讲议经书。多见士大夫耻涉农商,差务工伎,射则不能穿札[7],笔则才记姓名,饱食醉酒,忽忽无事,以此销日,以此终年。或因家世余绪[8],得一阶半级,便自为足,全忘修学;及有吉凶大事,议论得失,蒙然张口,如坐云雾;公私宴集,谈古赋诗,塞默低头,欠伸而已。有识旁观,代其入地[9]。何惜数年勤学,长受一生愧辱哉!

梁朝全盛之时,贵游子弟[10],多无学术,至于谚云:"上车不落则著作[11],体中何如则秘书[12]。"无不熏衣剃面,傅粉施朱,驾长檐车,跟高齿屐,坐棋子方褥,凭斑丝隐囊，列器玩于左右，从容出入，望若神仙。明经[13]求第，则顾人[14]答策；三九公宴[15]，则假手赋诗。当尔之时，亦快士[16]也。及离乱之后，朝市迁革[17]，铨衡选举，非复曩[18]者之亲；当路秉权[19]，不见昔时之党。求诸身而无所得，施之世而无所用。被褐而丧珠[20]，失皮而露质[21]，兀若枯木，泊若穷流，鹿独[22]戎马之间，转死沟壑之际。当尔之时，诚驽材[23]也。有学艺者，触地而安。自荒乱已来，诸见俘虏。虽百世小人，知读《论语》《孝经》者，尚为人师；虽千载冠冕，不晓书记者，莫不耕田养马。以此观之，安可不自勉耶？若能常保[24]数百卷书，千载终不为小人也。

夫明《六经》之指，涉百家之书，纵不能增益德行，敦厉风俗，犹为一艺，得以自资。父兄不可常依，乡国不可常保，一旦流离，无人庇荫，当自求诸身耳。谚曰："积财千万，不如薄伎在身。"伎之易习而可贵者，无过读书也。世人不问愚智，皆欲识人之多，见事之广，而不肯读书，是犹求饱而懒营馔[25]，欲暖而惰裁衣也。夫读书之人，自羲、农已来，宇宙之下，凡识几人，凡见几事，生民之成败好恶，固不足论，天地所不能藏，鬼神所不能隐也。

有客难主人[26]曰："吾见强弩长戟，诛罪安民，以取公侯者有矣；文义习吏，匡时富国，以取卿相者有矣；学备古今，才兼文武，身无禄位，妻子饥寒者，不可胜数，安足贵学乎？"主人对曰："夫命之穷达，犹金玉木石也；修以学艺，犹磨莹雕刻也。金玉之磨莹，自美其矿璞；木石之段块，自丑其雕刻；安可言木石之雕刻，乃胜金玉之矿璞哉？不得以有学之贫贱，比于无学之富贵也。且负甲为兵，咋笔为吏，身死名灭者如牛毛，角立杰出者如芝草；握素披黄[27]，吟道咏德[28]，苦辛无益者如日蚀[29]，逸乐名利者如秋荼[30]，岂得同年而语矣。"且又闻之："生而知之者上，学而知之者次。"所以学者，欲其多知明达耳。必有天才，拔群出类，为将则暗与孙武、吴起同术，执政则悬得管仲、子产之教[31]，虽未读书，吾亦谓之学矣。今子即不能然，不师古之踪迹，犹蒙被而卧耳。

人见邻里亲戚有佳快[32]者，使子弟慕而学之，不知使学古人，何其蔽也哉？世人但见跨马被甲，长矟强弓，便云我能为将；不知明乎天道，辩乎地利，比量逆顺，鉴达兴亡之妙也。但知承上接下，积财聚谷，便云我能为相；不知敬鬼事神，移风易俗，调节阴阳，荐举贤圣之至也。但知私财不入，公事夙办，便云我能治民；不知诚己刑物[33]，执辔如组[34]，反风灭火[35]，化鸱为凤[36]之术也。但知抱令守律，早刑晚舍[37]，便云我能平狱；不知同辕观罪[38]，分剑追财[39]，假言而奸露，不问而情得之察也。爰及农商工贾，厮役奴隶，钓鱼屠肉，饭牛牧羊，皆有先达，可为师表，博学求之，无不利于事也。

夫所以读书学问，本欲开心明目，利于行耳。未知养亲者，欲其观古人之先意承颜[40]，怡声下气，不惮劬劳[41]，以致甘腝[42]，惕然惭惧，起而行之也；未知事君者，欲其观古人之守职无侵，见危授命，不忘诚谏，以利社稷，恻然自念，思欲效之也；素骄奢者，欲其观古人之恭俭节用，卑以自牧，礼为教本，敬者身基[43]，瞿然自失，敛容抑志也；素鄙吝者，欲其观古人之贵义轻财，少私寡欲，忌盈恶满，赒穷恤匮，赧然悔耻，积而能散也；素暴悍者，欲其观古人之小心黜己，齿弊舌存[44]，含垢藏疾，尊贤容众，苶然[45]沮丧，若不胜衣[46]也；素怯懦者，欲其观古人之达生委命，强毅正直，立言必信，求福不回，勃然奋厉，不可恐慑也：历兹以往，百行皆然。纵不能淳，去泰去甚。学之所知，施无不达。世人读书者，但能言之，不能行之，忠孝无闻，仁义不足；加以断一条讼，不必得其理；宰[47]千户县，不必理其民[48]；问其造屋，不必知楣横而梲竖也[49]；问其为田，不必知稷早而黍迟也；吟啸谈谑，讽咏辞赋，事既优闲，材增迂诞，军国经纶，略无施用：故为武人俗吏所共嗤诋，良由是乎！

夫学者所以求益耳。见人读数十卷书，便自高大，凌忽长者，轻慢同列；人疾之如仇敌，恶之如鸱枭[50]。如此以学自损，不如无学也。

古之学者为己，以补不足也；今之学者为人，但能说之也。古之学者为人，行道以利世也；今之学者为己，修身以求进也。夫学者犹种树也，春玩其华，秋登其实；讲论文章，春华也，修身利行，秋实也。

人生小幼，精神专利，长成已后，思虑散逸，固须早教，勿失机也。吾七岁时，诵《灵光殿赋》，至于今日，十年一理，犹不遗忘；二十之外，所诵经书，一月废置，便至荒芜矣。然人有坎壈[51]，失于盛年，犹当晚学，不可自弃。孔子云："五十以学《易》，可以无大过矣。"魏武、袁遗，老而弥笃，此皆少学而至老不倦也。曾子七十乃学，名闻天下；荀卿五十，始来游学，犹为硕儒；公孙弘四十余，方读《春秋》，以此遂登丞相；朱云亦四十，始学《易》、《论语》；皇甫谧二十，始受《孝经》、《论语》：皆终成大儒，此并早迷而晚寤[52]也。世人婚冠未学，便称迟暮，因循面墙[53]，亦为愚耳。幼而学者，如日出之光，老而学者，如秉烛夜行，犹贤乎瞑目而无见者也。

学之兴废，随世轻重。汉时贤俊，皆以一经弘圣人之道，上明天时，下该人事，用此致卿相者多矣。末俗已来不复尔，空守章句，但诵师言，施之世务，殆无一可。故士大夫子弟，皆以博涉为贵，不肯专儒[54]。梁朝皇孙以下，总丱[55]之年，必先入学，观其志尚，出身[56]已后，便从文史，略无卒业者。冠冕为此者，则有何胤、刘瓛、明山宾、周舍、朱异、周弘正、贺琛、贺革、萧子政、刘绍等，兼通文史，不徒讲说也。洛阳亦闻崔浩、张伟、刘芳，邺下又见邢子才：此四儒者，虽好经术，亦以才博擅名。如此诸贤，故为上品，以外率多田野闲人，音辞鄙陋，风操蚩拙[57]，相与专固[58]，无所堪能，问一言辄酬数百，责其指归[59]，或无要会[60]。邺下谚云："博士买驴，书券三纸，未有驴字。"使汝以此为师，令人气塞。孔子曰："学也禄在其中矣。"今勤无益之事，恐非业也。夫圣人之书，所以设教，但明练经文，粗通注义，常使言行有得，亦足为人；何必"仲尼居"即须两纸疏义，燕寝讲堂，亦复何在？以此得胜，宁有益乎？光阴可惜，譬诸逝水。当博览机要，以济功业；必能兼美，吾无间[61]焉。

俗间儒士，不涉群书，经纬[62]之外，义疏而已。吾初入邺，与博陵崔文彦交游，尝说《王粲集》中难郑玄《尚书》事。崔转为诸儒道之，始将发口[63]，悬见排蹙[64]，云："文集只有诗赋铭诔[65]，岂当论经书事乎？且先儒之中，未闻有王粲也。"崔笑而退，竟不以《粲集》示之。魏收之在议曹，与诸博士议宗庙事，引据《汉书》，博士笑曰："未闻《汉书》得证经术。"收便忿怒，都不复言，取《韦玄成传》，掷之而起。博士一夜共披寻[66]之，达明，乃来谢曰："不谓玄成如此学也。"

夫老、庄之书，盖全真养性，不肯以物累己也。故藏名柱史，终蹈流沙[67]；匿迹漆园[68]，卒辞楚相，此任纵之徒耳。何晏、王弼，祖述玄宗[69]，递相夸尚，景附草靡[70]，皆以农、黄之化，在乎己身，周、孔之业，弃之度外。而平叔以党曹爽见诛，触死权之网也；辅嗣以多笑人被疾，陷好胜之阱也；山巨源[71]以蓄积取讥，背多藏厚亡之文也；夏侯玄以才望被戮，无支离拥肿之鉴也；荀奉倩丧妻，神伤而卒，非鼓缶之情也；王夷甫悼子，悲不自胜，异东门之达也；嵇叔夜排俗取祸，岂和光同尘之流也；郭子玄以倾动专势，宁后身外己之风也；阮嗣宗沈酒荒迷，乖畏途相诫之譬也；谢幼舆赃贿黜削，违弃其余鱼之旨也：彼诸人者，并其领袖，玄宗所归。其余桎梏尘滓之中，颠仆名利之下者，岂可备言乎！直取其清谈雅论，剖玄析微，宾主往复，娱心悦耳，非济世成俗之要也。洎[72]于梁世，兹风复阐，《庄》、《老》、《周易》，总谓

《三玄》。武皇、简文,躬自讲论。周弘正奉赞大猷,化行都邑,学徒千余,实为盛美。元帝在江、荆间,复所爱习,召置学生,亲为教授,废寝忘食,以夜继朝,至乃倦剧愁愤,辄以讲自释。吾时颇预末筵,亲承音旨,性既顽鲁,亦所不好云。

· · · · · · · · · · ·

梁元帝尝为吾说:"昔在会稽,年始十二,便已好学。时又患疥,手不得拳,膝不得屈。闲斋张葛帏避蝇独坐,银瓯贮山阴甜酒,时复进之,以自宽痛。率意自读史书,一日二十卷,既未师受,或不识一字,或不解一语,要自重之,不知厌倦。"帝子之尊,童稚之逸,尚能如此,况其庶士,冀以自达者哉?

古人勤学,有握锥投斧[73],照雪聚萤[74],锄则带经[75],牧则编简[76],亦为勤笃。梁世彭城刘绮,交州刺史勃之孙,早孤家贫,灯烛难办,常买荻尺寸折之,然明夜读。孝元初出会稽,精选寮寀[77],绮以才华,为国常侍兼记室,殊蒙礼遇,终于金紫光禄。义阳朱詹,世居江陵,后出扬都,好学,家贫无资,累日不爨[78],乃时吞纸以实腹。寒无毡被,抱犬而卧。犬亦饥虚,起行盗食,呼之不至,哀声动邻,犹不废业,卒成学士,官至镇南录事参军,为孝元所礼。此乃不可为之事,亦是勤学之一人。东莞臧逢世,年二十余,欲读班固《汉书》,苦假借不久,乃就姊夫刘缓乞丐客刺书翰纸末[79],手写一本,军府服其志尚,卒以《汉书》闻。

· · · · · · · · · · ·

邺平之后,见徙入关。思鲁[80]尝谓吾曰:"朝无禄位,家无积财,当肆筋力,以申供养。每被课笃[81],勤劳经史,未知为子,可得安乎?"吾命之曰:"子当以养为心,父当以学为教。使汝弃学徇财,丰吾衣食,食之安得甘? 衣之安得暖? 若务先王之道,绍[82]家世之业,藜羹缊褐[83],我自欲之。"

· · · · · · · · · · ·

——选自王利器撰:《颜氏家训集解(增补本)》,中华书局1993年版,第143—204页。

[1] 郑重,频繁;反复多次。

[2] 切要,要领;纲要。

[3] 体性,人之体貌与情性。

〔4〕素业，清高的事业。旧指研读儒学。

〔5〕履立，犹操守。

〔6〕堕慢，堕落怠慢。

〔7〕札，铠甲上用皮革或金属做的叶片。

〔8〕余绪，祖先余荫。

〔9〕"代其入地"，替他感到惭愧，欲入地下躲藏。

〔10〕"贵游子弟"，指贵族子弟。

〔11〕著作，即著作郎，掌管国史的官员。南朝末期为贵族子弟出身之官。

〔12〕体中何如，南朝时书信来往的客套语。这里指贵族子弟没有真才实学，仅能写一般问候起居的书信而已。秘书，即秘书郎，掌管国家图书典籍的官员。

〔13〕明经，选举名目之一，即将通晓经学之人推荐于朝廷。

〔14〕顾人，即雇人。

〔15〕"三九公宴"，即三公九卿的宴会。

〔16〕快士，豪爽之人。

〔17〕朝市，朝廷。迁革，变革。

〔18〕曩，音 nǎng，从前。

〔19〕当路，当政；做官。秉权，掌权。

〔20〕"被褐而丧珠"，古有"被褐怀玉"之典，意为身披粗布衣服，怀里却藏着宝石，比喻处境贫困却怀有真才实学。此句意思正与之相反。

〔21〕"失皮而露质"，据《法言·吾子》，有羊披着虎皮，见到草便高兴，见到豺便发抖，忘记自己身上的虎皮而露出了本质。

〔22〕鹿独，犹落拓。颠沛流离貌。

〔23〕驽材，平庸低劣之材。

〔24〕保，同"饱"，饱读。

〔25〕营馔，置办膳食。

〔26〕主人，这里指作者自己。

〔27〕"握素披黄"，素、黄均指书籍。

〔28〕"吟道咏德"，道、德均为中国古代哲学术语。

〔29〕日蚀，即日食。这里比喻稀少，不常见。

〔30〕秋荼，这里比喻很多。荼，音 tú，一种苦菜，到秋季更加繁盛。

〔31〕悬，预计；预知。管仲，春秋初期著名政治家，被齐桓公任命为卿，齐国因而成为霸主。子产，春秋时期郑国人，曾被郑简公任命为卿，郑国因而富强起来。

〔32〕佳快，优秀。

[33] 诚己刑物,使自己真诚,为万物树立典范。

[34] 辔,音 pèi,驾驭牲口的缰绳。如,似;像。组,编织。

[35] "反风灭火",指祈求降雨止灾。

[36] 化鸱为凤,指以德感化百姓。鸱,音 chī。

[37] "早刑晚舍",早上判刑,晚上便赦免。

[38] 同辜观罪,指一同惩处。

[39] "分剑追财",据《太平御览·风俗通》,沛郡有一富翁,有一子一女,子数岁时丧母,其女不贤。富翁临死时,嘱将财物尽归其女,只留一剑给其子,并对其女说:"等你弟十五岁时把剑给他。"其子十五岁时,索剑不得,告到官府。太守何武断道:"富翁恐其女、婿谋财害子,才如此安排。剑喻决断,十五岁,已成人,能通过诉讼夺回其财产。财产当全归其子。"于是追回所有财物。

[40] 先意,听从父母。承颜,对父母和颜悦色。

[41] 劬劳,劳苦;劳累。劬,音 qú。

[42] 甘腝,鲜美柔软的食物。腝,音 ér,同"胹",熟烂。

[43] 身基,立身的根本。

[44] "齿弊舌存",物之刚者易亡折而柔者常得存。

[45] 苶然,疲惫貌。苶,音 nié。

[46] 不胜衣,谦恭退让貌。

[47] 宰,治理。

[48] "不必理其民",还不一定能治理好。

[49] 楣,屋上的横梁。棁,音 zhuō,梁上的短柱。

[50] 鸱枭,鸟名。俗称猫头鹰。常用以比喻贪恶之人。鸱,音 chī。

[51] 坎壈,困顿;不得志。壈,音 lǎn。

[52] 寤,同"悟",醒悟。

[53] 因循,疏懒;怠惰;闲散。面墙,比喻不学而识见浅薄。

[54] 专儒,指仅能说一经的儒生。

[55] 总丱,指幼童。总即总角,指古代男女未成年前束发为两结,形状如角。丱,音 guàn,形容束发成两角的样子。

[56] 出身,指做官。

[57] 蚩拙,愚昧;笨拙。蚩,音 chī。

[58] 专固,专断而顽固。

[59] 指归,主旨;意向。

[60] 要会,要领。

[61] 间,嫌隙。

[62] 经纬，经书和纬书。经书一般指儒家经典。纬书是汉代混合神学附会儒家经义的书。

[63] 发口，开口。

[64] 排蹙，排挤。引申谓斥责。

[65] 诔，音 lěi，用以表彰死者德行并致哀悼的文体，亦为谥法所本。仅用于上对下。

[66] 披寻，批阅寻讨，即阅读。

[67] "藏名柱史，终蹈流沙"，据《列仙传》，老子，李姓，名耳，字聃，为周柱下史，著书授关令尹喜，并游流沙之地，莫知其所终。

[68] "匿迹漆园"，此指庄子。庄子曾任漆园史，楚威王素闻其贤，欲以重金拜其为相，被其拒绝。

[69] 玄宗，指道家所谓道的深奥旨意。

[70] "景附草靡"，如影之随形，草之随风。

[71] 山巨源，晋人，名涛，字巨源，好老、庄，与嵇康、阮籍等同为"竹林七贤"。

[72] 洎，音 jì，及；到。

[73] 握锥，见《战国策·秦策》："（苏秦）读书欲睡，引锥自刺其股，血流至足。"投斧，见《庐江七贤传》："文党，字仲翁。未学之时，与人俱入山取木，谓侣人曰：'吾欲远学，先试投我斧高木上，斧当挂。'仰而投之，斧果上挂，因之长安受经。"

[74] 照雪，见《初学记》引《宋齐语》："孙康家贫，常映雪夜读，清谈交游不杂。"聚萤，见《晋书·车武子传》："武子，南平人。博学多通。家贫，不常得油。夏月则练囊盛数十萤火以照书，以夜继日焉。"

[75] "锄则带经"，见《三国志·魏书·和常杨杜赵裴传》注引《魏略》："林少单贫。虽贫，自非手力，不取之于人。性好学，汉末为诸生，带经耕锄。其妻常自馈饷之，林虽在田野，其相敬如宾。"

[76] "牧则编简"，见《汉书·贾邹枚路传》："路温舒字长君，巨鹿东里人。父为里监门。使温舒牧羊，温舒取泽中蒲，截以为牒，编用书写。"

[77] 寮寀，官舍。引申为官的代称。寀，音 cài。

[78] 爨，音 cuàn，烧火做饭。

[79] 乞丐，音 qìgài，给予；施与。客刺，名刺；名片。书翰，文字；书信。亦谓作书。

[80] 思鲁，颜之推的长子。

[81] 课笃，研读。

[82] 绍，继承。

[83] 藜羹，泛指粗劣的食品。藜，野菜。缊，以乱麻为絮的缊袍。褐，指粗布衣。

解读

　　本文主要阐述了治学的目的、态度和方法三方面的问题。关于学习的目的，颜之推把学习一技之长作为最起码的要求，他告诫子弟："父兄不可常依，乡国不可常保，一旦流离，无人庇荫，当自求诸身耳。"他认为"人生在世，会当有业"，士、农、工、商、兵各行都是学问,不可轻视。"积财千万,不如薄伎在身",无论从事哪个行业,学好了都可以安身立命。如果饱食终日,无所作为,就难免家败人亡。除此之外,学习的更高目的在于"开心明目,利于行",学习是为了使自己的德行完善和能实行儒道以利于世,而不是为了清谈、做官、获取进身之阶,主张君子处世,必须涉及世务,有益于物。关于学习态度,颜之推认为治学必须要有严谨的态度,主张虚心务实、博学广识,不可自高自大,目空一切。若有了一点知识,读了数十卷书便自高自大,目中无人,则不但无益,反而会"以学自损"。关于治学方法,颜之推提出了勤学、眼学的主张。他认为读书学习没有什么秘诀,更无捷径可走,全靠个人的刻苦努力,即使是圣人也需要勤学,一般人就更不用说了。

颜之推关于治学问题的论述,并非空洞的说教,而是结合了大量古今实例,有些还是其自身的经历,读来令人信服,其中许多观点至今仍不失其价值。

涉　务

【题解】　涉务是指专心致力于世务,就是办实事的意思。本文主要批判了南朝士大夫的迂诞浮华,养尊处优,同时也提出了自己的人才观。

【原文】　士君子之处世,贵能有益于物耳,不徒高谈虚论,左琴右书,以费人君禄位也。国之用材,大较不过六事:一则朝廷之臣,取其鉴达治体[1],经纶博雅[2];二则文史之臣,取其著述宪章,不忘前古;三则军旅之臣,取其断决有谋,强干习事;四则藩屏之臣,取其明练风俗,清白爱民;五则使命之臣,取其识变从宜,不辱君命;六则兴造之臣,取其程功节费,开略有术,此则皆勤学守行者所能辨也。人性有长短,岂责具美于六涂哉[3]?但当皆晓指趣,能守一职,便无愧耳。

吾见世中文学之士,品藻[4]古今,若指诸掌,及有试用,多无所堪。居承平之世,不知有丧乱之祸;处庙堂之下,不知有战陈[5]之急;保俸禄之资,不知有耕稼之苦;肆[6]吏民之上,不知有劳役之勤,故难可以应世经务[7]也。晋朝南渡,优借士族;故江南冠带[8],有才干者,擢为令仆已下尚书郎中书舍人已上,典掌机要。其余文义之士,多迂诞[9]浮华,不涉世务;纤微过失,又惜行捶楚[10],所以处于清高,盖护其短也。至于台阁令史,主书监帅,诸王签省,并晓习吏用,济办时须,纵有小人之态,皆可鞭杖肃督,故多见委使,盖用其长也。人每不自量,举世怨梁武帝父子爱小人而疏士大夫,此亦眼不能见其睫耳。

梁世士大夫,皆尚褒衣博带[11],大冠高履,出则车舆,入则扶侍,郊郭[12]之内,无乘马者。周弘正为宣城王所爱[13],给一果下马[14],常服御之,举朝以为放达[15]。至乃尚书郎乘马,则纠劾[16]之。及侯景之乱,肤脆骨柔,不堪行步,体羸[17]气弱,不耐寒暑,坐死仓猝[18]者,往往而然。建康令王复性既儒雅,未尝乘骑,见马嘶歕陆梁[19],莫不震慑,乃谓人曰:"正是虎,何故名为马乎?"其风俗至此。

古人欲知稼穑之艰难,斯盖贵谷务本[20]之道也。夫食为民天,民非食不生矣,三日不粒,父子不能相存。耕种之,茠[21]锄之,刈[22]获之,载积之,打拂之,簸扬之,凡几涉手,而入仓廪,安可轻农事而贵末业哉?江南朝士,因晋中兴,南渡江,卒为羁旅[23],至今八九世,未有力田[24],悉资俸禄而食耳。假令有者,皆信僮仆为之,未尝目观起一墢[25]土,耘一株苗;不知几月当下,几月当收,安识世间余务乎?故治官则不了[26],营家则不办[27],皆优闲之过也。

——选自王利器撰:《颜氏家训集解(增补本)》,中华书局 1993 年版,第 315—324 页。

【注释】

[1] 鉴达,明察洞彻。治体,治国的纲领、要旨。

[2] 经纶,整理丝缕。引申为处理国家大事。博雅,学识渊博,品行端正。

[3] 具,全;都。涂,途径;方法。

[4] 品藻,评判。

[5] 战陈,交战对阵。

[6] 肆,位于。

[7] 应世经务,应付世事,经理事务。

[8] 冠带,指官吏、士绅。

[9] 迂诞,迂阔荒诞;不合事理。

[10] 捶楚,杖击;鞭打。亦为古代刑罚之一。

[11] 褒衣博带,宽衣阔带。

[12] 郭,外城。

[13] 周弘正,梁陈之际的清谈之士。宣城王,梁简文帝萧大器的封号。

［14］果下马，一种体格矮小，能在果树下行走的马，当时十分珍贵。

［15］放达，任性而为。

［16］纠劾，弹劾官吏的过失。

［17］羸，瘦弱。

［18］仓猝，亦作"仓卒"。匆忙；急遽。

［19］歕，音 pēn，同"喷"。陆梁，跳跃奔走貌。

［20］务本，从事本业。古以农事为本业，以商贾为末业。

［21］茠，音 hāo，同"薅"，除田草。

［22］刈，音 yì，割。

［23］羁旅，寄居异乡。

［24］力田，致力于田事。

［25］墢，音 bá，深宽各一尺的土。

［26］不了，不晓。

［27］不办，做不好。

解读

　　经东晋到南朝后期，门阀制度在南方已日趋没落，士族子弟除摆空架子外，几乎全不能办实事，朝廷要办实事不得不转而借重士族看不起的庶族寒士。作者虽然也出身士族，但已看到这个问题的严重性，故专写此篇，对不办实事、形同废物的士族子弟进行谴责。

　　作者认为部分士族子弟虽然接受了一定的教育，并掌握一定的知识，但不是崇尚清谈便是死守章句，对国家时务很少有所作为。他认为士大夫处世应有益于社会，不能整天高谈虚论，要能处理一些实际的事务，无论哪一种事务，只要精通了，既有益于国家，也有益于自身。国家需要的既不是难于应世的清谈家，也不是空疏无用的章句博士，而是能发挥实际效用的各方面的统治人才，包括朝廷之臣、文史之臣、军旅之臣、藩屏之臣、使命之臣、兴造之臣。从政治家到工程建设管理人员，都应大力鼓励培养。即使一个人在这六方面的能力不能同时具备也不要紧，因为人各有长处和短处，只要具备了其中的一项能力，胜任一项工作，就可以问心无愧了。各种专门人才的培养，要依靠各种专门教育，使各人专精一职才能实现。因此，原来的玄学教育必须抛弃，传统的儒学教育也应改革。颜之推的这种观点，冲破了儒家以培养抽象的君子、圣人为教育目标，以儒学教育统括一切专门教育的传统框架，不再局限于道德修养与"化民成俗"的方面，而更着重于对"应世经务"能力

的培养,这在当时是具有积极意义的。

杂 艺

【题解】 本文主要反映颜之推对除经史百家等书本知识之外的"技艺"所持的态度。

【原文】

真[1]草书迹,微须留意。江南谚云:"尺牍书疏,千里面目也。"承晋、宋余俗,相与事之,故无顿狼狈者。吾幼承门业[2],加性爱重,所见法书[3]亦多,而玩习功夫颇至,遂不能佳者,良由无分故[4]也。然而此艺不须过精。夫巧者劳而智者忧,常为人所役使,更觉为累;韦仲将[5]遗戒,深有以[6]也。

王逸少[7]风流才士,萧散[8]名人,举世惟知其书,翻以能自蔽也。萧子云[9]每叹曰:"吾著《齐书》,勒成一典,文章弘义,自谓可观;唯以笔迹得名,亦异事也。"王褒地胄清华[10],才学优敏,后虽入关,亦被礼遇。犹以书工,崎岖碑碣之间,辛苦笔砚之役,尝悔恨曰:"假使吾不知书,可不至今日邪?"以此观之,慎勿以书自命。虽然,厮猥[11]之人,以能书拔擢者多矣。故道不同不相为谋也。

梁氏秘阁[12]散逸以来,吾见二王真草多矣,家中尝得十卷;方知陶隐居、阮交州、萧祭酒诸书,莫不得羲之之体,故是书之渊源。萧晚节所变,乃右军年少时法也。

晋、宋以来,多能书者。故其时俗,递相染尚,所有部帙,楷正可观,不无俗字,非为大损。至梁天监之间,斯风未变;大同之末,讹替滋生。萧子云改易字体,邵陵王颇行伪字;朝野翕然[13],以为楷式,画虎不成,多所伤败。至为"一"字,唯见数点,或妄斟酌,逐便转移。尔后坟籍,略不可看。北朝丧乱之余,书迹鄙陋,加以专辄造字,猥拙[14]甚于江南。乃以百念为忧,言反为变,不用为罢,追来为归,更生为苏,先人为老,如此非一,遍满经传。唯有姚元标工于楷隶,留心小学[15],后生师之者众。泊[16]于齐末,秘书缮写,贤于往日多矣。

江南闾里[17]间有《画书赋》,乃陶隐居弟子杜道士所为;其人未甚识字,轻为轨则,托名贵师,世俗传信,后生颇为所误也。

画绘之工,亦为妙矣;自古名士,多或能之。吾家尝有梁元帝手画蝉雀白团扇及马图,亦难及也。武烈太子偏能写真[18],坐上宾客,随宜点染,即成数人,以问童孺,皆知姓名矣。萧贲、刘孝先、刘灵,并文学已外,复佳此法。玩阅古今,特可宝爱。若官未通显,每被公私使令,亦为猥役[19]。吴县顾士端出身湘东王国侍郎,后为镇南府刑狱参军,有子曰庭,西朝中书舍人,父子并有琴书之艺,尤妙丹青,常被元帝所使,每怀羞恨。彭城刘岳,橐之子也,仕为骠骑府管记、平氏县令,才学快士,而画绝伦。后随武陵王入蜀,下牢[20]之败,遂为陆护军画支江寺壁,与诸工巧杂处。向使三贤都不晓画,直运素业[21],岂见此耻乎?

弧矢之利,以威天下,先王所以观德择贤,亦济身之急务也。江南谓世之常射,以为兵射,冠冕儒生,多不习此;别有博射[22],弱弓长箭,施于准的,揖让升降,以行礼焉。防御寇难,了[23]无所益。乱离之后,此术遂亡。河北文士,率晓兵射,非直葛洪一箭,已解追兵,三九宴集,常縻[24]荣赐。虽然[25],要[26]轻禽,截狡兽,不愿汝辈为之。

卜筮者,圣人之业也;但近世无复佳师,多不能中。古者,卜以决疑,今人生疑于卜;何者?守道信谋,欲行一事,卜得恶卦,反令忦忦[27],此之谓乎!且十中六七,以为上手,粗知大意,又不委曲。凡射奇偶,自然半收,何足赖也。世传云:"解阴阳者,为鬼所嫉,坎壈[28]贫穷,多不称泰[29]。"吾观近古以来,尤精妙者,唯京房、管辂、郭璞耳,皆无官位,多或罹灾,此言令人益信。傥值世网严密[30],强负此名,便有诖误[31],亦祸源也。及星文风气[32],率不劳为之。吾尝学《六壬式》,亦值世间好匠,聚得《龙首》、《金匮》、《玉轹变》、《玉历》十许种书,讨求无验,寻亦悔罢。凡阴阳之术,与天地俱生,亦吉凶德刑,不可不信;但去圣既远,世传术书,皆出流俗,言辞鄙浅,验少妄多。至如反支[33]不行,竟以遇害;归忌寄宿[34],不免凶终:拘而多忌,亦无益也。

算术亦是六艺要事;自古儒士论天道,定律历者,皆学通之。然可以兼明,不可以专业。江南此学殊少,唯范阳祖暅精之,位至南康太守。河北多晓此术。

医方之事,取妙极难,不劝汝曹以自命也。微解药性,小小和合,居家得以救急,亦为胜事,皇甫谧、殷仲堪则其人也。

《礼》曰:"君子无故不彻[35]琴瑟。"古来名士,多所爱好。泊于梁初,衣冠子孙,不知琴者,号有所阙;大同以末,斯风顿尽。然而此乐恺恺[36]雅致,有深味哉! 今世曲解,虽变于古,犹足以畅神情也。唯不可令有称誉,见役勋贵[37],处之下坐,以取残杯冷炙之辱。戴安道犹遭之,况尔曹乎!

《家语》[38]曰:"君子不博,为其兼行恶道故也。"《论语》云:"不有博弈者乎? 为之,犹贤乎已[39]。"然则圣人不用博弈为教;但以学者不可常精,有时疲倦,则惋为之,犹胜饱食昏睡,兀然端坐耳。至如吴太子以为无益,命韦昭论之;王肃、葛洪、陶侃之徒,不许目观手执,此并勤笃之志也。能尔为佳。古为大博则六箸[40],小博则二茕[41],今无晓者。比[42]世所行,一茕十二棋,数术浅短,不足可玩。围棋有手谈、坐隐[43]之目,颇为雅戏;但令人耽愦[44],废丧实多,不可常也。

投壶之礼,近世愈精。古者,实以小豆,为其矢之跃也。今则唯欲其骁,益多益喜,乃有倚竿、带剑、狼壶、豹尾、龙首之名。其尤妙者,有莲花骁。汝南周璝,弘正之子,会稽贺徽,贺革之子,并能一箭四十余骁。贺又尝为小障,置壶其外,隔障投之,无所失也。至邺以来,亦见广宁、兰陵诸王,有此校具,举国[45]遂无投得一骁者。弹棋亦近世雅戏,消愁释愦,时可为之。

——选自王利器撰:《颜氏家训集解(增补本)》,中华书局1993年版,第567—594页。

[1] 真,楷书。

[2] 门业,世代的职业。颜之推父亲颜协曾任湘东王记室(秘书),博览群书,工于书法。

[3] 法书,名家的书法范本。亦指称美别人的书法。

[4] 分故,天分。

[5] 韦仲将,即韦诞,字仲将,三国魏人,擅长书法,魏国宝器铭题,多为其所书。魏明帝曾命他登梯题殿榜,下来后,须发皆白,于是他告诫子孙不要再学书法。

[6] 以,原因。

[7] 王逸少,即王羲之,字逸少。

[8] 萧散,潇洒闲散。

[9] 萧子云,南朝梁人。通文史,善草隶书,为世所称。

[10] 王褒,北周人,书法学习其姑夫萧子云,被称为"亚子云",为世所重。地胄清华,指门第高贵。

[11] 厮猥,地位卑微。

[12] 秘阁,古代宫中收藏珍贵图书之处。

[13] 翕然，一致貌，这里指竞相仿效，蔚成风气。翕，音 xī。

[14] 猥拙，拙劣。

[15] 小学，研究文学、训诂、音韵的学问。

[16] 洎，音 jì，至；到。

[17] 闾里，民间。

[18] 写真，画人的真容。

[19] 猥役，杂役。

[20] 下牢，梁朝宜州旧治，在今湖北宜昌市西北。

[21] 素业，即儒家之学。

[22] 博射，一种游戏性质的射箭。

[23] 了，一点儿。

[24] 縻，音 mí，牵系；束缚。

[25] 虽然，尽管如此。

[26] 要，拦截；截留。

[27] 忕忕，忧惧不安貌。忕，音 chì。

[28] 坎壈，困顿；不得志。壈，音 lǎn。

[29] 称泰，称心平安。

[30] 傥，假如。世网，比喻社会上法律礼教、伦理道德对人的束缚。

[31] 诖误，贻误；连累。诖，音 guà。

[32] 星文风气，天文气象。

[33] 反支，凶日，不宜远行和归家。

[34] 归忌，不宜回家的忌日，该日宜寄宿别处。

[35] 彻，同"撤"。

[36] 愔愔，安静和悦貌。愔，音 yīn。

[37] 勋贵，权贵。

[38] 《家语》，即《孔子家语》，为记录孔子及其弟子思想言行的典籍。《汉书·艺文志》著录，久佚。今本十卷。曾长期被认作伪书，后确证为先秦旧籍。

[39] 已，停止。

[40] 六箸，古博弈之具。

[41] 㲰，音 qióng，古博戏用具，似骰子。

[42] 比，等到。

[43] 手谈、坐隐，据《世说新语·巧艺》，"王中郎以围棋是坐隐，支公以围棋为手谈"，意即把坐着下棋不问世事视为一种隐居方式，以下棋作为一种以手交流感情的方式。

[44] 耽,沉溺。愦,糊涂;昏乱。

[45] 举国,全国上下。

【解读】

　　颜之推把经史百家外的技艺如书、数、医、画、琴、棋、射、投壶等称为"杂艺",以示区别于儒家经典。在他看来,这些杂艺是作为仕宦和文人在学好儒学和为官任事之余的一种休闲活动,掌握这些技艺在生活中有实用意义,是有文化修养的表现,也有个人保健和娱乐的价值,但他反对以"杂艺"专家自命,反对通过"杂艺"取得荣宠。他认为学这些技艺是为了治人和享受,是儒家经典的补充,而不是为了供人役使,如果专精某一技艺超乎常人,闻名之后,就会为地位更高的人所役使,技艺在身,不仅不能给自己带来好处,反而还会成为负担,蒙受羞辱,因此他认为技艺只可在业余兼习,不必专精。譬如书法,此艺不可过精,否则就会导致"巧者劳而智者忧,常为人所役使,更觉为累"。

　　颜之推的这种思想,既反映了士大夫阶层对技艺的轻视,也反映了长期以来儒家"德成为上,艺成为下"的思想对人们观念带来的消极影响。他所说的"杂艺",大多是现在的科学技术,因此他的这种观点对古代科技的发展起了阻碍作用,是不值得提倡的。

（刘崇民）

韩
愈

韩愈(768—824),字退之,河南河阳(今河南孟州南)人。自谓"郡望昌黎",人称"昌黎先生";因官至吏部侍郎,又称"韩吏部";谥号"文",世称"韩文公"。唐文学家、哲学家、教育家。著作有《昌黎先生集》。

原 性

【题解】 本文是韩愈论人性观的著作,提出了"性三品"的主张,又以此为理论依据,阐述了教育的作用。

【原文】 性也者,与生俱生也;情也者,接于物而生也。性之品有三,而其所以为性者五;情之品有三,而其所以为情者七。

曰何也? 曰:性之品有上中下三。上焉者,善焉而已矣;中焉者,可导而上下也;下焉者,恶焉而已矣。其所以为性者五:曰仁、曰礼、曰信、曰义、曰智。上焉者之于五也,主于一而行于四[1];中焉者之于五也,一不少有焉,则少反[2]焉,其于四也混;下焉者之于五也,反于一而悖于四。性之于情视其品。情之品有上中下三,其所以为情者七:曰喜、曰怒、曰哀、曰惧、曰爱、曰恶、曰欲。上焉者之于七也,动而处其中;中焉者之于七也,有所甚,有所亡,然而求合其中者也;下焉者之于七也,亡与甚,直情而行者也。情之于性视其品。

孟子之言性曰:人之性善;荀子之言性曰:人之性恶;扬子之言性曰:人之性善恶混。夫始善而进恶,与始恶而进善,与始也混而今也善恶,皆举其中而遗其上下者也,得其一而失其二者也。叔鱼之生也,其母视之,知其必以贿死[3];杨食我之生也,叔向之母闻其号也,知必灭其宗[4];越椒之生也,子文以为大戚,知若敖氏之鬼不食也[5]:人之性果善乎? 后稷之生也,其母无灾,其始匍匐也,则岐岐然,嶷嶷然[6];文王之在母也,母不忧,既生也,傅不勤,既学也,师不烦[7]:人之性果恶乎? 尧之朱、舜之均、文王之管蔡,习非不善也,而卒为奸[8];瞽瞍之舜、鲧之禹,习非不恶也,而卒为圣:人之性善恶果混乎? 故曰:三子之言性也,举其中而遗其上下者也；得其一而失其二者也。曰：然则性之上下者，其终不可移乎？曰：上之性，就学而愈明；下之性，畏威而寡罪；是故上者可教，而下者可制也。其品则孔子谓不移也[9]。

曰：今之言性者异于此，何也？曰：今之言者，杂佛老而言也；杂佛老而言也者，奚言而不异！

——选自韩愈著，钱仲联、马茂元校点：《韩愈全集》，上海古籍出版社 1997 年版，第 122—123 页。

【注释】

[1] 主于一而行于四，以仁、礼、信、义、智五德中之一德为主，通于其他四德。

[2] 反，违背。

[3] "叔鱼之生也，其母视之，知其必以贿死"，叔鱼，羊舌氏，名鲋，字叔鱼，春秋晋大夫，叔向之弟。《国语·晋语八》："叔鱼生，其母视之，曰：'是虎目而豕喙，鸢肩而牛腹，溪壑可盈，是不可餍也，必以贿死。'遂不视。"叔鱼后为赞理，因受贿而断狱不公，被仇杀。

[4] "杨食我之生也，叔向之母闻其号也，知必灭其宗"，杨食我，字伯石，晋大夫叔向之子。叔向封邑在杨，故称"杨食我"。《国语·晋语八》："杨食我生，叔向之母闻之，往，及堂，闻其号也，乃还，曰：'其声，豺狼之声，终灭羊舌氏之宗者，必是子也。'"杨食我后与祁盈结党，获罪被杀。《左传·昭公二十八年》："夏六月，晋杀祁盈及杨食我。食我，祁盈之党也，而助乱，故杀之。遂灭祁氏、羊舌氏。"

[5] "越椒之生也，子文以为大戚，知若敖氏之鬼不食也"，越椒，姓斗，若敖氏。子文，越椒之伯父，为楚令尹。《左传·宣公四年》："初，楚司马子良生子越椒，子文曰：'必杀之。是子也，熊虎之状，而豺狼之声，弗杀，必灭若敖氏矣。谚曰：狼子野心。是乃狼也，其可畜乎！'子良不可，子文以为大戚。"后越椒为楚令尹，谋夺国，发若敖氏族人攻楚王，战败，若敖氏被灭。

[6] "后稷之生也，其母无灾，其始匍匐也，则岐岐然，嶷嶷然"，后稷出生的时候，他的母亲没有疼痛，开始会爬行时，就能站起来，美丽而强壮。后稷，古代周族始祖，姬姓，名弃，为舜的稷官，主管农事，教民耕种，后世祀为谷神。匍匐，爬行。岐岐，能立而行走。嶷嶷，能识别事物。嶷，音 nì。姜嫄生弃之事，详见《诗·大雅·生民》。

[7] "文王之在母也，母不忧，既生也，傅不勤，既学也，师不烦"，见《国语·晋语四》："文王在母不忧，在傅弗勤，处师弗烦。"意谓：文王不让母亲增添忧虑，在保傅面前无须操心就很勤勉，也从未让师长感到烦忧。

[8] "尧之朱、舜之均、文王之管蔡，习非不善也，而卒为奸"，尧子丹朱，舜子商均，文王之子管叔、蔡叔，所近习并非不善，而最终成为邪恶的人。

[9] "其品则孔子谓不移也"，见《论语·阳货》："子曰：'唯上知与下愚不移。'"

【解读】 在本文中，韩愈对性和情加以明确区分，提出了"性三品"说。他认为，性是与生俱来的，分为上、中、下三品，还有仁、礼、信、义、智五项道德内容。上品的人是善的，中品的人可导而上下，下品的人是恶的。情是接触各种事物后产生的，比照性的品级，情也分为上、中、下三品，有喜、怒、哀、惧、爱、恶、欲七种表现。上品的人，行动适当；中品的人，行动有过分，有不及，但力求适当；下品的人，任情行动，不加节制。性和情是完全对应的，有什么样的性品，就会有什么样的情品。基于这种学说，韩愈阐述了教育在人的发展中的作用和意义。他认为，教育在不同的品级里面发挥的作用是不同的，但无论是对哪种性品的人来说，学习都是非常重要的。上品之人经过学习和教育，其善性便可以发扬光大。中品的人可塑性比较大，可引导他向上品升华，也可以引导他向下品堕落，因此教育对这部分人显得尤为重要，而这部分人又占社会的大多数。封建统治者应按社会的道德标准来教育改造这部分人，使之顺性克情，向上品的人靠拢。对下品的人来说，教育对他们起的作用虽然微小，但是他们"畏威而寡罪"，可以通过刑威来辅教化之不足，因此教育对下品之人的"恶性"仍具有重大的改造作用。

韩愈的"性三品"说直接继承和发展了西汉董仲舒把人性分为"圣人之性""中民之性""斗筲之性"的思想，一方面论述了社会上的大多数人有必要接受教育，另一方面号召人们要遵守封建道德规范，正确处理性与情的关系，为以后宋明理学家提出"存天理，灭人欲"的观点作了思想铺垫。

师　说

【题解】 本文是韩愈为四门博士时所作，阐明了从师学道的必要，批评了当时耻于相师的风气。本文对于教师任务、择师标准、师生关系等方面的问题，均提出了合理的见解，是韩愈教育思想的代表作。

【原文】 古之学者必有师。师者，所以传道受业解惑也[1]。人非生而知之者，孰能无惑？惑而不从师，其为惑也终不解矣。生乎吾前，其闻道也固先乎吾，吾从而师之；生乎吾后，其闻道也亦先乎吾，吾从而师之；吾师道也，夫庸[2]知其年之先后生于吾乎？是故无贵无贱、无长无少，道之所存，师之所存也。嗟乎，师道[3]之不传也久矣,欲人之无惑也难矣! 古之圣人[4],其出人[5]也远矣,犹且从师而问焉;今之众人,其下圣人也亦远矣,而耻学于师。是故圣益圣,愚益愚,圣人之所以为圣,愚人之所以为愚,其皆出于此乎[6]?

爱其子,择师而教之;于其身[7]也,则耻师焉;惑[8]矣! 彼童子之师,授之书而习其句读[9]者,非吾所谓传其道解其惑者也。句读之不知,惑之不解,或师焉,或不[10]焉,小学而大遗[11],吾未见其明也。

巫医乐师百工之人,不耻相师。士大夫之族,曰师、曰弟子云者,则群聚而笑之。问之,则曰:彼与彼年相若也,道相似也。位卑则足羞,官盛则近谀[12]。呜呼,师道之不复可知矣! 巫医药师[13]百工之人,君子不齿[14],今其智乃反不能及,其可怪也欤!

圣人无常师,孔子师郯子、苌弘、师襄、老聃[15]。郯子之徒,其贤不及孔子,孔子曰:“三人行,则必有我师。”是故弟子不必不如师,师不必贤于弟子,闻道有先后,术业有专攻,如是而已。

李氏子蟠[16],年十七,好古文,六艺经传皆通习之,不拘于时[17],学于余。余嘉其能行古道,作师说以贻[18]之。

——选自韩愈著,钱仲联、马茂元校点:《韩愈全集》,上海古籍出版社 1997 年版,第 130 页。

注释

[1] 传道,传授道理。受业,教授学业。受,同“授”。解惑,解除疑难。

[2] 庸,岂。

[3] 师道,指师之地位、作用以及尊师之风尚。

[4] 圣人,泛指品格最高尚、智慧最高的人。

[5] 出人,超出众人。

[6] “其皆出于此乎”,大概都是出于这个原因吧!

[7] 于其身,对于他自己。

[8] 惑,糊涂。

[9] 句读,古代称文辞语意已尽处为句,语意未尽而须停顿处为读,书面上用圈(句号)和点(读号)来标记。

[10] 不,同“否”。

[11] “小学而大遗”,小的问题(句读)解决了,大的问题(道理)漏掉了。

[12] "位卑则足羞,官盛则近谀",向地位比自己低的人学,感到可耻;向官位比自己高的人学,又觉得过于谄媚。

[13] 药师,据上文,应为"乐师"。

[14] 不齿,不屑提及。

[15] 郯(tán)子,春秋时郯国国君,孔子曾向他请教过古代官职的名称。苌(cháng)弘,春秋时周大夫,孔子曾向他访求乐章。师襄,春秋时鲁乐官,孔子曾向他学弹琴。老聃,即老子,孔子曾向他学周礼。

[16] "李氏子蟠",即李蟠,韩愈的弟子,贞元十九年(803年)进士。

[17] "不拘于时",不受当时耻于从师求学的不良风气的限制。

[18] 贻,赠送。

【解读】

　　首先,关于教师的重要性,韩愈指出:"古之学者必有师。"他认为,自古以来任何一个人的知识学问,都是从老师那里学来的。"人非生而知之者,孰能无惑?惑而不从师,其为惑也终不解矣。"这就是说,没有"生而知之"的先知先觉者,所以人不可能没有疑难问题;有了疑难问题不去请教老师,这种人是一辈子也聪明不起来的。在这里,他充分肯定了学习的重要性和教师的作用。基于这种认识,他对当时社会上轻视教育工作,不尊重教师,甚至耻于从师的不良风气进行了尖锐的批评。关于教师的任务,文章明确提出:"师者,所以传道受业解惑也。"教师的任务不外乎三个:一是传道,即传授儒家修身、齐家、治国、平天下之道;二是授业,即讲授《诗》《书》《礼》《易》《春秋》等儒家经典;三是解惑,即解答学生在学习"道"和"业"的过程中所提出的疑难问题。这三个方面紧密相连,构成了教师的任务。其次,韩愈提出了"道之所存,师之所存"的求师原则,主张以"道"作为求师的标准,无论出身贵贱、年纪长幼,只要懂得"道"比自己早或比自己多,就可以把他当成自己的师表。他还主张广泛地向他人学习,以使自己有所成就,并列举了孔子向郯子、苌弘、师襄、老聃学习的历史典故,进一步说明了人应该虚怀若谷,博采众家之长,方能成为圣贤之人。最后,韩愈还就建立合理的师生关系提出了自己的见解,认为师生关系并非绝对的、固定不变的,"弟子不必不如师,师不必贤于弟子,闻道有先后,术业有专攻",师生关系是相对的,只要学生努力学习、不断提高,在某些方面也会超过老师,因此师生关系应该是在道和业面前的平等关系,在一定条件下可以相互转化,这对维护教师绝对权威的封建师道尊严是一种挑战。

　　本文是中国古代第一篇集中论述教师问题的文章,后人有关师道观的不少论述皆受其影响。它既肯定了教师在传道、授业、解惑方面的主导作用,又强调教师要尊重学生,向学生学习;既要求学生虚心向教师学习,又鼓励学生要敢于超过教师;既提倡乐为人师,勇为人师,又强调不耻下问,虚心拜师。这些观点无论在当时还是在今天来看,都是极具参考价值的。

进学解

【题解】 本文是一篇文字优美、感情洋溢的教育散文,是韩愈在元和八年(813年)任国子博士时所作,文章以国子先生与学生对话的形式,集中论述了治学态度和治学方法。一方面勉励后学要提高自己的品德,勤于学业;另一方面也对唐朝吏治不明、执政者不识贤愚提出了批评。

【原文】 国子先生[1]晨入太学,招诸生立馆下,诲之曰:"业精于勤荒于嬉,行成于思毁于随。方今圣贤相逢,治具毕张[2],拔去凶邪,登崇畯良[3]。占小善者率以录,名一艺者无不庸[4];爬罗剔抉,刮垢磨光[5]。盖有幸而获选,孰云多而不扬。诸生业患不能精,无患有司[6]之不明;行患不能成,无患有司之不公。"

言未既[7],有笑于列者曰:"先生欺余哉!弟子事先生于兹有年矣。先生口不绝吟于六艺之文,手不停披于百家之编;记事者必提其要,纂言者必钩其玄[8];贪多务得,细大不捐,焚膏油以继晷,恒兀兀以穷年[9]:先生之业可谓勤矣。抵[10]排异端,攘斥佛老,补苴罅漏,张皇幽眇[11];寻坠绪[12]之茫茫,独旁搜而远绍[13],障百川而东之,回狂澜于既倒:先生之于儒,可谓有劳矣。沉浸酿郁[14],含英咀华,作为文章,其书满家。上规姚姒[15],浑浑无涯;《周诰》《殷盘》,佶屈聱牙[16];《春秋》谨严,《左氏》浮夸[17],《易》奇而法,《诗》正而葩[18];下逮《庄》《骚》[19],太史[20]所录,子云相如[21],同工异曲:先生之于文,可谓闳其中而肆其外[22]矣。少始知学,勇于敢为;长通于方[23],左右具宜:先生之于为人,可谓成矣。

"然而公不见信于人,私不见助于友,跋前踬后[24],动辄得咎。暂为御史,遂窜南夷;三年博士,冗不见治[25];命与仇谋,取败几时;冬暖而儿号寒,年丰而妻啼饥;头童齿豁[26],竟死何裨[27]。不知虑此,而反教人为?"

先生曰："吁，子来前！夫大木为杗[28]，细木为桷[29]，欂栌侏儒，椳闑扂楔[30]，各得其宜，施以成室者，匠氏之工也；玉札丹砂，赤箭青芝，牛溲马勃，败鼓之皮[31]，俱收并蓄，待用无遗者，医师之良也；登明选公，杂进巧拙，纡余为妍，卓荦为杰[32]，校短量长，惟器是适者，宰相之方也。昔者孟轲好辩，孔道以明，辙环天下，卒老于行；荀卿守正，大论是弘，逃谗于楚，废死兰陵：是二儒者，吐辞为经，举足为法，绝类离伦[33]，优入圣域，其遇于世何如也？

"今先生学虽勤而不繇其统，言虽多而不要其中，文虽奇而不济于用，行虽修而不显于众，犹且月费俸钱，岁靡廪粟；子不知耕，妇不知织，乘马从徒，安坐而食，踵常途之促促[34]，窥陈编以盗窃；然而圣主不加诛，宰臣不见斥：兹非其幸欤？动而得谤，名亦随之，投闲置散，乃分之宜。

"若夫商财贿[35]之有亡，计班资之崇庳[36]，忘己量之所称，指前人之瑕疵：是所谓诘匠氏之不以杙为楹[37]，而訾医师以昌阳引年，欲进其豨苓也[38]。"

——选自韩愈著，钱仲联、马茂元校点：《韩愈全集》，上海古籍出版社1997年版，第131—132页。

[1] 国子先生，对国子监博士的称呼，这里是韩愈的自称。

[2] "治具毕张"，如今圣君得到贤臣的辅佐，法律政令都完备。治具，治民的工具，指法律政令。张，设。

[3] 畯良，优秀人才。畯，通"俊"，才智出众的人。

[4] 庸，用。

[5] 爬罗，搜集。剔抉，挑选。"刮垢磨光"，比喻训练造就人才。

[6] 有司，古代设官分职，各有专司，因称职官为"有司"。

[7] 既，完毕。

[8] "记事者必提其要，纂言者必钩其玄"，记载史事的书必提其纲要，纂集言论的著作必究其精义。

[9] "焚膏油以继晷，恒兀兀以穷年"，勤苦学习，夜以继日，终年不休。焚膏油，指燃烛，点灯。晷，音guǐ，日影，指白天。兀兀，勤勉貌。

[10] 抵，抵制；抨击。

[11] "补苴罅漏，张皇幽眇"，对于儒道缺漏的方面加以弥补，精微的地方加以阐发宣扬。苴，音jū，鞋中草垫。罅，音xià，瓦器的裂缝，引申为漏洞。眇，音miǎo。通"妙"，精微；奥妙。

[12] 坠绪，将坠灭的儒道。绪，事业。

[13] 远绍,远承圣业。绍,继承。

[14] 酞郁,浓厚馥郁,指典籍的意味。酞,音 nóng,通"浓",浓重。

[15] 规,模拟;取法。姚姒,指《尚书》中的《虞书》《夏书》。姚,虞舜的姓。姒,夏禹的姓。

[16] 《周诰》,指《书·周书》中的《大诰》《康诰》《召诰》等篇。《殷盘》,指《书·商书》中的《盘庚》篇。"佶屈聱牙",指《尚书》文字艰涩生硬,读不顺口。佶屈,亦作"诘诎",屈曲貌,引申为不顺。

[17] "《春秋》谨严,《左氏》浮夸",《春秋》辞约而有严格的义例,故称谨严;《左传》记事详细而富有文采,故称浮夸。

[18] "《易》奇而法,《诗》正而葩",《易》变化而有法则,《诗》纯正而辞藻华丽。葩,华丽。

[19] 《庄》《骚》,庄子及其后学著的《庄子》,屈原著的《离骚》。

[20] 太史,司马迁为太史令,著《史记》。

[21] 子云,扬雄的字;相如,司马相如,均以辞赋闻名。

[22] 闳其中而肆其外,指内容博大,形式多样。闳,大。肆,放。

[23] "长通于方",成年以后,通晓为人处世的道理。方,道理。

[24] "跋前踬后",比喻进退两难。跋,踩踏。踬,音 zhì,被东西绊倒。

[25] "暂为御史,遂窜南夷;三年博士,冗不见治",南夷,旧指南方的少数民族。又指南方边远地区。冗,闲散。见,表现。韩愈于贞元十九年(803 年)为监察御史,因事贬为连州阳山令。元和元年(806 年)为国子博士,至四年六月改任都官,计任博士三年。自以为官职闲散,无从表现才能。

[26] 童,秃顶。豁,脱落;残缺。

[27] "竟死何裨",到死有什么补益。竟,终。裨,补益。

[28] 宋,音 máng,房屋的正梁。

[29] 桷,音 jué,方形的椽子。

[30] 欂栌,音 bólú,柱上承梁的方木。侏儒,梁上的短柱。椳,音 wēi,门臼,以承门枢,便启闭。阒,音 niè,门橛,古代门中央所竖短木。扂,音 diàn,门闩。楔,音 xiē,门两侧的木柱。

[31] 玉札,药名,玉泉的别名。丹砂,朱砂。赤箭,即"天麻"。青芝,灵芝。此四者皆珍贵药物。牛溲,牛溺;一说车前草。马勃,马屁勃,属担子菌类。"败鼓之皮",破鼓的皮。此三者为普通药物。

[32] "纡余为妍,卓荦为杰",修养深厚的为美士,超群出众的为俊杰。纡余,指深厚的修养。纡,屈曲。妍,美好。卓荦,超绝。荦,音 luò,杂色的牛,引申为杂色。

[33] "绝类离伦",远远超过同类同辈的人。

[34] "踽踽常涂之促促",追随世俗,谨小慎微。踽,追随。促促,拘谨。

[35] 商财贿,计较俸禄。

[36] "计班资之崇庳",计较官职的高下。班资,品级。庳,音 bì,低下。

[37] 以杙为楹,以木桩作为厅堂的前柱。杙,音 yì,木桩。楹,厅堂的前柱。

[38] 訾,音 zǐ,诋毁。昌阳,即"菖蒲",古时以为久服可以延年。豨苓,音 xīlíng,即"猪苓",一种利水渗

湿药。

本文记述了师生之间的一场对话，在这场看似交锋的对话中，韩愈对治学方法进行了阐释。

首先，他认为学业的精进在于勤勉。他说："业精于勤荒于嬉，行成于思毁于随。"学业的精进在于勤奋刻苦，而其荒废在于嬉戏游乐；为人行事的成功在于深思熟虑，而其败毁在于因循苟且。他所说的"勤"，表现为口勤、手勤、脑勤，以及夜以继日地学习，即"口不绝吟于六艺之文，手不停披于百家之编""焚膏油以继晷，恒兀兀以穷年"，口不停吟诵儒家六经文章，手不停翻阅诸子百家的典籍，燃上灯烛来接续日光，勤奋以学，长年不懈。这是他对前人治学经验的总结，也是他自己多年治学和教学过程的亲身经历和体会。其次，他还提出为学要在博的基础上求精。韩愈在教学实践中领悟到了博与精的辩证关系，认为博与精是对立统一的，没有博，就不可能有精；没有精，博也只不过是一种大杂烩。韩愈一方面强调博学，提出"贪多务得，细大不捐""俱收并蓄，待用无遗"。学业的精深要以掌握和积累广博的知识为基础，否则知识浅薄，孤陋寡闻，要想达到精深的地步是不可能的。另一方面，韩愈又要求精约，提出读书要"提其要""钩其玄"。这就是说，在博学的基础上，还要抓住重点，掌握关键，形成自己的知识体系。他反对"学虽勤而不繇其统，言虽多而不要其中"的学习方法。所谓"不繇其统"，是指不从系统方面着手，不解其始末，只是掌握一些支离破碎的知识，这样的知识是没有什么大的用处的。所谓"不要其中"，是指讲得虽多，但不能抓住问题的关键所在，不切中要害，这样的教学对学生也是无益的。他提出读书要"沉浸醲郁，含英咀华"，读书不能浮光掠影，满足于一知半解，要深入理解所读内容的精神实质，对书中的重要内容要精读，融会贯通；对书中的精华要仔细地玩味，反复地体会。

韩愈的治学方法，是其自身长期教学工作的经验总结，具有很高的借鉴价值。

（刘崇民）

李翱(772—836)，字习之，陇西成纪(今甘肃静宁西南)人，谥号"文"，人称"李文公"。唐散文家、思想家。有《李文公集》。

李翱

复性书

【题解】 隋唐以降，在佛道的挑战下，儒家学说在心性论方面处于劣势。作为韩愈的侄女婿兼高足，李翱追随韩愈以儒家卫道者自居，尊儒排佛。但李翱的排佛有比韩愈看得更深远之处。他看到了佛教之所以久排而不去的症结，在于它拥有精致的心性思想，而这正是儒家的弱点所在。于是他试图构建一个儒家心性论体系，充实与完善儒学中的心性论，扭转理论上的劣势，从根本上战胜佛道，重振儒学。《复性书》正是为此而作。

上

【原文】 人之所以为圣人者，性也；人之所以惑其性者，情也。喜、怒、哀、惧、爱、恶、欲七者，皆情之所为也。情既昏，性斯匿矣。非性之过也，七者循环而交来，故性不能充[1]也。水之浑也，其流不清；火之烟也，其光不明；非水火清明之过。沙不浑，流斯清矣；烟不郁[2]，光斯明矣；情不作，性斯充矣。性与情不相无[3]也。虽然，无性则情无所生矣。是情由性而生，情不自情，因性而情，性不自性，由情以明。性者，天之命也[4]，圣人得之而不惑者也；情者，性之动也，百姓溺之而不能知其本者也。圣人者，岂其无情邪？圣人者，寂然不动，不往而到，不言而神，不耀而光，制作参乎天地，变化合乎阴阳；虽有情也，未尝有情也。然则百姓者，岂其无性者邪？百姓之性与圣人之性弗差也。虽然，情之所昏，交相攻伐，未始有穷，故虽终身而不自睹其性焉。火之潜于山石林木之中，非不火也；江、河、淮、济之未流而潜于山，非不泉也。石不敲，木不磨，则不能烧其山林而燥万物。泉之源弗疏，则不能为江、为河、为淮、为济，东汇大壑[5]，浩浩荡荡，为弗测之深。情之动弗息，则不能复其性而烛天地，为不极[6]之明。故圣人者，人之先觉者也。觉则明，否则惑，惑则昏。明与昏谓之不同。明与昏，性本无有，则同与不同二者离矣。夫明者所以对昏，昏既灭，则明亦不立矣。

是故，诚者圣人性之也。寂然不动，广大清明，照乎天地，感而遂通天下之故[7]，行止语默无不处于极也。复[8]其性者，贤人循之而不已[9]者也，不已则能归其源矣。《易》曰："夫圣人者，与天地合其德，日月合其明，四时合其序，鬼神合其吉凶，先天而天不违，后天而奉天时，天且弗违，而况于人乎？况于鬼神乎？"此非自外得者也，能尽其性而已矣。子思曰："唯天下至诚为能尽其性。能尽其性，则能尽人之性；能尽人之性，则能尽物之性；能尽物之性，则可以赞天地之化育；可以赞天地之化育，则可以与天地参矣。其次致曲[10]，曲能有诚，诚则形[11]，形则著[12]，著则明，明则动[13]，动则变[14]，变则化[15]。唯天下至诚为能化。"

圣人知人之性皆善，可以循之不息而至于圣也，故制礼以节之，作乐以和之。安于和乐，乐之本也；动而中礼，礼之本也。故在车则闻鸾和之声，行步则闻佩玉之音，无故不废琴瑟，视听言行，循礼而动，所以教人忘嗜欲而归性命之道也。道者，至诚也。诚而不息则虚，虚而不息则明，明而不息则照天地而无遗。非他也，此尽性命之道也。哀哉！人皆可以及乎此，莫之止而不为也，不亦惑邪？昔者，圣人以之传于颜子，颜子得之，拳拳[16]不失，不远而复[17]，"其心三月不违仁"。子曰："回也其庶乎，屡空[18]。"其所以未到于圣人者一息耳，非力不能也，短命而死故也。其余升堂者，盖皆传也。一气之所养，一雨之所膏[19]，而得之者各有浅深，不必均也。子路之死也，石乞、孟黡以戈击之，断缨，子路曰："君子死，冠不免。"结缨而死。由也，非好勇而无惧也，其心寂然不动故也。曾子之死也，曰："吾求何焉？吾得正而毙焉，斯已矣[20]。"此正性命之言也。子思，仲尼之孙，得其祖之道，述《中庸》四十七篇，以传于孟轲。轲曰："我四十不动心[21]。"轲之门人，达者公孙丑、万章之徒，盖传之矣。遭秦灭书，《中庸》之不焚者，一篇存焉，于是此道废缺。其教授者，唯节行文章章句、威仪击剑之术相师焉，性命之源，则吾弗能知其所传矣[22]。

道之极于剥也必复[23]，吾岂复之时邪？吾自六岁读书，但为词句之学。志于道者四年矣，与人言之，未尝有是我者也。南观涛江[24]入于越，而吴郡陆傪[25]存焉，与之言之。陆傪曰："子之言，尼父之心也。东方如有圣人焉，不出乎此也，南方如有圣人焉，亦不出乎此也。惟子行之不息而已矣。"呜呼！性命之书虽存，学者莫能明，是故皆入于庄、列、老、释，不知者谓夫子之徒不足以穷性命之道，信之者皆是也。有问于我，我以吾之所知而传焉，遂书于书，以开诚明之源[26]，而缺绝废弃不扬之道，几可以传于时，命曰《复性书》，以理其心，以传乎其人。乌戏[27]！夫子复生，不废吾言矣。

中

或问曰："人之昏也久矣，将复其性者，必有渐也？敢问其方？"

曰："弗虑、弗思，情则不生；情既不生，乃为正思。正思者，无虑、无思也。《易》曰：'天下何思、何虑[28]。'又曰：'闲邪存其诚[29]。'《诗》曰：'思无邪[30]。'"

曰："已矣乎[31]？"

曰："未也。此斋戒其心者也，犹未离于静焉。有静必有动，有动必有静；动静不息，是乃情也。《易》曰：'吉凶悔吝，生于动者也[32]。'焉能复其性邪？"

曰："如之何？"

曰："方静之时，知心无思者，是斋戒也。知本无有思，动静皆离，寂然不动者，是至诚也。《中庸》曰：'诚则明矣。'《易》曰：'天下之动，贞夫一者也[33]。'"

问曰："不虑不思之时，物格于外，情应于内，如之何而可止也？以情止情，其可乎！"

曰："情者，性之邪也。知其为邪，邪本无有，心寂不动，邪思自息，惟性明照，邪何所生？如以情止情，是乃大情也。情互相止，其有已乎？《易》曰：'颜氏之子，其殆庶几乎？有不善未尝不知，知之未尝复行也[34]。'《易》曰：'不远复，无祗悔，元吉[35]。'"

问曰："本无有思，动静皆离，然则声之来也，其不闻乎？物之形也，其不见乎？"

曰："不睹不闻，是非人也。视听昭昭，而不起于见闻者，斯可矣。无不知也，无弗为也，其心寂然，光照天地，是诚之明也。《大学》曰：'致知在格物。'《易》曰：'易，无思也，无为也，寂然不动，感而遂通天下之故，非天下之至神，其孰能与于此[36]？'"

曰："敢问'致知在格物'何谓也？"

曰："物者，万物也。格者，来也，至也。物至之时，其心昭昭然明辨焉，而不应于物者[37]，是致知也，是知之至也。知至故意诚，意诚故心正，心正故身修，身修而家齐，家齐而国理[38]，国理而天下平，此所以能参天地者也。《易》曰:'与天地相似，故不违。知周乎万物而道济天下，故不过。旁行而不流，乐天知命，故不忧。安土敦乎仁，故能爱。范围天地之化而不过，曲成万物而不遗，通乎昼夜之道而知，故神无方而易无体。一阴一阳之谓道[39]。'此之谓也。"

曰:"生为我说《中庸》。"

曰:"不出乎前矣。"

曰:"我未明也。敢问何谓'天命之谓性'?"

曰:"人生而静，天之性也。性者，天之命也。"

曰:"率性之谓道。何谓也?"

曰:"率，循也。循其源而反其性者，道也。道也者，至诚也。至诚者，天之道也。诚者，定也，不动也。"

"修道之谓教。何谓也?"

曰:"教也者，人之道也。诚之者，择善而固执之者也。循是道而归其本者，明也。教也者，则可以教天下矣，颜子其人也。'道也者，不可须臾离也，可离非道也。'说者曰:'其心不可须臾动焉故也。动则远矣，非道也。变化无方，未始离于不动故也。''是故君子戒慎乎其所不睹，恐惧乎其所不闻，莫见乎隐，莫显乎微，故君子慎其独也。'说者曰:'不睹之睹，见莫大焉;不闻之闻，闻莫甚焉。其心一动，是不睹之睹，不闻之闻也;其复之也远矣。故君子慎其独，慎其独者，守其中也。'"

问曰:"昔之注解《中庸》者，与生之言皆不同，何也?"

曰:"彼以事解者也，我以心通者也。"

曰:"彼亦通于心乎?"

曰:"吾不知也。"

曰:"如生之言，修之一日，则可以至于圣人乎?"

曰:"十年扰之，一日止之，而求至焉，是孟子所谓以杯水而救一车薪之火也，甚哉! 止而不息必诚，诚而不息必明，明与诚终岁不违，则能终身矣。造次必于是，颠沛必于是[40]，则可次希于至矣。故《中庸》曰:'至诚无息，不息则久，久则征，征则悠远，悠远则博厚，博厚则高明。博厚所以载物也，高明所以覆物也，悠久所以成物也。博厚配地，高明配天，悠久无疆。如此者，不见而章，不动而变，无为而成。大地之道,可一言而尽也。'"

问曰:"凡人之性犹圣人之性欤?"

曰:"桀纣之性,犹尧舜之性也。其所以不睹其性者,嗜欲好恶之所昏也,非性之罪也。"

曰:"为不善者非性邪?"

曰:"非也,乃情所为也。情有善有不善,而性无不善焉。孟子曰:'人无有不善,水无有不下。夫水搏而跃之,可使过颡,激而行之,可使在山,是岂水之性哉[41]?'其所以导引之者然也。人之性皆善,其不善亦犹是也。"

问曰:"尧舜岂不有情邪?"

曰:"圣人至诚而已矣。尧舜之举十六相[42],非喜也;流共工,放驩兜,殛鲧,窜三苗[43],非怒也:中于节[44]而已矣。其所以皆中节者,设教于天下故也。《易》曰:'知变化之道者,其知神之所为乎!'《中庸》曰:'喜、怒、哀、乐之未发谓之中,发而皆中节谓之和。中也者,天下之大本也;和也者,天下之达道也。致中和,天地位焉,万物育焉。'《易》曰:'唯深也,故能通天下之志。唯几也,故能成天下之务。唯神也,故不疾而速,不行而至[45]。'圣人之谓也。"

问曰:"人之性犹圣人之性,嗜欲爱憎之心何因而生也?"

曰:"情者,妄也,邪也;邪与妄则无所因矣。妄情灭息,本性清明,周流六虚[46],所以谓之能复其性也。《易》曰:"乾道[47]变化,各正性命[48]。"《论语》曰:"朝闻道,夕死可矣。"能正性命故也。

问曰:"情之所昏,性即灭矣,何以谓之犹圣人之性也?"

曰:"水之性清澈,其浑之者沙泥也。方其浑也,性岂遂无有邪?久而不动,沙泥自沉。清明之性鉴于天地,非自外来也。故其浑也,性本弗失,及其复也,性亦不生。人之性亦犹水也。"

问曰:"人之性本皆善,而邪情昏焉,敢问圣人之性将复为嗜欲所浑乎?"

曰:"不复浑矣。情本邪也,妄也,邪妄无因,人不能复。圣人既复其性矣,知情之为邪,邪既为明所觉矣,觉则无邪,邪何由生也?伊尹曰:天之道,以先知觉后知,先觉觉后觉也。予天民之先觉者也,予将以此道觉此民也,非予觉之而谁也。如将复为嗜欲所浑,是尚不自觉者也,而况能觉后人乎?"

曰:"敢问死何所之耶?"

曰:"圣人之所不明书于策者也。《易》曰:'原始反终,故知死生之说。精气为物,游魂为变,是故知鬼神之情状。'斯尽之矣。子曰:'未知生,焉知死[49]?'然则原其始而反其终,则可以尽其生之道;生之道既尽,则死之说不学而自通矣。此非所急也,子修之不息,其自知之,吾不可以章章[50]然言且书矣。"

下

昼而作,夕而休者,凡人也。作乎作者,与万物皆作;休乎休者,与万物皆休。吾则不类于凡人。昼无所作,夕无所休;作非吾作也,作有物;休非吾休也,休有物。作耶?休耶?二者离而不存,予之所存者终不亡且离也。

人之不力于道者,昏不思也。天地之间,万物生焉。人之于万物,一物也;其所以异于禽、兽、虫、鱼者,岂非道德之性乎哉?受一气而成其形,一为物而一为人,得之甚难也。生乎世,又非深长之年也,以非深长之年,行甚难得之身,而不专专[51]于大道,肆其心之所为,则其所以自异于禽、兽、虫、鱼者亡几矣!昏而不思,其昏也终不明矣。

吾之生二十有九年矣。思十九年时,如朝日也;思九年时,亦如朝日也。人之受命,其长者不过七十、八十、九十年,百年者则稀矣。当百年之时,而视乎九年时也,与吾此日之思于前也,远近其能大相悬耶?其又能远于朝日之时耶?然则人之生也虽享百年,若雷电之惊相激也,若风之飘而旋也,可知耳矣。况千百人而无一及百年者哉!故吾之终日志于道德,犹惧未及也,彼肆其心之所为者,独何人耶?

——选自李翱撰,郝润华、杜学林校注:《李翱文集校注》,中华书局 2021 年版,第 13—28 页。

注释

[1]充,充实;满足。

[2]郁,停滞。

[3]不相无,不是互相没有关系的,指性与情不能互相分离。

[4]"性者,天之命也",见《礼记·中庸》:"天性之谓性。"意谓:人性是生下来就有的,是先天决定的。

[5]大壑,大海。

[6]不极,无穷无尽。

［7］"感而遂通天下之故",见《易·系辞上》。感,与外物接触。通,了解。故,事;事情。

［8］复,恢复。

［9］已,停止。

［10］致曲,致力于细小之事。

［11］形,表现于外。

［12］著,明显。

［13］动,感动。

［14］变,指变恶为善。

［15］化,指恶人化为善人。

［16］拳拳,恳切貌。

［17］"不远而复",指颜渊能及时发现过失,并能知过必改。

［18］"回也其庶乎,屡空",见《论语·先进》。屡空,经常贫困。谓贫穷无财。意谓:颜回几乎接近圣
道,虽多次贫困而乐在其中。

［19］膏,润泽。

［20］"吾求何焉?吾得正而毙焉,斯已矣",见《礼记·檀弓上》。正,正道。原文记载曾子将死,令他的
儿子曾元更换他的卧席,曾元见他病危,不肯更换。曾子认为更换卧席,是合乎正道的事,意思是
说死了也不能不合乎正道。

［21］"我四十不动心",见《孟子·公孙丑上》。

［22］"于是此道废缺。其教授者,唯节行文章章句、威仪击剑之术相师焉,性命之源,则吾弗能知其所
传矣",后世教授《中庸》的人,只知师承节行、文章、章句、威仪、击剑之术等等,而不注意其中的性
命之学。

［23］剥也必复,衰极必盛。剥、复都是《周易》卦名。

［24］涛江,即钱塘江。

［25］陆傪,字公佐,歙州刺史。傪,音 cān。李翱与他有诗文往来,见《李文公集》。

［26］诚明,至诚之心和完美的德性。

［27］乌戏,叹词,同呜呼。

［28］"天下何思、何虑",见《易·系辞下》。

［29］"闲邪存其诚",见《易·乾》。闲邪,防止邪恶。

［30］"思无邪",见《诗·鲁颂·駉》。

［31］"已矣乎",见《论语·公冶长》。

［32］"吉凶悔吝,生于动者也",见《易·系辞下》。

［33］"天下之动,贞夫一者也",见《易·系辞下》。

［34］"颜氏之子,其殆庶几乎?有不善未尝不知,知之未尝复行也",见《易·系辞下》。

[35] "不远复,无祗悔,元吉",见《易·复》。"不远复",迷而不远,能复于善。"无祗悔",无大悔。"元吉",大吉。

[36] "易,无思也,无为也,寂然不动,感而遂通天下之故,非天下之至神,其孰能与于此",见《易·系辞上》。

[37] 不应于物者,即不执着于物。

[38] "家齐而后国理",即《大学》的"家齐而后国治",因当时避讳唐高宗李治的"治"字。理,治。

[39] "与天地相似,故不违。知周乎万物而道济天下,故不过。旁行而不流,乐天知命,故不忧。安土敦乎仁,故能爱。范围天地之化而不过,曲成万物而不遗,通乎昼夜之道而知,故神无方而易无体。一阴一阳之谓道",见《易·系辞上》。旁行,遍行。不流,不流于过错。不过,无所逾越。"曲成万物而不遗",《易》是间接成就万物而无所遗弃。"通乎昼夜之道而知",通晓了昼夜循环变化的道理,也就明白了幽明、死生、鬼神的道理。神,指道的变化神妙莫测。作者引此指圣人的心识神妙莫测。

[40] "造次必于是,颠沛必于是",见《论语·里仁》。造次,仓促;匆忙。颠沛,困顿;挫折。

[41] "人无有不善,水无有不下。夫水搏而跃之,可使过颡,激而行之,可使在山,是岂水之性哉",见《孟子·告子上》。颡,额。

[42] 十六相,古代传说中的十六个才子。

[43] "流共工,放驩兜,殛鲧,窜三苗",见《书·舜典》:"流共工于幽洲,放驩兜于崇山,窜三苗于三危,殛鲧于羽山,四罪而天下咸服。"共工等是当时所谓的四凶。

[44] 中于节,合乎法度。节,法度。

[45] "唯深也,故能通天下之志。唯几也,故能成天下之务。唯神也,故不疾而速,不行而至",见《易·系辞上》。几,隐微,指变化的征兆。

[46] 六虚,《周易》六十四卦每卦六爻的位置。爻分阴阳,每卦之爻变动无定,故爻位称"虚"。

[47] 乾道,天道;阳刚之道。

[48] "各正性命",万物各有一定的本性。

[49] "未知生,焉知死",见《论语·先进》。

[50] 章章,昭著貌。

[51] 专专,专心致志。

解读

　　复先天之善性,是李翱对教育作用与任务的基本看法。他在本篇中集中论述了这个问题。

　　李翱认为,任何一个人都有性和情,性和情既有区别,又相辅相成。性善情恶的人性论是李翱提出复性主张的理论前提。李翱认为,人人都有善性的本质。性来自天,是人禀受天命而生的,天命之性生而圆满自足,是绝对的善,没有一丝一毫不善的掺杂,是人成为圣人的内在根据。有了它,就具备了成为圣人的全部可能。任何人生来之性都是一样的,"百姓之性与圣人之性弗差也"。现实社会中,之所以百姓和圣人之间会存在差别,是因为情。情并非生而固有,是来自后天的习得,"喜、怒、哀、惧、爱、恶、欲七者,皆情之所为也"。情有善有不善,合乎人性与礼要求之情是善的,而违背了人性与礼要求之情是恶的。圣人之所以成为圣人,并非无情,只不过是很少受世俗情欲的干扰而已;百姓之所以不能成为圣人,并非性恶,只不过是溺于情而迷失了本身的善性。从上述"性善""情有不善"的基本观点出发,李翱认为教育的根本任务在于"复性",即恢复或发展人先天的善性。人生而具备圣人之性,它并不因情欲之昏而削减或灭失,只是潜匿在心中,一旦邪情去除,它就会立即呈现出来,成为现实的人性。因此人人皆有成为圣人的可能性,其超凡成圣的根据不在自身之外,而在人心之中,人们只需向内寻求,进行灭情复性的心性修养,就能成为圣人。因此,要成为圣人,只要去其邪情就可以了。一个人如能灭绝邪情,绝情去欲,则至善的本性就可以恢复。

这种绝情去欲而"复其性"的教育观点,其理论依据是唯心主义的,受到佛家"见性成佛"思想的影响,带有禁欲主义倾向。但它肯定任何人都有可能通过学习、教育和修养达到圣人的境界,反对恣情纵欲,是有积极意义的。

(刘崇民)

柳宗元(773—819),字子厚,河东解县(今山西运城西南)人,世称"柳河东"。唐文学家、思想家。存世的著作有《河东先生集》。

柳
宗
元

答韦中立[1]论师道书

【题解】柳宗元被贬到永州以后,不少读书人要拜他为师,"江岭间为进士者,不远千里皆随宗元师法",有的则从远方给他写信,请教读书写作等问题。本文就是柳宗元给想拜他为师的韦中立写的一封回信,作于唐宪宗元和八年(813年),信中表达了他的师道观。

【原文】

二十一日,宗元白:辱书云欲相师,仆道不笃[2],业甚浅近,环顾其中,未见可师者。虽常好言论,为文章,甚不自是也。不意吾子自京师来蛮夷间[3],乃幸见取[4]。仆自卜固无取,假令有取,亦不敢为人师。为众人师且不敢,况敢为吾子师乎?

孟子称:"人之患在好为人师。"由魏、晋氏以下,人益不事师。今之世,不闻有师,有辄哗笑之,以为狂人。独韩愈奋不顾流俗,犯笑侮,收召后学,作《师说》,因抗颜[5]而为师。世果群怪聚骂,指目牵引,而增与为言辞。愈以是得狂名,居长安,炊不暇熟,又挈挈[6]而东,如是者数矣。屈子[7]赋曰:"邑犬群吠,吠所怪也。"仆往闻庸蜀[8]之南,恒雨少日,日出则犬吠,余以为过言[9],前六七年,仆来南,二年冬,幸大雪,逾岭被南越[10]中数州,数州之犬,皆苍黄[11]吠噬狂走者累日,至无雪乃已,然后始信前所闻者。今韩愈既自以为蜀之日,而吾子又欲使吾为越之雪,不以病乎?非独见病,亦以病吾子,然雪与日岂有过哉?顾吠者犬耳。度今天下不吠者几人,而谁敢衒怪于群目,以召闹取怒乎?

仆自谪过[12]以来,益少志虑。居南中九年,增脚气病,渐不喜闹,岂可使呶呶[13]者早暮咈吾耳、骚吾心?则固僵仆烦愦[14],愈不可过矣。平居望外,遭齿舌不少[15],独欠为人师耳。

抑又闻之,古者重冠礼[16],将以责成人之道,是圣人所尤用心者也。数百年来,人不复行。近有孙昌胤[17]者,独发愤行之。既成礼,明日造朝至外庭,荐笏[18]言于卿士曰:"某子冠毕。"应之者咸怃然。京兆尹郑叔则怫然曳笏却立。曰:"何预我耶?"廷中皆大笑。天下不以非郑尹而快孙子,何哉?独为所不为也。今之命师者大类此。

吾子行厚而辞深,凡所作,皆恢恢然有古人形貌,虽仆敢为师,亦何所增加也?假而以仆年先吾子,闻道著书之日不后,诚欲往来言所闻,则仆固愿悉陈中所得者。吾子苟自择之,取某事去某事,则可矣。若定是非以教吾子,仆材不足,而又畏前所陈者,其为不敢也决矣。吾子前所欲见吾文,既悉以陈之,非以耀明于子,聊欲以观子气色诚好恶何如也。今书来,言者皆大过。吾子诚非佞誉诬谀[19]之徒,直见爱其故然耳。

始吾幼且少,为文章,以辞为工。及长,乃知文者以明道,是固不苟为炳炳烺烺[20],务采色、夸声音而以为能也。凡吾所陈,皆自谓近道,而不知道之果近乎,远乎。吾子好道而可吾文,或者其于道不远矣。故吾每为文章,未尝敢以轻心掉之,惧其剽而不留[21]也;未尝敢以怠心易之,惧其弛而不严也;未尝敢以昏气[22]出之,惧其昧没[23]而杂也;未尝敢以矜气[24]作之,惧其偃蹇[25]而骄也。抑之欲其奥,扬之欲其明,疏之欲其通,廉之欲其节,激而发之欲其清,固而存之欲其重,此吾所以羽翼夫道也。本之《书》以求其质,本之《诗》以求其恒,本之《礼》以求其宜,本之《春秋》以求其断,本之《易》以求其动,此吾所以取道之原也。参之穀梁氏以厉其气,参之《孟》、《荀》以畅其支,参之《庄》、《老》以肆其端,参之《国语》以博其趣,参之《离骚》以致其幽,参之太史公[26]以著其洁,此吾所以旁推交通而以为之文也。凡若此者,果是耶,非耶?有取乎,抑其无取乎?吾子幸观焉择焉,有余以告焉。苟亟来以广是道,子不有得焉,则我得矣,又何以师云尔哉?取其实而去其名,无招越、蜀吠怪,而为外廷所笑,则幸矣!宗元白。

——选自柳宗元撰:《柳宗元集(第三册)》,中华书局1979年版,第871—874页。

注释

[1] 韦中立,唐州刺史韦彪的孙子,元和十四年(819年)中进士,元和八年,曾写信给柳宗元请求他做自己的老师。

［2］仆,古人自称的谦词。笃,专深。

［3］蛮夷间,指永州诸地。

［4］见取,指韦中立要拜柳宗元为师。

［5］抗颜,犹正色。谓态度严正。

［6］挈挈,急切貌。挈,音 qiè。

［7］屈子,即屈原。

［8］庸蜀,泛指四川。庸、蜀皆古国名。庸在川东夔州一带,蜀在成都一带。

［9］过言,过分夸大、过于激切的言论。

［10］南越,今广东、广西一带。

［11］苍黄,同"仓皇"。慌张;匆忙。

［12］谪过,因过被降职调任边地。

［13］呶呶,多言;唠叨。含使人讨厌之意。呶,音 náo。

［14］僵仆烦愦,指生活处境不顺,心烦意乱。愦,音 kuì。

［15］平居,平时。望外,意外。齿舌,别人的非议。

［16］冠礼,古代男子20岁时行加冠之礼以示成人。

［17］孙昌胤,人名,天宝间进士。

［18］荐笏,将笏板插在绅带上。

［19］佞誉诬谀,曲意称赞和妄加毁谤。

［20］炳炳烺烺,光亮鲜明。谓文章辞采华美。烺,音 lǎng。

［21］剽而不留,浮华不实在。

［22］昏气,昏头昏脑,指思维混乱。

［23］昧没,隐晦不明朗。

［24］矜气,傲气。

［25］偃蹇,音 yǎnjiǎn,傲慢。

［26］太史公,指司马迁的《史记》。

【解读】

　　文中表达了柳宗元不愿为师名所累的观点,先从"师道"衰败的历史说起,而重点落在"今之世"。他举韩愈为例,一方面赞扬他"奋不顾流俗""抗颜而为师"的精神,另一方面也用他因此遭人笑骂、不能安居的遭遇来说明为师的可悲下场。他引用两则故事说明世人对为师者的非议、攻击不过是"蜀犬吠日""粤犬吠雪"而已,"雪""日"本无过错,而人中"吠者"多而可畏,故其不敢为师。

　　作者虽然力辞为师之名,但对向他求学的后辈却是告之谆谆,诲而不倦,这正体现了他在"师道"问题上主张"取其实而去其名"的指导思想。作者在此信中向韦中立细谈他的作文体会就证明了这一点。这些体会既是经验之谈，也是他指导古文写作的理论。归纳起来有几点：一是"文者以明道"。要认识到写文章是为了阐明一定的道理，不能以片面追求辞藻的华丽、夸耀声韵的和谐为能事。二是要端正写作态度。不能"以轻心掉之""以怠心易之""以昏气出之""以矜气作之"。他把文章的好坏和作者的品行、写作态度联系起来，见解是深刻的。三是要重视写作技巧。文章要写得含蓄深刻，就要对文思有所抑制；要意思明朗，就要有所发挥；要文气顺畅通达，就要疏导文意；要文笔简洁，就要删繁削冗。四是为了掌握更多更深刻的道理，就要学习"五经"的长处，汲取前人的精华。五是要参酌儒家以外的优秀著作，"旁推交通"，博采众长，融为一体，形成自己的风格。

柳宗元的这种不为师名所累，取师之实而去师之名的思想，既反映了他对师道的坚持，也反映了他对社会不良风气所作的有技巧的斗争，是对韩愈师道思想的支持和补充，为培养青年学子及发展教育事业作出了自己的贡献。

与太学诸生喜诣阙留阳城司业书

【题解】

贞元十四年(798年)，深受学生爱戴的国子监司业阳城被贬为道州刺史，太学生深为不平，群集宫门请愿。柳宗元当时为集贤殿正字，特作此文致太学生，对他们的行动表示同情和劝慰。

【原文】

二十六日，集贤殿正字[1]柳宗元敬致尺牍，太学诸生足下：始朝廷用谏议大夫阳公[2]为司业，诸生陶煦醇懿[3]，熙然大洽，于兹四祀而已，诏书出为道州[4]。仆时通籍[5]光范门，就职书府[6]，闻之悒然不喜。非特为诸生戚戚也，乃仆亦失其师表，而莫有所矜式[7]焉。而署吏有传致诏草者，仆得观之。盖主上知阳公甚熟，嘉美显宠，勤至备厚，乃知欲烦阳公宣风裔土，覃布美化于黎献也[8]。遂宽然少喜，如获慰荐于天子休命。然而退自感悼，幸生明圣不讳之代，不能布露所蓄，论列大体，闻于下执事，冀少见采取，而还阳公之南也。翌日，退自书府，就车于司马门外，闻之于抱关掌管者[9]，道诸生爱慕阳公之德教，不忍其去，顿首西阙下，恳悃[10]至愿乞留如故者百数十人。辄用抚手喜甚，震抃[11]不宁，不意古道复形于今。仆尝读李元礼、嵇叔夜传[12]，观其言太学生徒仰阙赴诉者，仆谓讫千百年不可睹闻，乃今日闻而睹之，诚诸生见赐甚盛。

於戏！始仆少时，尝有意游太学，受师说，以植志持身焉。当时说者咸曰："太学生聚为朋曹[13]，侮老慢贤，有堕窳败业[14]而利口食者，有崇饰恶言而肆斗讼者，有凌傲长上而诟骂有司者，其退然自克，特殊于众人者无几耳。"仆闻之，恟骇怛悸[15]，良痛其游圣人之门，而众为是嗒嗒[16]也。遂退托乡闾家塾，考厉志业，过太学之门而不敢局顾，尚何能仰视其学徒者哉！今乃奋志厉义，出乎千百年之表，何闻见之乖剌[17]欤？岂说者过也，将亦时异人异，无向时之桀害者耶？其无乃阳公之渐渍导训，明效所致乎？夫如是，服圣人遗教，居天子太学，可无愧矣。

於戏！阳公有博厚恢弘之德，能并容善伪，来者不拒。曩闻有狂惑小生，依托门下，或乃飞文[18]陈愚，丑行无赖，而论者以为言，谓阳公过于纳污[19]，无人师之道。是大不然。仲尼吾党狂狷，南郭献讥；曾参徒七十二人，致祸负刍；孟轲馆齐，从者窃屦。彼一圣两贤人，继为大儒，然犹不免，如之何其拒人也？俞、扁之门，不拒病夫；绳墨之侧，不拒枉材；师儒之席，不拒曲士[20]，理固然也。且阳公之在于朝，四方闻风，仰而尊之，贪冒苟进邪薄之夫，庶得少沮其志，不遂其恶，虽微师尹之位[21]，而人实具瞻焉。与其宣风一方，覃化一州，其功之远近，又可量哉！诸生之言非独为己也，于国体实甚宜，愿诸生勿得私之。想复再上，故少佐笔端耳。勖此良志，俾为史者有以纪述也。努力多贺。柳宗元白。

——选自柳宗元撰：《柳宗元集（第三册）》，中华书局1979年版，第867—870页。

注释

[1] 集贤殿正字，唐开元十三年(725年)改丽正殿修书院为集贤殿书院，设学士、修撰、正字等官。学士、修撰掌刊辑古今之经籍。正字，负责校勘。

[2] 阳公，指阳城，定州北平(治今河北保定市满城区北)人，贞元四年(788年)为谏议大夫，十一年被贬为国子司业。

[3] 陶煦，和乐貌。醇懿，朴厚纯美。

[4] 道州，地名，今湖南道县。此指道州刺史。

[5] 通籍，原指记名于门籍，可以进出宫门。后来也称初做官为"通籍"，意谓朝中已经有了名籍。

［6］书府,指集贤殿。

［7］矜式,敬重和取法。

［8］"宣风裔土,覃布美化于黎献也",宣扬风教到边远地区,广布德化于所有百姓。

［9］抱关掌管者,把守和管理宫门的人。

［10］悃,音kǔn,真心诚意。

［11］震抃,激动拍掌。抃,音biàn。

［12］李元礼,名膺,字元礼,东汉颍川襄城(今属河南)人。桓帝时为司隶校尉,为太学生所敬重褒扬,因反对宦官专权,下狱,门生奔走请赦,获释,后又入狱,被杀。嵇叔夜,名康,字叔夜,魏谯郡铚县嵇山(今属安徽涡阳)人,为"竹林七贤"之一,在太学活动中抨击时政,后遭钟会构陷,以"言论放荡,非毁典读"的罪名为司马昭所杀。将刑时,太学生三千人请以为师。

［13］朋曹,朋党。

［14］堕窳败业,怠惰不振,荒废学业。窳,音yǔ。

［15］恂骇怛悸,心惊肉跳,惶恐不安。恂,音xiōng。

［16］嗒嗒,议论纷纷。嗒,音tà。

［17］乖剌,乖戾。剌,音là。

［18］飞文,见之于文字的流言蜚语。

［19］纳污,混杂。

［20］曲士,见识不广的人。

［21］"虽微师尹之位",虽非居于宰相的位置。微,通"非"。师尹,商、周时期国君的辅弼。

【解读】

　　本文表达了作者对太学生请愿行动的支持和对阳城为师之道的高度赞赏。

　　在封建专制的高压下,太学生聚众请愿是违法的事情,但身为集贤殿正字的柳宗元非但不加以阻止,反而对此大加赞扬,认为这一行动不但正确,而且是感人的。太学生并非聚众闹事,而是"爱慕阳公之德教,不忍其去"。他把这一事件和东汉太学生为了李膺、曹魏末年太学生为了嵇康的两次学生运动相提并论,认为这一行动是千百年不可睹闻的事情,是消失已久的古道的复现,应该得到相应的历史地位。柳宗元还高度赞扬了阳城的为师之道,认为阳城之所以能得到诸生的如此爱戴,在于两方面:一方面阳城在任时整顿太学,扭转学风,获得了骄人的教学成绩。柳宗元对比了他少时太学学生"聚为朋曹,侮老慢贤"的破败状况和现在太学"诸生陶煦醇懿,熙然大洽"的欣荣景象,认为出现这一转变是阳城"渐渍导训,明效所致",是有目共睹、不容否认的。另一方面阳城有宽广的胸襟,不论何人来求学,都能得到他的指点,"并容善伪,来者不拒"。对于有人攻击说阳城的这种为师之道是"过于纳污"，柳宗元则表示"大不然"，他认为即使是像孔子、孟子这样的大儒，门下弟子也是很混杂的，真正的良师就应该像医生不拒绝病人、木匠不拒绝弯木一样，不会介意学生资质的高低。

在当时封建专制统治下，柳宗元敢于关心青年学生，鼓励学生作正义斗争，强调教师应该对求学者采取"来者不拒"的态度，是十分难能可贵的。

（刘崇民）

张
载

张载(1020—1077),字子厚,凤翔郿县(今陕西眉县)横渠镇人,世称"横渠先生"。北宋理学家、教育家。著作有《正蒙》《易说》《经学理窟》《张子语录》《拾遗》等。

经学理窟(节选)

【题解】

《经学理窟》是张载的语录集,言有详略,为多人记录而成,有周礼、诗书、宗法、礼乐、气质、义理、学大原、自道等篇,内容广泛,于礼乐、诗书、井田、学校、宗法、丧祭,讨论尤为精详。书中关于人性、读书、思考、质疑等教育问题的论述,颇有借鉴价值。

【原文】

礼所以持性,盖本出于性,持性,反本也。凡未成性,须礼以持之,能守礼已不畔[1]道矣。

············

礼非止著见于外,亦有无体之礼。盖礼之原在心,礼者圣人之成法也,除了礼天下更无道矣。欲养民当自井田始,治民则教化刑罚俱不出于礼外。五常出于凡人之常情,五典人日日为,但不知耳。

············

学者行礼时,人不过以为迂。彼以为迂,在我乃是径捷,此则从吾所好。文则要密察,心则要洪放,如天地自然,从容中礼者盛德之至也。

············

变化气质。孟子曰:"居移气,养移体[2]",况居天下之广居者乎?居仁由义,自然心和而体正。更要约时,但拂去旧日所为,使动作皆中礼,则气质自然全好。······

人之气质美恶与贵贱夭寿之理,皆是所受定分。如气质恶者学即能移。今人所以多为气所使而不得为贤者,盖为不知学。古之人,在乡闾之中,其师长朋友日相教训,则自然贤者多。但学至于成性,则气无由胜。孟子谓"气壹则动志[3]",动犹言移易,若志壹亦能动气,必学至于如天则能成性。

．．．．．．．．．．

孔子、文王、尧、舜，皆则是在此立志，此中道也，更勿疑圣人于此上别有心。人情所以不立，非才之罪也。善取善者，虽于不若己采取亦有益，心苟不求益，则虽与仲尼处何益！君子于不善，见之犹求益，况朋友交相取益乎？人于异端，但有一事存之于心，便不能至理。其可取者亦（耳）〔尔〕，可取者不害为忠臣孝子。

如是心不能存，德虚牢固，操则存，舍则亡，道义无由得生。如地之安静不动，然后可以载物，生长以出万物；若今学者之心出入无时，记得时存，记不得时即休，如此则道义从何而生！

于不贤者犹有所取者，观己所问何事，欲问耕则君子不如农夫，问织则君子不如妇人，问夷狄不如问夷人，问财利不如问商贾，但临时己所问学者，举一隅必数隅反。

．．．．．．．．．．

学者有息时，一如木偶人，捧搐则动，舍之则息，一日而万生万死。学者有息时，亦与死无异，是心死也，身虽生，身亦物也。天下之物多矣，学者本以道为生，道息则死也，终是伪物，当以木偶人为譬以自戒。知息为大不善，因设恶譬如此，只欲不息。

．．．．．．．．．．

立本既正，然后修持。修持之道，既须虚心，又须得礼，内外发明，此合内外之道也。当是畏[4]圣人之言，考前言往行以畜其德，度义择善而行之。致文于事业而能尽义者，只是要学，晓夕参详比较，所以尽义。惟博学然后有可得以参较琢磨，学博则转密察，钻之弥坚[5]，于实处转（为）〔笃〕实，转诚转信。故只是要博学，学愈博则义愈精微，舜好问，好察迩言，皆所以尽精微也。……

．．．．．．．．．．

天资美不足为功，惟矫恶为善，矫惰为勤，方是为功。人必不能便无是心，须使思虑，但使常游心于义理之间。立本处以易简为是，接物处以时中为是，易简而天下之理得，时中则要博学素备。

．．．．．．．．．．

学者欲其进，须钦其事，钦其事则有立，有立则有成，未有不钦而能立，不立则

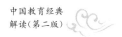

安可望有成！

人若志趣不远，心不在焉，虽学无成。人惰于进道，无自得达，自非成德君子必勉勉，至从心所欲不逾矩方可放下，德薄者终学不成也。

闻见之善者，谓之学则可，谓之道则不可。须是自求，己能寻见义理，则自有旨趣，自得之则居之安矣。

合内外，平物我，自见道之大端。

············

学贵心悟，守旧无功。

············

为学大益，在自（能）〔求〕变化气质，不尔〔皆为人之弊〕，卒无所发明，不得见圣人之奥。故学者先须变化气质，变化气质与虚心相表里。

············

观书必总其言而求作者之意。

············

读书少则无由考校得义精，盖书以维持此心，一时放下则一时德性有懈，读书则此心常在，不读书则终看义理不见。书须成诵精思，多在夜中或静坐得之，不记则思不起，但通贯得大原后，书亦易记。所以观书者，释己之疑，明己之未达，每见每知所益，则学进矣，于不疑处有疑，方是进矣。

学者潜心略有所得，即且志之纸笔，以其易忘，失其良心。若所得是，充大之以养其心，立数千题，旋注释，常改之，改得一字即是进得一字。始作文字，须当多其词以包罗意思。

常人教小童，亦可取益。绊己不出入，一益也；授人数次，己亦了此文义，二益也；对之必正衣冠，尊瞻视，三益也；尝以因己而坏人之才为之忧，则不敢惰，四益也。

············

观书且不宜急迫了，意思则都不见，须是大体上求之。言则指也，指则所视者远矣。若只泥文而不求大体则失之，是小儿视指之类也。常引小儿以手指物示之，而不能求物以视焉，只视于手，及无物则加怒耳。

··········

经籍亦须记得,虽有舜禹之智,(吟)而不言,不如聋盲之指麾。故记得便说得,说得便行得,故始学亦不可无诵记。

··········

学者且须观礼,盖礼者滋养人德性,又使人有常业,守得定,又可学便可行,又可集得义。养浩然之气[6]须是集义,集义然后可以得浩然之气。······

书多阅而好忘者,只为理未精耳,理精则须记了无去处也。仲尼一以贯之,盖只着一义理都贯却。学者但养心识明静,自然可见,死生存亡皆知所从来,胸中莹然无疑,止此理尔。孔子言"未知生,焉知死",盖略言之。死之事只生是也,更无别理。

··········

心既虚则公平,公平则是非较然易见,当为不当为之事自知。

··········

气质犹人言性气,气有刚柔、缓速、清浊之气也,质,才也。气质是一物,若草木之生亦可言气质。惟其能克己则为能变,化却习俗之气性,制得习俗之气。所以养浩然之气是集义所生者,集义犹言积善也,义须是常集,勿使有息,故能生浩然道德之气。······

··········

慕学之始,犹闻都会纷华盛丽,未见其美而知其有美不疑,步步进则渐到,画[7]则自弃也。观书解大义,非闻也,必以了悟为闻。

··········

今人为学如登山麓,方其迤逦[8]之时,莫不阔步大走,及到峭峻之处便止,须是要刚决果敢以进。

学之不勤者,正犹七年之病不蓄三年之艾。今之于学,加工数年,自是享之无穷。

人多是耻于问人,假使今日问于人,明日胜于人,有何不可! 如是则孔子问于老聃、苌弘、郯子、宾牟贾,有甚不得! 聚天下众人之善者是圣人也,岂有得其一端而便胜于圣人也!

∵∵∵∵∵∵∵

（勿谓小儿无记性，所历事皆能不忘。故善养子者，当其婴孩，鞠[9]之使得所养，令其和气，乃至长而性美，教之示以好恶有常。至如不欲犬之升堂，则时其升堂而扑之，若既扑其升堂，又复食之于堂，则使孰适从，虽日挞而求其不升堂，不可得也。）

教之而不受，虽强告之无益，譬之以水投石，必不纳也。今夫石田，虽水润沃，其乾可立待者，以其不纳故也。……

∵∵∵∵∵∵∵

义理有疑，则濯去旧见以来新意。心中苟有所开，即便札记。不思则还塞之矣。更须得朋友之助，日间朋友论着，则一日间意思差别，须日日如此讲论，久则自觉进也。

〔学行之乃见，至其疑处，始是实疑，于是有学〕在。可疑而不疑者不曾学，学则须疑。譬之行道者，将之南山，须问道路之（出）自〔出〕，若安坐则何尝有疑。

∵∵∵∵∵∵∵

学者大不宜志小气轻。志小则易足，易足则无由进；气轻则虚而为盈，约而为泰[10]，亡而为有，以未知为已知，未学为已学。人之有耻于就问，便谓我好胜于人，只是病在不知求是为心，故学者当无我。

————选自章锡琛点校：《张载集》，中华书局 1978 年版，第 264—287 页。

注释

［1］畔，通"叛"，背叛。

［2］"居移气，养移体"，见《孟子·尽心上》。意谓：居住的环境能改变人的气质，生活奉养能改变人的体形。

［3］"气壹则动志"，见《孟子·公孙丑上》。

［4］畏，敬服。

［5］"钻之弥坚"，越是用力钻研，就越觉得艰深。

［6］浩然之气，孟子用语。指通过内心修养逐渐积累道义精神而产生的一种正义气概。

［7］画，停止。

［8］逶迤，音 yǐ yí，曲折连绵。

［9］鞠,养育。

［10］"约而为泰",以不足为有余。约,简约。泰,过甚。

【解读】

　　本文所选内容主要反映了张载在教育作用、教育内容、教学方法等方面的主张。

　　张载认为,世界上的一切事物都由"气"构成,都是"气"的不同表现形态,人性也由"气"构成,分为"天地之性"和"气质之性"。"天地之性"是所有人生而共有的,而且都是完善的;"气质之性"是人后天形成的,各不相同,有好有坏,包含着许多恶的因素。"气质之性"可以通过学习和教育加以改变,"如气质恶者学即能移",教育是完善自身的一条希望之路,"今人所以多为气所使而不得为贤者,盖为不知学","但学至于成性,则气无由胜"。改变"气质之性"的最好途径是学"礼","礼者圣人之成法也,除了礼天下更无道矣","礼所以持性,盖本出于性,持性,反本也。凡未成性,须礼以持之,能守礼已不畔道矣",因此"礼"是教育的重要内容。"礼者滋养人德性,又使人有常业,守得定,又可学便可行,又可集得义",如果"使动作皆中礼,则气质自然全好"。关于学习方法,张载主要有四点主张:一是立志,"人若志趣不远,心不在焉,虽学无成",求学要先确立志向,有了坚定的志向,才有勇往直前的决心,才能达到最后的成功,而且志向要远大,"志小则易足,易足则无由进"。二是勤勉,学习是艰苦细致的脑力劳动,必须勤勉努力,才能有所收获。"学之不勤者,正犹七年之病不蓄三年之艾。今之于学,加工数年,自是享之无穷",如果停止学习,就如同活人中断了生命,成了木偶人。三是虚心,虚心向他人求教是自我提高的重要手段,"假使今日问于人,明日胜于人,有何不可",虚心还可以避免学习中形成先入为主的观念,"心既虚则公平,公平则是非较然易见"。四是存疑,"可疑而不疑者不曾学,学则须疑",读书学习要善于发现和提出疑问,不仅要在可疑处知疑,还要在看似无疑处求疑。

　　张载的这些观点,对当时及后世的影响均非常大,无论是二程和朱熹,还是王廷相和王夫之,都不同程度地对其加以继承或改造。

（刘崇民）

王安石

王安石(1021—1086),字介甫,号半山,抚州临川(今江西抚州)人,人称"临川先生";晚年封荆国公,故亦称"王荆公"。北宋政治家、思想家、文学家。现存著作主要有《临川先生文集》和《王文公文集》。

明州慈溪县学记

【题解】 北宋时期,地方州县学衰败废弛,"学废庙兴"成为当时州县的普遍现象。宋仁宗庆历七年(1047 年),王安石调知鄞县(今浙江宁波鄞州区),他在考察慈溪县时,有感于当地兴学施教的优良学风及文风,遂作本文以自勉。

【原文】 天下不可一日而无政教,故学不可一日而亡于天下。古者井天下之田,而党庠、遂序、国学之法立乎其中。乡射、饮酒、春秋合乐[1]、养老劳农、尊贤使能、考艺选言之政,至于受成、献馘、讯囚之事[2],无不出于学。于此养天下智仁圣义忠和之士,以至一偏之伎,一曲之学,无所不养。而又取士大夫之材行完洁、而其施设已尝试于位而去者,以为之师。释奠、释菜[3],以教不忘其学之所自。迁徙逼逐,以勉其怠而除其恶。则士朝夕所见所闻,无非所以治天下国家之道。其服习必于仁义,而所学必皆尽其材。一日取以备公卿大夫百执事之选,则其材行皆已素定;而士之备选者,其施设亦皆素所见闻而已,不待阅习而后能者也。古之在上者,事不虑而尽,功不为而足,其要如此而已。此二帝、三王所以治天下国家而立学之本意也。

后世无井田之法,而学亦或存或废。大抵所以治天下国家者,不复皆出于学。而学之士,群居、族处,为师弟子之位者,讲章句、课文字而已。至其陵夷之久,则四方之学者,废而为庙,以祀孔子于天下,斫木抟土,如浮屠、道士法,为王者像。州县吏春秋帅其属释奠于其堂,而学士者或不豫焉。盖庙之作,出于学废,而近世之法然也。

今天子即位若干年,颇修法度,而革近世之不然者。当此之时,学稍稍立于天下矣,犹曰县之士满二百人,乃得立学。于是慈溪[4]之士,不得有学,而为孔子庙如故,庙又坏不治。今刘君居中言州,使民出钱,将修而作之,未及为而去,时庆历[5]某年也。

后林君肇至,则曰:"古之所以为学者,吾不得而见,而法者,吾不可以毋循也。虽然,吾有人民于此,不可以无教。"即因民钱作孔子庙,如今之所云,而治其四旁,为学舍,构堂其中,帅县之子弟,起先生杜君醇[6]为之师,而兴于学。噫!林君其有道者耶!夫吏者,无变今之法,而不失古之实,此有道者之所能也。林君之为,其几于此矣。

林君固贤令,而慈溪小邑,无珍产淫货以来四方游贩之民;田桑之美,有以自足,无水旱之忧也。无游贩之民,故其俗一而不杂;有以自足,故人慎刑而易治。而吾所见其邑之士,亦多美茂之材,易成也。杜君者,越之隐君子,其学行宜为人师者也。夫以小邑得贤令,又得宜为人师者为之师,而以修醇易治之俗,而进美茂易成之材,虽拘于法,限于势,不得尽如古之所为,吾固信其教化之将行,而风俗之成也。夫教化可以美风俗,虽然,必久而后至于善。而今之吏其势不能以久也。吾虽喜且幸其将然,而又忧夫来者之不吾继也,于是本其意以告来者。

——选自王安石著,秦克、巩军标点:《王安石全集》,上海古籍出版社1999年版,第306—307页。

注释

[1]春秋合乐,《礼记·文王世子》:"凡大合乐,必遂养老。"郑玄注:"大合乐,谓春入学舍菜,合舞,秋颁学,合声"。春秋合乐,言学生春季入学,以菜(苹藻之类)祭奠先师,秋季评定才艺高下,其时皆歌舞,与音乐的节奏相应和。

[2]受成、献馘、讯囚之事,《礼记·王制》:"天子将出征,……受命于祖,受成于学,出征,执有罪,反释奠于学,以讯馘告。"受成,接受拟定的兵谋。献馘,古代战时杀敌后割下左耳进献。馘,音guó。讯囚,审问俘虏。

[3]"释奠、释菜",古代陈设酒食以祭奠先圣先师的典礼。

[4]慈溪,今浙江慈溪。

[5]庆历,宋仁宗年号(1041—1048)。

[6]杜君醇,即杜醇,北宋慈溪人,庆历五先生之一,学行称于乡里,被聘为慈溪、鄞两县学师。

解读

本文反映了王安石力图改革时弊、兴先王之学的一系列教育观点。关于学校教育的作用,王安石指出:"天下不可一日而无政教,故学不可一日而亡于天下。"他认为，学校不仅是学习治国安邦之道的场所，还担负着政治教化的重任，也是为国家和社会培养"公卿大夫百执事"的重要机构，而学校教育之所以能发挥如此重大的作用，关键在于教师，因为他们学问渊博、道德高尚、品行端正、精通术业、阅历丰富，并善于采用适当的教学方法引导学生学习，从而为国家培养人才。关于学校教育的功能，王安石认为教育可以化民成俗，他对当时各州县虚有立学之名而无办学之实的不良风气提出了尖锐的批评，"学亦或存或废"，"学之士，群居、族处，为师弟子之位者，讲章句、课文字而已"。他赞扬慈溪知县林肇修葺孔庙、创建校舍、聘请名儒杜醇为师等一系列兴学施教的做法，称誉林肇为"有道者"。他认为，正是这些教育措施使得慈溪县民风淳朴、人民遵纪守法、人才辈出，"固信其教化之将行，而风俗之成也"。最后，王安石还十分超前地关注到教育的长期性特点，他指出："夫教化可以美风俗，虽然，必久而后至于善。"基于这种认识，他对当时许多官吏囿于任期而过于追求短期效益，不能坚持兴学的心态表示担忧。

王安石的上述教育观点是对当时教育问题进行反思的结果，为他入朝为官后政治和教育改革思想的形成奠定了基础。其对学校教育作用的高度重视，对教师作用的充分肯定，以及对教育具有长期性特点的超前认识，至今仍不乏借鉴意义。

（吴秋月）

上仁宗皇帝万言书（节选）

【题解】宋仁宗嘉祐三年（1058 年），王安石调任提点江东刑狱，负责督察江南东路的司法和行政。他对社会进行了广泛深入的考察，对当时的国家形势和社会弊端有了更深刻的体会，因此在返京述职之时，向仁宗皇帝呈上了这一长篇奏章，这是他主张变法革新的纲领性文章。

【原文】臣愚不肖，蒙恩备[1]使一路，今又蒙恩召还阙廷，有所任属，而当以使事[2]归报陛下。不自知其无以称职，而敢缘[3]使事之所及，冒言天下之事。伏惟[4]陛下详思而择其中，幸甚。

臣窃观陛下有恭俭之德，有聪明睿智之才，夙兴夜寐，无一日之懈，声色狗马，观游玩好之事,无纤介之蔽[5],而仁民爱物之意,孚于天下,而又公选天下之所愿以为辅相者,属之以事,而不贰于谗邪倾巧之臣。此虽二帝、三王之用心[6],不过如此而已,宜其家给人足,天下大治。而效不至于此,顾内则不能无以社稷为忧,外则不能无惧于夷狄,天下之财力日以困穷,而风俗日以衰坏,四方有志之士,諰諰[7]然常恐天下之久不安。此其故何也?患在不知法度故也。

今朝廷法严令具,无所不有,而臣以谓无法度者,何哉?方今之法度,多不合乎先王之政故也。孟子曰:"有仁心仁闻,而泽不加于百姓者,为政不法于先王之道故也。"以孟子之说,观方今之失,正在于此而已。

夫以今之世,去先王之世远,所遭之变、所遇之势不一,而欲一二修先王之政,虽甚愚者,犹知其难也。然臣以谓今之失,患在不法先王之政者,以谓当法其意[8]而已。夫二帝、三王,相去盖千有余载,一治一乱,其盛衰之时具矣。其所遭之变、所遇之势,亦各不同,其施设之方亦皆殊,而其为天下国家之意,本末先后,未尝不同也。臣故曰:当法其意而已。法其意,则吾所改易更革,不至乎倾骇天下之耳目,嚣天下之口,而固已合乎先王之政矣。

虽然,以方今之势揆[9]之,陛下虽欲改易更革天下之事,合于先王之意,其势必不能也。陛下有恭俭之德,有聪明睿智之才,有仁民爱物之意,诚加之意,则何为而不成,何欲而不得?然而臣顾以谓陛下虽欲改易更革天下之事,合于先王之意,其势必不能者,何也?以方今天下之才不足故也。

臣尝试窃观天下在位之人,未有乏于此时者也。夫人才乏于上,则有沈废伏匿在下,而不为当时所知者矣。臣又求之于闾巷草野[10]之间,而亦未见其多焉。岂非陶冶而成之者非其道而然乎?臣以谓方今在位之人才不足者,以臣使事之所及,则可知矣。今以一路[11]数千里之间,能推行朝廷之法令,知其所缓急,而一切能使民以修其职事者甚少,而不才苟简贪鄙之人,至不可胜数。其能讲先王之意以合当时之变者,盖阖郡之间,往往而绝也。朝廷每一令下,其意虽善,在位者犹不能推行,使膏泽[12]加于民,而吏辄缘[13]之为奸,以扰百姓。臣故曰:在位之人才不足,而草野间巷之间,亦未见其多也。夫人才不足,则陛下虽欲改易更革天下之事,以合先王之意,大臣虽有能当陛下之意而欲领此者,九州[14]之大,四海之远,孰能称陛下之指,以一二推行此,而人人蒙其施者乎?臣故曰:其势必未能也。孟子曰:

"徒法不能以自行。"非此之谓乎？然则方今之急，在于人才而已。诚能使天下人才众多，然后在位之才可以择其人而取足焉。在位者得其才矣，然后稍视时势之可否，而因人情之患苦，变更天下之弊法，以趋先王之意，甚易也。今之天下，亦先王之天下，先王之时，人才尝众矣，何至于今而独不足乎？故曰：陶冶而成之者，非其道故也。

......

所谓陶冶而成之者何也？亦教之、养之、取之、任之有其道而已。

所谓教之之道何也？古者天子诸侯，自国至于乡党皆有学[15]，博置教道之官而严其选。朝廷礼乐、刑政之事，皆在于学。学士所观而习者，皆先王之法言[16]德行、治天下之意，其材亦可以为天下国家之用。苟不可以为天下国家之用，则不教也；苟可以为天下国家之用者，则无不在于学。此教之之道也。

所谓养之之道何也？饶之以财，约之以礼，裁之以法也。何谓饶之以财？人之情，不足于财，则贪鄙苟得，无所不至。先王知其如此，故其制禄，自庶人之在官者，其禄已足以代其耕矣。由此等而上之，每有加焉，使其足以养廉耻而离于贪鄙之行。犹以为未也，又推其禄以及其子孙，谓之世禄。使其生也，既于父子、兄弟、妻子之养，婚姻、朋友之接，皆无憾矣；其死也，又于子孙无不足之忧焉。何谓约之以礼？人情足于财而无礼以节之，则又放僻邪侈，无所不至。先王知其如此，故为之制度。婚丧、祭养、燕享之事，服食、器用之物，皆以命数[17]为之节，而齐之以律度量衡之法。其命可以为之，而财不足以具，则弗具也；其财可以具，而命不得为之者，不使有铢两[18]分寸之加焉。何谓裁之以法？先王于天下之士，教之以道艺矣，不帅[19]教而待之以屏弃远方、终身不齿[20]之法。约之以礼也，不循礼则待之以流、杀[21]之法。《王制》曰："变衣服者，其君流"，《酒诰》曰："厥或诰曰：'群饮，汝勿佚。尽拘执以归于周，予其杀！'"夫群饮、变衣服，小罪也；流、杀，大刑也。加小罪以大刑，先王所以忍而不疑者，以为不如是，不足以一天下之俗而成吾治。夫约之以礼，裁之以法，天下所以服从无抵冒者，又非独其禁严而治察之所能致也。盖亦以吾至诚恻之心，力行而为之倡。凡在左右通贵之人，皆顺上之欲而服行之，有一不帅者，法之加必自此始。夫上以至诚行之，而贵者知避上之所恶矣，则天下之不罚而止者众矣。故曰：此养之之道也。

所谓取之之道者，何也？先王之取人也，必于乡党，必于庠序，使众人推其所谓贤能，出之以告于上而察之。诚贤能也，然后随其德之大小、才之高下而官使之。所谓察之者，非专用耳目之聪明，而私听于一人之口也。欲审知其德，问以行；欲审知其才，问以言。得其言行，则试之以事。所谓察之者，试之以事是也。虽尧之用舜，亦不过如此而已，又况其下乎？若夫九州之大，四海之远，百官亿丑[22]之贱，所须士大夫之才则众矣，有天下者，又不可以一二自察之也，又不可以偏属于一人，而使之于一日二日之间考试其行能而进退之也。盖吾已能察其才行之大者，以为大官矣，因使之取其类以持久试之，而考其能者以告于上，而后以爵命、禄秩予之而已[23]。此取之之道也。

所谓任之之道者，何也？人之才德，高下厚薄不同，其所任有宜有不宜。先王知其如此，故知农者以为后稷，知工者以为共工[24]。其德厚而才高者以为之长，德薄而才下者以为之佐属。又以久于其职，则上狃习[25]而知其事，下服驯而安其教，贤者则其功可以至于成，不肖者则其罪可以至于著，故久其任而待之以考绩之法。夫如此，故智能才力之士，则得尽其智以赴功，而不患其事之不终、其功之不就也。偷惰苟且之人，虽欲取容于一时，而顾僇辱[26]在其后，安敢不勉乎！若夫无能之人，固知辞避而去矣。居职任事之日久，不胜任之罪，不可以幸而免故也。彼且不敢冒而知辞避矣，尚何有比周[27]、谗谄、争进之人乎？取之既已详，使之既已当，处之既已久，至其任也又专焉，而不一二以法束缚之，而使之得行其意，尧、舜之所以理百官而熙众工者[28]，以此而已。《书》曰："三载考绩，三考，黜陟幽明[29]。"此之谓也。然尧、舜之时，其所黜者则闻之矣，盖四凶[30]是也。其所陟者，则皋陶、稷、契皆终身一官而不徙[31]。盖其所谓陟者，特加之爵命、禄赐而已耳。此任之之道也。

夫教之、养之、取之、任之之道如此，而当时人君，又能与其大臣，悉其耳目心力，至诚恻怛[32]，思念而行之，此其人臣之所以无疑，而于天下国家之事，无所欲为而不得也。

方今州县虽有学，取墙壁具而已，非有教导之官，长育人才之事也。唯太学[33]有教导之官，而亦未尝严其选。朝廷礼乐刑政之事，未尝在于学。学者亦漠然，自以礼乐刑政为有司之事，而非己所当知也。学者之所教，讲说章句而已。讲说章句，固非古者教人之道也。而近岁乃始教之以课试之文章[34]。夫课试之文章，非博诵强学、穷日之力则不能。及其能工也，大则不足以用天下国家，小则不足以为天下国家之用。故虽白首于庠序，穷日之力以师上之教，及使之从政，则茫然不知其方者，皆是也。盖今之教者，非特不能成人之才而已，又从而困苦毁坏之，使不得成才者，何也？夫人之才，成于专而毁于杂。故先王之处民才，处工于官府，处农于畎亩[35]，处商贾于肆，而处士于庠序，使各专其业而不见异物，惧异物之足以害其业也。所谓士者，又非特使之不得见异物而已，一示之以先王之道，而百家诸子之异说，皆屏之而莫敢习者焉。今士之所宜学者，天下国家之用也。今悉使置之不教，而教之以课试之文章，使其耗精疲神，穷日之力以从事于此。及其任之以官也，则又悉使置之，而责之以天下国家之事。夫古之人，以朝夕专其业于天下国家之事，而犹才有能有不能。今乃移其精神，夺其日力，以朝夕从事于无补之学，及其任之以事，然后卒然[36]责之以为天下国家之用，宜其才之足以有为者少矣。臣故曰：非特不能成人之才，又从而困苦毁坏之，使不得成才也。

又有甚害者：先王之时，士之所学者，文武之道也。士之才，有可以为公卿大夫，有可以为士。其才之大小、宜不宜则有矣，至于武事，则随其才之大小，未有不学者也。故其大者，居则为六官之卿[37]，出则为六军[38]之将也；其次则比、闾、族、党[39]之师，亦皆卒、两、师、旅[40]之帅也。故边疆、宿卫，皆得士大夫为之，而小人不得奸其任。今之学者，以为文武异事，吾知治文事而已，至于边疆、宿卫之任，则推而属之于卒伍，往往天下奸悍无赖之人。苟其才行足以自托于乡里者，未有肯去亲戚而从召募者也。边疆、宿卫，此乃天下之重任，而人主之所当慎重者也。故古者教士，以射、御为急，其他伎能，则视其人才之所宜，而后教之。其才之所不能，则不强也。至于射，则为男子之事。苟人之生，有疾则已，苟无疾，未有去射而不学者也。在庠序之间，固常从事于射也。有宾客之事则以射，有祭祀之事则以射，别士之行同能偶[41]则以射，于礼乐之事，未尝不寓以射，而射亦未尝不在于礼乐、祭祀之间也。《易》曰："弧矢之利，以威天下[42]。"先王岂以射为可以习揖让之仪而已乎？固以为射者武事之尤大，而威天下、守国家之具也。居则以是习礼乐，出则以是从战伐。士既朝夕从事于此而能者众，则边疆、宿卫之任，皆可以择而取也。夫士尝学先王之道，其行义尝见推于乡党矣，然后因其才而托之以边疆、宿卫之士，此古之人君，所以推干戈以属之人，而无内外之虞也。今乃以夫天下之重任，人主所当至慎之选，推而属之奸悍无赖、才行不足自托于乡里之人，此方今所以惺惺然常抱边疆之忧，而虞宿卫之不足恃以为安也。今孰不知边疆、宿卫之士不足恃以为安哉？顾以为天下学士以执兵为耻，而亦未有能骑射行阵之事者，则非召募之卒伍，孰能任其事者乎？夫不严其教、高其选，则士之以执兵为耻，而未尝有能骑射行阵之事，固其理也。凡此皆教之非其道也。

方今制禄，大抵皆薄。自非朝廷侍从之列，食口稍众，未有不兼农商之利而能充其养者也。其下州县之吏，一月所得，多者钱八九千，少者四五千，以守选、待除、守阙通之[43]，盖六七年而后得三年之禄，计一月所得，乃实不能四五千，少者乃实不能及三四千而已。虽厮养[44]之给，亦窘于此矣，而其养生、丧死、婚姻、葬送之事，皆当出于此。夫出中人以上者，虽穷而不失为君子；出中人以下者，虽泰而不失为小人。唯中人不然，穷则为小人，泰则为君子。计天下之士，出中人之上下者，千百而无十一，穷而为小人，泰而为君子者，则天下皆是也。先王以为众不可以力胜也，故制行不以己，而以中人为制，所以因其欲而利道之，以为中人之所能守，则其志可以行乎天下，而推之后世。以今之制禄，而欲士之无毁廉耻，盖中人之所不能也。故今官大者，往往交赂遗[45]、营资产，以负贪污之毁；官小者，贩鬻、乞丐、无所不为[46]。夫士已尝毁廉耻以负累于世矣，则其偷堕取容[47]之意起，而矜奋自强之心息，则职业安得而不弛，治道何从而兴乎？又况委法受赂、侵牟[48]百姓者，往往而是也。此所谓不能饶[49]之以财也。

婚丧、奉养、服食、器用之物，皆无制度以为之节，而天下以奢为荣，以俭为耻。苟其财之可以具，则无所为而不得，有司既不禁，而人又以此为荣。苟其财不足，而不能自称于流俗，则其婚丧之际，往往得罪于族人婚姻，而人以为耻矣。故富者贪而不知止，贫者则强勉其不足以追之。此士之所以重困，而廉耻之心毁也。凡此所谓不能约之以礼也。

方今陛下躬行俭约，以率天下，此左右通贵之臣所亲见。然而其闺门之内，奢靡无节，犯上之所恶，以伤天下之教者，有已甚者矣。未闻朝廷有所放绌，以示天下。昔周之人，拘群饮而被之以杀刑者，以为酒之末流生害，有至于死者众矣，故重禁其祸之所自生。重禁祸之所自生，故其施刑极省，而人之抵于祸败者少矣。今朝廷之法所尤重者，独贪吏耳。重禁贪吏，而轻奢靡之法，此所谓禁其末而弛其本。然而世之识者，以为方今官冗，而县官财用已不足以供之，其亦蔽于理矣。今之人官诚冗矣，然而前世置员盖甚少，而赋禄又如此之薄，则财用之所不足，盖亦有说矣。吏禄岂足计哉？臣于财利，固未尝学，然窃观前世治财之大略矣。盖因天下之力，以生天下之财；取天下之财，以供天下之费。自古治世，未尝以不足为天下之公患也，患在治财无其道耳。今天下不见兵革之具，而元元安土乐业，人致其力，以生天下之财，然而公私尝以困穷为患者，殆亦理财未得其道，而有司不能度世之宜而通其变耳。诚能理财以其道而通其变，臣虽愚，固知增吏禄不足以伤经费也。方今法严令具，所以罗天下之士，可谓密矣。然而亦尝教之以道艺，而有不帅教之刑以待之乎？亦尝约之以制度，而有不循理之刑以待之乎？亦尝任之以职事，而有不任事之刑以待之乎？夫不先教之以道艺，诚不可以诛其不帅教；不先约之以制度，诚不可以诛其不循理；不先任之以职事，诚不可以诛其不任事。此三者，先王之法所先急也，今皆不可得诛，而薄物细故，非害治之急者，为之法禁，月异而岁不同，为吏者至于不可胜记，又况能一二避之而无犯者乎？此法令所以滋而不行，小人有幸而免者，君子有不幸而及者焉。此所谓不能裁之以刑也。凡此皆治之非其道也。

方今取士，强记博诵而略通于文辞，谓之茂才异等、贤良方正[50]。茂才异等、贤良方正者，公卿之选也。记不必强，诵不必博，略通于文辞，而又尝学诗赋，则谓之进士。进士之高者，亦公卿之选也。夫此二科所得之技能，不足以为公卿，不待论而后可知。而世之议者，乃以为吾常以此取天下之士，而才之可以为公卿者，常出于此，不必法古之取人然后得士也。其亦蔽于理矣。先王之时，尽所以取人之道，犹惧贤者之难进，而不肖者之杂于其间也。今悉废先王所以取士之道，而驱天下之才士，悉使为贤良、进士，则士之才可以为公卿者，固宜为贤良、进士，而贤良、进士亦固宜有时而得才之可以为公卿者也。然而不肖者，苟能雕虫篆刻[51]之学，以此进至乎公卿，才之可以为公卿者，困于无补之学，而以此绌死于岩野，盖十八九矣。夫古之人有天下者，其所慎择者，公卿而已。公卿既得其人，因使推其类以聚于朝廷，则百司庶府，无不得其人也。今使不肖之人，幸而至乎公卿，因得推其类聚之朝廷，此朝廷所以多不肖之人，而虽有贤智，往往困于无助，不得行其意也。且公卿之不肖，既推其类以聚于朝廷；朝廷之不肖，又推其类以备四方之任使；四方之任使者，又各推其不肖以布于州郡。则虽有同罪举官之科[52]，岂足恃哉？适足以为不肖者之资而已。其次九经、五经、学究、明法之科[53]，朝廷固已尝患其无用于世，而稍责之以大义矣。然大义之所得，未有以贤于故也。今朝廷又开明经之选，以进经术之士。然明经之所取，亦记诵而略通于文辞者，则得之矣。彼通先王之意，而可以施于天下国家之用者，顾未必得与于此选也。其次则恩泽子弟，庠序不教之以道艺，官司不考问其才能，父兄不保任其行义，而朝廷辄以官予之，而任之以事。武王数纣之罪，则曰："官人以世。"夫官人以世，而不计其才行，此乃纣之所以乱亡之道，而治古之所无也。又其次曰流外。朝廷固已挤之于廉耻之外，而限其进取路矣，顾属之以州县之事，使之临士民之上。岂所谓以贤治不肖者乎？以臣使事之所及，一路数千里之间，州县之吏，出于流外者，往往而有，可属任以事者，殆无二三，而当防闲其奸者，皆是也。盖古者有贤不肖之分，而无流品之别。故孔子之圣，而尝为季氏吏，盖虽为吏，而亦不害其为公卿。及后世有流品之别，则凡在流外者，其所成立，固尝自置于廉耻之外，而无高人之意矣。夫以近世风俗之流靡，自虽士大夫之才，势足以进取，而朝廷尝奖之以礼义者，晚节末路，往往怵而为奸，况又其素所成立，无高人之意，而朝廷固已挤之于廉耻之外，限其进取者乎？其临人亲职，放僻邪侈，固其理也。至于边疆、宿卫之选，则臣固已言其失矣。凡此皆取之非其道也。

方今取之既不以其道，至于任人，又不问其德之所宜，而问其出身之后先；不论其才之称否，而论其历任[54]之多少。以文学进者，且使之治财；已使之治财矣，又转而使之典狱[55]；已使之典狱矣，又转而使之治礼。是则一人之身，而责之以百官之所能备，宜其才之难为也。夫责人以其所难为，则人之能为者少矣。人之能为者少，则相率而不为。故使之典礼，未尝以不知礼为忧，以今之典礼皆未尝学礼故也；使之典狱，未尝以不知狱为耻，以今之典狱者，未尝学狱故也。天下之人，亦已渐渍于失教[56]，被服于成俗，见朝廷有所任使，非其资序，则相议而讪之，至于任使之不当其才，未尝有非之者也。且在位者数徙，则不得久于其官，故上不能狃习而知其事，下不肯服驯而安其教；贤者则其功不可以及于成，不肖者则其罪不可以至于著。若夫迎新将故之劳，缘绝簿书之弊[57]，固其害之小者，不足悉数也。设官大抵皆当久于其任，而至于所部者远，所任者重，则尤宜久于其官，而后可以责其有为。而方今尤不得久于其官，往往数日辄迁之矣。

取之既已不详，使之既已不当，处之既已不久，至于任之则又不专，而又一二以法束缚之，使不得行其意。臣固知当今在位多非其人，稍假借之权，而不一二以法束缚之，则放恣而无不为。虽然，在位非其人，而恃法以为治，自古及今，未有能治者也。即使在位皆得其人矣，而一二以法束缚之，不使之得行其意，亦自古及今，未有能治者也。夫取之既已不详，使之既已不当，处之既已不久，任之又不专，而一二以法束缚之，故虽贤者在位，能者在职，与不肖而无能者，殆无以异。夫如此，故朝廷明知其贤能足以任事，苟非其资序，则不以任事而辄进之。虽进之，士犹不服也。明知其无能而不肖，苟非有罪，为在上者所劾，不敢以其不胜任而辄退之，虽退之，士犹不服也。彼诚不肖而无能，然而士不服者何也？以所谓贤能者任其事，与不肖而无能者，亦无以异故也。臣前以谓不能任人以职事，而无不任事之刑以待之者，盖谓此也。

夫教之、养之、取之、任之，有一非其道，则足以败乱天下之人才，又况兼此四者而有之？则在位不才、苟简[58]、贪鄙之人，至于不可胜数，而草野闾巷之间，亦少可任之才，固不足怪。《诗》曰："国虽靡止，或圣或否。民虽靡膴，或哲或谋，或肃或艾。如彼泉流，无沦胥以败[59]。"此之谓也。

夫在位之人才不足矣，而闾巷草野之间，亦少可用之才，则岂特行先王之政而不得也？社稷之托，封疆之守，陛下其能久以天幸为常，而无一旦之忧乎？盖汉之张角，三十六万同日而起，而所在郡国，莫能发其谋；唐之黄巢，横行天下，而所至将吏，无敢与之抗者。汉、唐之所以亡，祸自此始。唐既亡矣，陵夷以至五代，而武夫用事，贤者伏匿消沮而不见，在位无复有知君臣之义，上下之礼者也。当是之时，变置社稷，盖甚于弈棋之易，而元元肝脑涂地，幸而不转死于沟壑者无几耳！夫人才不足，患盖如此。而方今公卿大夫，莫肯为陛下长虑后顾，为宗庙万世计，臣窃惑之。昔晋武帝趣过目前，而不为子孙长远之谋。当时在位，亦皆偷合苟容，而风俗荡然，弃礼义，捐法制，上下同失，莫以为非，有识固知其将必乱矣。而其后果海内大扰，中国列于夷狄者二百余年。伏惟三庙祖宗神灵所以付属陛下，固将为万世血食，而大庇元元于无穷也。臣愿陛下鉴汉、唐、五代之所以乱亡，惩晋武苟且因循之祸[60]，明诏大臣，思所以陶成天下之才，虑之以谋，计之以数，为之以渐，期为合于当世之变,而无负于先王之意,则天下之人才不胜用矣。人才不胜用,则陛下何求而不得,何欲而不成哉?夫虑之以谋,计之以数,为之以渐,则成天下之才甚易也。

——选自王安石著,秦克、巩军标点:《王安石全集》,上海古籍出版社 1999 年版,第 1—11 页。

注释

[1] 备,谦辞,备位充数。

[2] 使事,在外任职的情况。

[3] 缘,根据。

[4] 伏惟,俯伏思虑,旧时下对上有所陈述时表示谦敬之辞。

[5] "无纤介之蔽",没有一丝一毫的沾染。

[6] 二帝,指传说中的唐尧、虞舜。三王,指夏禹、商汤、周文王。这里王安石是在颂扬宋仁宗。

[7] 諰諰,担心害怕貌。諰,音 xǐ。

[8] 意,精神。

[9] 揆,音 kuí,度量;揣度。

[10] 闾巷草野,指民间,地方上。

[11] 路,宋代行政区的名称,略等于现在的省。

[12] 膏泽,油脂润泽。这里指恩泽。

[13] 缘,凭借。

[14] 九州,相传禹分天下为九州,后人就以九州泛指全中国。

[15] 国,指都邑。乡党,指乡里。

[16] 法言,合乎礼法之言。

[17] 命数,爵位或官职的品级。

[18] 铢两,古代重量单位,二十四铢为一两。以铢两比喻微薄。

[19] 帅,遵循。

[20] "屏弃远方,终身不齿",见《礼记·王制》:"屏之远方,终身不齿。"屏,逐。不齿,不能录用。

[21] 流、杀,宋代的刑罚。流,把罪犯流放到远方服役。

[22] 丑,民众。

[23] 爵命,爵位,分公、侯、伯、子、男五等。禄秩,俸禄,依爵位而分等级。

[24] 共工,古代官名。工官,本谓供百工之职,后为官名。

[25] 狃习,熟习;习惯。

[26] 僇辱,受到处罚。僇,音 lù。

[27] 比周,结党营私。

〔28〕理,管理。熙,兴办。工,政事。

〔29〕"三载考绩,三考,黜陟幽明",三年考核一次成绩,经过三考,愚昧的黜退,贤明的提升。

〔30〕四凶,传说舜所流放的四人或四族首领。《左传·文公十八年》:"流四凶族,浑敦、穷奇、梼杌、饕餮,投诸四裔,以御螭魅。"

〔31〕皋陶,舜时掌管刑法的官。稷,舜的农官。契,舜的司徒,主管文教。

〔32〕"至诚恻怛",对国家深切关心。

〔33〕太学,古代在都城设立的大学。宋代规定七品及以上官员的子弟可以入国子学,八品以下的入太学。

〔34〕课试之文章,指策、论、诗赋。宋仁宗庆历四年(1044年)实行以策、论、诗赋试士。

〔35〕畎亩,田间;田地。

〔36〕卒然,突然。

〔37〕六官之卿,《周礼》以天官冢宰、地官司徒、春官宗伯、夏官司马、秋官司寇、冬官司空分掌邦政,称为"六官"。六官中的首长叫作"卿",和隋唐以来的吏、户、礼、兵、刑、工六部尚书大致相同。

〔38〕六军,指全国的军队。

〔39〕比、闾、族、党,泛指古代地方行政组织。古代规定五家为比,五比为闾,四闾为族,五族为党,五党为州,五州为乡。

〔40〕卒、两、师、旅,古代军制规定五人为伍,五伍为两,四两为卒,五卒为旅,五旅为师,五师为军。

〔41〕行同能偶,德行和才能相近。

〔42〕"弧矢之利,以威天下",见《易·系辞下》。弧矢,弓和箭。

〔43〕守选,等候推选。待除,等候任命。守阙,等候补官。通之,通通计算起来。

〔44〕厮养,为人服役、地位低微的人。

〔45〕交赂遗,互相赠送财物。

〔46〕贩鬻,做买卖。鬻,音 yù。乞丐,指官吏向别人伸手索取财物。

〔47〕偷堕取容,懈怠、懒惰、求人宽容。

〔48〕侵牟,侵害;夺取。

〔49〕饶,厚赐;多给。

〔50〕茂才异等、贤良方正,科举制中不定期的两个科目。

〔51〕雕虫篆刻,指微不足道的小技能。

〔52〕同罪举官之科,谓官员犯了罪,他的荐举人也要一并治罪。

〔53〕九经、五经、学究、明法,都是宋代科举考试的科目。

〔54〕历任,任职的经历。

〔55〕典狱,执掌刑狱之事。

〔56〕渍于,习惯于。失教,无教导。

[57] "迎新将故之劳,缘绝簿书之弊",迎新送旧的劳累,绝不过问簿册文书的弊害。将,送。

[58] 苟简,只图眼前,得过且过。

[59] "国虽靡止,或圣或否。民虽靡膴,或哲或谋,或肃或艾。如彼泉流,无沦胥以败",见《诗·小雅·雨无正》。意谓:国家虽然不大,有圣人,也有不是圣人的。人民虽然不多,有的聪明,有的富有谋略,有的严肃,有的会办事情。人才就像泉水,要好好利用,不要让它腐臭了。

[60] 晋武苟且因循之祸,晋武帝司马炎平定东吴之后,大封同姓子弟为诸侯王,他死后不久,皇室内部就发生了争夺权力的八王之乱,终致灭亡。

【解读】

　　本文的写作目的在于陈述变法主张。王安石认为变法的关键在于人才,并且提出了培养人才的系统理论。

　　王安石认为,具有实际才能的治国人才的多少是国家兴衰强弱的关键,欲求人才足用,须遵循"教之之道""养之之道""取之之道""任之之道"。所谓"教之之道",是指人才的培养问题。王安石认为应该做到三点:一是从中央到地方普遍设立学校,并严格挑选学官;二是教学内容要以"实用"为准则,凡是对国家有实际用处的知识,都应该包括,反之,则一律"不教也";三是要以造就有实际才能的治国人才为培养目标。所谓"养之之道",是指人才的管理问题,也包括三个方面的内容:一是"饶之以财",给各级官吏较高的俸禄,高薪养廉,使他们没有后顾之忧,能安心"治道";二是"约之以礼",就是用礼节和道德对各级官吏进行约束,避免官吏在有了物质条件保障后走向奢华的极端;三是"裁之以法",对违反道德规范和行为准则的官吏依法严惩,为全国上下作出榜样。所谓"取之之道",是指人才的选拔问题。王安石提出了三点主张:第一,选拔人才应该自下向上推荐,由上至下进行考察;第二,对于推荐上来确是贤能者,应根据其德能高低授予相应的官职;第三,考察人才不能偏听偏信,应该察其言,观其行,并试之以事,在实际工作中进行考察才是最为正确的考察方法。所谓"任之之道",是指人才的使用问题。王安石认为,由于各人的专长不一,德行之高下、才能之大小不同,因此,使用人才时应该做到用其所长,任其所宜。此外,使用人才时还应做到"久其任",即任职要相对稳定,让真正贤能的人成就功业,不用担忧事业没有结果;让不贤的人的罪行充分暴露,即使一时取得容身之地,也无法长久蒙混过关。王安石认为,上述四个环节是相互联系的,只要在某一个环节上出了问题,整个人才培育过程就会出问题,而当时国家在这四个环节上都存在着严重弊病,因此才会出现人才不足的局面。

　　王安石的人才理论系统地提出了关于人才的教、养、取、任的一整套主张,是当

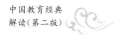
时吏治情况的反映和产物,尽管是基于消极防范的角度提出的,目的只是为了挽救北宋王朝的危机,维护其封建统治,但其中含有不少合理因素,反映了培养、选拔、使用人才的普遍规律,至今仍对我们有一定的启发。

(刘崇民)

原　教

【题解】宋仁宗嘉祐五年(1060 年),王安石被朝廷任命为三司度支判官,加之近二十年的地方官经历,他深切体会到朝廷的政治弊端和学校教育的衰败,遂形成了改革政治和教育的思想,主张通过发展教育事业来达到统一思想和维护国家长治久安的目的。本文集中反映了他重视德教的思想。

【原文】善教者藏其用,民化上而不知所以教之之源。不善教者反此,民知所以教之之源,而不诚化上之意。

善教者之为教也,致[1]吾义忠,而天下之君臣义且忠矣;致吾孝慈,而天下之父子孝且慈矣;致吾恩于兄弟,而天下之兄弟相为恩矣;致吾礼于夫妇,而天下之夫妇相为礼矣。天下之君君臣臣、父父子子、兄兄弟弟、夫夫妇妇,皆吾教也。民则曰:"我何赖于彼哉?"此谓化上而不知所以教之之源也。

不善教者之为教也,不此之务,而暴为之制,烦为之防,刟刟[2]于法令诰戒之间,藏于府,宪[3]于市,属[4]民于鄙野,必曰臣而臣,君而君,子而子,父而父,兄弟者无失其为兄弟也,夫妇者无失其为夫妇也,率[5]是也有赏,不然则罪。乡闾之师,族酂之长[6],疏者时读,密者月告,若是其悉矣。顾有不服教而附于刑者,于是嘉石[7]以惭之,圜土[8]以苦之,甚者弃之于市朝,放之于裔末[9],卒不可以已也。此谓民知所以教之之源,而不诚化上之意也。

善教者浃于民心,而耳目无闻焉,以道扰[10]民者也。不善教者施于民之耳目,而求浃于心,以道强民者也。扰之为言,犹山薮[11]之扰毛羽,川泽之扰鳞介也,岂有制哉？自然然耳。强之为言，其犹囿毛羽、沼鳞介乎[12]，一失其制，脱然逝矣。噫！古之所以为古，无异焉，由前而已矣；今之所以不为古，无异焉，由后而已矣。

或曰："法令诰戒不足以为教乎？"曰："法令诰戒，文也，吾云尔者，本也。失其本，求之文，吾不知其可也。"

——选自王安石著，秦克、巩军标点：《王安石全集》，上海古籍出版社 1999 年版，第 277 页。

【注释】

[1] 致，尽，指尽力实行。

[2] 劬劬，劳苦貌。劬，音 qú。

[3] 宪，悬挂法令。

[4] 属，音 zhǔ，集合。

[5] 率，遵循。

[6] 乡闾，古以二十五家为闾，一万二千五百家为乡，因以"乡闾"泛指民众聚居之处。族酂，百家聚居之称。酂，音 zàn。

[7] 嘉石，有纹理之石，古代大司寇听讼处所立。《周礼·秋官·大司寇》："以嘉石平罢民。"郑玄注："嘉石，文石也，树之外朝门左。"贾公彦疏："嘉石，文石也者，以其言嘉，嘉、善也，有文乃称嘉，故知文石也，欲使罢民思其文理以改悔自修。"罢民，指犯罪入狱之民。

[8] 圜土，监狱。《周礼·地官·比长》："若无授无节，则唯圜土内之。"注："圜土，狱城也。"圜，音 huán。

[9] "放之于裔末"，流放到边远的地方。裔，边。

[10] 扰，安抚；驯化。

[11] 薮，音 sǒu，草野。

[12] "囿毛羽、沼鳞介乎"，以园地养禽兽，以池养鱼鳖。囿，音 yòu，养禽兽的园地。

【解读】

本文主要以对比的方式论述了"善教者"和"不善教者"所采用的两种不同的教育方式，主张在道德教育过程中应注重以身作则和潜移默化的方法。

关于以身作则，王安石认为"善教者之为教"必先"致吾义忠""致吾孝慈""致吾恩于兄弟""致吾礼于夫妇"，善教者在施教时应首先端正自己的道德行为，为受教者树立良好的道德榜样，陶冶其情操，锤炼其意志，进而影响其行为。关于潜移默化，王安石指出善教者"以道扰民"，即善于从情感出发打动受教者，使其心悦诚服，所以"以道扰民"的关键是"浃于民心"，也就是通过自然的引导和感化，深入受教者的内心世界，使他们从内心认同和信服，最终达到"民化上而不知所以教之之源"的教育效果。与此同时，王安石对不善教者采取的教育方式进行了批判。他认为不善教者"以道强民"，把"法令诰戒"强加于受教者，采用赏诱罪胁的方式令其服从，是一种强制性、独裁式的教育手段，不仅不会收到良好的教育效果，甚至会适得其反，令"不服教而附于刑者"即便"弃之于市朝"也不信服，最终只会使"民知所以教之之源，而不诚化上之意"。基于对上述两种不同教育方式的认识，王安石指出"法令诰戒"是文，"浃于民心"是本，教育不能舍本逐末，应从本入手，以文为辅，方能取得良好的教育效果。

王安石所倡导的以身作则和潜移默化的教育方法二者紧密相连，揭示出真正行之有效的教育首先应做到以身作则、为人师表，并且通过潜移默化的方式深入人心，避免强制性的规章约束，方能达到上行下效、心悦诚服的教育效果。虽然王安石主要针对的是封建政治教化，但他所主张的教育方法至今仍有一定的借鉴意义。

（吴秋月）

答曾子固[1]书

【题解】本文是王安石写给曾巩的一封回信，探讨治学方法问题。

【原文】某启：久以疾病不为问，岂胜乡往[2]。前书疑子固于读经[3]有所不暇，故语及之。连得书，疑某所谓经者，佛经也，而教之以佛经之乱俗。某但言读经，则何以别于中国圣人之经？子固读吾书每如此，亦某所以疑子固于读经有所不暇也。

然世之不见全经[4]久矣，读经而已，则不足以知经。故某自百家诸子之书，至于《难经》《素问》《本草》、诸小说无所不读，农夫、女工无所不问，然后于经为能知其大体而无疑。盖后世学者，与先王之时异矣，不如是，不足以尽圣人故也。扬雄虽为不好非圣人之书[5]，然于墨、晏、邹、庄、申、韩[6]，亦何所不读？彼致其知而后读[7]，以有所去取，故异学[8]不能乱也。惟其不能乱，故能有所去取者，所以明吾道而已。子固视吾所知，为尚可以异学乱之者乎？非知我也。

方今乱俗不在于佛，乃在于学士大夫沉没利欲，以言相尚[9]，不知自治而已。子固以为如何？苦寒，比日侍奉万福[10]，自爱。

——选自王安石撰，刘成国点校：《王安石文集·卷第七十三》，中华书局 2021 年版，第 1280—1281 页。

注释

[1] 曾子固，名巩，字子固，南丰（今属江西）人。北宋文学家。

[2] 不为问，没有写信问候。胜，尽。乡往，想念。

[3] 经，儒家经典。

[4] 全经，古代经典的全貌。

[5] 扬雄，字子云，西汉学者，曾仿《论语》作《法言》，仿《易经》作《太玄》。为，谓；说。"不好非圣人之书"，见《汉书·扬雄传》："非圣哲之书不好也。"

[6] 墨，即墨翟，著作收入《墨子》。晏，即晏婴，后人依托并采缀其言行编成《晏子春秋》。邹，即邹衍，著有《邹子》。庄，即庄周，著有《庄子》。申，即申不害，著有《申子》。韩，即韩非，后人将其著作汇编为《韩非子》。

[7] "彼致其知而后读"，他是为了获得知识才去读这些书的。致，得到。

[8] 异学，儒家以外的其他学派、学说。

[9] "以言相尚"，以高谈阔论互相吹捧。

[10] "比日侍奉万福"，祝你的双亲近日万福。这是当时写信给父母健在的人的一种客套话。

解读

王安石和曾巩均为北宋文坛巨擘，两人交情颇深，但分歧也甚多，如何对待儒家经典以外的学问和著作即是其中之一。

从文中看，曾、王二人的观点对立是明显的。曾巩认为学者不可学习儒家经典以外的著作，尤其是佛经，它只能起迷惑世人的消极作用。王安石则认为，当时世上已经看不到完整的儒家经典了，要是只读儒家经典，就不能够知道它的真正意义，真正的学者绝不会仅仅拘泥于儒家典籍，只有"百家诸子之书，至于《难经》、《素问》、《本草》、诸小说无所不读，农夫、女工无所不问"，然后才能对经典的真正意义有正确的理解，因为后代的学者所处的时代和古代先王的时代已经不同了，要是不这样读经，就不能完全了解圣人所讲的道理。对于佛经，他只是视为如同诸子百家一样，是可供开阔视野，更深刻理解先儒思想的有益之书。王安石认为，真正"乱俗"的不在于佛经，而在于当时社会上一些学士、士大夫沉溺于名利和私欲，以高谈阔论来互相吹捧,其实他们根本不知道应该如何做学问。在今天看来,曾巩的观点显得狭隘、迂腐而保守,与之相比,王安石这种涉猎百家的治学方法则更开通、开放,更接近现代精神。

(刘崇民)

程颢

程颢(1032—1085),字伯淳,人称"明道先生",洛阳(今属河南)人。北宋理学家、教育家,与其弟程颐合称"二程"。主要著作有《明道文集》及《语录》,后人把二程的著作合编为《河南程氏遗书》及《河南程氏外传》。

请修学校尊师儒取士札子

【题解】

北宋中后期,社会由繁荣走向衰落,冗兵、冗员、冗费剧增,农民起义频发,边疆危机日重,内忧外患使北宋面临深重的危机。为挽救危机,代表不同利益集团的知识分子和官僚纷纷提出各自革新图强的政治主张,要求推行自己设想的改革模式和方案,在改革问题上产生了尖锐的分歧。与政治密切相关的教育问题同样分歧严重:一部分学者倡导经世致用,主张教育应培养有实际才干,能解决当时实际问题的人才,如王安石等;另一部分学者则提倡道德修养,主张培养具有理想化人格和精神的人才,程颢即持此观点。本文就是反映程颢这一思想的重要篇章。

【原文】

臣伏谓[1]:治天下以正风俗、得贤才为本。宋兴百余年,而教化未大醇[2],人情未尽美,士人微谦退之节,乡间无廉耻之行,刑虽繁而奸不止,官虽冗而材不足者,此盖学校之不修,师儒之不尊,无以风劝养励之使然耳。窃以去圣久远,师道不立,儒者之学几于废熄,惟朝廷崇尚教育之,则不日而复。古者一道德以同俗,苟师学不正,则道德何从而一? 方今人执私见,家为异说,支离经训,无复统一,道之不明不行,乃在于此。

臣谓:宜先礼命近侍贤儒,各以类举,及百执事方岳州县之吏,悉心推访,凡有明先王之道,德业充备,足为师表者,其次有笃志好学、材良行修者,皆以名闻。其高蹈[3]之士,朝廷当厚礼延聘,其余命州县敦遣,萃[4]于京师,馆之宽闲之宇,丰其廪饩[5],恤其家之有无,以大臣之贤典领其事,俾群儒朝夕相与讲明正学。其道必本于人伦,明乎物理[6];其教自小学洒扫应对以往,修其孝悌忠信,周旋礼乐;其所以诱掖激厉渐摩成就之道,皆有节序,其要在于择善修身,至于化成天下,自乡人而可至于圣人之道。其学行皆中于是者为成德。

又其次取材识明达、可进于善者,使日受其业,稍久则举其贤杰以备高任。择其学业大明、德义可尊者,为太学之师,次以分教天下之学,始自藩府,至于列郡。择士之愿学、民之俊秀者入学,皆优其廪给而蠲[7]其身役。凡其有父母骨肉之养者,亦通其优游往来,以察其行。其大不率教者,斥之从役。

渐自太学及州郡之学,择其道业之成、可为人师者,使教于县之学,如州郡之制。异日则十室之乡,达于党遂皆当修其庠序之制,为之立师,学者以次而察焉。县令每岁与学之师,以乡饮之礼会其乡老。学者众推经明行修、材能可任之士,升于州之学,以观其实。学荒行亏者,罢归而罪其吏与师;其升于州而当者,复其家之役。郡守又岁与学之师,行乡饮酒之礼,大会郡士,以经义、性行、材能三物宾兴[8]其士于太学,太学又聚而教之;其学不明、行不修与材之下者,罢归以为郡守学师之罪。升于太学者,亦听其以时还乡里,复来于学。

太学岁论[9]其贤者能者于朝,谓之选士,朝廷问之经以考其言,试之职以观其材,然后辨论其等差[10]而命之秩。凡处郡县之学与太学者,皆满三岁,然后得充荐;其自州郡升于太学者,一岁而后荐;其有学行超卓、众所信服者,虽不处于学,或处学而未久,亦得备数[11]论荐。

凡选士之法,皆以性行端洁,居家孝悌,有廉耻礼逊,通明学业,晓达治道者。在州县之学,则先使其乡里长老,次及学众推之。在太学者,先使其同党,次及博士推之。其学之师与州县之长,无或专其私,苟不以实,其怀奸罔[12]上者,师长皆除其仕籍,终身不齿[13],失者亦夺官二等,勿以赦及去职论。州县之长,莅事未满半岁者,皆不荐士师,皆取学者成否之分数为之赏罚。

凡公卿大夫之子弟皆入学,在京师者入太学,在外者各入其所在州之学,谓之国子。其有当补荫者,并如旧制,惟不选于学者,不授以职。每岁,诸路别言一路国子之秀者升于太学,其升而不当者,罪其监司与州郡之师。太学岁论国子之有学行材能者于朝,其在学宾兴考试之法,皆如选士。

国子自入学,中外通及七年,或太学五年。年及三十以上,所学不成者,辨而为二等。上者听授以管库之任,自非其后学业修进,中于论选,则不复使亲民政。其下者罢归之。虽岁满愿留学者,亦听。其在外学七岁而不中升选者,皆论致太学而考察之,为二等之法。国子之大不率[14]教者,亦斥罢之。凡有职任之人,其学业材行应荐者,诸路及近侍以闻,处之太学,其论试亦如选士之法,取其贤能而进用之。凡国子之有官者,中选则增其秩。

臣谓既一以道德仁义教养之,又专以行实材学升进[15],去其声律小碎、糊名誊录、一切无义理之弊,不数年间,学者靡然丕变[16]矣。岂惟得士浸广,天下风俗将日入醇正,王化之本也。臣谓帝王之道,莫尚于此,愿陛下特留宸[17]意,为万世行之。

——选自程颢、程颐著,王孝鱼点校:《二程集》,中华书局1981年版,第448—450页。

【注释】

[1] 伏谓,下对上的敬辞,常用于奏疏或信函中。

[2] 醇,淳朴;浓厚。

[3] 高蹈,突出;崛起。

[4] 萃,集中。

[5] 廪饩,由官府供给的粮食,意指俸禄。饩,音 xì。

[6] 物理,事物的常理。

[7] 蠲,音 juān,通"捐",免除。

[8] 宾兴,科举时代,地方官设宴招待应举之士。亦指乡试。

[9] 抡,同"抡",选择。

[10] 等差,等第;级次。

[11] 备数,充数。

[12] 罔,欺骗。

[13] 不齿,不收录。

[14] 率,遵循;服从。

[15] 升进,选拔提升。

[16] 丕变,大变。

[17] 宸,音 chén,北极星所居,借以指帝王的宫殿,又引申为王位、帝王的代称。

【解读】

在本文中,程颢提出"治天下以正风俗、得贤才为本"的观点,认为宋朝百余年来的种种社会弊病之产生,从根本上看,是由于"学校之不修,师儒之不尊,无以风劝养励之使然耳"。只要朝廷崇尚教育,尊师重道,就能革除弊端,使风俗醇正,教化大兴。他从"尊师儒"和"修学校"两个方面提出了具体的改革之法。他认为,欲"尊师儒",就应该在全国范围内荐举明先王之道、德业充备、足为师表以及笃志好学、材良行修之士,把他们集中在京师,宽其馆宇,丰其廪饩,委以辅国论政之职,评定政治,讨论典礼,经画治策,君臣相接,共谋国事。这样就可使天下人以这些贤能者为榜样,儒家的人伦礼乐、孝悌忠信就可以渐摩成就,即使是乡人也可至于圣人之道。而欲"修学校",则首先应选明师,择"学业大明、德义可尊者"为太学之师,择"道业之成、可为人师者"为县学之师,教师不仅有教导学生之任,还有考核荐举人才之责,荐举人才应客观公正,凡荐举不实者应受到严惩。其次,给学生以优待,提高学校的吸引力。"择士之愿学、民之俊秀者入学,皆优其廪给而蠲其身役。凡其有父母骨肉之养者,亦通其优游往来,以察其行。"再次,严格选举考核之法。在选举人才质量上,应该以"性行端洁,居家孝悌,有廉耻礼逊,通明学业,晓达治道"为标准;在人才选拔考核顺序上,应从县学到州郡学再到太学,由低到高进行;在考核原则上,应做到奖优惩劣,优者授之以职,"其大不率教者,斥之从役"。

程颢的"尊师儒""修学校",以教育为本的主张,把教育的社会功用提到了一个相当高的高度,具有一定的合理性,但带有较大的理想成分,最终未被统治者采纳。

(刘崇民)

识 仁

【题解】

宋神宗元丰元年(1078 年),程颢任扶沟(今属河南周口)知县,并设学授徒讲学。翌年,陕西蓝田吕大临问学于二程,记录了这则程颢语录,后人将其命名为《识仁》。本文反映了程颢以"仁"为中心,以"识仁"为主题,启蒙后学如何反求诸己的观点。

【原文】

学者须先识仁。仁者,浑然与物同体[1]。义、礼、知、信皆仁也[2]。识得此理,以诚敬[3]存之而已,不须防检,不须穷索。若心[4]懈则有防,心苟不懈,何防之有?理[5]有未得,故须穷索。存久自明,安待穷索?此道与物无对,大不足以名之,天地之用皆我之用。孟子言"万物皆备于我",须反身而诚,乃为大乐[6]。若反身未诚,则犹是二物有对,以己合彼,终未有之,又安得乐?《订顽》[7]意思,乃备言此体。以此意存之,更有何事?"必有事焉而勿正,心勿忘,勿助长[8]",未尝致纤毫之力,此其存之之道。若存得,便合有得。盖良知良能[9]元不丧失,以昔日习心[10]未除,却须存习此心,久则可夺旧习。此理至约,惟患不能守。既能体之而乐,亦不患不能守也。

——选自程颢、程颐著,王孝鱼点校:《二程集》,中华书局1981年版,第16—17页。

【注释】

[1] "仁者,浑然与物同体",要想了解"仁",自己可以从天地万物中去体察和感悟。

[2] "义、礼、知、信皆仁也",程颢认为,仁是整体,其余四者是其部分。五常以仁为体,五常之性就是人的本性。

[3] 诚敬,"诚"是一种美好的品德,"敬"是与这种美德相对应的一种心态,后人多将这两个字理解为儒家所倡导的修身之本。

[4] 心,理学家认为,"心"控制着身体的精神活动。

[5] 理,蕴含在事物中的道理。

[6] "孟子言'万物皆备于我',须反身而诚,乃为大乐",见《孟子·尽心上》:"万物皆备于我矣。反身而诚,乐莫大焉。"

[7] 《订顽》,即张载的《西铭》。程颢、程颐对这篇文章推崇备至,并盛赞张载的学识是自孟子之后"一人而已"。

[8] "必有事焉而勿正,心勿忘,勿助长",见《孟子·公孙丑上》:"必有事焉而勿正,心勿忘,勿助长也。"这是儒家所讲的修养功夫。

[9] 良知良能,指人天生的观念和本能。《孟子·尽心上》:"人之所不学而能者,其良能也;所不虑而知者,其良知也。"

[10] 习心,理学家指人在后天的社会实践中通过耳闻目睹所获得的思想意识,和与生俱来的良知良能相对。

【解读】

程颢把"仁"看作宇宙的本体和做人的标准,认为学习者首先要明白"仁",仁与宇宙万物浑然一体,义、礼、知、信是仁的体现,也包含在仁之中,但仅仅明白这个道理还不够,只有切实达到仁的境界,才是真正"识仁"。他就"如何识仁"提出以下观点:第一,提倡"以诚敬存之"的内在修养功夫。程颢指出,一个人在学习过程中只要保持专注无欲的品德和心态,注意到"仁者,浑然与物同体"的道理即可,不用防范它跑掉,也不用刻意去追求。这是程颢对吕大临学习过程中过于苦心极力、防检穷索的开导。第二,主张在"心"上反省自求。程颢认为"仁"本身就存在于每个人的本心之中,心有懈怠便会防范,见理不明便会求索,只要怀有一种诚敬不间断的意念,随时随地通过本心去体认仁,不要人为干预这个过程,时间久了就自会明了。第三,"乐"是判断是否"识仁"的标志。程颢认为人若是体验到自我与天地万物融为一体,精神上就会感受到莫大的幸福与安乐,这便是真正地"识仁"。第四,强调道德教育的作用。程颢认为虽然人性先天至善,"良知良能"不会丧失,但后天的气质之性却有善有恶,因此教育的作用便是使个体通过内省自求与体认存养来保持和维护内心的"仁",去除后天恶习以恢复原初善性,进而达到"天人合一",以培养完善的圣人人格并臻于高尚的道德境界。

程颢将"仁"作为"五常"之本并提升到宇宙本体论的高度,强调"心"的内在认识作用,是对儒家传统道德教育学说的继承和超越,也对后来的陆王心学教育思想产生了直接影响。程颢教育思想的积极之处在于强调人的天性相同,认为只要通过后天的学习教育,每个人都可以学为圣人,肯定了教育对人成长和发展的积极作用,这种观点至今仍有借鉴价值。

(吴秋月)

朱熹

朱熹(1130—1200),字元晦,一字仲晦,号晦庵,别称紫阳,谥号文。祖居徽州婺源(今属江西),生于南剑州尤溪(今属福建),定居建阳(今属福建)。南宋理学家、教育家。著述宏富,除《四书章句集注》《资治通鉴纲目》《伊洛渊源录》等二十多种专著外,有《朱文公文集》《续集》《别集》三种共一百二十一卷,《朱子语类》一百四十卷。

白鹿洞书院揭示

【题解】 书院是中国古代一种重要的教育组织形式,始于唐末,至南宋时,官学衰微,书院于是大兴。白鹿洞书院位于江西庐山,早在北宋初年就已闻名,列为四大书院之一,到南宋时却沦坏已久,朱熹于淳熙六年(1179年)知南康军,在任期内大力提倡教育,修复了白鹿洞书院,把它作为交流学术、宣扬教化的重要基地,并制定条规对书院的办学目的、宗旨等加以明确规定,这些条规被称为"白鹿洞书院揭示",亦称"白鹿洞书院教条"或"白鹿洞书院学规"。

【原文】 父子有亲,君臣有义,夫妇有别,长幼有序,朋友有信[1]。

右[2]五教之目,尧舜使契为司徒,敬敷五教,即此是也。学者学此而已,而其所以学之之序,亦有五焉,其别如左:

博学之,审问之,谨思之,明辨之,笃行之[3]。

右为学之序。学问思辨四者,所以穷理也。若夫笃行之事,则自修身以至于处事接物,亦各有要,其别如左:

言忠信,行笃敬[4],惩忿窒欲[5],迁善改过[6]。

右修身之要。

正其义不谋其利,明其道不计其功[7]。

右处事之要。

己所不欲,勿施于人[8]。行有不得,反求诸己[9]。

右接物之要。

熹窃观古昔圣贤所以教人为学之意,莫非使之讲明义理,以修其身,然后推以及人,非徒欲其务记览、为词章,以钓声名、取利禄而已也。今人之为学者,则既反是矣。然圣贤所以教人之法,具存于经,有志之士,固当熟读深思而问辨之。苟知其理之当然,而责其身以必然,则夫规矩禁防之具,岂待他人设之而后有所持循哉? 近世于学有规,其待学者为已浅矣,而其为法又未必古人之意也。故今不复以施于此堂,而特取凡圣贤所以教人为学之大端,条列如右而揭之楣间。诸君其相与讲明遵守而责之于身焉,则夫思虑云为之际,其所以戒谨而恐惧者,必有严于彼者矣。其有不然,而或出于此言之所弃,则彼所谓规者必将取之,固不得而略也。诸君其亦念之哉!

——选自朱熹撰,朱杰人、严佐之、刘永翔主编:《朱子全书(修订本)·第 24 册·晦庵先生朱文公文集(五)》,上海古籍出版社、安徽教育出版社 2010 年版,第 3586—3587 页。

注释

［1］"父子有亲,君臣有义,夫妇有别,长幼有序,朋友有信",见《孟子·滕文公上》。

［2］右,古文从右至左竖行书写,上一句话在本句的右边,故称"右"。

［3］"博学之,审问之,谨思之,明辨之,笃行之",见《礼记·中庸》:"博学之,审问之,慎思之,明辨之,笃行之。"

［4］"言忠信,行笃敬",见《论语·卫灵公》。

［5］"惩忿窒欲",见《易·损》:"损,君子以惩忿窒欲。"

［6］"迁善改过",见《易·益》:"益,君子以见善则迁,有过则改。"

［7］"正其义不谋其利,明其道不计其功",见《汉书·董仲舒传》:"正其谊不计其利,明其道不计其功。"

［8］"己所不欲,勿施于人",见《论语·卫灵公》。

［9］"行有不得,反求诸己",见《孟子·离娄上》:"行有不得者,皆反求诸己。"

解读

本文是朱熹为古代书院学生拟定的总纲与守则,它集先儒经典语录于一体,明确了教育目的,阐明了教育教学过程,提出了修身、处世、接物的基本要求,形成了一个完整的体系。首先,它提出了教育的根本目的是"明人伦",即封建纲常的"义理",并用之于身心修养,以达到人人自觉维护封建制度的最终目的。其次,它要求学者按学、问、思、辨、行的"为学之序"去穷理、笃行。再次,它指明了修身、处事、接物之要,并把它们作为实际生活和思想修养的准绳。总之,它把世界观、政治要求、教育目的和学习修养的途径融为一体,循此施教,学者自能"讲明义理,以修其身,然后推以及人",不必他人设置规矩禁防,就能培养"忠臣孝子",维持封建家庭、社会和国家的稳定。因此它一出现,很快就成为南宋书院学规的统一范本,元、明、清各朝书院均奉之为圭臬,它使书院教育逐步走向制度化的发展轨道,并影响到各级各类官学,成为中国封建社会后期办学的准则,其影响不可低估。它还传播到朝鲜、日本和其他亚洲国家,影响极为深远。

(刘崇民)

衡州石鼓书院记

【题解】 石鼓书院位于湖南衡阳石鼓山上,始建于唐代元和年间,北宋景祐二年(1035 年)获赐"石鼓书院"额,后东迁而改为州学。南宋淳熙十二年(1185年),湖南安抚使潘畤于旧址重建石鼓书院,次年提刑宋若水加以扩建完善。十四年,朱熹应宋若水之请撰本文以记录书院建造始末,并阐述了以德立学、以德教人的教育主张,告诫学生不要被科举功名迷惑,要辨明义利,有志于"为己之学"。

【原文】 衡州石鼓山据烝[1]湘之会,江流环带,最为一郡佳处。故有书院,起唐元和间,州人李宽[2]之所为。至国初时,尝赐敕额[3]。其后乃复稍徙而东,以为州学,则书院之迹,于此遂废而不复修矣。淳熙十二年,部使者东阳潘侯畤德鄜[4]始因旧址列屋数间,榜以故额,将以俟四方之士有志于学而不屑于课试之业者居之,未竟而去。今使者成都宋侯若水子渊[5]又因其故而益广之,别建重屋,以奉先圣先师之象,且摹国子监及本道诸州印书若干种若干卷,而俾郡县择遣修士以充入之。盖连帅林侯栗、诸使者苏侯诩、管侯鉴、衡守薛侯伯宣[6]皆奉金赀[7]割公田以佐其役,逾年而后落其成焉。于是宋侯以书来曰:"愿记其实,以诏后人,且有以幸教其学者,则所望也。"

予惟前代庠序之教不修,士病无所于学,往往相与择胜地,立精舍,以为群居讲习之所,而为政者乃或就而褒表之,若此山,若岳麓,若白鹿洞之类是也。逮至本朝庆历、熙宁之盛[8],学校之官遂遍天下,而前日处士之庐无所用,则其旧迹之芜废,亦其势然也。不有好古图旧之贤,孰能谨而存之哉?抑今郡县之学官,置博士弟子员,皆未尝考其德行道艺之素。其所受授,又皆世俗之书,进取之业,使人见利而不见义。士之有志于为己者,盖羞言之,是以常欲别求燕闲[9]清旷之地,以共讲其所闻而不可得。此二公所以慨然发愤于斯役而不敢惮其烦,盖非独不忍其旧迹之芜废而已也。故特为之记其本末,以告来者,使知二公之志所以然者,而毋以今日学校科举之意乱焉。又以风晓[10]在位,使知今日学校科举之教,其害将有不可胜言者,不可以是为适然而莫之救也。若诸生之所以学而非若今人之所谓,则昔者吾友张子敬夫所以记夫岳麓者[11],语之详矣。顾于下学之功有所未究,是以诵其言者,不知所以从事之方,而无以蹈其实。然今亦何以他求为哉?亦曰养其全于未发之前,察其几于将发之际,善则扩而充之,恶则克而去之,其如此而已矣,又何俟于予言哉!十四年丁未岁夏四月朔新安朱熹记。

——选自朱熹撰,朱杰人、严佐之、刘永翔主编:《朱子全书(修订本)·第 24 册·晦奄先生朱文公文集(五)》,上海古籍出版社、安徽教育出版社 2010 年版,第 3782—3784 页。

[1] 烝,今作"蒸水",是湘江一条较大的支流,俗称"草河",源出湖南祁东、邵东两县间界岭,于衡阳市石鼓注入湘江。

[2] 李宽,一作"李宽中",唐代隐士。《石鼓李氏族谱》记:"宽,本唐处士,元和时由巩昌来衡,征仕不就,讲学石鼓山而遂家焉。"李宽讲学当在唐代元和五年(810 年)前后,唐衡州刺史吕温有《同恭夏日题寻贞观李宽中秀才书院》诗,此为石鼓书院见于文献之始。

[3] "至国初时,尝赐敕额",北宋景祐二年(1035 年),仁宗赐额"石鼓书院"。

[4] 潘畤(1126—1189),字德鄜,婺州金华(今属浙江)人。南宋学者。在湖南安抚使任内先后修复岳麓书院、石鼓书院。又曾创建浙江月林书院,邀朱熹讲学,朱熹著名的《四书章句集注》多作于此。又与张栻、吕祖谦等交游切磋。其二子潘友端、潘友恭都受业朱熹门下,力学有志操。史称潘畤为人聪明强健,治郡有政绩,官民畏服如神明,所到之处必问人才,兴学校。死后,朱熹为其撰墓志铭(《晦庵集·直显谟阁潘公墓志铭》),称与其"相知为最深"。《宋元学案·元城学案》有传。

[5] 宋若水,字子渊,四川成都双流人,曾任湖南提点刑狱公事,与朱熹友善。任内扩建石鼓书院,并请朱熹作记。

[6] 连帅,古代官名,《礼记·王制》:"十国以为连,连有帅。"后世常用"连帅"代称地方长官。林栗,字黄中,谥简肃,福建福清人。绍兴十二年(1142 年)进士,曾官兵部侍郎、太常博士、秘阁修撰。林栗为人清介,但与朱熹学术意见不同,曾上书弹劾朱熹"本无学术""妄自推尊",著有《周易经传集解》,《宋史》有传。苏诩,南宋婺州(治今浙江金华)人,祖籍眉州眉山(今四川眉山)。苏轼之孙,

权知筠州,曾刊家藏《栾城集》。管鉴,字明仲,浙江龙泉人,南宋词人。曾任广东提刑、权知广州经略安抚使,有《养拙堂词》。薛伯宣,字士昭,浙江永嘉人,时任衡州太守。

[7] 赀,音jī,送给别人财物。

[8] 庆历,宋仁宗的年号(1041—1048)。宋仁宗赵祯(1010—1063),在位期间起用范仲淹为参知政事,推行改革,史称"庆历新政",曾颁《天下州县立学诏》以"更制革敝以尽学者之才",要求全国各州县必须建立学校,州县委任专门负责管理学校的"教授",所有生员在参加科举考试前必须入学满三百日等。熙宁,宋神宗的年号(1068—1077)。宋神宗赵顼(1048—1085),在位期间"思除历世之弊,务振非常之功",任用王安石为参知政事,推行改革,史称"王安石变法",针对教育上"所习非所学"的痼弊,颁《置律学诏》,对教育和科举制度实行改革。

[9] 燕闲,安宁;悠闲。

[10] 风晓,劝勉。

[11] 张子敬夫所以记夫岳麓者,即张栻著《岳麓书院记》。

【解读】

　　朱熹致力于通过书院讲学来传播理学思想,对书院教育的复兴与书院文化的发展起到了重要作用。本文不仅记叙了石鼓书院重建的始末,更表达了朱熹对待古代书院教育的态度与主张。

　　首先,朱熹抨击当时的教育状况,认为在科举的不良影响下,官学教师与学生不重视德行道义,教育的内容都是"世俗之书,进取之业",不见"修身、齐家、治国、平天下之道",使得道义被功利遮蔽,官学教育已偏离了"立学教人之本意"。其次,朱熹指出学校教育应以传授"为己之学"为目的,应教导学生修身进德、明辨义利,不被外物迷惑,不被功利蒙蔽。他认为书院教育符合以德立学、以德教人的教育本意,可弥补积弊难改的官学教育。因此,朱熹呼吁当政者认清科举与官学之蔽,改革科举与学校教育,也劝告学生远离功名利禄,注重道德修养,志于"为己之学"。最后,朱熹提出了修身养性的方法,即"养其全于未发之前,察其几于将发之际,善则扩而充之,恶则克而去之",这样才能实现"下学而上达"。

　　朱熹的教育主张以其理学思想为基础,其以修身进德为目的的教育主张虽未脱离封建伦理教育的范畴,但他批判科举带来的弊端、号召复兴书院教育的主张对当时的教育发展具有一定的积极作用。

(裴子卫)

大学章句序

　　朱熹师事李侗,为二程的四传弟子,深受其思想的影响。他认为对儒家经典的学习也有轻重缓急之分,他说:"《语》《孟》《中庸》《大学》是熟饭,看其它经,是打禾为饭。"熟饭即可果腹充饥,而打禾为饭,则缓不济急,所以学者当先读"四书"。他根据二程的思想,结合自己多年的治学经验和体会,将《大学》《中庸》《论语》《孟子》及其注释合编为《四书章句集注》,于绍熙元年(1190 年)一并刊行。《四书章句集注》倾注了朱熹的毕生心血,《大学章句》尤为其一生精力之所萃。本文为《大学章句》的序言,作于宋孝宗淳熙十六年(1189 年)。

　　《大学》之书,古之大学所以教人之法也。盖自天降生民,则既莫不与之以仁、义、礼、智之性[1]矣。然其气质之禀,或不能齐[2],是以不能皆有以知其性之所有而全之也。一有聪明睿智,能尽其性者出于其间,则天必命之,以为亿兆之君师,使之治而教之,以复其性,此伏羲、神农、黄帝、尧、舜所以继天立极[3],而司徒[4]之职、典乐[5]之官所由设也。三代之隆,其法浸备,然后王宫国都,以及闾巷,莫不有学。人生八岁,则自王公以下,至于庶人之子弟,皆入小学,而教之以洒扫、应对、进退之节,礼、乐、射、御、书、数之文。及其十有五年,则自天子之元子、众子[6],以至公卿大夫元士之适子[7],与凡民之俊秀,皆入大学,而教之以穷理正心、修己治人之道[8]。此又学校之教,大小之节所以分也。夫以学校之设,其广如此,教之之术,其次第节目之详又如此,而其所以为教,则又皆本之人君躬行心得之余,不待求之民生日用彝伦[9]之外,是以当世之人无不学。其学焉者,无不有以知其性分[10]之所固有,职分之所当为,而各俯焉以尽其力,此古昔盛时所以治隆于上,俗美于下,而非后世之所能及也。

　　及周之衰,贤圣之君不作,学校之政不修,教化陵夷,风俗颓败。时则有若孔子之圣,而不得君师之位,以行其政教。于是独取先王之法,诵而传之,以诏后世。若《曲礼》、《少仪》、《内则》、《弟子职》诸篇[11],固小学之支流余裔;而此篇者,则因小学之成功,以著大学之明法,外有以极其规模之大,而内有以尽其节目之详者也。

三千之徒，盖莫不闻其说，而曾氏之传，独得其宗，于是作为传义，以发其意。及孟子没而其传泯焉，则其书虽存，而知者鲜矣。

自是以来，俗儒记诵词章之习，其功倍于小学而无用；异端虚无寂灭之教[12]，其高过于大学而无实。其他权谋术数[13]，一切以就功名之说，与夫百家众技之流，所以惑世诬民，充塞仁义者，又纷然杂出乎其间。使其君子不幸而不得闻大道之要，其小人不幸而不得蒙至治之泽，晦盲否塞，反覆沉痼[14]，以及五季[15]之衰，而坏乱极矣。

天运循环，无往不复。宋德隆盛，治教休明。于是河南程氏两夫子[16]出，而有以接乎孟氏之传。实始尊信此篇而表章之，既又为之次其简编，发其归趣，然后古者大学教人之法、圣经贤传之指，粲然复明于世。虽以熹之不敏，亦幸私淑而与有闻焉。顾其为书犹颇放失，是以忘其固陋，采而辑之，间亦窃附己意，补其缺略[17]，以俟后之君子。极知僭逾，无所逃罪，然于国家化民成俗之意，学者修己治人之方，则未必无小补云。淳熙己酉[18]二月甲子新安朱熹序。

——选自朱熹撰，朱杰人、严佐之、刘永翔主编：《朱子全书（修订本）·第 24 册·晦庵先生朱文公文集（五）》，上海古籍出版社、安徽教育出版社 2010 年版，第 3671—3673 页。

【注释】

[1] 仁、义、礼、智之性，朱熹认为"理"是万物的根本，"仁、义、礼、智之性"，即人所禀受的"理"。"理是人物同得于天者"。

[2] "气质之禀，或不能齐"，朱熹认为人由"理"与"气"结合而成。人所禀受的"理"都是"纯然至善"的，但所禀受的"气"则有清浊厚薄之不同，且后者对前者具有制约的作用，"禀其清明之气而无物欲之累，则为圣；禀其清明而未纯全，则未免微有物欲之累，而能克以去之，则为贤；禀其昏浊之气，又为物欲之所蔽而不能去，则为愚为不肖"。

[3] 继天立极，顺着天理为社会制定准则。

[4] 司徒，古代掌管国家土地和人民教化的官。

[5] 典乐，古代掌管朝廷音乐事务的官。

[6] 天子的嫡长子称"元子"，嫡长子以外诸子称"众子"。

[7] 适子，正妻所生之子，多指嫡长子。适，同"嫡"。

[8] 穷理正心、修己治人之道，此指《大学》的格物、致知、诚意、正心、修身、齐家、治国、平天下。

[9] 彝伦，指封建社会的伦理关系和道德准则。

[10] 性分,犹天性,本性。

[11] 《曲礼》《少仪》《内则》为《礼记》篇名,《弟子职》见《管子·杂篇》。

[12] 异端,古代儒家称其他学说、学派为"异端"。虚无,指道家。寂灭,指佛家。

[13] 权谋,权衡形势而设谋划,指兵家。术数,以阴阳五行的学说来推测人事的吉凶,如占卜星相之类,总称"术数"。

[14] 晦盲,昏暗。否塞,闭塞。否,不通。沉痼,久年难愈的病,引申为恶习难以革除。

[15] 五季,指后梁、后唐、后晋、后汉、后周。

[16] 河南程氏两夫子,指程颢、程颐兄弟,朱熹是他们的四传弟子,故称"夫子"。

[17] "窃附己意,补其缺略",朱熹认为《大学》中没有解说"格物致知",是原文有遗缺,故按照自己的意见,补了"格物致知"一段。窃附,谦辞,指私加。

[18] 淳熙己酉,即1189年。淳熙,宋孝宗的年号。

解读

　　朱熹回顾了从伏羲、神农、黄帝、尧、舜及夏、商、周到宋代以来教化和学校的设立与变迁,认为教化和学校经历了三代昌隆、周代开始衰微、宋代复兴的过程。在周代衰微教化不修时,孔子记述了先王之法并由曾子、孟子传承,孟子死后,其书虽然流传,但其小学和大学的精神却无人能知,直到宋代,经程氏兄弟的努力,孟子的精神才得以秉承,大学教人之法才"粲然复明于世"。

　　本文集中阐述了朱熹对儒教最基本问题的看法,是他为学的纲领。朱熹指出,《大学》是古代大学用来教化人的基本方法和原则。人之所以能够被教化,是因为人性的本质是善的,上天创造人的时候就赋予了人仁、义、礼、智四种德性。而人之所以需要教化,是因为人所禀受的气质不齐全,受到各种欲望的蒙蔽,以至于不能够都意识到自己固有的德性而加以发扬。教育的本质就是"复性",即去除气质的拘束和人欲的蒙蔽,实现德性的复归。能担当对人施行教化之重任者,是那些天生就超出众人的"聪明睿智,能尽其性"的佼佼者,这样的人必然要为人君、为人师,以帮助众人恢复天赋之性。

　　此外,朱熹在总结古代教育经验的基础上,把学校教育明确划分为小学与大学两个阶段,认为小学教育和大学教育是一个完整的教育过程中相对独立而又相互联系的两个阶段,并规定了小学、大学各自的入学年龄、教学目标、教学内容等,指出人应当8岁入小学,学习日常生活礼节及六艺之文,使儿童在日常生活中熟悉伦常礼乐之教;15岁入大学,学习穷理正心、修己治人之道。小学以教事为主,任务是为大学打基础;大学是小学教育的继续和深化,以明理为主,任务是造就对国家有用的人才。朱熹的这种以年龄、心理特征为依据的小学、大学阶段划分方法，在一定程度上反映了教育本身发展的客观规律，有其合理性。

（刘崇民）

学校贡举私议

【题解】 南宋偏安之后，统治者为了控制舆论，笼络人心，大力提倡科举考试制度，不少有志之士也希望能通过学校和科举选拔人才，重振国威。但是，朝中的权贵却借科举以营私，加上科举制本身存在着固有的弊端，导致科举考试中作弊之风盛行，读书士子很少关心国家大事和民众的前途命运，忘本弃义，贪名逐利。面对此等败坏的世风，朱熹等人大声疾呼，希望改革学校和科举，本文就是为此而作。

【原文】 古者学校选举之法，始于乡党，而达于国都。教之以德行道艺，而兴其贤者、能者。盖其所以居之者无异处，所以官之者无异术，所以取之者无异路，是以士有定志而无外慕，蚤[1]夜孜孜，唯惧德业之不修，而不忧爵禄之未至。夫子所谓"言寡尤，行寡悔，禄在其中"；孟子所谓"修其天爵而人爵从之"[2]，盖谓此也。

若夫三代[3]之教，艺为最下，然皆犹有实用而不可阙。其为法制之密，又足以为治心养气之助，而进于道德之归。此古之为法，所以能成人材而厚风俗，济世务而兴太平也。今之为法不然，虽有乡举[4]，而其取人之额不均，又设太学利诱之一涂，监试、漕试、附试诈冒之捷径[5]，以启其奔趋流浪之意。其所以教者，既不本于德行之实，而所谓艺者，又皆无用之空言。至于甚弊，则其所谓空言者，又皆怪妄无稽，而适足以败坏学者之心志。是以人材日衰，风俗日薄，朝廷州县每有一事之可疑，则公卿大夫官人百吏愕眙[6]相顾而不知所出，是亦可验其为教之得失矣。而议者不知其病源之所在，反以程试[7]文字之不工为患，而唱为混补[8]之说以益其弊。或者知其不可，又欲斟酌举行崇宁州县三舍之法，而使岁贡选士于太学[9]。其说虽若贤于混补之云，然果行此，则士之求入乎州学者必众，而今州郡之学钱粮有限，将广其额则食不足，将仍其旧则其势之偏、选之艰、而涂之狭，又将有甚于前日之解额少而无所容也。正使有以处之，然使游其间者校计得失于旦暮锱铢[10]之间，不得宁息，是又不唯无益，而损莫大焉，亦非计之得也。盖尝思之，必欲乘时改制以渐复先王之旧，而善今日之俗，则必如明道先生熙宁之议[11]，然后可以大正其本，而尽革其末流之弊。如曰未暇，则莫若且均诸州之解额[12]以定其志，立德行之科以厚其本，罢去词赋，而分诸经、子史、时务之年以齐其业，又使治经者必守家法[13]，命题者必依章句，答义[14]者必通贯经文，条举众说而断以己意。学校则遴选实有道德之人，使专教导，以来实学之士。裁减解额、舍选[15]谬滥之恩，以塞利诱之涂。至于制科、词科、武举之属[16]，亦皆究其利病，而颇更其制。则有定志而无奔竞之风，有实行而无空言之弊，有实学而无不可用之材矣。

此其大略也。其详则继此而遂陈之：夫所以必均诸州之解额者，今之士子不安于乡举而争趋太学试者，以其本州解额窄而试者多，太学则解额阔而试者少，本州只有解试一路，太学则兼有舍选之捷径，又可以智巧而经营也。所以今日倡为混补之说者，多是温、福、处、婺之人，而他州不与焉。非此数州之人独多躁竞，而他州之人无不廉退也，乃其势驱之，有不得不然者耳。然则今日欲救其弊而不以大均解额为先务，虽有良法，岂能有所补哉！故莫若先令礼部[17]取见逐州三举终场人数（太学终场人数，解试亦合分还诸州理为人数），通比旧额都数，定以若干分为率，而取其若干以为新额（如以十分为率而取其一，则万人终场者以百人为额。更斟酌之）。又损太学解额、舍选取人分数，使与诸州不至大段殊绝（其见住学人分数权许仍旧）。则士安其土而无奔趋流浪之意矣。

所以必立德行之科者，德行之于人大矣，然其实则皆人性所固有，人道所当为，以其得之于心，故谓之德，以其行之于身，故谓之行，非固有所作为增益而欲为观听之美也。士诚知用力于此，则不唯可以修身，而推之可以治人，又可以及夫天下国家。故古之教者，莫不以是为先。若舜之命司徒以敷五教，命典乐以教胄子，皆此意也。至于成周而法始大备，故其人材之盛、风俗之美，后世莫能及之。汉室之初尚有遗法，其选举之目，必以"敬长上，顺乡里，肃政教，出入不悖所闻"为称首。魏晋以来虽不及古，然其九品中正之法[18]犹为近之。及至隋唐，遂专以文词取士[19]，而尚德之举不复见矣。积至于今，流弊已极，其势不可以不变。而欲变之，又不可不以其渐。故今莫若且以逐州新定解额之半而又折其半，以为德行之科（如解额百人，则以二十五人为德行科。盖法行之初，恐考察未精，故且取其半，而又减其半。其余五十人自依常法），明立所举德行之目（如八行之类），专委逐县令佐从实搜访，于省试后保明津遣赴州，守倅审实保明申部。于当年六月以前以礼津遣，限本年内到部。拨入太学，于近上斋舍安排，而优其廪给，仍免课试。长贰[20]以时延请询考，至次年终，以次差充大小职事。又次年终，择其尤异者特荐补官。余令特赴明年省试[21]，比之余人倍其取人分数（如余人二十取一，则此科十而取一。盖解额中已减其半矣），殿试[22]各升一甲。其不中人且令住学以俟后举。其行义有亏，学术无取，举者亦当议罚。则士知实行之可贵，而不专事于空言矣。

所以必罢诗赋者，空言本非所以教人，不足以得士，而诗赋又空言之尤者，其无益于设教取士章章明矣。然熙宁罢之而议者不以为是者，非罢诗赋之不善，乃专主王氏经义之不善也。故元祐初议有改革，而司马温公、吕申公皆不欲复。其欲复之者，唯刘挚为最力，然不过以考校之难而为言耳，是其识之卑，而说之陋，岂足与议先王教学、官人之本意哉。今当直罢无可疑者，如以习之者众，未欲遽罢，则限以三举而递损其取人之数，俟其为之者少，而后罢之，则亦不骇于俗，而其弊可革矣。

所以必分诸经、子史、时务之年者，古者大学之教，以格物致知为先，而其考校之法，又以九年知类通达、强立不反为大成。盖天下之事皆学者所当知，而其理之载于经者，则各有所主而不能相通也。况今《乐经》亡而《礼经》缺，二戴之《记》已非正经，而又废其一焉[23]。盖经之所以为教者已不能备，而治之者类皆舍其所难而就其所易，仅窥其一而不及其余，则于天下之事，宜有不能尽通其理者矣。若诸子之学，同出于圣人，各有所长而不能无所短，其长者固不可以不学，而其所短亦不可以不辨也。至于诸史，则该古今兴亡治乱得失之变，时务之大者如礼乐制度、天文地理、兵谋刑法之属，亦皆当世所须而不可阙，皆不可以不之习也。然欲其一旦而尽通，则其势将有所不能，而卒至于不行。若合所当读之书而分之以年，使天下之士各以三年而共通其三四之一，则亦若无甚难者。故今欲以《易》、《书》、《诗》为一科，而子年午年试之；《周礼》、《仪礼》及二戴之《礼》为一科，而卯年试之；《春秋》及《三传》为一科，而酉年试之（年分皆以省试为界，义各二道）。诸经皆兼《大学》、《论语》、《中庸》、《孟子》（义各一道）。论则分诸子为四科，而分年以附焉（诸子则如荀、扬、王、韩、老、庄之属，及本朝诸家文字，当别讨论，分定年数，兼许于当年史传中出论二道）。策则诸史，时务亦然（诸史则《左传》《国语》《史记》《两汉》为一科，《三国》《晋书》《南北史》为一科，新旧《唐书》《五代史》为一科，《通鉴》为一科。时务则律历、地理为一科，《通礼》《新仪》为一科，兵法、刑统、敕令为一科，《通典》为一科，以次分年，如经子之法，策各二道）。则士无不通之经，无不习之史，而皆可为当世之用矣。

其治经必专家法者，天下之理固不外于人之一心，然圣贤之言则有渊奥尔雅而不可以臆断者，其制度、名物、行事本末又非今日之见闻所能及也，故治经者必因先儒已成之说而推之。借曰未必尽是，亦当究其所以得失之故，而后可以反求诸心而正其缪，此汉之诸儒所以专门名家，各守师说，而不敢轻有变焉者也。但其守之太拘，而不能精思明辨以求真是，则为病耳。然以此之故，当时风俗终是淳厚。近年以来，习俗苟偷，学无宗主，治经者不复读其经之本文与夫先儒之传注，但取近时科举中选之文讽诵摹仿，择取经中可为题目之句以意扭捏，妄作主张，明知不是经意，但取便于行文，不暇恤也。盖诸经皆然，而《春秋》为尤甚。主司不惟不知其缪，乃反以为工而置之高等。习以成风，转相祖述，慢侮圣言，日以益甚。名为治经而实为经学之贼，号为作文而实为文字之妖，不可坐视而不之正也。今欲正之，莫若讨论诸经之说，各立家法，而皆以注疏为主。如《易》则兼取胡瑗、石介、欧阳修、王安石、邵雍、程颐、张载、吕大临、杨时，《书》则兼取刘敞、王安石、苏轼、程颐、杨时、晁说之、叶梦得、吴棫、薛季宣、吕祖谦，《诗》则兼取欧阳修、苏轼、程颐、张载、王安石、吕大临、杨时、吕祖谦，《周礼》则刘敞、王安石、杨时，《仪礼》则刘敞；《二戴礼记》则刘敞、程颐、张载、吕大临，《春秋》则啖助、赵正、陆淳、孙明复、刘敞、程颐、胡安国，《大学》《论语》《中庸》《孟子》则又皆有《集解》等书，而苏轼、王雱、吴棫、胡寅等说，亦可采（以上诸家更加考订增损，如刘彝等说恐亦可取）。令应举人各占两家以上，于家状[24]内及经义卷子第一行内一般声说，将来答义则以本说为主而旁通他说，以辨其是非，则治经者不敢妄牵己意，而必有据依矣。

其命题所以必依章句者，今日治经者既无家法，其穿凿之弊已不可胜言矣，而主司命题又多为新奇以求出于举子之所不意，于所当断而反连之，于所当连而反断之，大抵务欲无理可解，无说可通，以观其仓卒之间趋附离合之巧。其始盖出于省试"上天之载，无声无臭，仪刑文王"之一题。然而当时传闻，犹以为怪。及今数年，则无题不然，而人亦不之怪矣。主司既以此倡之，举子亦以此和之。平居讲习，专务裁剪经文，巧为餖飣[25]，以求合乎主司之意。其为经学，贼中之贼；文字，妖中之妖，又不止于家法之不立而已也。今既各立家法，则此弊势当自革。然恐主司习熟见闻，尚仍故态，却使举子愈有拘碍，不容下笔。愿下诸路漕司，戒敕所差考试官，今后出题须依章句，不得妄有附益裁剪，如有故违，许应举人依经直答以驳其缪，仍经本州及漕司陈诉，将命题人重作行遣。其诸州申到题目，亦令礼部国子监长贰看详，纠举谴罚，则主司不敢妄出怪题，而诸生得守家法，无复敢肆妖言矣。

又按前贤文集，策问皆指事设疑，据实而问，多不过百十字。嘉祐、治平以前尚存旧体，而《吕申公家传》记熙宁事，乃云有司发策问必先称颂时政，对者因大为谀词以应之，然则此风盖未远也。今亦宜为之禁，使但条陈所问之疑略如韩、欧诸集之为者，则亦可以观士子之实学，而息其谀佞之奸心矣。其必使答义者通贯经文，条陈众说而断以己意者，其说已略具于家法之条矣。盖今日经学之难，不在于治经，而难于作义。大抵不问题之小大长短，而必欲分为两段，仍作两句对偶破题，又须借用他语以暗贴题中之字，必极于工巧而后已。其后多者三二千言，别无他意，不过止是反复敷衍破题两句之说而已。如此不唯不成经学，亦复不成文字，而使学者卒岁穷年，枉费日力以从事于其间，甚可惜也。欲更其弊，当更写卷之式，明著问目之文，而疏其上下文，通约三十字以上，次列所治之说而论其意，又次旁列他说而以己意反复辩析，以求至当之归。但令直论圣贤本意与其施用之实，不必如今日经义分段、破题、对偶、敷衍之体。每道止限五六百字以上，则虽多增所治之经，而答义不至枉费辞说，日力亦有余矣。至于旧例经义禁引史传，乃王氏末流之弊，而论子史者，不复订以经指，又俗学卑近之失，皆当有以正之，使治经术者通古今，议论者识原本，则庶乎其学之至矣。

其学校必选实有道德之人使为学官，以来实学之士，裁减解额、舍选谬滥之恩，以塞利诱之涂者，古之太学主于教人而因以取士，故士之来者为义而不为利。且以本朝之事言之，如李廌所记元祐侍讲吕希哲之言曰：仁宗之时，太学之法宽简，国子先生必求天下贤士真可为人师者，就其中又择其尤贤者如胡翼之之徒，使专教导规矩之事，故当是时，天下之士不远万里来就师之。其游太学者端为道艺，称弟子者中心说而诚服之,盖犹有古法之遗意也。熙宁以来,此法浸坏,所谓太学者,但为声利之场,而掌其教事者,不过取其善为科举之文,而尝得隽于场屋者耳[26]。士之有志于义理者,既无所求于学,其奔趋辐凑而来者,不过为解额之滥、舍选之私而已。师生相视,漠然如行路之人,间相与言,亦未尝开之以德行道艺之实,而月书季考者,又只以促其嗜利苟得、冒昧无耻之心,殊非国家之所以立学教人之本意也。欲革其弊,莫若一遵仁皇之制,择士之有道德可为人师者以为学官,而久其任,使之讲明道义以教训其学者,而又痛减解额之滥以还诸州,罢去舍选之法,而使为之师者考察诸州所解德行之士与诸生之贤者,而特命以官,则太学之教不为虚设,而彼怀利干进之流,自无所为而至矣。如此,则待补之法固可罢去,而混补者又必使与诸州科举同日引试,则彼有乡举之可望者自不复来,而不患其纷冗矣。

至于取人之数,则又严为之额,而许其补中之人从上几分特赴省试,则其舍乡举而来赴补者亦不为甚失职矣。其计会[27]监试、漕试、附试之类,亦当痛减分数,严立告赏,以绝其冒滥。其诸州教官亦以德行人充,而责以教导之实,则州县之学亦稍知义理之教,而不但为科举之学矣。

至于制举,名为贤良方正,而其实但得记诵文词之士。其所投进词业,亦皆无用之空言,而程试论策则又仅同覆射儿戏,初无益于治道,但为仕宦之捷径而已。词科则又习于诌谀夸大之词,而竞于骈俪刻雕之巧,尤非所以为教。至于武举,则其弊又不异于儒学之陋也。欲革其弊,则制科当诏举者不取其记诵文词,而取其行义器识,罢去词业六论,而直使待对于廷,访以时务之要,而不穷以隐僻难知之事。词科则当稍更其文字之体,使以深厚简严为主,而以能辨析利害、敷陈法度为工。武举则亦使学官放经义论策之制,参酌定议,颁下《武经总要》等书,而更加讨论,补其遗逸,使之诵习,而立其科焉。则庶乎小大之材各得有所成就,而不为俗学之所病矣。

夫如是,是以教明于上,俗美于下,先王之道得以复明于世,而其遗风余韵又将有以及于方来,与夫规规然固守末流之弊法,而但欲小变一二于其间者,利害相绝固有间矣。草茅之虑,偶及于此,故敢私记其说,以为当路之君子其或将有取焉。

——选自朱熹撰,朱杰人、严佐之、刘永翔主编:《朱子全书(修订本)·第23册·晦庵先生朱文公文集(四)》,上海古籍出版社、安徽教育出版社2010年版,第3355—3364页。

注释

〔1〕蚤,同"早"。

〔2〕天爵,古称不居官位,因德高而受人尊敬者,如受天然的爵位。人爵,指人所授予的爵位。

〔3〕三代,指夏、商、周。

〔4〕乡举,指州县的贡举。

〔5〕监试,国子监选取太学生的考试。漕试,由各路转运司主持的乡试。附试,附设于国子监或转运司的考试,这是为随任的官员亲属或远离本籍的人参加考试的方便而设的。这三种考试因为录取较宽,假冒报考的很多。

〔6〕愕眙,惊视。眙,音 chì。

〔7〕程试,按规定的程式考试。后多指科举铨叙考试。

〔8〕混补,《文献通考·学校》:"太学补弟子员,故例,每三岁科举后,朝廷差官锁院,凡四方举人皆得就试,取合格者补入之,谓之混补。"

〔9〕"崇宁州县三舍之法,而使岁贡选士于太学",《宋史·选举志》:"崇宁元年,宰臣请:'天下州县并置学,州置教授二员,县亦置小学。县学生选考升诸州学,州学生每三年贡太学。'"崇宁,宋徽宗年号(1102—1106)。

〔10〕锱铢,古代很小的重量单位,这里比喻极微小的数量。

〔11〕明道先生熙宁之议,熙宁元年(1068 年)曾上《请修学校尊师儒取士札子》。明道先生,即程颢,字伯淳,人称"明道先生"。

〔12〕解额,按唐制,进士由乡而贡叫作"解",故称乡试为"解试",解试有一定的名额,称为"解额"。

〔13〕家法,汉儒经学传授,五经博士及其所传弟子要求严格以师授说经,称"师法";而弟子若能发展师说而各自名家,称"家法"。

〔14〕答义,笔答经义试题。

〔15〕舍选,太学三舍的考选。

〔16〕制科,由皇帝下诏为选拔某一方面人才而临时设置的科举考试科目。词科,专以文词取士,如博学宏词科,即制科中的一科。武举,专为选拔武官而设的科目。

〔17〕礼部,中央政府的六部之一,管理国家的典章制度、祭祀、学校、科举和接待四方宾客等事务,长官为礼部尚书。

〔18〕九品中正之法,魏、晋、南北朝时选官制度。规定州设大中正,郡设小中正,将当地士人按才能分别评定为九等(九品),作为选任官吏的依据。

〔19〕"及至隋唐,遂专以文词取士",隋唐实行科举制度,初有进士、明经、明法诸科,后专重进士,考试以诗赋为主。

〔20〕贰,副职。

〔21〕省试,各州、县乡贡举子至京师,由礼部主持在尚书省考试。

〔22〕殿试,科举考试中最高一级考试。由皇帝亲自于殿廷内主持,亦称"廷试"。

[23] "二戴之《记》已非正经，而又废其一焉"，经学家以《大戴礼记》与《小戴礼记》为《礼记》的传记，而《大戴礼记》未列为经，故说"废其一"。

[24] 家状，旧指记述有关个人履历、三代、乡贯、年貌等的表状。

[25] 飣飣，音 dòudìng，亦作"斗钉""飣飣"。食品的杂陈，这里比喻文辞的堆砌。

[26] 隽，通"俊"。场屋，指科考时代士子科考的地方，又称"科场"。引申为科举考试。

[27] 计会，宋代各路州县应诏的贡士，随计薄使者至京师会集考试。

【解读】

　　在本文中，朱熹对南宋的学校教育和科举制度作了严厉的批评，并提出了改革的建议。

　　对于学校教育，朱熹认为宋代学校教育违反了"先王之学以明人伦为本"的宗旨，所教内容"既不本于德行之实，而所谓艺者，又皆无用之空言"，既不能提高人的德行，又不能增长人的才干，导致学校有名无实，风俗日蔽，人才日衰。学校教养无法，"师生相视，漠然如行路之人"。太学成了追求名利的场所，教师不过是一些"善为科举之文，而尝得隽于场屋者"，学生入学所求的也不过是"解额之滥、舍选之私而已"，学校完全失去了国家立学教人之本意。为此，朱熹提出了革除学校弊病的建议：首先，端正办学方向，以培养德行道艺俱佳者为办学目的，以尊先王设教的遗意；其次，严格学官之选，要求担任学官者要有较高的道德水准，而且还要"久其任"，使其"讲明道义以教训其学者"；再次，学校教育内容要着重讲述道德政事，推行义理之教。此外，还应大幅减少太学解额，归还诸州。

　　对于科举制度，朱熹认为科举考试内容和科目设置存在着极大的弊端，当时的科举考试不重德行义理，而重空言诗赋，往往使人忘记了"格物、致知、诚意、正心、修身、齐家、治国、平天下"的求学之本，而去追名逐利，导致社会风气的败坏，无益于社会和国家的发展。因此，科举制度必须改革，改革的核心内容：一是设立德行之科，取消诗赋之科。朱熹认为，德行为人性所固有，修好德行，有益于个人、国家，"故古之教者，莫不以是为先"，所以应该提倡；相反，隋唐以来的诗赋科则应该罢除，"所以必罢诗赋者，空言本非所以教人，不足以得士，而诗赋又空言之尤者，其无益于设教取士章章明矣"。二是改革经义进士科考试内容，提出将诸经、子史、时务分科分年考试的设想，并根据不同的考试形式采取不同的命题要求，"使治经者必守家法，命题者必依章句，答义者必通贯经文，条举众说而断以己义"，认为通过这样的改进，不但"可以观士子之实学"，而且可以"息其谍佞之奸心"。

　　朱熹对宋代学校教育和科举的批评，切中时弊，提出的改革建议也不乏合理的因素,尽管这些主张没有被南宋统治者采纳,但天下有识之士却称颂不已,并在元代以后的科举考试中得到相当程度的应用。

(刘崇民)

语录（节选）

【题解】 朱熹一生主要从事学术研究和教育活动,著述甚多,培养的学生甚众,多达几千人。在其教学过程中,书院讲堂讲授的"讲义"、师生问答之语,多为其弟子记下,称为"朱子语录",后来其门生黎靖德辑录各种版本,汇编集中,整理成书,分为二十六门,一百四十卷,取名为《朱子语类》,该书是研究朱熹思想的重要著作。

【原文】 "论天地之性,则专指理言;论气质之性,则以理与气杂而言之。未有此气,已有此性。气有不存,而性却常在。虽其方在气中,然气自是气,性自是性,亦不相夹杂。至论其遍体于物,无处不在,则又不论气之精粗,莫不有是理。"

"性非气质,则无所寄;气非天性,则无所成。"

"人之性皆善。然而有生下来善底,有生下来便恶底,此是气禀不同。且如天地之运,万端而无穷,其可见者,日月清明气候和正之时,人生而禀此气,则为清明浑厚之气,须做个好人;若是日月昏暗,寒暑反常,皆是天地之戾气[1],人若禀此气,则为不好底人,何疑。人之为学,却是要变化气禀,然极难变化。如"孟子道性善",不言气禀,只言"人皆可以为尧、舜"。若勇猛直前,气禀之偏自消,功夫自成,故不言气禀。看来吾性既善,何故不能为圣贤,却是被这气禀害。如气禀偏于刚,则一向刚暴;偏于柔,则一向柔弱之类。人一向推托道气禀不好,不向前,又不得;一向不察气禀之害,只昏昏地去,又不得。须知气禀之害,要力去用功克治,裁其胜而归于中乃可。……"

亚夫[2]问:"气质之说,始于何人?"曰:"此起于张、程[3]。某以为极有功于圣门,有补于后学,读之使人深有感于张、程,前此未曾有人说到此。如韩退之《原性》

中说三品，说得也是，但不曾分明说是气质之性耳。性那里有三品来？孟子说性善，但说得本原处，下面却不曾说得气质之性，所以亦费分疏。诸子说性恶与善恶混。使张、程之说早出，则这许多说话自不用纷争。故张、程之说立，则诸子之说泯矣。"因举横渠："形而后有气质之性。善反之，则天地之性存焉。故气质之性，君子有弗性者焉。"又举明道云："'论性不论气，不备；论气不论性，不明；二之则不是。'且如只说个仁义礼知是性，世间却有生出来便无状底，是如何？只是气禀如此。若不论那气，这道理便不周匝[4]，所以不备。若只论气禀，这个善，这个恶，却不论那一原处只是这个道理，又却不明。此自孔子、曾子、子思、孟子理会得后，都无人说这道理。"……

"有是理而后有是气，有是气则必有是理。但禀气之清者，为圣为贤，如宝珠在清冷水中；禀气之浊者，为愚为不肖，如珠在浊水中。所谓'明明德'者，是就浊水中揩拭此珠也。……"（卷四·性理一·人物之性气质之性）

"为学须是痛切恳恻做工夫，使饥忘食，渴忘饮，始得。"

"圣贤千言万语，无非只说此事。须是策励此心，勇猛奋发，拔出心肝与他去做。如两边擂起战鼓，莫问前头如何，只认卷将去。如此，方做得工夫。若半上落下，半沉半浮，济得甚事！"

"为学极要求把篙处着力。到工夫要断绝处，又更增工夫，着力不放令倒，方是向进处。为学正如上水船，方平稳处，尽行不妨。及到滩脊急流之中，舟人来这上一篙，不可放缓。直须着力撑上，不得一步不紧。放退一步，则此船不得上矣！"

"博学，谓天地万物之理，修己治人之方，皆所当学。然亦各有次序，当以其大而急者为先，不可杂而无统也。"

"譬如登山，人多要至高处。不知自低处不理会，终无至高处之理。"

"学问须严密理会，铢分毫析。"

"……为学者须从穷理上做工夫。若物格、知至，则意自诚；意诚，则道理合做底事自然行将去，自无下面许多病痛也。'扩然而大公，物来而顺应[5]。'"（卷八·学二·总论为学之方）

"持敬是穷理之本。穷得理明，又是养心之助。"（卷九·学三·论知行）

"读书以观圣贤之意，因圣贤之意，以观自然之理。"

"学者读书,须是于无味处当致思焉。至于群疑并兴,寝食俱废,乃能骤进。"因叹:"骤进二字,最下得好,须是如此。若进得些子,或进或退,若存若亡,不济事。如用兵相杀,争得些儿小可一二十里地,也不济事。须大杀一番,方是善胜。为学之要,亦是如此。"

"须是一棒一条痕,一掴[6]一掌血。看人文字,要当如此,岂可忽略。"

"看文字,须是如猛将用兵,直是鏖战一阵;如酷吏治狱,直是推勘到底;决是不恕他,方得。"

"读书,须是遍布周满。某尝以为宁详毋略,宁下毋高,宁拙毋巧,宁近毋远。"

"读书之法,先要熟读。须是正看背看,左看右看。看得是了,未可便说道是,更须反覆玩味。"

"书宜少看,要极熟。小儿读书记得,大人多记不得者,只为小儿心专。一日授一百字,则只是一百字;二百字,则只是二百字。大人一日或看百板,不恁精专。人多看一分之十,今宜看十分之一。宽着期限,紧着课程。"

"读书不可贪多,常使自家力量有余。"正淳[7]云:"欲将诸书循环看。"曰:"不可如此,须看得一书彻了,方再看一书。若杂然并进,却反为所困。如射弓,有五斗力,且用四斗弓,便可拽满,己力欺得他过。今学者不忖自己力量去观书,恐自家照管它不过。"

"今人读书,看未到这里,心已在后面;才看到这里,便欲舍去了。如此,只是不求自家晓解。须是徘徊顾恋,如不欲去,方会认得。"

"大凡读书,须是熟读。熟读了,自精熟;精熟后,理自见得。如吃果子一般,劈头方咬开,未见滋味,便吃了。须是细嚼教烂,则滋味自出,方始识得这个是甜是苦,是甘是辛,始为知味。"又云:"园夫灌园,善灌之夫,随其蔬果,株株而灌之。少间灌溉,溉足,则泥水相和,而物得其润,自然生长。不善灌者,忙急而治之,担一担之水,浇满园之蔬。人见其治园矣,而物未尝沾足也。"又云:"读书之道,用力愈多,收功愈远。先难而后获,先事而后得,皆是此理。"又云:"读书之法,须是用工去看。先一书费许多工夫,后则无许多矣。始初一书费十分工夫,后一书费八九分,后则费六七分,又后则费四五分矣。"

"泛观博取,不若熟读而精思。"

"大抵观书先须熟读，使其言皆若出于吾之口；继以精思，使其意皆若出于吾之心，然后可以有得尔。然熟读精思既晓得后，又须疑不止如此，庶几有进。若以为止如此矣，则终不复有进也。"

"读书之法：读一遍了，又思量一遍；思量一遍，又读一遍。读诵者，所以助其思量，常教此心在上面流转。若只是口里读，心里不思量，看如何也记不子细。"（卷十·学四·读书法上）

"本心陷溺之久，义理浸灌未透，且宜读书穷理，常不间断，则物欲之心自不能胜，而本心之义理自安且固矣。"

"读书须将心贴在书册上，逐句逐字，各有着落，方始好商量。大凡学者须是收拾此心，令专静纯一，日用动静间都无驰走散乱，方始看得文字精审。如此，方是有本领。"

"凡看书，须虚心看，不要先立说。看一段有下落了，然后又看一段。须如人受词讼，听其说尽，然后方可决断。"

"读书，须要切己体验。不可只作文字看，又不可助长。"

"读书，不可只专就纸上求理义，须反来就自家身上（以手自指）推究。秦、汉以后无人说到此，亦只是一向去书册上求，不就自家身上理会。自家见未到，圣人先说在那里。自家只借他言语来就身上推究，始得。"

"读书之法，有大本大原处，有大纲大目处，又有逐事上理会处，又其次则解释文义。"

"凡读书，先须晓得他底言词了，然后看其说于理当否。当于理则是，背于理则非。今人多是心下先有一个意思了，却将他人说话来说自家底意思；其有不合者，则硬穿凿之使合。"

"看人文字，不可随声迁就。我见得是处，方可信。须沉潜玩绎[8]，方有见处。不然，人说沙可做饭，我也说沙可做饭，如何可吃！"

"读书无疑者，须教有疑；有疑者，却要无疑；到这里方是长进。"

"人之病，只知他人之说可疑，而不知己说之可疑。试以诘难他人者以自诘难，庶几自见得失。"

"学不可躐等，不可草率，徒费心力。须依次序，如法理会。一经通熟，他书亦易看。"

"为学须是先立大本。其初甚约，中间一节甚广大，到末梢又约。孟子曰：'博学而详说之，将以反说约也[9]。'故必先观《论》、《孟》、《大学》、《中庸》，以考圣贤之意；读史，以考存亡治乱之迹；读诸子百家，以见其驳杂之病。其节目自有次序，不可逾越。近日学者多喜从约，而不于博求之。不知不求于博，何以考验其约。如某人好约，今只做得一僧，了得一身。又有专于博上求之，而不反其约，今日考一制度，明日又考一制度，空于用处作工夫，其病又甚于约而不博者。要之，均是无益。"

"人做功课若不专一，东看西看，则此心先已散漫了，如何看得道理出。须是看《论语》，专只看《论语》；看《孟子》，专只看《孟子》。读这一章，更不看后章；读这一句，更不得看后句；这一字理会未得，更不得看下字。如此，则专一而功可成。若所看不一，泛滥无统，虽卒岁穷年，无有透彻之期。某旧时文字，只是守此拙法，以至于今。思之，只有此法，更无他法。"

"凡读书，须有次序。且如一章三句，先理会上一句，待通透；次理会第二句，第三句，待分晓；然后将全章反覆紬绎[10]玩味。如未通透，却看前辈讲解，更第二番读过。须见得身分上有长进处，方为有益。……"

"凡看文字，诸家说有异同处，最可观。谓如甲说如此，且捉扯[11]住甲，穷尽其词；乙说如此，且捉扯住乙，穷尽其词。两家之说既尽，又参考而穷究之，必有一真是者出矣。"（卷十一·学五·读书法下）

"敬则天理常明，自然人欲惩室消治[12]。"

"敬非是块然兀坐，耳无所闻，目无所见，心无所思，而后谓之敬。只是有所畏谨，不敢放纵。如此则身心收敛，如有所畏。常常如此，气象自别。存得此心，乃可以为学。"（卷十二·学六·持守）

"某要人先读《大学》，以定其规模；次读《论语》，以立其根本；次读《孟子》，以观其发越；次读《中庸》，以求古人之微妙处。……"（卷十四·大学一·纲领）

"读书理会一件了，又一件。不止是读书，如遇一件事，且就这事上思量合当如何做，处得来当，方理会别一件。书不可只就皮肤上看，事亦不可只就皮肤上理会。天下无书不是合读底，无事不是合做底。若一个书不读，这里便缺此一书之理；一件事不做，这里便缺此一事之理。大而天地阴阳，细而昆虫草木，皆当理会。一物

不理会,这里便缺此一物之理。"（卷一百一十七·朱子十四·训门人五）

语泉州赵公曰:"学固不在乎读书,然不读书则义理无由明。要之,无事不要理会,无书不要读。若不读这一件书,便阙了这一件道理;不理会这一事,便阙这一事道理。要他底,须着些精彩方得,然泛泛做又不得。……"（卷一百二十·朱子十七·训门人八）

——选自朱熹撰,朱杰人、严佐之、刘永翔主编:《朱子全书（修订本）·第14—18册·朱子语类》,上海古籍出版社、安徽教育出版社2010年版,第196—3779页。

【注释】

［1］戾气,恶浊的气。戾,音 lì。

［2］亚夫,一作"道夫",黄樵仲,字道夫,龙溪（今福建南海）人,淳熙进士。朱熹知漳州时,礼请入学,结为学友。

［3］张,指张载。程,指程颢、程颐。

［4］周匝,周密;完全。

［5］"扩然而大公,物来而顺应",见程颢《定性书》。意谓:涵养仁心,主观上达到与宇宙万物为一体的状态,遇着事物都能辨识而合理地作出反应。

［6］掴,音 guó,用手掌打。

［7］正淳,即万人杰,字正淳,南宋大冶（今属湖北）人。初师事陆九渊兄弟,后见朱熹,遂转为朱门弟子。

［8］沉潜玩绎,用心深入体会研究。

［9］"博学而详说之,将以反说约也",见《孟子·离娄下》。

［10］紬绎,今多作"抽绎"。引端伸义;阐述。亦谓引导。紬,音 chōu。

［11］挦扯,拉撕剥取。特指在写作中对他人的著作率意割裂,取用。挦,音 xián。

［12］惩窒消治,克制抑止,消散治灭。

【解读】

《朱子语类》内容多而驳杂,本文选取了与教育有密切关系的有关性理、为学的若干条语录,以展现朱熹在这些方面的见解。这里着重介绍朱熹的读书法。

朱熹认为为学之道,必须从读书入手,读书即穷理,是求学的不二法门。关于如何读书,他提出了许多精辟的见解,后来他的门人将其归纳为六点:第一,要"循序渐进"。读书要遵循从易到难、由浅入深的规律,就像登山一样,要从低处往高处登,凡是读书,都需要有次序,"学不可躐等,不可草率,徒费心力。须依次序,如法理会。一经通熟，他书亦易看"。第二，要"熟读精思"。读书既要熟读成诵又要精于思考，"泛观博取，不若熟读而精思"。读书之法，先要熟读，越读越有滋味，心里才能精思而有所体会，所谓"若读得熟，而又思得精，自然心与理一，永远不忘"，所以他又说："大抵观书先须熟读，使其言皆若出于吾之口；继以精思，使其意皆若出于吾之心，然后可以有得尔。"第三，要"虚心涵泳"。所谓"虚心"，是指读书时要虚怀若谷，静心思虑，仔细体会书中的意思，力戒先入为主，牵强附会，如果读书过程中发现对文义有疑问而众说纷杂，要多方验证，切勿匆忙决定取舍。所谓"涵泳"，就是读书时要反复咀嚼，细心玩味，深刻体会书中的旨趣。第四，要"切己体察"。读书不能只在纸面上做功夫，还需领会书中的精神实质，要超越书本，身体力行，与实践相结合，"读书，不可只专就纸上求理义，须反来就自家身上（以手自指）推究"。第五，要"着紧用力"。读书要抓紧时间，发奋刻苦，饥忘食，渴忘饮。读书就像逆水行舟，需要着紧用力，不可放松，"放退一步，则此船不得上矣!"第六，要"居敬持志"。"居敬"就是读书时注意力高度集中，全神贯注，"读书须将心贴在书册上，逐句逐字，各有着落，方始好商量"，而"持志"就是读书治学要有远大的志向、宏伟的目标，并能以顽强的毅力求其实现。

朱熹的读书法是他对前人读书经验以及自己长期读书治学经验的概括和总结，比较集中地反映了我国古代关于读书法研究的成果，其中的合理因素值得借鉴。

（刘崇民）

陆九渊(1139—1193),字子静,号存斋,抚州金溪(今属江西)人。曾结茅讲学于象山(今江西贵溪西南),人称"象山先生"。南宋理学家、教育家。著作编为《象山先生全集》。

白鹿洞书院讲义

【题解】 义利之辨,即道德与利益两者的关系问题,是中国伦理道德哲学的重要问题,它引起了历代思想家、教育家的广泛关注,一些重要思想家、教育家无不就此发表己见,宋代的理学家尤为突出。本文就是陆九渊阐发义利观的重要文章,是他应朱熹之邀于淳熙八年(1181年)在白鹿洞书院所作的讲义。

【原文】 某虽少服父兄师友之训,不敢自弃,而顽钝疏拙[1],学不加进,每怀愧惕,恐卒负其初心。方将求针砭镌[2]磨于四方师友,冀获开发[3]以免罪戾。比来得从郡侯秘书至白鹿书堂,群贤毕集,瞻睹盛观,窃自庆幸! 秘书先生、教授先生不察其愚,令登讲席,以吐所闻。顾惟庸虚,何敢当此? 辞避再三,不得所请,取《论语》中一章,陈平日之所感,以应嘉命,亦幸有以教之。

子曰:"君子喻于义,小人喻于利[4]。"

此章以义利判君子小人,辞旨晓白[5],然读之者苟[5]不切己观省,亦恐未能有益也。某平日读此,不无所感。窃谓学者于此当辨其志[6]。人之所喻由其所习,所习由其所志。志乎[7]义,则所习者必在于义。所习在义,斯喻于义矣。志乎利,则所习者必在于利。所习在利,斯喻于利矣。故学者之志不可不辨也。

科举取士久矣,名儒巨公[8]皆由此出。今为士者固不能免此。然场屋[9]之得失,顾其技与有司好恶如何耳,非所以为君子小人之辨也。而今世以此相尚,使汩没[10]于此而不能自拔,则终日从事者虽曰圣贤之书,而要其志之所乡,则有与圣贤背而驰者矣。推而上之,则又惟官资崇卑、禄廪厚薄是计。岂能悉心力于国事民隐,以无负于任使者哉? 从事其间,更历之多,讲习之熟,安得不有所喻? 顾恐不在于义耳。诚能深思是身,不可使之为小人之归,其于利欲之习,怛[11]焉为之痛心疾首,专志乎义而日勉焉,博学,审问,慎思,明辨而笃行之。由是而进于场屋,其文必皆道其平日之学、胸中之蕴,而不诡于圣人。由是而仕,必皆共其职,勤其事,心乎国,心乎民,而不为身计,其得不谓之君子乎。

秘书先生起废以新斯堂,其意笃矣。凡至斯堂者,必不殊志。愿与诸君勉之,以毋负其志。

淳熙辛丑[12]春二月,陆兄子静来自金溪,其徒朱克家、陆麟之、周清叟、熊鉴、路谦亨、胥训实从。十日丁亥,熹率僚友诸生与俱至于白鹿书院,请得一言以警学者。子静既不鄙而惠许之,至其所以发明敷畅,则又恳到明白,而皆有以切中学者隐微深痼[13]之病,盖听者莫不悚然动心焉。熹犹惧其久而或忘之也,复请子静笔之于简,而受藏之。凡我同志于此反身而深察之,则庶乎其可不迷于入德之方矣。

新安朱熹[14]识。

——选自陆九渊撰,叶航点校:《陆九渊全集(下)》,上海古籍出版社 2022 年版,第 343—345 页。

【注释】

［1］疏拙,粗略笨拙。

［2］镌,音 juān,同"镌"。

［3］开发,启发;诱导。

［4］"君子喻于义,小人喻于利",见《论语·里仁》。喻,通晓;了解。

［5］苟,如果。

［6］志,志向;志愿。

［7］乎,同"于",在于。

［8］巨公,犹言巨匠、大师。

［9］场屋,科举时代士子科考的地方,又称"科场"。引申为科举考试。

［10］汩没,沉沦;埋没。

［11］怛,音 dá,痛苦;悲伤。

［12］淳熙辛丑,指宋孝宗淳熙八年(1181 年)。

［13］深痼,病根深固。比喻积习难返。

［14］新安朱熹,朱熹祖籍徽州婺源(今属江西),因徽州的前称为"新安郡",所以朱熹在著述中常自称"新安朱熹"。

【解读】 君子和小人的区别是什么？为什么要进行义利之辨？其现实意义是什么？在本文中，陆九渊通过对《论语》一章的阐释作了回答。

陆九渊认为，君子和小人的最大区别就在于"志"的不同，价值取向的差异是君子和小人的分野。君子追求的是"义"，即"道义"，也就是儒家的伦理道德和价值观，包含"不求名""不计胜""不恃智""不矜功"四德以及"三纲五常"；小人追求的是"利"，即"私利"，也就是声色利货、名位禄秩。"志"是思想行为的动机，决定了一个人的"所习"和"所行"，君子"志"在取"义"，所以所习在"义"；小人"志"在取"利"，所以所习在"利"。"志"在"义"者，利欲不入于心，所想所行无往而非"义"；"志"在"利"者，念念不忘功名利禄，所想所行无往而非"利"，故道义不入于心。因此，一个人成为君子还是小人的根源不在于外在的环境，而在于他自己的"志"是"义"还是"利"，所以"志"不可不辨。

陆九渊认为，明确义利之辨不仅有很大的理论价值，还有极大的现实意义。他指出，科举考试虽然是选拔人才的重要手段，但考试的成败并不能辨别君子、小人，因为这同考试的技巧和有司的好恶有很大关系。有些人虽读圣贤之书，但行为与孔孟训示的"志乎义""喻于义"背道而驰，这些人读书只是为了追名求利，以科场得失为目标，做官以后，又想着如何升官，俸禄稍薄时想着如何加厚，加厚以后又想着如何能更厚，这样的人是不可能将心力用于国事民情上的。只有以"义"为志去参加科举考试，才能阐发圣人之道，做官才能勤于职事，为国为民排忧解难。因此，要选拔真正的人才，不仅要考察其所学，还应从学者所持之"志"考量。

陆九渊的这番"义利之辨"是在白鹿洞书院所发，"切中学者隐微深痼之病"，引起听众强烈反响，"听者莫不悚然动心"，甚至有感动流泪的，足见其影响力之大。

好学近乎知

【题解】 "好学近乎知"这句话出自《礼记·中庸》，意思是勤奋好学可以使人接近智慧。这句话一直被认为是不容置疑的，在本文中，陆九渊对这句话进行了辨析。

【原文】 圣人之言有若不待辩而明，自后世言之，则有不可不辩者。

夫所谓智者，是其识之甚明，而无所不知者也。夫其识之甚明，而无所不知者，不可以多得也。然识之不明,岂无可以致[1]明之道乎？有所不知,岂无可以致知之道乎？学也者,是所以致明致知之道也。向[2]也不明,吾从而学之,学之不已,岂有不明者哉？向也不知,吾从而学之,学之不已,岂有不知者哉？学果可以致明而致知,则好学者可不谓之近智乎？是所谓不待辩而明者也。

然大道之不明,斯人之陷溺[3],古之所谓学者,后世莫之或知矣。今自童子受一卷之书,亦可谓之学；虽学农圃技巧之业,亦不可不谓之学。人各随其所欲能者而学之,俗各随其所渐诱者而学之,均之为学也。虽其学之也,有好有不好,其好之也,有笃[4]有不笃,而当其笃好之也,均之为好学也。今学农圃技巧之业者姑不论；而如童子受书,如射御书数专为一艺者亦姑不论；又如诡怪妖妄之人,学为欺世诬人之事者亦姑不论。而世盖有人焉,气庸质腐,溺[5]于鄙陋之俗,习于庸猥之说,胶[6]于卑浅零乱之见,而乃勉勉而学、孜孜而问、茫茫而思、汲汲[7]而行,闻见愈杂,智识愈迷,东辕则恐背于西,南辕则恐违于北,执一则惧为通者所笑,泛从则惧为专者所非,进退无守,彷徨失据。是其好之愈笃,而自病愈深。若是而学、若是而好者,果可谓之近于智乎？此所谓自后世言之则有不可不辩焉者也。

——选自陆九渊撰,叶航点校：《陆九渊全集(下)》,上海古籍出版社 2022 年版,第 463—464 页。

注释

［1］致,达到；求得。

［2］向,从前；往昔。

［3］陷溺,腐蚀；使沉迷。

［4］笃,诚笃；忠实。

［5］溺,沉湎；无节制。

［6］胶,粘住；执着。

［7］汲汲,心情急切貌。

解读

努力学习就一定可以增长知识、使人明智吗？孔子"好学近乎知"这句话是否一定正确？陆九渊认为,答案并非都是肯定的,应该一分为二地看待,不能一概而论。

陆九渊首先论证了这句话的正确所在。他认为所谓的智者,是"其识之甚明,而无所不知者也",但是这样的人非常少,不可多得,绝大多数人是属于"有所不知"

或"识之不明"者,带有或多或少的缺憾,而弥补这些缺憾的途径就是学习。"有所不知"者学习他"不知"之处,"识之不明"者学习他"不明"之处,只要不断地学习,好学者就没有不能够成为智者的道理。从这个角度讲,努力学习就一定可以增长知识,使人明智。因此,"好学近乎知"的正确性是不言而喻、不辨而明的。

但是,随着时间推移,世风日下,圣贤之道日渐消失,世人陷溺于声色利欲之中,对于古人为何而学、学习什么内容无从知晓。人们只是循着自己的意愿来学习,读一卷经书称之为学,专于六艺之一称之为学,学农耕稼穑之业也称之为学,学商贾工匠之业也称之为学,甚至学习欺世诬人之事也称之为学,"俗各随其所渐诱者而学之,均之为学也"。这些学虽与古人之学相去甚远,但他们学有所专,只要好学勤学,也能学有所成。最要不得的是有些气庸质腐之徒,不但没有古人为学之道,而且没有自己的求学目标,学无所专,学的都是卑浅零乱的知识,找不到自己的方向,想专精又怕为广博者所笑,想广博又惧为专精者所非,"进退无守,彷徨失据",这种人即使是好学勤学,也不能增长见识,成为智者,学得越多越杂只会越迷惑。因此,没有目标的好学是不能使人明智起来的,从这个角度看,"好学近乎知"是错误的。

陆九渊对"好学近乎知"的辨析,不仅提出了学习须确立目标的见解,而且打破了对"圣人之言"的迷信和盲从,闪耀着理性和思辨的光芒。

语录(节选)

【题解】 陆九渊主张"书非贵口诵,学必到心斋",一生不从事著述,因此,他与师友论学的书信、师生间交往和讲学的语录就成为保存他学术思想和观点的重要载体,本文就是从陆九渊语录中摘录他关于教育方面的论述而成。

【原文】 《论语》中多有无头柄的说话,如"知及之,仁不能守之[1]"之类,不知所及、所守者何事;如"学而时习之[2]",不知时习者何事。非学有本领,未易读也。苟学有本领,则知之所及者,及此也;仁之所守者,守此也;时习之,习此也。说者说此,乐者乐此,如高屋之上建瓴水[3]矣。学苟知本,《六经》皆我注脚。

....

涓涓之流,积成江河。泉源方动,虽只有涓涓之微,去江河尚远,却有成江河之理。若能混混不舍昼夜,如今虽未盈科,将来自盈科;如今虽未放乎四海,将来自放乎四海;如今虽未会其有极,归其有极,将来自会其有极,归其有极。然学者不能自信,见夫标末之盛者便自荒忙,舍其涓涓而趋之,却自坏了。曾不知我之涓涓虽微却是真,彼之标末虽多却是伪,恰似檐水来相似,其涸可立而待也。故吾尝举俗谚教学者云:"一钱做单客,两钱做双客。"

....

或问先生何不著书? 对曰:"《六经》注我! 我注《六经》?"韩退之是倒做,盖欲因学文而学道。欧公极似韩,其聪明极过人,然不合初头俗了。或问如何俗了。曰:"《符读书城南》、三上宰相书是已。"至二程方不俗,然聪明却有所不及。

....

此道之明如太阳当空,群阴毕伏。

....

朱元晦曾作书与学者云:"陆子静专以尊德性[4]诲人,故游其门者多践履之士,然于道问学[5]处欠了。某教人岂不是道问学处多了些子? 故游某之门者践履多不及之。"观此,则是元晦欲去两短,合两长。然吾以为不可,既不知尊德性,焉有所谓道问学?

....

学者须先立志,志既立,却要遇明师。

一学者自晦翁处来,其拜跪语言颇怪。每日出斋,此学者必有陈论,应之亦无他语。至四日,此学者所言已罄,力请诲语。答曰:"吾亦未暇详论。然此间大纲,有一个规模说与人。今世人浅之为声色臭味,进之为富贵利达,又进之为文章技艺。又有一般人都不理会,却谈学问。吾总以一言断之,曰胜心。"此学者默然,后数日,其举动言语颇复常。

....

先生云:"凡物必有本末。且如就树木观之,则其根本必差大。吾之教人,大概使其本常重,不为末所累。然今世论学者却不悦此。"

············

先生云："学者读书，先于易晓处沉涵熟复，切己致思，则他难晓者涣然冰释矣。若先看难晓处，终不能达。"举一学者诗云："读书切戒在荒忙，涵泳工夫兴味长。未晓莫妨权放过，切身须要急思量。自家主宰常精健，逐外精神徒损伤。寄语同游二三子，莫将言语坏天常。"

············

先生居象山[6]，多告学者云："汝耳自聪，目自明，事父自能孝，事兄自能弟，本无少缺，不必他求，在乎自立而已。"……

············

或问读《六经》[7]当先看何人解注？先生云："须先精看古注，如读《左传》则杜预[8]注不可不精看。大概先须理会文义分明，则读之其理自明白。然古注惟赵岐[9]解《孟子》文义多略。

有一后生欲处郡庠，先生训之曰："一择交，二随身规矩，三读古书《论语》之属。"

············

古者十五而入大学，"大学之道在明明德，在亲民，在止于至善"，此言大学指归。欲明明德于天下是入大学标的。格物致知是下手处。《中庸》言博学、审问、谨思、明辨，是格物之方。读书亲师友是学，思则在己。问与辨皆须即人。自古圣人亦因往哲之言、师友之言乃能有进，况非圣人，岂有任私智而能进学者？然往哲之言因时乘理，其指不一。方册所载又有正伪、纯疵，若不能择，则是泛观。欲取决于师友，师友之言亦不一，又有是非、当否，若不能择，则是泛从。泛观泛从，何所至止？"如彼作室于道谋，是用不溃于成。"欲取其一而从之，则又安知非私意偏说。子莫执中，孟子尚以为执一废百，岂为善学？后之学者顾何以处此？

············

或谓先生之学是道德性命，形而上者；晦翁之学是名物度数，形而下者。学者当兼二先生之学。先生云："足下如以说晦翁，晦翁未伏。晦翁之学自谓一贯，但其见道不明，终不足以一贯耳。吾尝与晦翁书云'揣量模写之工，依放假借之似，其条画足以自信，其节目足以自安'，此言切中晦翁之膏肓。"

....

吕伯恭为鹅湖之集[10]，先兄復斋[11]谓某曰："伯恭约元晦为此集，正为学术异同，某兄弟先自不同，何以望鹅湖之同。"先兄遂与某议论致辩，又令某自说，至晚罢。先兄云："子静之说是。"次早，某请先兄说，先兄云："某无说，夜来思之，子静之说极是。方得一诗云：'提孩知爱长知钦[12]，古圣相传只此心[13]。大抵有基方筑室，未闻无址忽成岑[14]。留情传注翻蓁塞[15]，着意精微转陆沉[16]。珍重友朋相切琢，须知至乐在于今。'"某云："诗甚佳，但第二句微有未安。"先兄云："说得恁地，又道未安，更要如何？"某云："不妨一面起行，某沿途却和此诗。"及至鹅湖，伯恭首问先兄别后新功。先兄举诗，才四句，元晦顾伯恭曰："子寿早已上子静舡[17]了也。"举诗罢，遂致辩于先兄。某云："途中某和得家兄此诗云：'墟墓兴哀宗庙钦，斯人千古不磨心[18]。涓流滴到沧溟水，拳石崇成泰华岑[19]。易简工夫终久大，支离事业竟浮沉[20]。'"举诗至此，元晦失色。至"欲知自下升高处，真伪先须辨只今"。元晦大不怿[21]，于是各休息。翌日二公商量数十折议论来，莫不悉破其说。继日凡致辩，其说随屈。伯恭甚有虚心相听之意，竟为元晦所尼。后往南康，元晦延入白鹿讲说，因讲"君子喻于义"一章。元晦再三云："某在此不曾说到这里，负愧何言。"

....

先生语伯敏云："人惟患无志，有志无有不成者。……"……

....

人要有大志。常人汩没于声色富贵间，良心善性都蒙蔽了。今人如何便解有志，须先有智识始得。

....

朱济道[22]说："前尚勇决，无迟疑，做得事。后因见先生了，临事即疑恐不是，做事不得。今日中只管悔过惩艾[23]，皆无好处。"先生曰："请尊兄即今自立，正坐拱手，收拾精神，自作主宰。万物皆备于我[24]，有何欠阙。当恻隐时自然恻隐，当羞恶时自然羞恶，当宽裕温柔时自然宽裕温柔，当发强刚毅时自然发强刚毅。"

....

学者大率有四样：一虽知学路而恣情纵欲不肯为，一畏其事大且难而不为，一求而不得其路，一未知路而自谓能知。

学能变化气质。

．．．．．．．．．．．

王遇子合问:"学问之道何先?"曰:"亲师友,去己之不美也。人资质有美恶,得师友琢磨,知己之不美而改之。"……

阜民癸卯十二月初见先生,不能尽记所言。大旨云:"凡欲为学,当先识义利、公私之辨。今所学果为何事?人生天地间,为人自当尽人道。学者所以为学,学为人而已,非有为也。"又云:"孔门弟子如子夏、子游、宰我、子贡,虽不遇圣人,亦足号名学者,为万世师。然卒得圣人之传者,柴之愚、参之鲁。盖病后世学者溺于文义,知见缴绕,蔽惑愈甚,不可入道耳。"阜民既还邸,遂尽屏诸书。及后来疑其不可,又问。先生曰:"某何尝不教人读书,不知此后煞有甚事。"

．．．．．．．．．．．

先生曰:"读书不必穷索,平易读之,识其可识者,久将自明,毋耻不知。子亦见今之读书谈经者乎?历叙数十家之旨而以己见终之。开辟反覆,自谓究竟精微,然试探其实,固未之得也,则何益哉?"

．．．．．．．．．．．

为学患无疑,疑则有进。……

——选自陆九渊撰,叶航点校:《陆九渊全集(下)》,上海古籍出版社2022年版,第491—582页。

【注释】

[1]"知及之,仁不能守之",见《论语·卫灵公》。

[2]"学而时习之",见《论语·学而》。

[3]高屋之上建瓴水,即高屋建瓴,形容居高临下、不可阻遏的形势。瓴,亦称"瓦沟",房屋上仰盖的瓦。

[4]尊德性,指存心养性的道德修养。陆九渊较注重"尊德性"。

[5]道问学,指格物致知的道德学习。朱熹较注重"道问学"。

[6]象山,指信州贵溪(今属江西)的象山书院。

[7]《六经》,六部儒家经典。始见于《庄子·天运》。即在《诗》《书》《礼》《易》《春秋》五经之外,另加《乐》。后世学者或认为《乐》因秦焚书而亡失;或认为儒家本来没有《乐》,"乐"即包括在《诗》《礼》之中。据考证,以后说较妥。

[8]杜预,西晋将领、学者,著有《春秋左氏经传集解》三十卷,为现存最早的《左传》注本。

［9］ 赵岐，东汉经学家，著有《孟子章句》。

［10］ 吕伯恭，即吕祖谦，字伯恭，南宋理学家。鹅湖之集，南宋淳熙二年(1175年)，吕祖谦约朱熹、陆九渊、陆九龄等人在江西信州鹅湖寺集会，讨论学术异同，通过辩论，显露了朱陆的分歧。

［11］ 复斋，即陆九渊的胞兄陆九龄，南宋理学家，字子寿，人称"复斋先生"。在鹅湖之会上，陆氏兄弟先后作诗以讽刺朱熹。

［12］ 提孩，幼儿。钦，同"亲"。

［13］ 此心，指仁爱之心。

［14］ 岑，小而高的山。

［15］ 翻榛塞，疏通僻壤，这里指注疏古代典籍。榛，音zhēn，通"榛"。荆棘。

［16］ 陆沉，愚昧迂执，不合时宜。

［17］ 舡，音chuán，船。

［18］ "墟墓兴衰宗庙钦，斯人千古不磨心"，扫墓祭祖引起子孙的哀思，这种孝子之心是永远也不能磨灭的。

［19］ "涓流滴到沧溟水，拳石崇成泰华岑"，涓涓细流汇成浩瀚的大海，拳拳小石集成泰山、华山一样的高山。

［20］ 易简工夫，指陆九渊自己所主张的"心学"的治学方法，简单容易。支离事业，指朱熹的治学方法烦琐零碎。

［21］ 怿，高兴。

［22］ 朱济道，陆九渊弟子，名朱赋桴，字济道，曾随陆九渊同赴鹅湖之会。

［23］ 惩艾，惩戒。

［24］ "万物皆备于我"，见《孟子·尽心上》。

【解读】　本文所选语录反映了陆九渊在教育目的和为学方法方面的如下主张：第一，教育的目的在于明理、立心、做人。明理，就是确认世界都是"理"的产物或表现。立心，即体认万事万物皆由心所生，要自作主宰，不要执着于一事一物，不要为外在的事物所役使和干扰。明理和立心最后都是为了做人，如果能够带着自己仁义礼智的本心，依照本心认为对的去做，"当恻隐时自然恻隐，当羞恶时自然羞恶，当宽裕温柔时自然宽裕温柔，当发强刚毅时自然发强刚毅"，所有的行为就都会自然而然地符合封建道德标准，"事父自能孝，事兄自能弟"，就能做一个符合伦理道德的"完人"。第二，学者须先立志。"人惟患无志，有志无有不成者"，求学之所以要立志，是因为常人为声色富贵所陷，良心善性都被蒙蔽了，只有立志才能有所成，"无志则不能学，不学则不知道"。第三，优游读书。读书不必贪多求快，应以精熟为贵,不懂的地方也不必穷索,可以暂且放过,继续往下看,平易读之,先看能明白的地方,多次读后,不懂处自会豁然贯通,涣然冰释。第四,勇于存疑。读书不能盲信,要发扬独立思考的精神,大胆怀疑。"为学患无疑,疑则有进"。"无疑"犹如不善于发现问题,读书不善于发现疑问,容易趋于盲从,只有善于独立思考,学问才能长进。

陆九渊的上述主张,在很大程度上反映了教育的客观规律,值得后世借鉴和学习。

(刘崇民)

王守仁

王守仁（1472—1529），字伯安，世称"阳明先生"，余姚（今属浙江）人。明理学家、教育家。著作由门人辑成《王文成公全书》三十八卷，其中在哲学上最重要的是《传习录》《大学问》。

答顾东桥[1]书（节选）

【题解】 本文亦称《答人论学书》，系王守仁于嘉靖四年（1525年）所作。嘉靖年间，士林普遍反感现实政治的黑暗，对异于程朱理学的阳明心学转而拥戴，这使心学得以广泛传播。在这种氛围下，对王守仁的攻击与诽谤日炽。但王守仁不动摇，仍坚持反程朱理学的立场。本文就是王守仁借与顾璘论学，批评朱熹割裂心与理、知与行的做法，为自己"心即理""致良知"等观点作辩解与阐发。在论述过程中，王守仁在其哲学观基础上，阐述了"知行合一"的教育观点。

【原文】 来书云："所喻知行并进，不宜分别前后，即《中庸》'尊德性而道问学'之功，交养互发，内外本末一以贯之之道，然工夫次第不能无先后之差。如知食乃食，知汤乃饮，知衣乃服，知路乃行，未有不见是物，先有是事。此亦毫厘倏忽之间，非谓有等今日知之而明日乃行也。"

既云交养互发，内外本末一以贯之，则知行并进之说无复可疑矣。又云工夫次第不能不无先后之差，无乃自相矛盾已乎？"知食乃食"等说，此尤明白易见，但吾子为近闻障蔽，自不察耳。夫人必有欲食之心然后知食，欲食之心即是意，即是行之始矣。食味之美恶必待入口而后知，岂有不待入口而已先知食味之美恶者邪？必有欲行之心然后知路，欲行之心即是意，即是行之始矣。路岐之险夷必待身亲履历而后知，岂有不待身亲履历而已先知路岐之险夷者邪？"知汤乃饮，知衣乃服"，以此例之，皆无可疑。若如吾子之喻，是乃所谓不见是物而先有是事者矣。吾子又谓"此亦毫厘倏忽之间，非谓截然有等今日知之而明日乃行也"，是亦察之尚有未精。然就如吾子之说，则知行之为合一并进，亦自断无可疑矣。

来书云:"真知即所以为行,不行不足谓之知,此为学者吃紧立教,俾务躬行则可。若真谓行即是知,恐其专求本心,遂遗物理,必有暗而不达之处。抑岂圣门知行并进之成法哉?"

知之真切笃实处,即是行;行之明觉精察处,即是知。知行工夫本不可离。只为后世学者分作两截用功,失却知行本体,故有合一并进之说。"真知即所以为行,不行不足谓之知",即如来书所云"知食乃食"等说可见,前已略言之矣。此虽吃紧救弊而发,然知行之体本来如是,非以己意抑扬其间,姑为是说以苟一时之效者也。"专求本心,遂遗物理",此盖失其本心者也。夫物理不外于吾心,外吾心而求物理,无物理矣;遗物理而求吾心,吾心又何物邪?心之体,性也,性即理也。故有孝亲之心,即有孝之理;无孝亲之心,即无孝之理矣。有忠君之心,即有忠之理;无忠君之心,即无忠之理矣。理岂外于吾心邪?晦庵谓:"人之所以为学者,心与理而已。心虽主乎一身,而实管乎天下之理,理虽散在万事,而实不外乎一人之心。"[2]是其一分一合之间,而未免已启学者心理为二之弊。此后世所以有专求本心、遂遗物理之患,正由不知心即理耳。夫外心以求物理,是以有暗而不达之处;此告子"义外"之说,孟子所以谓之不知义也[3]。心一而已,以其全体恻怛而言谓之仁,以其得宜而言谓之义,以其条理而言谓之理。不可外心以求仁,不可外心以求义,独可外心以求理乎?外心以求理,此知行之所以二也。求理于吾心,此圣门知行合一之教,吾子又何疑乎?

············

来书云:"闻语学者,乃谓即物穷理之说,亦是玩物丧志;又取其厌繁就约,涵养本原数说,标示学者,指为晚年定论[4],此亦恐非。"

朱子所谓"格物"云者,在即物而穷其理也。即物穷理,是就事事物物上求其所谓定理者也。是以吾心而求理于事事物物之中,析心与理而为二矣。夫求理于事事物物者,如求孝之理于其亲之谓也。求孝之理于其亲,则孝之理其果在于吾之心邪?抑果在于亲之身邪?假而果在于亲之身,则亲没之后,吾心遂无孝之理欤?见孺子之入井,必有恻隐之理,是恻隐之理果在于孺子之身欤?抑在于吾心之良知欤?其或不可以从之于井欤?其或可以手而援之欤?是皆所谓理也,是果在于孺子之身欤?抑果出于吾心之良知欤?以是例之,万事万物之理,莫不皆然。是可以知析心与理为二之非矣。夫析心与理而为二，此告子义外之说，孟子之所深辟也。务外遗内，博而寡要，吾子既已知之矣。是果何谓而然哉？谓之玩物丧志，尚犹以为不可欤？若鄙人所谓致知格物者，致吾心之良知于事事物物也。吾心之良知，即所谓天理也。致吾心良知之天理于事事物物，则事事物物皆得其理矣。致吾心之良知者，致知也。事事物物皆得其理者，格物也。是合心与理而为一者也。合心与理而为一，则凡区区前之所云，与朱子晚年之论，皆可以不言而喻矣！

来书云："人之心体本无不明；而气拘物蔽，鲜有不昏[5]，非学问思辨以明天下之理，则善恶之机，真妄之辨，不能自觉；任情恣意，其害有不可胜言者矣。"

此段大略似是而非，盖承沿旧说之弊，不可以不辨也。夫学、问、思、辨、行，皆所以为学，未有学而不行者也。如言学孝，则必服劳奉养，躬行孝道，则后谓之学，岂徒悬空口耳讲说，而遂可以谓之学孝乎？学射则必张弓挟矢，引满中的；学书则必伸纸执笔，操觚染翰[6]。尽天下之学，无有不行而可以言学者，则学之始固已即是行矣。笃者，敦实笃厚之意，已行矣，而敦笃其行，不息其功之谓尔。盖学之不能以无疑，则有问，问即学也，即行也；又不能无疑，则有思，思即学也，即行也；又不能无疑，则有辨，辨即学也，即行也。辨即明矣，思既慎矣，问既审矣，学既能矣，又从而不息其功焉，斯之谓笃行。非谓学、问、思、辨之后而始措之于行也。是故以求能其事而言谓之学，以求解其惑而言谓之问，以求通其说而言谓之思，以求精其察而言谓之辨，以求履其实而言谓之行。盖析其功而言则有五，合其事而言则一而已。此区区心理合一之体，知行并进之功，所以异于后世之说者，正在于是。今吾子特举学、问、思、辨以穷天下之理，而不及笃行，是专以学、问、思、辨为知，而谓穷理为无行也已。天下岂有不行而学者邪？岂有不行而遂可谓之穷理者邪？明道云：只穷理便尽性至命。[7]故必仁极仁，而后谓之能穷仁之理；义极义，而后谓之能穷义之理。仁极仁则尽仁之性矣，义极义则尽义之性矣。学至于穷理，至矣，而尚未措之于行，天下宁有是邪？是故知不行之不可以为学，则知不行之不可以为穷理矣；知不行之不可以为穷理，则知知行之合一并进而不可以分为两节事矣。夫万事万物之理不外于吾心，而必曰穷天下之理，是殆以吾心之良知为未足，而必外求于天下之广，以裨补增益之，是犹析心与理而为二也。夫学、问、思、辨、笃行之功，虽其困勉至于人一己百，而扩充之极，至于尽性知天，亦不过致吾心之良知而已。良知之外，岂复有加于毫末乎？今必曰穷天下之理，而不知反求诸其心，则凡所谓善恶之机，真妄之辨者，舍吾心之良知，亦将何所致其体察乎？吾子所谓"气拘物蔽"者，拘此蔽此而已。今欲去此之蔽，不知致力于此，而欲以外求，是犹目之不明者，不务服药调理以治其目，而徒怅怅然求明于其外，明岂可以自外而得哉！任情恣意之害，亦以不能精察天理于此心之良知而已。此诚毫厘千里之谬矣，不容于不辨，吾子毋谓其论之太刻也。

············

来书云："道之大端易于明白，所谓良知良能，愚夫愚妇可与及者。至于节目时变之详，毫厘千里之缪，必待学而后知。今语孝于温清定省，孰不知之？至于舜之不告而娶，武之不葬而兴师，养志养口，小杖大杖，割股庐墓等事[8]，处常处变，过与不及之间，必须讨论是非，以为制事之本，然后心体无蔽，临事无失。"

"道之大端易于明白"，此语诚然。顾后之学者，忽其易于明白者而弗由，而求其难于明白者以为学，此其所以道在迩而求诸远，事在易而求诸难[9]也。孟子云："夫道若大路然，岂难知哉？人病不由耳[10]！"良知良能，愚夫愚妇与圣人同。但惟圣人能致其良知，而愚夫愚妇不能致，此圣愚之所由分也。节目时变，圣人夫岂不知？但不专以此为学。而其所谓学者，正惟致其良知，以精察此心之天理，而与后世之学不同耳。吾子未暇良知之致，而汲汲焉顾是之忧，此正求其难于明白者以为学之弊也。夫良知之于节目时变，犹规矩尺度之于方圆长短也。节目时变之不可预定，犹方圆长短之不可胜穷也。故规矩诚立，则不可欺以方圆，而天下之方圆不可胜用矣；尺度诚陈，则不可欺以长短，而天下之长短不可胜用矣；良知诚致，则不可欺以节目时变，而天下之节目时变不可胜应矣。毫厘千里之谬，不于吾心良知一念之微而察之，亦将何所用其学乎？是不以规矩而欲定天下之方圆，不以尺度而欲尽天下之长短，吾见其乖张谬戾，日劳而无成也已。吾子谓："语孝于温清定省，孰不知之？"然而能致其知者鲜矣。若谓粗知温清定省之仪节，而遂谓之能致其知，则凡知君之当仁者皆可谓之能致其仁之知，知臣之当忠者皆可谓之能致其忠之知，则天下孰非致知者邪？以是而言，可以知致知之必在于行，而不行之不可以为致知也明矣。知行合一之体，不益较然矣乎？夫舜之不告而娶，岂舜之前已有不告而娶者为之准则，故舜得以考之何典，问诸何人，而为此邪？抑亦求诸其心一念之良知，权轻重之宜,不得已而为此邪?武之不葬而兴师,岂武之前已有不葬而兴师者为之准则,故武得以考之何典,问诸何人,而为此邪?抑亦求诸其心一念之良知,权轻重之宜,不得已而为此邪?使舜之心而非诚于为无后,武之心而非诚于为救民,则其不告而娶,与不葬而兴师,乃不孝不忠之大者。而后之人不务致其良知,以精察义理于此心感应酬酢之间,顾欲悬空讨论此等变常之事,执之以为制事之本,以求临事之无失,其亦远矣!其余数端,皆可类推,则古人致知之学,从可知矣。

··········

来书云:"……故《论语》曰'生而知之'者[11],义理耳。若夫礼乐名物,古今事变,亦必待学,而后有以验其行事之实。此则可谓定论矣。"

……夫圣人之所以为圣者,以其生而知之也。而释《论语》者曰:"生而知之者,义理耳。若夫礼乐名物,古今事变,亦必待学而后有以验其行事之实[12]。"夫礼乐名物之类,果有关于作圣之功也,而圣人亦必待学而后能知焉,则是圣人亦不可以谓之生知矣!谓圣人为生知者,专指义理而言,而不以礼乐名物之类,则是礼乐名物之类无关于作圣之功矣。圣人之所以谓之生知者,专指义理而不以礼乐名物之类,则是学而知之者,亦惟当学知此义理而已,困而知之者,亦惟当困知此义理而已。今学者之学圣人,于圣人之所能知者,未能学而知之,而顾汲汲焉求知圣人之所不能知者以为学,无乃失其所以希圣之方欤?凡此,皆就吾子之所惑者,而稍为之分释,未及乎拔本塞源[13]之论也。夫拔本塞源之论不明于天下,则天下之学圣人者将日繁日难,斯人沦于禽兽夷狄,而犹自以为圣人之学;吾之说虽或暂明于一时,终将冻解于西而冰坚于东,雾释于前而云滃[14]于后,呶呶[15]焉危困以死,而卒无救于天下之分毫也已!夫圣人之心,以天地万物为一体,其视天下之人,无外内远近,凡有血气,皆其昆弟赤子之亲,莫不欲安全而教养之,以遂其万物一体之念。天下之人心,其始亦非有异于圣人也,特其间于有我之私,隔于物欲之蔽,大者以小,通者以塞,人各有心,至有视其父子兄弟如仇雠者。圣人有忧之,是以推其天地万物一体之仁以教天下,使之皆有以克其私,去其蔽,以复其心体之同然。其教之大端,则尧、舜、禹之相授受,所谓"道心惟微,惟精惟一,允执厥中[16]"。而其节目,则舜之命契,所谓"父子有亲,君臣有义,夫妇有别,长幼有序,朋友有信[17]"五者而已。唐、虞、三代之世,教者惟以此为教,而学者惟以此为学。当是之时,人无异见,家无异习,安此者谓之圣,勉此者谓之贤,而背此者,虽其启明如朱,亦谓之不肖[18]。下至闾井田野、农工商贾之贱,莫不皆有是学,而惟以成其德行为务。何者?无有闻见之杂,记诵之烦,辞章之靡滥,功利之驰逐,而但使之孝其亲,弟其长,信其朋友,以复其心体之同然。是盖性分之所固有,而非有假于外者,则人亦孰不能之乎?学校之中,惟以成德为事,而才能之异,或有长于礼乐,长于政教,长于水土播植者,则就其成德,而因使益精其能于学校之中。迨夫举德而任,则使之终身居其职而不易,用之者惟知同心一德,以共安天下之民,视才之称否,而不以崇卑为轻重,劳逸为美恶;效用者亦惟知同心一德,以共安天下之民,苟当其能,则终身处于烦剧而不以为劳,安于卑琐而不以为贱。当是之时,天下之人熙熙皞皞[19],皆相视如一家之亲。其才质之下者,则安其农工商贾之分,各勤其业以相生相养,而无有乎希高慕外之心。其才能之异若皋、夔、稷、契[20]者,则出而各效其能,若一家之务,或营其衣食,或通其有无,或备其器用,集谋并力,以求遂其仰事俯育之愿,惟恐当其事者之或怠而重己之累也。故稷勤其稼,而不耻其不知教,视契之善教,即己之善教也;夔司其乐,而不耻于不明礼,视夷之通礼,即己之通礼也。盖其心学纯明,而有以全其万物一体之仁,故其精神流贯,志气通达,而无有乎人己之分,物我之间。譬之一人之身,目视、耳听、手持、足行,以济一身之用。目不耻其无聪,而耳之所涉,目必营焉;足不耻其无执,而手之所探,足必前焉。盖其元气充周,血脉条畅,是以痒疴呼吸,感触神应,有不言而喻之妙。此圣人之学所以至易至简,易知易从,学易能而才易成者,正以大端惟在复心体之同然,而知识技能非所与论也。……

——选自王守仁著,王晓昕、赵平略点校:《王文成公全书》,中华书局2015年版,第51—68页。

【注释】

[1] 顾东桥,即顾璘(1476—1545),字华玉,号东桥居士,上元(今江苏南京)人。明文学家。官至南京刑部尚书。著《息园存稿》《浮湘集》等。

[2] 晦庵,为朱熹别号。此处引语出自朱熹的《大学或问》,引文字句相较原文略有删节。

[3] "告子'义外'之说,孟子所以谓之不知义也",《孟子·告子上》载,告子曰:"食色,性也。仁,内也,非外也;义,外也,非内也。"孟子曰:"……恻隐之心,仁也;羞恶之心,义也;……仁义礼智,非由外铄我也,我固有之也,弗思耳矣。"所以孟子说告子不知义。

[4] 王守仁的心学与当时占统治地位的朱熹理学有矛盾。为宣扬自己的主张,王守仁摘录了朱熹晚

年书信中合于己意的文字,称之为"朱子晚年定论",而把朱熹不同于自己的观点称之为"中年未定之说"。

［5］"气拘物蔽,鲜有不昏",见朱熹《大学章句》:"但为气禀所拘,人欲所蔽,则有时而昏。"

［6］操觚,执简。谓写作。觚,音 gū,古代用来书写的木简。染翰,以笔蘸墨。

［7］明道,即北宋理学家程颢。"只穷理便尽性至命",见《二程集·河南程氏遗书卷第二上》:"'穷理尽性以至于命',三事一时并了,元无次序,不可将穷理作知之事。若实穷得理,即性命亦可了。"

［8］舜之不告而娶,见《孟子·离娄上》:"不孝有三,无后为大。舜不告而娶,为无后也,君子以为犹告也。"武之不葬而兴师,见《史记·伯夷列传》:"及至,西伯卒,武王载木主,号为文王,东伐纣。伯夷、叔齐叩马而谏曰:'父死不葬,爰及干戈,可谓孝乎?'"养志养口,此典故见《孟子·离娄上》,孟子认为曾参养其父曾晳是养志,曾元养其父曾参是养口腹。因为曾参能够体会他父亲的心志,而曾元只是让他父亲吃饱吃好而已。小杖大杖,此典故源自《韩诗外传》,孔子教曾参时曾说过,父亲用小棒打儿子,儿子应该忍受,父亲用大棒打时就应该逃走。割股,古时将割下股肉来治疗父母重病的人视为孝子。父母死后,儿子在坟旁居住三年以守孝,此为庐墓。

［9］"道在迩而求诸远,事在易而求诸难",见《孟子·离娄上》:"道在尔而求诸远,事在易而求之难。"

［10］"夫道若大路然,岂难知哉?人病不由耳",见《孟子·告子下》:"夫道若大路然,岂难知哉?人病不求耳。"

［11］"生而知之"者,见《论语·季氏》:"生而知之者,上也;学而知之者,次也。"

［12］"生而知之者,义理耳。若夫礼乐名物,古今事变,亦必待学而后有以验其行事之实",见朱熹《论语集注》:"盖生而可知者义理耳,若夫礼乐名物,古今事变,亦必待学而后有以验其实也。"

［13］拔本塞源,见《左传·昭公九年》。本源,在此指"私"和"蔽"。拔本塞源,指克其私,去其蔽,以复心体之同然,即"存天理,灭人欲"。

［14］瀹,音 wěng,云气弥漫貌。

［15］呶呶,多言;唠叨。含使人讨厌之意。呶,音 náo。

［16］"道心惟微,惟精惟一,允执厥中",见《书·大禹谟》。

［17］"父子有亲,君臣有义,夫妇有别,长幼有序,朋友有信",见《孟子·滕文公上》。

［18］启明,开通;通达事理。朱,尧的儿子丹朱。《孟子·万章上》:"丹朱之不肖。"

［19］熙熙皞皞,快乐自得貌。皞,音 hào,同"皥"。

［20］皋、夔、稷、契,见《书·舜典》:舜命皋陶作士(狱官),夔典乐,弃作后稷(农官),契作司徒(掌教化)。

解读 王守仁在哲学上反对朱熹"性即理"的主张,提倡"心即理"的观点。"知行合一"说即建立在这一哲学观的基础上,是王守仁教育思想体系的主体结构。本文集中反映了这一教育思想。

从教育层面来讲,王守仁的"知行合一"说实质上是对朱熹"知先行后"说的批判。"知先行后"说过分强调对知识经验的认识(即知),这易使人坠入单纯的经典学习,从而忽视了道德修养实践(即行),而且还导致"知"与"行"割裂,难以形成必然的因果联系。王守仁的"知行合一"说则不同,这一学说将知与行统一在道德实践中,认为"知"是道德知识的知,"行"是道德实践的行,而不是知识经验的认识与运用。这样就实现了知识教学与道德教育的完全融合,使目的与手段、动机与效果、主观与客观、感性与理性、内容与形式都统一在教育过程之中。同时,朱熹的"知先行后"说把学、问、思、辨、行视作一元的、线性的为学次序,而王守仁的"知行合一"说则把学、问、思、辨、行视作多元网络式的、从内心到身行的道德修养过程。因此较朱熹强调知识逻辑结构与道德教育目的联系而言,王守仁更侧重道德修养过程中道德形成必须依赖"知"与"行"的统一,也就是知识教学只是道德实践的一种特殊形式而已。这就强调了道德教育的特殊性,突出了内心主观道德修养与外在客观道德实践的有机结合,从而使道德的情感原则与实践原则得以统一,也就最终达到了王守仁提倡的发展与完善人性,即"致良知"的教育最终目的。

尽管王守仁的这一教育思想是其主观唯心主义思想即心学思想的体现,但其"知行合一"的教育学说批评了当时士人德行上"丧伦失德"的毛病,故有一定的进步意义。王守仁主张道德教育统摄知识教学、道德教育与道德实践相结合的观点,对扭转当今过分重视智育的倾向,以及如何开展道德教育实践等方面,都是可供借鉴的。

(张建中)

训蒙大意示教读刘伯颂等

【题解】

明朝正德年间,政治腐败,农民起义不断。正德十三年(1518 年),王守仁为南赣巡抚,镇压了当地农民起义。为维护中央政府在当地的封建统治,强化封建伦理教化,王守仁责令各县立社学,并颁布《社学教条》。此教条由《训蒙大意示教读刘伯颂等》及后面的《教约》组成。王守仁在《训蒙大意示教读刘伯颂等》中系统地阐述了他对儿童教育进行改革的主张。

原文

古之教者,教以人伦。后世记诵词章之习起,而先王之教亡。今教童子,惟当以孝弟忠信礼义廉耻为专务。其栽培涵养之方,则宜诱之歌诗以发其志意,导之习礼以肃其威仪,讽之读书以开其知觉。今人往往以歌诗习礼为不切时务,此皆末俗庸鄙之见,乌足以知古人立教之意哉!

大抵童子之情,乐嬉游而惮拘检,如草木之始萌芽,舒畅之则条达,摧挠之则衰痿。今教童子,必使其趋向鼓舞,中心喜悦,则其进自不能已。譬之时雨春风,沾被卉木,莫不萌动发越,自然日长月化;若冰霜剥落,则生意萧索,日就枯槁矣。故凡诱之歌诗者,非但发其志意而已,亦所以泄其跳号呼啸于咏歌,宣其幽抑结滞[1]于音节也;导之习礼者,非但肃其威仪而已,亦所以周旋揖让[2]而动荡其血脉,拜起屈伸而固束其筋骸也;讽之读书者,非但开其知觉而已,亦所以沈潜反复而存其心,抑扬讽诵以宣其志也。凡此皆所以顺导其志意,调理其性情,潜消其鄙吝,默化其粗顽,日使之渐于礼义而不苦其难,入于中和而不知其故。是盖先王立教之微意也。

若近世之训蒙稚者,日惟督以句读课仿[3],责其检束,而不知导之以礼;求其聪明,而不知养之以善;鞭挞绳缚,若待拘囚。彼视学舍如囹狱而不肯入,视师长如寇仇而不欲见,窥避掩覆以遂其嬉游,设诈饰诡以肆其顽鄙,偷薄庸劣,日趋下流。是盖驱之于恶而求其为善也,何可得乎?

凡吾所以教,其意实在于此。恐时俗不察,视以为迂,且吾亦将去,故特叮咛以告。尔诸教读,其务体吾意,永以为训;毋辄因时俗之言,改废其绳墨,庶成蒙以养正之功[4]矣。念之念之!

——选自王守仁著,王晓昕、赵平略点校:《王文成公全书》,中华书局2015年版,第108—109页。

注释

[1]幽抑结滞,内心忧闷之意。

[2]周旋揖让,指来回往返,作揖行礼。

[3]课仿,课业练习。

[4]蒙以养正之功,见《易·蒙》:"蒙以养正,圣功也。"此处作者借以说明,从儿童开始,就要致力于养成孝悌忠信礼义廉耻的封建道德。

解读

儿童教育思想在王守仁的教育思想体系中占有重要地位,本文集中地反映了他在儿童教育方法及教学内容等方面进行改革的主张。

首先,王守仁批评了当时盛行的"督""责""罚"教育方法,认为这一方法扼杀了儿童的天性。他还特别对当时儿童教育过于注重记忆,滥用体罚,其结果造成儿童仇视学校、诈欺师长的不良恶习表达深切的痛恨。他主张教育儿童必须依据儿童的年龄特征、性情、心理,从发展他们的兴趣入手,用诱导、启发、讽劝的教育方法来取代"督""责""罚"。这样就能使儿童学习日有长进,犹如春风时雨沾被草木一样。

其次,王守仁从诱导、启发、讽劝的教育方法出发,又提出儿童教学内容应包括"歌诗""习礼""读书"三方面。他认为:歌诗可以激发儿童的志向和意志,可以将他们内心的忧闷导向音律,从而调节他们的情感;习礼可以使儿童养成礼仪习惯,同时又达到了锻炼身体的目的;读书可以开发儿童的智慧,舒展他们的情感。因此,这三方面教学内容可以通过诱导、启发、讽劝的教育方法,陶冶儿童的性情。

综上所述,王守仁在教育方法和教学内容方面的改革主张大致符合儿童的心理特点,有利于革除当时儿童教育的弊端。同时,"歌诗""习礼""读书"的教学内容包含了儿童德、智、体、美多方面发展的思想。因此,王守仁的儿童教育论不仅在当时具有进步意义,而且在今天也是值得借鉴的。

（张建中）

教　约

【题解】本文为《社学教条》的一部分。王守仁在本文中,为儿童学习课程制定了详细的日程表,以此作为教学和检查的依据。

【原文】每日清晨,诸生参揖毕,教读以次。遍询诸生:在家所以爱亲敬长之心,得无懈忽,未能真切否? 温清定省之仪,得无亏缺,未能实践否? 往来街衢,步趋礼节,得无放荡,未能谨饬否? 一应言行心术,得无欺妄非僻,未能忠信笃敬否? 诸童子务要各以实对,有则改之,无则加勉。教读复随时就事,曲加诲谕开发。然后各退就席肄业。

凡歌诗,须要整容定气,清朗其声音,均审其节调;毋躁而急,毋荡而嚣,毋馁而慑[1]。久则精神宣畅,心气和平矣。每学量童生多寡,分为四班,每日轮一班歌诗,其余皆就席,敛容肃听。每五日则总四班递歌于本学。每朔望,集各学会歌于书院。

凡习礼,须要澄心肃虑,审其仪节,度其容止;毋忽而惰,毋沮而作,毋径而野[2];从容而不失之迂缓,修谨而不失之拘局。久则体貌习熟,德性坚定矣。童生班次,皆如歌诗。每间一日,则轮一班习礼,其余皆就席,敛容肃观。习礼之日,免其课仿。每十日则总四班递习于本学。每朔望,则集各学会习于书院。

凡授书不在徒多,但贵精熟。量其资禀,能二百字者,止可授以一百字。常使精神力量有余,则无厌苦之患,而有自得之美。讽诵之际,务令专心一志,口诵心惟,字字句句紬绎反覆,抑扬其音节,宽虚其心意。久则义礼浃洽,聪明日开矣。

每日工夫,先考德,次背书诵书,次习礼,或作课仿,次复诵书讲书,次歌诗。凡习礼歌诗之类,皆所以常存童子之心,使其乐习不倦,而无暇及于邪僻。教者知此,则知所施矣。虽然,此其大略也,神而明之,则存乎其人[3]。

——选自王守仁著,王晓昕、赵平略点校:《王文成公全书》,中华书局 2015 年版,第 110—111 页。

【注释】

[1] "毋馁而慑",指不要气馁而畏惧。

[2] "毋径而野",指不要硬直而粗野。

[3] "神而明之,则存乎其人",能心领神会而更详尽地阐明它,则在于个人。

【解读】

在本文中,王守仁为儿童学习课程制定了具体的日程安排表,从中可以了解到王守仁所提倡的教学论。

从课程安排来讲,他将每日功课分成考德、背书诵书、习礼或作课仿、再诵书讲书、歌诗等五节。在上午教学中,习礼放在诵书背书之后,可使学生在疲乏后动荡血脉,舒展筋骨。下午,在诵书讲书后,又在悠扬的歌声中结束一天的课业,可使学生乐习不倦。从这种课程安排来看,王守仁力求实现学生兴趣与学业负担之间的平衡,并且做到学习的动静搭配、体脑交叉,比较符合儿童教育的规律。

从教学方法与教学组织形式来讲,考德是教师在每日清晨用与学生谈话的方式进行,目的是检查学生在家的一言一行有无过失,"有则改之,无则加勉"。歌诗则采用观摩竞赛等方法,每日轮一班歌诗,其余学生则静听,每五日各班互唱,每月初一和十五学生合唱于书院。习礼采取了与歌诗相类似的办法,每日轮一班,其余学生旁观,每月初一和十五学生则合习于书院;与歌诗稍有不同的是每十日各班互习。授书则要求学生"不在徒多,但贵精熟"。这些教学方法与组织形式可加强师生间的互动交流,促进学生间的竞争,对当时的儿童教育改革有着重要意义。

(张建中)

万松书院记[1]

【题解】

万松书院位于浙江杭州凤凰山万松岭,明弘治十一年(1498年),由浙江右参政周木在报恩寺旧址上改建而成。嘉靖四年(1525年),侍御潘仿命提学佥事万潮扩建书院,增斋舍至三十六楹。时王守仁归余姚省墓,每月于龙泉寺中天阁会集学生讲学,应弟子万潮之请,撰本文以记书院增修之事。

【原文】

万松书院在浙省南门外,当湖山之间。弘治初,参政周君近仁[2]因废寺之址而改为之[3],庙貌规制略如学宫[4],延孔氏之裔以奉祀事[5]。近年以来,有司[6]相继缉理[7],地益以胜,然亦止为游观之所,而讲诵[8]之道未备也。嘉靖乙酉,侍御[9]潘君景哲奉命来巡[10],宪度丕肃[11],文风聿新[12]。既简[13]乡闱[14],收一省之贤而上之南宫[15]矣,又以遗才之不能尽取为憾,思有以大成[16]之。乃增修书院,益广楼居斋舍为三十六楹;具其器用,置赡田[17]若干顷;揭白鹿之规[18],抡彦选俊,肄习其间,以倡列郡之士,而以属之提学佥事万君汝信[19]。汝信曰:"是固潮之责也。"藩臬[20]诸君咸赞厥成,使知事严纲董其役,知府陈力、推官陈篪辈相协经理。阅月逾旬,工讫事举,乃来请言以纪其事。

惟我皇明,自国都至于郡邑,咸建庙学[21],群士之秀,专官列职而教育之。其于学校之制,可谓详且备矣。而名区[22]胜地,往往复有书院之设,何哉?所以匡翼[23]夫学校之不逮也。夫三代之学,皆所以明人伦[24];今之学宫皆以"明伦"名堂,则其所以立学者，固未尝非三代意也。然自科举之业盛，士皆驰骛[25]于记诵辞章，而功利得丧分惑其心，于是师之所教，弟子之所学者，遂不复知有明伦之意矣。怀世道之忧者思挽而复之，则亦未知所措其力。譬之兵事，当玩弛偷惰之余，则必选将阅伍，更其号令旌旗，悬非格之赏以倡敢勇，然后士气可得而振也。今书院之设，固亦此类也欤？士之来集于此者，其必相与思之曰："既进我于学校矣，而复优我于是，何为乎？宁独以精吾之举业而已乎？便吾之进取而已乎？则学校之中，未尝不可以精吾之业，而进取之心，自吾所汲汲[26]，非有待于人之从而趋之也。是必有进于是者矣，是固期我以古圣贤之学也。"古圣贤之学，明伦而已。尧、舜之相授受曰："人心惟危，道心惟微，惟精惟一，允执厥中[27]。"斯明伦之学矣。道心也者，率性[28]之谓也，人心则伪矣。不杂于人伪，率是道心而发之于用也，以言其情则为喜怒哀乐，以言其事则为中节之和[29]，为三千三百经曲之礼[30]，以言其伦则为父子之亲，君臣之义，夫妇之别，长幼之序，朋友之信，而三才[31]之道尽此矣。舜使契为司徒以教天下者，教之以此也。是固天下古今圣愚之所同具，其或昧焉者，物欲蔽之[32]，非其中[33]之所有不备，而假求之于外者也。是固所谓不虑而知，其良知也；不学而能，其良能也[34]。孩提之童，无不知爱其亲者[35]也。孔子之圣，则曰所求乎子，以事父未能也[36]。是明伦之学，孩提之童亦无不能；而及其至也，虽圣人有所不能尽也。人伦明于上，小民亲于下[37]，家齐国治而天下平矣。是故明伦之外无学矣。外此而学者，谓之异端[38]；非此而论者，谓之邪说；假此而行者，谓之伯术[39]；饰此而言者，谓之文辞；背此而驰者，谓之功利之徒，乱世之政。虽今之举业，必自此而精之，而谓不愧于敷奏明试[40]；虽今之仕进，必由此而施之，而后无忝于行义达道。斯固国家建学之初意，诸君缉[41]书院以兴多士之盛心也，故为多士诵之。

——选自王守仁著，王晓昕、赵平略点校：《王文成公全书》，中华书局2015年版，第306—308页。

［1］本文原题《明嘉靖乙酉增修万松书院记》，书院原有碑刻，后毁弃。2002年书院重建时新刻此碑，现立"由义斋"庑廊右端，唯碑存讹误。此处以中华书局2015年版《王文成公全书》中《万松书院记 乙酉》篇为准。

［2］周君近仁，即周木，字近仁，明成化十一年（1475年）进士，历官南京行人司副使、稽勋司郎中、浙江右参政。明正德《常熟县志》记，周木任浙江右参政时，曾立义冢于三山，建道南书院并修杭州岳

飞墓,复其墓田。

[3] 明代万松书院在宋报恩寺旧址上改建。《大清一统志》:"万松书院,明弘治十一年参政周木因故报恩寺址建,王守仁有记。"《仁和县志》:"万松书院在凤山门外南岭上,旧有报恩寺徙入城内,有蜀僧可恕循故址重建。至明弘治十一年,浙江右参政周公木以寺僧不检,乃废寺。因旧址,取故材,改建万松书院。"

[4] 学宫,指各府县的孔庙。万松书院初建成时,适值嘉靖帝诏令全国学校将奉祀的孔子像更换为木制牌位,原杭州府学内供奉的孔子石像,据传原是南宋太学的故物,被移至万松书院奉祀,当地人称此地为"孔家山"。清翟灏《湖山便览》:"张孚敬议易天下学宫像为木主,因奉郡学圣像及四配十哲像于此,即宋太学像也。"齐次风《宝纶堂诗注》:"万松书院奉宋时石刻至圣像,以孔子后裔奉祀至今,乡人呼曰'孔家山'。"

[5] 延孔氏之裔以奉祀事,见《武林藏书志·敷文书院》:"明弘治十一年,浙江右参政周木……征圣裔孔衢、孔积来供祀事。"《敷文书院志略》:"取衢州先圣五十八代孙生员孔公衢、孔公积来供祀事。"

[6] 有司,古代设官分职,各有专司,因称职官为"有司"。

[7] 缉理,整理;治理。

[8] 讲诵,讲授诵读,此处指讲学。

[9] 侍御,唐代称殿中侍御史、监察御史为侍御,后世沿用之。

[10] 潘君景哲,即潘仿,字景哲,河南洛阳人,曾任都御史、浙江巡抚,任内扩建万松书院。来巡,出任浙江巡抚。

[11] 宪度丕肃,执法力度严明。宪,法度。

[12] 聿新,很快出现新的(风气)。聿,音 yù,迅速。

[13] 简,选拔。

[14] 乡闱,科举时代举办乡试的地方,亦代指乡试。

[15] 上之南宫,指经过乡试选拔出来的人才,由地方政府报送礼部参加第二年的会试。南宫,原指尚书省礼部,古代由礼部主管科举考试,其制始于唐玄宗开元年间移贡举于尚书省礼部。明代乡校生员乡试得中后可赴京参加会试,会试由礼部尚书或侍郎主持。

[16] 大成,大的成就。

[17] 赡田,指供给书院办学经费的学田。

[18] 白鹿之规,即《白鹿洞书院揭示》。

[19] 万君汝信,即万潮,字汝信,正德六年(1511年)进士。历官浙江提学金事、浙江参政、陕西左布政使、右副都御史巡抚延绥,王守仁门下弟子,为人耿介,所到之处有政声。

[20] 藩臬,藩司和臬司。明、清两代布政使和按察使的并称。

[21] 庙学,旧指设于孔庙的学校。

[22] 名区,名胜之地。

[23] 匡翼,匡正辅佐。

[24] 明人伦,见《孟子·滕文公上》:"夏曰校,殷曰序,周曰庠,学则三代共之,皆所以明人伦也。"

[25] 驰骛,奔走趋赴。

[26] 汲汲,心情急切貌。引申为急切追求。

[27] "人心惟危,道心惟微,惟精惟一,允执厥中",见《书·大禹谟》。宋儒把这十六个字看作尧、舜、禹心心相传的个人修养和治理国家的原则,故亦称"十六字心传"。王守仁在回答学生关于"惟精惟一"的提问时,曾说:"博学、审问、慎思、明辨、笃行者,皆所以为惟精而求惟一也。"另,清代学者阎若璩考据称此语并非《尚书》原文,乃系后人伪造:"'人心'、'道心'本出《荀子》,以窜入《大禹谟》,遂尊为经,久而忘其所自来矣。"(《尚书古文疏证》)并以此作为宋明理学"进退失据"的例证。近世学者对阎的考据亦多有辩驳。

[28] 率性,循其本性;尽情任性。《礼记·中庸》:"天命之谓性,率性之谓道,修道之谓教。"

[29] 中节之和,见《礼记·中庸》:"喜怒哀乐之未发,谓之中;发而皆中节,谓之和。"朱熹集注:"喜、怒、哀、乐,情也。其未发,则性也,无所偏倚,故谓之中。发皆中节,情之正也,无所乖戾,故谓之和。"王守仁说:"人性皆善,中和是人人原有的,岂可谓无? 但常人之心既有所昏蔽,则其本体虽亦时时发见,终是暂明暂灭,非其全体大用矣。无所不中,然后谓之大本;无所不和,然后谓之达道;惟天下之至诚,然后能立天下之大本。"(《传习录·卷上》)

[30] "三千三百经曲之礼",见《礼记·中庸》:"礼仪三百,威仪三千。"朱熹集注:"礼仪,经礼也。威仪,曲礼也。此言道之入于至小而无间也。"意谓:修道要从礼仪规范入手,礼仪规范体现在一点一滴的细微小事上,体现在日常生活的每个细节当中。

[31] 三才,指天、地、人。《易·说卦》:"是以立天之道曰阴与阳,立地之道曰柔与刚,立人之道曰仁与义。兼三才而两之,故《易》六画而成卦。"

[32] 物欲蔽之,受到私欲的蒙蔽。

[33] 中,指人的本性。

[34] "不虑而知,其良知也;不学而能,其良能也",见《孟子·尽心上》:"人之所不学而能者,其良能也;所不虑而知者,其良知也。"意谓:不需要思索就具有的认识,就是人的良知;无须通过学习就具备的能力,就是人的良善本能。

[35] "孩提之童,无不知爱其亲者",见《孟子·尽心上》。

[36] "所求乎子,以事父未能也",见《礼记·中庸》:"君子之道四,丘未能一焉:所求乎子,以事父未能也;所求乎臣,以事君未能也;所求乎弟,以事兄未能也;所求乎朋友,先施之未能也。"

[37] "人伦明于上,小民亲于下",见《孟子·滕文公上》。

[38] 异端,古代儒家称其他学说、学派为异端。《论语·为政》:"攻乎异端,斯害也已!"朱熹集注:"异端,非圣人之道,而别为一端,如杨墨是也。"

[39] 伯术,霸者的权术,此处指不择手段的权术,与儒家所倡导的仁义之道相对立。伯,通"霸"。伯

者,霸者,成霸王之业者。王守仁《传习录·卷上》:"后世儒者许多讲来讲去,只是讲得个伯术。"又云:"世儒只讲得一个伯者的学问,所以要知得许多阴谋诡计,纯是一片功利的心,与圣人作经的意思正相反,如何思量得通?"

[40] 敷奏,陈奏,向君上报告。明试,证明;考验。

[41] 缉,一作"葺"。

【解读】

本文不仅记述了万松书院扩建增修的缘由与经过,更借此表达了"明人伦"的教育目的观。

王守仁继承儒家思孟学派的主张,强调"三代之学,皆所以明人伦",说明了"明人伦"是儒家传统教育中的首要目的。他批评当时因科举盛行,学生追名逐利、学习只顾死记硬背,学校教育舍本求末、荒废明伦之学的状况,表达了希望通过书院教育来弥补学校教育不足的主张。王守仁指出,"古圣贤之学"的实质就是"明伦",这是教育应有的核心内容与本质追求。他认为天地之道本就在人心之中,但人心会被物欲蒙蔽,要想去除蒙蔽、恢复良知就要习"明伦之学",这也是尧舜相授受的"人心惟危,道心惟微,惟精惟一,允执厥中"的"治天下之大法"的内涵。而"明伦之学"的内容即是要学会顺从本性,自然地喜怒哀乐,合理地对待事物,明白"父子之亲,君臣之义,夫妇之别,长幼之序,朋友之信"的伦理。王守仁强调"明伦之外无学矣",因为明伦之学老幼智愚都可学习,只有在朝野上下开展明伦之学,才可实现家齐、国治、天下平的理想。因此,王守仁呼吁按照"明人伦"的要求来改革科举考试、督促现任官员,认为这才是国家兴办教育的本意和书院培养人才的目的。

王守仁的教育主张以其"心学"理论为基础,具有鲜明的主观唯心主义色彩,其提倡的以"明人伦"为目的的教育旨在培养具有封建道德观念的"臣民",但其重视道德教育的观点仍具一定的借鉴价值。

(裴子卫)

稽山书院尊经阁记

【题解】

稽山书院始建于宋代,原址在浙江绍兴卧龙山西岗。淳熙八年(1181年),朱熹任提举两浙东路常平茶盐公事,在绍兴"讲学敷政,以倡多士"(《浙江通志·学校三》),马天骥特建朱子祠以示纪念,后吴草又请为稽山书院。元至正年间,浙东海右道肃政廉访副使王侯进行了修葺,后岁久湮废。明正德年间,山阴知县张焕重建书院于故址之西。嘉靖三年(1524年),知府南大吉令山阴县令吴瀛修缮、拓建书院,增建明德堂、尊经阁。是年,王守仁正在越守制,应其弟子南大吉之请,于次年撰本文,阐述了他对儒家"六经"的理解及其"尊经"的主张。

【原文】

经,常道也。其在于天谓之命,其赋于人谓之性,其主于身谓之心。心也,性也,命也,一也。通人物,达四海,塞天地,亘[1]古今,无有乎弗具,无有乎弗同,无有乎或变者也。是常道也,其应乎感也,则为恻隐,为羞恶,为辞让,为是非;其见于事也,则为父子之亲,为君臣之义,为夫妇之别,为长幼之序,为朋友之信。是恻隐也,羞恶也,辞让也,是非也;是亲也,义也,序也,别也,信也;一也。皆所谓心也,性也,命也。通人物,达四海,塞天地,亘古今,无有乎弗具,无有乎弗同,无有乎或变者也,是常道也。是常道也,以言其阴阳消息之行焉,则谓之《易》;以言其纪纲政事之施焉,则谓之《书》;以言其歌咏性情之发焉,则谓之《诗》;以言其条理节文之著焉,则谓之《礼》;以言其欣喜和平之生焉,则谓之《乐》;以言其诚伪邪正之辩焉,则谓之《春秋》。是阴阳消息之行也,以至于诚伪邪正之辩也,一也。皆所谓心也,性也,命也。通人物,达四海,塞天地,亘古今,无有乎弗具,无有乎弗同,无有乎或变者也,夫是之谓《六经》。《六经》者非他,吾心之常道也。故《易》也者,志[2]吾心之阴阳消息者也;《书》也者,志吾心之纪纲政事者也;《诗》也者,志吾心之歌咏性情者也;《礼》也者,志吾心之条理节文者也;《乐》也者,志吾心之欣喜和平者也;《春秋》也者,志吾心之诚伪邪正者也。君子之于《六经》也,求之吾心之阴阳消息而时行焉,所以尊《易》也;求之吾心之纪纲政事而时施焉,所以尊《书》也;求之吾心之歌咏性情而时发焉,所以尊《诗》也;求之吾心之条理节文而时著焉,所以尊《礼》也;求之吾心之欣喜和平而时生焉,所以尊《乐》也;求之吾心之诚伪邪正而时辩焉,所以尊《春秋》也。盖昔者圣人之扶人极,忧后世,而述《六经》也,犹之富家者之父祖虑其产业库藏之积,其子孙者或至于遗忘散失,卒困穷而无以自全也,而记籍其家之所有以贻之,使之世守其产业库藏之积而享用焉,以免于困穷之患。故《六经》者,吾心之记籍也,而《六经》之实则具于吾心,犹之产业库藏之实积,种种色色,具存于其家。

其记籍者,特名状数目而已。而世之学者,不知求《六经》之实于吾心,而徒考索于影响之间,牵制于文义之末,硁硁[3]然以为是《六经》矣。是犹富家之子孙,不务守视享用其产业库藏之实积,日遗忘散失,至于窭人[4]丐夫,而犹嚣嚣然指其记籍曰:"斯吾产业库藏之积也。"何以异于是!呜呼!《六经》之学,其不明于世,非一朝一夕之故矣。尚功利,崇邪说,是谓乱经;习训诂,传记诵,没溺于浅闻小见,以涂天下之耳目,是谓侮经;侈淫辞,竞诡辩,饰奸心盗行,逐世垄断,而自以为通经,是谓贼经。若是者,是并其所谓记籍者而割裂弃毁之矣,宁复知所以为尊经也乎!

越城[5]旧有稽山书院,在卧龙西冈,荒废久矣。郡守渭南南君大吉[6]既敷政于民,则慨然悼末学之支离,将进之以圣贤之道。于是使山阴[7]令吴君瀛拓书院而一新之,又为尊经之阁于其后。曰:"经正则庶民兴,庶民兴,斯无邪慝矣。"阁成,请予一言以谂多士。予既不获辞,则为记之若是。呜呼!世之学者既得吾说而求诸其心焉,其亦庶乎知所以为尊经也矣。

——选自王守仁著,王晓昕、赵平略点校:《王文成公全书》,中华书局 2015 年版,第 308—310 页。

[1] 亘,音 gèn,贯穿。

[2] 志,记。

[3] 硁硁,浅薄固执貌。硁,音 kēng。

[4] 窭人,贫人。窭,音 jù。

[5] 越城,原为越州治所,南宋绍兴元年(1131 年)始改称"绍兴"。

[6] 南大吉,字元善,号瑞泉,明陕西渭南人,正德进士,王守仁弟子,时为绍兴知府。以郡守称知府,系沿用旧称。

[7] 山阴,旧县名,因在会稽山之阴(北)得名。当时属绍兴府,治今浙江绍兴市。

本文是王守仁对儒家"六经"的解读,提出"《六经》者非他,吾心之常道也"的观点以及"求诸其心"的学习方法,集中体现了其"经学即心学"的教育观。

首先,王守仁阐述了其对"六经"的认识,认为"经"是恒常不变的道。他指出,所谓命、性、心都是道的不同表现,三者虽异名,但本质相同。以他之见,此道贯通于万事万物之中,且亘古不变,具体说来,用它来解释自然界变化消长便是《易》,用它来解释法制政事便是《书》，用它来说明歌咏情感的表达方式便是《诗》，用它来说明礼仪制度便是《礼》，用它来表达欣喜和平的发生便是《乐》，用它来说明真伪邪正的区别便是《春秋》。因此，"六经"与心、性、命也是同一的，"六经"表达的即是心中之道，"六经"不在别处，就在人心中。

其次，王守仁提出学习"六经"的方法与目的。他认为圣人著"六经"旨在提醒世人勿忘常道，真正的道其实都在人心中，人们不该只顾考证计较"六经"的表面含义，而忽视心中的"六经"之实，所以学习"六经"的正确方法应是从心中去探索其本质，通过体认的方式把握它。具体要求是从心出发读经、治经，结合自身思想情感向自己本心去寻求经之真谛。由心求得的"六经"真谛可指导人们外在的社会、政治、道德活动，从而实现修身、齐家、治国、平天下的理想，这也是经学教育的目的所在。

尽管王守仁这一教育观点体现了其主观唯心主义思想，但其重视儒家经典，批判只顾追求功名而曲解经书的态度是值得肯定的。他所提倡的不拘泥书本表面知识，结合自身思想情感去体验、思考并且积极实践的方法，对当今学生读书、学习也具有借鉴意义。

（裴子卫）

示弟立志说

【题解】明正德九年（1514年）五月，王守仁就任南京鸿胪寺卿，是年秋，其弟王守文来南京从学于王守仁，后于次年夏返乡。王守文勤奋好学，常向兄长求教为学之方，王守仁特撰本文相赠，用浅近文字解释立志的重要性，层次分明，说理清晰，且言辞恳切，令人动容，集中体现了王守仁教育思想中的立志观点。

【原文】予弟守文来学，告之以立志。守文因请次第[1]其语，使得时时观省[2]，且请浅近其辞[3]，则易于通晓也。因书以与[4]之。

夫学莫先于立志。志之不立，犹不种其根而徒事培拥灌溉，劳苦无成[5]矣。世之所以因循苟且，随俗习非[6]，而卒归于污下[7]者，凡[8]以志之弗立也。故程子[9]

曰："有求为圣人之志,然后可与共学[10]。"人苟[11]诚[12]有求为圣人之志,则必思圣人之所以为圣人者安在[13],非以其心之纯乎天理而无人欲之私欤[14]？圣人之所以为圣人,惟以其心之纯乎天理而无人欲,则我之欲为圣人,亦惟在于此心之纯乎天理而无人欲耳。欲此心之纯乎天理而无人欲,则必去人欲而存天理。务[15]去人欲而存天理,则必求所以去人欲而存天理之方[16]。求所以去人欲而存天理之方,则必正诸先觉[17],考诸古训,而凡所谓学问之功者,然后可得而讲,而亦有所不容已[18]矣。

夫所谓正诸先觉者,既以其人为先觉而师之矣,则当专心致志[19],惟先觉之为听[20]。言有不合,不得弃置[21],必从而思之;思之不得,又从而辩[22]之,务求了释[23],不敢辄[24]生疑惑。故《记》曰："师严,然后道尊;道尊[25],然后民知敬学[26]。"苟无尊崇笃信之心,则必有轻忽慢易之意[27]。言之而听之不审[28],犹不听也;听之而思之不慎,犹不思也。是则虽曰师之,犹不师也。

夫所谓考诸古训者,圣贤垂训[29],莫非教人去人欲而存天理之方,若《五经》、《四书》是已。吾惟欲去吾之人欲,存吾之天理,而不得其方,是以求之于此,则其展卷[30]之际,真如饥者之于食,求饱而已;病者之于药,求愈[31]而已;暗者之于灯,求照而已;跛[32]者之于杖,求行而已。曾有徒事[33]记诵讲说,以资[34]口耳之弊哉！

夫立志亦不易矣。孔子,圣人也,犹曰："吾十有五而志于学,三十而立[35]。"立者,志立也。虽至于"不逾矩[36]",亦志之不逾矩也。志岂可易而视[37]哉！夫志,气之帅也,人之命也,木之根也,水之源也。源不浚[38]则流息,根不植则木枯,命不续则人死,志不立则气昏[39]。是以君子之学,无时无处而不以立志为事。正目而视之,无他见也;倾耳而听之,无他闻也。如猫捕鼠,如鸡覆卵,精神心思凝聚融结,而不复知有其他,然后此志常立,神气精明,义理昭著[40]。一有私欲,即便知觉,自然容住[41]不得矣。故凡一毫私欲之萌,只责此志不立,即私欲便退;听一毫客气[42]之动,只责此志不立,即客气便消除。或怠[43]心生,责此志即不怠;忽[44]心生,责此志即不忽;懆[45]心生,责此志即不懆;妒[46]心生,责此志即不妒;忿[47]心生,责此志即不忿;贪心生,责此志即不贪;傲心生,责此志即不傲;吝[48]心生,责此志即不吝。盖无一息[49]而非立志责志之时,无一事而非立志责志之地。故责志之功,其于去人欲,有如烈火之燎[50]毛,太阳一出,而魑魅潜消也[51]。

自古圣贤，因时立教虽若不同，其用功大指[52]无或少异[53]。《书》谓"惟精惟一[54]"，《易》谓"敬以直内，义以方外[55]"，孔子谓格致诚正[56]，博文约礼[57]，曾子[58]谓"忠恕[59]"，子思[60]谓"尊德性而道问学[61]"，孟子谓集义养气[62]，"求其放心[63]"，虽若人自为说，有不可强同[64]者，而求其要领归宿[65]，合若符契[66]。何者？夫道一而已。道同则心同，心同则学同。其卒[67]不同者，皆邪说也。

后世大患，尤在无志，故今以立志为说。中间字字句句，莫非立志。盖终身问学之功，只是立得志而已。若以是说而合精一，则字字句句皆精一之功；以是说而合敬义，则字字句句皆敬义之功。其诸[68]"格致"、"博约"、"忠恕"等说，无不吻合[69]。但能实心体之[70]，然后信予言之非妄也。

——选自王守仁著，王晓昕、赵平略点校：《王文成公全书》，中华书局2015年版，第314—317页。

【注释】

[1] 次第，次序；依次。

[2] 观省，观览对照。

[3] 浅近其辞，把话说得浅显易懂。

[4] 与，给予。

[5] 无成，无收获。

[6] 习非，习惯于谬误。

[7] 污下，卑下；鄙陋。

[8] 凡，都是。

[9] 程子，程颐，与兄程颢同为北宋理学家，也称"二程"。

[10] "有求为圣人之志，然后可与共学"，见《二程集·河南程氏遗书卷第二十五》。

[11] 苟，假如。

[12] 诚，确实。

[13] 安在，在何处。

[14] 纯乎天理，纯是良知。欤，吗。

[15] 务，致力于。

[16] 方，方法。

[17] 正，求正。诸，于。先觉，觉悟早于常人的人。

[18] 已，停止。

[19] 致志，用志。

［20］惟……为听,唯听……。

［21］弃置,丢在一边。

［22］辩,通"辨",辨识。

［23］了释,明了无疑。

［24］辄,音 zhé,即。

［25］道尊,尊崇道德。

［26］敬学,敬重学问。

［27］轻忽,忽视。慢易,怠慢。

［28］审,详细;仔细。

［29］垂训,垂示教训。

［30］展卷,打开书卷。

［31］愈,病愈。

［32］跛,音 bǒ,瘸足。

［33］徒事,只从事。

［34］资,用作。

［35］"吾十有五而志于学,三十而立",见《论语·为政》。立,用学到的道理立身行事。

［36］"不逾矩",不违反法度。

［37］易而视,看得很容易。

［38］浚,疏通。

［39］昏,晦暗。

［40］昭著,昭明。

［41］容住,容留。

［42］客气,虚骄不诚之气。

［43］怠,怠惰。

［44］忽,轻忽。

［45］懆,音 cǎo,忧愁。

［46］妒,音 dù,妒忌。

［47］忿,音 fèn,愤恨。

［48］吝,音 lìn,吝啬。

［49］一息,一刻。

［50］燎,音 liǎo,烘烤。

［51］魍魉,音 wǎngliǎng,传说中的精怪名。潜消,消失。

［52］大指,宗旨;大意。

[53] 少异,稍异。

[54] "惟精惟一",见《书·大禹谟》。

[55] "敬以直内,义以方外",见《易·坤》。敬,恭敬。直、方,均有"正"意。内,内心。外,内心的外在表现,指形貌、言行等。

[56] "格致诚正",见《礼记·大学》:"致知在格物。物格而后知至,知至而后意诚,意诚而后心正。"

[57] "博文约礼",见《论语·子罕》:"博我以文,约我以礼。"这是颜渊自述孔子对他教育的两个方面:以文化知识使我学问广博,以礼来约束我的行动。

[58] 曾子,即曾参,孔子弟子。

[59] 忠恕,见《论语·里仁》:"夫子之道,忠恕而已矣。"忠恕,儒家的一种道德规范。忠,谓尽心为人。恕,谓推己及人。

[60] 子思,孔子之孙,名伋。

[61] "尊德性而道问学",见《礼记·中庸》:"君子尊德性而道问学"。尊德性,指存心养性的道德修养。道问学,指格物致知的知识学习。

[62] "集义养气",见《孟子·公孙丑上》:"我善养吾浩然之气。""是集义所生者,非义袭而取之也。"指人的涵养气质与意志,浩气由内心生成,与道义并生,而不只是袭取道义的表面。

[63] "求其放心",见《孟子·告子上》:"学问之道无他,求其放心而已矣。"放,丢失。指人追求学问,是为了追回丢失的本心,以归于仁义。

[64] 强同,勉强合一。

[65] 归宿,指归;意向所归。

[66] "合若符契",即完全相合。符契,犹符节。古代的符契都分为两半,检验时合而为一始有效。

[67] 卒,终;最后。

[68] 诸,之于。

[69] 吻合,符合。

[70] 体之,体会它。之,指示代词。

【解读】

　　王守仁十分重视立志在教育中的深远意义,他认为立志不仅是为学的起点,还是修身、成事的基础。他曾多次教导门人、弟子立志。本文着重阐释了立志的教育观,并说明了立志之法。

　　首先,王守仁解释了立志在学习中的重要性,提出立志是为学之基,先立志才可学有所成的观点。他主张将成为圣人作为学习的目标,而要实现这一目标,"则必去人欲而存天理"。其次,为确立这种圣人之志,王守仁指出两条途径:"正诸先觉,考诸古训。"所谓"正诸先觉",就是以觉悟早于常人的贤者为师,并要求在学习中尊崇笃信老师,做到尊道敬学、专心致志、审听慎思、务求了释。所谓"考诸古训",是指学习古圣先贤的经典著作,排疑解惑,从中寻求"去人欲而存天理之方"。最后,王守仁特别强调立志在道德教育中的重要性,他认为立志不仅是"君子之学"的重要内容,也是做人的根本,因为立志能使人神气清明、道理明白,虚傲、怠惰、轻率、忧愁、忌妒、愤恨、贪婪、骄傲、吝啬等私欲一经产生就可被察觉并消除,由此起到修身养性的作用。王守仁指出立志之说与历代圣贤教义大旨契合,表明立志在教育中的合理性与必要性。

本文详述立志的原因、目标、方法和作用,层层递进,环环相扣,清晰地阐释了王守仁的立志观。本文既是王守仁作为兄长对其弟守文的殷切劝导,更是他作为师长对学生的谆谆教诲,从而为后学指明了求学修身之路,激励他们早立志、立长志,坚定学习目标,磨炼学习意志,加强自身道德修养。

(裴子卫)

教条示龙场诸生

【题解】 明正德元年(1506年),王守仁因上书为戴铣等辩冤而激怒宦官刘瑾,被廷杖四十,贬为贵州龙场驿丞。三年春至黔,时龙场仍是偏远穷荒之地,王守仁不畏艰难在此苦思治学,豁然顿悟格物致知之旨,提出求理于心的主张,成为其创建心学理论体系的开端。在黔期间,王守仁坚持传道讲学,创办龙岗书院,从者甚众。为规训学生,王守仁特撰本文,提出"立志、勤学、改过、责善"四条要求。

【原文】 诸生相从于此,甚盛[1]。恐无能为助[2]也,以四事相规[3],聊以答诸生之意:一曰立志;二曰勤学;三曰改过;四曰责善。其慎听,毋忽[4]!

立 志

志不立,天下无可成之事,虽百工技艺,未有不本于志者。今学者旷废隳惰[5],玩岁愒时[6],而百无所成,皆由于志之未立耳。故立志而圣,则圣矣;立志而贤,则贤矣。志不立，如无舵之舟，无衔之马，漂荡奔逸[7]，终亦何所底[8]乎？昔人有言，使为善而父母怒之，兄弟怨之，宗族乡党贱恶之，如此而不为善可也；为善则父母爱之，兄弟悦之，宗族乡党敬信之，何苦而不为善为君子？使为恶而父母爱之，兄弟悦之，宗族乡党敬信之，如此而为恶可也；为恶则父母怒之，兄弟怨之，宗族乡党贱恶之，何苦而必为恶为小人？诸生念此，亦可以知所立志矣。

勤　学

已立志为君子，自当从事于学。凡学之不勤，必其志之尚未笃[9]也。从吾游者，不以聪慧警捷[10]为高，而以勤确谦抑[11]为上。诸生试观侪辈[12]之中，苟有虚而为盈，无而为有，讳己之不能，忌人之有善，自矜自是，大言欺人者，使其人资禀虽甚超迈[13]，侪辈之中，有弗疾恶[14]之者乎？有弗鄙贱[15]之者乎？彼固[16]将以欺人，人果遂为所欺，有弗窃笑[17]之者乎？苟有谦默自持[18]，无能自处[19]，笃志力行，勤学好问，称人之善，而咎己之失，从人之长，而明己之短，忠信乐易，表里一致者，使其人资禀虽甚鲁钝，侪辈之中，有弗称慕之者乎？彼固以无能自处，而不求上人，人果遂以彼为无能，有弗敬尚[20]之者乎？诸生观此，亦可以知所从事于学矣。

改　过

夫过者，自大贤所不免，然不害其卒[21]为大贤者，为其能改也。故不贵于无过，而贵于能改过。诸生自思平日亦有缺于廉耻忠信之行者乎？亦有薄于孝友之道，陷于狡诈偷刻[22]之习者乎？诸生殆不至于此。不幸或有之，皆其不知而误蹈[23]，素无师友之讲习规饬[24]也。诸生试内省，万一有近于是者，固亦不可以不痛自悔咎[25]。然亦不当以此自歉[26]，遂馁[27]于改过从善之心。但能一旦脱然洗涤旧染，虽昔为寇盗，今日不害为君子矣。若曰吾昔已如此，今虽改过而从善，将人不信我，且无赎于前过，反怀羞涩凝沮[28]，而甘心于污浊终焉[29]，则吾亦绝望尔矣。

责　善

责善，朋友之道，然须忠告而善道之[30]。悉[31]其忠爱，致其婉曲[32]，使彼闻之而可从，绎[33]之而可改，有所感而无所怒，乃为善耳。若先暴白其过恶[34]，痛毁极诋[35]，使无所容，彼将发其愧耻愤恨之心，虽欲降以相从[36]，而势有所不能，是激之而使为恶矣。故凡讦人之短，攻发[37]人之阴私以沽直[38]者，皆不可以言责善。虽然，我以是而施于人不可也。人以是而加诸[39]我，凡攻我之失者，皆我师也，安[40]可以不乐受[41]而心感[42]之乎？某于道未有所得，其学卤莽[43]耳。谬[44]为诸生相从于此，每终夜以思，恶且[45]未免，况于过乎？人谓事师无犯无隐[46]，而遂谓师无可谏，非也。谏[47]师之道，直不至于犯，而婉不至于隐耳。使吾而是也，因得以明其是；吾而非也，因得以去其非：盖教学相长[48]也。诸生责善，当自吾始。

——选自王守仁著，王晓昕、赵平略点校：《王文成公全书》，中华书局 2015 年版，第 1120—1123 页。

【注释】

[1] 甚盛，指前来从学的人很多。

[2] 无能为助，不能有所帮助。

[3] 规，规劝。

[4] 慎听，谨慎地听取。毋忽，不要忽视。

[5] 旷废，荒废。隳惰，懈怠。隳，音 huī，通"惰"。

[6] 玩岁愒时，贪图安逸，虚度岁月。《左传·昭公元年》："玩岁而愒日。"愒，音 kài。

[7] 漂荡，指上文无舵之舟。奔逸，指上文无衔之马。

[8] 底，终极。

[9] 笃，诚笃；忠实。

[10] 警捷，机警；敏捷。

[11] 谦抑，谦逊。

[12] 侪辈，同辈。侪，音 chái。

[13] 资禀，天资禀赋。超迈，超越常人。

[14] 疾恶，憎恶。

[15] 鄙贱，鄙视。

[16] 固，当然。

[17] 窃笑，暗笑。

[18] 自持，自我克制。

[19] 自处，犹自居；自持。

[20] 敬尚,崇尚。

[21] 卒,最终。

[22] 偷刻,犹刻薄。

[23] 误蹈,误行。

[24] 规饬,以正言劝诫。

[25] 悔咎,悔过自咎。

[26] 自歉,歉疚。

[27] 馁,音 něi,丧气;萎靡不振。

[28] 羞涩,羞愧。凝沮,沮丧。

[29] 终焉,到底。

[30] "忠告而善道之",见《论语·颜渊》。善道,诚恳地引导解说。

[31] 悉,尽。

[32] 致,极尽。婉曲,婉转。

[33] 绎,音 yì,寻求;推究。

[34] 暴白,揭露。暴,音 pù。过恶,过失;罪恶。

[35] 痛毁极诋,痛切、极端地诋毁。

[36] 降以相从,贬抑自己以听从批评。

[37] 攻发,揭发;揭露。

[38] 沽直,博取正直的名声。

[39] 诸,于。

[40] 安,怎么。

[41] 乐受,乐意接受。

[42] 感,感激。

[43] 卤莽,鲁莽;草率。

[44] 谬,音 miù,错误,常用作谦辞。

[45] 且,尚且。

[46] "事师无犯无隐",见《礼记·檀弓上》。无犯,不冒犯。无隐,无隐讳。

[47] 谏,音 jiàn,下属对上级、晚辈对尊长的直言规劝。

[48] 教学相长,见《礼记·学记》。意谓:教师可以通过自身"教"和"学"的相互促进,获得提高。现亦指师生之间相互学习,共同提高。

【解读】

　　本文可视为王守仁为龙岗书院制定的学规,"立志、勤学、改过、责善"四条就是对学生提出的四项学习要求,比较集中地体现了王守仁的教育主张。

　　王守仁认为"立志"是求学与做人的第一要务,立志可为学习提供目标与方向,可增强学习动力,坚定学习意志。谦虚勤奋是王守仁最为赞赏的学习态度,在他看来,"勤学"既是立志为圣贤的要求,也是治学求知的重要途径,体现了智育与德育相辅相成的观点。王守仁提出"改过"是提高个人德行的重要方法,主要指向自我修养层面,包括两层含义与要求:一是要对自身有清晰的认知,时时反省;二是要有积极向上的心态,不一味愧疚,重视改过自新。王守仁认为"责善"是帮助他人进步的重要途径,指出了与同学、老师的相处之道:对待朋友要善于监督规劝,要动机善良且方法妥当;对待师长要恭敬诚实,谏师时要直率但不冒犯,委婉但不隐瞒。

　　本文凝聚了王守仁诸多教育智慧,他注重智育与德育并重,以立志与勤学来激励学生求学,以改过与责善来敦促学生修身,师生关系上主张人格平等,倡导师生互助、教学相长。这些观点不仅为当时的龙岗书院诸生指明了学习的方向,而且对后世学子也具有启发教导的意义。

（裴子卫）

李贽

李贽(1527—1602),号卓吾,又号宏甫,别号温陵居士,泉州晋江(今福建泉州)人。明思想家、史学家和文学家。著作有《焚书》《续焚书》《藏书》《续藏书》《史纲评要》等。

答以女人学道为见短书

【题解】 在古代中国,封建礼教不仅要求妇女严格遵从闺范礼仪,还认为女子"无才便是德"。更有甚者,孔子"唯女子与小人为难养也"之语,成了封建礼教认为女子智力低下、不足以学"道"的依据。因此,封建礼教成了束缚妇女发展的镣铐。李贽对此进行了强烈的批判。例如,他在《藏书·司马相如传论》中热情歌颂寡妇卓文君和司马相如的结合,批判了理学所谓"饿死事极小,失节事极大"的主张。本文则表达了他对封建礼教认为妇女见识与智力低下的批判。

【原文】 昨闻大教,谓妇人见短,不堪学道。诚然哉!诚然哉!夫妇人不出閫[1]域,而男子则桑弧蓬矢[2]以射四方,见有长短,不待言也。但所谓短见者,谓所见不出闺阁之间;而远见者则深察乎昭旷之原也。短见者只见得百年之内,或近而子孙,又近而一身而已;远见则超于形骸之外,出乎死生之表,极于百千万亿劫不可算数譬喻之域是已。短见者只听得街谈巷议,市井小儿之语;而远见则能深畏乎大人,不敢侮于圣言,更不惑于流俗憎爱之口也。余窃谓欲论见之长短者当如此,不可止以妇人之见为见短也。故谓人有男女则可,谓见有男女岂可乎?谓见有长短则可,谓男子之见尽长,女人之见尽短,又岂可乎?设使女人其身而男子其见,乐闻正论而知俗语之不足听,乐学出世而知浮世之不足恋,则恐当世男子视之,皆当羞愧流汗,不敢出声矣。此盖孔圣人所以周流天下,欲庶几一遇而不可得者,今反视之为短见之人,不亦冤乎!冤不冤与此人何与,但恐傍观者丑耳。

自今观之:邑姜以一妇人而足九人之数,不妨其与周、召、太公之流并列为十乱[3];文母[4]以一圣女而正《二南》之风,不嫌其与散宜生、太颠之辈并称为四友[5]。彼区区者特世间法,一时太平之业耳,犹然不敢以男女分别,短长异视,而况学出世道,欲为释迦老佛、孔圣人朝闻夕死[6]之人乎? 此等若使闾巷小人闻之,尽当责以窥观之见,索以利女之贞[7],而以文母、邑姜为罪人矣,岂不冤甚也哉! 故凡自负远见之士,须不为大人君子所笑,而莫汲汲[8]欲为市井小儿所喜可也。若欲为市井小儿所喜,则亦市井小儿而已矣。其为远见乎,短见乎,当自辨也。余谓此等远见女子,正人家吉祥善瑞,非数百年积德未易生也。

夫薛涛[9]蜀产也,元微之[10]闻之,故求出使西川,与之相见。涛因走笔作《四友赞》以答其意,微之果大服。夫微之,贞元[11]杰匠也,岂易服人者哉! 吁! 一文才如涛者,犹能使人倾千里慕之,况持黄面老子[12]之道以行游斯世,苟得出世之人,有不心服者乎? 未之有也。不闻庞公[13]之事乎? 庞公,尔楚之衡阳人也,与其妇庞婆、女灵照同师马祖[14],求出世道,卒致先后化去,作出世人,为今古快事。愿公师其远见可也。若曰"待吾与市井小儿辈商之",则吾不能知矣。

——选自李贽著:《焚书　续焚书》,中华书局2009年版,第59—60页。

注释

[1] 阃,音 kǔn,内室;闺门。

[2] 桑弧蓬矢,指桑木作弓,蓬梗为矢。象征男子应有志于四方。后用以勉励人应怀大志。

[3] 此为一典故。《论语·泰伯》:"武王曰:'予有乱臣十人。'孔子曰:'才难,不其然乎? 唐虞之际,于斯为盛。有妇人焉,九人而已。……'"朱熹集注:"马氏曰:'乱,治也。'十人,谓周公旦、召公奭、太公望、毕公、荣公、太颠、闳夭、散宜生、南宫适,其一人谓文母。刘侍读以为子无臣母之义,盖邑姜也。九人治外,邑姜治内。"邑姜是武王王后。

[4] 文母,即周文王妃太姒。

[5] 四友,见《尚书大传·西伯戡黎》:"文王以闳夭、太公望、南宫括、散宜生为四友。"这里李贽把文母、太颠列在"四友"之内,与《尚书》记载不同。

[6] 朝闻夕死,见《论语·里仁》:"朝闻道,夕可死矣。"

[7] "责以窥观之见,索以利女之贞",见《易·观》:"窥观,利女贞。"王弼注:"所见者狭,故曰'窥观'。居内得位,柔顺寡见,故曰'利女贞',妇人之道也。"

[8] 汲汲,心情急切貌。

[9] 薛涛,唐代长安一女子,后流落于蜀中,为乐妓,擅长写诗。

[10] 元微之,即唐诗人元稹,字微之。

[11] 贞元,唐德宗李适年号(785—805)。

[12] 黄面老子,指释迦牟尼。老子为道教教主,释迦牟尼为佛教教主。释迦牟尼为金色身,故称"黄面老子"。

[13] 庞公,唐朝人,其事见于《传灯录》《庞居士集序》等。

[14] 马祖,名道一,唐代得道禅师。贞元四年(788年)死,佛家称为"马祖"。元和年间,赐谥号"大寂禅师"。

【解读】 孔子将人划分为"圣人""凡人""君子""小人"等,认为圣人、君子等天生为"上知",凡人或小人天生为"下愚"。孔子又提出"唯女子与小人为难养也"。这样,女子就被划入"下愚"之列。宋代理学家继承了孔子对妇女的看法,提出了所谓"女子无才便是德"的观点。明代,理学家又提出了"妇人见短,不堪学道"的观点。由此可见,封建儒学对女子的看法一脉相承,对女子极为贬斥。李贽反对封建礼教,在本文中对儒学的女子观深表不满,并进行了猛烈的抨击。他认为圣人与凡人都是一样的,进而认为男女的才智是平等的。在文中,李贽承认人的见识有长短,但指出将见识短都归在女子身上就不对了。他先后列举了邑姜、太姒、薛涛、灵照等有才能的女子进行反驳,说明女子见识长者也不少,甚至许多男子都不如她们。因此,他认为"妇人见短,不堪学道"的观点是立不住脚的。从哲学层面来讲,李贽对女子的看法是其反对封建儒学礼教道德观的体现,他批评"妇人见短,不堪学道"的观点,反映了他主张男女平等受教的教育思想。李贽这一教育观点在儒家纲常伦理盛行的封建社会具有进步性,在今天看来也是值得提倡的。

童心[1]说

【题解】 李贽中年时才开始做官,历时二十多年。为官经历使他深刻地体验到社会的黑暗,从而使他在思想上较为接近人民,并与当时的大官僚、封建地主发生了激烈的冲突。晚年,李贽开始著书讲学,对程朱理学进行了无情的批判。本文即反映李贽对理学教育内容的批判,主张恢复人天然纯真本性的教育思想。

【原文】 龙洞山农[2]叙《西厢》末语云:"知者勿谓我尚有童心可也。"夫童心者,真心也。若以童心为不可,是以真心为不可也。夫童心者,绝假纯真,最初一念之本心也。

若失却童心，便失却真心；失却真心，便失却真人。人而非真，全不复有初矣。

童子者，人之初也；童心者，心之初也。夫心之初曷可失也！然童心胡然而遽失也？盖方其始也，有闻见从耳目而入，而以为主于其内而童心失。其长也，有道理从闻见而入，而以为主于其内而童心失。其久也，道理闻见日以益多，则所知所觉日以益广，于是焉又知美名之可好也，而务欲以扬之而童心失；知不美之名之可丑也，而务欲以掩之而童心失。夫道理闻见，皆自多读书识义理而来也。古之圣人，曷尝不读书哉！然纵不读书，童心固自在也，纵多读书，亦以护此童心而使之勿失焉耳，非若学者反以多读书识义理而反障之也。夫学者既以多读书识义理障其童心矣，圣人又何用多著书立言以障学人为耶？童心既障，于是发而为言语，则言语不由衷；见而为政事，则政事无根柢；著而为文辞，则文辞不能达。非内含于章美也，非笃实生辉光也，欲求一句有德之言，卒不可得。所以者何？以童心既障，而以从外入者闻见道理为之心也。

夫既以闻见道理为心矣，则所言者皆闻见道理之言，非童心自出之言也。言虽工，于我何与，岂非以假人言假言，而事假事文假文乎？盖其人既假，则无所不假矣。由是而以假言与假人言，则假人喜；以假事与假人道，则假人喜；以假文与假人谈，则假人喜。无所不假，则无所不喜。满场是假，矮人何辩也？然则虽有天下之至文，其湮灭于假人而不尽见于后世者，又岂少哉！何也？天下之至文，未有不出于童心焉者也。苟童心常存，则道理不行，闻见不立，无时不文，无人不文，无一样创制体格文字而非文者。诗何必古选[3]，文何必先秦。降而为六朝[4]，变而为近体[5]；又变而为传奇[6]，变而为院本[7]，为杂剧[8]，为《西厢曲》[9]，为《水浒传》，为今之举子业[10]，皆古今至文，不可得而时势先后论也。故吾因是而有感于童心者之自文也，更说什么《六经》，更说什么《语》、《孟》乎？

夫《六经》、《语》、《孟》，非其史官过为褒崇之词，则其臣子极为赞美之语。又不然，则其迂阔门徒，懵懂弟子，记忆师说，有头无尾，得后遗前，随其所见，笔之于书。后学不察，便谓出自圣人之口也，决定目之为经矣，孰知其大半非圣人之言乎？纵出自圣人，要亦有为而发，不过因病发药，随时处方，以救此一等懵懂弟子，迂阔门徒云耳。药医假病，方难定执，是岂可遽以为万世之至论乎？然则《六经》、《语》、《孟》，乃道学之口实，假人之渊薮[11]也，断断乎其不可以语于童心之言明矣。呜呼！吾又安得真正大圣人童心未曾失者而与之一言文哉！

——选自李贽著：《焚书 续焚书》，中华书局2009年版，第98—99页。

——选自李贽著：《焚书 续焚书》，中华书局2009年版，第98—99页。

【注释】

[1] 童心，小孩子天真纯朴的心；孩子气。《左传·襄公三十一年》："于是昭公十九年矣，犹有童心，君子是以知其不能终也。"《孟子·离娄下》："大人者，不失其赤子之心者也。"本文的童心，即含赤子之心的意思，引申为本性、真心。

[2] 龙洞山农，即元代戏剧家王实甫。

[3] 古选，指古体诗和选体诗。南北朝时萧统编《文选》，所选诗偏重对偶声律辞藻，称为"选体"，古选主要是风格上的分别，侧重内容的称"古体"，侧重形式的称"选体"。

[4] 六朝，即"南朝六朝"，指三国吴，东晋，南朝宋、齐、梁、陈，都以建康（吴时名"建业"，今江苏南京）为首都，合称"六朝"。这里指六朝时淫靡的宫体诗言。

[5] 近体，指五七言律诗或五七言绝句。

[6] 传奇，此体裁始于唐代。唐代裴铏作《传奇》三卷，本小说家言。宋代称诸宫调为传奇，元代以杂剧为传奇，到明代则以长篇戏曲为传奇，与北方杂剧相分别。

[7] 院本，金代与元代时戏本的名称。当时称娼妓居住的地方为"行院"，所以娼妓演唱的戏本称为"院本"。

[8] 杂剧，指元代的戏曲。

[9] 《西厢曲》，即元代王实甫著的《西厢记》，为五个杂剧的集合体，是较长的元曲，是杂剧的发展。

[10] 举子业，亦称"举业"，科举时代称应试的诗文。举子，被举应试的士子。

[11] 渊薮，指人或物集聚的地方。

【解读】

在哲学观上，李贽反对程朱理学，同时他接受了陆王心学的影响。他认为理学所谓的封建礼教是虚伪的，主张恢复人天然纯真的本性。政治观上与之相对应的是，李贽反对统治者过多地用严刑峻法和封建礼教来干扰民众，主张"无为"统治。但李贽的"无为"并不排斥对社会有益的"有为"，不排斥功利。李贽的哲学观与政治观反映在教育思想上就是反对程朱理学所主张的教学内容，认为"童心"是人心的本然与真诚无欺的状态；养护童心不在于多读儒家经典，而是通过保存人的最初良知来达到的。他指出，虽然理学家口中经常挂着仁义道德那一套儒家的封建伦理教条，但他们却在言行、作文等方面表现得非常虚假。李贽认为这主要是因为他们试图通过多读儒家经典来获取义理，结果却失去了"童心"。由此可见，李贽主张恢复人天然纯真的本性，并不在于要求士人多读书，关键在于要求他们做到知行合一，以恢复人最初的良知。因此，李贽的教育观与王守仁的教育观比较接近。

有明一代，是程朱理学占统治地位的时代。读程朱理学著作成为士人入仕的阶梯，这导致士风的虚伪、社会的黑暗。李贽在当时敢于尖锐地抨击程朱理学，提出"童心说"，表现出他具有无畏地批判社会的勇气。这正是李贽教育思想的深刻和可贵之处。

（张建中）

徐光启

徐光启(1562—1633),字子先,号玄扈,上海人。明科学家。著有《农政农书》等,合译《几何原本》(前六卷)等。今人辑有《徐光启集》。

泰西水法[1] 序

【题解】 明朝中后期,入华西方传教士增多。其中不乏知识渊博者,如利玛窦、熊三拔等天主教耶稣会传教士(简称"耶稣会士")。为传布天主教,利玛窦等传教士多与明士大夫阶层交往,并影响了徐光启等人。徐光启为改良农业技术,积极吸收由传教士传入的农业科技知识。为此,他整理了传教士熊三拔著的《泰西水法》。本文是《泰西水法》的序言,介绍了该书的缘起以及徐光启对西方格致之学的态度,其中包含了他的教育思想。

【原文】 泰西诸君子、以茂德上才,利宾于国。其始至也,人人共叹异之;及骤与之言,久与之处,无不意消而中悦服者,其实心、实行、实学,诚信于士大夫也。其谈道也,以践形尽性,钦若上帝为宗。所教戒者、人人可共由,一轨于至公至正,而归极于"惠迪吉、从逆凶"之旨,以分趋避之路。余尝谓其教必可以补儒易佛,而其绪余更有一种格物穷理之学,凡世间世外、万事万物之理,叩之无不河悬响答,丝分理解;退而思之,穷年累月,愈见其说之必然而不可易也。格物穷理之中,又复旁出一种象数之学。象数之学、大者为历法,为律吕;至其他有形有质之物,有度有数之事,无不赖以为用,用之无不尽巧极妙者。昔与利先生[2]游,尝为我言:"薄游数十百国,所见中土土地人民,声名礼乐,实海内冠冕,而其民顾多贫乏,一遇水旱,则有道殣,国计亦诎焉者,何也? 身被主上礼遇隆恩,思得当以报。顾已久谢人间事矣,筋力之用,无所可效。有所闻水法一事,象数之流也,可以言传器写,倘得布在将作,即富国足民,或且岁月见效。私愿以此为主上代天养民之助,特恐羁旅孤踪,有言不信耳。"余尝留意兹事,二十余年矣,询诸人人,最多画饼。骤闻若言,则唐子之见故人也;就而请益,辄为余说其大指,悉皆意外奇妙,了非畴昔所及。值余衔恤归,言别,则以其友熊先生[3]来,谓余:"昨所言水法不获竟之,他日以叩之此公可也!"

迄余服阕趋朝，而先生已长逝矣。间以请于熊先生，唯唯者久之，察其心神，殆无吝色也；而顾有怍色。余因私揣焉：无吝色者、诸君子讲学论道，所求者，亡非福国庇民，矧兹土苴以为人，岂不视犹敝蓰哉！有怍色者、深恐此法盛传，天下后世见视以公输墨翟，即非其数万里东来，捐顶踵，冒危难，牖世兼善之意耳。辄解之曰：人富而仁义附焉，或东西之通理也。道之精微，拯人之神；事理粗迹，拯人之形，并说之，并传之，以俟知者，不亦可乎？先圣有言："备物致用，立成器以为天下利，莫大乎圣人。"器虽形下，而切世用，兹事体不细已。且窥豹者得一斑，相剑者见若狐甲而知钝利，因小识大，智者视之，又何遽非维德之隅也！先生复唯唯。都下诸公闻而亟赏之，多募巧工，从受其法。器成，即又人人亟赏之。余因笔记其说，实不文。然而诸公实存心于济物，以命余，其可辞？抑六载成言，亦以此竟利先生之志也。梓成，复命余申言其端。夫诸器利益，诸公已深言之，曷赘为？然而有两言焉。尝试虚心揣之：西方诸君子而犹世局中人也，是者种种有用之学，不乃其秘密家珍乎？亟请之，往往无吝色而有怍色，斯足以窥其人矣。抑人情劳则思，佚则忘善，此器也而为世用，谁则不佚，倘弗思而忘善乎？不乃阶之为厉矣。余愿用兹器者，相与共默计之，先生之所为蹙然[4]而色怍也，将无或出于此？万历壬子春月吴淞徐光启序。

——选自徐光启撰，王重民辑校：《徐光启集（上册）》，中华书局 2014 年版，第 66—68 页。

【注释】

[1] 《泰西水法》，意大利天主教耶稣会传教士熊三拔口述，徐光启记录，共六卷。成书于万历四十年（1612 年）。此书阐述了取水工具、蓄水、寻水、辨水质等内容。

[2] 利先生，即意大利天主教耶稣会传教士利玛窦（Matteo Ricci，1552—1610）。他精通天文历算，明万历十年（1582 年）奉遣来华。二十九年入北京，并与士大夫交往。传教的同时，他还介绍西方自然科学。著译有《几何原本》（与徐光启合译）、《天学实义》等。

[3] 熊先生，即意大利天主教耶稣会传教士熊三拔（Sabatino de Ursis，1575—1620）。明万历三十四年（1606 年）来华传教。善天文、历法。随利玛窦学习汉语，后助徐光启、李之藻翻译行星说，并测量北京经度等。四十四年，明朝政府禁教，被逐至澳门。著有《泰西水法》等。

[4] 蹙然，局促不安貌。

【解读】 "形而上者谓之道,形而下者谓之器",反映了中国古代儒学的思想特点。在儒家看来:"道"是宇宙万物的本源;"器"作为具体事物,不过是由道派生出来的。因此,在"道本器末"思想的支配下,"道"是儒学教育的主要内容;"明道""弘道"是士人的精神追求,成为儒学教育的终极目标。这就造成了古代士人仅读儒家经典与仅注重心性修养,却忽视与日常生活密切相关的自然科技知识的学习,进而助长了虚浮不实的学风。徐光启反对儒学的这种教育观点,并在本文中提出"君子讲学论道,所求者,亡非福国庇民",这就表明他主张学问应该是"经世致用"的;"器虽形下,而切世用",这进而表明自然科学知识应该是"经世致用"的教学内容。因此,他认为教学不应局限于道德培养,格物穷理之学也是非常重要的。文中多次提到"象数之学",可见徐光启提倡的格物穷理之学就是以数学为中心的西方自然科学知识,这也是徐光启倡导的教育内容。

尊经重儒,倡导程朱理学,是明朝政府的文教政策,致使世人盲目学习虚无缥缈的"道学"内容,忽视经世致用的"实学"。因此,徐光启重视西方自然科学知识的教育,实际上是对宋明理学所造成的虚浮学风的驳斥,同时也开启了明、清倡导经世致用的实学教育思潮。从这一点来说,徐光启的教育思想在中国古代教育史上占有重要的地位。

几何原本[1]杂议

【题解】 1603年,徐光启在南京结识了天主教耶稣会传教士利玛窦,此后他便跟随利玛窦学习西方科学知识。他曾协助利玛窦翻译西方的科学书籍,如欧几里得几何学前六卷便由两人合译,取名《几何原本》。本文介绍了徐光启对《几何原本》的几点体会,其中表达了他的教育思想。

【原文】 下学工夫,有理有事。此书为益,能令学理者祛其浮气,练其精心;学事者资其定法,发其巧思,故举世无一人不当学。闻西国古有大学,师门生常数百千人,来学者先问能通此书,乃听入。何故? 欲其心思细密而已。其门下所出名士极多。

能精此书者,无一事不可精;好学此书者,无一事不可学。

凡他事、能作者能言之,不能作者亦能言之;独此书为用,能言者即能作者,若不能作,自是不能言。何故?言时一毫未了,向后不能措一语,何由得妄言之。以故精心此学,不无知言之助。

凡人学问、有解得一半者,有解得十九或十一者,独几何之学,通即全通,蔽即全蔽,更无高下分数可论。

人具上资而意理疏莽,即上资无用;人具中材而心思缜密,即中材有用,能通几何之学,缜密甚矣!故率天下之人而归于实用者,是或其所由之道也。

此书有四不必:不必疑,不必揣,不必试,不必改。有四不可得:欲脱之不可得,欲驳之不可得,欲减之不可得,欲前后更置之不可得。有三至、三能:似至晦实至明,故能以其明明他物之至晦;似至繁实至简,故能以其简简他物之至繁;似至难实至易,故能以其易易他物之至难。易生于简,简生于明,综其妙在明而已。

此书为用至广,在此时尤所急须,余译竟,随偕同好者梓传之。利先生作叙,亦最喜其亟传也,意皆欲公诸人人,令当世亟习焉。而习者盖寡,窃意百年之后必人人习之,即又以为习之晚也。而谬谓余先识,余何先识之有?

有初览此书者,疑奥深难通,仍谓余当显其文句。余对之:度数之理,本无隐奥,至于文句,则尔日推敲再四,显明极矣。倘未及留意,望之似奥深焉,譬行重山中,四望无路,及行到彼,蹊径历然。请假旬日之功,一究其旨,即知诸篇自首迄尾,悉皆显明文句。

几何之学,深有益于致知。明此、知向所揣摩造作,而自诡为工巧者皆非也。一也。明此、知吾所已知不若吾所未知之多,而不可算计也。二也。明此、知向所想像之理,多虚浮而不可挪也。三也。明此、知向所立言之可得而迁徙移易也。

此书有五不可学:躁心人不可学,粗心人不可学,满心人不可学,妒心人不可学,傲心人不可学。故学此者不止增才,亦德基也。

昔人云:"鸳鸯绣出从君看,不把金针度与人",吾辈言几何之学,政与此异。因反其语曰:"金针度去从君用,未把鸳鸯绣与人",若此书者、又非止金针度与而已,直是教人开矿冶铁,抽线造计;又是教人植桑饲蚕,涷丝染缕。有能此者、其绣出鸳

鸯,直是等闲细事。然则何故不与绣出鸳鸯?曰:能造金针者能绣鸳鸯,方便得鸳
鸯者谁肯造金针?又恐不解造金针者,菟丝棘刺,聊且作鸳鸯也!其要欲使人人真
能自绣鸳鸯而已。

——选自徐光启撰,王重民辑校:《徐光启集(上册)》,中华书局 2014 年版,第 76—78 页。

【注释】 [1]《几何原本》,为古希腊数学家欧几里得(约前 330—前 275)所著。徐光启和利玛窦于 1607 年译出前六卷,晚清数学家李善兰和英国传教士伟烈亚力译出另外版本的九卷。

【解读】　程朱理学主张"道本器末"的观点,致使士人形成了重人伦道德而轻自然科学知识的风气,进而给中国古代学术带来了极大的负面影响,如知识分子空谈性命玄理,不务社会实际。徐光启深知这一负面影响,为此提出了"道艺并重"的观点,并在此基础上主张学习"以数学为宗"的西方自然科学知识。他在本文中贯彻了这一教育思想。例如,他反对古代学者从人性角度将人的智力划分为生知、学知和困知三类,并只注重培养个人记诵能力的做法。他认为,应该注重思维训练,使人"心思缜密",这样才能像西方一样多出人才,而像几何这样的象数之学便是可以锻炼学生思维能力的学科。再如,儒学历来重视修身养性,但徐光启认为数学也可作为道德修养的基础,这是因为《几何原本》有五不可学:"躁心人不可学,粗心人不可学,满心人不可学,妒心人不可学,傲心人不可学。"因此,要想学习"以数学为宗"的自然科学知识,就必须在学习过程中养成心静、心细、谦虚的道德品质。

由上可知,徐光启提倡"以数学为宗"的西方科学知识的学习内容,实际上是要将人伦道德修养与科技知识学习相结合,克服中国传统学术及教育空虚的一面,以实现中西学的融会贯通。这一教育主张否定了宋明理学空谈心性,对促使当时实学教育思潮的形成起了重要作用。这种倡导学习自然科技知识的教育思想在今天来看,仍然是有进步意义的。

(张建中)

黄
宗
羲

黄宗羲(1610—1695),字太冲,号南雷,学者称"梨洲先生",浙江余姚人。明末清初思想家、史学家、教育家。一生著述多达五十余种,近千卷,主要著作有《宋元学案》《明儒学案》《明夷待访录》《四明山志》等,今人汇编为《黄宗羲全集》。

学　校

【题解】 明清之际,随着商品经济的日益发展,资本主义生产方式在中国沿海地区萌芽,新兴市民阶层产生,与这些变化一致的是民主启蒙思想兴起。1663 年,黄宗羲著《明夷待访录》一书,批判了封建君主专制统治,提出了一些具有近代色彩的民主思想。乾隆年间,此书被列为禁书。《学校》为《明夷待访录》中的一篇。在本文中,黄宗羲揭露了君主专制使官学屈服于朝廷,政府禁毁书院、压制清议的现象。为了改变这种状况,作者在文中提出若干改革教育的办法。

【原文】 学校,所以养士也。然古之圣王,其意不仅此也,必使治天下之具[1]皆出于学校,而后设学校之意始备。非谓班朝,布令,养老,恤孤,讯馘[2],大师旅则会将士[3],大狱讼则期吏民[4],大祭祀则享始祖,行之自辟雍[5]也。盖使朝廷之上,闾阎[6]之细,渐摩濡染,莫不有诗书宽大之气,天子之所是未必是,天子之所非未必非,天子亦遂不敢自为非是,而公其非是于学校。是故养士为学校之一事,而学校不仅为养士而设也。

三代以下,天下之是非一出于朝廷。天子荣之,则群趋以为是;天子辱之,则群摘[7]以为非。簿书、期会、钱谷、戎狱[8],一切委之俗吏。时风众势之外,稍有人焉,便以为学校中无当于缓急之习气。而其所谓学校者,科举嚣争,富贵熏心,亦遂以朝廷之势利一变其本领,而士之有才能学术者,且往往自拔于草野之间,于学校初无与也,究竟养士一事亦失之矣。

于是学校变而为书院。有所非也,则朝廷必以为是而荣之;有所是也,则朝廷必以为非而辱之。伪学之禁，书院之毁，必欲以朝廷之权与之争胜。其不仕者有刑，曰："此率天下士大夫而背朝廷者也。"其始也，学校与朝廷无与；其继也，朝廷与学校相反。不特不能养士，且至于害士，犹然循其名而立之何与？

东汉太学三万人，危言深论，不隐豪强，公卿避其贬议[9]。宋诸生伏阙捶鼓，请起李纲[10]。三代遗风，惟此犹为相近。使当日之在朝廷者，以其所非是为非是，将见盗贼奸邪慑心于正气霜雪之下！君安而国可保也。乃论者目之为衰世之事，不知其所以亡者，收捕党人，编管陈、欧[11]，正坐破坏学校所致，而反咎学校之人乎！

嗟乎！天之生斯民也，以教养托之于君。授田之法废，民买田而自养，犹赋税之扰之；学校之法废，民蚩蚩[12]而失教，犹势利以诱之。是亦不仁之甚，而以其空名跻[13]之曰"君父，君父"，则吾谁欺！

郡县学官，毋得出自选除[14]。郡县公议，请名儒主之。自布衣以至宰相之谢事者，皆可当其任，不拘已仕未仕也。其人稍有干于清议[15]，则诸生得共起而易之，曰："是不可以为吾师也。"其下有《五经》师，兵法、历算、医、射各有师，皆听学官自择。凡邑之生童皆裹粮从学，离城烟火聚落之处士人众多者，亦置经师。民间童子十人以上，则以诸生之老而不仕者充为蒙师。故郡邑无无师之士，而士之学行成者，非主六曹[16]之事，则主分教之务，亦无不用之人。

学宫[17]以外，凡在城在野寺观庵堂，大者改为书院，经师领之，小者改为小学，蒙师领之，以分处诸生受业。其寺产即隶于学，以赡诸生之贫者。二氏之徒[18]，分别其有学行者，归之学宫，其余则各还其业。

太学祭酒[19]，推择当世大儒，其重与宰相等，或宰相退处为之。每朔日，天子临幸太学，宰相、六卿、谏议皆从之。祭酒南面讲学，天子亦就弟子之列。政有缺失，祭酒直言无讳。

天子之子年至十五，则与大臣之子就学于太学，使知民之情伪，且使之稍习于劳苦，毋得闭置宫中，其所闻见不出宦官宫妾之外，妄自崇大也。

郡县朔望，大会一邑之缙绅士子。学官讲学，郡县官就弟子列，北面再拜。师弟子各以疑义相质难。其以簿书期会[20]，不至者罚之。郡县官政事缺失，小则纠绳[21]，大则伐鼓号于众。其或僻郡下县，学官不能骤得名儒，而郡县官之学行过之者，则朔望之会，郡县官南面讲学可也。若郡县官少年无实学，妄自压老儒而上之

者，则士子哗而退之。

择名儒以提督学政[22]，然学官不隶属于提学，以其学行名辈相师友也。每三年，学官送其俊秀于提学而考之，补博士弟子[23]；送博士弟子于提学而考之，以解礼部，更不别遣考试官。发榜所遗之士，有平日优于学行者，学官咨于提学补入之。其弟子之罢黜，学官以生平定之，而提学不与焉。

学历者能算气朔，即补博士弟子。其精者同入解额[24]，使礼部考之，官于钦天监[25]。学医者送提学考之，补博士弟子，方许行术。岁终，稽其生死效否之数，书之于册，分为三等：下等黜之；中等行术如故；上等解试礼部，入太医院而官之。

凡乡饮酒，合一郡一县之缙绅士子。士人年七十以上，生平无玷清议者，庶民年八十以上，无过犯者，皆以齿南面[26]，学官、郡县官皆北面，宪老乞言。

凡乡贤名宦祠，毋得以势位及子弟为进退。功业气节则考之国史，文章则稽之传世，理学则定之言行。此外乡曲之小誉，时文之声名，讲章[27]之经学，依附之事功，已经入祠者皆罢之。

凡郡邑书籍，不论行世藏家，博搜重购。每书钞印三册，一册上秘府[28]，一册送太学，一册存本学。时人文集，古文非有师法，语录非有心得，奏议无裨实用，序事无补史学者，不许传刻。其时文、小说、词曲、应酬代笔，已刻者皆追板烧之。士子选场屋之文及私试义策[29]，蛊惑坊市者，弟子员黜革，见任官落职，致仕官夺告身[30]。

民间吉凶，一依朱子《家礼》[31]行事。庶民未必通谙其丧服之制度，木主[32]之尺寸，衣冠之式，宫室之制，在市肆工艺者，学官定而付之；离城聚落，蒙师相其礼以革习俗。

凡一邑之名迹及先贤陵墓祠宇，其修饰表章，皆学官之事。淫祠[33]通行拆毁，但留土谷[34]，设主祀之。故入其境，有违礼之祀，有非法之服，市悬无益之物，土留未掩之丧，优歌在耳，鄙语满街，则学官之职不修也。

——选自黄宗羲著，沈善洪主编：《黄宗羲全集（第一册）》，浙江古籍出版社1985年版，第10—14页。

【注释】

［1］具,才能。

［2］班朝,谓整肃朝班。讯馘,献俘献馘之意。馘,音 guó,割取死敌左耳以计功。

［3］"大师旅则会将士",指古时天子将行兵之前,必集将士于学校中,议定兵谋。

［4］"大狱讼则期吏民",指有重大的案子要审讯,则定日期召集官吏和民众。

［5］辟雍,本为周天子所设大学。东汉以后,历代皆设,除北宋末年为太学之预备学校(亦称"外学")外,均仅为祭祀之所。

［6］闾阎,原指里巷的门。这里喻指民间。

［7］摘,音 tī,揭发。

［8］簿书,指官署中的文书簿册。期会,指下级官吏定期向上级述职汇报。钱谷,指田赋税收。戎狱,指军政和司法。

［9］"东汉太学三万人,危言深论,不隐豪强,公卿避其贬议",事见《后汉书·党锢列传》。

［10］"宋诸生伏阙捶鼓,请起李纲",北宋靖康元年(1126 年)二月,金兵围汴京,在李邦彦等的操纵下,罢李纲以向金人求和。太学生陈东等人上书反对,请用李纲而斥李邦彦,以安民心而挽救国家危急,都民不约而聚于朝门者数万人,呼声动地。朝廷被迫复用李纲为右丞,任京城防御使。

［11］编管,宋代官吏因罪除去名籍贬谪州郡,编入该地户籍,并由地方官吏加以管束。陈、欧,分别指陈东、欧阳澈。此二人因于南宋高宗建炎元年(1127 年)八月上书斥责主和派,请重用李纲,而同时被诬陷杀害。

［12］蚩蚩,无知貌。蚩,音 chī。

［13］跻,升;登。

［14］选除,选拔任用。

［15］清议,公正的评论;舆论。古时指乡里或学校中对官吏的批判。

［16］六曹,为州县地方佐吏的分职,有吏曹、户曹、礼曹、兵曹、刑曹、工曹。

［17］学宫,旧指各府县的孔庙,为儒学教官的衙署所在。

［18］二氏之徒,即佛、道教信徒。

［19］祭酒,学官名,为太学中最高负责的长官。

［20］簿书期会,旧时州县士子皆家居,有事则用文书通告约期会集。

［21］纠绳,纠正其过失。

［22］提督,领导监督之通称。学政,为地方教育行政。

［23］博士弟子,汉代太学中设博士官,置弟子五十人,称为"博士弟子"。明代国子监,亦设有国子博士。明、清时用作生员的别称。

［24］同入解额,指博士弟子中的精者可并入所解的名额中。解额,按唐制,进士由乡而贡叫作"解",故称乡试为"解试",解试有一定的名额,称为"解额"。

［25］钦天监,掌管观察天象、推算历法的官署。

[26] 以齿南面,按年龄面朝南面坐着。

[27] 讲章,为学习科举文或经筵进讲而编写的五经、四书的讲义。

[28] 秘府,古代禁中藏图书秘籍的地方。

[29] 场屋,指科举时代士子科考的地方,又称"科场"。引申为科举考试。明代许多文人私人组织文社,作诗词,并选出来刻印问世,称为"社稿"。这里所言的私试义策即指此而言。

[30] 告身,古代授官的凭信,类似后世的任命状。

[31] 朱子《家礼》,五卷,相传为朱熹撰。自宋以后都遵用此书。但经后人考证,并非朱熹所撰。

[32] 木主,木制的神主牌位,上书死者姓名以供祭祀。

[33] 淫祠,不合礼制而设置的祠庙。

[34] 土谷,指土神和谷神,也就是社稷之神。

解读

　　在政治思想方面,黄宗羲反对儒家所谓百姓必须服从君主、臣属必须听从君王的观点。他指斥封建君权至上的专制统治,认为:君臣间的差别主要是分工不同造成的;君主为天下的主人,必须为人民兴利除害;人臣的出仕,绝非为了一人一姓,而是为了天下、为了百姓。在这一民主思想的基础之上,黄宗羲在本文中一方面揭露了封建君主专制压制官学、禁毁书院、压制清议的现象,另一方面提出了他对学校职能的看法,即"公其非是于学校",也就是学校不仅要培养人才,还要承担起议政的职能。黄宗羲认为,只有这样,才能改变国家政事的是非标准仅由天子一人决断的局面。为了使国家决策民主化,使学校有议政职能,他又提出了改革学校教育制度的具体办法:在学校管理人员与教师选拔方面,设想太学祭酒由当世大儒来担任,郡县学官由名儒担任,专门人才任各科教师;在学校布局方面,主张在全国城镇普遍设立学校,以实现人人都能受教育,个个都能尽其才;在学校职能方面,学校还必须将讲学与议政相结合,如太学祭酒讲学之日,上至天子,下至宰相、六卿、谏议等朝廷大臣都必须来听讲,祭酒可在讲学中直言不讳地评论政事得失,郡县学校也采用这种办法;在学校教育内容方面,天文、医学等自然科学知识也属于教学内容之列;等等。这些改革主张鲜明地表达了作者希望将国家政事的是非标准交由硕学鸿儒、各方面专家以及学有专长的人来讨论决定,学校的功能兼讲学和议政于一体的教育思想。

　　从历史发展的角度而言,黄宗羲提出学校应该具备作出国家民主决策与监督政府职能的思想,可谓是近代民主思想的萌芽;同时,他提出的改革学校教育的具体方案,也包含了近代教育的思想因素。清末,谭嗣同、梁启超等秘密翻印了《明夷待访录》，本篇也因之流传。可见，黄宗羲的教育思想及改革方案对近代中国资产阶级反对封建君主专制、反对封建教育起了重要的启蒙作用。

取　士[1]

【题解】明清之际，出于加强封建中央集权的需要，朝廷不仅迫使学校屈服其统治，压制清议，而且在人才选拔方面单一化，即纯粹通过八股取士。这种选士制度十分僵化，不利于选拔真正的实学之才。此外，选士制度影响着学校培养人才的内容、方式和方法，甚至可能左右学校的养士制度。在《明夷待访录》中，紧接《学校》篇之后，黄宗羲专设了《取士》篇，揭露了科举之弊，提出了取士制度的改革方案。

上

【原文】取士之弊，至今日制科[2]而极矣。故毅宗[3]尝患之也，为拔贡、保举、准贡、特授、积分、换授[4]，思以得度外[5]之士。乃拔贡之试，犹然经义[6]也，考官不遣词臣[7]，属之提学，既已轻于解试[8]矣。保举之法，虽曰以名取人，不知今之所谓名者何凭也，势不得不杂以贿赂请托。及其捧檄[9]而至，吏部以一义一论试之，视解试为尤轻矣。准贡者用解试之副榜，特授者用会试之副榜[10]。夫副榜，黜落之余也。其黜落者如此之重，将何以待中式[11]者乎？积分不去赀郎[12]，其源不能清；换授以优宗室，其教可不豫[13]乎！凡此六者，皆不离经义，欲得胜于科目之人，其法反不如科目之详，所以徒为纷乱而无益于时也。

唐进士试诗赋，明经试墨义[14]。所谓墨义者，每经问义十道，五道全写疏，五道全写注。宋初试士，诗、赋、论各一首，策五道，帖[15]《论语》十，帖对《春秋》或《礼记》墨义十条，其《九经》、《五经》、《三礼》、《三传》、学究等，设科虽异，其墨义同也。王安石改法，罢诗赋、帖经、墨义，中书撰大义式颁行，须通经有文采，乃为中格，不但如明经、墨义、粗解章句而已。然非创自安石也，唐柳冕[16]即有"明《六经》之义，合先王之道者以为上等，其精于传注与下等"之议。权德舆驳曰："注疏犹可以质验，不者有司率情上下其手，既失其末，又不得其本，则荡然矣。"[17]其后宋祁、王珪[18]累有"止问大义,不责记诵"之奏,而不果行,至安石始决之。

故时文者帖书、墨义之流也。今日之弊,在当时权德舆已尽之。向若因循不改,则转相模勒[19],日趋浮薄,人才终无振起之时。若罢经义,遂恐有弃经不学之士,而先王之道益视为迂阔无用之具。余谓当复墨义古法,使为经义者全写《注》《疏》《大全》、汉宋诸儒之说,一一条具于前,而后申之以己意,亦不必墨守一先生之言。由前则空疏者绌,由后则愚蔽者绌,亦变浮薄之一术也。

或曰:"以诵数精粗为中否,唐之所以贱明经也,宁复贵其所贱乎?"曰:"今日之时文[20],有非诵数时文所得者乎? 同一诵数也,先儒之义学,其愈于餖飣[21]之剿说亦可知矣。非谓守此足以得天下之士也,趋天下之士于平实,而通经学古之人出焉。昔之诗赋亦何足以得士! 然必费考索,推声病[22],未有若时文、空疏不学之人皆可为之也。"

下

古之取士也宽,其用士也严;今之取士也严,其用士也宽。古者乡举里选,士之有贤能者,不患于不知。降而唐宋,其为科目不一,士不得与于此,尚可转而从事于彼,是其取之之宽也。《王制》[23]论秀士,升之司徒[24]曰选士;司徒论选士之秀者,升之学曰俊士[25];大乐正论造士之秀者[26],升之司马[27]曰进士;司马论进士之贤者,以告于王而定其论。论定然后官之,任官然后爵之,位定然后禄之。一人之身,未入仕之先凡经四转,已入仕之后凡经三转,总七转,始与之以禄。唐之士,及第者未便解褐[28],入仕吏部,又复试之。韩退之三试于吏部无成,则十年犹布衣也。宋虽登第[29]入仕,然亦止是簿尉令录,榜首才得丞判,是其用之之严也。宽于取则无枉才,严于用则少幸进。

今也不然。其所以程士者,止有科举之一途,虽使古豪杰之士若屈原、司马迁、相如、董仲舒、扬雄之徒,舍是亦无由而进取之,不谓严乎哉! 一日苟得,上之列于侍从[30],下亦置之郡县。即其黜落而为乡贡者,终身不复取解,授之以官,用之又何其宽也! 严于取,则豪杰之老死丘壑者多矣;宽于用,此在位者多不得其人也。

流俗之人,徒见夫二百年以来之功名气节,一二出于其中,遂以为科目已善,不必他求。不知科目之内,既聚此百千万人,不应功名气节之士独不得入,则是功名气节之士之得科目，非科目之能得功名气节之士也。假使士子探筹，第其长短而取之，行之数百年，则功名气节之士亦自有出于探筹之中者，宁可谓探筹为取士之善法耶？究竟功名气节人物，不及汉唐远甚，徒使庸妄之辈充塞天下。岂天下之不生才哉？则取之之法非也。吾故宽取士之法，有科举，有荐举，有太学，有任子，有郡邑佐，有辟召，有绝学，有上书，而用之之严附见焉[31]。

科举之法：其考校仿朱子议：第一场《易》、《诗》、《书》为一科，子、午年试之；《三礼》[32]兼《大戴》为一科，卯年试之；《三传》[33]为一科，酉年试之。试义各二道，诸经皆兼《四书》义一道。答义者先条举注疏及后儒之说，既备，然后以“愚按”结之。其不条众说，或条而不能备，竟入己意者，虽通亦不中格。有司有不依章句移文配接命题者，有丧礼服制忌讳不以为题者，皆坐罪。第二场周、程、张、朱、陆六子为一科，孙、吴武经为一科，荀、董、扬、文中[34]为一科，管、韩、老、庄为一科，分年各试一论。第三场《左》、《国》、《三史》[35]为一科，《三国》、《晋书》、《南北史》为一科，新、旧《唐书》、《五代史》为一科，《宋史》、有明《实录》为一科，分年试史论各二道。答者亦必摭事实而辨是非。若事实不详，或牵连他事而于本事反略者，皆不中格。第四场时务策[36]三道。凡博士弟子员遇以上四年仲秋，集于行省而试之，不限名数，以中格为度。考官聘名儒，不论布衣、在位，而以提学主之。明年会试，经、子、史科，亦依乡闱[37]分年，礼部尚书知贡举。登第者听宰相鉴别，分置六部各衙门为吏，管领簿书。拔其尤者，仿古侍中之职在天子左右，三考满常调而后出官郡县。又拔其尤者为各部主事，落第者退为弟子员，仍取解试而后得入礼闱。

荐举之法：每岁郡举一人，与于待诏[38]之列。宰相以国家疑难之事问之，观其所对，令廷臣反复诘难，如汉之贤良、文学以盐铁发策是也。能自理其说者，量才官之；或假之职事，观其所效而后官之。若庸下之材剿说欺人者，举主坐罪，其人报罢。若道德如吴与弼、陈献章[39]，则不次待之，举主受上赏。

太学之法：州县学每岁以弟子员之学成者，列其才能德艺以上之，不限名数，缺人则止。太学受而考之，其才能德艺与所上不应者，本生报罢。凡士子之在学者，积岁月累试，分为三等：上等则同登第者，宰相分之为侍中属吏；中等则不取解试，竟入礼闱；下等则罢归乡里。

任子之法：六品以上，其子十有五年皆入州县学，补博士弟子员，若教之十五年而无成则出学。三品以上，其子十有五年皆入太学，若教之十五年而无成则出学。今也大夫之子与庶民之子同试，提学受其请托，是使其始进不以正，不受其请托，非所以优门第也。公卿之子不论其贤否而仕之，贤者则困于常调，不贤者而使之在民上，既有害于民，亦非所以爱之也。

郡县佐之法：郡县各设六曹，提学试弟子员之高等者分置之，如户曹管赋税出入、礼曹主祀事、乡饮酒[40]、上下吉凶之礼，兵曹统民户所出之兵、城守、捕寇，工曹主郡邑之兴作，刑曹主刑狱，吏曹主各曹之迁除资俸也。满三考升贡太学，其才能尤著者，补六部各衙门属吏。凡廪生[41]皆罢。

辟召之法：宰相、六部、方镇[42]及各省巡抚，皆得自辟其属吏，试以职事，如古之摄官[43]。其能显著，然后上闻即真。

绝学者，如历算、乐律、测望、占候、火器、水利之类是也。郡县上之于朝，政府考其果有发明，使之待诏。否则罢归。

上书有二：一，国家有大事或大奸，朝廷之上不敢言而草野言之者，如唐刘蕡、宋陈亮[44]是也，则当处以谏职。若为人嗾使[45]，因而挠乱朝政者，如东汉牢修[46]告捕党人之事，即应处斩。一，以所著书进览，或他人代进，看详其书足以传世者，则与登第者一体出身。若无所发明，纂集旧书，且是非谬乱者，如今日赵宧光[47]《说文长笺》、刘振《识大编》之类，部帙虽繁，却其书而遣之。

——选自黄宗羲著，沈善洪主编：《黄宗羲全集（第一册）》，浙江古籍出版社 1985 年版，第 14—20 页。

注释

［1］取士，旧时考试士人，定其等级，录取者视具体情况，以为国用。

［2］制科，由皇帝亲自下诏而临时设置的科举考试科目。目的在于选拔各类特殊人才。

［3］毅宗，即明思宗朱由检，年号"崇祯"。

［4］拔贡，科举制度中贡入国子监的生员之一种。保举，向上级保举推荐。准贡，由捐纳入国子监者，亦称之"例贡"。特授，特别授士人以爵禄。积分，指学校考核成绩的办法。换授，指优待宗室易官而授。

［5］度外，即法度之外，这里指取士常规之外。

［6］经义，科举考试所用文体之一。以经书中文句为题，应试者作文阐明其中义理。此始于宋代，明

时形成一种固定的八股文体。

[7] 词臣,指文学侍从之臣,掌管朝廷制诏、诏令、授述的官员,如翰林、学士等。

[8] 解试,科举时代唐宋州府举行的考试,即明清的乡试。

[9] 檄,音 xí,古代官府用以征召、晓谕或声讨的文书。

[10] 会试,明清时每三年一次在京城举行的考试,各省的举人皆可应考,考中者称为"贡士",可参加殿
试。副榜,明清科举考试中,录取正式名额之外,另行录取若干附加名额。

[11] 中式,指正榜录取。

[12] 赀郎,谓因家富资财而被朝廷任为郎官。后即称出钱捐官的人为"赀郎"。

[13] 豫,同"预",指事先有所准备。

[14] 墨义,科举考试方法之一,按经书、注疏内容笔答大义,无须解答。

[15] 帖,指帖经,科举考试方法之一,即以所习之经,任揭一页,遮掩两边经文,只留中间一行,然后裁
纸为帖,再遮掩其中三五个字,令试者填补。

[16] 柳冕(? —805),唐文学家。蒲州河东(今山西永济西南)人。贞元中,官御史中丞、福建观察使。
主张文章必须阐发"六经"之道,为韩愈文论的先驱。《全唐文》辑存其文十四篇。

[17] 权德舆(759—818),唐天水略阳(今甘肃秦安东南)人,官至礼部尚书、同平章事。今存《权载之文
集》。率情,即循情。

[18] 宋祁(998—1061),北宋文学家,开封雍丘(今河南杞县)人。曾与欧阳修等合修《新唐书》,撰写列
传部分。王珪(1019—1085),宋成都华阳(今四川成都)人。哲宗时,官至尚书左仆射兼门外侍
郎,封岐国公。卒赠太师,谥文。有《华阳集》遗世。

[19] 模勒,仿照原样雕刻。亦指雕刻之文。

[20] 时文,指八股文。

[21] 饾飣,音 dòudìng,原指堆叠食品,这里喻指文章的罗列堆砌。

[22] "推声病",指推敲声律的毛病。

[23] 《王制》,《礼记》篇名。

[24] 司徒,古代掌管民户、土地、徒役的辅政大臣。

[25] 俊士,周代称优秀而入于大学的子弟。

[26] 大乐正,官名。周代置。掌管国子的乐官正长。同"大司乐"。造士,指古代学业有成就的士子。

[27] 司马,古代掌管军政、军赋、马政的辅政大臣。

[28] 褐,指兽毛或粗麻制成的短衣,多为贫者所服。

[29] 登第,亦称"登科",科举时代称考中进士。

[30] 在京职事官自六部尚书、侍郎及学士、两制等通称为"侍从"。

[31] 任子,任用公侯之子。绝学,历算、乐律、测望、占候、火器、水利之类的学问。上书,向上上书,而
书中可取者,上书人即可得官。

[32] 《三礼》,即《周礼》《仪礼》《礼记》。

[33] 《三传》,解释《春秋》的《公羊传》《穀梁传》《左传》的合称。

[34] 文中,即隋代思想家王通,门人私谥"文中子"。著《中说》。

[35] 《三史》,即《史记》《汉书》《后汉书》。

[36] 时务策,关于国计民生的策问。

[37] 乡闱,指乡试。

[38] 待诏,官名。汉代征士,咸待诏公车,其尤优异者,令待诏金马门,备顾问。唐设置翰林院,凡文词经学之士,下至卜医技术之流,各别院供给廪米以待诏命,故有"画待诏""医待诏"等名称。宋代仍沿用之,并别有"翰林待诏"之称。明清翰林院属官有待诏,掌校对章疏文史,秩从九品。

[39] 吴与弼(1391—1469),明抚州崇仁(今属江西)人。一生讲学家乡,不应科举。学宗程朱,晚年受知朝廷,屡征不就。陈献章(1428—1500),吴与弼的学生。新会(今广东江门市新会区)人。正统举人。曾应召,授翰林院检讨而归,自后屡荐不起。一生唯重心性之学,继承陆九渊"心即理也"的观点。

[40] 乡饮酒,古代乡学三年成业,必考其德行,察其道艺,而推荐贤能者,以升于君,将升之时,乡大夫与之饮酒而后升之。此谓乡饮酒礼。

[41] 廪生,科举制度中生员名目之一。明代府、州、县学生员最初每月都给廪膳,补助其生活,故名。清沿明制,廪生领取膏火银。

[42] 方镇,谓总领兵事,镇守一方者。

[43] 摄官,即兼代官职。摄,有兼或代之意。

[44] 陈亮,南宋思想家、文学家。为人才气超迈,喜谈兵。孝宗时作《中兴五论》,反对与金和议。与朱熹进行多次"王霸义利之辩",反对理学家空谈"道德性命"。

[45] 嗾使,怂恿别人做坏事。嗾,音 sǒu。

[46] 牢修,东汉河内人,宦官党羽之一、方士张成的弟子。受到师傅和宦官的指使,牢修上书诬告李膺"养太学游士,交结诸郡生徒,更相驱使,共为部党,诽讪朝廷,疑乱风俗",恒帝怒,颁令逮捕李膺党人。

[47] 赵宦光,明吴县(今苏州)人。读书稽古,精于篆书。著《说文长笺》等。

解读

黄宗羲在本文中批判了八股选士制度,并提出了八种选士方法。

黄宗羲认为中国历史上取士制度的弊病至八股取士制度表现得最为严重。他指出八股选士制度有如下危害:第一,士人为参加八股考试、获取功名而一味地研读时文,摒弃了经、史、古文以及兵、农、礼、乐等实用之学,从而造成学术的衰落;第二,八股考试使士人学习内容局限于时文,致使其思想受到严重禁锢;第三,士人为追求功名禄位，竟以"偷窃为工夫，浮词为堂奥"，败坏了学风。

在揭露和批判八股取士的弊端后，作者提出了八种选士方法来改革取士制度：(1) 科举之法。作者仿朱熹《学校贡举私议》的设想，将科举考试分为经、子、史、时务策四场，突出经学、诸子学和史学的地位，重视应试者的独立见解，强调对录取者的任用考核。(2) 荐举之法，即通过地方推荐与中央考核相结合的办法，来选拔所需人才。(3) 太学之法，即将太学的人才培养和人才选拔相结合，将学生的学行优劣与对学生的任用直接挂钩。(4) 任子之法，即根据父辈官衔的不同品秩，决定官员子弟进不同的学校。作者希望通过这一办法，防止官员利用特权在人才选拔中的请托舞弊行为，改变"公卿之子不论其贤否而仕之"的弊病。(5) 郡县佐之法，即通过提学官考试来选拔郡县学生，让优秀者到郡县六曹任职实习，实习优秀者又直接被补选到中央六部衙门任官。(6) 辟召之法，即中央及地方官吏可自行选拔属吏，如果属吏在实际工作中表现优秀，还可报请朝廷正式委任。(7) 绝学之法，即地方政府可以将精通历算、乐律、测望、占候、火器、水利等自然科学的人才上报至中央，并被中央委任官职。(8) 上书之法，即选拔敢于仗义执言的政论人才，以及有较高学术造诣的人才。

以上反映了作者强调人才的选拔应该采用多种方法和途径，对人才应该进行严格考核，重视人才的实际才能，注重把人才选拔与培养相结合等思想。这些思想的核心就是要破除八股取士的弊端，选拔真正的实学人才。因此，黄宗羲在文中提出的选士制度改革在当时有着重大意义，对中国近现代教育改革也不乏积极的影响。

明儒学案发凡

【题解】 黄宗羲学识渊博，在抗击清军失败后开始著述讲学。《明儒学案》便为其学术著作之一，成书于1676年。此书记载了明代理学发展的源流，为我国第一部系统完整的断代学术思想史著作。本文旨在对《明儒学案》的撰写体例加以说明，文中部分内容体现了作者的治学方法。

【原文】 从来理学之书，前有周海门《圣学宗传》[1]，近有孙钟元《理学宗传》[2]，诸儒之说颇备。然陶石篑《与焦弱侯书》云："海门意谓身居山泽，见闻狭陋，尝愿博求文献，广所未备，非敢便称定本也。"[3]且各家自有宗旨，而海门主张禅学，扰金银铜铁为一器，是海门一人之宗旨，非各家之宗旨也。锺元杂收，不复甄别，其批注所及，未必得其要领，而其闻见亦犹之海门也。学者观羲是书，而后知两家之疏略。

大凡学有宗旨，是其人之得力处，亦是学者之入门处。天下之义理无穷，苟非定以一二字，如何约之使其在我。故讲学而无宗旨，即有嘉言，是无头绪之乱丝也。学者而不能得其人之宗旨，即读其书，亦犹张骞初至大夏，不能得月氏要领也。是编分别宗旨，如灯取影。杜牧之曰："丸之走盘，横斜圆直，不可尽知。其必可知者，是知丸不能出于盘也。"[4]夫宗旨亦若是而已矣。

尝谓有明文章事功，皆不及前代，独于理学，前代之所不及也，牛毛茧丝，无不辨晰，真能发先儒之所未发。程、朱之辟释氏，其说虽繁，总是只在迹上；其弥近理而乱真者，终是指他不出。明儒于毫厘之际，使无遁影。陶石篑亦曰："若以见解论，当代诸公，尽有高过者。"与羲言不期而合。

每见钞先儒语录者，荟撮数条，不知去取之意谓何。其人一生之精神未尝透露，如何见其学术？是编皆从全集纂要钩玄，未尝袭前人之旧本也。

儒者之学，不同释氏之五宗必要贯串到青原、南岳[5]。夫子既焉不学[6]，濂溪无待而兴，象山不闻所受[7]，然其间程、朱之至何、王、金、许[8]，数百年之后，犹用高、曾之规矩，非如释氏之附会源流而已。故此编以有所授受者，分为各案；其特起者，后之学者不甚著者，总列诸儒之案。

学问之道，以各人自用得著者为真。凡倚门傍户、依样葫芦者，非流俗之士，则经生之业也。此编所列，有一偏之见，有相反之论。学者于其不同处，正宜着眼理会，所谓一本而万殊也。以水济水[9]，岂是学问！

胡季[10]随从学晦翁，晦翁使读《孟子》。他日问季随："至于心，独无所同，然乎[11]？"季随以所见解，晦翁以为非，且谓其读书卤莽不思。季随思之既苦，因以致疾，晦翁始言之。古人之于学者，其不轻授如此，盖欲其自得之也。即释氏亦最忌道破，人便作光景玩弄耳。此书未免风光狼籍，学者徒增见解，不作切实工夫，则羲反以此书得罪于天下矣！

是书搜罗颇广，然一人之闻见有限，尚容陆续访求。即羲所见而复失去者，如朱布衣《语录》、韩苑洛、南瑞泉、穆玄庵、范栗斋诸公集[12]，皆不曾采入。海内有斯文之责者，其不吝教我，此非末学一人之事也。

——选自黄宗羲著，沈善洪主编：《黄宗羲全集（第七册）》，浙江古籍出版社 1985 年版，前言第 5—7 页。

【注释】

[1] 周海门，即周汝登(1547—1629)，字继元，号海门，明代嵊县(今浙江嵊州)人。师事罗汝芳，其学近释，旨在会通儒释。撰《圣学宗传》十八卷，辑录前代儒者近释之语。

[2] 孙钟元，即孙奇逢(1584—1675)，字启泰，一字钟元，直隶容城(今属河北)人，明清之际理学家。明亡，隐居河南辉县百泉山，学者称"夏峰先生"，其学初承陆、王，后兼采朱熹。著《理学宗传》等。

[3] 陶石篑，即陶望龄(1562—1609)，字周望，号石篑，明会稽(今浙江绍兴)人。从周汝登学，其学亦图欲糅合儒释。焦弱侯，即焦竑(1540—1620)，字弱侯，明江宁(今江苏南京)人。师事罗汝芳、耿定向，又笃信李贽之学，认为佛学即圣学。

[4] 杜牧之，即杜牧(803—853)，字牧之，京兆万年(今陕西西安)人，唐文学家。引语出自杜牧的《注孙子序》。

[5] 佛教禅宗慧能派，传其宗者，一为行思，住青原，一为怀让，住南岳，因此分为两支系。后青原系下分为曹洞、云门、法眼三宗，南岳系下分为沩仰、临济二宗。

[6] "夫子既焉不学"，见《论语·子张》："夫子焉不学，而亦何常师之有！"

[7] "濂溪无待而兴，象山不闻所受"，谓周敦颐、陆九渊之学，不闻师传。

[8] 何、王、金、许，分别为：何基(1188—1268)，字子恭，南宋婺州金华(今属浙江)人，师事朱熹门人黄榦，学者称"北山先生"；王柏(1197—1274)，字会之，南宋婺州金华(今属浙江)人，师事何基；金履祥(1232—1303)，字吉夫，元兰溪(今属浙江)人，师事王柏，学者称"仁山先生"；许谦(1270—1337)，字益之，宋元之际婺州金华(今属浙江)人，师事金履祥，学者称"白云先生"。

[9] "以水济水"，源自《左传·昭公二十年》，晏婴与齐侯论"和"(统一)与"同"(简单的同一)，说"若以水济水，谁能食之？若琴瑟之专一，谁能听之？"

[10] 胡季，即胡大时，南宋崇安(今福建武夷山市)人，师事张栻，也受学于朱熹。

[11] "至于心，独无所同，然乎"，见《孟子·告子上》。

[12] 朱布衣，即朱用纯(1627—1698)，字致一，号柏庐，清昆山(今属江苏)人，辞征召，著有《愧讷集》《四书讲义》等；韩苑洛，即韩邦奇(1479—1555)，字汝节，号苑洛，明朝邑(今陕西大荔)人，著有《苑洛志乐》等；南瑞泉，即南大吉(1487—1541)，字元善，号瑞泉，明陕西渭南人；穆玄庵，即穆孔晖(1479—1539)，字伯潜，号玄庵，明山东东昌府堂邑(今属山东聊城)人；范栗斋，即范瓘，字廷润，号栗斋，明山阴(今浙江绍兴)人。

【解读】

黄宗羲以分别宗旨、纂要钩玄、辨别源流等原则编成《明儒学案》。之所以会形成这些撰写原则，是因为作者认为每一门学问都有宗旨，这些宗旨是做学问之人的用力处。因此，编撰《明儒学案》这部学术思想史的著作就必须参照这些撰写原则。

通过对这些撰写原则的分析，黄宗羲的治学方法也跃然纸上：抓住学问的要旨，发前人所未发，有自己的心得。在本文中，作者以若干反面的例子论证了他的治学观点。例如，《圣学宗传》《理学宗传》二书看似收集了理学各派的宗旨，但其内容实际上不得要领。之所以如此，是因为二书杂收，不复甄别。再如，他批评了那种"倚门傍户、依样葫芦"的学者，认为这只不过是"经生之业"。因此，作者认为治学之人应"着眼理会"，"作切实工夫"，深思自得。

黄宗羲影响了全祖望、万斯大、陈自舜、陈锡嘏等学者，形成了清代著名的浙东学派，这部分归功于他的治学方法。由此可见，黄宗羲的治学方法在当时是有影响的，对今天的学术研究来说，也是值得借鉴的。

（张建中）

顾炎武(1613—1682)，初名绛，字宁人，后更名炎武，曾自署蒋山佣，学者称"亭林先生"，江苏昆山人。明末清初思想家、教育家。著有《蒋山佣残稿》《日知录》《顾亭林诗文集》等。

顾炎武

夫子之言性与天道

【题解】

　　顾炎武生活于明清鼎革之际。他本着"天下兴亡，匹夫有责"之精神，参加了抗清复明的武装斗争。在抗清活动失败后，顾炎武隐姓埋名，游历考察史地，并从事著述。顾氏名著《日知录》为笔记形式，系统阐发其爱国精神、实学思想和学术观点。《夫子之言性与天道》选自《日知录》。顾炎武在本文中探究了历代以来的文化危机和得失，反对空谈"性与天道"，提出了独到的文化史观。在论述过程中，顾炎武表达了他对教育的一些见解。

【原文】

　　夫子之教人"文、行、忠、信"，而性与天道在其中矣，故曰"不可得而闻[1]"。

　　子曰："二三子以我为隐乎？吾无隐乎尔。吾无行而不与二三子者，是丘也[2]。"谓夫子之言性与天道不可得而闻，是疑其有隐者也。不知夫子之文章，无非夫子之言性与天道，所谓"吾无行而不与二三子者，是丘也"。

　　子贡之意，犹以文章与性与天道为二，故曰："子如不言，则小子何述焉？"子曰："天何言哉，四时行焉，百物生焉。天何言哉[3]！"是故可仕可止，可久可速，无一而非天也；恂恂便便，侃侃訚訚，无一而非天也。

　　"动容周旋中礼者，盛德之至也。"孟子以为尧、舜性之之事。

　　夫子之文章，莫大乎《春秋》，《春秋》之义，尊天王，攘戎翟，诛乱臣贼子，皆性也，皆天道也。故胡氏以《春秋》为圣人性命之文，而"子如不言，则小子其何述"乎？

　　今人但以《系辞》为夫子言性与天道之书。愚尝三复其文，如"鸣鹤在阴"七爻，"自天佑之"一爻，"憧憧往来"十一爻，"《履》德之基也"九卦，所以教人学《易》者，无不在于言行之间矣。故曰："初率其辞而揆其方，既有典常，苟非其人，道不虚行。"

　　樊迟问仁，子曰："居处恭，执事敬，与人忠[4]。"司马牛问仁，子曰："仁者，其言也讱[5]。"由是而充之，"一日克己复礼"，有异道乎？今之君子，学未及乎樊迟、司马牛，而欲其说之高于颜、曾二子，是以终日言性与天道，而不自知其堕于禅学也。

朱子曰："圣人教人，不过孝弟忠信，持守诵习之间。""此是下学之本。今之学者，以为钝根不足留意，其平居道说，无非子贡所谓'不可得而闻'者。"又曰："近日学者病在好高。《论语》未问'学而时习'，便说一贯；《孟子》未言梁惠王问利，便说尽心。《易》未看六十四卦，便读《系辞》。"此皆躐等之病。又曰："圣贤立言，本自平易，今推之使高，凿之使深。"

《黄氏日钞》曰："夫子述《六经》，后来者溺于训诂，未害也。濂洛言道学，后来者借以谈禅，则其害深矣。"

孔门弟子不过四科，自宋以下之为学者，则有五科，曰"语录科"[6]。

刘、石乱华[7]，本于清谈之流祸[8]，人人知之。孰知今日之清谈，有甚于前代者。昔之清谈谈老、庄，今之清谈谈孔、孟，未得其精，而已遗其粗；未究其本，而先辞其末。不习六艺之文，不考百王之典，不综当代之务，举夫子论学论政之大端、一切不问，而曰一贯，曰无言，以明心见性之空言，代修己治人之实学。股肱惰而万事荒，爪牙亡而四国乱，神州荡覆，宗社丘墟。昔王衍妙善玄言，自比子贡，及为石勒所杀，将死，顾而言曰："呜呼，吾曹虽不如古人，向若不祖尚浮虚，戮力以匡天下，犹可不至今日。"今之君子，得不有愧乎其言？

———选自顾炎武撰，华东师范大学古籍研究所整理：《顾炎武全集（第十八卷）》，上海古籍出版社2011年版，第306—308页。

[1]"不可得而闻"，见《论语·公冶长》。

[2]"二三子以我为隐乎？吾无隐乎尔。吾无行而不与二三子者，是丘也"，见《论语·述而》。

[3]"'子如不言，则小子何述焉？'子曰：'天何言哉，四时行焉，百物生焉。天何言哉'"，见《论语·阳货》。

[4]"居处恭，执事敬，与人忠"，见《论语·子路》。

[5]"仁者，其言也讱"，见《论语·颜渊》。

[6]语录，文体名。自唐以来，僧徒记录其师语，以所用多口语，故沿称语录。后来宋明理学家师徒传授亦常用此文体。因此，语录科就和孔子所倡的文、行、忠、信四科成了学习理学的必读科目。

[7]刘、石，即刘渊、石勒二人。刘渊乃十六国时期匈奴贵族，304 年其率匈奴军队消灭了西晋汉人政权，建立前赵政权；石勒乃十六国时期羯族人，建立后赵政权。因为二人都是在汉人中原地区建

立了少数民族政权,因此被认为是乱华。

[8] 清谈,此处指玄谈。魏晋时期,何晏、王衍等崇尚老庄,竞谈玄理,成为一时风气。此处顾炎武用
以比喻并批评宋明理学。

解读

　　"性与天道"是古代思想家谈论的主题之一,顾炎武对这一文化历史现象进行了深刻的剖析。他认为,孔子在教人文、行、忠、信时,"性与天道"已包含在其中;孔子所言的"性与天道"就是《春秋》中提到的"尊天王,攘戎翟,诛乱臣贼子"。这就是说,"性与天道"实质上是一种经世思想,强调政治上尊王、灭夷、诛乱臣等方面的实学思想。顾炎武又认为,自汉代以后,历代官僚、学者很少能够真正领会孔子在五经中倡导的"性与天道"的精神实质,结果导致了种种流弊,其中典型的是清谈和流入佛老,它造成了士大夫空谈心性,崇尚言辞,摒弃了实学。明朝中后期与魏晋、宋代一样存在这种现象,致使汉人政权被外族政权取代。由此又可见,顾炎武是在总结文化发展的经验与教训的基础之上,对历史上空谈"性与天道"做法进行了批判,并提出了独到的文化史观。他认为,礼制文化的基石在于五经,五经所强调的"性与天道"应该是与以事关国家政治为中心的人伦日用相结合的,即强调学术的经世致用。在这一思想基础之上,顾炎武提出了相应的实学教育思想。例如,在教学内容方面,他反对魏晋及宋明时期的思想家过分偏重佛老、空谈心性以及语录学习的做法,主张学习与日常生活相联系的实学知识;在教学方法方面,他反对理学家静修心性,主张诵习等。

　　总之,顾炎武在本文中对文化历史现象进行了深刻的反思,总结了明朝灭亡的文化原因。在此基础之上,他提出了以国家政治为中心的经世致用的教育思想。因此,顾炎武的经世教育思想在明末清初的实学教育思潮中占有十分重要的地位。

生员论

题解

　　生员制度,是我国古代培养并选拔人才的制度。由于种种原因,生员制度存在着许多弊端。生活于明末清初的顾炎武,是一位有着极强历史和社会责任感的学者。他在本文中,对事关政治兴亡的生员制度进行了反思,同时提出了改革生员制度的种种措施。因此,本文包含顾炎武对教育的深刻见解。

上

国家之所以设生员者，何哉？盖以收天下之才俊子弟，养之于庠序[1]之中，使之成德达材，明先王之道，通当世之务，出为公卿大夫，与天子分猷共治者也。今则不然，合天下之生员，县以三百计，不下五十万人，而所以教之者，仅场屋[2]之文。然求其成文者，数十人不得一；通经知古今，可为天子用者，数千人不得一也。而嚚讼通顽，以病有司者，比比而是。上之人以是益厌之，而其待之也日益轻，为之条约也日益苛，然以此益厌益轻益苛之生员，而下之人犹日夜奔走之如鹜，竭其力而后止者，何也？一得为此，则免于编氓[3]之役，不受侵于里胥，齿于衣冠，得以礼见官长，而无笞捶之辱；故今之愿为生员者非必其慕功名也，保身家而已。以十分之七计，而保身家之生员，殆有三十五万人，此与设科之初意悖，而非国家之益也。人之情，孰不为其身家者？故日夜求之，或至行关节[4]，触法抵罪而不止者，其势然也。今之生员，以关节得者十且七八矣，而又有武生、奉祀生之属，无不以钱鬻之。夫关节，朝廷之所必诛，而身家之情，先王所弗能禁，故以今日之法，虽尧舜复生，能去在朝之四凶，而不能息天下之关节也。然则如之何？请一切罢之，而别为其制。必选夫五经兼通者而后充之，又课之以二十一史与当世之务而后升之。仍分为秀才、明经二科[5]，而养之于学者，不得过二十人之数，无则阙之。为之师者，州县以礼聘焉，勿令部选。如此而国有实用之人，邑有通经之士，其人材必盛于今日也。然则一乡之中，其粗能自立之家，必有十焉，一县之中，必有百焉，皆不得生员以芘其家，而同于编氓，以受里胥之凌暴、官长之笞捶，岂王者保息斯人之意乎？则有秦汉赐爵之法，其初以赏军功，而其后或以恩赐，或以劳赐，或普赐，或特赐，而高帝之诏有曰："今吾于爵，非轻也。其令吏善遇高爵，称吾意。"至惠帝之世[6]，而民得买爵。夫使爵之重，得与有司为礼，而复其户勿事，则人将趋之。开彼则可以塞此，即入粟拜爵，其名尚公，非若鬻诸生以乱学校者之为害也。夫立功名与保身家，二涂也；收俊乂与恤平人，二术也。并行而不相悖也，一之则敝矣。夫人主与此不通今古之五十万人共此天下，其芘身家而免笞捶者且三十五万焉，而欲求公卿大夫之材于其中，以立国而治民，是缘木而求鱼也。以守则必危，以战则必败矣。

中

废天下之生员,而官府之政清;废天下之生员,而百姓之困苏;废天下之生员,而门户之习除;废天下之生员,而用世之材出。今天下之出入公门,以挠官府之政者,生员也;倚势以武断于乡里者,生员也;与胥史为缘,甚有身自为胥史者,生员也;官府一拂其意,则群起而哄者,生员也;把持官府之阴事,而与之为市者,生员也。前者噪,后者和;前者奔,后者随。上之人欲治之而不可治也,欲锄之而不可锄也。小有所加,则曰:是杀士也,坑儒也。百年以来,以此为大患,而一二识治体能言之士,又皆身出于生员而不敢显言其弊,故不能旷然一举而除之也。故曰:废天下之生员,而官府之政清也。天下之病民者有三:曰乡宦,曰生员,曰吏胥,是三者,法皆得以复其户而无杂泛之差,于是杂泛之差乃尽归于小民。今之大县至有生员千人以上者,比比也。且如一县之地有十万顷,而生员之地五万,则民以五万而当十万之差矣;一县之地有十万顷,而生员之地九万,则民以一万而当十万之差矣。民地愈少,则诡寄愈多,诡寄愈多,则民地愈少,而生员愈重。富者行关节以求为生员,而贫者相率而逃且死。故生员之于其邑人,无秋毫之益,而有丘山之累。然而一切考试科举之费,犹皆派取之民,故病民之尤者,生员也。故曰废天下之生员,而百姓之困苏也。天下之患,莫大乎聚五方不相识之人而教之使为朋党。生员之在天下,近或数百千里,远或万里,语言不同,姓名不通,而一登科第则有所谓主考官者,谓之座师;有所谓同考官者,谓之房师;同榜之士,谓之同年;同年之子,谓之年侄。座师、房师之子,谓之世兄;座师、房师之谓我,谓之门生;而门生之所取中者,谓之门孙;门孙之谓其师之师,谓之太老师。朋比胶固,牢不可解。书牍交于道路,请托遍于官曹。其小者,足以蠹政害民,而其大者,至于立党倾轧,取人主太阿之柄而颠倒之,皆此之繇也。故曰废天下之生员,而门户之习除也。国家之所以取生员而考之以经义、论、策、表、判者,欲其明六经之旨,通当世之务也。今以书坊所刻之义,谓之时文,舍圣人之经典、先儒之注疏与前代之史不读,而读其所谓时文。时文之出,每科一变,五尺童子能诵数十篇而小变其文,即可以取功名,而钝者至白首而不得遇。老成之士,既以有用之岁月销磨于场屋之中,而少年捷得之者,又易视天下国家之事,以为人生之所以为功名者,惟此而已。故败坏天下之人材,而至于士不成士，官不成官，兵不成兵，将不成将，夫然后寇贼奸宄得而乘之，敌国外侮得而胜之。苟以时文之功，用之于经史及当世之务，则必有聪明俊杰、通达治体之士起于其间矣。故曰废天下之生员，而用世之材出也。

下

问曰：废天下之生员，则何以取士？曰：吾所谓废生员者，非废生员也，废今日之生员也。请用辟举[7]之法，而并存生儒之制。天下之人，无问其生员与否，皆得举而荐之于朝廷，则我之所收者既已博矣，而其廪之学者为之限额，略仿唐人郡县之等：小郡十人，等而上之，大郡四十人而止；小县三人，等而上之，大县二十人而止。约其户口之多寡、人材之高下而差次之，有阙则补，而罢岁贡举人之二法。其为诸生者，选其通隽，皆得就试于礼部；而成进士者，不过授以簿尉亲民之职，而无使之骤进，以平其贪躁之情。其设之教官，必聘其乡之贤者以为师，而无隶于仕籍；罢提学之官，而领其事于郡守。此诸生之中，有荐举而入仕者，有考试而成进士者，亦或有不率而至于斥退者，有不幸而死，及衰病不能肄业，愿给衣巾以老者。阙至于二人、三人，然后合其属之童生，取其通经能文者以补之。然则天下之为生员者少矣，少则人重之，而其人亦知自重。为之师者不烦于教，而向所谓聚徒合党以横行于国中者，将不禁而自止。若夫温故知新，中年考较，以薪至于成材，则当参酌乎古今之法，而兹不具论也。或曰：天下之才，日生而无穷也，使之皆壅于童生，则奈何？吾固曰：天下之人，无问其生员与否，皆得举而荐之于朝廷，则取士之方，不恃诸生之一途而已也。夫取士以佐人主理国家，而仅出于一涂，未有不弊者也。

——选自顾炎武撰，华东师范大学古籍研究所整理：《顾炎武全集（第二十一卷）》，上海古籍出版社2011年版，第68—72页。

【注释】

［1］庠序，原指殷周时的学校，后泛指学校。《汉书·儒林传》："乡里有教，夏曰校，殷曰庠，周曰序。"

［2］场屋，指科举时代士子科考的地方，又称"科场"。引申为科举考试。

［3］氓，音 méng，平民；百姓。《汉书·司马相如传》："地可垦辟，悉为农郊，以赡氓隶"。

［4］关节，指暗中行贿、说人情的事。

［5］秀才，最初指才能优秀的人。汉以来成为荐举人员科目之一。南北朝时最重此科。唐初置秀才

科,在各科中地位最高。明经,科举考试科目之一。隋炀帝始置,与进士科并行。以经义、策问取士。

[6] 高帝,即刘邦。惠帝,即刘盈。刘邦死,立刘盈为帝,不久惠帝为吕后所害。

[7] 辟举,征召荐举。

【解读】

古代学者认为教育的目的在于明道及弘道。顾炎武虽未脱其窠臼,但更强调培养士人的社会责任感。因此,他认为教育的目标在于培养"使之成德达材,明先王之道,通当世之务,出为公卿大夫,与天子分猷共治"的治术人才,即培养经世治国之才。但他认为,当时的生员制度不足以达到此目的。在科举制度之下,读书人以考取功名、保全身家性命为目的,作"场屋之文",而不去博通古今,学习有关国计民生的实用之学。同时,生员制度还造成了诸如政治腐败、朋党严重、人民负担沉重、门户之见盛行等弊端。因此,他认为要改变这种局面,必须改革生员制度。顾炎武提出可按如下方法进行改革:仍用秀才、明经等科目取士,但以五经、二十一史及当世时务等实用学问作为考试内容;聘有学问且无仕籍的贤士为教师;废除提学官,教育管理权归还郡守;以考试和辟举两条途径来取士;等等。这些内容反映出顾炎武不满科举制度下的教育,主张以经世致用原则来改革生员制度。

顾炎武以经世致用为原则,批评了当时科举制度下的学风、政风、士风日趋败坏的状况,主张改革生员制度,可谓切中时弊。尽管他所提出的如科举与征辟相结合的改革措施仍未脱离传统教育的模式,但是他强调培养学生爱国热情及社会责任感的教育思想,仍有着重要而深刻的意义。

与友人论学书

【题解】

顾炎武是一位反对空谈"性与天道",注重研究经世致用之学的学者。他在本文中借与友人论学,批评了理学家空谈心性,提出了"博学于文""行己有耻"的教育主张。

【原文】

比往来南北,颇承友朋推一日之长[1],问道于盲[2]。窃叹夫百余年以来之为学者,往往言心言性,而茫乎不得其解也。命与仁,夫子之所罕言也[3];性与天道,子贡之所未得闻也[4]。性命之理,著之《易传》[5],未尝数以语人。其答问士也,则曰

"行己有耻[6]";其为学,则曰"好古敏求[7]";其与门弟子言,举尧舜相传所谓危微精一之说一切不道,而但曰"允执其中,四海困穷,天禄永终[8]"。呜呼,圣人之所以为学者,何其平易而可循也!故曰"下学而上达[9]"。颜子之几乎圣也,犹曰"博我以文[10]"。其告哀公也,明善之功,先之以博学。自曾子而下,笃实无若子夏[11],而其言仁也,则曰"博学而笃志,切问而近思[12]"。今之君子则不然,聚宾客门人之学者数十百人,"譬诸草木,区以别矣[13]",而一皆与之言心言性,舍多学而识以求一贯之方[14],置四海之困穷不言,而终日讲危微精一[15]之说,是必其道之高于夫子,而其门弟子之贤于子贡,祧东鲁而直接二帝之心传者也[16]。我弗敢知也。《孟子》一书,言心言性亦谆谆矣,乃至万章、公孙丑、陈代、陈臻、周霄、彭更之所问,与孟子之所答者,常在乎出处、去就、辞受、取与之间。以伊尹之元圣,尧舜其君其民之盛德大功,而其本乃在乎千驷一介之不视不取。伯夷、伊尹之不同于孔子也,而其同者,则以"行一不义,杀一不辜,而得天下不为[17]"。是故性也,命也,天也,夫子之所罕言,而今之君子之所恒言也;出处、去就、辞受、取与之辨,孔子、孟子之所恒言,而今之君子所罕言也。谓忠与清之未至于仁,而不知不忠与清而可以言仁者,未之有也;谓不忮不求之不足以尽道,而不知终身于忮且求而可以言道者,未之有也。我弗敢知也。愚所谓圣人之道者如之何?曰"博学于文[18]",曰"行己有耻"。自一身以至于天下国家,皆学之事也;自子臣弟友以至出入往来、辞受、取与之间,皆有耻之事也。耻之于人大矣!不耻恶衣恶食,而耻匹夫匹妇之不被其泽,故曰:"万物皆备于我矣,反身而诚[19]。"呜呼!士而不先言耻,则为无本之人;非好古而多闻,则为空虚之学。以无本之人而讲空虚之学,吾见其日从事于圣人而去之弥远也。虽然,非愚之所敢言也,且以区区之见,私诸同志而求起予[20]。

——选自顾炎武撰,华东师范大学古籍研究所整理:《顾炎武全集(第二十一卷)》,上海古籍出版社 2011 年版,第 92—93 页。

【注释】

[1] 一日之长,此为谦语,意指不过比别人年岁大一点,懂得多一点。

[2] 问道于盲,指别人向自己请教,譬如道路不熟的人向盲人问路。此亦为谦语。

[3] "命与仁,夫子之所罕言也",见《论语·子罕》:"子罕言利与命与仁。"罕,少。

[4] "性与天道,子贡之所未得闻也",见《论语·公冶长》:"子贡曰:'夫子之文章,可得而闻也;夫子之

言性与天道,不可得而闻也。'"

[5] "性命之理,著之《易传》",见《易·说卦》:"……穷理尽性以至于命。昔者圣人之作《易》也,将以顺性命之理。"

[6] 行己有耻,指主张用羞耻之心来约束自己的行为。《论语·子路》:"子贡问曰:'何如斯可谓之士矣?'子曰:'行己有耻,使于四方,不辱君命,可谓士矣。'"

[7] 好古敏求,见《论语·述而》:"子曰:'我非生而知之者,好古,敏以求之者也。'"敏,通"勉",指勤勉。

[8] "允执其中,四海困穷,天禄永终",如果统治者把人民的生活困苦置之度外,就不能保持永久的禄位。

[9] 下学而上达,见《论语·宪问》。下学,指从基础的地方学起。上达,指达到最高的成就。

[10] 博我以文,见《论语·子罕》:"颜渊喟然叹曰:'……夫子循循然善诱人,博我以文,约我以礼。……'"颜子,即颜回。

[11] 曾子,即曾参。其与子夏都是孔子的弟子。

[12] "博学而笃志,切问而近思",见《论语·子张》:"子夏曰:'博学而笃志,切问而近思,仁在其中矣。'"

[13] "譬诸草木,区以别矣",见《论语·子张》。意谓:教人的方法,对哪个先教,哪个后教,譬如对草木的品类一样,要把它区别开来。

[14] "多学而识以求一贯之方",多学习,然后才能融会贯通。

[15] 危微精一,《尚书·大禹谟》中"人心惟危,道心惟微,惟精惟一,允执厥中"的简称。宋儒把这十六个字看作尧、舜、禹心心相传的个人修养和治理国家的原则,故亦称"十六字心传"。

[16] 祧,音 tiāo,超过。东鲁,指孔子。二帝,指尧、舜。

[17] "行一不义,杀一不辜,而得天下不为",见《孟子·公孙丑上》:"……得百里之地而君之,皆能以朝诸侯有天下。行一不义,杀一不辜而得天下,皆不为也。"

[18] "博学于文",见《论语·雍也》:"子曰:'君子博学于文,约之以礼,亦可以弗畔矣夫!'"

[19] "万物皆备于我矣,反身而诚",见《孟子·尽心上》:"万物皆备于我矣。反身而诚,乐莫大焉。"

[20] 起予,指启发我。

【解读】

顾炎武的哲学思想具有唯物主义倾向。他认为世界上一切物质的存在都是气,一切物质的变化都是气的聚散,人心不过是物质的精气。进而,他认为没有物质的"器",就无所谓"道";"器"是先于"道"而存在的。因此,他反对宋明以来士人高谈"性""命"之学,批评了那种脱离实际的"用心于内"的唯心论。在这一哲学观的基础上,顾炎武提出了他的教育观,在本文中主要表现为:施教者与求学者不应

空谈天道性命，而应从事历史、政治以及人生日用的经世之学，做到"博学于文"与
"行己有耻"。顾炎武对孔子时代的学者能做到这一点，但明清时期的学者却不明
白且误入歧途的状况深表惋惜。从文中可看出，在顾炎武的眼里，"博学于文"并不
是单纯地博闻强记，而是要学习"自一身以至于天下国家"的"事"；"行己有耻"，即
要求将对国家民族负责的坚贞气节贯穿于日常生活的各个方面。他认为，只有贯
彻了这两条教育原则，才能杜绝空虚之学，才能使士人对天下兴亡负起责任，成为
"有本之人"。可见，顾炎武持这两条教育原则的终极目的在于造就有益于国家民
族的人才。

宋明以来，理学占据思想界的统治地位。顾炎武对由此造成的空疏学风深表
不满，进而提出了"博学于文"与"行己有耻"两条教育原则。这反映了他主张经世
致用的教育思想，在中国教育史上有着重要的地位。这种将人才培养目标上升到
承担天下兴亡的思想，与今天的爱国主义教育、学生应为中华民族伟大复兴而学有
一致之处，教育应与日常生活相联系的观点与当今教育与实践相结合的主张十分
接近。因此，顾炎武的教育思想在今天也是值得提倡的。

（张建中）

王夫之(1619—1692),字而农,号姜斋,世称"船山先生",湖南衡阳人。明末清初思想家、教育家。其著作经后人辑为《船山遗书》,其中在哲学上最重要的有《周易外传》《尚书引义》《张子正蒙注》等。

王　夫　之

知性论

【题解】　我国古代思想家、教育家热衷于探讨人性的问题,并形成了各种各样的观点,如孟子的"性善说"、荀子的"性恶说"、董仲舒的"性三品说"、扬雄的"性善恶说"等。这些关于人性的观点曾产生极大的历史影响。但王夫之认为,以往对人性的各种探讨都存在认识方法上的错误。在本文中,作者指出只有对人性"实""名"皆知,才有可能正确地认识人性。

【原文】　言性者皆曰吾知性也。折[1]之曰性弗然也,犹将曰,性胡不然也? 故必正告之曰,尔所言性者非性也。今吾勿问其性,且问其知。知实而不知名,知名而不知实,皆不知也。言性者于此而必穷。目击而遇之,有其成象而不能为之名,如是者十体[2]非芒然也,而不给于用。无以名之,斯无以用之也。习闻而识之,谓有名之必有实,而究不能得其实。如是者执名以起用,而芒然于其体,虽有用,固异体之用,非其用也。夫二者则有辨矣。知实而不知名,弗求名焉,则用将终绌[3]。问以审之,学以证之,思以反求之,则实在而终得乎名,体定而终伸其用。此夫妇之知能所以可成乎忠孝也。知名而不知实,以为既知之矣,则终始于名,而惝恍以测其影。斯问而益疑,学而益僻,思而益甚其狂惑,以其名加诸迥异之体,枝辞日兴,愈离其本。此异同之辨说所以成乎淫邪也。

夫言性者,则皆有名之可执,有用之可见,而终不知何者之为性。盖不知何如之为知,而以知名当之,名则奚不可施哉? 谓山鸡为凤,山鸡不能辞,凤不能竞也。谓死鼠为璞,死鼠不知却,玉不能争也。故浮屠、老子、庄周、列御寇、告不害、荀卿、扬雄、荀悦、韩愈、王守仁各取一物以为性[4],而自诧[5]曰知,彼亦有所挟者存也。苟悬其名,惟人之置之矣。名之所加,亦必有实矣。山鸡非凤,而非无山鸡。死鼠非璞,而非无死鼠。以作用为性[6],夫人之因应,非无作用也。以杳冥之精为性[7],人之于杳冥,非无精也。以未始有有无为性[8],无有无无之始,非无化机也。以恶为性,人固非无恶,恶固非无自生也。以善恶混为性,欻然而动,非无混者也。以三品为性,要其终而言之,三品者非无所自成也。以无善无恶为性[9],人之昭昭灵灵者,非无此不属善不属恶者也。情有之,才有之,气有之,质有之,心有之,孰得谓其皆诬,然而皆非性也。故其不知性也,非见有性而不知何以名之也。惟与性形影绝,梦想不至,但闻其名,随取一物而当之也。于是浮屠之遁词曰有三性[10]。苟随取一物以当性之名,岂徒三哉! 世万其人,人万其心,皆可指射以当性之名,不同之极致,算数之所穷而皆性矣。故可直折之曰,其所云性者非性,其所自谓知者非知。犹之乎谓云为天,闻笋菹而煮簀以食也[11]。"

——选自王夫之撰,船山全书编辑委员会编:《船山全书(第十五册)》,岳麓书社 2011 年版,第83—85 页。

注释

[1] 折,判断。

[2] 体,体与用为一对哲学范畴。在王夫之的思想体系中,体指实有物质本体,用指体的外在表现或作用。

[3] 绌,不足。

[4] 浮屠,如来佛号的译音,亦称"佛陀"。列御寇,即列子,相传战国时郑人,主张虚无,一切听任自然,被道家尊为前辈,其著作已佚。荀悦,字仲豫,颍川颍阴(今河南许昌)人,东汉末思想家、史学家。著有《申鉴》五篇、《汉纪》三十篇。在人性论上,他继董仲舒性三品的主张,说"有三品焉,上下不移,其中则人事存焉尔。"(《申鉴·杂言下》)后来的韩愈将这一主张发展得更为公式化。

[5] 诧,夸耀。

[6] "以作用为性",是佛家的主张。

[7] "以杳冥之精为性",是道家的主张。《老子·二十一章》:"道之为物,惟恍惟惚。惚兮恍兮,其中有象;恍兮惚兮,其中有物。窈兮冥兮,其中有精;其精甚真,其中有信。"意谓:"道"这个东西,恍惚而无固定形体,但恍惚中有形象、有实物,它是深远幽暗的,其中却含着精气,这种精气是具体的、真实的。

[8] "以未始有有无为性",是庄子的思想。参见《庄子》的《齐物论》和《天地》。意谓:"有"是具体的存在,"有"生于"无",而"无"又生于"未始有'无'"。认为这就是天地的本性。这种思想把虚无主义发挥到了极致。

[9] "以无善无恶为性",是王守仁的主张。见《传习录》:"性之本体原是无善无恶的。"

[10] 三性,唯实宗对一切法的法相所作的分类,包括:(1)遍计所执性,如触到绳以为是蛇;(2)依他起性,如依借麻而认识由麻制成的绳;(3)圆成实性,认识一切事物最终都是虚空,如绳亦空,是为实有。

[11] 笋菹,笋干。菹,同"葅",干草。簀,用竹编成的床垫,亦用以指竹席。

【解读】 在本文中,王夫之认为,认识事物必须从"名""实"两方面着眼。只知事物的客观实在而不知事物的名称,与只知名称而不知事物的客观存在都不能正确地认识事物。以往学者对人性的探讨往往犯了只知人性的名号却不知人性之究竟的错误。正因如此,以往的人性论存在错误,甚至相互之间会发生争论,是在所难免的。从哲学方面而言,本文的意义在于将以往关于人性论的形而上学问题转移到认识论的方法问题上来。从教育方面来讲,王夫之在文中否定以往人性的各种观点,实质上是为其破除以往人性论对教育的影响,并提出教育平等的观念而服务的。譬如说,"性三品说"为教育存在阶级差别提供了依据,而王夫之对以往人性论的否定便包含对"性三品说"的否定,进而也就否定了教育存在等级差别。

(张建中)

尚书引义(节选)

【题解】 南明政权覆灭后,王夫之隐居湖南衡阳石船山。在此期间,王夫之借《古文尚书》之题,将自己在著书讲学过程中有关哲学、教育的观点加以引申,写成《尚书引义》一书。本文节选《尚书引义》中的两篇文章,分别为《太甲二》和《说命中二》。其中,《太甲二》篇打破了以往人性问题中的命定论传统,集中体现了王夫之"习与性成"的人性论;在《说命中二》篇中,王夫之通过对陆九渊、王阳明唯心主义知行观的批判,明确提出了"行可兼知""知行日进"的唯物主义知行观。

太甲二

【原文】 习与性成者,习成而性与成也。使性而无弗义,则不受不义;不受不义,则习成而性终不成也。使性而有不义,则善与不善,性皆实有之;有善与不善而皆性,气禀

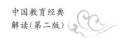

之有，不可谓天命之无。气者天，气禀者禀于天也。故言性者，户异其说。今言习与性成，可以得所折中矣。

夫性者生理也，日生则日成也。则夫天命者，岂但初生之顷命之哉！但初生之顷命之，是持一物而予之于一日，俾牢持终身以不失。天且有心以劳劳于给与，而人之受之，一受其成侀而无可损益矣。

夫天之生物，其化不息。初生之顷，非无所命也。何以知其有所命？无所命，则仁、义、礼、智无其根也。幼而少，少而壮，壮而老，亦非无所命也。何以知其有所命？不更有所命，则年逝而性亦日忘也。

形化者化醇[1]也，气化者化生也。二气之运，五行之实，始以为胎孕，后以为长养，取精用物，一受于天产地产之精英，无以异也。形日以养，气日以滋，理日以成；方生而受之，一日生而一日受之。受之者有所自授，岂非天哉？故天日命于人，而人日受命于天。故曰性者生也，日生而日成之也。

············

……天命之谓性，命日受则性日生矣。目日生视，耳日生听，心日生思，形受以为器，气受以为充，理受以为德。取之多、用之宏而壮；取之纯、用之粹而善；取之驳、用之杂而恶；不知其所自生而生。是以君子自强不息，日乾夕惕，而择之、守之，以养性也。于是有生以后，日生之性益善而无有恶焉。

············

……惟命之不穷也而靡常，故性屡移而异。抑惟理之本正也而无固有之疵，故善来复而无难。未成可成，已成可革。性也者，岂一受成侀，不受损益也哉？故君子之养性，行所无事，而非听其自然，斯以择善必精，执中必固，无敢驰驱而戏渝已。

············

说命中二

诡于君子之道以淫于异端之教者，其为言也，恒与其所挟之知见相左，而缪为浮游之说以疑天下。其所挟之知见，则已陷于诐邪而贼道。乃其所言者，虽不深切著明，显道之藏，立学之准，而固未尝尽非也。君子之辨之，不诛其心而亟矫其言，则抑正堕其机，而导学者以失据，故知言难也。

宋诸先儒欲折陆、杨"知行合一,知不先,行不后"之说[2],而曰"知先行后[3]",立一划然之次序,以困学者于知见之中,且将荡然以失据,则已异于圣人之道矣。《说命》曰,"知之非艰,行之惟艰",千圣复起,不易之言也。

夫人,近取之而自喻其甘苦者也。子曰,"仁者先难[4]",明艰者必先也。先其难,而易者从之易矣。先其易,而难者在后,力弱于中衰,情疑于未艾,气骄于已得,矜觉悟以遗下学,其不倒行逆施于修途者鲜矣。知非先,行非后,行有余力而求知,圣言决矣。而孰与易之乎?

若夫陆子静、杨慈湖、王伯安之为言也,吾知之矣。彼非谓知之可后也,其所谓知者非知,而行者非行也。知者非知,然而犹有其知也,亦惝然若有所见也。行者非行,则确乎其非行,而以其所知为行也。以知为行,则以不行为行,而人之伦、物之理,若或见之,不以身心尝试焉。

浮屠之言曰:"知有是事便休。"彼直以惝然之知为息肩之地,而顾诡其辞以疑天下,曰:"吾行也,运水搬柴也,行住坐卧,大用赅乎此矣。"是其销行以归知,终始于知,而杜足于履中蹈和之节文,本汲汲于先知以废行也,而顾诎先知之说,以塞君子之口而疑天下。其诡秘也如是,如之何为其所罔,而曰"知先行后",以堕其术中乎?

夫知之之方有二,二者相济也,而抑各有所从。博取之象数[5],远证之古今,以求尽乎理,所谓格物也。虚以生其明,思以穷其隐,所谓致知也。非致知,则物无所裁而玩物以丧志;非格物,则知非所用而荡智以入邪。二者相济,则不容不各致焉。

今辟异学之非,但奉格物以为宗,则中材以下,必溺焉以丧志,为异学所非,而不能不为之诎。若奉致知以为入德之门,乃所以致其知者,非力行而自喻其惟艰,以求研几而精义,则凭虚以索惝恍之觉悟;虽求异于异学,而逮乎行之龃龉,不相应以适用,则亦与异学均矣。

…………

……惮行之艰,利知之易,以托足焉,朱门后学之失,与陆、杨之徒异尚而同归。志于君子之道者,非所敢安也。

故"知之非艰,行之惟艰"。艰者先,先难也。非艰者后,后获也。……

…………

且夫知也者，固以行为功者也。行也者，不以知为功者也。行焉可以得知也，知焉未可以收行之效也。将为格物穷理之学，抑必勉勉孜孜，而后择之精，语之详，是知必以行为功也。行于君民、亲友、喜怒、哀乐之间，得而信，失而疑，道乃益明，是行可有知之效。其力行也，得不以为歆，失不以为恤，志壹动气，惟无审虑却顾，而后德可据，是行不以知为功也。冥心而思，观物而辨，时未至，理未协，情未感，力未赡，俟之他日而行乃为功，是知不得有行之效也。行可兼知，而知不可兼行。下学而上达，岂达焉而始学乎？君子之学，未尝离行以为知也必矣。

离行以为知，其卑者，则训诂之末流，无异于词章之玩物而加陋焉；其高者，瞑目据梧，消心而绝物，得者或得，而失者遂叛道以流于恍惚之中。异学之贼道也，正在于此。而不但异学为然也，浮屠之参悟者此耳。抑不但浮屠为然也，黄冠之炼己沐浴，求透帘幕之光者亦此耳。皆先知后行，划然离行以为知者也。而为之辞曰，"知行合一"，吾滋惧矣：惧夫沈溺于行墨者之徒为异学哂也，尤惧夫浮游于惝恍者之偕异学以迷也。"行之惟艰"，先难者尚知所先哉！

——选自王夫之撰，船山全书编辑委员会编：《船山全书（第二册）》，岳麓书社 2011 年版，第 299—301，311—314 页。

注释

［1］醇，同"纯"。

［2］陆，即陆九渊。杨，即杨简（1141—1225），字敬仲，号慈湖，慈溪（治今浙江宁波慈城镇）人，南宋理学家。陆九渊弟子，是其心学的重要传人，进一步发扬了主观唯心主义，著作编为《慈湖遗书》。

［3］知先行后，程朱学派认识论的命题，见《朱子语类》："知、行常相须，如目无足不行，足无目不见。论先后，知为先；论轻重，行为重。"

［4］仁者先难，见《论语·雍也》："仁者先难而后获，可谓仁矣。"

［5］象数，占卜用的术语。象，谓灼龟壳成裂纹所显示之象。数，谓用蓍草分揲所得之数。

解读

心性论和知行观是王夫之哲学思想的重要组成部分。

《太甲》是《古文尚书》中的一篇，记载了伊尹对太甲说的话，王夫之借此题对"习与性成"之说展开分析。他认为以往学者之所以对人性之善恶存在分歧，是因为他们都没有认识到人性并非一成不变，而是在后天习惯的影响下不断发展形成的，换言之，"习"就是人性形成的决定性因素。从哲学层面看，王夫之打破了以往人性论中人性静止不变的观念，强调"性者生理也，日生则日成也"，主张用唯物主义发展变化的眼光看待人性问题。从教育层面看，他否定以往"生而知之"的观点，把"习"提到很高的地位，认为人性在习惯的作用下"未成可成，已成可革"，后天的教育既可以继善成性，又可以去恶为善，强调了教育对于人性形成的必要性和重要性。

《说命》也是《古文尚书》中的一篇，记录傅说告殷高宗的话。王夫之赞同《古文尚书》中"知之非艰，行之惟艰"的说法，并加以引申，重新阐释知与行的关系。首先，王夫之既反对程朱学派提出的"知先行后"的观点，又反对以陆王学派为代表的"知行合一"之说，认为这两种学说都从本质上割裂了知与行的关系，而且脱离了实际。其次，王夫之针对前人观点，提出了"知行相资"的知行观，认为"行可兼知，而知不可兼行"，强调行的作用，并把知分为"格物"（"博取之象数"）和"致知"（"思以穷其隐"）两个部分，要求二者相济，表明王夫之已初步认识到人的感性和理性之间的区别与联系。最后，在上述认识论的基础上，王夫之提出了"教必著行"的唯物主义教学观，提倡教学与"力行"相结合。譬如，程朱一派主张"读书穷理"，强调单纯从书本上获得知识，而王夫之则强调君子获取学问是无法离开"行"的，从而否定了宋明理学脱离实践的教学方法。

（张筱菲）

书　院

明代后期，宦官魏忠贤专权，朝政腐败。江南地区部分中下层官吏在东林书院讲学，讽议朝政，得罪了魏忠贤。魏忠贤党人借故残害东林党人，并借机关闭全国书院。这一措施使当时的政治更为腐败，并最终导致了明政权的灭亡。作者在本文中以沉痛的心情回顾了这一事件，并总结了历史教训。他认为，书院的兴起适应了历史发展的需要，既可补太学之不足，又可救州县官学的衰废，对政治极有裨益；明代禁毁书院，实为妒贤病国之小人所为。

　　咸平四年[1]，诏赐《九经》于聚徒讲诵之所，与州县学校等，此书院之始也。嗣是而孙明复、胡安定起，师道立，学者兴，以成乎周、程、张、朱[2]之盛。及韩侂胄立伪学之名[3]，延及张居正、魏忠贤，率以此附致儒者于罪罟之中，毁其聚讲之所，陷其受学之人，钳网修士，如防盗贼。彼亦非无挟以为之辞也，固将曰："天子作君师，以助上帝绥四方者也。亦既立太学于京师，设儒学于郡邑，建师长，饩[4]生徒，长吏课之，贡举登之，而道术咸出于一。天子之导士以兴贤者，修举详备，而恶用草茅之士，私立门庭以亢君师，而擅尸其职[5]，使支离之异学，雌黄之游士，荧天下之耳目而荡其心！"为此说者，听其言，恣其辩，不核其心，不揆诸道，则亦娓娓乎其有所执而不可破也。然而非妨贤病国，祖申、商以虐刘天下者，未有以此为谋国之术者也。

　　孔子之教于洙、泗[6]，衰周之世也。上无学而教在下，故时君不能制焉。而孔子以为无嫌。彼将曰："今非周纲解纽之代，不得尸上天木铎[7]之权也。"呜呼！佞人之口给不可胜穷，而要岂其然哉！

　　三代之隆，学统于上，故其《诗》曰："周王寿考，遐不作人[8]。"然而声教所讫，亦有涯矣，吴、越自习文身，杞、莒[9]沦于夷礼，王者亦无如之何也。若太学建于王都，而圻[10]内为方千里，庠序设于邦国，而百里俭于提封[11]；则春弦夏诵，礼射雅歌，远不违亲，而道无歧出；故人易集于桥门[12]，士乐趋于鼓箧。迨及季世，上之劝之也不勤，而下有专师之函丈[13]矣。况乎后世之天下，幅员万里，文治益敷，士之秀者，不可以殚计，既非一太学之所能容。违子舍，涉关河，抑立程限以制其来去，则士之能就学于成均[14]者，盖亦难矣。若夫州县之学，司于守令，朝廷不能多得彬雅之儒与治郡邑，而课吏之典，又以赋役狱讼为黜陟之衡，虽有修业之堂，释菜之礼，而迹袭诚亡，名存实去，士且以先圣之宫墙，为干禄[15]之捷径。课之也愈严，则遇之也益诡；升之也愈众，则冒之也愈多。天人性命，总属雕虫，月露风云，只供游戏。有志之士，其不屑以此为学也，将何学而可哉？恶得不倚赖鸿儒，代天子而任劳来匡直之任哉？

　　君子于此，以道自任，而不嫌于尸作师之权者，诚无愧也。道不可隐而明之，人不可弃而受之，非若方外之士，据山林以傲王侯也；非若异端之师，亢政教以叛君父也。所造者，一王之小子；所德者，一王之成人。申忠孝之义，劝士而使之亲上；立义利之防，域士而使之靖民。分天子万几之劳，襄长吏教思之倦；以视抡文之典不足以奖行,贡举之制不足以养恬,其有裨于治化者远矣。

当四海一王之世,虽尧、舜复起,不能育山陬海澨之人材而使为君子[16]。则假退处之先觉,以广教思,固其所尸祝而求者也。为君子者,又何愧焉？教行化美,不居可纪之功,造士成材,初无邀荣之志。身先作范,以远于饰文行干爵禄之恶习,相与悠然于富贵不淫、贫贱不谄之中。将使揣摩功利之俗学,愧悔而思附于青云。较彼抡才司训[17]之职官,以《诗》《书》悬利达之标,导人弋获者,其于圣王淑世之大用,得失相差,不已远乎？

然则以书院为可毁,不得与琳宫梵宇之庄严而并峙[18]；以讲学为必禁,不得与丹灶刹竿之幻术[19]而偕行；非妒贤病国之小人,谁忍为此戕贼仁义之峻法哉？宋分教于下,而道以大明,自真宗昉；视梁何胤[20]钟山之教加隆焉,其功伟矣。考古今之时,推邹、鲁之始,达圣王之志,立后代之经,以摧佞舌,忧世者之责也,可弗详与？

——选自王夫之撰,船山全书编辑委员会编：《船山全书(第十一册)》,岳麓书社 2011 年版,第79—81 页。

注释

[1] 咸平四年,即 1001 年。咸平,宋真宗年号(998—1003)。

[2] 周、程、张、朱,指周敦颐、程颢、程颐、张载、朱熹五人。

[3] 韩侂胄立伪学之名,南宋宋宁宗时,韩侂胄执政。在朝野主战派力量支持下,韩侂胄开展反道学和北上抗金。当时朝官指斥朱熹道学为伪学,韩侂胄趁机严令禁止朱熹道学。1198 年,订立伪学逆党籍,使朱熹道学受到沉重打击,史称"庆元党禁"。

[4] 饩,音 xì,每月发给官学生膳食费。

[5] 擅尸其职,指私居其位而不尽其职。

[6] 洙、泗,即洙水、泗水,在鲁都曲阜城北。洙水在北,泗水在南,二水之间,即孔子聚徒讲学之所。后世因以洙泗代称鲁国的文化和孔子的"教泽"。

[7] 木铎,木舌的铃。古代施行政教、传布命令时用之,后用来比喻宣扬教化的人。

[8] "周王寿考,遐不作人",见《诗·大雅·棫朴》。周王,为周文王。遐,远也。郑玄笺："远不作人者,其政变化纣之恶俗,近如新作人也。"

[9] 杞、莒,周代所分封的两个诸侯国。

[10] 圻,通"畿"。古称天子直辖之地。亦指京城所领的地区。

[11] 提封,亦作"堤封",指诸侯或宗室的封地。

[12] 人易集于桥门，古时太学四周环水，架桥以通，行养老典礼或讲论时，士人集于桥门外观听。

[13] 函丈，旧时书函中常用作对师长或前辈长者的敬称。

[14] 成均，西周时大学名称，后世用作国子监的别称。

[15] 干禄，求禄位。

[16] 陬，音 zōu，角落。澨，音 shì，水涯。

[17] 抡才司训，指选拔人才与负责训导。

[18] 琳宫，仙宫，指道院。梵宇，佛寺。

[19] 丹灶刹竿之幻术，指道士炼丹和佛寺旗幡的虚幻法术。刹，指佛塔、佛寺。

[20] 何胤，初字子季，更字胤叔，南朝庐江灊县（今属安徽霍山）人。其好学，师事刘瓛，学《易》《礼记》《毛诗》；又入钟山定林寺听讲佛典，皆通其业。在南齐官至国子祭酒，于郊筑室，接待生徒，梁朝时陷居秦望，教学不辍。

【解读】

　　在本文中，王夫之回顾了宋明时书院的衰废。针对宋明时"妒贤病国之小人"毁书院的理由，即政府已有完备的人才培养与选拔制度，足以选拔贤能，私人办学只会扰乱视听的观点，王夫之进行了反驳。首先，从历史发展的角度，王夫之考察了先秦至明代的私学发展。三代时学在官府，十分兴盛，但声教泽被还是非常有限。三代既衰，孔子兴办私学，弥补了官学衰败之缺。三代以后，尽管政府创建了太学、州县学等官学体系，但还不足以选拔贤能。此外，士人在官学中，只以升官求禄为目的，很少追求真才实学。因此，王夫之得出结论：书院既可补太学之不足，又可救州县官学的衰废，对选拔与培养人才有极大裨益。其次，王夫之从正面肯定了私人创办书院的意义。他认为书院既可培养真正好学之人，又可加强伦理教化，使"道"明之。最后，作者指斥毁书院者的理由为佞言，实际上是妨碍了贤能的出现，误国误民。可见，王夫之从明末禁毁书院事件中已认识到教育的重要性，即教育的盛衰影响国家的兴亡。

　　明代后期，明朝中央政府对学校教育及思想领域加强控制，致使学术思想僵化，不利于培养有用的人才，最终导致明朝的衰亡。王夫之由对明末书院禁毁事件的考察认识到了教育对政治的影响，可谓对明朝灭亡教训的较好总结。因此，他对教育重要性的认识是非常深刻的，即使在今天看来都是可供借鉴的。此外，在明清之际书院逐步官学化的背景之下，王夫之还敢于对私人办书院加以肯定，其精神也是难能可贵的。

（张建中）

颜

元

颜元(1635—1704),字易直,又字浑然,号习斋,博野(今属河北)人。清初思想家、教育家。著有《四书正误》《四存编》《习斋记余》等。后人编有《颜李遗书》。

总论诸儒讲学

【题解】 在宋明理学盛行的背景下,颜元像其他读书人一样,曾经信奉过理学。但在其34岁时,颜元的养祖母病故,于是他遵"朱子家礼"服丧,节食少饮,几乎病饿致死。这使他对理学产生了怀疑,认为程朱理学并非真孔学。于是,颜元改其书斋名"思古斋"为"习斋",并著《存学编》,确立了以"实用""实习"为宗旨的治学与教育思想。本文是《存学编》中的一篇,体现了他在"实用""实习"思想基础上力倡"习行"教学法的主张。

【原文】 仆妄谓性命之理不可讲也,虽讲,人亦不能听也,虽听,人亦不能醒也,虽醒,人亦不能行也。所可得而共讲之,共醒之,共行之者,性命之作用,如《诗》、《书》、六艺而已。即《诗》、《书》、六艺,亦非徒列坐讲听,要惟一讲即教习,习至难处来问,方再与讲。讲之功有限,习之功无已。孔子惟与其弟子今日习礼,明日习射。间有可与言性命者,亦因其自悟已深,方与言。盖性命,非可言传也。不特不讲而已也;虽有问,如子路问鬼神、生死[1],南宫适问禹、稷、羿、奡者[2],皆不与答。盖能理会者渠自理会,不能者虽讲亦无益。

自汉、唐诸儒传经讲诵,宋之周、程、张、朱、陆,遂群起角立,亟亟[3]焉以讲学为事,至明,而薛、陈、王、冯[4]因之,其一时发明吾道之功,可谓盛矣。其效使见知闻知者知尊慕孔、孟[5],善谈名理,不作恶,不奉释、老名号。即不肖如仆,亦沐泽中之一人矣。然世道之为叔季[6]自若也,生民之不治自若也,礼乐之不兴自若也,异端之日昌而日炽自若也。以视夫孔子明道而乱臣贼子果惧[7],孟子明道而杨朱、墨翟果熄[8],何啻天渊之相悬也!

仆气魄小,志气卑,自揣在中人以下,不足与于斯道。惟愿主盟儒坛者,远溯孔、孟之功如彼,近察诸儒之效如此,而垂意于习之一字;使为学为教,用力于讲读者一二,加功于习行者八九,则生民幸甚,吾道幸甚!仆受诸儒生成覆载之恩,非敢入室操戈[9]也。但以人之岁月精神有限,诵说中度一日,便习行中错一日;纸墨上多一分,便身世上少一分。试观朱子晚年悔枝叶之繁累[10],则礼乐未明,是在天者千古无穷之憾也。

——选自颜元著,王星贤、张芥尘、郭征点校:《颜元集》,中华书局 1987 年版,第 41—42 页。

【注释】

[1]"子路问鬼神、生死",见《论语·先进》:"季路问事鬼神。子曰:'未能事人,焉能事鬼?''敢问死?'曰:'未知生,焉知死?'"

[2]"南宫适问禹、稷、羿、奡者",见《论语·宪问》:"南宫适问于孔子曰:'羿善射,奡荡舟,俱不得其死然;禹稷躬稼,而有天下。'夫子不答,南宫适出。子曰:'君子哉若人!尚德哉若人!'"

[3]呕呕,急忙;急迫。

[4]薛、陈、王、冯,指明代薛瑄、陈献章、王守仁、冯从吾四人。

[5]"其效使见知闻知者知尊慕孔、孟",见《孟子·尽心下》:"由文王至于孔子,五百有余岁,若太公望、散宜生,则见而知之;若孔子,则闻而知之。"见知者,指同时代的学者。闻知者,指后代的学者。

[6]叔季,叔世和季世。指衰亡之世。

[7]"孔子明道而乱臣贼子果惧",见《孟子·滕文公下》:"孔子成《春秋》而乱臣贼子惧。"

[8]"孟子明道而杨朱、墨翟果熄",见《孟子·滕文公下》:"杨墨之道不息,孔子之道不著,是邪说诬民,充塞仁义也。仁义充塞,则率兽食人,人将相食。吾为此惧,闲先圣之道,距杨墨,放淫辞,邪说者不得作。"

[9]入室操戈,见《后汉书·张曹郑列传》:"时任城何休好《公羊》学,遂著《公羊墨守》、《左氏膏肓》、《穀梁废疾》;玄乃发《墨守》,针《膏肓》,起《废疾》。休见而叹曰:'康成入吾室,操吾矛,以伐我乎!'"后以"入室操戈"比喻以对方的论点反驳对方。

[10]"朱子晚年悔枝叶之繁累",朱熹晚年曾认为专于读书讲论,而自家不能涵养体察,则为支离不得力。此可见朱熹在《近思录·与吴茂实》中云:"近来自觉向时工夫,止是讲论文义,以为积集义理,久当自有得力处,却于日用工夫全少检点。诸朋友往往亦只如此做工夫,所以多不得力。今方深省而痛惩之,亦欲与诸同志勉焉。幸老兄遍以告之也。"

【解读】

从信奉宋明理学转变为怀疑它之后,颜元逐步形成了"习行"教学法,主张教学过程必须联系实际。在本文中,颜元从多个角度对实施"习行"法的原因作了阐释。

首先,从教学内容来讲,颜元认为程朱理学的性命之理是不可讲、无法让人理解及不可付诸实践的,可以让人理解并可实践的是《诗》《书》、六艺等,因而后者才是施教的内容,而且这些内容必须采用"习行"法进行教学。颜元还在文中以孔子施教作为例证加以说明。其次,作者对"讲诵"教学法的历史教训作了总结。他认为,自汉唐以来,士人用传经讲诵的方式来传布儒学,从表面上看似乎发扬了儒学,但实际上这种教学法使礼乐不兴、异端日昌,远不如孔孟传道的效果,因而要达到"明道"的教育目的,必须采用"习行"法。最后,颜元还提出,一个人的生命是有限的,诵读多一日,就会少一日用于"习行",因而他主张教学应多用力于"习行",而少用力于"讲诵",这样才会有利于学习。

颜元主张实行"习行"教学法,实质上是强调接触实际,重视练习,从亲身躬行的实践中获得真知,这比宋明理学家成天讲诵脱离实际的"性命之学"进步得多。在宋明理学盛行的年代,颜元提出带有经世致用色彩的"习行"教学法,可谓给当时僵化的教育界带来一股活力,意义深远。今天,一些教育工作者仅用书本来教育学生,而不重视给学生实践的机会,这是十分有害的,从这一点来说,颜元的"习行"教学法至今仍具参考价值。

上太仓陆桴亭[1]先生书

【题解】 本文是《存学编》中的一篇,为颜元写给陆世仪的书信。颜元在本文中,提出了应以"真学""实学"为教学内容的教育主张。

【原文】 某闻气机消长否泰[2],天地有不能自主,理数[3]使然也;方其消极而长,否极而泰,天地必生一人以主之,亦理数使然也。然粤稽孔、孟以前[4],天地所生以主此气机者,率皆实文、实行、实体、实用,卒为天地造实绩,而民以安,物以阜。虽不幸而君相之人竟为布衣,亦必终身尽力于文、行、体、用之实,断不敢以不尧、舜不禹、皋者苟且于一时虚浮之局,高谈袖手,而委此气数[5],置此民物,听此天地于不可知也;亦必终身穷究于文、行、体、用之实,断不敢以惑异端、背先哲者肆口于百喙争鸣[6]之日,著书立说,而误此气数,坏此民物,负此天地于不可为也。

自汉、晋泛滥于章句，不知章句所以传圣贤之道而非圣贤之道也；竞尚乎清谈，不知清谈所以阐圣贤之学而非圣贤之学也。因之虚浮日盛，而尧、舜三事、六府之道[7]，周公、孔子六德、六行、六艺之学[8]，所以实位天地，实育万物者，几不见于乾坤中矣。迨于佛、老昌炽，或取天地万物而尽空之，一归于寂灭，或取天地万物而尽无之，一归于升脱，莫谓日月、星辰、山川、草木、鸟兽、虫鱼、人伦、世故举为道外，并己身之耳、目、口、鼻、四肢皆视为累碍赘余矣，哀哉！倘于此有尧、舜、周、孔，固必回消为长，转否为泰矣。即不然，或如端、言、卜、仲、二冉之流[9]，亦庶几衍道脉[10]于不坠，续真宗[11]于不差，而长泰终有日也。奈何赵氏[12]运中，纷纷跻孔子庙庭者，皆修辑注解之士，犹然章句也；皆高坐讲论之人，犹然清谈也！甚至言孝、弟、忠、信如何教，气禀本有恶，其与老氏以礼义为忠信之薄[13]，佛氏以耳、目、口、鼻为六贼[14]者相去几何也！

故仆妄论宋儒，谓是集汉、晋、释、老之大成者则可，谓是尧、舜、周、孔之正派则不可。然宋儒，今之尧、舜、周、孔也。韩愈辟佛，几至杀身[15]，况敢议今世之尧、舜、周、孔者乎！季友著书驳程、朱之说，发州决杖[16]，况敢议及宋儒之学术、品诣者乎！此言一出，身命之虞所必至也。然惧一身之祸而不言，委气数于终误，置民物于终坏，听天地于终负，恐结舌安坐，不援沟渎，与强暴、横逆内人于沟渎者，其忍心害理不甚相远也。

某为此惧，著《存学》一编，申明尧、舜、周、孔三事、六府、六德、六行、六艺之道，大旨明道不在《诗》《书》章句，学不在颖悟诵读，而期如孔门博文、约礼[17]、身实学之、身实习之，终身不懈者。著《存性》一编，大旨明理、气俱是天道，性、形俱是天命，人之性命，气质虽各有差等，而俱是此善；气质正性命之作用，而不可谓有恶，其所谓恶者，乃由"引、蔽、习、染"四字为之祟也[18]。期使人知为丝毫之恶，皆自玷其光莹之本体，极神圣之善，始自充其固有之形骸。

但孔、孟没后二千年无人道此理，而某独异，又惴惴焉恐涉偏私自是，诽谤先儒；将舍所见以苟就近世之学，而仰观三代圣贤又不如此。二念交郁，罔所取正。一日游祁[19]，在故友刁文孝[20]座，闻先生有佳录[21]，复明孔子六艺之学，门人姜姓在州守幕实笥之[22]，欢然如久旱之闻雷，甚渴之闻溪，恨不即沐甘霖而饮甘泉也。曲致三四，曾不得出。然亦幸三千里外有主张此学者矣，犹未知论性之相同也。既而刁翁出南方诸儒手书,有云,"此间有桴亭者,才为有用之才,学为有用之学,但把气质许多驳恶杂入天命,说一般是善,其《性善图说》中有'人之性善正在气质,气质之外无性'等语;殊新奇骇人!"乃知先生不惟得孔、孟学宗,兼悟孔、孟性旨,已先得我心矣。当今之时,承儒道嫡派者,非先生其谁乎! 所恨家贫亲老,不得操杖亲炙[23],进身门下之末。兹乘彭使[24]之便,奉尺楮请教[25],祈以所著并高弟执长礼、乐,执长射、书,孰为体用兼优,不惜示下,使聋瞀之子得有所景仰尊奉。倘有寸进,真一时千载也! 山河隔越,不能多寄,仅以《性》、《学编》各一纸,《日记》第十卷中摘一页呈正,不胜南望恺切想慕之至!

——选自颜元著,王星贤、张芥尘、郭征点校:《颜元集》,中华书局1987年版,第47—49页。

【注释】

[1] 陆桴亭,即陆世仪(1611—1672),字道威,号刚斋,晚号桴亭,太仓(今属江苏)人。明清之际理学家。曾从刘宗周学,明亡,隐居讲学,历主东林、毗陵、太仓诸学院。宗程朱理学,以"居敬穷理"为主,与陆陇其并称为"二陆"。著有《思辨录辑要》《陆桴亭先生遗书》等。

[2] 气机,阴阳之气的流动机变。否泰,《周易》两卦名。否卦,坤下乾上,谓"天地不交而万物不通";泰卦,乾下坤上,谓"天地交而万物通"。后常合用"否泰"指世道盛衰和人事通塞。

[3] 理数,天理;天数。

[4] 粤,语助词。稽,考核。

[5] 气数,气运;命运。

[6] 百喙争鸣,指众口争辩。喙,口。

[7] 三事、六府,见《书·大禹谟》:"德惟善政,政在养民。水、火、金、木、土、谷,惟修。正德、利用、厚生,惟和。"正德、利用、厚生三者为人所当为,称为"三事";水、火、金、木、土、谷六者为财用之来源,称为"六府"。

[8] 六德、六行、六艺,见《周礼·地官司徒》:"以乡三物教万民而宾兴之。一曰六德:知、仁、圣、义、忠、和;二曰六行:孝、友、睦、姻、任、恤;三曰六艺:礼、乐、射、御、书、数。"

[9] "端、言、卜、仲、二冉之流",指孔丘弟子端木赐、言偃、卜商、仲由、冉耕、冉雍等人。

[10] 衍道脉,指传布圣贤之道的道统。

[11] 真宗,指圣贤学术的正宗。

[12] 赵氏,赵匡胤代后周称帝,国号宋,因此此处的赵氏即指宋朝。

[13] "老氏以礼义为忠信之薄",见《老子·三十八章》:"故失道而后德,失德而后仁,失仁而后义,失义而后礼。夫礼者,忠信之薄而乱之首。"

[14] 六贼,佛家称色、声、香、味、触、法为"六尘",它以眼、耳、鼻、舌、身、念六根为媒介,而袭劫一切善法,故名"六贼"。

[15] "韩愈辟佛,几至杀身",唐宪宗元和十四年(819 年),韩愈上表反对迎佛骨,几被处死,卒贬潮州刺史。

[16] "季友著书驳程、朱之说,发州决杖",朱季友,明饶州鄱阳(今属江西)人,著书抨击程朱理学,永乐帝朱棣阅其书大怒,遣发朱季友至饶州决杖,并尽毁所著书。

[17] "孔门博文、约礼",见《论语·雍也》:"君子博学于文,约之以礼,亦可以弗畔矣夫!"

[18] 颜元认为人性是善的、仁、义、礼、智之性,表现为恻隐、羞恶、辞让、是非之情。常人由于外界财色的引诱,使本来的性情受蔽,于是恻隐变为贪营、鄙吝,羞恶变为侮辱、残忍,辞让变为伪饰、谄媚,是非变为奸雄、小巧。如不自反,则引愈频愈远,习渐久而染渐深。

[19] 祁,即祁州,今属河北。

[20] 刁文孝,即刁包(1603—1669),字蒙吉,祁州(今属河北)人。其遵信程朱,效忠明室。明亡后,其居家教授。死后,门人私谥为文孝。他是颜元"所父事者五人"之一,交往甚深,对颜元早年尊周孔信程朱影响较大。

[21] 佳录,指陆世仪所著的《思辨录辑要》。

[22] 州守,即知州。幕,即幕府。笥,音 sì,盛饭食或衣物的竹器,此指藏书之笥。

[23] 亲炙,指亲身受到教益。

[24] 彭,即彭恒斋,博野(今属河北保定)人,时官江苏长洲(今苏州)知县。彭使,指彭恒斋的仆人。

[25] 尺楮,指书信。楮,音 chǔ,木名,其皮可造纸,因以楮为纸的代称。

【解读】 颜元在本文中考察了中国学术发展史。他认为,孔孟以前的时代,社会倡导实文、实行、实体、实用之学,因此民安国富。但自汉晋以来,士人致力于儒经章句与清谈玄理,稍后佛教、道教兴起,致使儒学中断,社会虚浮之气日炽。至宋代,程朱理学家集汉晋士人、佛教道教之大成,改造了儒学,并妄言他们的学问为儒学正宗。在明代,理学在思想领域占据了统治地位,坑害士人,破坏视听,束缚了学术的发展,许多学人都不敢批评理学。由此,颜元认识到学术的实虚影响着社会的风气。颜元在总结中国学术发展的教训之后,认为必须恢复最初的实学。在颜元看来,实学就是尧舜以来的三事、六府之道,以及周公、孔子的六行、六德、六艺之学等内容。他还认为,现今提倡这些内容,必须做到"身实学之,身实习之,终身不懈"。当然必须看到,颜元所倡导的教育内容并不是要回到尧舜周孔的时代,而是要托古改制,倡导经世致用,这在后面的《漳南书院记》中有充分的体现。

清代继明代之后仍以程朱理学为统治思想,从而桎梏了人们的思想。颜元撰写本文的用意就在于试图改变明清之际理学带来的负面影响。可见，颜元倡导的实学教育思想在当时具有重要意义。此外，颜元在文中敢于将理学视为孔孟儒学的异端，这又显示了他具有较为强烈的批判意识。

性理评（节选）

题解

本文为《存学编》中的一篇。作者在本文中主要是批评程朱理学的教学法，倡导"习行"的教育方法。

原文

朱子称"上蔡[1]直指穷理居敬为入德之门，最得明道教人纲领"，仆以为此四字正诸先生所以自欺而自误者也。何也？"穷理居敬"四字，以文观之甚美，以实考之，则以读书为穷理功力，以恍惚道体[2]为穷理精妙，以讲解著述为穷理事业，俨然静坐为居敬容貌，主一无适[3]为居敬工夫，舒徐安重为居敬作用。观世人之醉生梦死，奔忙放荡者，诚可谓大儒气象矣；但观之孔门，则以读书为致知中之一事。且书亦非徒占毕读之也，曰"为《周南》《召南》[4]"，曰"学《诗》"、"学《礼》"，曰"学《易》"、"执《礼》"，是读之而即行之也。曰"博学于文"，盖《诗》、《书》六艺以及兵农、水火在天地间灿著者，皆文也，皆所当学之也。曰"约之以礼"，盖冠婚、丧祭、宗庙、会同以及升降周旋，衣服饮食，莫不有礼也，莫非约我者也。凡理必求精熟之至，是谓"穷理"；凡事必求谨慎之周，是谓"居敬"。上蔡虽贤，恐其未得此纲领也。不然，岂有"居敬穷理"之人而流入于禅者哉！

············

先生昭明书旨，备劳心力，然所明只是书旨，未可谓得吾身之道也。盖《四书》、诸经、群史、百氏之书所载者，原是穷理之文，处事之道。然但以读经史、订群书为穷理处事以求道之功，则相隔千里；以读经史、订群书为即穷理处事，曰道在是焉，则相隔万里矣。兹李氏[5]以先生解书得圣人之本旨，遂谓示斯道之标的，以先生使学者读书有序，遂谓将无理不可精，无事不可处。噫！宋、元来效先生之汇别区分，妙得圣人之本旨者，不已十余人乎？遵先生读书之序，先《大学》，次《语》、《孟》，次

《中庸》,次穷诸经,订群史以及百氏,不已家家吾伊[6],户户讲究乎? 而果无理不可精,无事不可处否也? 譬之学琴然:诗书犹琴谱也。烂熟琴谱,讲解分明,可谓学琴乎? 故曰以讲读为求道之功,相隔千里也。更有一妄人指琴谱曰,是即琴也,辨音律,协声韵,理性情,通神明,此物此事也。谱果琴乎? 故曰以书为道,相隔万里也。千里万里,何言之远也! 亦譬之学琴然:歌得其调,抚娴其指[7],弦求中音,徽[8]求中节,声求协律,是谓之学琴矣,未为习琴也。手随心,音随手,清浊、疾徐有常规,鼓有常功,奏有常乐,是之谓习琴矣,未为能琴也。弦器可手制也,音律可耳审也,诗歌惟其所欲也,心与手忘,手与弦忘,私欲不作于心,太和常在于室[9],感应阴阳,化物达天,于是乎命之曰能琴。今手不弹,心不会,但以讲读琴谱为学琴,是渡河而望江也,故曰千里也。今目不睹,耳不闻,但以谱为琴,是指蓟北[10]而谈云南也,故曰万里也。

············

——选自颜元著,王星贤、张芥尘、郭征点校:《颜元集》,中华书局 1987 年版,第 59—60、78—79 页。

【注释】

[1] 上蔡,即谢良佐(1050—1103),字显道,上蔡(今属河南)人,北宋理学家。程颢、程颐的门生,世称"上蔡先生"。倾向禅学,引禅以证儒。

[2] 恍惚道体,指把道说得很玄妙,难于捉摸。源自《老子·二十一章》:"道之为物,惟恍惟惚。"

[3] 主一无适,见《二程集·河南程氏遗书卷第十五》:"所谓敬者,主一之谓敬。所谓一者,无适之谓一。"

[4] "为《周南》《召南》",见《论语·阳货》:"子谓伯鱼曰:'女为《周南》《召南》矣乎? 人而不为《周南》《召南》,其犹正墙面而立也与?'"

[5] 李氏,即李方子,字公晦,号果斋,南宋邵武(今属福建)人,朱熹弟子。

[6] 吾伊,指读书声。

[7] "抚娴其指",指法很娴熟。

[8] 徽,指七弦琴琴面十三个指示音节的标识。

[9] "太和常在于室",天道常存于心中。太和,指阴阳二气发展变化的统一过程,也就是道。室,心室。

[10] 蓟北,今北京市及河北省东北部一带。

【解读】 颜元从信奉程朱理学转向"经世致用"的实学之后,便对理学的教育方法,即对"穷理居敬"法提出了质疑。他在文中认为,"穷理居敬"是一种注重读书讲诵的教学法,它只会使读书人醉生梦死般地沉溺于书本而不务实际。颜元认为,儒学最初是注重用"习行"教学法来传授知识的,即传授《诗》、《书》、六艺以及兵农、水火等教学内容时,不仅读这些内容,还注重将这些内容付诸实践。颜元作了一个比喻:以理学的"穷理居敬"法来教育学生,犹如熟记韵律与琴谱但并没有真正学会弹琴一样,远离学习的目的;相反,只有像学琴那样,"手随心,音随手",这样才会理解并吸收圣人的本旨。由此可见,颜元倡导的"习行"教学法,就是主张教学必须联系实际,必须让学生从事实践活动。这与颜元的经世致用哲学观相一致。总之,"习行"教学法贯彻了颜元的经世致用思想,它上承黄宗羲等人的实学思想,对明清之际的实学教育思潮的形成起到了重要的作用。

漳南书院记

【题解】 康熙三十五年(1696 年),已经 61 岁的颜元在许三礼的三度敦请下,开始主持漳南书院。尽管历时很短,但这是颜元教育活动史上的一件大事,因为颜元在此将他的经世致用教育思想付诸教学实践,并且取得了较好的成绩。本文是颜元对这一教育实践活动的回忆,作于康熙四十年。

【原文】 肥乡[1]之屯子堡,遵中丞于清端公令[2],建有义学。田百亩,学师郝子文灿[3]以所入倡乡众杨计亮、李荣玉等协力经营,益广斋舍。许侍郎三礼[4]题曰漳南书院。问学者日众。郝子遂谦不任事,别寻师者十有五年。于康熙三十三年,郝子不远数百里,抵荒斋,介[5]友人陈子彝书,延元主院事,元辞去。已,又过,陈说百端,作十日留,元固辞。明年又价张文升以币聘,予再辞。又明年遣院,中苗生尚信至,进聘仪,掖起复跪者十日,予不得已,告先祠行。

距堡北十余里,漳水涨,堡人檥舟[6]入,乃知其地苦水久矣。郝子率弟子拜迎,止其舍。卜吉,郝子及乡父老、子弟咸集,从予行释奠礼[7]于孔子主前,郝子、乡父老再拜,予答拜,揖,升座。弟子委贽四拜,乃令分班,行同学相见礼。谕之曰:"而地无文士乎？而遂致予，盖将以成人之道自勖也。予不敏，敢以成人之道告。"乃出予《习斋教条》[8]读讲讫，揖退。时左斋建其一，余未定。乃进郝子曰："谬托院事，敢不明行尧、孔之万一，以为吾子辱。顾儒道自秦火失传，宋人参杂释、老以为德性，猎弋训诂以为问学，而儒几灭矣。今元与吾子力砥狂澜，宁粗而实，勿妄而虚。请建正庭四楹，曰'习讲堂'。东第一斋西向，榜曰'文事'，课礼、乐、书、数、天文、地理等科。西第一斋东向，榜曰'武备'，课黄帝、太公以及孙、吴五子兵法，并攻守、营阵、陆水诸战法，射御、技击等科。东第二斋西向，曰'经史'，课《十三经》、历代史、诰制[9]、章奏、诗文等科。西第二斋东向，曰'艺能'，课水学、火学、工学、象数[10]等科。其南相距三五丈为院门，县许公漳南书院匾，不轻改旧称也。门内直东曰'理学斋'，课静坐、编著、程、朱、陆、王之学；直西曰'帖括[11]斋'，课八股举业，皆北向。以上六斋，斋有长，科有领，而统贯以智、仁、圣、义、忠、和之德，孝、友、睦、姻、任、恤之行。元将与诸子虚心延访，互相师友，庶周、孔之故道在斯，尧、舜之奏平成[12]者，亦在斯矣。置理学、帖括北向者，见为吾道之敌对，非周、孔本学；暂收之以示吾道之广，且以应时制。俟积习正，取士之法复古，然后空二斋，左处候价，右宿来学。门之左腋房六间，榻行宾；右腋厦六间，容车骑。习讲堂之东北隅为仓库、厨灶，西北隅积柴炭，后为厕。院前门东一斗室曰'更衣亭'。凡客至通候，拂洗更衣，一茶乃入。西为步马射圃，上构小亭。此矩模大略也。吾子谓何？"郝子拜手曰："善。但此为百世计，独无处灿地乎？"予曰："念之矣。须院事竣，院前鑿启土必更深广，引水植莲，中建亭，窗櫺四达，吾子居之。讲习暇，元偕诸子或履桥，或拏舟入，弦歌笑语，作山水乐，黄、虞朋[13]，复何憾乎？"郝子大笑，刻日兴工。

堡人好义云集，许许之声[14]遝迤宵闻。习讲堂成，高二丈有奇，架木覆苫[15]，以肆望汪洋，莫购砖瓦也。中室板屋趺高[16]三尺，三阶；中为师席，朔望弟子谒拜，宣明教条，升之。燕坐会客，咸在幄前。读书、作文如常课，而习礼、歌诗、学书计、举石、超距[17]、击拳，率以肆三为程。讨论兵、农，辨商今古；惟射以水不得学。四阅月，颇咀学习乐味。而漳水五泛，初横二十里，继至七十里，赤泥封稻穗，屋倾侧不敢居，堡男妇各树席铺。予叹曰："天也！"乃告归。

父老弟子饯别泣送，予亦洒泪。郝子拜手宣于众曰："是院也，定为颜子书院。颜子生为漳南书院师，殁为先师。灿以祖产赠宅一所，田五十亩，合院原田共百五十亩,生为颜子产,殁为颜子遗产。"复立图券为质。曰:"田少获,即延先生还。"又请记其事。别后屡札来促,问其水灾,岁益甚,而予老且病,亦未审遂否矣。然其兴学教师,与崇信圣道不痼后儒之识,俱不可没也。康熙四十年三月六日博陵颜氏元识。

——选自颜元著,王星贤、张芥尘、郭征点校:《颜元集》,中华书局1987年版,第412—414页。

【注释】

[1]肥乡,今河北邯郸市肥乡区。

[2]中丞,御史中丞简称,西汉始置。清代作为各省巡抚兼右副都御史衔者之别称。于清端,字北溟,山西永宁州(今山西吕梁市)人,官至直隶巡抚、两江总督。

[3]郝子文灿,即郝文灿,字公函,肥乡屯子堡人,生员出身,曾为漳南书院学师。

[4]许侍郎三礼,即许三礼,字典三,号酉山,河南安阳人,官至兵部督捕右侍郎。

[5]介,介绍。

[6]檥舟,撑船靠岸。檥,音yǐ。

[7]释奠礼,陈设酒食以祭奠先圣先师的一种典礼。《礼记·文王世子》:"凡学,春官释奠于其先师,秋冬亦如之;凡始立学者,必释奠于先圣先师。"

[8]《习斋教条》,颜元曾以为思不如学,而学必以习,故将其书斋名为"习斋"。在河北杨村任教时,因学生众多,难以管理,始订《习斋教条》。其条目有孝父母、敬尊长、主忠信、申别义、禁邪僻、勤赴学、慎威仪、肃衣冠、重诗书、敬字纸、习书、讲书、作文、习六艺、行学仪、序出入、轮班当值、尚和睦、贵责善、戒旷学等二十则。

[9]诰制,皇帝的诏命。

[10]象数,占卜用的术语。象,谓灼龟壳成裂纹所显示之象。数,谓用蓍草分揲所得之数。

[11]帖括,科举考试文体。唐代考试有帖经,专门重记忆,后考生因帖经难记,就总括经文编为歌诀,便于熟读,叫"帖括"。明、清八股文有仿于唐之帖括者,亦称之。

[12]"尧、舜之奏平成",见《书·尧典》:"分命和仲,宅西,曰昧谷。寅饯纳日,平秩西成。"平成,平理西方秩序,使民务勤收成。

[13]"黄、虞朋",指黄帝和虞舜的朋友。

[14]许许之声,为劳动时共同出力的呼声。许,音hǔ。

[15]苫,茅草编成,用来遮屋顶。

[16]跌高,座高。跌,音fū。

[17]超距,跳高;跳远;跳越障碍物。古代的一种习武活动。

【解读】

在认识论方面,颜元重视感觉经验,提倡亲身实践,反对程朱理学空言说教。与这种认识论相一致,在教育观方面,颜元主张教育应当以"实用""实习"为主,培养经世致用的人才。这一教育观在颜元主持漳南书院的教学活动中有着充分的体现。首先,在教学原则方面,颜元主张"宁粗而实,勿妄而虚",即教学应该围绕着实用之学展开。其次,在教学内容方面,主张设文事、武备、经史、艺能四斋,开设水、火、工、天文、地理、兵法、射御、技击等实用科目,这就冲破了学校以"四书五经"为"定本"的教学内容。尽管漳南书院还设有"理学""帖括"二斋,开设了一些理学及八股方面的科目,但颜元明确指出这些为"吾道之敌对,非周、孔本学",终将被淘汰。再次,在教学法方面,颜元在规划漳南书院时将讲堂命名为"习讲堂",还带领学生"习礼、歌诗、学书计",在野外操练"举石、超距、击拳"等。这些都表明颜元力主"习行"法,即在教学过程中坚持练习与躬行实践的方法。最后,在培养目标方面,文中讲述了颜元教学生习礼、歌诗、学书计、举石、超距、击拳等,这在一定程度上体现出德(包括操行、礼节、性情)、智(包括知识、技能)、体全面发展的目标。从这几个方面,不难看出颜元经世致用教育思想的特点,也可领略到明末清初主张经世致用的教育家所描绘的学校蓝图。

(张建中)

戴震

戴震(1724—1777),字东原,安徽休宁人。清思想家、朴学皖派主要代表。博闻强识,在算学、天文、地理、声韵、训诂、考据、哲学等多方面均有涉猎,著有《原善》《原象》《孟子字义疏证》等,后人编有《戴氏遗书》。今人编有《戴震全书》。

原 善(节选)

【题解】 戴震虽以擅长考据闻名,但他的哲学思想同样受到世人赞赏,并于清代中后期在东南沿海的知识分子中广为流传。本篇《原善》及后面所节录的《孟子字义疏证》包含了戴震的主要哲学观点。戴震出身小商贩家庭,尽管晚年跻身上流社会,但他一生中大部分时间是在贫困的生活环境中度过的,这使得他对封建等级制和程朱理学的本质有着深刻的认识。本文就是戴震对程朱理学哲学思想的批判性文章,在批判过程中戴震表达了他的教育观。

上

【原文】 善:曰仁,曰礼,曰义,斯三者,天下之大衡也。上之见乎天道,是谓顺;实之昭为明德,是谓信;循之而得其分理,是谓常[1]。道,言乎化之不已也;德,言乎不可渝也;理,言乎其详致也;善,言乎知常、体信、达顺也[2];性,言乎本天地之化,分而为品物者也[3]。限于所分曰命;成其气类曰性;各如其性以有形质,而秀发于心,征于貌色声曰才[4]。资以养者存乎事,节于内者存乎能[5],事能殊致存乎才,才以类别存乎性。有血气,斯有心知,天下之事能于是乎出,君子是以知人道之全于性也[6]。呈其自然之符,可以知始;极于神明之德,可以知终[7]。由心知而底于神明,以言乎事,则天下归之仁;以言乎能,则天下归之智。名其不渝谓之信,名其合变谓之权,言乎顺之谓道,言乎信之谓德,行于人伦庶物之谓道,侔于天地化育之谓诚,如听于所制者然之谓命[8]。是故生生者,化之原;生生而条理者,化之流[9]。动而输者,立天下之博;静而藏者,立天下之约。博者其生,约者其息;生者动而时出,息者静而自正[10]。君子之于问学也,如生;存其心,湛然合天地之心,如息。人道举配乎生,性配乎息。生则有息,息则有生,天地所以成化也。生生者,仁乎! 生生而条理者,礼与义乎! 何谓礼? 条理之秩然有序,其著也;何谓义? 条理之截然不可乱,其著也。得乎生生者谓之仁,得乎条理者谓之智。至仁必易,大智必简[11],仁智而道义出于斯矣。是故生生者仁,条理者礼,断决者义,藏主者智,仁智中和曰圣人;智通礼义,以遂天下之情,备人伦之懿。至贵者仁,仁得,则父子亲;礼得,则亲疏上下之分尽;义得,则百事正;藏于智,则天地万物为量;同于生生条理,则圣人之事。

《易》曰:"形而上者谓之道,形而下者谓之器[12]。""形而下者",成形质以往者也。"形而上者",阴阳鬼神胥是也,体物者也;故曰:"鬼神之为德,其盛矣乎! 视之而弗见,听之而弗闻,体物而不可遗[13]。"《洪范》[14]曰:"五行:一曰水,二曰火,三曰木,四曰金,五曰土。"五行之成形质者,则器也;其体物者,道也,五行、阴阳,得之而成性者也。

《易》曰:"一阴一阳之谓道,继之者善也,成之者性也[15]。"一阴一阳,盖言天地之化不已也,道也。一阴一阳,其生生乎,其生生而条理乎! 以是见天地之顺,故曰"一阴一阳之谓道"。生生,仁也,未有生生而不条理者。条理之秩然,礼至著也;条理之截然,义至著也;以是见天地之常。三者咸[16]得,天下之懿德也,人物之常也;故曰"继之者善也",言乎人物之生,其善则与天地继承不隔者也。有天地,然后有人物;有人物而辨其资始曰性。人与物同有欲,欲也者,性之事也;人与物同有觉,觉也者,性之能也。欲不失之私,则仁;觉不失之蔽,则智;仁且智,非有所加于事能也,性之德也。言乎自然之谓顺,言乎必然[17]之谓常,言乎本然之谓德。天下之道[18]尽于顺,天下之教一于常,天下之性同之于德。性之事,配五行、阴阳;性之能,配鬼神;性之德,配天地之德[19]。人与物同有欲,而得之以生也各殊;人与物同有觉,而喻大者大、喻小者小也各殊;人与物之一善同协于天地之德,而存乎相生养之道,存乎喻大喻小之明昧也各殊;此之谓本五行、阴阳以成性,故曰"成之者性也"。善,以言乎天下之大共[20]也;性,言乎成于人人之举凡自为。性,其本也。所谓善,无他焉,天地之化,性之事能,可以知善矣。君子之教也,以天下之大共正人之所自为,性之事能,合之则中正,违之则邪僻[21],以天地之常,俾人咸知由其常也。明乎天地之顺者,可与语道;察乎天地之常者,可与语善;通乎天地之德者,可与语性。

《易》曰:"天地之大德曰生[22]。"气化之于品物,可以一言尽也,生生之谓欤!观于生生,可以知仁;观于其条理,可以知礼;失条理而能生生者,未之有也,是故可以知义。礼也,义也,胥仁之显乎!若夫条理得于心,其心渊然而条理[23],是为智;智也者,其仁之藏乎!生生之呈其条理,显诸仁也,惟条理,是以生生,藏诸用也。显也者,化之生于是乎见;藏也者,化之息于是乎见。生者,至动而条理也;息者,至静而用神也。卉木之枝叶华实,可以观夫生;果实之白,全其生之性,可以观夫息。是故生生之谓仁,元也;条理之谓礼,亨也;察条理之正而断决于事之谓义,利也;得条理之准而藏主于中之谓智,贞也[24]。

《记》曰:"夫民有血气心知之性,而无哀乐喜怒之常;应感起物而动,然后心术形焉。"凡有血气心知,于是乎有欲,性之征于欲,声色臭味而爱畏分;既有欲矣,于是乎有情,性之征于情,喜怒哀乐而惨舒分;既有欲有情矣,于是乎有巧与智,性之征于巧智,美恶是非而好恶分。生养之道,存乎欲者也;感通之道[25],存乎情者也;二者自然之符,天下之事举矣。尽美恶之极致,存乎巧者也,宰御之权由斯而出;尽是非之极致,存乎智者也,贤圣之德由斯而备;二者,亦自然之符,精之以底于必然,天下之能举矣。《记》又之曰:"人生而静,天之性也;感于物而动,性之欲[26]也;物至知知,然后好恶形焉。好恶无节于内,知诱于外,不能反躬,天理灭矣。"人之得于天也一本[27],既曰"血气心知之性",又曰"天之性",何也?本阴阳、五行以为血气心知,方其未感,湛然无失,是谓天之性,非有殊于血气心知也。是故血气者,天地之化;心知者,天地之神;自然者,天地之顺;必然者,天地之常[28]。

孟子曰:"尽其心者,知其性也;知其性,则知天矣[29]。"耳目百体之所欲,血气资之以养,所谓性之欲也,原于天地之化者也。是故在天为天道,在人,咸根于性而见于日用事为[30],为人道。仁义之心,原于天地之德者也,是故在人为性之德。斯二者,一也。由天道而语于无憾,是谓天德;由性之欲而语于无失,是谓性之德。性之欲,其自然之符也;性之德,其归于必然也。归于必然适全其自然,此之谓自然之极致。《诗》曰:"天生烝民,有物有则,民之秉彝,好是懿德[31]。"凡动作威仪之则,自然之极致也,民所秉也。自然者,散之普为日用事为;必然者,秉之以协于中[32],达于天下。知其自然,斯通乎天地之化;知其必然,斯通乎天地之德,故曰"知其性,则知天矣"。天人道德,靡不豁然于心,故曰"尽其心"。

孟子曰:"口之于味也,目之于色也,耳之于声也,鼻之于臭也,四肢之于安佚也,性也,有命焉,君子不谓性也;仁之于父子也,义之于君臣也,礼之于宾主也,知之于贤者也,圣人之于天道也,命也,有性焉,君子不谓命也[33]。"存乎材质所自为,谓之性;如或限之,谓之命,存乎材质所自为也者,性则固性也,有命焉,君子不以性而求逞其欲也;如或限之也者,命则固命也,有性焉,君子不以命而自委弃[34]也。

《易》曰:"成性存存,道义之门[35]。"五行、阴阳之成性也,纯懿中正,本也;由是而事能莫非道义,无他焉,不失其中正而已矣。民不知所以存之,故君子之道[36]鲜矣。

《中庸》曰:"天命之谓性,率性之谓道,修道之谓教[37]。"莫非天道也,其曰"天命",何也?《记》有之"分于道,谓之命;形于一,谓之性[38]",言分于五行、阴阳也。天道,五行、阴阳而已矣,分而有之以成性。由其所分,限于一曲,惟人得之也全。曲与全之数,判之于生初。人虽得乎全,其间则有明暗厚薄,亦往往限于一曲,而其曲可全。此人性之与物性异也。言乎其分于道,故曰"天命之谓性"。耳目百体之欲,求其故,本天道以成性者也。人道之有生则有养也;仁以生万物,礼以定万品,义以正万类,求其故,天地之德也,人道所由立也;咸出于性,故曰"率性之谓道"。五行、阴阳者,天地之事能也,是以人之事能与天地之德协。事与天地之德协,而其见于动也亦易。与天地之德违,则遂己之欲,伤于仁而为之;从[39]己之欲,伤于礼义而为之。能与天地之德协,而其有所倚而动也亦易。远于天地之德,则以为仁,害礼义而有不觉;以为礼义,害仁而有不觉。皆道之出乎身,失其中正也。君子知其然,精以察之,使天下之欲,一于仁,一于礼义,使仁必无憾于礼义,礼义必无憾于仁,故曰"修道之谓教"。

《中庸》曰:"修身以道,修道以仁。仁者,人也,亲亲为大;义者,宜也,尊贤为大;亲亲之杀,尊贤之等,礼所生也[40]。"仁,是以亲亲;义,是以尊贤;礼,是以有杀有等。仁至,则亲亲之道得;义至,则尊贤之道得;礼至,则于有杀有等,各止其分而靡不得。"修身以道",道出于身也;"修道以仁",三者至,夫然后道得也。

《易》曰:"乾以易知,坤以简能;易则易知,简则易从[41]。""易"也者,以言乎乾道,生生也,仁也;"简"也者,以言乎坤道,条理也,智也。仁者无私,无私,则猜疑悉泯[42],故易知;易知则有亲,有亲则可久,可久则贤人之德,非仁而能若是乎!智者不凿，不凿，则行所无事，故易从；易从则有功，有功则可大，可大则贤人之业，非智而能若是乎！故曰"易简而天下之理得矣[43]"，于仁无不尽也，于礼义无不尽也。

中

物之离于生者，形存而气与天地隔也。卉木之生，接时能芒达已矣；飞走蠕动之俦，有觉以怀其生矣[44]；人之神明出于心，纯懿中正，其明德与天地合矣。是故气不与天地隔者生，道不与天地隔者圣，形强者坚，气强者力，神强者巧，知德者智。气之失，暴；神之失，凿；惑于德，愚[45]。是故一人之身，形得其养，不若气得其养；气得其养，不若神得其养；君子理顺心泰，霈然性得其养。人有天德之知，有耳目百体之欲，皆生而见乎才者也，天也，是故谓之性。天德之知，人之秉节于内以与天地化育侔者也；耳目百体之欲，所受中而不可逾也。是故义配明，象天；欲配幽，法地。五色五声，五臭五味，天地之正也[46]。喜怒哀乐、爱隐感念、愠懆怨愤、恐悸虑叹、饮食男女、郁悠蹙咨[47]、惨舒好恶之情，胥成性则然，是故谓之道。心之精爽[48]以知，知由是进于神明，则事至而心应之者，胥事至而以道义应，天德之知也。是故人也者，天地至盛之征也，惟圣人然后尽其盛。天地之德，可以一言尽也，仁而已矣；人之心，其亦可以一言尽也，仁而已矣。耳目百体之欲喻于心，不可以是谓心之所喻也，心之所喻[49]则仁也；心之仁，耳目百体莫不喻，则自心至于耳目百体胥仁也。心得其常，于其有觉，君子以观仁焉；耳目百体得其顺，于其有欲，君子以观仁焉。

《传》曰："心之精爽，是谓魂魄[50]。"凡有生则有精爽，从乎气之融而灵，是以别之曰"魄"；从乎气之通而神，是以别之曰"魂"。《记》有之："阳之精气曰神，阴之精气曰灵；神灵者，品物之本也[51]。"有血气，夫然后有心知，有心知，于是有怀生畏死之情，因而趋利避害。其精爽之限之，虽明昧相远，不出乎怀生畏死者，血气之伦尽然。故人莫大乎智足以择善也，择善则心之精爽进于神明，于是乎在。是故天地之化，呈其能，曰"鬼神"；其生生也，殊其用，曰"魂魄"。魂以明而从天，魄以幽而从地；魂官乎动，魄官乎静；精能之至也。官乎动者，其用也施；官乎静者，其用也受。天之道施，地之道受；施，故制可否也；受，故虚且听也。魄之谓灵，魂之谓神；灵之盛也明聪，神之盛也睿[52]圣；明聪睿圣，其斯之谓神明欤！

孟子曰："形色，天性也；惟圣人然后可以践形[53]。"血气心知之得于天，形色其表也。由天道以有人物,五行、阴阳,生杀[54]异用,情变殊致。是以人物生生,本五行、阴阳,征为形色。其得之也,偏全厚薄,胜负杂糅,能否精粗,清浊昏明,烦烦员员,气衍类滋,广博袭僢,闳巨琐微,形以是形,色以是色,咸分于道。以顺则煦以治,以逆则毒[55]。性至不同,各呈乎才。人之才,得天地之全能,通天地之全德。从生,而官器利用以驭;横生,去其畏,不暴其使[56]。智足知飞走蠕动之性,以驯以豢;知卉木之性,〔以生以息〕,良农〔任〕以莳刈,良医任以处方[57]。圣人神明其德,是故治天下之民,民莫不育于仁,莫不条贯[58]于礼与义。

《洪范》曰敬用"五事:一曰貌,二曰言,三曰视,四曰听,五曰思"。道出于身,此其目也。"貌曰恭,言曰从,视曰明,听曰聪,思曰睿。"幼者见其长,知就敛饬也;非其素习于仪者也;鄙野之人或不当义,可诘之使语塞也[59]。示之而知美恶之情,告之而然否辨;心苟欲通,久必豁然也。观于此,可以知人之性矣,此孟子之所谓"性善"也。由是而达诸天下之事,则"恭作肃,从作乂[60],明作哲,聪作谋,睿作圣"。

孟子曰:"心之所同然者何也? 谓理也,义也。圣人先得我心之所同然耳[61]。"当孟子时,天下不知理义之为性,害道之言纷出以乱先王之法[62],是以孟子起而明之。人物之生,类至殊也。类也者,性之大别也。孟子曰:"凡同类者举相似也,何独至于人而疑之! 圣人与我同类者。"诘告子"生之谓性",则曰:"犬之性犹牛之性,牛之性犹人之性与[63]?"盖孟子道性善,非言性于同也;人之性相近,胥善也。明理义之为性,所以正不知理义之为性者也;是故理义,性也。由孟子而后,求其说而不得,则举性之名而曰理也,是又不可。耳之于声也,天下之声,耳若其符节也;目之于色也,天下之色,目若其符节也;鼻之于臭也,天下之臭,鼻若其符节也;口之于味也,天下之味,口若其符节也;耳目鼻口之官,接于物,而心通其则。心之于理义也,天下之理义,心若其符节[64]也;是皆不可谓之外也,性也。耳能辨天下之声,目能辨天下之色,鼻能辨天下之臭,口能辨天下之味,心能通天下之理义,人之才质得于天,若是其全也。孟子曰:"非天之降才尔殊[65]。"曰:"乃若其情,则可以为善矣,乃所谓善也;若夫为不善,非才之罪也[66]。"惟据才质为言,始确然可以断人之性善。人之于圣人也,其才非如物之与人异。物不足以知天地之中正,是故无节于内,各遂其自然,斯已矣。人有天德之知,能践乎中正,其自然则协天地之顺,其必然则协天地之常,莫非自然也,物之自然不足语于此。孟子道性善,察乎人之才质所自然,有节于内[67]之谓善也;告子谓"性无善无不善",不辨人之大远乎物,概之以自然也。告子所谓"无善无不善"也者,静而自然,其神冲虚,以是为至道;及其动而之善之不善,咸目为失于至道,故其言曰"生之谓性"。及孟子诘之,非豁然于孟子之言而后语塞也,亦穷于人与物之灵蠢殊绝,犬牛类又相绝,遂不得漫以为同耳。主才质而遗理义,荀子、告子是也。荀子以血气心知之性,必教之理义,逆而变之,故谓"性恶",而进其劝学修身之说。告子以上焉者无欲而静,全其无善无不善,是为至矣;下焉者,理义以梏[68]之,使不为不善。荀子二理义于性之事能[69],儒者之未闻道也;告子贵性而外理义,异说[70]之害道者也。凡远乎《易》、《论语》、《孟子》之书者,性之说大致有三:以耳目百体之欲为说,谓理义从而治之者也;以心之有觉为说,谓其神独先,冲虚自然,理欲皆后也;以理为说,谓有欲有觉,人之私也。三者之于性也,非其所去,贵其所取。彼自贵其神,以为先形而立者,是不见于精气为物,秀发乎神也;以有形体则有欲,而外形体,一死生,去情欲,以宁其神,冥是非,绝思虑,以苟语自然。不知归于必然,是为自然之极致,动静胥得,神自宁也。自孟子时,以欲为说,以觉为说,纷如矣;孟子正其遗理义而已矣。心得其常,耳目百体得其顺,纯懿中正,如是之谓理义。故理义非他,心之所同然也。何以同然?心之明之所止,于事情区以别焉,无几微爽失,则理义以名[71]。专以性属之理,而谓坏于形气,是不见于理之所由名也。以有欲有觉为私者,荀子之所谓性恶在是也;是见于失其中正之为私,不见于得其中正。且以验形气本于天,备五行、阴阳之全德,非私也,孟子之所谓性善也。人之材质良,其本然之德[72]违焉而后不善,孟子谓之"放其良心",谓之"失其本心"。虽放失之余,形气本于天,备五行、阴阳之全德者,如物之几死犹可以复苏,故孟子曰:"其日夜之所息,平旦之气,其好恶与人相近也者几希[73]。"以好恶见于气之少息犹然,是以君子不罪其形气也。

孟子曰:"耳目之官不思而蔽于物,物交物,则引之而已矣。心之官则思,思则得之,不思则不得也,(比)〔此〕天之所与我者,先立乎其大者,则其小者弗能夺也[74]。"人之才,得天地之全能,通天地之全德,其见于思乎!诚[75],至矣;思诚,则立乎其大者矣。耳目之官不思,物之未交,冲虚自然,斯已矣。心之官异是。人皆有天德之知,根于心,"自诚明"也;思中正而达天德,则不蔽;不蔽,则莫能引之以入于邪,“自明诚”也[76]。耳之能听也,目之能视也,鼻之能臭也,口之知味也,物至而迎而受之者也;心之精爽,驯而至于神明也,所以主乎耳目百体者也。声之得于耳也,色之得于目也,臭之得于鼻也,味之得于口也,耳目百体之欲,不得则失其养,所谓养其小者也;理义之得于心也,耳目百体之欲之所受裁也,不得则失其养,所谓养其大者也。“人之所以异于禽兽者几希”,虽犬之性、牛之性,当其气无乖乱,莫不冲虚自然也,动则蔽而罔罔以行[77]。人不求其心不蔽,于是恶外物之惑己而强御之,可谓之所以异乎?是以老聃、庄周之言尚无欲,君子尚无蔽。尚无欲者,主静[78]以为至;君子动静一于仁。人有欲,易失之盈;盈斯悖乎天德之中正矣。心达天德,秉中正,欲勿失之盈以夺之,故孟子曰“养心莫善于寡欲[79]”。禹之行水[80]也,使水由地中行;君子之于欲也,使一于道义。治水者徒恃防遏,将塞于东而逆行于西,其甚也,决防四出,泛滥不可救;自治治人,徒恃[81]遏御其欲亦然。能苟焉以求静,而欲之翦抑窜绝[82],君子不取也。君子一于道义,使人勿悖于道义,如斯而已矣。

下

人之不尽其才,患二:曰私,曰蔽。私也者,生于其心为溺,发于政为党,成于行为慝[83],见于事为悖、为欺,其究为私己。蔽也者,其生于心也为惑,发于政为偏,成于行为谬,见于事为凿,为愚,其究为蔽之以己[84]。凿者,其失诬;愚者,其失为固,诬而罔省,施之事亦为固。私者之安若固然为自暴,蔽者之不求牖[85]于明为自弃,自暴自弃,夫然后难与言善,是以卒之为不善,非才之罪也。去私莫如强恕,解蔽莫如学,得所主莫大乎忠信[86],得所止莫大乎明善。是故谓之天德者三:曰仁,曰礼,曰义,善之大目也,行之所节中也[87]。其于人伦庶物,主一则兼乎三,一或阙焉,非至善也。谓之达德者三:曰智,曰仁,曰勇;所以力于德行者三:曰忠,曰信,曰恕。竭所能之谓忠,履所明之谓信,平所施之谓恕。忠则可进之以仁,信则可进之以义,恕则可进之以礼。仁者,德行之本,体万物而与天下共亲,是故忠其属也。义者,人道之宜,裁万类而与天下共睹[88],是故信其属也。礼者,天则[89]之所止,行之乎人伦庶物而天下共安,于分无不尽,是故恕其属也。忠近于易;恕近于简;信以不欺近于易,信以不渝近于简。斯三者,驯而至之,夫然后仁且智。仁且智者,不私不蔽者也。得乎生生者仁,反是而害于仁之谓私;得乎条理者智,隔于是而病智之谓蔽。用其知以为智,谓施诸行不缪矣,是以道不行;善人者信其行,谓见于仁厚忠信为既知矣,是以道不明[90]。故君子克己之为贵也,独而不咸[91]之谓己。以己蔽之者隔于善,隔于善,隔于天下矣;无隔于善者,仁至,义尽,知天[92]。是故一物有其条理,一行有其至当,征之古训,协于时中,充然明诸心而后得所止。君子独居思仁,公言言义,动止应礼。达礼,义无弗精也;精义,仁无弗至也;至仁尽伦,圣人也。易简至善,圣人所欲与天下百世同之也[93]。

《论语》曰:"性相近也,习相远也;惟上知与下愚不移[94]。"人与物,成性至殊,大共言之者也;人之性相近,习然后相远,大别言之也[95]。凡同类者举[96]相似也,惟上智与下愚,明暗之生而相远,不因于习。然曰上智,曰下愚,亦从乎不移,是以命之也。"不移"者,非"不可移"也,故曰:"生而知之者,上也;学而知之者,次也;困而学之,又其次也;困而不学,民斯为下矣[97]。"君子慎习而贵学。

《中庸》曰:"道也者,不可须臾离也;可离非道也。是故君子戒慎乎其所不睹,恐惧乎其所不闻。""《诗》云:'相在尔室,尚不愧于屋漏。'故君子不动而敬,不言而信。"[98]睹、闻者,身之接乎事物也;言、动者,以应事物也;道出于身,其孰能离之[99]!虽事物未至,肆其心而不检柙[100]者,胥失道也。纯懿中正,道之则也。事至而动,往往失其中(至)〔正〕,而可以不虞[101]于疏乎!

《中庸》曰:"莫见乎隐,莫显乎微。故君子慎其独也。""《诗》云:'潜虽伏矣,亦孔之昭。'故君子内省不疚,无恶于志。君子之所不可及者,其惟人之所不见乎!"[102]"独"也者,方存乎志,未著[103]于事,人之所不见也。凡见之端在隐,显之端在微,动之端在独。民多显失德行,由其动于中,悖道义也[104]。动之端疚,动而全疚;君子内正其志,何疚之有!此之谓知所慎矣。

《中庸》曰:"喜怒哀乐之未发,谓之中;发而皆中节,谓之和。中也者,天下之大本也;和也者,天下之达道也。致中和,天地位焉,万物育焉[105]。"人之有欲也,通天下之欲,仁也;人之有觉也,通天下之德,智也。恶私之害仁,恶蔽之害智,不私不蔽,则心之精爽,是为神明。静而未动,湛然全乎天德,故为"天下之大本";及其动也,粹然[106]不害于私,不害于蔽,故为"天下之达道"。人之材质良,性无有不善,见于此矣。"自诚明"者,于其中和,道义由之出;"自明诚"者,明乎道义中和之分,可渐以几于圣人。"惟天下至诚,为能尽其性;能尽其性,则能尽人之性;能尽人之性,则能尽物之性[107]",自诚明者之致中和也。"其次致曲,曲能有诚,诚则形,形则著,著则明,明则动,动则变,变则化[108]",自明诚者之致中和也。天地位,则天下无或不得其常者也;万物育则天下无或不得其顺者也[109]。

《中庸》曰:"君子尊德性而道问学,致广大而尽精微,极高明而道中庸,温故而知新,敦厚以崇礼[110]。"凡失之蔽也,必狭小;失之私也,必卑暗[111];广大高明之反也。"致广大"者,不以己之蔽害之,夫然后能"尽精微";"极高明"者,不以私害之,夫然后能"道中庸"。"尽精微",是以不蔽也;"道中庸",是以不私也。人皆有不蔽之端,其"故"也,问学所得,德性日充,亦成为"故";人皆有不私之端,其"厚"也,问学所得,德性日充,亦成为"厚"。"温故",然后可语于致"广大";"敦厚",然后可语于"极高明";"知新","尽精微"之渐也;"崇礼[112]","道中庸"之渐也。

《中庸》曰:"思修身,不可以不事亲;思事亲,不可以不知人;思知人,不可以不知天[113]。"君子体仁以修身,则行修也;精义以体仁,则仁至也;达礼以精义,则义尽也。

《论语》曰:"弟子入则孝,出则弟,谨而信,泛爱众,而亲仁;行有余力,则以学文[114]。"《大学》言致知、诚意、正心、修身,为目四;言齐家、治国、平天下,为目三。弟子者,履其所明,毋怠其所受,行而未成者也。身有天下国家之责,而观其行事,于是命曰"大学"。或一家,或一国,或天下,其事必由身出之[115],心主之,意先之,知启之。是非善恶,疑似莫辨,知任其责也;长恶遂非,从善不力,意任其责也;见夺而沮丧,漫散无检柙,心任其责也;偏倚而生惑,身任其责也。故《易》曰:"君子永终知弊[116]。"绝是四弊者,天下国家可得而理矣。其曰"致知在格物[117]",何也? 事物来乎前,虽以圣人当之,不审察,无以尽其实也,是非善恶未易决也;"格"之云者,于物情有得而无失,思之贯通,不遗毫末,夫然后在己则不惑,施及天下国家则无憾,此之谓"致其知"。

《记》曰:"饮食男女,人之大欲存焉[118]。"《中庸》曰:"君臣也,父子也,夫妇也,昆弟也,朋友之交也,五者,天下之达道也[119]。"饮食男女,生养之道也,天地之所以生生也。一家之内,父子昆弟,天属也;夫妇,胖合也[120]。天下国家,志纷则乱,于是有君臣;明乎君臣之道者,无往弗治也。凡势孤则德行行事,穷而寡助,于是有朋友;友也者,助也,明乎朋友之道者,交相助而后济。五者,自有身而定也,天地之生生而条理也。是故去生养之道者，贼道[121]者也。细民得其欲，君子得其仁。遂己之欲，亦思遂人之欲，而仁不可胜用矣；快己之欲，忘人之欲，则私而不仁。饮食之贵乎恭，贵乎让，男女之贵乎谨，贵乎别，礼也；尚廉耻，明节限，无所苟[122]而已矣，义也。人之不相贼者，以有仁也；人之异于禽兽者，以有礼义也。专欲而不仁，无礼无义，则祸患危亡随之，身丧名辱，若影响然[123]。为子以孝，为弟以悌，为臣以忠，为友以信，违之，悖也；为父以慈，为兄以爱，为君以仁，违之，亦悖也。父子之伦，恩之尽也；昆弟之伦，洽之尽也；君臣之伦，恩比于父子，然而敬之尽也；朋友之伦，洽[124]比于昆弟，然而谊之尽也；夫妇之伦，恩若父子，洽若昆弟，敬若君臣，谊若朋友，然而辨之尽也。孝悌、慈爱、忠信，仁所务致者也；恩、洽、敬、谊、辨，其自然之符也；不务致，不务尽，则离、怨、凶、咎随之[125]；悖，则祸患危亡随之。非无憾于仁，无憾于礼义，不可谓能致能尽也。智以知之，仁以行之，勇以始终；夫仁智，期于仁与礼义俱无憾焉，斯已矣。

《虞夏书》曰："日宣三德，夙夜浚明有家。"[126]宽也，柔也，愿也，是谓三德。宽，言乎其容也；柔，言乎其顺也；愿，言乎其悫也。宽而栗，则贤否察；柔而立，则自守正；愿而恭，则表以威仪。人之材质不同，德亦因而殊科[127]。简也，刚也，强也，是谓三德。简，言乎其不烦也；刚，言乎其能断也；强，言乎其不挠也。简而廉，则严利无废怠；刚而塞，则恻怛有仁恩[128]；强而义，则坚持无违悖。此皆修之于家者，其德三也。《书》之言又曰："日俨祗敬六德，亮采有邦[129]。"乱也，扰也，直也；或以宽、柔、愿而兼之者是谓六德，或以简、刚、强而兼之者是谓六德。乱，言乎其得治理也；扰，言乎其善抚驯也；直，言乎其无隐匿也。乱而敬[130]，则事无或失；扰而毅，则可以使民；直而温，则人甘听受。此用之于邦者，其德六也。以三德知人，人各有所近也；以六德知人之可任，其人有专长也。自古知人之难，以是观其行，其人可知也，故曰"亦行有九德"；以是论官，则官必得人也，故曰"亦言其人有德，乃言曰载采采"；德不求备于一人，故曰"翕受敷施，九德咸事，俊乂在官[131]，百僚师师"，此官人之至道也。

《论语》曰："君子怀德，小人怀土；君子怀刑，小人怀惠[132]。"其君子，喻其道德，嘉其典刑[133]；其小人，咸安其土，被其惠泽。斯四者，得士治民之大端也。《中庸》论"为政在人，取人以身[134]"，自古不本诸身而能取人者，未之有也。明乎怀德怀刑,则礼贤[135]必有道矣。《易》曰:"安土敦乎仁,故能爱[136]。"《书》曰:"安民则惠,黎民怀之[137]。"《孟子》论"民无恒产,因无恒心";论"施仁政于民,省刑罚,薄税敛,深耕易耨;壮者以暇日修其孝悌忠信,入以事其父兄,出以事其长上";论"死徙无出乡,乡田同井,出入相友,守望相助,疾病相扶持,则百姓亲睦"[138],明乎怀土怀惠,则为政必有道矣。

《洪范》曰:"无偏无党,王道荡荡;无党无偏,王道便便[139]。"言无私于其人而党,无蔽于其事而偏也。无偏矣,而无党,则于天下之人,大公以与之也;无党矣,而无偏,则于天下之事,至明以辨之也。《洪范》之言又曰:"无反无侧[140],王道正直。""反侧"云者,窃阖辟之机[141]而用之,非与天地同其刚柔动静显晦也。

《易》曰:"大君有命,开国承家,小人勿用[142]。"自古未闻知其人而目之曰"小人"而用之者。《易》称"小人",所以告也。言乎以小利悦上,以小知自见;其奉法似谨,其奔走似忠;惟大君灼知其小[143],知乱之恒由此起,故曰"必乱邦"也。《论语》曰"巧言、令色,鲜矣仁[144]",亦谓此求容悦者也。无恻隐之实,故避其恶闻而进其所甘,迎之以其所敬而远其所慢。所为似谨似忠者二端:曰刑罚,曰货利。议过则亟疾苛察,莫之能免;征敛则无遗锱铢[145],多取者不减,寡取者必增,已废者复举,暂举者不废,民以益困而国随以亡。乱生于甚细,终于不救,无他故,求容悦者,为之于不觉也。是以君子难进而易退,小人反是;君子日见惮,小人日见亲。

《诗》曰:"惠此中国,以绥四方;无纵诡随,以谨无良。式遏寇虐,憯不畏明[146]。"言小人之使为国家,大都不出"诡随"、"寇虐"二者,无纵诡迎阿从之人,以防御其无良;遏止寇虐者,为其曾不畏天而毒于民。斯二者,悖与欺,是以然也。凡私之见为欺也,在事为诡随,在心为无良;私之见为悖也,在事为寇虐,在心为不畏天明[147]。无良,鲜不诡随矣;不畏明,必肆其寇虐矣。

《诗》曰:"民之罔极,职凉善背;为民不利,如云不克。民之回遹,职竞用力;民之未戾,职盗为寇[148]。"在位者多凉德而善欺背,以为民害,则民亦相欺而罔极矣;在位者行暴虐而竞强用力,则民巧为避而回遹矣;在位者肆其贪,不异寇取,则民愁苦而动摇不定矣。凡此,非民性然也,职由于贪暴以贼其民所致。乱之本,鲜不成于上,然后民受转移于下,莫之或觉也,乃曰"民之所为不善",用是而仇[149]民,亦大惑矣!

《诗》曰:"泂酌彼行潦,挹彼注兹,可以饎饎。岂弟君子,民之父母[150]。"言君子得其性,是以锡[151]于民也。《诗》曰"敦彼行苇,牛羊勿践履,方苞方体,维叶泥泥[152]",仁也。

——选自戴震撰,杨应芹、诸伟奇主编:《戴震全书(修订本)(第六册)》,黄山书社 2010 年版,第7—31 页。

[1] 上,追溯。见,通"现",体现。天道,犹天理,天意。实,具体化。分理,指事物的具体规律。

[2] 化,指自然界阴阳二气的运动变化。渝,改变。知常,懂得各种事物的具体规律。体信,体现美好的德行。达顺,符合天道。

[3] 性,指人性与自然界各种事物的属性。品物,各种事物。

[4] "限于所分曰命;成其气类曰性;各如其性以有形质,而秀发于心,征于貌色声曰才",人与物受自然界所分得的那一部分的限制,就叫命;人和物由于分得的那一部分物质的不同,形成不同本质的种类,这叫性;按照人和物的性的不同,具有不同的形态体质,人的自然属性生发于心,表现在容貌、声音、神色上,就叫才。

[5] 资,维持。事,此处指生存必须具有物质欲望。节,节制。能,指控制自己的能力。

[6] 血气,指形体。心知,精神。人道,与"天道"相对。指人事、人伦、为人之道,或社会规范。

[7] 自然,事物的本来面貌。神明之德,指人理性思维的最高境界。

[8] 合变,适应复杂的变化而变化。侔,相等。化育,自然界万事万物变化发育成长的状况。

[9] 生生,哲学术语,指自然界的各种事物不断产生、变化和发展。原,通"源",源泉。条理,规律。流,运动过程。

[10] 输,有规律地运行。约,化繁为简。时出,指事物不断产生。自正,指事物保持自己的稳定性。

[11] "至仁必易,大智必简",见《易·系辞上》:"乾以易知,坤以简能。易则易知,简则易从。"此处借以说明最仁的人必然平易,大智的人必然简约。

[12] "形而上者谓之道,形而下者谓之器",见《易·系辞上》。儒学观念中,道是宇宙万物的精神本原,是"形而上",也就是存在于事物之先,凌驾于事物之上的无形的主宰;器是具体事物,是"形而下",也就是由道派生的。

[13] "鬼神之为德,其盛矣乎!视之而弗见,听之而弗闻,体物而不可遗",见《中庸·第十六章》。

[14] 《洪范》,儒家经典《尚书》中一篇,旧传为商末箕子所作。

[15] "一阴一阳之谓道,继之者善也,成之者性也",见《易·系辞上》。

[16] 咸,都。

[17] 必然,事物的当然准则。

[18] 天下之道,即人道。

[19] 配,相当于。鬼神,这里指五行阴阳的自然作用。天地之德,自然界的根本特性和根本法则。

[20] 大共,最高的共同准则。

[21] 中正,不偏不倚;公正。邪僻,不正当。

[22] "天地之大德曰生",见《易·系辞下》。大德,盛大的功德。

[23] 若夫,至于。渊然,深刻之意。

[24] 元、亨、利、贞,出自《易·乾》。理学家赋予元、亨、利、贞以社会伦理道德的内容。

[25] 感通之道,指人们由外物引起感觉,从而产生喜、怒、哀、乐等思想感情。

[26] 性之欲,指性的外在表现。

[27] 一本,指天性和人性本质上是一致的。

[28] 天地之常,指阴阳二气运动变化的自然作用。

[29] "尽其心者,知其性也;知其性,则知天矣",见《孟子·尽心上》。

[30] 日用事为,指一切生活行为。

[31] "天生烝民,有物有则,民之秉彝,好是懿德",见《诗·大雅·烝民》。烝民,民众;百姓。秉彝,遵循常理。

[32] 协于中,指符合不变的客观法则。

[33] "口之于味也,目之于色也,耳之于声也,鼻之于臭也,四肢之于安佚也,性也,有命焉,君子不谓性也;仁之于父子也,义之于君臣也,礼之于宾主也,知之于贤者也,圣人之于天道也,命也,有性焉,君子不谓命也",见《孟子·尽心下》。

[34] 委弃,弃置;舍弃。

[35] "成性存存,道义之门",见《易·系辞上》。存存,谓保全、育成已存者。

[36] 君子之道,指仁义礼智。

[37] "天命之谓性,率性之谓道,修道之谓教",见《中庸·第一章》。

[38] "分于道,谓之命;形于一,谓之性",见《大戴礼记·本命》。

[39] 从,同"纵",放纵。

[40] "修身以道,修道以仁。仁者,人也,亲亲为大;义者,宜也,尊贤为大;亲亲之杀,尊贤之等,礼所生也",见《中庸·第二十章》。杀,音 shài,等差。

[41] "乾以易知,坤以简能;易则易知,简则易从",见《易·系辞上》。

[42] 悉泯,全部消灭;完全消灭。

[43] "易简而天下之理得矣",见《易·系辞上》。

[44] 芒达,犹萌发。俦,音 chóu,辈,伴,引申为类。怀,抱,引申为维持、维护。

[45] 暴,损害;损伤。凿,穿凿,引申为不通事理。惑于德,指不明天地之德。

[46] 五色,指青、黄、赤、白、黑五种颜色。五声,指古代音乐中宫、商、角、徵、羽五个音阶。五臭,指膻、

焦、腥、香、朽五种气味。五味,指甜、酸、苦、辣、咸五种味道。正,正常现象。

[47] 臍咨,忸怩;羞惭。臍,音 cù。

[48] 精爽,指感性认识。

[49] 喻,明白。

[50] "心之精爽,是谓魂魄",见《左传·昭公二十五年》。

[51] "阳之精气曰神,阴之精气曰灵;神灵者,品物之本也",见《大戴礼记·曾子天圆》。

[52] 睿,指认识深刻。

[53] "形色,天性也;惟圣人然后可以践形",见《孟子·尽心上》。形色,泛指人的身体、感觉、欲望等。
践形,指人性体现于形色。

[54] 生杀,物质的两种作用。生,指促进作用;杀,指抑制作用。古代五行说中有相生相克的说法,也
就是指生杀。

[55] 精粗,精细与粗糙。烦烦员员,烦杂众多。袭儳,即相同与不相同。儳,音 chuǎn。煦,温和,引申
为欣欣向荣。治,秩然有序。

[56] 从生,指人。从,音 zòng。横生,指动物。暴,害;妨害。

[57] 豢,饲养。刈,音 yì,收割。

[58] 条贯,贯通。

[59] 敛饬,犹整饬。鄙野之人,乡下人。或不当义,或许不符合义的。

[60] 乂,音 yì,治理;安定。

[61] "心之所同然者何也? 谓理也,义也。圣人先得我心之所同然耳",见《孟子·告子上》。

[62] 先王之法,泛指尧、舜、禹、汤、文、武等统治者所制定的治理国家的制度法令。

[63] "犬之性犹牛之性,牛之性犹人之性与",见《孟子·告子上》。

[64] 符节,古代符信之一种。以金玉竹木等制成,上刻文字,分为两半,使用时以两半相合为验。这里
指耳目鼻口能接受与辨别声色臭味以及心能认识客观事物的规律。

[65] "非天之降才尔殊",见《孟子·告子上》。

[66] "乃若其情,则可以为善矣,乃所谓善也;若夫为不善,非才之罪也",见《孟子·告子上》。

[67] 有节于内,能为自己思想所节制。

[68] 梏,古人拘住犯人双手的刑具,引申为束缚。

[69] 性之事能,人性所表现出来的感情欲望和知觉能力。

[70] 异说,邪说;非正统的言论。

[71] 止,达到的境界、程度。几微,细微。爽失,差错;差失。

[72] 本然之德,指人的才质所具有的认识自然规律和掌握道德准则的特性。

[73] "其日夜之所息,平旦之气,其好恶与人相近也者几希",见《孟子·告子上》。

[74] "耳目之官不思而蔽于物,物交物,则引之而已矣。心之官则思,思则得之,不思则不得也,(比)

〔此〕天之所与我者，先立乎其大者，则其小者弗能夺也"，见《孟子·告子上》。

[75] 诚，原是《中庸》中的一个哲学伦理概念，表示世界的精神本原和道德修养的最高境界。戴震在此处则认为切实按照仁义礼这些道德准则去办事就是"诚"。

[76] "自诚明""自明诚"，语出《中庸·第二十一章》。《中庸》认为，从先天具有的精神性的诚而达到自然明白善德，就是"自诚明"；通过后天的主观修养明白善德而达到诚，就是"自明诚"。

[77] "人之所以异于禽兽者几希"，见《孟子·离娄下》。罔罔，犹惘惘，惶惶。心神不定貌。

[78] 主静，宋儒提出的一种修养方法，认为人的天性本来是静的，由于后天染上了欲，损害了静，因此只有通过无欲的功夫，才能达到绝对安静的境界。

[79] "养心莫善于寡欲"，见《孟子·尽心下》。

[80] 行水，治水。

[81] 恃，依仗。

[82] 翦，断。窜，隐匿。

[83] 溺，沉迷不悟。慝，音 tè，为非作歹。

[84] "蔽也者，其生于心也为惑，发于政为偏，成于行为谬，见于事为凿，为愚，其究为蔽之以己"，蔽，产生在思想上是疑惑，表现在政治上为不公正，成为行动就造成错误，处理事情就强词夺理，昏昧无知，追究根源就是自己思想闭塞。

[85] 牖，音 yǒu，通"诱"，诱导。

[86] 强，努力。恕，原是儒家的一个伦理概念，即孔子所言的"己所不欲，勿施于人"。戴震在这里认为的"恕"是指"平所施"，即平等地待人处事。主，关键。

[87] 大目，根本条目；根本原则。节中，节制，这里指约束行为的准则。

[88] 宜，适当。与，给予。

[89] 天则，自然法则。

[90] 知，指偏见。缪，同"谬"，错误。既知，生来就知道。

[91] 独而不咸，孤独而不合群。

[92] 知天，懂得自然法则。

[93] "君子独居思仁，公言言义，动止应礼。达礼，义无弗精也；精义，仁无弗至也；至仁尽伦，圣人也。易简至善，圣人所欲与天下百世同之也"，君子在独自居住的场合想到仁，在公众场合发表议论讲到义，一举一动符合礼。符合礼，义没有不精通的；精通义，仁没有达不到的；完全做到仁并且彻底按人与人之间关系的准则办事就是圣人。通过平易简约的方法达到善，这是圣人与天下百姓共同希望的。

[94] "性相近也，习相远也；惟上知与下愚不移"，见《论语·阳货》。

[95] 大共，大范围；笼统。大别，具体差别。

[96] 举，全；都。

[97] "生而知之者,上也;学而知之者,次也;困而学之,又其次也;困而不学,民斯为下矣",见《论语·季氏》。

[98] "道也者,不可须臾离也;可离非道也。是故君子戒慎乎其所不睹,恐惧乎其所不闻",见《中庸·第一章》。"《诗》云:'相在尔室,尚不愧于屋漏。'故君子不动而敬,不言而信",见《中庸·第三十三章》。"相在尔室,尚不愧于屋漏",引自《诗·大雅·抑》。屋漏,古代室内西北隅施设小帐,安藏神主,为人所不见的地方称作"屋漏"。

[99] 前一个"身"指人的感官,后一个"身"指人的日常活动。

[100] 检柙,矫正;约束。

[101] 虞,预料;思虑。

[102] "莫见乎隐,莫显乎微。故君子慎其独也",见《中庸·第一章》。"《诗》云:'潜虽伏矣,亦孔之昭。'故君子内省不疚,无恶于志。君子之所不可及者,其惟人之所不见乎",见《中庸·第三十三章》。"潜虽伏矣,亦孔之昭",见《诗·小雅·正月》。意谓:即使潜伏得很深,还是看得很清楚。

[103] 著,明显。

[104] 中,指内心。道义,道德和义理。

[105] "喜怒哀乐之未发,谓之中;发而皆中节,谓之和。中也者,天下之大本也;和也者,天下之达道也。致中和,天地位焉,万物育焉",见《中庸·第一章》。中,不偏不倚,此处指保持天赋予人的"本性"。中节,合于法度;谓无过无不及,适度。和,调和。达道,通行的道理、准则。天地位,指天地各安其位。

[106] 粹然,纯粹不杂。

[107] "惟天下至诚,为能尽其性;能尽其性,则能尽人之性;能尽人之性,则能尽物之性",见《中庸·第二十二章》。意谓:只有天下最为真诚的圣人,才能充分发挥自己固有的本性。能够充分发挥自己固有的本性,就能充分调动一切人所固有的本性;能够充分调动一切人所固有的本性,就能充分领会万物所固有的本性。

[108] "其次致曲,曲能有诚,诚则形,形则著,著则明,明则动,动则变,变则化",见《中庸·第二十三章》。意谓:那些仅次于"至诚"的贤人,则从一些局部的细小方面下功夫进行推究;能够从局部的细小方面一一加以推究,也能达到真诚的境界。内心达到了真诚,就会从形象上表现出来;在形象上表现出来了,就会渐渐显著;显著了,就会日益彰明而有光辉;彰明而有光辉了,就能感动人心乃至万物;人心感动了,就可以使人们改过自新而变革其品德;人们的品德改变了,就能使之感化而达到至善之境。

[109] 或,通"惑"。天下,指天下的人。

[110] "君子尊德性而道问学,致广大而尽精微,极高明而道中庸,温故而知新,敦厚以崇礼",见《中庸·第二十七章》。

[111] 卑暗,指心境卑微阴暗。

[112] 礼,指条理。

[113] "思修身,不可以不事亲;思事亲,不可以不知人;思知人,不可以不知天",见《中庸·第二十章》。意谓:想要修养自身的品德,就不可以不尽心地侍奉父母;想要尽心地侍奉父母,就不能不了解人情;想要了解人情,就不能不知晓天道。

[114] "弟子入则孝,出则弟,谨而信,泛爱众,而亲仁;行有余力,则以学文",见《论语·学而》。

[115] 由身出之,即从人的日常生活中表现出来。

[116] "君子永终知弊",见《易·归妹》:"君子以永终知敝。"永终知弊,指预料到最终要发生弊病。

[117] "致知在格物",见《大学·第一章》。致,推极。格,推究。

[118] "饮食男女,人之大欲存焉",见《礼记·礼运》。

[119] "君臣也,父子也,夫妇也,昆弟也,朋友之交也,五者,天下之达道也",见《中庸·第二十章》。

[120] 天属,天性相连,后因称父子、兄弟、姊妹等有血缘关系之亲属为"天属"。胖合,两半相配合,特指两性结合为夫妻。胖,音 pàn。

[121] 贼道,指损害仁、义、礼等人道准则。

[122] 无所苟,指没有不合礼义的事。

[123] "若影响然",指像影子和回音一样跟随形、声而来。

[124] 洽,和谐;融洽。

[125] 务致,努力达到。咎,过失。

[126] 《虞夏书》,即《虞书》《夏书》,为《尚书》组成部分。三德,见《书·洪范》:"三德:一曰正直,二曰刚克,三曰柔克。"浚明,有三说:(1)等待明天;(2)敬勉;(3)犹言"大明",甚为明智。

[127] 愿,音 què,诚笃;忠厚。栗,坚持原则;不随和。殊科,指不同的科目。

[128] 严利,指办事认真迅速。塞,充实。恻怛,忧伤,亦作同情、哀怜解。

[129] "日俨祗敬六德,亮采有邦",见《书·皋陶谟》。俨,恭敬庄重;庄严。祗,恭敬。亮采,辅佐政事。

[130] 敬,慎重。

[131] "翕受敷施,九德咸事,俊乂在官",见《书·皋陶谟》。敷施,犹布施。俊乂,才德出众的人。

[132] "君子怀德,小人怀土;君子怀刑,小人怀惠",见《论语·里仁》。

[133] 典刑,常刑。

[134] "为政在人,取人以身",见《中庸·第二十章》。

[135] 礼贤,指礼遇贤者。

[136] "安土敦乎仁,故能爱",见《易·系辞上》。意谓:安于所处的环境,对人宽厚仁慈,所以能够相亲相爱。

[137] "安民则惠,黎民怀之",见《书·皋陶谟》。意谓:安抚老百姓,就使他们得到恩惠,老百姓就怀念你了。

[138] "民无恒产,因无恒心""施仁政于民,省刑罚,薄税敛,深耕易耨;壮者以暇日修其孝悌忠信,入以

事其父兄,出以事其长上",见《孟子·梁惠王上》。耨,音 nòu,锄草。"死徙无出乡,乡田同井,出入相友,守望相助,疾病相扶持,则百姓亲睦",见《孟子·滕文公上》。

[139] 王道,国君以仁义治天下,以德服人的统治方法。荡荡,浩大貌;空旷貌。便便,形容治理有序。

[140] 无反无侧,没有违反和偏离原则。

[141] 阖辟之机,指天地运动变化的作用。

[142] "大君有命,开国承家,小人勿用",见《易·师》。大君有命,指天子对有功之臣封爵赐土。开国承家,以功受邦封侯为开国,受邑封大夫为承家。小人勿用,指奴隶即使有功,封爵赐土也没有份。

[143] 小知,小聪明。灼,明白。

[144] "巧言、令色,鲜矣仁",见《论语·学而》。令色,和悦的脸色,也指谄媚的脸色。

[145] 锱铢,锱、铢,极微小的重要单位。比喻极微小的数量。

[146] "惠此中国,以绥四方;无纵诡随,以谨无良。式遏寇虐,憯不畏明",见《诗·大雅·民劳》。意谓:天子在京城广布恩惠,用以安抚四方;不纵容奸诈狡猾的人,谨慎地防范并约束不善的人。遏止贪婪凶暴的人,这些人从来不畏惧天命。

[147] 天明,指客观规律。

[148] "民之罔极,职凉善背;为民不利,如云不克。民之回遹,职竞用力;民之未戾,职盗为寇",见《诗·大雅·桑柔》。意谓:民所以无所适从,只是由于那薄德的人阴一套阳一套造成的;他们做对人民不利的事,好像做得还不够似的。民所以邪辟,也只是由于这种人专门施用暴力造成的;民所以不安定,也只是由于他们像盗寇一样造成的。

[149] 仇,仇恨;敌视;怨恨。

[150] "泂酌彼行潦,挹彼注兹,可以餴饎。岂弟君子,民之父母",见《诗·大雅·泂酌》。意谓:从很远的地方取的那些流水,把它舀来倒在这里,可以蒸饭和做成酒食,平易近人的君子可以为老百姓的父母。泂酌,从远处取水,后亦指祭祀用的薄酒。泂,音 jiǒng。餴,音 fēn,蒸饭。饎,音 chì,酒食。

[151] 锡,赐,引申为给予。

[152] "敦彼行苇,牛羊勿践履,方苞方体,维叶泥泥",见《诗·大雅·行苇》。践履,踩踏。

【解读】

在本文中,戴震围绕"善"这一哲学主题进行了多方面的探讨。在探讨过程中,他既批判了程朱理学,又展现了自己的哲学观与方法论。

首先,戴震认为,善包括仁、义、礼等,是符合客观规律的行为,也是人类必须共同遵守的最高行为准则。这就是说,人类的行为必须符合自然规律。人类行为要符合规律,就必须认识规律,也就是必须把握好善,即仁、义、礼等,而这取决于人性。在作者看来,"性"是在阴阳二气变化过程中形成的属性,人的性,即人性,包括欲和觉两个方面:欲,即欲望,是人们赖以生存的动力;觉,即知觉能力,它可以将人的欲望从内心加以控制。当人凭借知觉能力对自身的欲望进行合理控制,并达到理性的高度时,便能把握好仁、义、礼等,从而能正确地处理好生活中的所有事情。从这些分析内容中,作者展示出他对"气"与人性之间关系的看法,即"气在理先""气能生理"。这种主张物质第一性、精神第二性的唯物主义观点便对程朱理学的"理在气先""理能生气"的唯心主义观点予以了否定。

其次,戴震具体分析了人们是如何利用自身的知觉能力的。他认为,人们首先通过耳、目、口、鼻等感觉器官去接触客观事物,接着通过思维器官作出判断,找出客观事物的条理,即客观发展规律。当人们找出事物的条理,也就懂得了善,就能正确地节制欲望,使它符合善。由于戴震通过这一分析已肯定了感觉器官接触外界事物、认识外界事物发展规律的可能性,因此,实际上批判了程朱理学"冥心求理",即讲究闭门修养的方法论,肯定了学习外在知识的重要性。

最后,戴震还分析了有些人不能达到"善"的原因,指出那是因为他们身上存在私与蔽。他认为,人要避免不能达到"善",就必须去私除蔽,而去私除蔽的途径就是学习。因为每个人都有不私不蔽的良好条件,即具有智、仁、勇的素质,所以只要人们愿意尽自己的能力去学习,那么就都能达到"善"。作者认为每个人都有不私不蔽的条件,这就否定了程朱理学认为人有"圣、贤、智、愚"等无法逾越的差别,并肯定了后天教育的作用,从而表达了他重视学习的思想。

从上述内容可看出,戴震的教育观批判了程朱理学,反映了清代中期人民反对封建等级制、要求平等接受教育的呼声,因而有着进步意义。

(张建中)

与是仲明[1]论学书

【题解】清朝为加强中央集权,对知识分子的思想加强控制,且大兴文字狱,这严重束缚了士人的思想,并导致部分士人埋头于考据之学。乾嘉年间,考据之风更为兴盛,形成了以惠栋为代表的吴派和以戴震为代表的皖派。其中,皖派提倡为学有根有据,注重实事求是。因此,皖派倡导的教育思想中包含一些积极因素,这些便反映在戴震撰写的《与是仲明论学书》中。本文作于乾隆二十二年(1757年),当时是仲明在扬州游学,欲借阅戴震的《诗补传》,戴震答应之并作本文,旨在劝诫是仲明治学方向与路径。

仆所为《经考》,未尝敢以闻于人,恐闻之而惊顾狂惑者众。昨遇名贤枉驾,望德盛之容,令人整肃,不待加以诲语也。又欲观末学所事得失,仆敢以《诗补传序》并《辨郑卫之音》一条[2],检出呈览。今程某奉其师命,来取《诗补传》,仆此书尚俟改正,未可遽进。请进一二言,惟名贤教之。

仆自少时家贫,不获亲师,闻圣人之中有孔子者,定六经示后之人,求其一经,启而读之,茫茫然无觉。寻思之久,计于心曰:"经之至者道也,所以明道者其词也,所以成词者字也。由字以通其词,由词以通其道,必有渐。"求所谓字,考诸篆书,得许氏《说文解字》[3],三年知其节目,渐睹古圣人制作本始。又疑许氏于故训未能尽,从友人假《十三经注疏》[4]读之,则知一字之义,当贯群经、本六书,然后为定。

至若经之难明,尚有若干事。诵《尧典》数行至"乃命羲和",不知恒星七政所以运行[5],则掩卷不能卒业。诵《周南》、《召南》,自《关雎》而往[6],不知古音,徒强以协韵,则龃龉失读。诵古《礼经》,先《士冠礼》[7],不知古者宫室、衣服等制,则迷于其方,莫辨其用。不知古今地名沿革,则《禹贡》、《职方》[8]失其处所。不知《少广》、《旁要》[9],则《考工》[10]之器不能因文而推其制。不知鸟兽虫鱼草木之状类名号,则比兴[11]之意乖。而字学、故训、音声未始相离,声与音又经纬衡从宜辨。汉末孙叔然创立反语[12],厥后考经论韵悉用之。释氏之徒,从而习其法,因窃为己有,谓来自西域[13],儒者数典不能记忆[14]也。中土测天用句股[15],今西人易名三角、八线,其三角即句股,八线即缀术[16]。然而三角之法穷,必以句股御之,用知句股者,法之尽备,名之至当也。管、吕言五声十二律[17],宫位乎中,黄钟之宫四寸五分,为起律之本,学者蔽于钟律失传之后,不追溯未失传之先,宜乎说之多凿也。凡经之难明右若干事,儒者不宜忽置不讲。

仆欲究其本始,为之又十年,渐于经有所会通,然后知圣人之道,如县绳树槷[18],毫厘不可有差。仆闻事于经学,盖有三难:淹博难,识断难,精审难。三者,仆诚不足与于其间,其私自持,暨为书之大概,端在乎是。前人之博闻强识,如郑渔仲、杨用修诸君子[19]，著书满家，淹博有之，精审未也。别有略是而谓大道可以径至者，如宋之陆，明之陈、王[20]，废讲习讨论之学，假所谓"尊德性"以美其名，然舍夫"道问学"则恶可命之"尊德性"乎？未得为中正可知。群经六艺之未达，儒者所耻。仆用是戒其颓惰，据所察知，特惧忘失，笔之于书。识见稍定，敬进于前不晚，名贤幸谅。震白。

——选自戴震撰，杨应芹、诸伟奇主编：《戴震全书(修订本)(第六册)》，黄山书社 2010 年版，第 368—370 页。

【注释】

[1] 是仲明，据段玉裁《戴东原先生年谱》言，名镜，字仲明，江阴人。

[2] 据《戴东原先生年谱》言，1753 年，戴震《诗补传》完稿，并作序。《辨郑卫之音》为《诗补传》中之一条。1766 年，戴震又注《周南》《召南》，并入此书，更名《杲溪诗经补注》。

[3] 《说文解字》，东汉许慎著，十四卷，加上叙目共为十五卷，收字 9 353 个，重文 1 163 个，按文字形体及偏旁构造，分列五百四十部，是我国首创的系统完整、体例谨严的字书，为后代研究文字及编辑字书最重要的根据。

[4] 《十三经注疏》，十三部儒家经典的注疏，四百十六卷。南宋以后，十三经连其注疏合刻。

[5] 乃命羲和，见《书·尧典》："乃命羲和，钦若昊天，历象日月星辰，敬授人时。"意谓：于是便命令羲和，恭谨地遵循上天的意旨行事，根据日月星辰的运行情况来制定历法，以教导人们按时令节气从事生产活动。恒星七政，指日月与五星(金、木、水、火、土)。

[6] 《周南》《召南》，为《诗·国风》开头两部分。《关雎》，为《周南》首篇。

[7] 《礼经》，指《仪礼》。《士冠礼》，为《仪礼》首篇。

[8] 《禹贡》，为《尚书》篇名。《职方》，即《取方氏》，为《周礼》篇名。两篇都有关于古代地理的记载。

[9] 《少广》，为《九章算术》的第四章，说明面积与体积的逆运算，最重要的是开平方和开立方之法。《旁要》，即《九章算术》第九章《勾股》，说明勾股定理、解勾股形及简单测量问题。

[10] 《考工》，即《周礼·冬官考工记》，主要记述有关百工之事。分攻木之工、攻金之工、攻皮之工、设色之工、刮摩之工、抟埴之工六部分，分别对车舆、宫室、兵器以及礼乐诸器等的制作作了详细记载。它是研究中国古代科学技术的重要文献。

[11] 比兴，古代诗歌"六义"中的两类，指通过外物、景象而抒发传达情感、观念。

[12] 孙叔然，即孙炎，字叔然，乐安(今山东博兴东北)人。三国魏经学家、训诂学家，著有《尔雅音义》，首创反切(即反语)注音，用两个字，上字取声，下字取韵和调，拼成另一个字的音。从此反切盛行，成为传统的一种注音方法。

[13] 唐末僧人守温，对于音韵深有研究，依照梵文创制"三十字母"，为宋人"三十六字母"的蓝本。

[14] 数典不能记忆,见《左传·昭公十五年》:"数典而忘其祖。"比喻忘本。

[15] 句股,即勾股。直角三角形夹直角的两边,短的叫"勾",长的叫"股"。《九章算术》第九章《勾股》
阐述勾股的定理及应用。

[16] 八线,中国古称三角函数为"八线"。缀术,南朝时祖冲之撰《缀术》,书中论圆周率、三次方程解法
和正确的球体积计算,已经失传。宋沈括《梦溪笔谈》称天文推步法为"缀术",清代徐有壬创造了
一种表达幂级数的算式,称为"缀术"。

[17] 管,即管乐,以铜、竹等制成的管状乐器及其所奏的音乐。吕,即律吕,泛指乐律或音律。五声,即
宫、商、角、徵、羽五音。十二律,一种将八度分为十二个半音的律制,亦指此十二个半音。各律从
低到高依次为黄钟、大吕、太簇、夹钟、姑洗、仲吕、蕤宾、林钟、夷则、南吕、无射、应钟。

[18] 埶,指古代插在地上测算日影的标杆。

[19] 郑渔仲,即郑樵(1104—1162),字渔仲,兴化军莆田(今属福建)人,南宋史学家,著《通志》,是一部
百科全书式的通史。杨用修,即杨慎(1488—1559),字用修,号升庵,四川新都(今成都市新都区)
人,是一位学识广博的文学家,著作百余种,后人辑其要者为《升庵集》。

[20] "宋之陆",即南宋陆九渊。"明之陈、王",即明代陈献章和王守仁。

【解读】　乾嘉考据皖派代表人物戴震提倡治学要有根有据。他在人性论方面反对宋明
理学空谈"性"与"理",进而反对理学在教育方面空谈心性道德,即反对只"尊德性"
而舍"道学问"的做法。因此,他强调了学习群经六艺等儒学典籍的重要性。他认
为,"经之至者道也",也就是要通过学习经学典籍,最终达到明"道"的目的。为了
达到通经明道这一目的,作者在文中主张以考据方法来治学,达到通贯经书,即文
中所言的"由字以通其词,由词以通其道"。一方面,戴震所言的考据方法涉及文字
的训诂、校勘、音韵等多方面,因此他认为考据学者要懂得这些学问就必须"淹博",
然后在此基础上"精审"分析,"识断"综合;另一方面,他认为要弄通经文,还必须对
天文、舆地、算学以及"鸟兽虫鱼草木之状类名号"等自然科学知识有所知晓。由此
可见,戴震非常重视以考据为主的治学方法及以科技知识为内容的教育。

(张建中)

与姚孝廉姬传^[1]书

有清一代，经学考据之风盛行。乾隆二十年（1755年）秋，姚鼐在京城与戴震结识，戴震在考据方面的学识及成就令姚鼐极为钦敬，于是他写信欲拜戴震为师，本文为戴震的回信。信中，戴震虽婉拒了姚鼐的拜师之请，却为其点明了治学的至高境界和为学的具体途径。

日者，纪太史晓岚^[2]欲刻仆所为《考工记图》^[3]，是以向足下言欲改定。足下应词非所敢闻，而意主不必汲汲成书。仆于时若雷霆惊耳。自始知学，每憾昔人成书太早，多未定之说。今足下以是规教，退不敢忘，自贺得师。何者？凡仆所以寻求于遗经，惧圣人之绪言暗汶于后世也。然寻求而获，有十分之见，有未至十分之见。所谓十分之见，必征之古而靡不条贯，合诸道而不留余议，巨细毕究，本末兼察。若夫依于传闻以拟其是，择于众说以裁其优，出于空言以定其论，据于孤证以信其通，虽溯流可以知源，不目睹渊泉所导，循根可以达杪^[4]，不手披枝肄所歧，皆未至十分之见也。以此治经，失不知为不知之意，而徒增一惑，以滋识者之辨之也。

先儒之学，如汉郑氏，宋程子、张子、朱子^[5]，其为书至详博，然犹得失中判。其得者，取义远，资理闳，书不克尽言，言不克尽意，学者深思自得，渐近其区，不深思自得，斯草薉于畦而茅塞其陆^[6]。其失者，即目未睹渊泉所导，手未披枝肄所歧者也。而为说转易晓，学者浅涉而坚信之，用自满其量之能容受，不复求远者闳者。故诵法康成、程、朱不必无人，而皆失康成、程、朱于诵法中，则不志乎闻道之过也。诚有能志乎闻道，必去其两失，殚力于其两得。既深思自得而近之矣，然后知孰为十分之见，孰为未至十分之见。如绳绳木，昔以为直者，其曲于是可见也；如水准地，昔以为平者，其坳于是可见也。夫然后传其信，不传其疑，疑则阙，庶几治经不害。

仆于《考工记图》，重违知己之意，遂欲删取成书，亦以其义浅，特考核之一端，差可自决。足下之教，其敢忽诸。至欲以仆为师，则别有说。非徒自顾不足为师，亦非谓所学如足下，断然以不敏谢也。古之所谓友，固分师之半。仆与足下无妨交相师,而参互以求十分之见,苟有过则相规,使道在人不在言,斯不失友之谓,固大善。昨辱简,自谦太过,称夫子,非所敢当之,谨奉缴。承示文论延陵季子处[7]识数语,并《考工记图》呈上,乞教正也!

——选自戴震撰,杨应芹、诸伟奇主编:《戴震全书(修订本)(第六册)》,黄山书社 2010 年版,第370—371 页。

注释

[1] 姚孝廉姬传,即姚鼐(1732—1815),字姬传,又字梦毂,安徽桐城人。戴震于乾隆二十年(1755 年)回复此书时,姚鼐为举人,后成进士,曾主讲江宁、扬州等地书院达四十年。论文倡义理、考据、辞章合一,继方苞、刘大櫆之后为桐城派主要作家,所编《古文辞类纂》流传甚广。著有《惜抱轩全集》《九经说》《三传补注》等。

[2] 纪太史晓岚,即纪昀(1724—1805),字晓岚,又字春帆,直隶献县(今属河北)人。乾隆进士,官至礼部尚书、协办大学士,谥文达。学识博通,任《四库全书》总纂,主持编纂《四库全书总目提要》。有《纪文达公遗集》等。太史,明、清两代修史之事归之翰林院,故翰林亦有"太史"之称。

[3] 《考工记图》,戴震撰,共二卷,对《考工记》中的宫室、车舆、兵器、礼器、乐器都列图说明,并附有补注。戴震 1755 年入京时即与纪昀结识,纪昀奇其书,为他作序付刻。

[4] 杪,音 miǎo,树木的末梢。

[5] 汉郑氏,指汉代的郑玄。宋程子、张子、朱子,分别指宋代的程颢、程颐、张载、朱熹。

[6] 茅塞其陆,比喻心思被充塞而不通达。陆,道路。《孟子·尽心下》:"山径之蹊间,介然用之而成路,为间不用,则茅塞之矣。今茅塞子之心矣。"

[7] 延陵,今江苏常州市,春秋吴邑,季札封地。

解读

在本文中,戴震首先以其作《考工记图》为例,阐明自己的治学方法,即"求十分之见"。所谓"十分之见",一是求得的结论要具有很强的说服力;二是在寻求的过程中,不仅要将问题的主要情况了解清楚,还要对问题的细枝末节全部加以考察,只有这样,得出的结论才能最接近事实。其次,戴震客观地分析了以郑玄为代表的汉儒以及以程颢、程颐、张载、朱熹为代表的宋儒在学问上的优缺点,认为他们"得失中判",治学虽然详博但不精深,即不能够以"求道"为学问的终极价值关怀,缺乏深思自得的"十分之见",未能将一个问题的来龙去脉弄清楚。最后,戴震针对师友之道提出了自己的独特见解,一方面婉拒了姚鼐的拜师请求,另一方面又表示愿意与姚鼐成为交相为师的朋友,共同追求真理。总之,戴震以"道"为治学的终极目标,强调治学既要详博、宏大,又要精深,追求"十分之见",关注每一个问题的每一个细节,其严谨的治学态度值得后人借鉴。

（张筱菲）

孟子字义疏证（节选）

【题解】

戴震是反对程朱理学的,他撰写《孟子字义疏证》的目的就是企图借孟子之口来批判程朱理学。本处节选的内容是《孟子字义疏证·卷下·道》。在本文中,戴震批判了宋代理学家的先验道德论,阐明了自己的伦理道德观。在阐述过程中,作者也表达了自己的道德教育思想。

【原文】

人道[1],人伦日用身之所行皆是也。在天地,则气化流行,生生不息,是谓道;在人物,则凡生生所有事[2],亦如气化之不可已,是谓道。《易》曰:"一阴一阳之谓道。继之者,善也;成之者,性也[3]。"言由天道以有人物也。《大戴礼记》曰:"分于道谓之命,形于一谓之性[4]。"言人物分于天道,是以不齐也。《中庸》曰:"天命之谓性,率性之谓道[5]。"言日用事为,皆由性起,无非本于天道然也。《中庸》又曰:"君臣也,父子也,夫妇也,昆弟也,朋友之交也,五者,天下之达道也。"言身之所行,举凡日用事为,其大经不出乎五者也[6]。《孟子》称"契为司徒,教以人伦:父子有亲,君臣有义,夫妇有别,长幼有序,朋友有信"。此即《中庸》所言"修道之谓教"也[7]。曰性,曰道,指其实体实事之名;曰仁,曰礼,曰"义",称其纯粹中正之名。人道本于性,而性原于天道。天地之气化流行不已,生生不息。然而生于陆者,入水而死;生于水者,离水而死;生于南者,习于温而不耐寒;生于北者,习于寒而不耐温:此资之以为养者,彼受之以害生。"天地之大德曰生[8]",物之不以生而以杀者,岂天地之失德哉!故语道于天地,举其实体实事而道自见,"一阴一阳之谓道","立天之道曰阴与阳,立地之道曰柔与刚[9]"是也。人之心知有明暗,当其明则不失,当其暗则有差谬之失。故语道于人,人伦日用,咸道之实事,"率性之谓道","修身以道","天

下之达道五"是也。此所谓道,不可不修者也,"修道以仁"及"圣人修之以为教"是
也[10]。其纯粹中正,则所谓"立人之道曰仁与义[11]",所谓"中节之为达道"是也。
中节之为达道,纯粹中正,推之天下而准也;君臣、父子、夫妇、昆弟、朋友之交,五者
为达道,但举实事而已。智仁勇[12]以行之,而后纯粹中正。然而即谓之达道者,达
诸天下而不可废也。《易》言天道而下及人物,不徒曰"成之者性",而先曰"继之者
善",继谓人物于天地其善固继承不隔[13]者也;善者,称其纯粹中正之名;性者,指其
实体实事之名。一事之善,则一事合于天;成性虽殊而其善也则一。善,其必然也;
性,其自然也;归于必然,适完其自然,此之谓自然之极致,天地人物之道于是乎尽。
在天道不分言,而在人物,分言之始明。《易》又曰:"仁者见之谓之仁,智者见之谓之
智,百姓日用而不知,故君子之道鲜矣[14]。"言限于成性而后,不能尽斯道者众也。

　　问:宋儒于命、于性、于道,皆以理当之,故云"道者,日用事物当行之理[15]"。
既为当行之理,则于修道不可通,故云"修,品节之也";而于"修身以道,修道以仁"
两修字不得有异[16],但云"能仁其身"而不置解。于"达道五",举孟子所称"教以人
伦[17]"者实之,其失《中庸》之本指甚明。《中庸》又言"道也者,不可须臾离也",朱
子以此为存理之说,"不使离于须臾之顷"[18]。王文成云:"养德养身,止是一事。
果能戒慎不睹,恐惧不闻,而专志于是,则神住,气住,精住,而仙家所谓'长生久视'
之说,亦在其中矣[19]。"又云:"佛氏之'常惺惺',亦是'常存他本来面目'耳[20]。"程
子、朱子皆求之于释氏有年;如王文成之言,乃其初所从事,后转其说,以"常存本来
面目"者为"常存天理";故于"常惺惺"之云无所改,反以"戒慎恐惧"四字为失之重。
(朱子云:"心既常惺惺,而以规矩绳检之,此内外相养之道也。"又云:"著'戒慎恐
惧'四字,已是压得重了,要之止略绰提撕,令自省觉便是。"[21])然则《中庸》言"道
不可离"者,其解可得闻欤?

　　曰:出于身者,无非道也,故曰"不可须臾离,可离非道";"可"如"体物而不可
遗"之可[22]。凡有所接于目而睹,人亦知戒慎其仪容也;有所接于耳而闻,人亦知
恐惧夫愆失[23]也。无接于目接于耳之时,或惰慢矣;惰慢之身,即不得谓之非失
道。道者,居处、饮食、言动,自身而周于身之所亲,无不该焉也,故曰"修身以道";
道之责诸身,往往易致差谬,故又曰"修道以仁"。此由修身而推言修道之方,故举
仁义礼以为之准则;下言达道而归责行之之人,故举智仁勇以见其能行。"修道以

仁"，因及义，因又及礼，而不言智，非遗智也，明乎礼义即智也。"智仁勇三者，天下之达德[24]"，而不言义礼，非遗义遗礼也，智所以知义，所以知礼也。仁义礼者，道于是乎尽也；智仁勇者，所以能尽道也。故仁义礼无等差，而智仁勇存乎其人，有"生知安行""学知利行""困知勉行"之殊[25]。古贤圣之所谓道，人伦日用而已矣，于是而求其无失，则仁义礼之名因之而生。非仁义礼有加于道也，于人伦日用行之无失，如是之谓仁，如是之谓义，如是之谓礼而已矣。宋儒合仁义礼而统谓之理，视之"如有物焉，得于天而具于心[26]"，因以此为"形而上"，为"冲漠无朕"；以人伦日用为"形而下"，为"万象纷罗"。盖由老、庄、释氏之舍人伦日用而别有所（贵）〔谓〕道，遂转之以言夫理。在天地，则以阴阳不得谓之道，在人物，则以气禀不得谓之性，以人伦日用之事不得谓之道。六经、孔、孟之言，无与之合者也。

问：《中庸》曰："道之不行也，我知之矣，智者过之，愚者不及也；道之不明也，我知之矣，贤者过之，不肖者不及也[27]。"朱子于"智者"云，"知之过，以道为不足行"；于"贤者"云，"行之过，以道为不足知[28]"。既谓之道矣，以为不足行，不足知，必无其人。彼智者之所知，贤者之所行，又何指乎？《中庸》以道之不行属智愚，不属贤不肖；以道之不明属贤不肖，不属智愚；其意安在？

曰：智者自负其不惑也，往往行之多谬；愚者之心惑暗，宜乎动辄愆失[29]。贤者自信其出于正不出于邪，往往执而鲜通；不肖者陷溺其心，虽睹夫事之宜，而长恶遂非与不知等。然智愚贤不肖，岂能越人伦日用之外者哉？故曰："人莫不饮食也，鲜能知味也[30]。"饮食，喻人伦日用；知味，喻行之无失；使舍人伦日用以为道，是求知味于饮食之外矣。就人伦日用，举凡出于身者求其不易之则，斯仁至义尽而合于天。人伦日用，其物也；曰仁，曰义，曰礼，其则也。专以人伦日用，举凡出于身者谓之道，故曰"修身以道，修道以仁"，分物与则言之也；中节之为达道，中庸之为道，合物与则言也。

问：颜渊喟然叹曰："仰之弥高，钻之弥坚，瞻之在前，忽焉在后[31]。"公孙丑曰："道则高矣美矣，宜若登天然，似不可及也；何不使彼为可几及而日孳孳也[32]？"今谓人伦日用举凡出于身者谓之道，但就此求之，得其不易之则可矣，何以茫然无据又若是欤？

曰：孟子言"夫道若大路然，岂难知哉[33]"，谓人人由之。如为君而行君之事，为臣而行臣之事，为父为子而行父之事、行子之事，皆所谓道也。君不止于仁，则君道失；臣不止于敬，则臣道失；父不止于慈，则父道失；子不止于孝，则子道失；然则尽君道、臣道、父道、子道，非智仁勇不能也。质言之，曰"达道"，曰"达德"；精言之，则全乎智仁勇者，其尽君道、臣道、父道、子道，举其事而亦不过谓之道。故《中庸》曰："大哉圣人之道！洋洋乎，发育万物，峻极于天！优优大哉！礼仪三百，威仪三千，待其人而后行[34]。"极言乎道之大如是，岂出人伦日用之外哉！以至道归之至德之人，岂下学所易窥测哉[35]！今以学于圣人者，视圣人之语言行事，犹学弈于弈秋者，莫能测弈秋[36]之巧也，莫能遽几及之也。颜子之言又曰："夫子循循然善诱人，博我以文，约我以礼[37]。"《中庸》详举其目，曰博学、审问、慎思、明辨、笃行，而终之曰："果能此道矣，虽愚必明，虽柔必强[38]。"盖循此道以至乎圣人之道，实循此道以日增其智，日增其仁，日增其勇也，将使智仁勇齐乎圣人。其日增也，有难有易，譬之学一技一能，其始日异而月不同；久之，人不见其进矣；又久之，己亦觉不复能进矣；人虽以国工[39]许之，而自知未至也。颜子所以言"欲罢不能，既竭吾才，如有所立卓尔，虽欲从之，末由也已[40]"，此颜子之所至也。

——选自戴震撰，杨应芹、诸伟奇主编：《戴震全书（修订本）（第六册）》，黄山书社 2010 年版，第197—202 页。

【注释】

[1] 人道，指人事、人伦、为人之道，或社会规范。我国古代对这一概念有不同的解释。《礼记·丧服小记》："亲亲、尊尊、长长，男女之有别，人道之大者也。"这实际是指人与人之间的伦理纲常关系。戴震在本文中所指人道，则是指人们之间的相互关系、日常生活的所有事情。

[2] 前一个"生生"，指自然界的各种事物不断产生、变化和发展。后一个"生生"，则指人和生物的生存、繁殖和发展。

[3] "一阴一阳之谓道。继之者，善也；成之者，性也"，见《易·系辞上》。

[4] "分于道谓之命，形于一谓之性"，见《大戴礼记·本命》。

[5] "天命之谓性，率性之谓道"，见《中庸·第一章》。

[6] "君臣也，父子也，夫妇也，昆弟也，朋友之交也，五者，天下之达道也"，见《中庸·第二十章》。大经，常道；不变的常规。

[7] "契为司徒，教以人伦：父子有亲，君臣有义，夫妇有别，长幼有序，朋友有信"，见《孟子·滕文公上》。"修道之谓教"，见《中庸·第一章》。

[8]"天地之大德曰生",见《易·系辞下》,谓天地的宏大恩泽润泽、生育万物。

[9]"立天之道曰阴与阳,立地之道曰柔与刚",见《易·说卦》。

[10]暗,糊涂;愚昧不明。"率性之谓道",见《中庸·第一章》。"修身以道""天下之达道五""修道以仁",见《中庸·第二十章》。

[11]"立人之道曰仁与义",见《易·说卦》。

[12]智仁勇,见《论语·子罕》:"知(智)者不惑,仁者不忧,勇者不惧。"戴震在本文中认为,智就是"不蔽",仁就是"不私",勇就是"自强",这三者都是每个人具有的才质和属性,它们经过后天的学习,可以得到进一步发展。

[13]不隔,指没有阻碍。

[14]"仁者见之谓之仁,智者见之谓之智,百姓日用而不知,故君子之道鲜矣",见《易·系辞上》。

[15]"道者,日用事物当行之理",见《中庸章句·第一章》。

[16]"修,品节之也",见《中庸章句·第一章》。"修身以道,修道以仁",见《中庸·第二十章》。

[17]"教以人伦",见《孟子·滕文公上》。

[18]"道也者,不可须臾离也",见《中庸·第一章》。"不使离于须臾之顷",见《中庸章句·第一章》。

[19]"养德养身,止是一事。果能戒慎不睹,恐惧不闻,而专志于是,则神住,气住,精住,而仙家所谓'长生久视'之说,亦在其中矣",见《王文成公全书·卷五·与陆元静》。

[20]"佛氏之'常惺惺',亦是'常存他本来面目'耳",见《王文成公全书·卷二·传习录》。

[21]"心既常惺惺,而以规矩绳检之,此内外相养之道也",见《朱子语类·卷十二》。规矩,指"三纲五常"等伦理规范。绳检,约束。"著'戒慎恐惧'四字,已是压得重了,要之止略绰提撕,令自省觉便是",见《朱子大全·卷六十·答潘子善》。

[22]"不可须臾离,可离非道",见《中庸·第一章》。"体物而不可遗",见《中庸·第十六章》。

[23]愆失,过错。愆,音 qiān。

[24]"智仁勇三者,天下之达德",见《中庸·第二十章》:"知、仁、勇三者,天下之达德也。"达德,通行于天下的美德。

[25]"生知安行""学知利行""困知勉行",见《中庸章句·第二十章》。

[26]"如有物焉,得于天而具于心",见《朱子语类·卷九十八》。

[27]"道之不行也,我知之矣,智者过之,愚者不及也;道之不明也,我知之矣,贤者过之,不肖者不及也",见《中庸·第四章》。不肖,不贤。

[28]"朱子于'智者'云,'知之过,以道为不足行';于'贤者'云,'行之过,以道为不足知'",见《中庸章句·第四章》。

[29]动辄愆失,谓动不动就出差错。

[30]"人莫不饮食也,鲜能知味也",见《中庸·第四章》。

[31]"仰之弥高,钻之弥坚,瞻之在前,忽焉在后",见《论语·子罕》。

[32] "道则高矣美矣,宜若登天然,似不可及也;何不使彼为可几及而日孳孳也",见《孟子·尽心上》。

[33] "夫道若大路然,岂难知哉",见《孟子·告子下》。

[34] "大哉圣人之道! 洋洋乎,发育万物,峻极于天! 优优大哉! 礼仪三百,威仪三千,待其人而后行",见《中庸·第二十七章》。洋洋,充满貌。优优,宽裕貌。

[35] 下学,指普通的人。窥测,探究。

[36] 弈秋,一位下棋能手,其事见《孟子·告子上》。

[37] "夫子循循然善诱人,博我以文,约我以礼",见《论语·子罕》。

[38] "果能此道矣,虽愚必明,虽柔必强",见《中庸·第二十章》。

[39] 国工,国中技术、工艺最好的人。

[40] "欲罢不能,既竭吾才,如有所立卓尔,虽欲从之,末由也已",见《论语·子罕》。卓尔,特立貌;超然高举貌。形容道德学问等成就超越寻常,与众不同。

【解读】

在本文中,戴震从人道的内容、来源和准则等方面,阐述了他的伦理道德观,同时批判了宋儒的先验道德论。这表现在以下两方面:

其一,针对宋儒把"道"说成是"得于天而具于心"的"理"的谬论,戴震指出人道就是人们之间的相互关系和日常生活的所有事情,仁、义、礼是从人们相互关系和日常生活中概括出来的抽象而又不可改变的道德准则,而"人伦日用"与仁、义、礼的关系是具体事物同抽象准则的关系。在此基础上,他揭露宋儒把仁、义、礼看作脱离"人伦日用"的所谓"理",实际上就是老、庄、释氏鼓吹的"舍人伦日用而别有所(贵)〔谓〕道"的神学唯心主义变种,从而有力地批判了宋儒的先验道德论。

其二,针对宋儒认为"道"是一般人高不可攀的神秘主义观点,戴震明确指出,所谓道不出于"人伦日用"之外,是普遍存在的,因此不难认识,不难达到,只要努力学习,不断提高认识能力,就能"使智仁勇齐乎圣人","以至乎圣人之道"。这是用唯物主义自然观对人道所作的朴素解释,是他重视学习思想的进一步发挥。

以上两方面,再结合《原善》篇的内容,充分展现了戴震的道德教育观,即道德的最高目标就是"善"(仁、义、礼),而道德起源于"人伦日用",因此道德不是先验的,而是可以通过学习把握的;道德学习的过程就是要去私除蔽,达到"善"这一终极目标。由此可见,戴震的道德教育观要比宋明理学家的道德教育观更为务实,因而在中国古代教育史上有着比较重要的意义。

(张建中)

章学诚(1738—1801),字实斋,号少岩,会稽(今浙江绍兴)人。清思想家、史学家、教育家。1922年,吴兴嘉业堂搜集他的书稿,刊行《章氏遗书》五十一卷,后又有1936年排印本和1985年影印本《章学诚遗书》。

清漳书院留别条训(节选)

【题解】 章学诚中年时,家境极为贫困。乾隆四十六年(1781年),他投奔在河北肥乡县为官的朋友张维祺。张维祺聘章学诚主持清漳书院讲席。是年冬天,张维祺移官河北大名,章学诚也随之离开了清漳书院。本文是他离开清漳书院时对学生的训语,其中包含了他的许多教育思想。

【原文】 院长与诸生言别,人世聚散,固无常期,师友切磋,要契终始。今者令君以贤迁要剧,院长亦别有过从,不复得与诸生朝夕讲求,乐观成效,中道别去,良用抚然!院长居此日浅,自问学植疏芜,凡所指陈,率多浅近,初无高识远见,有以裨益诸生。而诸生以卓尔之才,斐然兴起,殷勤属望,颇用为渐!孟子有言:"豪杰之士,虽无所待犹兴[1]。"诸生向来讲习私塾,固已质有其文,而犹不自满假,跋踙勤劳,来集讲帷,冀有新获,岂非豪杰之选欤?然则令君虽去,遗泽犹留,院长绪言,岂无一二可备采择?诚能率以自励,且一隅而三反,则又何必亲面言谈,终年期会,始有益于学业耶?今兹粗具一二梗概,姑即院长所知,亦度诸生所能行者,胪列数条。诸生不以为非,则愿各书一通,揭之座右,以慰诸生惓惓[2]之意,以表院长自竭之诚。《记》云:"譬如行远必自迩,譬如登高必自卑[3]。"院长言虽卑近,或为诸生行远升高之助,奚不可也?行矣,勉旃!努力自爱。

其一,凡天下事,俱当求其根本,得其本则功省而效多,失其本则功勤而效寡。譬若治生之道其多,稼穑其根本也,为人之责綦重,孝友其根本也。学问文章,何独不然?诸子百家,别派分源,论撰辞章,因才辨体,其要总不外于六艺。六艺之名,起于《汉志》[4],实本《礼记》经解之篇。《乐经》既亡,五经要为不易者矣。今世所传之十三经,乃是宋人所定。然《论语》、《孝经》、《尔雅》[5]、《孟子》,其实传也。《周礼》、《仪礼》、《礼记》,自为一经,《左氏》、《公羊》、《穀梁》,自为一经,合之《易》与《诗》、《书》,其实仍五经耳。以其并列注疏,颁在学宫,总计部项,而名为十三经尔。愚谓三礼之外,当增《大戴礼记》,三传之外,当增《国语》,统十五经而分为五部,学者纵或不能尽读,不可不知所务者也。

其二,学者工夫,贵于铢积寸累,涓涓不息,终至江河。郑耕老以计字课功,大小九经统计四十九万余言,再加《公羊》、《穀梁》、《仪礼》、《尔雅》、《大戴》、《国语》,亦只六十四五万言而已。中人之资,日课三百言,不过七年可毕。或遇人事蹉跎,资禀稍钝,再加倍差,亦不过十年可毕。况诸生所习本经及《论语》、《孟子》已入四书,又省去数万言乎。今之学者,疲精劳神于浮薄诗文,计其用力,奚翅十年?毕竟游谈无根,精华易竭。若移无用之力,而为有本之学,则膏沃者光未有不明,本深者叶未有不茂,事半功倍,孰太于此?诸生于此,幸致思焉!

其三,人生诵读之功,须在二十内外,若年近三十及三十外者,人事日多,记诵之功亦减,自不能如童子塾时专且习也。然年齿既长,文义亦明,及此施功,亦有易于童年记诵之处也。如必不能记忆,则用别类分求之法,统汇十五经传,大而制度典章,小而名物象数,标列宏纲细目,摘比排纂,以意贯之,则程功课效,自能有脊有伦,学问既得恢扩,而文章亦增色采。记诵之功,虽不能全,而贯串之效,则已加敏,是亦不可不知所务者也。但不知者必谓此事但须索之《五经类编》、《四书备考》等书,已足给求,何事重劳搜剔?此则似是而非,其言虽若失之毫厘,而其实直已谬至千里者也。盖《类编》、《备考》之类,庸恶陋劣,其为学术人心之害,固已无待言矣。就使其书去取尽善,繁简得宜,譬若已成之衣,止副一人长短尺寸,而于他人已无用也。夫从全书之中,摘录比次,盖其人自竭心思耳目,以意推寻,使就条贯,则其精神固已彻全书矣。若前人所纂之书,已如沽酒市脯,固有食而不知其味者矣。且事既不经心思耳目,亦必得而辄忘,为其于己原无与也。术士之符,剑侠之刃,皆使一己精能,与为神明变化。编录经传,岂有异于是乎?是故无论前人成书,不可袭用,即己所编录,亦不可以留示子弟,嘉惠后学。盖一人意之所注,偏重畸轻,神而明之,自有独得之效。若徒方圆求备,则必亦如《五经类编》、《四书备考》之化为尘饭土羹,不堪暂注目矣。然心思性灵,各有所近,父不可以授子,师不能以予弟,岂可以此独见之心,强人同我,贻误后学于无穷哉?韩退之曰:"记事者必提其要,纂言者必钩其元。"其所谓"钩元提要"之书,当时并无传者。而唐人所谓类比之书,若《艺文类聚》、《北堂书钞》、《白孔六帖》之类[6],退之未尝措意。则知学者欲有所为,先就己意摘比排纂古人成书,以供一己之用,既已足其用矣,其排纂摘比之故策,则遂铲而去之,所谓"良工不示人以朴"也。今以诸生不及诵习全经,为兹草创条贯,亦待诸生各以意之所近,皆自为之,岂可开其庸陋之习,画为一定之规,转令学者借以自便,因遂束书不观也哉?

其四,诸生境遇不同,资禀亦异,更有家贫课蒙,与年长资钝,虽排比编纂之功,亦有不能为者。此于通经服古,实无望矣。然欲假借经传余光,润色制举文字,则犹未为难也。盖亦仍仿其摘比排纂之意,去其贯串摘录之繁,但取四书典实,分类命题,每类或五七篇或三四篇,暇日先阅经传,采取本类典实,就题结构成文,一类既毕,再窥一类,不过为文百数十篇,则遇典故题目,自能不窘拾撅。然须贯以议论,运以心思,方见华实并茂,且于一己心思,亦相浃洽。否则采取经传成语,填塞堆砌,毫无生趣,便如《广事类赋》、《类林新咏》之类,不可复言文矣。或者又谓此事但须求之坊刻《典制文选》、《典制文类》诸书,便可得其资粮,何事琐琐为此?此则亦有毫厘千里之谬者也。盖坊刻庸陋固不待言,即使所选悉系佳文,亦复于己何与?且袭用成文词语,不明所出经传原文,则仍讹袭舛,移甲换乙,必有作奏虽工,宜去葛龚之诮者矣。昔人盗袭葛龚奏议,以为己作,而忘易葛龚姓名,千古以为笑谈。为文不识经书,而误袭成语,何以异是?且翻阅经书,试为文艺,华实并进,亦属士子当为之业。何可既无诵读之功,又惮纂录之烦,而并此区区之补苴下策,犹且诿弃不为,有是理耶?嗟乎!人才实难,而因设教,更不易易。子贡问士,至于再次,则硁硁[7]小人,抑亦可为士矣。今兹读书作文,则又为士之小节目也。然而诵读不能,望之纂录,纂录不能,望之即类为文。言每况而愈下,而犹不惮委曲繁复以相告者,诚欲有志之士,固期奋发振兴,而中庸以下,亦当勉其力之能副,不自安于废弃耳。如于是而犹曰未能,吾未如之何也已矣!

⋯⋯⋯⋯⋯

其八,诸生无不为文,亦知文之所由来乎?夫集段成篇,集句成段,集字成句,集画成字,然则篇章虽云繁富,未有不始于集画成字者也。诸生轩然而为大篇之文,曾未尝稍究心于字画之间,又何怪篇无善句,句无善字也哉?古人八岁而入小学,教之数与方名,亦书文字,隶于保氏。六艺之教,书有定体,体有定义,推之四方而准,传之先后而通,书之所以同文,道之所以合一也。后世师法失传,文字屡变,而经传典训之文,时异势殊,不可强通以时俗言语。于是经师章句,专门训诂,世业名家,相为授受,盖不啻一线之引千钧矣。不知三代盛时,固自颁于功令,幼学习闻,朝野无不共喻者也。今兹去古逾远,六书七音训诂名义,有能擅学名家,盖间世而一见其人。而趋惊风气,似是而非,无其理而但取闹者,然则上焉者不可轻采,下焉者只以取闹,将使诸生相率而安于目不识丁耶?韩愈氏曰:"出为文辞,宜略识字。"韩氏亦近世之通儒,不曰"出为文辞精究六书",而曰"宜略识字",盖自问不能专门名家,则文字训诂,略识大旨,度其不谬古人,足以给己施用,而不敢自为绝学以诏人焉,抑亦可以为学者之取法已。今诸生之业,无论奇文奥旨,未遑期许,即如通俗文字所论商啻函亟滔韬暇锻之属[8],犹且混而不分,则字义固未明悉,何由遂通古人之文辞乎?今愿诸生即所诵习经书,句析其字,字审其音,音辨其义,而于字通形体相近音韵通转甚微而于训诂意义全别者,分类推求,加意别白。则行文措语,俱有本源,而缮卷结体,亦无讹谬。纵或不能深究精微,而通俗承用文字能免伪误,则临场不致凑率撰句,以遭批抹,潦草书题,以干帖例,亦不可谓非举业之急务也。

∙∙∙∙∙∙∙∙∙∙∙

其十五,刘知幾论史有三长,才、学、识是也。岂惟作史,天下凡事,莫不皆然。即以举业而论,三者固阙一不可也。学者莫不知有法度,而不知法出于理而识主之;其次莫不知有机局,而不知机出于气而才主之;其次莫不知有色采,而不知色采出于书卷而学主之。就三者分途而论,则才色本于天而学由于人,本于天者不可强勉,而由于人者不可力为。就三者递用而论,即学固所以养才而练识者也。韩退之谓"气盛则言之短长高下皆宜"。又云:"沃其膏而希其光,溉其本而俟其实。"苏子由谓"文不可学而能,气可以养而致"。皆是勉人力学以养其气,意诚善矣。然不知使人即其天性所近,而闻其入识之所最先,则人将以何者为学而集以为养气之基哉?故愚以为二公所言,亦是偏举而未全之论也。世俗蒙师,期许幼学子弟,则有所谓读性作性悟性诸名目。不知所谓读性,即他日积之而成其学焉者也;所谓作性,即他日积之而成其才焉者也;所谓悟性,即他日积之而成其识焉者也。然则学者自束发初入课塾之日,至于弱冠壮立强仕之年,固已无日不与三者相切近。惟其昧而未尝自觉其良,故虽勉力于诵读,而终无以生其识趣也。诚能喻夫凡人皆有是三者,而不自弃,又能喻夫力学可以辨识,练识可以充才,则凡事皆可得其根本,而况区区之举业乎?

············

其十七,博学守约,凡事皆然。即举业一道,博约二者,阙一不可。所谓守约,即揣摩之文,贵于简练,是矣。所谓博学,则泛阅之文,又不可不广也。昔人从扬子云学赋,子云使诵千赋,即是此意也。盖积累不多,则神明变化不出,而数易尽也。举业既有简练揣摩之篇,则心有主识,一切名门大家房行窗稿程墨试牍,务宜触类旁通,少或三数千篇,多至万有余篇,上下窥其风气,分析辨其派别,错综通其变化。譬彼山必积高而后能兴云雨,水必积深而后能产蛟龙,不使局脊狭隘,寡闻孤陋,仅成堆阜断港,以封其神明。则是向之简练以为揣摩者,固已得夫本末交养之道矣。况诸生以诵习三五百篇之功,易为泛阅五七千篇,特易易耳。诸生专业,须讲简练之法,则三五百篇已嫌其多,涉猎须资博采之功,则三五百篇太觉其陋。盖正为一向误用其功,似专业而实无心得,似欲多而实非广求,区区守此三五百篇,不解分别用功之次第,以致约既不得而博又不成,良可惜也。

············

——选自章学诚撰:《章学诚遗书》,文物出版社 1985 年版,第 662—671 页。

【注释】

[1]"豪杰之士,虽无所待犹兴",见《孟子·尽心上》:"待文王而后兴者,凡民也。若夫豪杰之士,虽无文王犹兴。"

[2]惓惓,同"拳拳",诚恳殷切貌。

[3]"譬如行远必自迩,譬如登高必自卑",见《礼记·中庸》:"君子之道,辟如行远必自迩,辟如登高必自卑。"

[4]《汉志》,即《汉书》的地理志、艺文志等,为最早系统叙述我国地理、疆域、政区及学术著作源流的著作。后来有关地理及学术沿革的书,引用《汉书》此两志时,往往省称"汉志"。

[5]《尔雅》,中国最早解释词义的专著。由汉初学者缀辑周、汉诸书旧文,递相增益而成。今本十

九篇。

[6]《艺文类聚》,类书名,唐欧阳询等人于武德五年(622年)奉敕始编纂,历时三年成书,共一百卷。《北堂书钞》,类书名,唐虞世南辑,共一百六十卷。北堂是秘书省后堂,故名。该书内容摘录群书名言隽句,供人作文时采撷词藻之用。《白孔六帖》,类书名,唐白居易辑,宋孔传续辑。原书三十卷,名《六帖》。续辑三十卷,称《后六帖》。后合为一书,分为一百卷。该书采各书中成语、典故,或摘句,或提要,分类编次,体例略同于《北堂书钞》。

[7]硁硁,浅薄固执貌。

[8]商,音dí,本,如木根、果蒂、兽蹄都称商。詔,音tāo,疑惑。鍜,音xiá,保护颈项的铠甲。

【解读】　　从中国古代思想史来看,章学诚也和其他儒家学者一样持"道器观"。但与前人不同的是,章学诚认为"道"即人的道德行为之所以产生的依据,是不可见的,它只有通过形而下的、有形可见的"器"才得以表现出来。而依作者之见,能够表现出"道"的"器"就是六经。因此,章学诚力主六经为教学的主要内容,以此为明"道"之资。本文体现了他的这一教育思想,主要表现在条训一中。作者认为,"凡天下事,俱当求其根本",而"学问文章,……其要总不外于六艺"。而作者在文中所称的"六艺"即为六经,同时作者在文中又将学习内容扩充为以六经为主体的十五经。由此可知,章学诚是以六经为学问和教学的主要内容。如何学习六经,即如何治学,是章学诚在本文中考虑的又一问题。从节选的内容来看,作者从以下诸方面作了阐述:其一,"学者工夫,贵于铢积寸累,涓涓不息,终至江河"。可见,作者主张治学贵在积累。其二,主张用"别类分求"之法记诵十五经。作者指出,年龄超过三十的人由于记忆力不如儿童,所以必须"用别类分求之法,统汇十五经传,大而制度典章,小而名物象数,标列宏纲细目,摘比排纂,以意贯之",这样就能起到"学问既得恢扩,而文章亦增色采"的效果。其三,主张用分类命题之法治学。作者认为,由于各人情况不同,有些人家贫或年长资钝,不能用别类分求之法,因此必须采用分类命题之法,以求减轻学习的负担,"一类既毕,再窥一类,不过为文百数十篇,则遇典故题目,自能不窘拾摭"。其四,主张为文必须从字句开始。作者认为"夫集段成篇,集句成段,集字成句,集画成字",所以他希望"诸生即所诵习经书,句析其字,字审其音,音辨其义",这样就能达到"行文措语,俱有本源,而缮卷结体,亦无讹谬"的效果。其五,主张治学之人必须具备才、学、识等三个条件。作者认为"不知法出于理而识主之;……不知机出于气而才主之;……不知色采出于书卷而学主之",这实际上是说识、才、学分别与辞章、考据、义理等三方面的学问相关。因此,才、学、识是治学之人不可缺少的条件。其六,学贵博而能约。作者认为"积累不多,则神明变化不出",因而博学非常重要,"揣摩之文,贵于简练",这样就能达到心有主识。因此作者认为,治学博与约都是非常重要的。

总之,本文体现了作者两个方面的教育思想:教学内容以六经为主,以重积累、分类别求等方法来治学。以六经为教学内容,虽没有摆脱前人的窠臼,但由学习六经引申出来的治学方法在今天看来还是值得借鉴的。

论课蒙学文法

【题解】

明清时代,科举考试专重八股取士。因此,时人非常注重教育学生学习八股文体。作为乾嘉时期著名的学者,章学诚对八股文体的教育也多有论述。但与时人不同的是,章学诚从博通的角度出发,不局限于八股文体的教育,而是主张通过学习古文来教育学生,这在本文中表现得非常明显。本文是章学诚乾隆五十年(1785年)主讲莲池书院期间撰写的。

【原文】

文辞末也,而不可废。童子欲其成章,譬如梓匠[1]轮舆,莫不有绳墨也。乾隆乙巳,主讲保定之莲池书院,诸生多授徒为业。童子之学,端以先入为主,初学为文,使串经史而知体要,庶不误于所趋。因条二十六通以为之法。说甚平易,而高远者亦不外此,宜于古而未尝不利于时,能信而有恒心,斯得之矣。

蒙幼初学为文,最忌轻清圆转,易于结构。若以机心成其机事,其始唯恐不解成章,多方劝诱,期于庶几得之;其后演习成惯,入于俗下时文,将有一言之几于道而不可得者。先入为主,良不可以不慎也。

世俗训课童子,必从时文入手。时文体卑而法密,古文道备而法宽[2]。童幼知识初开,不从宽者入手,而使之略近于道;乃责以密者,而使之从事于卑。无论识趋庸下,即其从人之途,亦已难矣。

时文法密,不能遽责备于童子,则必使之先为破题;破题能属句矣,乃使演为承题;承题能成语矣,则试学为起讲;后乃领题提比,出题中比,以渐而伸;中比既畅,然后足后比而使之成篇[3]。夫文之有前后,犹气之有呼吸,啼笑之有收纵,语言之有起讫。未闻欲运气者，学呼多年，而后学吸；为啼笑者，学纵久之，而后学收；习言语者，学起语几时，而后学讫语。此则理背势逆，不待知者决矣。其不可者一也。

既如一篇位置，前虚后实，前缓后紧，亦势之所不能免。苟胸中无所谓紧与实者，将有所发，则亦安有所谓虚与缓者，先作之势？此亦事之显而易见者也。胸中本无而强作之势，则如无病之呻，非喜之笑，其为之也倍难。蒙师本欲从其易者入手，而先使之难，不可解也；胸中或亦有时而有其意，而强使之截于部位，而不能畅其所欲言，则拘之也更苦。蒙师必欲迎其悦乐而利导之，而反使之苦，不可解也。此不可者二也。

属句为文，犹备体者为人，婴孩不满一尺，而面目手足无一不备，天也。长成至于十尺九尺，即由是而充积，初非外有所加也。如云魁伟丈夫，其先止有面目，后乃渐生肩背，最后乃具手足，此不可以欺小儿矣。

今使孺子属文，虽仅片言数语，必成其章，当取《左氏》[4]论事，君子设辞，使之熟读而仿为之。其三五语为章法者，为破承题者，所易办也。其十数语为章法者，为起讲提比者，所易办也。其三数百字为一章者，初学成篇者，所易办也。由小而大，引短而长，使知语全气足，三五言不为少，而累千百言不为多也。亦如婴儿官骸悉备，充满而为丈夫，岂若学破承起讲者之先有面目，次生肩背，最后乃具手足也哉？

四书文字，必读《春秋左传》，为其知孔子之时事，而后可以得其所言之依据也。孺子能读《左传》者，未必遂能运用，其不能诵读，与读而不能记忆，又无论矣。今使仿传例为文，文即用以论事，是以事实为秋实，而议论为春华矣。华实并进，功不妄施，其便一也。

四书文字，必读《易》、《书》、《诗》、《礼》，为其称说三代而上，不可入后世语也。孺子之于四经，未必尽读，读而不识，识而不知所运用者，又比比也。《左氏春秋》称述《易》、《书》、《诗》、《礼》，无所不备，孺子读经传而不知所用，则分类而习其援经证传之文辞，扩而充之，其文自能出入于经传矣。根柢深厚，得于幼学，他日岂可量其所至也？其便二也。

四书文字，本于经义，与论同出一源，其途径之分，则自演入口气始。盖代圣贤以立言，所贵设身处地，非如论说之惟我欲言也。孺子议论既畅，则使拟为书谏、辞命。《左氏春秋》名卿大夫出使专对，与夫谏君匡友，出辞可谓有章者矣。苟于议论成章，而后使之分类而诵习焉。因事命题，拟为文辞，则知设身处地而立言。既导时文之先路，而他日亦为学古之资矣。其便三也（如拟臧僖伯谏观鱼，便代臧僖伯口气，必切鲁隐公时势；如展喜受命于展禽，便代展禽口气，必切齐鲁时势）。

初学先为论事，继则论人，事散出而易见，人统举而稍难，故从入之途有先后也。孺子既于论事之文畅茂条达，为之师者，既当导以纂类《春秋》人物，自天子、诸侯、后妃、夫人，以至卿士、大夫、闻人、达士，略仿纪传之史，区分类例，逐段排比，使一人之事，首尾完具，巨细无遗。然后于其篇末，即仿《史记》论赞[5]之文，作为小论。其体与论事之文，亦自不同。论事之文，欲其明畅，论人之文，欲其含蓄。论事之文，疏通知远，本于书教；论人之文，抑扬咏叹，本于《诗》教。孺子学文，但拘一例，则蹊径无多，易于习成。括调体格时变，使之得趣无穷，则天机鼓舞，而文字之长，有不知其然而然者矣。

纂类《春秋》人物，区分略仿纪传体，句析条分，未遽连属为纪传之文也。然而纂类之法，则启牖于幼学者，为不鲜矣。《春秋》为鲁国之书，《左传》称谓，皆主鲁以立例。今既散为列国纪传，则王不加天，而鲁不称我，事实无所改易，而称谓各系主宾，可以知撰辑之不可因袭旧称也。《春秋》为编年之书，《左传》书事，君臣同载。今既各为纪传，则二人共事，当分详略，事有出入，当存互见，可以知行文之剪裁繁复也。传有分合，事有始末，或牵连而并书，或因端而各出，可以知比事属辞[6]之法也。即此举隅立例，俾初学者知所用心，于事不劳而资益者，不但文字之长而已也。

纂类《左传》人物，而学论赞，必读司马迁书。迁书五十万言，不易读也。日取纪传一篇，节其要略而讲说之，遂熟读其论赞之文，不过四五阅月，可以卒其业也。村塾蒙师，授读无用时文，奚止一二百篇？而孺子懵然无所知也。今读百三十篇论赞，不过百余起讲之篇幅也。遂使孺子因论赞而略知纪传之事，因纪传而妙解论赞之文，文之变化，与事之贯串，是亦华实兼收之益也。且以史迁之法而法《左氏春秋》，他日经经纬史之学，不外是矣。而其实裨益于时文，实有事半功倍之明效，较之徒业时文者，不可道里计矣。

史迁论赞之文，变化不拘，或综本篇大纲，或出遗闻轶事，或自标其义理，或杂引夫《诗》、《书》，其文利钝杂陈，华朴互见，所以尽文章之能事，为著述之标准也。

初学不可有所别择,不特使其胸罗全史,亦可使知文境之无不备也。一自评选文家,删取襦语佳章,劝诱蒙俗,而朴拙平钝,不以工巧见长者,屏而勿录,而子弟遂误学问文章为二事,而所为之文,其不成者,固无论矣。幸而成者,亦皆剽而不留,华而无实,不复可见古人之全也。盖可惜也。夫人之一身耳目聪明,百骸从令,心具虚灵,脏纳滓秽,虽有清浊灵蠢之别,要必相附而后为人也。今欲徒存耳目心知,而去百骸脏腑,安得有是人哉?

论人之功既毕,则于《左氏春秋》之业,思过半矣。子弟文境,亦复稍展拓矣。于是而使之数典,亦驯而易入之功也。盖《左氏》人物事实,既仿纪传而区分矣。兵刑礼乐,典章制度,当仿史迁八书之例而分纂也。其于时文,则典制、经制、题文[7],为切近矣。纪传仿其论赞,书表仿其序论,文章体制,论赞欲其抑扬咏叹,序论欲其深厚典雅,论事论人,拟书拟谏之后,学为序例,而变迁其境,其体亦几于备矣。更取世家系谱,列国年表,又若晋卿分军,鲁卿执政之属,参稽书传,而仿以为表,序论亦用十表之例,是亦举而措之之事也。

凡此别类分求,华实并进,纵横贯串,其于《左氏》一书,亦既无遗义矣。再取所纂人物事迹,参以《公》、《谷》、《国语》、《礼记》、《史记》、周秦诸子、《新序》、《说苑》、《韩诗外传》、刘向《列女传》、《汉书·五行志》之属[8],凡及《春秋》时事者,按其人名,增其未备,录其异同,以类相从,以时相次,详悉无遗,则人物事迹,无遗缺矣(先所作之论赞,与参补之事不相符者,可以随时改正)。其同事异叙,同叙异言,同言异用,或此详而彼略,或彼合而此分,或虚实而实虚,或有去而有取,孺子留意玩索,即可学为叙事之文。向所仿纪传而分别纂辑者,首尾既已完具,即可使之联缀,以为纪传。先其事小而传简者,渐及稍多而差长者,然后乃及长篇纪传,亦如始学论事之积小以高大者也。岂不诚易易哉!

文章以叙事为最难,文章至叙事而能事始尽。而叙事之文,莫备于《左史》。今以史迁之法,而贯左氏之文,神而明之,存乎其人,非尽初学可几也。而初学从入之途,实亦平近而易习,且于时文尤为取则不远也。岂非至奇至平之法欤?

叙事之文,所以难于序论辞命者,序论辞命,先有题目,后有文辞,题约而文以详之,所谓意翻空而易奇也。叙事之文,题目即在文辞之内,题散而文以整之,所谓事征实而难巧也。翻空之文,但观古人所作,可以窥其意匠经营,为其文成而题故在也。征实之文,徒观古人所作,一似其事本自如是,夫人为文,必当如是叙述,无由窥作者之意匠经营,为其题在文辞之内,文成而题已隐也。自非离析其事,无由得其所以为文,此以纪传体例贯串编年之所资也。且非萃合诸家之同事异叙,同叙异言之互见(其说已详于上章),无由通其文境之变化,此以《左传》事实,参互子史诸家同异之所资也。故学叙事之文,未有不宗《左史》,而世之读《左史》者,徒求之形貌,而不知分析贯串之推求,无怪读文者多而能文者少也。

序论辞命之文,其数易尽;叙事之文,其变无穷。故今古文人,其才不尽于诸体,而尽于叙事也。盖其为法,则有以顺叙者,以逆叙者,以类叙者,以次叙者,以牵连而叙者,断续叙者,错综叙者,假议论以叙者,夹议论以叙者,先叙后断,先断后叙,且叙且断,以叙作断,预提于前,补缀于后,两事合一,一事两分,对叙插叙,明叙暗叙,颠倒叙,回环叙,离合变化,奇正相生,如孙、吴用兵,扁、仓用药,神妙不测,几于化工。其法莫备于《左氏》,而参考同异之文,亦莫多于《春秋》时事,是固学文章者宜尽心也。

叙事之文,亦既试编为纪传矣。向所仿八书而纂辑典章制度之门类,又当参以《三礼》、《国语》、《公》、《穀》、《管子》、《吕氏春秋》、贾谊《新书》、董子《繁露》、《白虎通义》[9]、马书、班志诸篇,以类纂附(增入之事,有与先所拟作序例不符,亦可随时改正),使之熟而习之,即可仿书志而学为考核之文,较其完缺,订其同异,折衷前人成说,自以己意明之,则其为功亦不鲜矣。孺子知识未充,学力未逮,叙事与考订之文,未可求全责备,但随类编辑,循次用功,亦可使之行远自迩,登高自卑,但有途径可寻,自不患其无从措力也(表亦参取群书,考订世系年代)。

论事之文,疏通致远,《书》教也。传赞之文(即论人之文),抑扬咏叹;辞命之文,长于讽喻,皆《诗》教也。叙例之文,与考订之文,明体达用,辨名正物,皆《礼》教也。叙事之文,比事属辞,《春秋》教也。五经之教,于是得其四矣。若夫《易》之为教,《系辞》尽言,类情体撰,其要归于洁净精微,说理之文,所从出也。论事以下之文(即上所分之六类也)。实而可凭,故初学借以为资。说理之文,虚而难索,故待学问充足,而自以有得于中者,发而为文,乃不入于恍惚也。是知文体虽繁,要不越此六、七类例,其源皆本于六经,而措力莫切于《左传》。学者其可不尽心乎?

时文之体,虽曰卑下,然其文境无所不包,说理、论事、辞命[10]、记叙、纪传、考订,各有得其近似,要皆相题为之,斯为美也。平日既未谙于诸体文字,则遇题之相仿佛者,不过就前辈时文而为摩仿之故事尔。夫取法于上,仅得乎中,今不求谋其本原,而惟求人之近似者以为师,则已不可得其近似矣。

或疑初学试为《左传》论事,以至编纂纪传,贯串考订,文体凡数变易,待其成功而后学为时文,则非十年不为功也;又待时文加工,亦必须三数年,是旷日而持久,不可训也,其说非也。古文时文,同一源也,惟是学者向皆分治,故格而不相入耳。若使孺子初学论事之文,以渐而伸可以联五六百言为一篇矣(自三五句学起,至此工夫,敏者不过三月,钝者亦不过半年),即可就四书中,摘其有关《春秋》之时事,命题作论,当与《春秋》论事,无难易也。既而随方命题,不必有关《春秋》之时事者,而并试之,度亦不难于成篇也。既作四书论矣,即当授以成宏、正嘉、单题、制义,孺子即可规仿完篇,不必更限之以破承小讲也(自作四书论至此工夫,敏者不过三二月,钝者亦不过半年)。于是渐而庆历机法,渐而启正才调,渐而国初气象,渐而近代前辈之精密,与夫穷变通久之次第(自读庆历至此工夫,敏者一年,钝者亦不过二年),不过三年之功,时文可以出试,而《左传》之功,亦且贯串博通,十得其五六矣,此固并行而不悖者也。学问与文章并进,古文与时文参营,斯则合之双美,而离之两伤者尔(每日六课,古体三篇,时文三篇,相间为之。逐日课程,编纂经传半日,诵读时文半日,相间为之,勿疾勿徐)。

善为教者,达其天而不益以人,则生才不枉,而学者易于有成也。《左氏》论事,文短理长,语平指远,故自三语五语,以至三数百言,皆孺子意中之所有,资于《左氏》而顺以导之,故能迎机而无所滞也。其后渐能窥寻首尾,则纂辑人物,而论赞仿焉(即论人之文也)。稍能充于辞气,则拟为书谏,而辞命敷焉。又能略具辨裁,则规为书表,而叙例著焉(经此四变,约用三年之功,参学时文,亦当成片段矣)。至于习变化而学为叙事,互同异而习为考订,则又识远气充,积久而至贯通之候也(自为叙例之后,至此约须二三年,参学时文,亦当成大观矣)。是皆孺子自有之天倪,岂有强制束缚而困以所本无哉?或者不察,而以宋人所为博议史论诸篇课童子,以为攻《左氏》者入门之资也。夫博议史论诸篇,皆有意于构文,凡遇寻常之事,务欲推而高之,凿而深之,俱非童孺意中之所有。使之肆而习焉,作其机心,而行其机事,于是孺子始以文字为圆转之具,而习为清利浮剽之习调。其体能轻而不能重,其用宜今而不宜古。成之也易,则其蕴蓄也必不深;趋之也专,则其变通也必不易。是则益之以人,而不达其天之咎也。语云:"点铁成金易,反金为铁难。"古人诱启蒙学,不惮委曲繁重,岂不欲有一蹴可几之境哉?为童幼之初,天质未泯,遽强以所本无,而穿凿以人事,揠苗助长,槁固可立而待也。夫凤雏出㲉[11],不必遽能飞也,急以振翼为能事,则藩篱鷃雀,何足喻其多哉!

或疑以史迁之法,贯串《左氏》之书,是以著述成一家言矣。童蒙纵因师授而纂成之,亦只一人之攻取,而他人无庸更架屋下之屋也。此说非也。学问文章,盖天下之公器也,因其资之所习近,而勉其力之所能赴,初非一人为之,而他人不可更为也。无论学者习业,未必遽为不刊之著述,就使名门巨手,蔚成传世之编,人心不同如面,各以其意为之,譬如经书命题,各为文义,虽更千万人手,岂有雷同剿袭之嫌哉?(即如《古史》、《路史》、《函史》、《绎史》之类,皆是纂辑古人成编,何嫌并出。)

或疑如前所言,皆是学成著述之事,不可以为初学攻取之方,其说非也。少小之所攻取,与老大之所成就,截然分途,正近日教学不事根柢之陋习也。其意以为学古趋时,各有界画,不知一以贯之,不惟不可分界,亦且交相资益。古今名世传世之人,大率生平所业,迥异流俗,而其人初非山林枯槁,不取巍科高第之人也。然则编摩经传,所业在是,所以应科举者亦即在,是幼学在是,所以为毕生之业者初不外是。是则逸而有成,孰若截界分疆之劳而寡效者哉?

童孺知识初开,甫学为文,必有天籁自然之妙,非雕琢以后所能及也。譬如小儿初学字画,时或近于篆籀[12],非工楷以后所能为也。迎其机而善导,固莫如向之所陈矣。然而学识未充,其数易尽,必参之以变化,使之气机日新。故自论事论人以下,诸体迭变,复又使之环转无穷,所谓一尺之棰,日取其半,而终身用之不竭也(前章言教以论事,论事既畅而后论人,以至辞命、叙例、纪传、考订,莫不皆然。亦就大概而言,其实反复循环,不时变易,乃易长)。为之而善,惧其易尽,变易其体,所以葆其光也;为之不善,惧其厌苦,变易其体,所以养其机也。善教学者,必知文之节候,学之性情,故能使人勤而不苦,得而愈奋,终身愤乐而不能自已也。

——选自章学诚撰:《章学诚遗书》,文物出版社1985年版,第682—688页。

【注释】

[1] 梓匠,梓人与匠人;木工。古代梓人造器具,匠人造房屋。

[2] 时文,旧时对当时科举考试所采用文体的通称,这里指八股文。古文,是相对于时文而言的,多指先秦汉代所普遍使用的散体文。

[3] 此处谈及的是八股文的程式。八股文,亦称"时文""制义"或"制艺"。明清科举考试制度所规定的文体。每篇由破题、承题、起讲、入手、起股、中股、后股、束股八部分组成。"破题"用两句说破题目要义。"承题"是承接破题的意义而阐明之。"起讲"为议论的开始。"入手"为起讲后入手之处。下自"起股"至"束股"才是正式议论,以"中股"为全篇重心。在这四段中,都有两股排比对偶的文字,合共八股,故称"八股文",也称"八比"。题目主要摘自《四书》,所论内容也要根据宋代朱熹的《四书集注》等书,不许作者自由发挥。

[4] 《左氏》,即《左传》,亦称《春秋左氏传》或《左氏春秋》。相传为春秋时鲁左丘明所撰,记自鲁隐公元年(前 722 年)至鲁悼公四年(前 464 年)之间的史事。

[5] 论赞,附在史传后面的评语,如司马迁《史记》称"太史公曰",班固《汉书》、范晔《后汉书》皆称"赞",汉荀悦《汉纪》称"论",名称不一。刘知幾《史通》总称为"论赞"。

[6] 比事属辞,见《礼记·经解》:"属辞比事,《春秋》教也。"故比事属辞,原指连缀文辞排比事迹以明史义,后泛指撰文记事。

[7] 典制,即典章制度。经制,即治国的制度。题文,即考试的文章。

[8] 《新序》,西汉刘向撰,共三十卷,今仅存十卷。所记多为舜、禹至汉代史事和传说。分类编纂,文章颇为简洁。《说苑》,亦为刘向撰。共二十卷。分类纂辑先秦至汉代史事和传说,杂以议论,体例与《新序》同。《韩诗外传》,西汉韩婴撰。原书本分内外传,《内传》四卷,《外传》六卷,南宋后仅存《外传》。此书杂述古事古语,虽每条皆征引《诗经》中的句子(今本有二十八条未引,当系缺脱),然实系引《诗》与古事相印证,非引事以阐释《诗经》本义。《列女传》,西汉刘向撰,分母仪、贤明、仁智、贞顺、节义等七卷。共记 105 名妇女事迹,每则都有赞语,旨在宣扬封建礼教。

[9] 《白虎通义》,东汉班固等编撰,共四卷。它记录了汉章帝建初四年(79 年)在白虎观议五经同异一事。此书的思想是董仲舒以来今文经学派哲学思想的延伸和扩大,也是今文经学的政治学说提要。

[10] 辞命,古代使节往来,相互应对的言辞。

[11] 觳,音 kòu,待哺的雏鸟。

[12] 籀,音 zhòu,书体的一种,亦称"大篆",因著录于《史籀篇》而得名。字形的构形多重叠。春秋战国时期通行于秦国。

【解读】

八股文是清代科举考试制度规定的文体,因此教育学生学习文法尤为重要。在本文中,章学诚旨在教导生徒将来如何教育儿童学习文法。首先,他提出了文法教育的原则。其次,他系统地阐述了儿童应该如何学习文法,主张从学习古文入手,先读《左传》,次及《史记》;作文则先论事,次论人,次数典,最后叙事。最后,针对生徒中可能对他的文法教育方法产生的疑问,作者一一作了解答。

章学诚的教育思想表现在以下方面:其一,强调了教育者应该积极教育和引导儿童学习。作者在文中否定了一些人提出的所谓儿童学习文法"纵因师授而纂成之,亦只一人之攻取,而他人无庸更架屋下之屋"的看法。这表明章学诚认为对于儿童学习文法,教师的教育与引导作用是不可替代的。其二,强调教育者应该帮助儿童打好根基。在论及文体学习内容时,作者谈到学习《左传》有如下一些好处:《左传》叙述了孔子时代的史事典故,用了当时的语言及文辞,而典故、语言、文辞为文法的重要内容。因此,教师应该用《左传》作为教材,来教育儿童学习文法,这样就可以为儿童将来学习四书打下牢固的基础。其三,教育儿童学习文法应贯彻"善教学者,必知文之节候,学之性情"的精神,即教育者指导学生学习文法应该符合学生的心理特点以及文法的自身规则。他指出,因八股文有"体卑而法密"的特点,故"世俗训课童子,必从时文入手"的做法是不对的,而应该让儿童先习"道备而法宽"的古文;因"文之有前后",有难易之分,故教育儿童学习文法不可"理背势逆",不可先从难的入手,而应该符合文体的规则及儿童的心理"利导之"。再如,在论及教师教育儿童学习文法,如何让儿童学会"叙事"时,作者认为教师可以"以史迁之法,而贯左氏之文",先从"平近而易习"的入手,再到时文。以上几例充分体现了章学诚注重从学生的心理特点及文法的自身规律来教育学生的观点。其四,作者强调教育者教育儿童时,应持贯串博通的原则。在教育儿童学习如何论人时,作者认为可以从《春秋》中学习到论人的含蓄,从《诗经》中学习咏叹,从《史记》中学习论赞,从《春秋》与《左传》的不同中学习行文的剪裁。因此,教师可以通过指导学生学习这几部著作,达到贯串博通的目的。

就作者的撰写目的,即告诉生徒将来如何教育儿童学习文法的角度而言,本文当属一篇教学法基础范文。就章学诚的教育思想而言,其中有很多地方是值得称道的。例如,作者强调贯串博通的原则,实际上是在批判清代科举考试造成的学生仅注重八股文体的学习,而不注重文法基础知识学习的虚浮学风,具有较大的进步意义。再如,作者强调教育者施教应顺应学生的性情等观点,符合儿童教育的原则,是值得借鉴与提倡的。

(张建中)

冯桂芬(1809—1874),字林一,号景亭,晚号邓尉山人,江苏吴县(今苏州)人。清末思想家、教育家。著有《校邠庐抗议》《显志堂集》《说文解字段注考证》。

采西学议

【题解】

在《校邠庐抗议》成稿的前一年(1860 年),第二次鸦片战争的硝烟刚刚散去,中国又一次丧失了大量领土和主权。而太平军攻克苏州,则迫使冯桂芬到上海避难。在这内外交困的年代,冯桂芬深切感受到"夷害不已",强烈要求自强雪耻。作为林则徐的学生,冯桂芬继承发展了林则徐、魏源"师夷之长技以制夷"的社会改革思想,要求广泛学习西方国家的自然科学、生产技术和教育制度,具体提出对中国的内政、外交、军事、文化全面改革的必要。本文表达了冯桂芬对"向西方学习什么? 如何进行学习?"等问题的思考和建议。

【原文】

《传》称:"左史倚相,能读三坟、五典、八索、九邱。"[1]孔安国曰:"九州之志,谓之九邱。"[2]《诗》列十五国之风[3]。郑康成《谱序》云:"欲知源流清浊之所处,则循其上下而省之;欲知风化芳臭气泽之所及,则旁行以观之。"[4]孔子作《春秋》,有取于百二十国宝书[5]。伊古儒者,未有不博古而兼通今、综上下纵横以为学者也。

顾今之天下,非三代[6]之天下比矣。《周髀算经》有四极四和与半年为昼、半年为夜等说[7],后人不得其解。《周礼》职方疏:"神农以上有大九州,后世德薄,止治神州。神州者,东南一州也。"驺衍谈天,中国名曰赤县神州,中国外如赤县神州者九,当时疑为荒唐之言。[8]顾氏炎武不知西海,夫西洋即西海,彼时已习于人口,《职方外纪》[9]等书已入中国,顾氏或未见,或见而不信,皆未可知。今则地球九万里,莫非舟车所通、人力所到,《周髀》、《礼》疏、驺衍所称,一一实其地。据西人舆图所列,不下百国。此百国中经译之书,惟明末意大里亚及今英吉利两国书凡数十种。其述耶稣教者,率猥鄙无足道,此外如算学、重学[10]、视学[11]、光学、化学等,皆得格物至理,舆地书备列百国山川厄塞风土物产,多中人所不及。昔郑公孙挥能知四国之为[12],子产能举晋国实沈台骀之故[13],列国犹其有人,可以中华大一统之邦而无之乎？亦学士之羞也。

今之习于夷者曰通事[14]，其人率皆市井佻达[15]游闲，不齿乡里，无所得衣食者始为之。其质鲁，其识浅，其心术又鄙，声色货利之外不知其他。且其能不过略通夷语，间识夷字，仅知货目数名与俚浅文理而已，安望其留心学问乎？惟彼亦不足于若辈，特设义学，招贫苦童稚，兼习中外文字。不知村童沽竖[16]，颖悟者绝少（余尝于吾乡村塾义塾中物色异敏之士，数十年无所得），而又渐染于夷场习气，故所得仍与若辈等。

今欲采西学，宜于广东、上海设一翻译公所，选近郡十五岁以下颖悟文童，倍其廪饩[17]，住院肄业，聘西人课以诸国语言文字，又聘内地名师课以经史等学，兼习算学（一切西学皆从算学出，西人十岁外无人不学算。今欲采西学，自不可不学算，或师西人，或师内地人之知算者俱可）。闻英华书院、墨海书院藏书甚多[18]，又俄夷道光二十七年所进书千余种存方略馆[19]，宜发院择其有理者译之。由是而历算之术，而格致之理，而制器尚象之法，兼综条贯，轮船火器之外，正非一端。如历法，从古无数十年不变之理，今时宪以乾隆甲子为元[20]，承用已逾百年，渐多差忒[21]；甲辰修改，墨守西人旧法，进退其数，不足依据，必求所以正之。闻西人见用地动新术，与天行密合，是可资以授时。又如河工前造百龙搜沙之器[22]，以无效而辍；闻西人海港刷沙，其法甚捷（法用〈千〉匹马大火轮置船旁，可上可下，于潮退时下其轮，使附于沙而转之，沙四飞随潮而去，凡通潮之地皆宜之。黄河水性湍急，更无处不宜。自下游迤逦而上，积日累月，锲而不舍，虽欲复由地中行[23]之旧不难。此不特黄河可用，北河[24]亦可用，即南运河徒阳等处亦可用[25]。且东南水利久不治，数日之霖，积月不退，宜于通潮各海口如法浚之，使下流迅驶，则上流虽不浚，而自有一落千丈强之势，可收事半功倍之效），是可资以行水。又如农具、织具，百工所需，多用机轮，用力少而成功多，是可资以治生。其他凡有益于国计民生者皆是，奇技淫巧不与焉。三年之后，诸文童于诸国书应口成诵者，许补本学；诸生[26]如有神明变化，能实见之行事者，由通商大臣请赏给举人。如前议，中国多秀民，必有出于夷而转胜于夷者，诚今日论学一要务矣。

夫学问者，经济所从出也。太史公论治曰："法后王（本荀子），为其近己而俗变相类，议卑而易行也[27]。"愚以为在今日又宜曰："鉴诸国。"诸国同时并域，独能自致富强,岂非相类而易行之尤大彰明较著者？如以中国之伦常名教为原本,辅以诸国富强之术,不更善之善者哉？

　　且也通市二十年来,彼酋之习我语言文学者甚多,其尤者能读我经史,于我朝章、吏治、舆地、民情类能言之。而我都护[28]以下之于彼国则懵然无所知。相形之下,能无愧乎？于是乎不得不寄耳目于蠢愚谬妄之通事,词气轻重缓急,转辗传述,失其本指,几何不以小嫌酿大衅！夫驭夷为今天下第一要政,乃以枢纽付之若辈,无怪彼己之不知、情伪之不识,议和议战,汔[29]不得其要领,此国家之隐忧也。此议行,则习其语言文字者必多,多则必有正人君子通达治体者出其中,然后得其要领而驭之(《地理全志》[30]作于癸丑年,书中于日本国记其欺侮亚墨利加触石渔船[31],时思报复;于安南国极恶其机防之严、榷税之重[32];于缅甸国亦有胥吏横征之怨。未几日本、安南皆有兵端。可见彼国书不可不观,若能知其未译之书,所得必倍多)。绥靖边陲,道又在是。如谓六合[33]之内,论而不议,封故见而限咫闻,恐古博物君子必不尔也。

　　　　——选自冯桂芬、马建忠著,郑大华点校:《采西学议——冯桂芬　马建忠集》,辽宁人民出版社1994年版,第82—84页。

注释

[1]《传》,即《左传》。"左史倚相,能读三坟、五典、八索、九邱",见《左传·昭公十二年》。倚相,春秋时楚史官。三坟、五典、八索、九邱,皆古书名。"三坟"相传为伏羲、神农、黄帝之书;"五典"相传为少昊、颛顼(zhuānxū)、高辛、唐、虞之书;"八索"为八卦之说;"九邱",即"九丘",为九州之志。

[2] 孔安国,西汉经学家,孔子后裔。"九州之志,谓之九邱",见孔安国《尚书序》。

[3]《诗经》分为"风""雅""颂"三类,其中"风"是指国风,即周初至春秋中叶的民俗歌谣,共含十五国风。

[4] 郑康成,即郑玄(127—200),东汉经学家,字康成。"欲知源流清浊之所处,则循其上下而省之;欲知风化芳臭气泽之所及,则旁行以观之",见郑玄《毛诗正义·诗谱序》。

[5]"孔子作《春秋》,有取于百二十国宝书",相传孔子编撰《春秋》时,曾令子夏等弟子到周天子的史官那里请教,得到了很多诸侯国的档案文献,故文中有此一说。

[6] 三代,指夏、商、周三代,是传统儒家学者心目中的理想社会。

[7]《周髀算经》,古代的天文历算著作。四极四和,见《周髀算经·卷下》:"故日运行处极北,北方日中,南方夜半。日在极东,东方日中,西方夜半。日在极南,南方日中,北方夜半。日在极西,西方

日中，东方夜半。凡此四方者，天地四极四和。"

[8] 职方，即职方氏，《周礼·夏官》中的一篇，古代地理文献，记述古代"九州"的区域和境内重要的山镇、泽薮、川浸、物产、男女、畜种和谷类。九州，即东南的扬州、正南的荆州、河南的豫州、正东的青州、河东的兖州、正西的雍州、东北的幽州、河内的冀州、正北的并州。疏，古书注释体式之一。"疏"即疏通文义，不仅注释正文，也注释古注。驺衍（约前305—前240），战国末思想家，阴阳家的代表人物，齐国人。他提出"大九州"说，认为中国（他称为"赤县神州"）只是全世界八十一州中的一州。每九州为一集合单位，称"大九州"，有小海环绕，九个"大九州"另有大海环绕，再往外便是天地的边际。因此在《职方氏》疏中就出现了"大九州"的说法。

[9]《职方外纪》，明末意大利天主教耶稣会传教士艾儒略（Giulio Aleni，1582—1649）撰写的介绍地理学新知识的著作。

[10] 重学，力学。

[11] 视学，投影几何。

[12] 公孙挥，春秋时郑国人，曾担任外交官职。事见《左传·襄公三十一年》："公孙挥能知四国之为，而辨于其大夫之族姓、班位、贵贱、能否，而又善为辞令。"四国，四方的国家。

[13] 子产，春秋时郑国的政治家。事见《左传·昭公元年》：晋侯有疾，占卜官以为是实沈、台骀作祟。叔向就此事问子产。子产详细解释了水星之神实沈和汾水之神台骀的家世来历，并认为晋侯之疾，是自己起居无时、喜怒不节所致，与山川星辰之神无关。

[14] 通事，旧指翻译人员。

[15] 佻达，轻薄；戏谑。

[16] 沽竖，做小贩的孩童。

[17] 廪饩，指官府发给在学生员的膳食津贴。

[18] 英华书院，英国传教士马礼逊（Robert Morrison，1782—1834）于1818年在马六甲创建的学校。墨海书院，又名墨海书馆，英国传教士麦都思（Walter Henry Medhurst，1796—1857）于1843年在上海设立的印刷出版机构。

[19] 方略馆，清代所设编纂历次军事始末的机构，隶属于军机处。

[20] 时宪，指时宪书，历法的一种，制定于明末，清顺治二年（1645年）颁行。乾隆甲子，即1744年。

[21] 差忒，失误。

[22] 百龙搜沙之器，古代使用过的将一百艘龙船在舵尾置铁板以浚治河沙的设备。

[23] 地中行，低于地面而行。由于中上游长期水土流失，黄河下游泥沙淤积，河床不断抬高，高出地面而形成为"悬河"。故文中作者认为采用西法疏浚河道可以使黄河河床降低，恢复低于地面的旧貌。

[24] 北河，直隶（今河北省及北京、天津二市）境内的南北运河和永定、大清、子牙、漳沱等河。

[25] 南运河，京杭运河的一段。自天津市经河北省南部至山东省临清市。徒阳，指长江以南自河口至

丹阳部分的运河。

[26] 诸生,明、清两代称已入学的生员。

[27] "法后王,为其近己而俗变相类,议卑而易行也",见《史记·六国年表》:"传曰'法后王',何也? 以其近己而俗变相类,议卑而易行也。""法后王"是荀况提出的一条面向现实的治国原则,见《荀子·非相》:"欲观圣王之迹,则于其粲然者矣,后王是也。彼后王者,天下之君也,舍后王而道上古,譬之是犹舍己之君而事人之君也。"

[28] 都护,官名,汉唐时为驻在西域地区或管辖边境地区的最高长官。这里指清代与外国交涉洋务的官职。

[29] 汔,音 qì,接近;庶几。

[30] 《地理全志》,英国传教士慕维廉(William Muirhead,1822—1900)于 1853 年编著的世界地理书籍。

[31] 亚墨利加,当为美国的音译。触石,即触礁。19 世纪以来,美国捕鲸船已开始在日本近海作业,美国迫切希望与日本建立外交关系,将日本作为拓展东亚市场的中继站。但当时日本幕府奉行锁国政策,并于 1847 年炮击向日本送还遇难日本船民的美国"马礼逊号"帆船。1853 年,美国海军准将佩里率舰队抵达日本江户,用武力迫使日本开放。故文中有"未几日本、安南皆有兵端"之语。

[32] 安南,即越南。榷税,征税。

[33] 六合,原指天、地和东、南、西、北四方,这里指世界。

【解读】

19 世纪 40 年代魏源倡导"师夷之长技以制夷",所谓"长技"还局限于西方以"船坚炮利"为代表的军事技术。历经 20 余年持续不断的内忧外患,冯桂芬意识到中国的落后已经不仅仅在船坚炮利方面,因此他认为学习西学不应局限于"轮船火器",而更应学习西方自然科学理论和有益于国计民生的实用技术,此外地理学、各国内政外交等都值得中国学习借鉴。因此,他进一步扩充了对"西学"的认识,在本文中提出了"博采西学"的观点,并对如何向西方学习作了规划。

"博采西学"首先必须克服语言上的困难。冯桂芬认为"今日论学一要务"是创办培养翻译人才的新型学校。作者认识到,在通商口岸从事商业翻译的"通事"和教会学校培养的人不但素质上不足道,而且翻译水平也低,不足以担当中外交流的重任。为此,作者建议应该在广东、上海由国家创设"翻译公所",选择优秀的生源,请西人教授各国语言文字,聘请国内名师讲授经史等学,由此来培养翻译和外交人才。作者提出"算学"(数学)是学习西方各种实用科学技术的根本,所以这些学生在学习西方语言的同时还必须"兼习算学",以打好进一步学习西方科学的基础。

此外,作者认为还要尽快把国内现有的外文书籍"择其有理者译之",从而将西方一切"有益于国计民生"的"历算之术""格致之理""制器尚象之方""轮船火器"等科学技术知识介绍到中国。作者坚信"中国多秀民",只要严格地培养这些新型实用人才,并予以切实的激励,就"必有出于夷而转胜于夷者"。

在本文中,冯桂芬充分表现出其思想敏锐、视野开阔、正视现实的治学论事风格。他以设置新型学校、培养"学""术"兼备的人才为突破口,批判了两千年来儒家教育"重道轻艺"、视实用技术为"奇技淫巧"的人才观,从而为晚清教育改革指明了方向。1863年,正是根据冯桂芬的建议,李鸿章奏请朝廷在上海设立了培养翻译人才的"上海同文馆";1864年,"广州同文馆"也开馆招生。更为重要的是,冯桂芬认为在新的世界格局下,中国应抛弃那种"天朝大国"的虚骄态度,以平等的心态看待西方各国,积极借鉴吸收各国实现富强的经验,把"鉴诸国"与"法后王"同样确立为一种现实主义的治国方略。在如何处理中西文明的关系上,冯桂芬提出"以中国之伦常名教为原本,辅以诸国富强之术"的观点,为西学的引入提供了最初的"合法性根据",并成为洋务运动时期"中体西用"理论的先声。

改科举议

【题解】

科举制度一般认为是在隋朝建立的,为了追求选拔人才的客观公正性,历代都对之加以发展完善,到了明清时期,科举制度已经形成一个有严密程序、严格考试内容和方法的体系,其标志就是"八股文"的出现。八股文是一种对儒家经典按严格的格式进行阐释的文体,考核的是人的一般能力(如记忆力、理解"义理"的能力、组织文字发扬文采的能力)而不是具体的行政事务处理能力。以此进行人才的初步筛选,虽可做到形式上的公正性,但不久就表现出空疏无用的弊端。在面临"数千年未有之大变局"、国家急需实用人才的近代,八股取士的合理性开始受到质疑,改革科举制度的呼声也日渐高涨。本文就是冯桂芬对科举制度的考试内容、考试程序以及学校与科举如何衔接的改革建议。

【原文】

昔年侍饮先师林文忠公署[1],客或曰:"时文[2]取士,所取非所用。"坐有龙岩饶孝廉[3]廷襄,夙有狂名,公故人也,已被酒,谩曰:"君为明祖所绐矣[4]。明祖以枭雄阴鸷猜忌驭天下,惧天下瑰伟[5]绝时之士起而与为难,以为经义诗赋,皆将借径于读书稽古[6]，不啻傅[7]虎以翼，终且不可制。求一途可以禁锢生人之心思材力，不能复为读书稽古有用之学者，莫善于时文，故毅然用之。其事为孔孟明理载道之事，其术为唐宗英雄入彀之术[8]，其心为始皇焚书坑儒之心，抑之以点名搜索防弊之法[9]，以折其廉耻，扬之以鹿鸣琼林优异之典[10]，以生其歆羡，三年一科，今科失而来科可得，一科复一科，转瞬而其人已老，不能为我患，而明祖之愿毕矣。意在败坏天下之人才，非欲造就天下之人才。君为此论，明祖得毋胡卢[11]地下乎?"于是文忠举杯相属曰："奇论，宜浮一大白[12]，君狂态果如昔。"一笑而罢。

余小冠[13]未坐，不敢置一词，退而思之，洪武中尝停科目十年[14]，继又与吏员荐举并用，如典史擢都御史，秀才擢尚书，监生擢布政使，登进之优殆过之[15]。其专用科目，在隆庆以后[16]，固知孝廉非正论也。且有明国初之时文，未尝不根柢经史，胎息[17]唐宋古文，程墨有程[18]，中式有式[19]，非可卤莽为之。嘉、道以降[20]，渐不如前，至近二三十年来遂若探筹[21]然，极工不必得，极拙不必失，缪种流传，非一朝夕之故，断不可复以之取士。穷变变通[22]，此其时矣。

旷览前古，取士之法屡变，而得人辈出，莫能轩轾[23]。论者谓盂圆则水圆，盂方则水方，在以何法取之，所得不外此若而人。柳宗元《送崔子符罢举诗序》曰："惟其所尚文学，移而从之。"[24]可谓通论。何以言之? 盖以考试取士，不过别其聪明智巧之高下而已。所试者经义，聪明智巧即用之经义，所试者词赋，聪明智巧即用之词赋，故法异而所得仍同。然所试之事太易，则聪明智巧之高下不甚可辨。攻八股始于王安石令吕惠卿、王雱所撰《熙宁大义式》[25]。元祐[26]间中书省即言工拙不相远，难以考试，盖言太易也。至今日之时文而易更极矣。

顾氏炎武[27]谓科场之法，欲其难不欲其易，诚哉是言。盖难则能否可以自知，中材以下有度德量力之心，不能不知难而退，而觊幸[28]之人少矣。难则工拙可以众著，中材以上有实至名归之效，益愿其因难见巧，而奋勉之人多矣。且也多一攻苦之时，即少一荒嬉游冶之时，多一键户之人[29]，即少一营求奔竞之人，文风振焉，而士习亦端焉。而司衡校者，优劣易以识别，不致朱碧之迷离[30]，高下难以任心，无敢黑白之颠倒，亦难之效也。

至于所谓难者，要不外功令中之经解、古学、策问三者而已。宜以经解为第一场，经学为主。凡考据在三代上者皆是，而小学[31]算学附焉。经学宜先汉而后宋，无他，宋空而汉实，宋易而汉难也。以策论为第二场，史学为主。凡考据在三代下者皆是。以古学为第三场，散文骈体文赋各体诗各一首（宋高宗立博学宏词科[32]，凡十二题，制、诰、诏、表、露、布、檄、箴、铭、赞、颂、序，杂出六题，分为三场，每场体制一古一今）。

三场各一主考而分校之，盖合校则有所偏重，其弊必至以一艺之优劣为去取，不如分校之善。宜令科甲出身[33]七品以上之京官，每场各举堪任考官同考官[34]者三人，交军机进呈，发部汇为一册，以得保之多少为先后，不论官职之大小。届期部拟前列而异籍者十人听简[35]，多拟以备简，以绝流弊，不拟者勿简，以示大公。扃试[36]事宜，一如旧制，惟体制既多，怀挟无益，搜检可视旧加严，搜出者焚之逐之，而不与罚。三场各编各号，分送三考官，各视原额倍中，送监临官[37]，核其三优者作为举人，两优者作为副贡，一优者从其廪增附之旧[38]，而作为廪贡增贡附贡，次科副贡得一优，廪增附贡得两优，皆准递升，不论经策古学一体并计，盖专精与兼长亦足相抵也。

会试一切如乡试法，而以三优者为贡士[39]，两优一优为副榜[40]，如中正榜誊录之法，下科准并计。殿试亦分三场，而删覆试朝考[41]，仍得相准，惟减其篇数，令穷日之力足办。钦派读卷官三人，各分去取，部臣汇核，首列三优，次列两优一优。皆以经策古三者间列，周而复始，即为长榜，分三甲进呈钦定，胪传[42]授职如旧仪。致学政[43]令大小京官举三事兼长者为之，亦不论省份官职之大小。童生县府试三场，不覆试，以归简易。学政试三场，皆分取倍原额，提调汇校，以三优者为附生，两优一优为佾生[44]，仍籍之与下届并计。

生员则于新章初试后，即序三优两优一优造册，以后历试，皆并计优之多少，随试而变。又与山长保优册参互定册[45]，学政主之，惟山长不保优者不与贡。遇有拔优恩岁贡及廪增阙[46]，皆按册序补，拔优恩岁贡考试皆省之，经岁科十试，各从其廪增附之旧，而作为廪监增监附监准出学。其捐贡捐监[47]一概停止，生童游京师者，令寄大宛应试，一如原籍，以人数定额。生员许并计原资，咨回原籍者亦如之。凡国学天下学校书院，皆用三事并试，通籍[48]后不得再试。

国家进贤，将以治国安民，而求之文字中，只以倬人[49]无从识别，为此不得已之法，登诸朝矣，试以事矣，方将磨厉以经世之具，而犹令其留恋占毕[50]何为者。

夫侍宴赋诗,赏花钓鱼,从容文雅,犹是虞廷赓歌[51]之意。至京朝官而命题扃试,古之所无,二三品之官,五六十之年,系眼镜习楷书,甚无谓也。自散馆[52]大考试,差御史军机中书学政等试,可一切停罢矣。

——选自冯桂芬、马建忠著,郑大华点校:《采西学议——冯桂芬 马建忠集》,辽宁人民出版社1994年版,第64—67页。

【注释】

[1] 侍饮,古时师长饮食宴请,弟子小辈必恭敬立于师长身边随时伺候。林文忠公,即林则徐(1785—1850),字元抚,一字少穆,福建侯官(今福州)人,谥号"文忠"。从1832年开始,冯桂芬就经常到苏州的紫阳和正谊书院听时任江苏巡抚的林则徐的讲学,深受林的赏识,故文中称林则徐为先师。

[2] 时文,即八股文,明、清科举考试制度所规定的文体。每篇由破题、承题、起讲、入手、起股、中股、后股、束股八部分组成。"破题"用两句说破题目要义。"承题"是承接破题的意义而阐明之。"起讲"为议论的开始。"入手"为起讲后入手之处。下自"起股"至"束股"才是正式议论,以"中股"为全篇重心。在这四段中,都有两股排比对偶的文字,合共八股,故称"八股文",也称"八比"。题目主要摘自《四书》,所论内容也要根据宋代朱熹的《四书章句集注》等书,不许作者自由发挥。

[3] 孝廉,明、清时对举人的称呼。

[4] 明祖,即明太祖朱元璋(1328—1398)。绐,音dài,欺骗。

[5] 瑰伟,奇伟;卓异。

[6] 稽古,稽考古道。

[7] 傅,通"附",附着。

[8] "唐宗英雄入彀之术",指唐太宗以科举笼络士人。王定保《唐摭言·述进士》:"(唐太宗)尝私幸端门,见新进士缀行而出,喜曰:'天下英雄入吾彀中矣!'"唐宗,即唐太宗李世民(599—649)。入彀,原谓进入弓箭射程以内。后因以"入彀"比喻人才入其掌握,被笼络网罗。亦指应进士考试。彀,音gòu。

[9] "点名搜索防弊之法",科举考试为了防止作弊,规定进考场前点名,搜索考生衣服,检查私藏夹带。

[10] "鹿鸣琼林优异之典",指为考中举人、进士者举行的庆贺宴会。鹿鸣,《诗·小雅》篇名。唐代乡试后,州县长官宴请考中士子的宴会上要唱《鹿鸣》一诗,故名。明、清沿此制,在乡试放榜次日,宴请考中的举人和内外帘官,歌《鹿鸣》,作魁星舞,称为"鹿鸣宴"。琼林,宋代苑名,在汴京(开封)城西,宋代曾赐宴进士于琼林苑,称"琼林宴"。明、清袭宋制,赐宴新及第进士,沿称为"琼林宴"。

[11] 胡卢,喉间的笑声。

[12] 浮一大白,满饮一大杯酒。浮,行酒令罚酒之称。大白,酒杯名。

[13] 小冠,年龄轻。

[14] 明太祖洪武三年(1370 年)正式开科取士,六年,暂停科举,十五年,又诏礼部重开科举,中间共停科举考试十年。

[15] 明太祖洪武六年停科举,试行荐举制度。以后虽间行科举,而监生(国家最高学府国子监的学生)及荐举人才,参用者居多。被荐举者不拘资格,可由布衣、吏员提拔为高官。监生也受重用,如洪武二十六年选拔了 64 名监生为布政、按察两使及参政副使、佥事等官。这是明初破格任用人才的情况。

[16] "其专用科目,在隆庆以后",指隆庆以后恢复了完全从定期科举选拔人才的制度。隆庆,明穆宗年号(1567—1572)。

[17] 胎息,原指道家的一种修养方法,谓修炼气功能达到如同胎儿在母腹中呼吸那样。这里作孕育、取法解,指明初时文孕育、取法于唐宋古文。

[18] 程墨,即程文墨卷,指刊刻颁行的举子应试的程文文选。因举子所作之文为墨卷;经主司选录者称程文,故名。有程,指有一定的法式。

[19] 中式,科举时代指各级考试被录取。有式,指有一定的规格。

[20] "嘉、道以降",嘉庆(1796—1820)、道光(1821—1850)以来。

[21] 探筹,抽签。语出《荀子·君道》:"上好权谋,则臣下百吏诞诈之人乘是而后欺。探筹、投钩者,所以为公也。"又见黄宗羲《明夷待访录·取士下》:"假使士子探筹,第其长短而取之,行之数百年,则功名气节之士亦自有出于探筹之中者,宁可谓探筹为取士之善法也?"

[22] "穷变变通","穷则变,变则通"的缩略。语出《易·系辞下》。

[23] "莫能轩轾",不能判断孰优孰劣。轩轾,车子前高后低称轩,前低后高称轾,引申为高低、轻重、优劣。轾,音 zhì。

[24] 柳宗元(773—819),字子厚,河东解县(今山西运城西南)人,唐代著名诗人,与韩愈倡导古文运动,并称"韩柳",为"唐宋八大家"之一。"惟其所尚文学,移而从之",见《柳宗元集·卷二十三·送崔子符罢举诗序》:"唯其所尚文学,移而从之。"唐代科举考试的科目中,最受重视的是进士科,而进士科最看重人的文学(主要是诗赋)才能,所以当时人们就根据这一标准培养人才。柳宗元在《送崔子符罢举诗序》中指出,在一个人身上,不同的才华之间是有联系的,所以他认为不管是选孝廉还是考进士,而考试也不管是重诗赋还是重经义,被选中的基本上还会是这一批人。

[25] 王安石(1021—1086),字介甫,抚州临川(今江西抚州)人,北宋著名政治改革家。他曾对科举制度进行改革,规定应进士科试者,在《诗》《书》《易》《周礼》《礼记》中选治一经,并兼治《论语》《孟子》。考试时主要试以经书大义,以通经而有文采者为合格;还规定以经书语句命题,文章有一定格式,其体裁与论证相似。《熙宁大义式》就是由中书省颁行的试卷参考格式。

[26] 元祐,宋哲宗年号(1086—1094)。

[27] 顾氏炎武,即顾炎武(1613—1682),字宁人,江苏昆山亭林镇人,又称"亭林先生",明末清初启蒙思想家。

[28] 觊幸,希图;侥幸。

[29] 键户之人,此处指闭门苦读之人。键户,用钥匙锁上门。键,钥匙。

[30] 朱碧,科举考试的乡试、会试中,考试的答卷用墨笔写成。为了防止阅卷官根据笔迹辨认考生,必须由书吏将试卷另用朱笔誊录,以誊录官监督之,称为"朱卷",然后再送考官评阅。此处"朱碧"泛指试卷。迷离,模糊不明。

[31] 小学,汉代称文字学为小学,因儿童入小学先学文字,故名。隋唐以后范围扩大,成为文字学、训诂学、音韵学的总称。

[32] 博学宏词科,由皇帝下诏为选拔文词人才而临时设置的科举考试科目。宋高宗绍兴三年(1133年)设博学宏词科,清乾隆年间因"宏"字近清高宗名(弘历),避讳改称"博学鸿词科"。

[33] 科甲出身,汉、唐取士有甲、乙等科,后世因称科举为"科甲",称经科举考试录取者为"科甲出身"。

[34] 同考官,明、清乡试、会试中协同主考或总裁阅卷之官。因在闱中各居一房,又称"房考官",简称"房官"。试卷由房官先阅,加批荐给主考或总裁。

[35] 明、清时期科举考试共分四个阶段,先在地方上参加童生试,以取得生员(秀才)资格;然后参加省城的乡试,以取得举人资格;之后到京城参加会试,以取得贡士资格;最后参加皇宫中的殿试,通过者按三甲发榜,取得进士称号。在地方上的两个阶段考试中,中央所派考官的籍贯与所主考的省份必须相异,以防有碍公正,故文中有"异籍者"之说。简,选拔;选择。

[36] 扃试,谓科举时代考生各闭一室应答试题。

[37] 监临官,科举考试时乡试的监考官。各省乡试的监临官一般由巡抚充任,除主考、同考官外,全场办事人员均归其委派监督。

[38] 明代府、州、县学中的学生统称"生员"(俗称"秀才"),最初每月都给廪膳(官府发给在学生员的膳食津贴),补助其生活,故称为"廪生"。后来因为要求入学者增多而增加人数,称为"增生"。这两种学生都有限额,为地方官学的正式学生。后又于名额外增取生员入学,附于前两种之末,称为"附生",没有限额,也不享受政府补贴。凡初入学者,均为附生,需经过岁、科两试成绩优秀者才能依次递补为增生、廪生。到了廪生就有机会按各地名额被推荐到中央的国子监肄业。清代完全承袭了这一制度。所谓"廪增附之旧",指的就是这种按序递增的选拔方法。

[39] 贡士,清制会试考中者为贡士。

[40] 副榜,明、清科举考试中,录取正式名额外,另行录取若干附加名额,称"副榜"。

[41] 朝考,清代进士经过殿试,取得出身以后,仍须再应一次殿廷的考试,由皇帝特派大臣阅卷,称为"朝考"。

[42] 胪传,亦作传胪,在殿试后由皇帝亲自召见新科进士,按甲第唱名传呼的典礼。

[43] 学政,清代在各省设置管理地方教育的行政长官。

[44] 佾生,清代孔庙中担任祭祀乐舞的人员,通常由学政在未被录取入学的童生中选充。

[45] 山长,清代书院的主持者。保优册,书院主持者对本院学生评价推优的名册。

[46] 拔优恩岁贡,明、清时期地方官学的生员若经考选升入京师国子监读书,称为"贡生"。其中地方官学每年或两三年按定额选拔入监的生员称为"岁贡",是最经常的途径;凡遇皇室庆典,根据地方官学岁贡常例,本年加贡一次,称为"恩贡";每三年由各省学政从本省生员中考选数名"学行兼优"者报送入京,称为"优贡";每六年(后十二年)由各省学政按每府学 2 名,州、县学 1 名的额度从生员中考选,保送入京,称为"拔贡"。廪增阙,阙同"缺",即廪生和增生的名额有空缺。

[47] 捐贡捐监,明、清时期有靠向政府捐献财物而获得从地方保送到国子监肄业的称为"捐贡",未经地方保送而直接进入国子监肄业的称为"捐监"。

[48] 通籍,原指记名于门籍,可以进出宫门。后来也称初做官为"通籍",意谓朝中已经有了名籍。

[49] 俦人,众人。亦指常人、一般人。

[50] 占毕,看书;读书。

[51] 虞廷赓歌,借指歌颂太平盛世。虞,虞舜。赓歌,见《书·益稷》:"乃赓载歌曰:元首明哉,股肱良哉,庶事康哉。"

[52] 散馆,明、清时翰林院庶吉士经过一定年限的学习,期满举行甄别考试的名称。

解读

在本文中,冯桂芬首先引用了别人对八股取士制度的猛烈攻击,认为这种抨击验诸史实虽并不确切,但任何一项制度用久了如果不思改革,必然会出现流弊则是事实。八股文在使用之初确实起到了选拔人才的作用,但嘉庆、道光以来难度越来越低,实际上不但已经无法起到选拔人才的作用,而且会养成投机取巧的恶劣士风。他认为,考试取士不过是区别人之聪明智巧高下而已,试诗赋,人则把聪明智巧用之诗赋,试经义,人则把聪明智巧用之经义,故所试异而所得仍同。但如果所试之事太易,则难辨聪明智巧之高下,因此考试内容要有一定难度。

为了加大难度,以减少营营奔竞之人,在考试内容上他明确提出废弃八股文,强化经解、古学、策问这三方面内容的主张。具体而言,在从童生试到殿试四个阶段的科举考试中,都按上述三方面内容考三场:第一场考经解,以经学为主,同时加考小学、算学,经学宜先汉而后宋;第二场考策论,以史学为主;第三场考古学,散文、骈体文、赋、各体诗各一首。他认为,这样才能弃虚就实,严格挑选出有真才实学的人才。

为了配合这一考试形式的变革,冯桂芬要求在考官的选拔上也要有相应的变革。他指出除了选拔考官上力求公正合理外,更重要的是在乡试、会试、殿试这三级考试均用三个分别有三方面专长的考官评阅试卷;即便是主持地方考试的学政,也要选出"三事兼长者为之"。总之,力求从三个方面综合衡量和选拔人才。

同时,为了使选拔程序更加经济合理,冯桂芬还设计了类似现代学分累计制的资格累计递增的方法。在各级科举考试中,除三场考试全优者可以获得功名或学习资格并进入高一级考试或学校外,只有两优一优者也能保留考试成绩,累积到下一次考试结果中作为递升的依据。这样就减轻了考生的负担,鼓励了向学的积极性,达到"专精与兼长亦足相抵"的目的。另外他还建议,各级各类教育机构都要实行上述考试制度,以使培养人才和选拔人才统一起来。

在中国教育的近代转型过程中,科举制度的存废始终与近代教育的兴衰密切相关。在龚自珍发出了"不拘一格降人才"的旷世之音后,冯桂芬继承了先辈们倡导实学的观点,踏出了议废八股的第一步,由此开启了后人对以八股文为代表的科举制度持续不断的批判与改造。1898 年,孙家鼐向光绪帝推荐《校邠庐抗议》作为当时变法的重要参考文献,同年光绪帝终于首次下令废除八股文。

（叶哲铭）

王
韬

王韬(1828—1897),初名利宾,后改名瀚,字懒今,因其化名"黄畹"上书太平军,遭清政府通缉而逃亡,改名韬,字仲弢,一字紫诠,自号弢园老民。江苏长洲(今苏州)人。清末报人、政论家。著有《弢园文录外编》《弢园尺牍》等数十种。

原　士

【题解】

《弢园文录外编》是王韬的一部政论集,1883 年在香港首版,内容选自他于 1874 年开始主编的《循环日报》上的重要文章。1874 年,正是王韬游历西方 28 个月回来后的第四年。作为近代第一位"既受过中国经典训练,又在西方度过一段有意义时光的中国学者",王韬切身感受了中西文化的差异,形成了超过其他同时代改良主义思想家的宏大眼光。在此后的 10 年中,王韬通过担任"第一份完全由中国人管理而取得成功的"《循环日报》的主编,以社论的方式撰写了大量政论文,评论时政,主张变法自强。本文在该书中为第一卷的第五篇。作者在本文中,对什么是真正的"士人",如何选拔出真正有"实学"的"士人"发表了看法。

【原文】

余尝闻何君镜海之言曰:天下之治乱,系于士与农之多寡。农多则治,士多则乱。非士之能乱天下,托于士者众,则附于仕者亦众[1],而游惰者且齿甘乘肥[2];三代下之国家,所以有岌岌之势矣。五行百产不能给生人之用,生齿繁则杀戮相仍[3],此天道之当然也。耽于逸,极于欲,斗于巧,百族万类元气剥丧,而倾折夭札[4]随之,此人事之自然也。大难初平,百物凋敝,人安耕凿而无竞无求[5];极盛之时,文治昌明,而诈伪日生,杀机潜匿。此又历代之盛衰相为倚伏者也。汉举孝弟力田,与策贤良并重[6],此其制犹近于古。后世以文取士,以资为郎,以级纪功,皆以黠民御朴民[7]耳,虽欲治,其可得哉!呜呼!何君之言,其即余欲以简治天下之意也。

返朴还醇,正在今日。夫今之所谓士者,皆有士之名而无士之实者也;其实民而已矣,安得窃名为士哉!今国家之于士也,取之太多,简之太骤[8],人人皆可为士。数年间，一邑之称士者已至数十百人，按其中皆贸然无知者居多。由是士习日坏，士风不振，而士遂为人之所轻，因而叹天下之无士。呜呼！岂通论哉！譬如采珠于渊，采玉于山，取既竭，则以泥沙代之，人见泥沙，并咎珠玉为无用，而士遂无以自见其长[9]。

为今计者，当废时文而以实学，略如汉家取士之法，于考试之外，则行乡举里选[10]，尚行而不尚才，则士皆以气节自奋矣。至以考试取士，亦当减其额，远其期。与其多取而贤不肖之皆多，毋宁寡取而贤不肖之皆少。且士既少，则下知贵；而为上者，教养皆有实用。学中廪饩，书院膏火[11]，养数百人不足者，养数十人而有余，于是士不为非而廉耻懋[12]焉。且士既不为时文，其心思智慧，咸磨砺以成有用之学。何至所习非所用，所用非所长，问以钱谷不知，问以兵刑不知，出门茫然，一举步即不识南北东西之向背哉！

或曰：有明之以时文取士，盖欲其废书不观，使之囿于一隅之中而莫能出其范围；往往有髫龄就学，皓首无成[13]，而士之受其愚者不少矣。呜呼！此徒以功名富贵鼓舞其心志，虽有奇材异能，非是莫由进身，其愚黔首之心，实无异乎祖龙之一炬[14]也！乃后世仍复因循不改，明知其无用，而绝不思为之变计，岂以在廷诸公皆由时文以进身，一若舍是并无良法欤？夫书，取其足以记姓名而已，宣圣有言曰：辞达而已矣[15]。是即文字尚不必求其甚工[16]，况于无用之时文！即曰时文所以代圣贤立言，顾圣贤之前言往训，昭然具在，固在乎身体力行，又何烦乎口为摹拟，作优孟之衣冠[17]？夫学时文不成，则竟成废人耳。设以学时文之精神才力，专注于器艺学术，即不能出而献诸大廷，而终有一技之长，一材之擅，足以终身用之而有余者。故时文不废，人才不生；必去时文尚实学，乃足以见天下之真才。

或又曰：时文中何尝无人才，本朝之功烈彪炳、才德彰闻者，何一不由科第中来？即今时曾、李、左三相国[18]，亦以时文为进身之阶，是安见时文之足以害人才也？不知此即吾向之所谓非时文之能出真才，乃真才之不囿于时文耳。

吾请一言以蔽之曰：今日之徒能时文而嚣然自足者，皆不得谓之士；此乃民之实，而窃士之名者也。况乎今日之士，即异日之官，巍然身为民上者也。时文中果有治民之谱欤？昔者，取士之途宽而用士之法严；今者，取士之途隘而用士之法滥。乳臭之子，朝登科第而夕握印绶[19]矣，不必试而后用也，而乌得不病国而殃民！故时文不废,天下不治。吾今请开数科以取士,即以其虚言而征之以实效。取之宽,则人才皆入吾夹袋之中,而自无或遗;用之严,则自不得以空文侥幸于一时。士习既端,而民俗亦厚,将见尚气节,懋廉耻,敦品行,而无实之士,自转而归于农工商贾,以各遂其生。今日风俗之弊,在好谀而嗜利;欲反其弊,莫若闭言利之门而开谏诤之路。故停捐纳所以伸士气,奖直言所以坚士节。如是而官方[20]有不澄,仕途有不肃,不足以扬郅治[21]之休,而臻于汉代文、景[22]之隆者,未之闻也。

——选自王韬著,楚流等选注:《弢园文录外编》,辽宁人民出版社1994年版,第15—18页。

【注释】

[1]"托于士者众,则附于仕者亦众",古代的社会分层是按"士农工商,四民分业"的原则来安排的。士为读书人,并以考试做官的方式来占有社会资源,托身于士的人越多,依附于仕途的人也就越多。

[2]齿甘乘肥,谓吃的是甘美的食物,骑的是膘肥的好马。

[3]"生齿繁则杀戮相仍",人口的膨胀必然导致要争夺有限的资源,于是战争等杀戮就相随而来。

[4]夭札,遭疫疠而早死。古人称早死为夭。札,瘟疫。

[5]"人安耕凿而无竞无求",人们安心于从事农业生产而没有竞争,也没有过多的欲求。

[6]孝弟,又称"孝悌",即对父亲孝顺、对兄弟友爱之意,是儒家的基本伦理,这是汉武帝后政府向地方选拔人才的基本标准。力田,即积极从事农业生产,能得到政府的奖励。策贤良,汉代皇帝以国家大政向著名知识分子("贤良")提出"策问",并根据回答的优劣选拔人才。这些都是汉代政府选拔人才的主要方式。

[7]黠民御朴民,狡黠的人控制朴实的人。

[8]"简之太骤",选拔的速度太快。

[9]"士遂无以自见其长",(在珠玉与泥沙混同的情况下)真正的士人也就无法自我展现其才能了。见,同"现"。

[10]乡举里选,西周时期已经存在的地方向周天子推荐人才的制度,其大致程序为先由乡大夫向乡吏布置考察下民德行与道艺的任务,每三年推荐一次,经过考核任命官职。后来,"乡举里选"就成为用推荐的方式选拔人才的代名词。到汉武帝时期,正式确立了较为完备的地方官员向中央推荐人才的察举制度,文中所指的"汉家取士之法"所指即此。

[11]膏火,旧时给学生的津贴费用。

[12]懋,通"茂",盛大。

[13]髫龄,童年。髫,古时小孩的下垂头发。皓首,白首,指老年。

[14] 祖龙之一炬,指秦始皇的焚书事件。语出《史记·秦始皇本纪》。祖龙,指秦始皇。

[15] 宣圣,即孔丘。唐玄宗曾追谥孔丘为文宣王,故有宣圣之称。辞达而已,(运用文字)只要能通达流畅地表达就行了。

[16] 工,精致;精巧。

[17] 优孟,春秋时期楚国的一位著名乐人,常以谈笑的方式讽谏楚庄王。《史纪·滑稽列传》记载,楚国名相孙叔敖由于生前清廉,去世后未留下财产,家人生活困苦。优孟就穿戴上孙叔敖的衣冠,模仿孙叔敖的举止去见楚庄王,借机讽谏庄王善待清廉名臣之后。本文"优孟衣冠"指刻意模仿之意。

[18] 曾、李、左三相国,指晚清名臣曾国藩(1811—1872)、李鸿章(1823—1901)、左宗棠(1812—1885)。此三人是同治年间军事、洋务运动等事业的领袖人物,当时被誉为"同治中兴"的"名臣"。

[19] 握印绶,指代为官掌权。印,官印。绶,系官印的丝带。

[20] 官方,旧时谓居官应守的礼法。

[21] 郅治,治理得很好。郅,通"至",极;大。

[22] 文、景,指西汉的文帝、景帝。文、景两帝为巩固统治,在汉初社会经济衰敝的情况下,采取"与民休息""轻徭薄赋"的政策,使生产得到恢复和发展,出现了富裕太平的社会景象,被后世誉为"文景之治"。

【解读】

如果说冯桂芬主要是对培养造就新型人才提出了种种建议,并对八股取士制度提出了改革措施,那么王韬的功绩则在于对人才观的内涵作了新的阐释,从而进一步推动了晚清人才观的变革。

在中国"士农工商,四民分业"的传统社会中,历代统治者通过各种手段将平民中的优秀分子选拔到士绅阶级以维持统治秩序。长期以来,"士"就是人才的代名词,在科举制度的背景下,"士"就是以做官为目的的读书人。然而到了剧烈变迁的近代社会,什么样的人才是真正的"士"? 对这个问题的回答成为王韬推翻传统人才观的起点。

在本文中,王韬集中探讨了什么是"士"这个前提性问题,以此为他的新型人才观张目。他认为,八股取士的科举制度选拔的标准太低,为官升迁又过快,造成了过多的人通过了科举考试,从而使士阶层中"皆贸然无知者居多"。这不但降低了士林声望,也减弱了政府资助士子的能力。更为重要的是,这种将主要精力投入学习八股文,仅掌握儒家经典的理论原理和道德准则就"嚣然自足"的所谓"人才",实际上却是"所习非所用,所用非所长",对实际事务一窍不通。在王韬看来,这些所谓的"士"其实都是有名无实甚至欺世盗名的"伪才"！

王韬认为,在面临职业专门化趋势的近代社会,应该崇尚实用学问("尚实学")。如果不学无用的八股文而"专注于器艺学术",即使不能为国家所用,也"有一技之长,一材之擅,足以终身用之而有余者"。由此,王韬推翻了两千余年来"君子不器"的道德至上的人才观,确立了以多样化、专门化为前提的近代人才观。至于具体用什么方法才能选拔出真正对国家有用的人才,王韬与比他年长近 20 岁的冯桂芬一样,提出了废除八股文的观点,并强调用汉代荐举制度作为选才的辅助方式也十分有用。为了满足选拔多样化专门人才的需要,王韬进一步提出了"开数科以取士"的建议。

在近代中国,王韬在一定程度上是被传统社会拒之门外的人。他只考取过秀才的功名,一生没有担任过正式官职,还一度被清廷通缉,需要依靠西方传教士和条约制度的庇护。然而,当传统社会的大门对他统统紧闭时,他却努力打开了一扇新的大门。作为 19 世纪后期著名的思想家、政论家和报纸主编,他以开阔的胸襟投身于中西文化交流,著书立说呼吁变革,努力为中国知识分子寻找一条不做官也能实现自身社会价值的全新出路。

（叶哲铭）

容闳（1828—1912），字达萌，号纯甫，广东香山南屏镇（今属珠海）人。近代第一位毕业于美国大学的中国留学生，因率先致力于推动留学教育而被誉为"中国近代留学教育之父"。容闳于1909年在纽约出版了名为 My Life in China and America 的英文回忆录，1915年商务印书馆出版了名为《西学东渐记——容纯甫自叙》的第一个中译本。

予之教育计划（节选）

题解

在《西学东渐记》中，容闳回忆起1850—1854年在耶鲁学院（今耶鲁大学）学习期间，"中国之腐败情形，时触予怀，迫末年而尤甚。每一念及，辄为之怏怏不乐"。他感到自己"既受教育，则予心中之理想既高，而道德之范围亦广，遂觉此身负荷极重。……更念中国国民，身受无限痛苦，无限压制"。怀着这种朴实纯真的爱国情感，容闳在毕业前夕就确立了一生的宏大志向——"以为予之一身，既受此文明之教育，则当使后予之人，亦享此同等之利益。以西方之学术，灌输于中国，使中国日趋于文明富强之境"。而实现这一宏愿的主要途径，就是推动中国政府向美国派遣留学生。在本文中，容闳不仅介绍了派遣幼童留学美国的具体计划，还叙述了他在特定的历史机缘中推动这一计划得以实现的曲折过程，读之感人至深。

原文

予自得请于曾文正，于江南制造局内附设兵工学校[1]，向所怀教育计划，可谓小试其锋。既略著成效，前者视为奢愿难偿者，遂跃跃欲试。曾文正者，于余有知己之感，而其识量能力，足以谋中国进化者也。当日政界中重要人物，而与余志同道合者，又有老友丁日昌[2]。丁为人有血性，好任事，凡所措施，皆勇往不缩。当丁升任江苏巡抚，予即谒之于苏州公署，语以所谓教育计划。丁大赞许，且甚注意此事，命予速具详细说帖，彼当上之文相国[3]，请其代奏。文祥满人，时方入相，权力极伟也。予闻丁言，惊喜交集，初不意苏州之行，效力如是。于是匆匆返沪，邀前助予译书之老友（南京人），倩其捉刀[4]，将予之计划，撰为条陈四则，寄呈丁抚，由丁抚转寄北京。略谓：

一、中国宜组织一合资汽船公司。……

二、政府宜选派颖秀青年,送之出洋留学,以为国家储蓄人材。派遣之法,初次可先定一百二十名学额以试行之。此百二十人中,又分为四批,按年递派,每年派送三十人。留学期限定为十五年。学生年龄,须以十二岁至十四岁为度。视第一、第二批学生出洋留学著有成效,则以后即永定为例,每年派出此数。派出时并须以汉文教习同往,庶幼年学生在美,仍可兼习汉文。至学生在外国膳宿入学等事,当另设留学生监督二人以管理之。此项留学经费,可于上海关税项下,提拨数成以充之。

三、政府宜设法开采矿产以尽地利。……

四、宜禁止教会干涉人民词讼,以防外力之侵入。……

此条陈之第一、三、四,特假以为陪衬;眼光所注而望其必成者,自在第二条。予友谓予,官厅批答公事,例有准驳[5]。吾与以可驳者,而欲得者乃批准矣。且目的所在,列之第二,乃不显有偏重之意也。此条陈上后两阅月,丁抚自苏驰函告予,谓文相国丁内艰[6]。盖中国礼制,凡现任职官,遭父母之丧,谓之“丁艰”。丁艰必退职,居丧三年,不得与闻政事。予得此消息,心意都灰,盖至此而元龙湖海豪气全除矣[7]。抑蹇运[8]之来,天若不厌其酷者。得第二次恶耗,希望几绝。盖文祥居丧不三月,亦相继为古人矣[9]。予目的怀之十年,不得一试。才见萌蘖,遽遇严霜,亦安能无怏怏哉!失望久之,烬余复热。自一八六八年至一八七〇年,此三年中,无日不悬悬然不得要领。偶因公事谒丁抚,必强聒不已,并恳其常向曾督言此,以免日久淡忘。办事必俟机会,机会苟至,中流自在,否则枉费推移。余非不知此,然时机者,要亦人力所造也。

已而天津人民忽有仇教举动,惨杀多数法国男女僧侣,其结果使中国国家蒙极大之不幸[10]。予乃因此不幸之结果,而引为实行教育计划之机会,洵匪夷所思。然使予之教育计划果得实行,借西方文明之学术以改良东方之文化,必可使此老大帝国,一变而为少年新中国。是因仇教之恶果,而转得维新之善因,在中国国家未始非塞翁失马,因祸得福也。

天津仇教事,发生于一八七〇年春间。所以演成此惨剧者,则以北方人民,类皆强悍而无识,迷信而顽固,遂因误会以酿成极大之暴动。先是天津有恶俗,贫民无力养其子女者,恒弃之道旁,或沉溺河中。天主教僧侣,悯其无辜,乃专事收育此等弃儿,养之医院,授以教育,稍长则令其执役于教会之中。此实有益之慈善事业,顾蚩蚩者氓[11],误会其意,造为无稽之说,谓教会中人取此弃儿,藏之医院及教堂中,将其双目挖去,以配药剂,或则作为祭祀之供献品。此等荒唐可哂之谣言,恰合于天津愚民之心理,故一时谣传极广。因市虎之讹[12],竟激起人心之愤。久之又久,祸机乃不可遏,遂不恤孤注一掷,取快一朝,虽铸错而不悔也。计是役焚毁天主教医院及教堂各一所,杀毙教中法国男女僧侣无数。

此暴动发生之际,崇厚适为直隶总督[13]。此人前曾任俄国公使,今甫督直而即值此暴动,可谓大不幸。盖中国律例,凡地方有变故者,长官须负其责,故崇厚遂因此革职,发配边远地方充军。迨后中国政府,允以巨款赔偿被害人之家族,并建还所焚毁之医院、教堂,更以政府名义发正式公函,向法国道歉,事乃得寝。幸尔时普法战争未已,法政府在恐慌中,故未遑以全力对付中国。否则必且借题发挥,肆意诛求,以餍其贪饕,交涉恐未易就范。但此次虽无难堪之要索,然后来中国属地安南东京之一片土,卒因是不我属矣[14]。

中国政府当日曾派大臣四人调停,四人为曾文正、丁日昌、毛昶熙、其一人刘姓忘其名[15]。是时捻匪虽渐平,尚未肃清。李文忠身在戎行,未与闻斯役。丁奉派后,电招予为译员。电至略晚,不及与同行,予乃兼程赴津。抵津后,尚得与闻末后数次之谈判。此交涉了结后,钦派之诸大臣,留天津未即散。而予乃乘此时会,十余年梦想所期者,得告成功焉[16]。

——选自容闳原著,徐凤石、恽铁樵原译,张叔方补译,杨坚、钟叔河校点:《西学东渐记》,湖南人民出版社 1981 年版,第 85—90 页。

注释

[1] 曾文正,即曾国藩(1811—1872),原名子城,字伯涵,号涤生,湖南湘乡白杨坪(今属双峰)人,晚清洋务派和湘军首领,谥号"文正",故后人称其为"曾文正"。据《西学东渐记》第十五章记载,1867年曾国藩至南京就任两江总督途中,曾到上海视察江南制造局。容闳乘机"劝其于厂旁立一兵工学校,招中国学生肄业其中,授以机器工程上之理论与实验,以期中国将来不必需用外国机械及外国工程师。文正极赞许,不久遂得实行"。

[2] 丁日昌(1823—1882),字禹生,广东丰顺人,同治六年(1867 年)擢江苏布政使,次年升巡抚。容闳

于 1868 年曾晤丁氏于苏州，劝其推行自己的教育计划。

[3] 文相国，即文祥（1818—1876），字博川，满洲正红旗人，累官至工部尚书、吏部尚书、协办大学士、体仁阁大学士（相国）等。

[4] 倩，音 qìng，请；央求。捉刀，即代笔。

[5] "例有准驳"，照惯例总会批准某些意见而驳回另一些意见。

[6] 旧称遭父母之丧为"丁艰"，称遭母丧为"丁内艰"。

[7] 东汉陈登，字元龙，曾慢待许汜。许汜后来对刘备说："陈元龙湖海之士，豪气不除。"见《三国志·魏书·吕布（张邈）臧洪传》。豪，谓粗豪。

[8] 蹇运，运气不好。蹇，音 jiǎn，艰难；不顺利。

[9] 同治八年（1869 年）文祥母去世，光绪二年（1876 年）文祥病逝。文中说"文祥居丧不三月，亦相继为古人矣"，应为容闳记忆错误。

[10] 已而，旋即；不久。天津人民忽有仇教举动，即天津教案。咸丰十年（1860 年），法国强迫清政府签订《中法北京条约》后，法国天主教传教士在天津望海楼设立教堂，吸收恶棍入教，拐骗人口，强占民地，激起民愤。1870 年 6 月 21 日，因育婴堂虐死婴儿数十名，数千民众到教堂说理。法领事丰大业（Henri Victor Fontanier）开枪伤人。群众怒不可遏，打死丰大业，焚毁法、英、美教堂及法领事署。事件发生后，清政府派曾国藩等到天津查办，他们主张避战求和，对侵略者屈服，将爱国人民当作凶手惩办。

[11] 蚩蚩者氓，敦厚朴实的百姓。《诗·卫风·氓》："氓之蚩蚩，抱布贸丝。"蚩蚩，敦厚貌。

[12] 市虎之讹，即"三人成虎"的典故，谓有三个人谎称集市上有老虎，听者就信以为真。意谓说的人一多，以讹传讹，就能使人认假为真。

[13] 崇厚（1826—1893），字地山。1870 年天津教案发生时，崇厚任三口通商大臣。教案结束时，崇厚被清政府派为专使赴法国道歉。文中所说"崇厚适为直隶总督"，"遂因此革职，发配边远地方充军"等语，有误。

[14] 安南，即今越南。在近代以前越南为我国"藩属"。1858 年法国殖民主义者侵略越南。1885 年，中国清政府和法国签订了《中法新约》，承认法国对越南的保护关系，越南不再是我国的"藩属"。法国占领越南后，将其分割为东京、安南、交趾支那三个部分。

[15] 毛昶熙（1817—1882），字旭初，河南武陟人，累官至工部尚书、翰林院掌院学士、兵部尚书等。天津教案发生后，毛受命与曾国藩等共同处理。刘姓者，即刘铭传（1836—1896），字省三，安徽合肥人，清末淮军将领。光绪十一年（1885 年）台湾设省，为首任巡抚，曾参与处理天津教案。

[16] 容闳在《西学东渐记》中曾说："以西方之学术，灌输于中国，使中国日趋于文明富强之境。予后来之事业，盖皆以此为标准，专心致志以为之。溯自一八五四年予毕业之时，以至一八七二年中国有第一批留学生之派遣，则此志愿之成熟时也。"前后历时十八年，容闳理想才得以实现，故有此说。

【解读】 容闳教育计划的核心是选派 12—14 岁的聪颖少年赴美学习 15 年,以接受完整的西方教育,并且一旦确定第一、二批卓有成效,此后即"永为定例,每年派出此数"。若干年后这些学生学成归国,就可"借西方文明之学术以改良东方之文化,必可使此老大帝国,一变而为少年新中国"。为了使这些留学生不忘记祖国文化,还要派出汉文教习同往,使他们在美国"仍可兼习汉文"。计划中还提及设置两名监督,负责管理工作,并对留学经费的出处提了建议。

本文纯粹介绍作者教育计划的文字极少,作者更多地将笔墨用在回忆这个计划从 1868 年提出到 1870 年最终为当权者采纳的三年中跌宕起伏的心路历程和历史机遇。1868 年,计划得到丁日昌的支持,作者"惊喜交集"。然而当权者因故退出政坛,作者"心意都灰""豪气全除""希望几绝"。但"失望久之",又"烬余复热",在 1868—1870 年间,作者"无日不悬悬然不得要领",唯有不断提醒丁日昌不要淡忘。1870 年,天津教案爆发。这一中外流血冲突更深层的原因,是在不平等的中西关系下西方文化对中国传统文化的冲击。无论容闳站在何种立场理解天津教案,都坚定了他引进西方文明以改良中国传统文化,使祖国实现富强的决心。通过担任译员,容闳终于再次获得了接近曾国藩的机会。在丁日昌的大力协助下,容闳也终于等到了处理教案的四大臣联名上奏留学计划的消息。

1872—1875 年,四批学生相继赴美,并很快在美国赢得各界舆论的赞扬。在 1876 年的费城世界博览会上,他们"于千万人中言动自如,无畏怯态。……吐属有外洋风派",并受到美国总统的接见。然而,正是这种"外洋风派"始终为守旧势力所担心。这些少年留学生在接受西方教育的同时,必然要背离传统封建教育的藩篱。经过无数次激烈的争论和权衡,1881 年清政府作出了撤回留美学生的决定,当时仅有两人获得学士学位(其中一人为詹天佑),其余均在不同阶段的学习进程中。然而,他们回国后仍在外交事业、洋务建设和教育发展的历史进程中发挥了应有的作用,并在深层次上冲击着人们旧的教育观念和社会心理。容闳的幼童留美计划虽然中途夭折,但为 19 世纪末中国留学热潮的到来拉开了序幕。

(叶哲铭)

刘坤一(1830—1902)，字岘庄，湖南新宁人。清末湘军将领，后期洋务运动的代表人物。今辑有《刘忠诚公遗集》等。

刘
坤
一

变通政治筹议先务四条折（节选）

【题解】 1900 年义和团运动爆发，八国联军发动了对中国的侵略战争。为了继续维持封建统治，清政府迫于内外压力，于 1901 年 1 月 29 日发布"变法"上谕，开始在政治、军事、经济、文化教育等方面实行所谓的"新政"。上谕要求各级官吏，"各就现在情形，参酌中西政要，……各举所知，各抒所见，通限两个月，详细条议以闻"。正是在这种背景下，作为政府要员的刘坤一联合张之洞上书（即本文），提出了改革科举制度、广兴学校等建议。

【原文】 窃谓中国不贫于财而贫于人才，不弱于兵而弱于志气。人才之贫，由于见闻不广，学业不实；志气之弱，由于苟安者无履危救亡之远谋，自足者无发愤好学之果力。保邦致治，非人无由。谨先就育才兴学之大端，参考古今，会通文武，筹拟四条：一曰设文武学堂，二曰酌改文科[1]，三曰停罢武科[2]，四曰奖劝游学。敬为圣主陈之：

一曰设文武学堂。取士之法，自汉至隋为一类，自唐至明为一类，无论或用选举[3]，或凭考试，立法虽有短长，而大意实不相远。汉、魏至隋，选举为主，而亦间用考试，如董、晁、郤、杜之对策是也[4]。唐、宋至明，考试为主，而亦参用选举，如温造、种放之征召是也。要之，皆就已有之人才而甄拔之，未尝就未成之人才而教成之。故家塾[5]则有课程，官学但凭考校，此皆与三代[6]学校之制不合。现行科举章程，本是沿袭前明旧制，承平之世，其人才尚可以佐治安民，今日国蹙[7]患深，才乏文敝[8]，若非改弦易辙，何以拯此艰危？

然而中国见闻素狭，讲求无素[9]，即有考求时务者，不过粗知大略；于西国政治，未能详举其章。西国学术，未能身习其事。现虽举行经济特科，不过招贤自隗始[10]之意，止可为开辟风气之资，而未必遽有因应不穷之具。……

今泰西各国学校之法,犹有三代遗意,礼失求野,或尚非诬。其立学教士之要义有三:一曰道艺兼通,二曰文武兼通,三曰内外兼通。其教法之善有四:一曰求讲解不责记诵,一曰有定程亦有余暇,一曰循序不躐等,一曰教科之书,官定颁发,通国一律。大小各学,功有浅深,意无歧异。其考校进退章程,皆用北宋国学积分升舍之法[11],才能优绌,切实有据,既不虞试官偏私,亦不至摸索偶误,故其人才日多,国势日盛。德之势最强,而学校之制惟德最详;日本兴最骤,而学校之数在东方之国为最多。兴学之功,此其明证。

……各国学制、教法,节目虽有小异,用意事事相同。其大中小学之年限,无论文武,大率三、四、五年不等,等级渐深者,子目亦渐加多。其东西各国,今昔章程微有不同者,大约西繁而东简,西迟而东速,昔专一而今变通。如西国马上不放火枪,日本近三年始于马上操枪之类。其学校监督皆用武官为之,以武官于礼节规矩最为谨严详密,文职偶有脱略,武官断不通融。此外国学校教士官人之大略也。

臣等谨参中外情形,酌拟今日设学堂办法,拟令州县设小学校及高等小学校。童子八岁以上入蒙学,习识字,正语音,读蒙学歌诀诸书,除四书必读外,五经可择读一二部。家塾、义塾[12]悉听其便,由绅董自办,官劝导而稽其数,每年报闻上司可也。十二岁以上入小学校,习普通学,兼习《五经》,先讲解,后记诵。但解经书浅显义理,兼看中外简略地图,学粗浅算法至开立方止,学粗浅绘图法至画出地面平形止,习中国历代史事大略、本朝制度大略,习柔软体操。三年而毕业,绅董司之,官考察之。十五岁以上入高等小学校,解经书较深之义理,学行文法,学为策论、词章,看中外详细地图,学较深算法至代数、几何止,学较深绘图法至画出地上平剖面、立剖面、水底平剖面止,习中国历史大事、外国政治学术大略,习器具体操,兼习外国一国语言文字之较浅者。此学必设兵队操场。三年而毕业,官司之,绅董佐之。毕业后本管府考之,分数及格者给予凭照,作为附生[13]送入府学校,分数欠者留学。府设中学校。十八岁高等小学校毕业,取为附生者入中学校,习普通学。其有监生、世职、职衔愿入普通学者亦听,但须酌捐学费,与附生一律教课。其有营弁、营兵,文理通畅,能解算法、绘图,考验有据者,亦准收入此学。温习经、史、地理,仍兼习策论、词章,并习公牍、书记文字,学精深算法至弧三角、航海驶船法止,学精深绘图法至测算经纬度、行军图、目揣远近斜度止,习中国历史、兵事,习外国历史、律法、格致等,学外国政治条约即附于律法之内,并讲明农、工、商等学之大略,习兵式体操,兼习外国一国语言文字之较深者。词章一门,亦设教习,学生愿习与否,均听其便。弁兵入学者,专学策论,免习词章。此学亦必设兵队操场。三年而毕业,学政[14]考之,给予凭照,作为廪生[15],送入省城高等学校。省城应设高等学校一区,大省容二三百人,中小省容百余人,屋舍不便者,分设两三处亦可,但教法必须一律。非由中学校、普通学毕业者,不能收入。拟参酌东西学制,分为七专门:一,经学,中国经学、文学皆属焉。二,史学,中外史学、中外地理学皆属焉。三,格致学,中外天文学、外国物理学、化学、电学、力学、光学皆属焉。四,政治学,中外政治学、外国律法学、财政学、交涉学皆属焉。五,兵学,外国战法学、军械学、经理学、军医学皆属焉。六,农学。七,工学,凡测算学、绘图学、道路、河渠、营垒、制造军械、火药等事皆属焉。共七门,各认习一门,惟人人皆须兼习一国语言文字。此学亦必设兵队操场。至医学一门,以卫生为义,本为养民强国之一大端,然西医不习风土,中医又鲜真传,止可从缓。惟军医必不可缓,故附于兵学之内。并另设农、工、商、矿四专门学校各一区,专以考验实事为主,机器、药料、试验场皆备,亦三年而毕业。其普通学成愿入此四学者听。入此四学者,中国经学、文学皆令温习。无论何学皆有兵队操场。其习武者,专设一武备学校,择普通毕业之廪生愿习武者送入,四书、中国历史、策论,人人兼习。其余悉依外国教课之法,并专习一国语言文字。或仿日本并设一炮工学校,专学制造枪炮之法。均三年而毕业。文学生高等学校毕业后,除农、工、商、矿专门四学另为章程外,此七门学生,学律法者派入交涉局学习实事,名曰练习学生。学兵法者,派入各营学习实事,亦名曰练习学生。其余五门学生,均随其所愿派入农、工、商、矿等局,兼习实事,名曰兼习学生。均以实在局、在营一年为度。农、工、商、矿四专门学三年毕业后,农学派赴本省外县山乡水乡,考验农业;工学派赴本省外省华洋工厂,考验制造;商学派赴南北繁盛口岸,考验商务;矿学派赴本省外省开矿之山,炼矿之厂,考验采炼。均名曰练习学生,亦均以实在出外游历练习一年为度。其武学生,武备学校毕业后,令入营学习,操练一年,半年充兵,半年充弁,以实在营一年为度。合计在学肄业及出外练习,文武各门均四年学成,先由督抚学政考之,再由主考考之,取中者,除送入京师大学校外,或即授以官职,令其效用。大学校学业,又益加精,门目与省城所设高等专门学校同,三年学成,会试总裁考之,取中者授以官。此大、中、小学教法、门目、等级、年限之大略也。

其考用之法:高等小学学成者,本管知府考之;普通中学学成者,学政考之;均不弥封。县送府考,府送学院考,均须详注分数,知府、学政考取榜示,亦须注明分数,不准浑沦取进。高等专门学成者,督、抚、学政分文、武两途考之,应分几场,临时酌定,取者作为优贡[16],武者作为武优贡。其文事由他途径入普通中学、浒[17]送农、工、商、矿四专门学、非由生员者,及由普通中学毕业,径入四门专学,非由高等学毕业者,其武事由弁兵径送入普通学,非由生员者,一并准其与考。其优贡所取人数,视本省中额加倍。钦派考官,会同督、抚、学政,亦分文、武两途考之,应分几场,临时酌定。考其专门之学及各国语言文字,非优贡不得与考。大率督、抚、学政所取优贡,即系录送乡试之意。应试人少,且诸学有须面试者,毋庸糊名[18]易书,考中者作为举人,其非由生员出身及非由高等出身者,作为副榜[19]。择其中式前半若干名,分别送入京城文武大学校。所以止送一半入大学校者,一为京师大学若欲全容天下举人,费用过多,故减半送京,以节经费,一为分半就职,俾得及时效用,以应目前急需。其有未获送入大学校者及已经送京而不愿入大学校愿就职者,听。其未送大学校而不愿就职,自愿留学以待下科者,亦听。就职者,文授以七品小京官及六七品佐贰[20]首领,分部、分省候补,或充各局委员。武授以守备、千总等官发营差委。考官照学政例,准带幕友二三人,同考官由外省酌量访求聘委,不拘官阶,亦不必本省人员。京城设文事大学校,水军陆军大学校各一,学业又益加精,门目略与省城专门学校同。学成者,钦派总裁大臣考之,作为进士。经廷试[21]后,文授以部属、知县等官,武授以都司、守备等官,均令分部、分省、分标候补,优其序补班次,毋庸归选。如朝廷需用编书、修史、应奉文字之词臣,宿卫禁廷之侍卫,应随时听候谕旨考选,不在科举常例之内。统计自八岁入小学起至大学校毕业止,共十七年。计十八岁为附生,二十一岁为廪生,二十五岁为优贡、举人,二十八岁为进士,除去入学出学程途、考选日期外,亦不过三十岁内外,较之向来得科第者并不为迟。此大、中、小学层递考取录用之大略也。

其取中之额,即分旧日岁科考取进学额以为学堂所取生员之额,分乡会试中额以为学堂所中举人、进士之额。优贡应请新定学堂之额,大约比本省中额加倍而略多。初开办数年,学堂未广,取中尚少,前两科每科分减旧日中额学额三成,第三科每科分减旧额四成,十年三科之后,旧额减尽,生员、举人、进士皆出于学堂矣。至日久才多,以后应仿各国章程,视其学业分数以为中额之多少,并可不拘定额,以昭核实而资策励。总须较旧额之数有增无减。此学堂取中额数,移拨旧额,日后并不限以定额之大略也。

或谓废八股则人不读经书,不尊圣贤,不宗理学。不知八股始自前明,自汉至宋皆无八股,何以传经卫道代有名儒,忠孝节义史不绝书。即如周、程、朱、张乃理学宗主[22],其时未尝有八股也。或谓废八股,则人不能为文。不知文章之最美者,莫如春秋之左国[23],战国之诸子[24],两汉之班马[25],唐宋之八家[26],其时未尝有八股也。或谓废八股,则旧日专攻帖括者无进身之路,不知历来擅长八股诸名家,亦必系学赡才敏、文笔优长之士,其最著者,前明如唐顺之、归有光[27],国朝如韩菼、方苞辈[28],即不由场屋[29],岂患无自见之学、登进之阶。故能为好时文者,考试策论固属优为,兼习诸学亦非难事。无论少年易于改业,即二十五岁以上至五十岁者,除外国语言、精微算法外,何事不能通晓?若从此三科十年以后,不能中式而又不能改习诸学,则断非有才有志之人,国家取之何益于用!然此辈仍可为小学、中学、经书、词章之师,其衰老不第而学行尚有可取者,可由督、抚、学政访察、考选,朝廷优予体恤:六十岁以上者,酌给职衔,五十岁以下者,广设其途,分别举、贡、生员,用为知县、佐贰、杂职,详见酌改文科专条,似亦足以安宿儒而慰寒畯矣[30]。捐纳[31]既停,即中等儒生岂患无出路哉!此裁减旧日学额中额,仍将从前举、贡、生员分别录用之大略也。

论外国设学之定法,自宜先由小学校办起,层累而上,以至中学、高等学、大学方为切实有序,惟经费太绌,师范难求,止可剀切劝谕[32],竭力陆续筹办。若必待天下遍设数万小学、数百中学,然后升之高等学、大学而教之用之,至速亦须十年,时事日棘,人不我待,刻舟胶柱[33],必致空言误事。今日为救时计,惟有权宜变通,先自多设中学及高等学始,选年力少壮通敏有志之生员,迅速教之,先学普通,缓习专门,应各就省城及大府酌量情形,迅速筹办,以资目前之用。取才由粗入精,立法由疏入密,凡事何莫不然。将来小学林立,中学亦多,则循序渐进,取材既裕而教法亦不劳矣。查三十岁而入官,科名不得为晚。自初学以至学成,十七年而成文武兼备之人才,造就不得为迟。惟事急需才,恐难久待。查日本文武各种学校皆有速成,教法于各项功课择要加功,于稍缓者量加省减,刻期毕业。应请旨饬出使大臣李盛铎切托日本文部、参谋部、陆军省,代我筹计酌拟大、中、小学各种速成教法,以应急需。此权宜救急,先设普通中学暨采访速成教法之大略也。

惟成事必先正名,三代皆名学校,宋人始有书院之名。宋大儒胡瑗[34]在湖州设学,分经义、治事两斋,人称为湖学,并未尝名为书院。今日书院积习过深,假借姓名,希图膏奖,不守规矩,动滋事端,必须正其名曰学,乃可鼓舞人心,涤除习气。如谓学堂之名不古,似可即名曰各种学校,既合古制,且亦名实相符。

总之,中华所以立教,我朝所以立国者,不过二帝、三王之心法[35],周公[36]、孔子之学术。今宗旨则不悖经书,学业则兼通文武,特以世变日多,故多设门类以教士,取其周知四国,博学无方,正与经传所载三代教士取人之法相合,看似无事非新,实则无法非旧。且经、史、词章仍设专门,学人、文人皆有自见之路,何得以唐人专考词章之下策,前明八股之俳体[37],视为儒者正宗哉!

臣等所拟以上办法,不过明宗旨,标门类,分等级,计年限,筹出路,除妨碍,举其大略如此。至于详细章程,究应如何斟酌损益之处,应候敕议裁定。此一事为救时首务,振作大端,伏望我皇上思危虑患,饬取日本学校章程迅速详议,乾断施行,收人心以固国基,四海瞻仰首在此举矣。

一曰酌改文科。科举一事为自强求才之首务,时局艰危至此,断不能不酌量变通。半年来,谘访官绅人士,众论金同。两广督臣陶模[38],山东抚臣袁世凯[39]咨来奏稿,言之甚为恳切。改章大指,总以讲求有用之学,永远不废经书为宗旨。拟即照光绪二十四年臣等所奏变通科举奉旨允准之案酌办。原奏乃系参酌古今,求实崇正,力驳侈谭新学者之谬论,不过原本旧章,力求核实而已。大略系三场[40],先后互易,分场发榜,各有去取,以求核实。头场取博学,二场取通才,三场归纯正,以期由粗入精。头场试中国政治、史事,二场试各国政治、地理、武备、农、工、算法之类,三场试四书、五经义,经义即论说考辨之类也。头场十倍中额,二场三倍中额。原奏经礼部通行陕西,有案可查。惟声、光、电、化等学,场内不能试验,拟请删去。此系原本朱子[41]救弊须兼他科目取人之意,欧阳修随场去留鄙恶乖诞以次先去之法,而又略仿现行府县覆试童生、学政会考优贡之章,且可免寒士之候榜艰难,考官之疲劳草率,似乎有益无弊,简要易行。

窃维今日育才要指,自宜多设学堂,分门讲求实学,考取有据,体用兼赅,方为有裨世用。惟数年之内,各省学堂不能多设,而人才不能一日不用,即使学堂大兴,而旧日生员年岁已长,资性较钝,不能入学堂者,亦必须为之筹一出路,是故渐改科举之章程,以待学堂之成就。似此办法,策论乃诸生所能,史学、政治、时务乃三场策题所有,考生断不致因改章而阁笔,科场更可因改章而省费,而去取渐精,学业渐实,所得人才固已较胜于前矣。兹拟将科举略改旧章,令与学堂并行不悖,以期两无偏废。俟学堂人才渐多,即按科递减科举取士之额,为学堂取士之额。其颖敏有志者,必已渐次改业,归入学堂。其学优而年长者,文平而品端者,尽可宽格收罗,量才录用:或取作副榜,多取数名;或令充岁贡[42],倍增其额;或推广大挑[43],每科一次;或特令挑作誊录[44],令其议叙有资;或举人比照孝廉方正[45],生员比照已满吏,准其考职,令其入官效用。宜汇总核计以上各途推广录用之数,足以抵每科减额之数,则旧日专习时文者亦尚有进身之阶,十数年以后,奋勉改业者日多,株守沉沦者日少,且仍可为小学堂、中学堂经书、词章之师,其衰老者可从优赏给职衔。总之,但宜多设其途,以恤中才之寒畯,而必当使举人、进士作为学堂出身,以励济世之人才。只可稍宽停罢场屋试士之期,而不可使空疏无具者永占科目之名。果使捐纳一停,则举、贡、生员决不患其终无出路。此其兼顾统筹,潜移默化,而不患其窒碍难行也。

一曰停罢武科。文武两科并称,而两科之轻重利弊迥然不同。国家任官求才,无论章程如何,总之必用读书明理之士。因近年帖括之士有文无实,故改章以求实学,先略改科举章程以取已有之人才,次广设学堂以教未成之人才。他日专门学成,体用兼备,仍是此等读书明理之人,其法小变,其意仍同。若武科则不然。硬弓、刀石之拙固无益于战征,弧矢之利亦远逊于火器,至于默写武经,大率皆系代倩[46],文字且不知,何论韬略!以故军兴以来,以武科立功者概乎其未有闻。凡武生、武举、武进士之流,不过恃符豪霸,健讼[47]佐斗,抗官扰民,既于国家无益,实于治理有害,此海内人人能言之,无待臣等之烦言者也。或谓武生等可使改习枪炮。不知利器散布民间,流弊太大,实无防察之法,万不可行。或谓武生等可使入武备学堂肄业。不知学堂定法,无论水师、陆师皆必须曾读书通文理,若不识文字者,虽有西师善教,精者不能解,粗者不能记,断无受教之地。或谓武科所以收强梁[48]不驯之人才。不知凡应武试者,大率小康之家子弟,椎鲁游荡[49],不肯读书,乃使之习武以博科目之荣,其弓马衣装之费,较之文生为多,故世俗有"穷文富武"之谚。夫取士求将,本欲得良善守法之士,教以礼义,授以技能,以备干城腹心[50]之用,岂有搜罗不逞,加虎以冠。且天下盗贼,会匪亦多矣,岂武科所能网罗者哉!今日勇营甚多,其材武有力之辈皆可容纳,何借武科?或谓古今名将未必尽能知书。不知古之孙、吴、韩、岳、戚继光[51],今之罗泽南、彭玉麟等[52],何一非学古能文之士。间有不学问而为名将者,多由阅历而来。故兵勇起家为良将者有之,然在今日已不能与洋兵角胜。若应武科者,平日所习皆与兵事无涉,既不晓枪炮之精,复不谙营阵之法,及取中武科,年齿已长,习气已深,循资数年,即可为参、游、都、守,何所谓阅历哉?查国家官制,武职以行伍为正途,八旗世家无非兵籍。此时讲求兵事,必须武学、西操相资为用。其学堂毕业入营操练精熟者,自必予以出身,洊擢官职。将来内而禁卫,外而将校,皆可于此取之。考拔擢用之法,另详专条。若仍以循旧之武科,滥厕右职,殊于讲武励才之出路有妨。近年自故督臣沈葆桢[53]以后,中外大臣言武科改章者甚多,盖久已共知其弊。臣等揆之今日时势,武科无益有损,拟请宸断,奋然径将武科小考,乡、会试等场一切停罢,其旧日之武进士、武举、兵部差官,一律发标学习,考察人材,酌量委用补署,不必按资挨次选补实缺。武生年壮有志者,令其讲求武学,以备应募入伍之用,疲老者听其改业。如此则学堂讲武学者,营弁精操练者,在标有战功劳绩者,登进之途较宽,必皆鼓舞奋兴,而将校皆有实用,此诚自强讲武之一大关键也。

一曰奖劝游学。学堂固宜速设矣,然而非多设不足以济用。欲多设则有二难:经费巨,一也;教习少,二也。求师之难尤甚于筹费。天下州县皆立学堂,数必逾万,无论大学、小学,断无许多之师。是则惟有赴外国游学一法。查外国学堂,法整肃而不苦,教知要而有序。为教师者,类皆实有专长,其教人亦有专书定法。凡立一学,必先限定教至何等地位,算定几年毕业,总计此项学业,共须几年若干时刻方能教毕,按日排定,每日必作几刻功夫,定为课程,一刻不旷,如期必毕,故成效最确,学生亦愿受教。而教法尤以日本为最善,文字较近,课程较速,其盼望学生成就之心,至为恳切。传习易,经费省,回华速,较之学于欧洲各国者,其经费可省三分之二,其学成及往返日期可速一倍。江、鄂等省学生在日本学堂者多,故臣等知之甚确。此时宜令各省分遣学生出洋游学,文武两途及农、工、商等专门之学,均须分门认习,但须择其志定文通者乃可派往。学成后得有凭照,回华加以覆试,如学业与凭照相符,即按其等第作为进士、举、贡,以辅各省学堂之不足,最为善策。此时日本人才已多,然现在欧洲学堂附学者尚数百人,此举之有益可知。并宜专派若干人入其师范学堂,专学师范,以备回华充小学、中学普通教习,尤为要着。

再,官筹学费究属有限,拟请明谕各省士人,如有自备资斧出洋游学,得有优等凭照者,回华后覆试相符,亦按其等第作为进士、举、贡。如此则游学者众而经费不必尽由官筹。盖游学外国者,但筹给经费,而可省无数之心力,得无数之人才,已可谓善策矣。若自备资斧游学,业成者准按凭照优奖录用,则经费并不必多筹,尤善之善者矣。此四条,为求才图治之首务,其间事理皆互相贯通,互相补益,故先以此四事上陈。盖非育才不能图存,非兴学不能育才,非变通文武两科不能兴学,非游学不能助兴学之所不足。揆之今日时势,幸无可幸,缓无可缓,仰恳宸衷独断,决意施行。其间条目章程自须详议,而大纲要旨无可游移。其有为因循迁就之说者,惟赖朝廷坚持,勿为其所摇夺。……

…………

——选自刘坤一著,陈代湘校点:《刘坤一集(第三册)》,岳麓书社 2018 年版,第 197—210 页。

注释

[1] 文科,与"武科"相对。科举时代指以经学、文章取士的进士等科。

[2] 武科,科举制度中专为选拔武官而设的科目。唐武则天始立武科举,宋代因之。明、清时改称武科。与文士考试的文科举并为两大科。考试条例悉同文科举。考试分为内、外场。外场考马箭、步箭、开弓、舞刀、掇石,内场默写《孙子》《吴子》《司马法》《三略》《六韬》等武经。童生、生员、举人、进士、状元等名目均与文科同,上冠以"武"字,以示区别。清光绪二十七年(1901 年)废止。

[3] 选举,古代指选拔举用贤能。自隋以后,分为二途:举士属礼部,包括考试与学校;举官属吏部,掌管铨选与考绩。

[4] 董、晁、郄、杜,指董仲舒、晁错、郄诜,"杜"所指不详。董仲舒(前 179—前 104),广川(治今河北景县西南)人。西汉经学家、教育家。曾向武帝上"天人三策",提出"天人感应"说,主张"天不变,道亦不变",倡"三纲五常",建议"罢黜百家,独尊儒术"。著有《春秋繁露》等。晁错(前 200—前 154),西汉颍川(治今河南禹州)人,习申不害、商鞅刑名之术。得汉景帝信任,上书言事,主张徙

民备边,抵御匈奴侵扰,削诸侯王权,以固朝廷。后吴、楚等七国以"诛晁错、清君侧"为名举名叛乱,他为袁盎等所潜,被杀。有《晁错》,已佚,有辑本。郄诜,音 xìshēn,晋国人,举贤良对策为天下第一,自视为"桂林之一枝,昆山之片玉"。有"郄诜策""郄诜丹桂"之说,后比喻科举及第,获得功名。

[5] 家塾,见《礼记·学记》:"古之教者,家有塾,党有庠,术有序,国有学。"相传周代以二十五家为间,间有巷,巷首门边设家塾,用以教授居民子弟。后亦称私家所设的学塾。

[6] 三代,指夏、商、周三代,传统儒家学者心目中的理想社会。

[7] 国蹙,同"蹙国",丧失国土。《诗·大雅·召旻》:"昔先王受命,有如召公。日辟国百里,今也日蹙国百里。"蹙,音 cù,困窘;窘迫。

[8] 文敝,亦作"文弊",谓尚文之极而成弊害。

[9] 无素,不经常。晋葛洪《抱朴子·贵贤》:"夫庸隶犹不可以不拊循而卒尽其力,安可以无素而暴得其用哉?"

[10] 隗始,《史记·燕召公世家》:"燕昭王于破燕之后即位,卑身厚币以招贤者。谓郭隗曰:'齐因孤之国乱而袭破燕,孤极知燕小力少,不足以报。然诚得贤士以共国,以雪先王之耻,孤之愿也。先生视可者,得身事之。'郭隗曰:'王必欲致士,先从隗始。况贤于隗者,岂远千里哉!'于是昭王为隗改筑宫而师事之。乐毅自魏往,邹衍自齐往,剧辛自赵往,士争趋燕。"后因以"隗始"用作以礼招贤的典故。隗,音 wěi。

[11] 升舍,宋代学校逐舍升补制度。熙宁四年(1071年),太学实行三舍法,按学习程度高低分为外舍、内舍和上舍三个等级,依一定年限和条件递次升级,按科举考试的方法考试,太学生经考试合格,分别由外舍升补内舍,由内舍升补上舍,分别规定其出身并授以官职。绍圣(1094—1098)中,曾废除科举,专以三舍法取士。宣和三年(1121年),罢州、县三舍法,仅太学依旧。积分法,古代学校计算学生成绩的一种方法,始于宋。据《癸辛杂识》记:太学考试合格成绩分为三等,"第一等常缺;第二等谓之放等,魁当三分,第二名二分半;第三等魁二分,率从第二三取起,魁二分,第二、第三名一分半,第四、第五名一分三厘,余并一分"。具体评分标准不详。外舍生积满八分,方许校定。内舍生当年积满八分,为优校。

[12] 义塾,旧时靠官款、地方公款、地租或个人捐款设立的一种蒙学,对象多为贫寒子弟,免费入学,以识字、写字、对课、作文以及伦理道德教育为主要功课,以《三字经》、《百家姓》、《千字文》、《孝经》、四书等为主要教材。清代普遍设立,民国后渐废。

[13] 附生,全称"附学生员"。科举制度中生员名目之一。明正统时,于府、州、县学廪生、增生名额之外又增加生员附于诸生之末,称为"附生",是生员中资历最低者。清代相沿。又,清代文童初入学者均为"附生",经岁试、科试考列一等者可补廪生、增生。

[14] 学政,全称"提督学政",亦称"督学使者",俗称"学台"。学官名。语出《周礼·春官》"大司乐掌成均之法,以治建国之学政"。清雍正年间始设,每省一人,按期至所属各府、厅考试童生及生员;均

由侍郎、京堂、翰林、科道及部属等官由进士出身者简派,三年一任。不问本人官阶大小,任期内皆按钦差待遇,与督抚平行。1906 年改提学使。辛亥革命后废。

[15] 廪生,科举制度中生员名目之一。明代府、州、县学生员最初每月都给廪膳,补助其生活,故名。清沿明制,廪生领取膏火银。初定大学四十名,中学三十名,小学二十名,其后减增不一。经岁科两试一等前列的,方能取得廪生资格。

[16] 优贡,亦称“优贡生”。科举制度中贡入国子监的生员之一种。清制,每三年由各省学政从儒学生员中考选一次,每省不过数名,亦无录用条例。同治中规定,优贡经廷试后可按知县、教职分别任用。

[17] 洊,音 jiàn,荐举提升。

[18] 糊名,科举考试中防止舞弊的措施之一。凡试卷均糊其姓名,使试官难于徇私作弊。

[19] 副榜,明、清科举考试中,录取正式名额外,另行录取若干附加名额,称“副榜”。

[20] 佐贰,辅佐主司的官员。明、清时,凡知府、知州、知县的辅佐官,如同知、通判、州同、县丞等,统称“佐贰”。其品级略低于主官,但非属员性质。

[21] 廷试,科举制度会试中式后,由皇帝亲自策问,在殿廷上举行的考试。通常称“殿试”。

[22] 周、程、朱、张,宋代濂洛闽关四派理学家周敦颐、二程(程颢、程颐)、朱熹、张载的合称。

[23] 左国,《左传》《国语》《国策》的并称。

[24] 诸子,指先秦至汉初的各派学者或其著作。《汉书·艺文志》把先秦至汉初各学派分为儒、道、阴阳、法、名、墨、纵横、杂、农、小说 10 家。又著录各家著作“凡诸子百八十九家,四千三百二十四篇”。

[25] “两汉之班马”,指司马迁和班固两位史学家。司马迁(约前 145 或前 135—?),西汉夏阳(今陕西韩城南)人,字子长。著有《史记》,是我国第一部纪传体通史,上起黄帝,下至汉武帝太初年间,对后世史学、文学均有深远影响。班固(32—92),东汉扶风安陵(今陕西咸阳东北)人,字孟坚。博学能文,著有《汉书》。善辞赋,有《两都赋》《幽通赋》《典引》等。后人辑有《班兰台集》。

[26] “唐宋之八家”,唐、宋两代八个散文作家的合称,即唐代的韩愈、柳宗元,宋代的欧阳修、苏洵、苏轼、苏辙、曾巩、王安石。他们提倡散文,反对骈体,是古文运动中的重要代表。

[27] 唐顺之(1507—1560),明武进(今江苏常州)人,字应德,一字义修,学者称“荆川先生”。学问广博,通晓天文、数学、兵法、乐律等,兼擅武艺,提倡唐、宋散文。有《唐荆川先生文集》等。归有光(1507—1571),明昆山(今属江苏)人,字熙甫,又字开甫,号震川。世称“震川先生”。工诗文,散文朴素简洁。善于叙事,为明代文章大家。有《震川先生集》《三吴水利录》等。唐顺之、归有光、王慎中、茅坤被称为“唐宋派”。

[28] 韩菼(1637—1704),清长洲(今江苏苏州)人,字元少,号慕庐。康熙十二年(1673 年)状元。官至礼部尚书兼掌翰林院学士。通经史,文章负盛名。曾领修《一统志》《平定朔漠方略》等书。卒谥“文懿”。有《有怀堂文稿》等。方苞(1668—1749),清安徽桐城人,字凤九,一字灵皋,晚号望溪。

为学宗程朱,文章学韩欧,为桐城派创始人,号为一代文宗。有《望溪先生文集》等。

[29] 场屋,科举时代士子科考的地方,又称"科场"。引申为科举考试。

[30] 宿儒,素有名望的博学之士。寒畯,同"寒俊"。贫穷而有才的读书人。

[31] 捐纳,捐资纳粟换取官职、官衔。此制起于秦汉,称"纳粟"。清中叶后大盛,称为"捐纳"。朝廷视为正项收入,明订价格行之,加剧吏治腐败,成为一大弊政。

[32] 剀切,切实;切中事理。剀,音 kǎi。劝谕,激励或规劝,使之明晓。

[33] 刻舟胶柱,取自"刻舟求剑"和"胶柱鼓瑟"两个典故。比喻拘泥固执,不知变通。胶柱鼓瑟,柱是瑟上调节弦之张弛、声音高低用的,可转动,把柱粘住来弹奏瑟,音调就不能变换。此典出自《史记·廉颇蔺相如列传》。

[34] 胡瑗(993—1059),北宋初学者、教育家,理学先驱之一。字翼之,泰州海陵(今江苏泰州)人。人称"安定先生"。著作大多佚失,现今尚存《周易口义》《洪范口义》等。

[35] 二帝,指尧舜。三王,指夏禹,商汤,周文王、武王。亦代指上古诸圣贤帝王。

[36] 周公,或作周公旦。西周王族。姬姓,名旦,亦称"叔旦"。周文王之子,武王之弟。因采邑在周(今陕西岐山北),故称"周公"。曾佐武王伐纣灭商。武王卒,成王幼,周公摄政。平管叔、蔡叔等之变。定东夷之乱,封长子伯禽于鲁(今山东西南部)。成王长,还政于王。营建东都成周(今属河南洛阳),迁殷贵族于成周,加强控制。又制定礼乐制度,分封诸侯,使周王朝强盛。卒,成王赐鲁国天子礼乐以褒其德。

[37] 俳体,古以游戏笑乐为内容的诗文,称"俳谐体"。省称"俳体"。俳,音 pái。

[38] 陶模(1835—1902),字方之,浙江秀水(今嘉兴)人,同治进士。1901 年 3 月,时任两广总督的陶模奏请变通科举,被后人称作"为废科举之先声"。

[39] 袁世凯(1859—1916),字慰亭,号容庵,河南项城人。1901 年 4 月,时任山东巡抚的袁世凯上《遵旨敬抒管见备甄择折》,提出"崇实学""增实科""重游历"等教育改革主张。

[40] 三场,指科举考试的场次。唐神龙元年(705 年),首先确定进士科"先帖经,然后试杂文及策"的三场考试制度。其后,宋之解试、省试,元、明、清之乡试、会试皆采用三场制,称为初场(头场)、二场、三场。《明史·选举志二》:"初设科举时,初场试经义二道,四书义一道;二场,论一道;三场,策一道。"

[41] 朱子,对南宋朱熹的尊称。

[42] 岁贡,古代定期贡士之制。

[43] 大挑,清乾隆以后定制。三科以上会试不中的举人,挑取其中一等的以知县用,二等的以教职用。六年举行一次,意在使举人出身者有较宽的出路。

[44] 誊录,科举时试卷校阅前防止舞弊的手续之一,即派专人将考生试卷用工楷誊清抄录,以免考官凭笔迹认人。

[45] 孝廉方正,清代特诏举行的制科之一。自雍正时起,新帝嗣位,诏直省每府、州、县、卫各举孝廉方

正之士,赐六品服备用。乾隆五年(1740年)规定,荐举后,授以知县等官。

[46] 代倩,谓科举考试时请人代笔作弊。

[47] 健讼,《易·讼》:"上刚下险,险而健,讼。"后人误将"健""讼"连读,用以称好打官司。

[48] 强梁,亦作"强良""彊良""彊梁"。指强横凶暴。语出《墨子·鲁问》。

[49] 椎鲁,鲁钝。游荡,闲游放荡。

[50] 干城,干和城都用以防御,因比喻捍卫者。干,盾牌。腹心,心腹。比喻左右亲信。

[51] 孙、吴,指春秋战国时期的著名军事家孙武与吴起。世言善用兵者辄称孙吴。韩、岳,指宋抗金名将韩世忠和岳飞。戚继光(1528—1588),明山东登州(治今蓬莱)人,字元敬,号南塘,晚号孟诸,御倭寇有战绩。

[52] 罗泽南、彭玉麟,清末著名的湘军将领,且均为文人出身。

[53] 沈葆桢(1820—1879),清福建侯官(今福州)人,字幼丹,一字翰宇。道光二十七年(1847年)进士。曾任江西巡抚、福建船政大臣、两江总督兼南洋通商大臣等职,对近代教育、海军的筹建作出了贡献。卒谥"文肃"。有《沈文肃公政书》。

【解读】

本文对育才兴学提出了四项建议:(一)设文武学堂。奏折指出科举制度取士之法,只是就"已有之人才而甄拔之,未尝就未成之人才而教成之"。建议改革科举章程,广设学堂以教未成之人才。为此,提倡设立文武学堂,在学习内容上"先学普通,缓习专门"。本文借鉴中外教育办学的一些成功经验,特别是日本的学校章程,拟定了开设学堂的办法,提出将普通教育建成州县设小学校及高等小学校、府设中学校、省城设高等学校的三级学校体系,另外还主张设立专门学校。本文对大中小学教法、科目、等级、年限、考用等进行了详细的论述。这可以说是近代意义上的学制的萌芽,体现了刘坤一和张之洞等人教育制度化的思想。(二)酌改文科。本文提出递减取士名额,同时用学堂生员加以补充,认为"将科举略改旧章,令与学堂并行不悖,以期两无偏废。俟学堂人才渐多,即按科递减科举取士之额,为学堂取士之额",这项建议为彻底废除科举考试制度铺平了道路。(三)停罢武科。本文批评了武科的流弊,认为"凡武生、武举、武进士之流,不过恃符豪霸,健讼佐斗,抗官扰民,既于国家无益,实于治理有害"。建议停罢武科,认为这是"自强讲武之一大关键"。(四)奖励游学。为了解决学堂"经费巨"和"教习少"两大困难,本文建议选派人赴外国游学,特别主张派人到日本留学,认为日本文字较接近,学习期限短,而且可以省经费,往返迅速。本文既提倡官筹学费,也赞成自费留学,还强调出洋留学除了学习"文武两途及农、工、商等专门之学"外,还应专派若干人入师范学堂专学师范,以便将来回国后充任小学、中学的普通教习。最后,本文强调这些建议是"为求才图治之首务,其间事理皆互相贯通,互相补益"。

总之,本文反映了晚清开明官员为挽救封建王朝统治而作出的努力,其中有不少观点是颇具现实性和前瞻性的,如学制的建立、科举制的改革等,这些建议也对加速中国封建时代旧教育制度的瓦解发挥了一定的积极作用。

(杨云兰)

李端棻

李端棻(1833—1907),字苾园,贵州贵筑(今贵阳)人。清末维新派。赞同支持变法维新,1898年密荐康有为、谭嗣同于光绪帝。戊戌政变后被革职充军新疆。因途中患病,留甘州(今甘肃张掖)。1901年赦归。主讲贵州经世学堂。

请推广学校折

【题解】 甲午战败后,康有为等连续上书光绪帝,请求变法兴学。李端棻赞同他们的变法主张,并于1896年6月12日向朝廷呈交了《请推广学校折》(有人认为这份奏折出自梁启超的手笔),系统提出设立文教机构以促进变法维新的建议。当时此折流传甚广,影响颇大,并在实际上勾勒了戊戌变法和清末"新政"时期文教改革的蓝图。

【原文】 奏为时事多艰,需才孔亟,请推广学校,以励人才而资御侮,恭折仰祈圣鉴事。窃臣闻国与天地,必有与言立,人才之多寡,系国家之强弱也。去岁军事既定,皇上顺穷变通久之议[1],将新庶政以图自强,恐办理无人,百废莫举,特降明诏,求通达中外能周时用之士,所在咸宁表荐,以备擢用。纶綍[2]一下,海内想望,以为豪杰云集,富强立致。然数月以来,应者寥寥,即有一二或仅束身自好之辈,罕有济难瑰玮之才,于侧席盛怀未尽副[3]。夫以中国民众数万万,其为士者十数万,而人才乏绝至于如是,非天之不生才也,教之之道未善也。

夫二十年来,都中设同文馆,各省立实学馆、广方言馆、水师武备学、自强学堂,皆合中外学术相与讲习,所在而有,而臣顾谓教之之道未尽,何也? 诸馆皆徒习西语西文,而于治国之道,富强之原,一切要书,多未肄及,其未尽一也。格致制造诸学,非终身执业,聚众讲求,不能致精。今湖北学堂外,其余诸馆,学业不分斋院,生徒不重专门,其未尽二也。诸学或非试验测绘不能精,或非游历察勘不能确,今之诸馆未备图器,未遣游历,则日求之故纸堆中,终成空谈,无自致用,其未尽三也。利禄之路,不出斯途,俊慧子弟,率从事帖括以取富贵[4],及既得科第,遂与学绝,终为弃材。今诸馆所教，率自成童以下，苟逾弱冠，即已通籍[5]，虽或向学，欲从末由，其未尽四也。巨厦非一木所能支，横流非独柱所能砥，天下之大，事变之亟，必求多士始济艰难。今十八行省，只有数馆，每馆生徒只有数十，士之欲学者或以地僻而不能达，或以额外而不能容，即使在馆学徒，一人有一人之用，尚于治天下之才万不足一，况于功课不精，成就无几，其未尽五也。

此诸馆所以设立二十余年而国家不一收奇才异能之用者，惟此之故。曰然则岩穴[6]之间，好学之士，岂无能自绩学以待驱策者？曰格致、制造、农商、兵矿诸学，非若考据词章帖括之可以闭户獭祭[7]而得也。书必待翻译而后得读，一人之学能翻群籍乎？业必待测验而后致精，一人之力能购群器乎？学必待游历而后征实，一人之身能履群地乎？此所以虽有一二倜傥有志之士，或学焉而不能成，或成矣而不能大也。

乃者钦奉明诏，设官书局于都畿[8]，领以大臣，以重其事，伏读之下，仰见圣神措虑，洞悉本原。臣于局中一切章程，虽未具悉，然知必有良法美意，以宣达圣意，阐扬风化者也。他日奇才异能，由斯而出，不可胜数也。惟育才之法，匪限于一途，作人之风，当遍于率土[9]，臣请推广此意，自京师以及各省府州县皆设学堂，府州县学选民间俊秀子弟，年十二至二十者入学，其诸生以上欲学者听之。学中课程，诵《四书》《通鉴》《小学》等书，而辅之以各国语言文字及算学、天文、地理之粗浅者，万国古史近事之简明者，格致理之平易者，以三年为期。省学选诸生年二十五以下者入学，其举人以上欲学者听之。学中课程诵经史子及国朝掌故诸书，而辅之以天文、舆地、算学、格致、制造、农商、兵矿、时事、交涉等学，以三年为期。京师大学选举贡监年三十以下者入学，其京官愿学者听之。学中课程一如省学，惟益加专精，各执一门，不迁其业，以三年为期。其省学大学所课门目繁多，可仿宋胡瑗经义治事之例，分斋讲习[10]，等其荣途，一归科第，予以出身，一如常官，如此则人争濯磨[11]，士知向往，风气自开，技能自成，才不可胜用矣。

或疑似此兴作，所费必多，今国家正值患贫，何处筹此巨款？臣查各省及府州县，率有书院，岁调生徒入院肄业，聘师简授，意美法良，惟奉行既久，积习日深，多课帖括，难育异才。今可令每省每县，各改其一院，增广功课，变通章程，以为学堂。书院旧有公款，其有不足，始拨官款补之，因旧增广，则事顺而易行，就近分筹，则需少而易集。惟京师为首善之区，不宜因陋就简，示天下以朴，似当酌动帑藏[12]，以崇体制，每岁得十余万，规模已可大成。中国之大，岂以此十余万为贫富哉？或有疑所立学堂既多，所需教习亦众，窃恐乏人，堪任此职。臣以为事属创始，学者当起于浅近，教者亦无取精深，今宜令中外大吏，各举才任教习之士，悉以名闻，或就地聘延，或考试选补，海内之大，必有可以充其任者。学堂既立，远之得三代庠序之意，近之采西人厂院之长，兴贤教能之道，思过半矣。然课其既诵而不廓其见闻，非所以造异才也。就学者有日进之功，其不能就学者无讲习之助，非所以广风气也。今推而广之，厥有与学校之益相须而成者，盖数端焉。

一曰设藏书楼。好学之士半属寒畯[13]，购书既苦无力，借书又难，其人坐此孤陋寡闻无所成就者不知凡几。高宗纯皇帝[14]知其然也，特于江南设文宗文汇文澜三阁，备庋秘籍，恣人借观。嘉庆间大学士阮元推广此意，在焦山、灵隐起立书藏，津逮后学[15]，自此以往，江浙文风甲于天下，作人之盛，成效可睹也。泰西诸国，颇得此法，都会之地，皆有藏书，其尤富者至千万卷，许人入观，成学之众，亦由于此。今请依乾隆故事，更加增广，自京师及十八行省会，咸设大书楼，调殿板[16]及各官书局所刻书籍，暨同文馆、制造局所译西书，按部分送各省以实之。其或有切用之书，为民间刻本官局所无者，开列清单，访书价值，徐行购补。其西学书陆续译出者，译局随时咨送。妥定章程，许人入楼观书，由地方公择好学解事之人，经理其事，如此则向之无书可读者，皆得以自勉于学，无为弃才矣。古今中外有用之书，官书局有刻本者居十之七八，每局酌提部数，分送各省，其费至省，其事至顺，一奉明诏，事即立办，而饷遗学者，增益人才，其益盖非浅鲜也。

二曰创仪器院也。格致实学，咸借试验，无远视之镜，不足言天学，无测绘之仪，不足言地学，不多见矿质，不足言矿学，不习睹汽机，不足言工程之学。其余诸学，率皆类是，然此等新器，所费不资，家即素封[17]，亦难备购，学何从进，业焉能成。今请于所立诸学堂，咸别设一院，购藏仪器，令诸学徒皆就试习，则实事求是，自易专精，各器择要而购，每省拨万金以上，已可粗备，此后陆续添置，渐成大观，则其费尚易措筹，而学徒所成，视昔日纸上空谈，相去远矣。

三曰开译书局也。兵法曰，知己知彼，百战百胜。今与西人交涉，而不能尽知其情伪，此见弱之道也。欲求知彼，首在译书。近年以来，制造局、同文馆等处译出,刻成已百余种,可谓知所务也。然所译之书,详于术艺而略于政事,于彼中治国之本末,时局之变迁,言之未尽。至于学校、农政、商务、铁路、邮政诸事,今日所亟宜讲求者,一切章程条理,彼国咸有专书详言之。今此等书,悉无译本。又泰西格致新学制造新法,月异岁殊,后来居上,今所已译出者率十年以前之书,且书亦甚少,未能尽其所长。今请于京师设大译书馆,广集西书之言政治者,论时局者,言学校农工商矿者,及新法新学近年所增者,分类译出,不厌详博,随时刻布,廉值发售,则可以增益见闻,开广才智矣。

四曰广立报馆也。知今而不知古,则为俗士,知古而不知今,则为腐儒。欲博古者,莫若读书,欲通今者,莫若阅报,二者相须而成,缺一不可。泰西每国报馆,多至数百所,每馆每日出报多至数百万张,凡时局政要,商务兵机,新艺奇技,五洲所有事故,靡所不言,阅报之人,上自君后,下自妇孺,皆足不出户而于天下事了然也。故在上者能措办庶务而无壅蔽[18],在下者能通达政体以待上之用,富强之原,厥由于是。今中国邸钞[19]之外,其报馆仅有上海、汉口、广州、香港十余所,主笔之人,不学无术,所言率皆浅陋不足省览。总署海关近译西报,然所译甚少,又未经印行,外间未由得见。今请于京师及各省并通商口岸,繁盛镇埠,咸立大报馆,择购西报之尤善者分而译之,译成除恭缮进呈御览,并咨送京外大小衙门外,即广印廉售,布之海内。其各省政俗土宜[20],亦由各馆派人查验,随时报闻,则识时之俊日多,干国之才日出矣。

五曰选派游历也。学徒既受学数年,考试及格者,当选高才以充游历,游历之道有二:一、游历各国,肄业于彼之学校,纵览乎彼之工厂,精益求精,以期大成。一、游历各省,察验矿质,钩核商务,测绘舆地,查阅物宜,皆限以年期,厚给薪俸,随时著书归呈,有司察其切实有用者,为之刊布,优加奖励。其游惰而无状者,官则立予降黜,士则夺其出身,数年之后,则轺轩绝域之士,斐然成章,郡国利病之书,备哉粲烂矣[21]。或疑近年两次所派游历学生,未收大效,不知前者所派游历,乃职官而非学童,在中国既未经讲求,至外洋亦未尝受学,故事涉空衍,寡有所成。其所派学生,又血气未定,读中国书太少,遽游历绝域,易染洋风,虽薄有技能,亦不适于用今,若由学堂选充,两弊俱免,其所成就,必非前此之所能例也。夫既有官书局、大学堂以为之经,复有此五者以为之纬,则中人以上,皆可自励于学,而奇才异能之士，其所成就，益远且大。自十年以后，贤俊盈廷，不可胜用矣。以修内政，何政不举，以雪旧耻，何耻不除，上以恢列圣之远猷[22]，下以慑强邻之狡启，道未有急于是者，若仰蒙采择，乞饬下中外大臣妥议章程遵旨施行，臣一得之见，是否有当，伏乞皇上圣鉴训示。谨奏。

　　——选自中国史学会主编：《中国近代史资料丛刊·戊戌变法（二）》，上海人民出版社 1957 年版，第 292—297 页。

【注释】

［1］"去岁军事既定"，指甲午战争在 1895 年以缔结《马关条约》而结束。穷变通久，见《易·系辞下》："《易》，穷则变，变则通，通则久。"

［2］纶綍，见《礼记·缁衣》："王言如丝，其出如纶；王言如纶，其出如綍。"后因称皇帝的诏令为"纶綍"。綍，音 fú。

［3］侧席，侧身而坐。《后汉书·章帝纪》："朕思迟直士，侧席异闻。"李贤注："侧席，谓不正坐，所以待贤良也。"副，符合；相称。

［4］率，一概；都。帖括，科举考试文体。唐代考试制度，明经科以"帖经"试士。后考生因帖经难记，就总括经文编成歌诀，便于熟读，叫"帖括"。明、清八股文有仿于唐之帖括者，亦称之。这里指八股文。

［5］通籍，原指记名于门籍，可以进出宫门。后来称初做官为"通籍"，意谓朝中已经有了名籍。

［6］岩穴，原指山洞，后借指隐居之处或隐者。

［7］獭祭，原指獭贪食，常捕鱼陈列水边，如陈物而祭，后因谓罗列堆砌典故为"獭祭"。

［8］官书局，1896 年清政府就查封的强学书局改组而成，译印各国政法、经济、工程书籍，发行《官书局报》等，并开办学堂，培养翻译人员。1898 年并入京师大学堂。都畿，此指首都北京。

［9］率土，率土之滨的省语，犹言四海之内。

［10］"宋胡瑗经义治事之例，分斋讲习"，胡瑗（993—1059），北宋初学者、教育家。他在苏州郡学和湖州府学讲学时创建了分斋教学制度，即将学校分成培养目标不同的经义、治事两斋，前者培养高级的统治人才，后者造就在某一方面有专长的技术、管理人才。在中国教学制度史上，这是第一次按实际需要在同一学校里实行分科教学。这一先进的教学制度后来曾施行于太学。

［11］濯磨，洗涤磨炼。

［12］帑藏，音 tǎngzàng，国库。

［13］寒畯，同"寒俊"。贫穷而有才的读书人。

［14］高宗纯皇帝，即乾隆皇帝。下文提到的三大藏书阁均为乾隆皇帝分别在 1779 年（文宗）、1780 年（文汇）和 1784 年（文澜）所建。

[15] 津逮，亦作"津达"，谓由津渡而到达，常用以比喻学习门径。后学，即后辈学生。亦作为对前辈自称的谦辞。

[16] 殿板，即"武英殿本"。清代的宫廷刻本。因刻印书籍的机构设在武英殿，故名。刻工精整，印刷优良，在历代刻本中别具面目。所刻除经史著作外，多为官修大书。

[17] 素封，无官爵封邑而富同显贵的人。

[18] 壅蔽，隔绝；蒙蔽。

[19] 邸钞，中国古代官府抄发的皇帝谕旨和臣僚奏议等官方文书。清代称"京报"，由报房商人经营。

[20] 土宜，土产物品。

[21] 輶轩，古代的一种轻车，多为使者所乘，这里指出使。輶，音 yóu。绝域，极远的地方，这里指外国。斐然成章，原指文采，此为人才济济之意。郡国利病之书，是指阐述富国强兵以及揭明弊政的书。粲烂，同"灿烂"，光彩鲜明貌。

[22] 远猷，深谋远虑。猷，谋划。

【解读】

甲午战争的失败，使中国面临空前的民族危机，同时也令民族意识觉醒。维新思想家与进步官员走向结合，开始共同推动中国教育的除旧布新。李端棻的这份奏折体现了民间意见与官方政策建议的结合，并预示着中国教育近代转型的到来。

本文的核心思想是建立系统的学校制度。李端棻认为，20 余年来办理洋务学堂收效甚微的原因有五个方面：一是学生只学习西方语言和具体技术而不学习西方的"治国之道，富强之原"；二是所学"非终身执业"无法使学生全身心投入，而且教学又没有专门化而无法精深；三是教学不重视实证；四是科举利禄之途的影响；五是学堂数量太少。揆诸史实，这些批评都极为中肯。为大量培养新型人才，李端棻建议"可令每省每县，各改其一院，增广功课，变通章程，以为学堂"，并设立京师大学堂；以府州县学堂为初级，省学堂为中级，京师大学堂为高级；各级学堂年限明确，彼此间相互衔接；学堂内分斋教学，并奖励学生科举功名以为激励。这一思想实开清末建立新型学校制度之先声。

为了保证新型学校制度的办学实效并全面提高社会文化水平，李端棻又提出五项辅助性建议：设藏书楼，可使"向之无书可读者，皆得以自勉于学，无为弃才矣"；创仪器院，可使学生"皆就试习，则实事求是，自易专精"；开译书局，可以及时了解西方国家的政治动向和技术发展，达到知己知彼的目的，并能"增益见闻，开广才智"；广立报馆，可以沟通上下，了解各地情况，"足不出户而于天下事了然也"；选派游历,可以直接学习西方先进学问技术,精益求精,也有益于了解国内现状。这五项建议,可以说浓缩了维新思想家在文化教育改革方面的思想精华,切实可行也势在必行,具有推动时代进步的历史意义。

(叶哲铭)

张之洞(1837—1909),字孝达,号香涛,晚号抱冰,直隶南皮(今属河北)人。清末政治家、教育家,后期洋务运动的代表人物。有《张文襄公全集》,今辑有《张之洞全集》。

张之洞

招考自强学堂学生示并章程

【题解】 光绪十九年底(1894年1月),张之洞在湖北武昌建立了自强学堂,初设方言、格致、算学、商务四科,每科招生20名。后为适应洋务运动的需要,他于光绪二十二年(1896年)对自强学堂提出改革,将算学科移入两湖书院,格致、商务两科停办,一律改学方言(外国语),分设英文、法文、俄文、德文四门,每门招生30名,共120名。从此,自强学堂成为外国语专门学校。次年,他发布《招考自强学堂学生示》,并亲自拟定了《自强学堂章程》,规定了办学的具体措施。本文反映了张之洞的主要办学思想。

【原文】 照得本部堂于光绪十九年十月奏设自强学堂于武昌省城,分方言、算学、格致、商务四斋,惟方言一斋住堂肄业,其余三斋按月考课,历年循办在案。诚以尔时两湖风气未开,姑以四者开其先路。惟自强之道,贵乎周知情伪,取人所长。若非精晓洋文,即不能自读西书,必无从会通博采。兹经本部堂详加酌核,更定自强学堂章程。其算学一门,中国古法及新译西书西籍较多,可不假道西文,业经于上年五月改归两湖书院[1]另行讲习。其格致、商务两门,中国既少专书,津、沪诸局西人学馆译出诸编不过略举大概,教者学者无从深求,现将格致、商务两门停课,先行统课方言,以为一切西学之阶梯,将来格致、商务即可自行诵绎探讨。查京师同文馆[2]分设英文、法文、德文、俄文等馆,规模大备,惟一馆学生势不能应中外之求。此外各省堂局学习洋文,多系专习一事,取法一国。查西人学业,各国虽大致相同,而专长兼长实非一致,办理交涉尤贵因应咸宜,此英、法、德、俄四国语言文字必须分门指授之意也。本部堂意在造就通材,所期远大,欲使学者皆能自读西书,自研西法,则可深窥立法之本原,并可曲阐旁通之新义。既不必读展转传译之书,免致得粗而遗精;亦不至墨守西师一人之说,免致所知之有限。将来学成以后,通殊方之学,察邻国之政,功用甚宏,实基于此。此必须资性颖悟,身家清白,先通华文,先读儒书,义理明通,志趣端正,方能与选。今分立英、法、德、俄语言文字四门,每门学生以三十名为额,四门共一百二十名。英文、法文各省传习较久,目下初学始基,即派华员为教习。俄文、德文通习素罕,分派俄员、德员为教习,辅以华员协同课授。现已委员购地,刻期添造诵堂并学生所住斋舍,合行出示招考学生。至堂内原有英文学生,其未通华文者应行汰除,统计应行招足一百二十名之额。目下诵堂住舍尚未造成,先行每门招十五名入堂肄业。其余十五名,俟诵堂斋舍造齐再行来堂。除该生饭食、书籍、纸笔等均由学堂备办外,每名每月给膏火银五元,以资安心学习。为此示仰各省举贡生监职员官绅子弟人等知悉:凡有华文清通,年在二十四岁以内十五岁以外者,无论本省外省,悉准报名与考,听候本部堂派员考试、录取、复试、挑选入堂学习。凡入堂学生,不论何项人员均须恪遵规矩,听受教习及管学各员约束。如不守学规,即行斥退,断不姑容。自出示之日起,以十五日为限,迅赴自强学堂报名,慎毋观望自误,并开列简明章程十二条于后:

一、自强学堂以一百二十名为额,分习英、法、德、俄四国语言文字。每门三十名,分四堂课授。

一、学生必须年在二十四岁以内十五岁以外者,口齿较灵,志趣渐定。若过二十四岁或不及十五岁,均不收录。

一、学生必须以华文为根柢,以圣道为准绳,儒书既通则指授西文,亦可得收事半功倍之效。此次挑取学生,非华文清通,义理明白,根基已立者,断不收录。

一、吸食洋烟者,断不收录,勿庸投考。

一、挑取学生先考华文一次,照定额加倍挑取,再行面试。并相其器宇端正、口齿灵敏、体质壮实、确无嗜好者,录取入堂。并于定额之外备取三四十名,俟入堂三月以后甄别一次,将不堪造就者剔去,乃照定额留堂学习。

一、学生有年齿稍长或已列胶庠[3]者,必已通晓儒书,每日除西文功课外尽可自温旧业。其年齿稍稚华文较浅之学生,另于该学堂设立华文教习,于西文之暇课授儒书华文,并作论说,庶几中外兼通,不至忘本。

一、在堂学生宜专心致志习学堂讲授诸课,不准在堂作时文试帖,亦不准并应各书院课试,以致两误。

一、学生凡已入学者,准其请假以应乡试,其一切岁科小试概不准请假。

一、学堂以五年为毕业。学生留堂以后,即为官学生。其未毕业以前,若非实有紧要正事不得自行请假。若借端求去改习卑下之业,甚或不自爱惜,受洋行雇充翻译,须将其历年薪水火食及本身一切用费追缴。责成该学堂于学生挑选留堂之日,即将其家世考询明确,并须有同乡官员诚实可靠之人出具保结。

一、教授西文最忌陆续增收学生,新旧搀杂不能成班,令教者穷于指授。该堂学生既经挑定以后,即应截止收录。至已留堂学生,或有因事撤退者,只可任令虚额,不能陆续收补。即使来堂求学者众,亦只能俟下届招考新生之时令其报考另作新班教授,不得中道收补搀入旧班。

一、学生凡在诵堂,听华洋教习约束。凡在斋舍或饭厅,听提调总稽查并管学委员约束。如有犯规者,在诵堂即由教习酌量做戒,在斋舍由提调酌量做戒,不率教者斥退。

一、课程、学规条目糊牌悬挂堂内。

——选自苑书义、孙华峰、李秉新主编:《张之洞全集(第六册)》,河北人民出版社 1998 年版,第 4896—4899 页。

【注释】

[1] 两湖书院,1890 年张之洞创办于湖北武昌都司湖。以培养明体达用之士为宗旨,拟设经学、史学、理学、文学、算学、经济学六门学科,实际仅设经、史、理、文四门。1897 年仿学堂办法,设东、西两监督,分讲中西学;改设经学、史学、地图、算学四门,后增格致、体操。1903 年改名"两湖大学堂",亦称"文高等学堂"。不久又称"两湖总师范学堂"。

[2] 京师同文馆,中国近代第一所培养翻译人才的新式学堂。1862 年奕䜣等奏设于京师。初设英文馆。次年添设法文馆和俄文馆。1866 年设天文算学馆,自此,由单纯外国语学堂变成兼采西学的新式学堂。1902 年并入京师大学堂,翌年改设译学馆。

[3] 胶庠,古代学校的名称。周代胶为大学,庠为小学,后以"胶庠"作为学校的泛称。语出《礼记·王制》:"周人养国老于东胶,养庶老于虞庠。"

【解读】

张之洞是近代洋务教育的集大成者,不但在实践上拓展了早期洋务教育的西语、西学领域,在理论上也对西语、西学的教育进行了比较系统的研究和阐述。本文可看作张之洞早期西语、西学教育思想和实践的总结。在学制上,规定学生入学的条件是年龄在 24 岁以下、15 岁以上，口齿灵敏；必须资性聪颖，身家清白，华文精通，义理明白，根基已立，志趣端正；在考试上，规定入学时必须经过严格考试，合格者方准入堂学习，并提出"分班授课"的班级授课制；在修业年限上，规定五年期满毕业。另外，在学堂的管理上，规定学生既经选定，即使出现空额，亦不能陆续收补，以免"新旧挽杂"；学生在学期间必须专心致志，不准在堂作时文试帖，亦不准并应各书院课试；学生入学除饮食、书籍、纸笔等均由学校供给外，"每名每月给膏火银五元"。

上述各项规定反映了张之洞改书院为学堂的许多积极主张，也反映了他在外语教育方面的若干主张。这个章程尽管仍残留封建教育的痕迹，且对当时的西方学校多有模仿，但其中的一些办学措施和规定体现了洋务教育的特色，对后来新教育的发展产生了积极的影响。

劝学篇·序

【题解】 光绪二十四年（1898 年），针对维新运动的高涨，张之洞撰写了《劝学篇》一书，集中表达了他的改革思想及主张。书中系统总结了洋务教育的理论，提出了"中学为体，西学为用"的思想纲领，对创立近代学制，改革科举考试，发展普通教育、实业教育及师范教育，派遣留学生，广泛翻译外文西学著作等晚清教育改革的许多重大问题都作了比较全面的论述，成为清朝政府推行教育改革的纲领性文件，并为 20 世纪初"新政"时期的教育改革奠定了思想基础。本文作为《劝学篇》的"序言"，不仅清楚地交代了全书的撰写宗旨、主题思想和写作背景，而且简明扼要地提示了书中各篇的内容或主旨。

【原文】 昔楚庄王[1]之霸也，以民生在勤箴其民，以日讨军实儆其军，以祸至无日训其国人。夫楚当春秋鲁文、宣之际[2]，土方辟，兵方强，国势方张，齐、晋、秦、宋无敢抗颜[3]行，谁能祸楚者，何为而急迫震惧如是之皇皇[4]耶？君子曰："不知其祸，则辱至矣；知其祸，则福至矣。"

今日之世变，岂特春秋所未有，抑秦、汉以至元、明所未有也。语其祸，则共工之狂、辛有之痛[5]，不足喻也。庙堂盱食[6]，乾惕震厉[7]，方将改弦以调琴瑟，异等以储将相，学堂建，特科[8]设，海内志士发愤扼挽[9]，于是图救时者言新学，虑害道者守旧学,莫衷于一。旧者因噎而食废,新者歧多而羊亡。旧者不知通,新者不知本。不知通,则无应敌制变之术,不知本,则有非薄名教之心。夫如是则旧者愈病新,新者愈厌旧,交相为瘉[10],而恢诡倾危、乱名改作之流遂杂出其说,以荡众心。学者摇摇[11],中无所主,邪说暴行,横流天下。敌既至无与战,敌未至无与安。吾恐中国之祸,不在四海之外而在九州之内矣。

窃惟古来世运之明晦、人才之盛衰,其表在政,其里在学。不佞承乏两湖[12],与有教士化民之责,夙夜兢兢,思有所以裨助之者,乃规时势,综本末,箸[13]论二十四篇,以告两湖之士,海内君子与我同志亦所不隐。《内篇》务本以正人心,《外篇》务通以开风气。《内篇》九:曰同心,明保国、保教、保种为一义,手足利则头目康,血气盛则心志刚,贤才众多,国势自昌也。曰教忠,陈述本朝德泽深厚,使薄海臣民咸怀忠良,以保国也。曰明纲,三纲为中国神圣相传之至教、礼政之原本、人禽之大防,以保教也。曰知类,闵神明之胄裔[14],无沦胥[15]以亡,以保种也。曰宗经,周、秦诸子,瑜不掩瑕,取节则可,破道勿听,必折衷于圣也。曰正权,辨上下,定民志,斥民权之乱政也。曰循序,先入者为主,讲西学必先通中学,乃不忘其祖也。曰守约,喜新者甘,好古者苦,欲存中学,宜治要而约取也。曰去毒,洋药涤染我民,斯活绝之,使无萌蘖也[16]。《外篇》十五:曰益智,昧者来攻,迷者有凶也。曰游学,明时势,长志气,扩见闻,增才智,非游历外国不为功也。曰设学,广立学堂,储为时用,为习帖括者击蒙也[17]。曰学制,西国之强,强以学校,师有定程,弟有适从,授方任能,皆出其中,我宜择善而从也。曰广译,从西师之益有限,译西书之益无方也。曰阅报,眉睫难见,苦药难尝,知内弊而速去,知外患而豫[18]防也。曰变法,专已袭常,不能自存也。曰变科举,所习、所用,事必相因也。曰农、工、商学,保民在养,养民在教,教农、工、商,利乃可兴也。曰兵学,教士卒不如教将领,教兵易练、教将难成也。曰矿学,兴地利也。曰铁路,通血气也。曰会通,知西学之精意,通于中学以晓固蔽也。曰非弭兵,恶教逸欲而自毙也。曰非攻教,恶逞小忿而败大计也。

二十四篇之义,括之以五知:一知耻,耻不如日本[19],耻不如土耳其[20],耻不如暹罗[21],耻不如古巴[22]。二知惧,惧为印度,惧为越南、缅甸、朝鲜,惧为埃及,惧为波兰[23]。三知变,不变其习不能变法,不变其法不能变器。四知要,中学考古非要,致用为要,西学亦有别,西艺非要,西政为要。五知本,在海外不忘国,见异俗不忘亲,多智巧不忘圣。凡此所说,窃尝考诸《中庸》而有合焉。

鲁,弱国也,哀公[24]问政,而孔子告之曰:"好学近乎知,力行近乎仁,知耻近乎勇。"终之曰:"果能此道矣,虽愚必明,虽柔必强。"兹《内篇》所言,皆求仁之事也。《外篇》所言,皆求智、求勇之事也。夫《中庸》之书,岂特原心杪忽[25]、校理分寸而已哉?孔子以鲁秉礼而积弱,齐、邾、吴、越皆得以兵侮之,故为此言,以破鲁国臣民之聋聩,起鲁国诸儒之废疾,望鲁国幡然有为,以复文武之盛。然则无学、无力、无耻,则愚且柔;有学、有力、有耻,则明且强。在鲁且然,况以七十万方里之广、四百兆人民之众者哉?

吾恐海内士大夫狃于晏安[26]而不知祸之将及也,故举楚事。吾又恐甘于暴弃而不复求强也,故举鲁事。《易》曰:"其亡其亡,系于苞桑。"[27]惟知亡,则知强矣。

——选自苑书义、孙华峰、李秉新主编:《张之洞全集(第十二册)》,河北人民出版社1998年版,第9704—9706页。

[1] 楚庄王(? —前591),姓芈(mǐ),名旅,一作"吕""侣"。春秋时楚国君。在位期间(前613—前591年),励精图治,国势强盛,成为霸主。

[2] 鲁文、宣,即鲁文公、鲁宣公。春秋时鲁国君。鲁文公,前626—609年在位。鲁宣公,前608—前591年在位。

[3] 抗颜,犹正色,谓态度严正。

[4] 皇皇,通"惶惶"。心神不安貌。

[5] 共工之狂,共工是中国古代神话传说中的水神,炎帝的后裔。《淮南子·天文训》:"昔者,共工与颛顼争为帝,怒而触不周之山,天柱折,地维绝。天倾西北,故日月星辰移焉;地不满东南,故水潦尘埃归焉。"所谓"共工之狂",即指此传说。辛有之痛,辛有是东周大夫,因周室衰落,被迫东迁而悲伤万分,故有"辛有之痛"之说。

[6] 庙堂,太庙的明堂。古代帝王祭祀、议事的地方,亦指朝廷,这里是对光绪帝的尊称。旰食,因心忧事繁而很晚就餐,后指勤于政事。

[7] "乾惕震厉",指心怀忧虑、不敢懈怠而励志奋发。语出《易·乾》:"君子终日乾乾,夕惕若厉,无咎。"

[8] 特科,"经济特科"的简称,清末为选拔"洞达中外时务"之士而设置的科目。

[9] 扼掔,即"扼腕",表示激动、振奋或惋惜。

[10] "交相为瘉",相互攻击。瘉,病;痛苦。

[11] 摇摇,心神不宁。

[12] 佞,没有才能,亦用作自称的谦辞。佞,音 nìng,有才智。承乏,旧时在任官吏常用的谦辞。两
　　湖,指湖南、湖北两省。张之洞于光绪十五年(1889 年)任湖广总督,管辖两湖地区近 20 年之久。

[13] 箸,通"著"。

[14] 闵,通"悯",忧愁。胄裔,帝王或贵族的后裔。

[15] 沦胥,相率牵连。

[16] 洋药,即鸦片。萌枿,植物的新芽。枿,同"蘖",树木砍伐处所生的新芽。

[17] 帖括,科举考试文体。唐代考试制度,明经科以"帖经"试士。后考生因帖经难记,就总括经文编
　　成歌诀,便于熟读,叫"帖括"。明、清八股文有仿于唐之帖括者,亦称之。击蒙,发蒙。

[18] 豫,通"预"。

[19] 指日本经明治维新后,国势日臻强盛,一改受西方列强侵略的局面。

[20] 指土耳其在 19 世纪坚决捍卫国家主权,战胜了埃及、希腊,实现了君主立宪制。

[21] 指暹罗(即泰国)在 19 世纪经过资产阶级改革,取得了长足的进步。

[22] 指古巴通过"30 年解放战争",坚持不懈地争取了民族独立和人民民主。

[23] 指作者忧虑中国也有可能像印度、越南、缅甸、朝鲜、埃及、波兰一样丧失国家主权,沦为列强的殖
　　民地、半殖民地等。

[24] 哀公,春秋时鲁国君,前 494—前 468 年在位。

[25] 秒忽,指极细微的量,多形容其少,甚微。秒,音 miǎo,树木的末梢。

[26] 狃于晏安,习惯于安闲的日子。狃,习惯。晏,安闲;安乐。

[27] 《易》,即《周易》,亦称《易经》,五经之一。内容包括《经》和《传》两部分。"其亡其亡,系于苞桑",
　　见《易·否》。意谓:以濒于灭亡的处境来警醒,就能使自己发愤图强,根底更加牢固。苞桑,根
　　深柢固的桑树。

【解读】　　张之洞之所以撰写《劝学篇》,是因为他认为当时新旧两派的主张都有缺点,并
且各种学说争论不休。"图救时者言新学,虑害道者守旧学,莫衷于一",又说"旧者
因噎而食废,新者歧多而羊亡。旧者不知通,新者不知本。不知通,则无应敌制变
之术,不知本,则有非薄名教之心"。他所说的"新学",主要是指维新派提倡的资产
阶级政治学说和哲学思想,"旧学"即封建纲常名教。他认为持这两种观点都有偏
见,前者造成人心不安,思变,有碍清王朝的统治;后者过于保守,脱离社会实际,不
适应形势变化的需要,也无助于稳定封建秩序。如何纠正旧学和新学的缺点呢?
本文提出"《内篇》务本以正人心,《外篇》务通以开风气",以达到"规时势,综本末"
"教士化民"的目的。所谓"务本",就是要维护清王朝的封建统治和"三纲四维";所

谓"务通",就是向西方学习,其中包括游学、广立学堂、翻译西书、变科举、教农工商、教兵、开矿、修铁路等"求智、求勇之事"。他认为,这样一方面可以实现"正人心",防止"杂出其说,以荡众心"的"恢诡倾危、乱名改作之流";另一方面也能"开风气",在不动摇封建统治的前提下进行一些改革,以维持清王朝的长治久安。

《劝学篇》是特定历史时期的产物,"中学为体,西学为用"思想在一定程度上顺应了时代发展的潮流,并试图把中国传统文化和西方近代的科学技术融合起来,终究给僵化的封建教育观念带来了巨大的冲击,加快了封建教育制度的解体,因而对晚清教育改革的影响是深远的。在某种程度上,"中体西用"的思想一直支配着晚清的教育改革,影响了中国近代教育的发展。本文提纲挈领地表达了全书的思想,无论是正确的还是错误的,都在这里得到了较为集中的体现。独尊传统儒学,固守封建礼教,否定民主民权,是本文思想保守、落后、错误的一面;高度重视教育,大力提倡新学,积极鼓吹变法,则是其思想开明、进步、正确的一面;而充盈全文的图强意识,尤其值得称誉。

劝学篇·游学第二

【题解】
本文是《劝学篇》中"外篇"的第二篇,所谓"游学",即"留学"。一向闭关自守的清政府在西方坚船利炮的冲击下,其统治已摇摇欲坠。为维护封建统治,抵御外侮,洋务派急切寻求对策。在不触及中学的"体"的情况下,学习西方所谓的"用"就成为可以接受也能施行的方法之一。因此,他们很重视可以"置之庄岳"的游学事宜。作为洋务重臣之一的张之洞也不例外,他非常强调游学的意义。然而,尽管晚清留学已在实践中,如1872年的幼童留美,以及随后的多次留欧等,结果却并没有达到预期的目的。为此,张之洞在本文中既表述了对留学的认识,也对晚清留学的问题作了剖析,并且提出了自己的建议。

【原文】
出洋一年胜于读西书五年,此赵营平"百闻不如一见"之说也[1];入外国学堂一年胜于中国学堂三年,此孟子"置之庄岳"之说[2]也。

游学之益,幼童不如通人,庶僚不如亲贵,尝见古之游历者矣。晋文公在外十九年,遍历诸侯,归国而霸[3]。赵武灵王微服游秦[4],归国而强。春秋、战国最尚游学,贤如曾子[5]、左丘明[6],才如吴起、乐羊子[7],皆以游学闻,其余策士杂家不能悉举。后世英主、名臣,如汉光武[8]学于长安;昭烈周旋于郑康成、陈元方[9];明孙承宗[10]未达之先,周历边塞;袁崇焕[11]为京官之日,潜到辽东。此往事明效也。

请论今事。日本,小国耳,何兴之暴也?伊藤[12]、山县[13]、榎本[14]、陆奥[15]诸人,皆二十年前出洋之学生也。愤其国为西洋所胁,率其徒百余人,分诣德、法、英诸国,或学政治、工商,或学水、陆兵法,学成而归,用为将相,政事一变,雄视东方。不特此也,俄之前主大彼得[16]愤彼国之不强,亲到英吉利、荷兰两国船厂为工役十余年,尽得其水师轮机驾驶之法,并学其各厂制造,归国之后,诸事丕变[17],今日遂为四海第一大国。不特此也,暹罗久为法国涎伺,于光绪二十年,与法有衅,行将吞并矣。暹王感愤,国内毅然变法,一切更始,遣其世子游英国学水师。去年暹王游欧洲,驾火船出红海来迎者,即其学成之世子也。暹王亦自通西文、西学,各国敬礼有加,暹罗遂以不亡。上为俄,中为日本,下为暹罗,中国独不能比其中者乎?

至游学之国,西洋不如东洋:一路近省费,可多遣;一去华近,易考察;一东文近于中文,易通晓;一西书甚繁,凡西学不切要者,东人已删节而酌改之。中东情势风俗相近,易仿行,事半功倍,无过于此。若自欲求精求备,再赴西洋,有何不可?

或谓"昔尝遣幼童赴美学习矣,何以无效?"曰:"失之幼也。"又"尝遣学生赴英、法、德学水陆师各艺矣,何以人才不多?"曰:"失之使臣监督不措意,又无出身明文也。"又"尝派京员游历矣,何以材、不材相兼?"曰:"失之不选也。"虽然,以予所知,此中固亦有足备时用者矣。若因噎废食之谈、豚蹄箕车之望[18],此乃祸人家国之邪说,勿听可也。

尝考《孟子》所论圣贤、帝王、将相历险难成功业,其要归不过曰动心忍性、增益其所不能而已,曰生于忧患而已。夫受侮而不耻,蹙国而不惧,是不动也;冥然罔觉,悍然不顾,以效法人为耻,是不忍也。习常蹈故,一唱百和,惮于改作,官无一知,士无一长,工无一技,外不远游,内不立学,是不增益所不能也。无心、无性、无能,是将死于忧患矣,何生之足云。

——选自苑书义、孙华峰、李秉新主编:《张之洞全集(第十二册)》,河北人民出版社1998年版,第9737—9739页。

【注释】

[1] 赵营平,即赵充国(前137—前52),字翁孙,陇西上邽(今甘肃天水)人,西汉名将。"百闻不如一见",谓多闻不如亲见可靠,语出《汉书·赵充国辛庆忌传》。

[2] 孟子"置之庄岳"之说,见《孟子·滕文公下》。指学习某一国语言,应该就地去学,这样才容易学会。这里指出洋留学。

[3] "晋文公在外十九年,遍历诸侯,归国而霸",晋文公(前697或前671—前628),春秋时晋国君。晋献公之子,名重耳,前636—前628年在位。曾被驱逐出奔在外19年。后在位时,改革内政,整军经武,教化人民,终成霸业。

[4] "赵武灵王微服游秦",战国时赵武灵王为进攻秦国,于前298年,乔装成赵国使者来到秦国,亲自了解秦国的情况。

[5] 曾子(前505—前434),名参,字子舆,孔子弟子。春秋末鲁国南武城(一说为今山东平邑南,一说为今山东嘉祥南)人。性沉静,忠诚老实,为人谨慎,态度谦逊,修行全面,孝行突出,深受孔子赞许。提出"吾日三省吾身"的修养方法,以及"慎终追远""犯而不校"等主张,要求士人应有高度的道德人格和主体精神。

[6] 左丘明,生卒年不详。其人其事,说法不一。通常称其为战国时鲁太史,后双目失明,愤而著述,作《左传》与《国语》。

[7] 乐羊子,本名乐羊,亦作"乐阳"。战国时魏将领。

[8] 汉光武,即东汉光武帝刘秀(前5—后57),字文叔,南阳蔡阳(今湖北枣阳西南)人。

[9] 陈元方,名纪,字元方,东汉颍川许县(治今河南许昌东)人。有《陈子》。

[10] 孙承宗(1563—1638),字稚绳,保定高阳(今属河北)人。明万历年间进士。有《高阳集》。

[11] 袁崇焕(1584—1630),字元素,广西藤县人,祖籍广东东莞。明万历年间进士。

[12] 伊藤,即伊藤博文(1841—1909),四次出任日本首相。1870年赴美考察。1882年到德国考察宪法,回国后主持订拟了《大日本帝国宪法》。1909年10月为同俄国商谈吞并朝鲜而到中国哈尔滨,26日被朝鲜爱国者安重根枪杀。

[13] 山县,即山县有朋(1838—1922),日本首相,陆军元帅。明治维新后赴欧洲考察军事,回国后进行军事改革。

[14] 榎本,即榎本武扬(1836—1908),日本外交活动家。早年赴荷兰学习,曾出任驻俄、驻华公使。

[15] 陆奥,即陆奥宗光(1844—1897),日本外相。1884—1886年出访欧美各国,1888年任驻美公使。著有《蹇蹇录》。后刊有《伯爵陆奥宗光遗稿》。

[16] 大彼得,即俄国沙皇彼得一世(1672—1725),厉行改革,其统治为近代俄国的发展打下基础。

[17] 丕变,大变。

[18] 豚蹄簋车之望,见《史记·滑稽列传》:"(淳于)髡曰:'今者臣从东方来,见道傍有禳田者,操一豚蹄,酒一盂,祝曰:"瓯窭满篝,污邪满车,五谷蕃熟,穰穰满家。"臣见其所持者狭而所欲者奢,故笑之。'"后世用以讥讽那些奢望以微薄投资换取丰厚回报之人。

【解读】 本文首先强调了游学的重要意义。为了"明时势，长志气，扩见闻，增才智"，张之洞认为"非游历外国不为功"。他以古今中外的例子证明游学的必要，指出"出洋一年胜于读西书五年""入外国学堂一年胜于中国学堂三年"。同时他也主张游学必须选择合适的人，认为"幼童不如通人，庶僚不如亲贵"。他指出晚清游学之所以失败，主要是因为所派遣游学者年龄幼小，或者没有选择好监督，尽管如此，也不能否定游学的必要性及其价值。张之洞强调只有外远游，内立学，才能增益所不能，最终使国家强盛起来。在比较西洋与东洋的特点后，他主张先到东洋游学，因为"一路近省费，可多遣；一去华近，易考察；一东文近于中文，易通晓；一西书甚繁，凡西学不切要者，东人已删节而酌改之。中东情势风俗相近，易仿行"。

除了理论上的探讨外，张之洞也切切实实地选派了学生出国留学。光绪二十二年（1896年），张之洞上书朝廷，请求派学生出国留学。在他的筹划下，江南诸省留学教育得到较快发展，培养了一批具有近代知识的军事、科技、管理人才。可以说，"游学"是张之洞"务通"以开风气，进而挽救岌岌可危的封建统治的措施之一，但客观上也为后面留学教育的发展开辟了道路，具有积极的进步意义。

劝学篇·设学第三

【题解】 本文列为《劝学篇》中"外篇"的第三篇，目的是"广立学堂，储为时用，为习帖括者击蒙也"。1897年，贵州学政严修上《奏请设经济专科折》，意在变通科举，打破八股取士的常规，选拔洞达中外时务，能通经济之变，擅长算学、律学、格致、制造的实用人才。经总理衙门会同礼部复议，拟定章程六条，得到光绪皇帝的赞同并诏令于1898年实行。张之洞在本文中提倡设学，就是为"经济特科"准备人选。文中对设学的目的、欲设的种类、解决的办法、学堂之法规等都作了较为清晰的论述。

【原文】 今年特科之诏下，士气勃然，濯[1]磨兴起。然而六科[2]之目可以当之无愧上幅圣心者，盖不多觏[3]也。去年有旨，令各省筹办学堂，为日未久，经费未集，兴办者无多。

夫学堂未设，养之无素而求之于仓卒[4]，犹不树林木而望隆栋、不作陂池[5]而望巨鱼也。游学外洋之举所费既巨，则人不能甚多。且必学有初基，理已明、识已定者，始遣出洋，则见功速而无弊。是非天下广设学堂不可，各省、各道、各府、各州县，皆宜有学。京师、省会为大学堂，道、府为中学堂，州、县为小学堂。中、小学以备升入大学堂之选。府、县有人文盛、物力充者，府能设大学，县能设中学，尤善。小学堂习四书，通中国地理、中国史事之大略，算数、绘图、格致之粗浅者。中学堂各事较小学堂加深，而益以习五经，习《通鉴》，习政治之学，习外国语言文字。大学堂又加深加博焉。

或曰："天下之学堂以万数，国家安得如此之财力以给之？"曰："先以书院改为之。学堂所习，皆在诏书科目之内，是书院即学堂也，安用骈枝[6]为？"

或曰："府、县书院经费甚薄，屋宇甚狭小，县尤陋，甚者无之，岂足以养师生、购书器？"曰："一县可以善堂之地、赛会演戏之款改为之，一族可以祠堂之费改为之。""然数亦有限，奈何？"曰："可以佛道寺观改为之。"今天下寺观何只数万，都会百余区，大县数十，小县十余，皆有田产，其物业皆由布施而来。若改作学堂，则屋宇、田产悉具，此亦权宜而简易之策也。方今西教日炽，二氏日微，其势不能久存，佛教已际末法中半[7]之运，道家亦有其鬼不神[8]之忧，若得儒风振起，中华乂安[9]，则二氏固亦蒙其保护矣。大率每一县之寺观取十之七以改学堂，留十之三以处僧道；其改为学堂之田产，学堂用其七，僧道仍食其三。计其田产所值，奏明朝廷，旌奖僧道，不愿奖者，移奖其亲族以官职。如此，则万学可一朝而起也。以此为基，然后劝绅富捐资以增广之。昔北魏太武太平真君七年[10]、唐高祖武德九年[11]、武宗会昌五年[12]，皆尝废天下僧寺矣。然前代意在税其丁、废其法，或为抑释以申老，私也；今为本县育才，又有旌奖，公也。若各省荐绅先生以兴起其乡学堂为急者，当体察本县寺观情形，联名上请于朝，诏旨宜无不允也。

其学堂之法约有五要[13]：

一曰新旧兼学。学四书、五经、中国史事、政书、地图为旧学；西政、西艺、西史为新学。旧学为体，新学为用，不使偏废。

一曰政艺兼学。学校、地理、度支、赋税、武备、律例、劝工、通商，西政也；算、绘、矿、医、声、光、化、电，西艺也（西政之刑狱，立法最善，西艺之医最于兵事有益，习武备者必宜讲求）。才识远大而年长者，宜西政；心思精敏而年少者，宜西艺。小学堂先艺而后政，大、中学堂先政而后艺。西艺必专门，非十年不成；西政可兼通数事,三年可得要领。大抵救时之计、谋国之方,政尤急于艺。然讲西政者,亦宜略考西艺之功用,始知西政之用意。

一曰宜教少年。学算须心力锐者,学图须目力好者,学格致、化学、制造须质性颖敏者,学方言须口齿清便者,学体操须气体精壮者,中年以往之士,才性、精力已减,功课往往不能中程,且成见已深,难于虚受,不惟见功迟缓,且恐终不深求,是事倍而功半也。

一曰不课时文。新学既可以应科目,是与时文无异矣。况既习经书,又兼史事、地理、政治、算学,亦必于时文有益,诸生自可于家习之,何劳学堂讲授,以分其才思、夺其日力哉?朱子曰:"上之人曾不思量,时文一件,学子自是着急,何用更要你教?"(《语类》卷一百九)谅哉言乎!

一曰不令争利。外国大、小学堂,皆须纳金于堂,以为火食、束脩[14]之费,从无给以膏火者。中国书院积习,误以为救济寒士之地,往往专为膏火奖赏而来。本意既差,动辄计较锱铢,忿争攻讦,颓废无志,紊乱学规,剽袭冒名,大雅扫地矣。今纵不能遵从西法,亦宜酌改旧规,堂备火食不令纳费,亦不更给膏火。用北宋国学积分之法,每月核其功课,分数多者酌予奖赏,数年之后,人知其益,即可令纳费充用,则学益广、才益多矣。

一曰师不苛求。初设之年,断无千万明师。近年,西学诸书沪上刊行甚多,分门别类,政、艺要领大段已详,高明之士研求三月,可以教小学堂矣。两年之后,省会学堂之秀出者,可以教中学堂矣。大学堂初设之年,所造亦浅,每一省访求数人,亦尚可得。三年之后,新书大出,师范愈多,大学堂亦岂患无师哉?

若书院猝不能多设,则有志之士当自立学会,互相切磋。文人旧俗,凡举业楷书、放生惜字、赋诗饮酒、围棋叶戏,动辄有会,何独于关系身世安危之学而缓之?古人牧豕都养[15]尚可听讲通经,岂必横舍千间、载书兼两[16]而后为学哉?始则二三,渐至什伯[17],精诚所感,必有应之于千里之外者。昔原伯鲁以不悦学而亡[18],越勾践以十年教训而兴,国家之兴亡,亦存乎士而已矣。

——选自苑书义、孙华峰、李秉新主编:《张之洞全集(第十二册)》,河北人民出版社1998年版,第9739—9741页。

【注释】

[1] 濯，洗。

[2] 六科，指1898年初准备设立，后因戊戌政变而停止的经济特科的六个科目（内政、外交、理财、经武、格物、考工）。

[3] 觏，音 gòu，遇见。

[4] 仓卒，同"仓猝"。急忙；急遽。

[5] 陂池，池沼。陂，音 bēi。

[6] 骈枝，骈拇枝指的简称，比喻多余的东西。骈拇，指脚的大拇指跟二拇指相连合为一指。枝指，指手的大拇指旁多长一指成六指。

[7] 末法中半，佛教用语。佛教有正、象、末三法之说：正法500年，象法1000年，末法10000年。"末法中半"，指已到了末法的中期，行将衰落。

[8] 其鬼不神，见《老子·六十章》："以道莅天下，其鬼不神。"不神，即不灵验。

[9] 乂安，太平无事。乂，音 yì，治理；安定。

[10] 北魏太武太平真君七年，即446年。太平真君，是北魏太武帝拓跋焘的年号。

[11] 唐高祖武德九年，即626年。武德，是唐高祖李渊的年号。

[12] 武宗会昌五年，即845年。会昌，是唐武宗李炎的年号。

[13] 五要，有误。下文列了六条，似应为"六要"。

[14] 束脩，古代称干肉为脩，是弟子用来送给老师的见面礼，后泛指学费。

[15] 牧豕都养，指求学时生活贫困。牧豕，放养猪。事见《后汉书·宣张二王杜郭吴承郑赵列传》："（承宫）少孤，年八岁为人牧豕。乡里徐子盛者，以《春秋经》授诸生数百人，宫过息庐下，乐其业，因就听经，遂请留门下，为诸生拾薪。执苦数年，勤学不倦。经典既明，乃归家教授。"都养，古代对厨工的一种称谓。事见《汉书·公孙弘卜式兒宽传》："（宽）以郡国选诣博士，受业孔安国。贫无资用，尝为弟子都养。"

[16] 载书兼两，指书多得要用两辆或许多辆车装载。两，车辆，谓加倍的车辆。

[17] 什伯，亦作"什百"，十倍百倍。

[18] "原伯鲁以不悦学而亡"，见《左传·昭公十八年》："夫学，殖也。不学，将落。原氏其亡乎！"原氏，即原伯鲁，周大夫。

【解读】

首先，张之洞认为设学是十分必要的，如果不设学堂则无法培养出有用之才，"学堂未设，养之无素而求之于仓卒，犹不树林木而望隆栋、不作陂池而望巨鱼也"。他还指出，仅靠游学国外不能培养出大量的人才，因为"所费既巨"；"且必学有初基，理已明、识已定者，始遣出洋"。因此，他极力提倡广设学堂，提出"各省、各道、各府、各州县，皆宜有学。京师、省会为大学堂，道、府为中学堂，州、县为小学堂"。为此，建议以书院改为学堂，"一县可以善堂之地、赛会演戏之款改为之，一族可以祠堂之费改为之"。另外还主张改佛寺、道观为学堂。这样国家就能节约费用，广设学堂。

其次，本文提出了办好学堂的六条标准，即新旧兼学，且要"旧学为体，新学为用，不使偏废"；政艺兼学，认为"救时之计、谋国之方，政尤急于艺。然讲西政者，亦宜略考西艺之功用，始知西政之用意"；在教授少年学生时，要考虑不同科目的特点，因材施教；不必讲授时文，认为"诸生自可于家习之，何劳学堂讲授，以分其才思、夺其日力"；防止学生因利益纷争影响学业，建议"酌改旧规，堂备火食不令纳费，亦不更给膏火。用北宋国学积分之法，每月核其功课，分数多者酌予奖赏"；在教师的选用上也不必标准过于苛刻，建议先学习已译的西书，以应急需，等"三年之后，新书大出，师范愈多"，大学堂就能培养出相应的师资了。

本文体现了张之洞兴办学校的教育主张，他借鉴了当时国外教育的某些规章制度，主张学习西学、限制旧学，考虑到了教学科目及学生的特点。这些教育主张对晚清学校教育的发展起了推动和促进作用。

劝学篇·学制第四

【题解】 本文是《劝学篇》中"外篇"的第四篇，旨在介绍西方近代学制，涉及学校的种类和级别、教学的内容和方法、学生的管理和毕业出路、教材的撰写和修订、经费的来源和支出等，几乎涵盖了学校教育制度的所有方面，为此后"癸卯学制"的制定勾勒出了基本轮廓。

【原文】 外洋各国学校之制，有专门之学，有公共之学。专门之学极深研几[1]，发古人所未发，能今人所不能，毕生莫殚，子孙莫究，此无限制者也。公共之学所读有定书，所习有定事，所知有定理，日课有定程，学成有定期（或三年，或五年），入学者不中程不止，惰者不得独少，既中程而即止，勤者不必加多，资性敏者同为一班，资性钝者同为一班，有间断、迟误者附其后班，生徒有同功，师长有同教，此有限制者也。

无事、无图、无堂、无算，师无不讲之书，徒无不解之义。师以已习之书为教，则师不劳；徒以能解之事为学，则徒不苦。问其入何学堂，而知其所习何门也；问其在学堂几年，而知其所造何等也。

文武将吏、四民[2]百艺，其学无不皆同。小学堂之书较浅，事较少，如天文、地质、绘图、算学、格致、方言、体操之类，具体而微。中学堂书较深，事较多（如小学堂，地图则极略，仅具疆域，山水大势，又进，则有府县详细山水，又进，则有铁路、电线、矿山、教堂，余书仿此）。方言则兼各国，算学则讲代数、对数，于是化学、医术、政治以次而及，余事仿此。大学堂又有加焉。小学、中学、大学又各分为两三等，期满以后，考其等第，给予执照。国家欲用人才，则取之于学堂，验其学堂之凭据，则知其任何官职而授之。是以官无不习之事，士无无用之学。其学堂所读之书，则由师儒纂之，学部定之，颁于国中。数年之后，或应增减订正，则随时修改之。

其学堂之费，率皆出地方绅富之捐集，而国家略发官款以补助之。入学堂者但求成才，不求膏火，每人月须纳金若干，以为饮食、束脩之费。贫家少纳，富家多纳。其官绅所筹学堂之费，专为建堂、延师、购书、制器之用，不为学生膏奖（亦有义学[3]以教极贫子弟，学生出资甚微。然义学甚少，所教极浅）。来学者既已出费，则必欲有所得而后归。学成之后，仕宦工商各有生计，自无冻馁，此以教为养之法也。是以一国之内，常有小学数万区、中学数千、大学百数，由费不仰给于官，亦不尽仰给于绅故也。其善有三：出资来学则不惰，志不在利则无争，官不多费则学广。

苏子瞻沮新法学校之说曰："必将发民力以治宫室，敛民财以养游士。"[4]如西法所为，可无多费之虞矣。王介甫[5]悔新法学校之误曰："本欲变学究为秀才，不谓变秀才为学究。"如西法所为，可无变为学究之患矣。凡东、西洋各国立学之法、用人之法，小异而大同，吾将以为学式。

——选自苑书义、孙华峰、李秉新主编：《张之洞全集（第十二册）》，河北人民出版社1998年版，第9742—9743页。

［1］极深研几，谓探讨研究事物的深奥隐微之处。《易·系辞上》："夫《易》，圣人之所以极深而研几也。"

［2］四民，即士、农、工、商。

［3］义学，即"义塾"，旧时靠官款、地方公款、地租或个人捐款设立的一种蒙学，对象多为贫寒子弟，免费入学，以识字、写字、对课、作文以及伦理道德教育为主要功课，以《三字经》、《百家姓》、《千字文》、《孝经》、四书等为主要教材。清代普遍设立，民国后渐废。

[4] 苏子瞻,即苏轼(1037—1101),字子瞻,号东坡居士,北宋文学家。"必将发民力以治宫室,敛民财以养游士",见《经进东坡文集事略·议学校贡举状》。

[5] 王介甫,即王安石(1021—1086),字介甫,号半山,抚州临川(今江西抚州)人,人称"临川先生";晚年封荆国公,故亦称"王荆公"。北宋政治家、文学家。现存著作主要有《临川先生文集》和《王文公文集》。

【解读】

本文介绍了西方的学制情况。张之洞认为"西国之强,强以学校,师有定程,弟有适从,授方任能,皆出其中",因此主张对西方的学制"择善而从"。这是他写本文的目的所在。

本文认为西方各国学制有专门之学和公共之学的区分。张之洞详细介绍了公共之学,亦即普通教育的各方面情况。他认为学校对课程、学习年限、教学组织形式都有统一的规定,这样教师教学、学生学习都不辛苦。教学内容的安排因学生学习水平、能力的不同而在难易程度上有所区分,小学堂、中学堂、大学堂的教学内容循序渐进、由浅入深。学生学完一定年限后要进行考核,并评定等级发给证书。张之洞还介绍了西洋的学费制度,指出学费是由国家官款、地方绅富捐资、个人纳费三项费用组成的,认为这种纳费制度有三个好处,即"出资来学则不惰,志不在利则无争,官不多费则学广"。

身为封建官吏的张之洞,能在当时封建旧学占统治地位的情况下提倡学习西方的学制,尽管他的前提是在不破坏封建统治的基础上来吸取西方的教育经验,但在当时仍是难能可贵的,因而具有进步意义。张之洞是中国近代学制的制定者之一。1904年,他会同张百熙、荣庆,共同制定了我国近代第一个由官方颁布并施行的学制——"癸卯学制",这在中国教育近代化的进程中具有重大意义。张之洞在其中所起的作用是不容忽视的。

劝学篇·广译第五

【题解】

本文是《劝学篇》中"外篇"的第五篇。所谓"广译",是指大量翻译国外书籍。张之洞认为,"从西师之益有限,译西书之益无方也"。本文对广泛翻译国外书籍的意义、原因和方法等作了较为合理的分析。

十年以来,各省学堂尝延西人为教习矣,然有二弊。师生言语不通,恃翻译为枢纽,译者学多浅陋,或仅习其语而不能通其学,传达失真,毫厘千里,其不解者则以意删减之、改易之。此一弊也。即使译者善矣,而洋教习所授,每日不过两三时,所教不过一两事。西人积习,往往故作迟缓,不尽其技,以久其期,故有一加减法而教一年者矣。即使师不惮劳,而一西人之学能有几何?一西师之费已为巨款,以故学堂虽建,迄少成材,朱子所谓"无得于心而所知有限"者也。此二弊也。前一弊学不能精,后一弊学不能多。至机器制造局厂,用西人为工师,华匠不通洋文,仅凭一二翻译者,其弊亦同。

尝考三代即讲译学,《周书》有舌人[1]。《周礼》有象胥诵训[2],扬雄[3]录别国方言,朱醻译西南夷乐歌,于谨[4]兼通数国言语,《隋志》有国语、杂文、鲜卑号令、婆罗门书、扶南胡书、外国书。近人若邵阳魏源[5],于道光之季,译外国各书、各新闻报为《海国图志》,是为中国知西政之始。南海冯焌光[6]于同治之季官上海道时,创设方言馆,译西书数十种,是为中国知西学之始。迹其先几远跰[7],洵[8]皆所谓豪杰之士也。若能明习中学而兼通西文,则有洋教习者,师生对语,不惟无误,且易启发;无洋教习者,以书为师,随性所近,博学无方。况中外照会、条约、合同,华洋文义不尽符合,动为所欺,贻害无底。吾见西人善华语、华文者甚多,而华人通西语、西文者甚少,是以虽面谈久处而不能得其情,其于交涉之际,失机误事者多矣。大率商贾市井,英文之用多;公牍、条约,法文之用多;至各种西学书之要者,日本皆已译之,我取径于东洋,力省效速,则东文之用多。

惟是翻译之学有深浅,其仅能市井应酬语、略识帐目字者,不入等;能解浅显公牍书信、能识名物者,为下等;能译专门学问之书(如所习天文、矿学,则只能译天文、矿学者)、非所习者不能译也,为中等;能译各门学问之书,及重要公牍、律法深意者,为上等。下等三年,中等五年,上等十年。我既不能待十年以后译材众多而后用之,且译学虽深而其志趣、才识固未可知,又未列于仕宦,是仍无与于救时之急务也。是惟多译西国有用之书,以教不习西文之人。凡在位之达官、腹省之寒士、深于中学之耆儒、略通华文之工商,无论老壮,皆得取而读之、采而行之矣。译书之法有三:一各省多设译书局。一出使大臣访其国之要书而选译之。一上海有力书贾、好事文人广译西书出售,销流必广,主人得其名,天下得其用矣(此可为贫士治生之计,而隐有开物成务[9]之功,其利益与石印场屋书等,其功德比刻善书则过之。惟字须略大,若石印书之密行细字,则年老、事繁之人不能多读,即不能多销也。今日急欲开发新知者,首在居官任事之人,大率皆在中年以上,且事烦暇少,岂能挑灯细读?译洋报者亦然)。

王仲任之言曰:"知古不知今,谓之陆沈;知今不知古,谓之聋瞽。"[10]吾请易之曰:"知外不知中,谓之失心;知中不知外,谓之聋瞽。"夫不通西语、不识西文、不译西书,人胜我而不信,人谋我而不闻,人规我而不纳,人吞我而不知,人残我而不见,非聋瞽而何哉?学西文者效迟而用博,为少年未仕者计也。译西书者功近而效速,为中年已仕者计也。若学东洋文、译东洋书,则速而又速者也。是故从洋师不如通洋文,译西书不如译东书。

——选自苑书义、孙华峰、李秉新主编:《张之洞全集(第十二册)》,河北人民出版社 1998 年版,第 9743—9745 页。

[1]《周书》,《尚书》组成部分之一,相传为记载周代史事之书。舌人,古代的翻译官。

[2]《周礼》,又称《周官》或《周官经》,搜集周王室官制和战国时各国制度,添附儒家政治理想,增减排比而成的汇编。象胥,古代接待四方使者的官员,这里指翻译官。诵训,周代官名。掌为王者述说四方久远故事,说明各地风俗所忌讳的言语;王者巡狩,随从王车左右。

[3] 扬雄(前53—后18),一作杨雄,字子云。西汉哲学家、文学家、语言学家。蜀郡成都(今属四川)人,在语言学方面,著有《方言》,还续《仓颉篇》编成《训纂篇》。明人辑有《杨侍郎集》,今人有《扬雄集校注》。

[4] 于谨(493—568),字思敬,河南洛阳人。西魏、北周大臣。通晓多种语言,历任大司寇、太傅等职衔,封燕国公。

[5] 魏源(1794—1857),原名远达,字默深,湖南邵阳人,近代中国改良思想的前驱。主张"经世致用""师夷长技以制夷"。著作有《海国图志》《圣武记》《古微堂集》《元史新编》《老子本义》等,今辑有《魏源全集》。

[6] 冯焌光(1830—1878),字竹如,一作竹儒,广东南海(治今广州)人。咸丰时举人。任职苏松太道时,创办求志书院、方言馆,译有西书多种。

[7] 迹,寻查;推究。先几远跖,喻指自古以来讲译学、知外情的前驱。跖,音 zhí,原意为脚掌,借指前人留下的真实记录。

[8] 洵,诚然;实在。

［9］ 开物成务,通晓万物之理,按理办事,得到成功。《易·系辞上》:"夫《易》,开物成务,冒天下之道,如斯而已者也。"这是《易传》作者赞誉《易经》的用语。谓圣人用《易经》揭示事物的真相,确定事务的方法。唐孔颖达疏:"言《易》能开通万物之志,成就天下之务。"

［10］ 王仲任,即王充(27—约97),字仲任,会稽上虞(今浙江绍兴市上虞区)人。东汉思想家。著作仅存《论衡》,其余皆佚。"知古而不知今,谓之陆沈;知今不知古,谓之聋瞽",见《论衡·谢短》。陆沈,同"陆沉",谓泥古而不时合宜。聋瞽,原意为耳聋眼瞎,喻指见识短浅,不达事理。

【解读】

　　在本文中,张之洞首先竭力主张大量翻译外国的"有用之书",认为这是一件"功近而效速"的大事,因为向西人学习得来的知识必定有限,翻译西方著作的益处却是无限的。其次,本文具体分析了广译的原因。原因之一是洋务学堂聘请的洋教习存在两种弊端:一是师生言语不通,传达失真,导致"学不能精";二是西人"故作迟缓,不尽其技",且所知有限,导致"学不能多",因此学堂很少培养出精通西学的人才。文章通过引证《周书》、《周礼》、《隋志》、魏源、冯焌光等例旨在强调中国有翻译的传统,这也是广译的第二个原因。第三个原因是翻译人才的缺乏。张之洞把翻译人才分为上、中、下三个等级,认为这些人才的培养仍"无与于救时之急务",所以必须"以书为师,随性所近,博学无方","惟多译西国有用之书,以教不习西文之人"。最后,张之洞建议"译西书不如译东书",提出广译可以采用三种方法:一是"各省多设译书局";二是"出使大臣访其国之要书而选译之";三是"上海有力书贾、好事文人广译西书出售"。

　　张之洞主张广泛翻译西书,顺应了时代发展的潮流,有利于引进西方知识,开阔人们的视野,起到"开风气"的作用,这也是他不可磨灭的历史功绩。

（杨云兰）

郑观应

郑观应(1842—1922),原名官应,字正翔,号陶斋,别号杞忧生、慕雍山人等,广东香山(今中山)人。近代实业家、思想家。著有《易言》《盛世危言》等,今辑有《郑观应集》。

学校上

【题解】

《盛世危言》初版于1893年,是作者整理多年来思考心得而成,经作者手定的有1894年五卷本、1895年十四卷本和1900年八卷本三种版本。《盛世危言》的书名,郑观应早已有所酝酿,他曾说过:"不必谓言出于谁某,而但问合于时宜与否。应亦盛世所弗禁,大雅所不斥也。"这就是说,只要言论切合时宜,即使是"危言"亦应为"盛世"所不禁。"危言"者,感时忧危之语也。此书写作之时,民族危机严重,实为"危世",故"盛世"是虚,"危言"是实。第一卷第一篇为《道器》,是全书的总纲,第二篇即为本文,由此可见学习西方建立近代学校制度在作者心目中的重要性。

【原文】

学校者,造就人才之地,治天下之大本也。古者家有塾,党有庠,州有序,国有学,比年入学,中年考校。一年视离经辨志,三年视敬业乐群,五年视博习亲师,七年视论学取友,谓之小成。九年知类通达,强立而不反,谓之大成。[1]而又教以弦诵,舒其性情。故其时博学者多,成材者众也。比及后世,学校之制废,人各延师以课其子弟。穷民之无力者荒嬉颓废,目不识丁,竟罔知天地古今为何物,而蔑伦悖理之事,因之层出不穷。此皆学校不讲之故也。〔十四卷本增:先王之意,必使治天下之学皆出于学校,而后所设学校非虚,其法始备,此学所以为养士之要,而上古人才所以出于学校者独盛也。自后薄书、典例、钱谷、讼狱,一切委之俗吏,而六艺之学亦渐废而不讲。遂以学校为无当缓急,而其所谓学校者,科举嚣争,熏心富贵。上以势利诱之,下亦以势利应之。学校废而书院兴,书院之设原所以集士子而课以艺学,使之明习当世之务,而为国家之用。今日虽有书院,而士子依然散居里巷,绝少肄业其中;间或有之,亦无程范,听其来去自由。虽有山长,不过操衡文甲乙之权,而无师表训导之责。届试期则聚士子而课以文,尽一日之长。

所作不过尘羹土饭,陈陈相因之语,于国家利病,政治得失,未尝一及。而天文、格致、历算等学,则又绝口不谈。其有讲实学,严课程,以文章砥砺,务为有用之学者,千不得一、二。由是言之,书院之设,本所以育才,而适所以锢才,虽多亦奚以为哉!〕

今泰西各国犹有古风,〔十四卷本增:礼失而求诸野,其信然欤!迹〕其学校规制大略相同,而德国尤为明备。学之大、小各有次第。乡塾散置民间,由贫家子而设,由地方官集资经理。无论贵贱男女,自五岁后皆须入学,不入学者罪其父母[2](即下至聋、瞽、喑、哑残疾之人,亦莫不有学,使习一艺以自养其天刑之躯)。初训以幼学[3],间附数学入门、本国地理等书。生徒百数以内者一师训之,百数以外至千数则分数班。每班必有一师。此班学满乃迁彼班,依次递升,不容躐等。察其贫者免出脩脯[4],稍赡者半之。郡院学者之脩脯,亦不过一钱至半元而止。院中生徒亦分数班。班有专师,有专教算学之师,有专教格物[5]之师,有专教重学、理学、史鉴、舆地、绘画、各国语言文字之师[6]。期满考列上等,则各就其艺能,或入实学院,或入技艺院。其实学分上、下两院,皆以实学为主,约分十三班:初入院在末班,每班留学一年,阅十三年遍历诸班,方能出院。上院考出,入太学院,免三年军籍。下院虽列首班,仍充军籍,三年可入技艺等院。太学之掌教,必名望出众、才识兼优者,方膺此任。院中书籍、图画、仪器无一不备。

一经学、二法学、三智学、四医学。经学者,教中之学(即耶稣、天主之类)。法学者,考古今政事利弊异同,及奉使外国,修辞通商,有关国例之事。智学者,格物、性理、文字语言之类。医学者,统核全身内、外诸部位,经络表里功用、病源、制配药品、胎产接生诸法。技艺院者,汽机、电报、采矿、陶冶、制炼、织造等事。格物院与技艺院略同。大抵多原于数学,数学则以几何原本为宗。其次力学(力学者考究各物之力量)。化学考核金石、植物、胎卵、湿化各物化生之理[7]。其次为天学、测步、五星、七政之交会伏留[8]。其次为航海之学,必娴于地理、测量、驾驶者,方能知船行何度,水性何宜,台飓、沙礁若何趋避。武学院课与实学院同,但多武艺、兵法、御马诸务。通商院则以数学、银学、文字三者为宗,其于各国方言土产、水路陆程、税则和约,以及钱币银单、条规则例、公司保险各事,无不传习。农政院、丹青院、律乐院、师道院、宣道院、女学院、训瞽院、训聋喑院、训孤子院、训罪童院、养废疾院[9]，更有文会、夜学、印书会、新闻馆。别有大书院九处，书籍甚富，听人观览借钞，但不能携之出院。每岁发国帑以赡生徒。其教法之详，教思之广如此。

大抵泰西各国教育人才之道计有三事：曰学校，曰新闻报馆，曰书籍馆。而学校又有三等，一初学以七岁至十五岁为度，求粗通文算，浅略地球史志为准，聪颖者可兼学他国语言文字；中学以十五岁至二十一岁为度，穷究各学，分门别类，无一不赅[10]；上学以二十一岁、二十六岁上下为度，至此则精益求精，每有由故得新，自创一事，为绝无仅有者。

夫欲制胜于人，必尽知其成法，而后能变通，而后能克敌。彼萃数十国人材，穷数百年智力，掷亿万兆资财而后得之，勒为成书，公诸人而不私诸己，广其学而不秘其传者，何也？彼实窃我中国古圣之绪余，精益求精，以还之中国。虽欲自私自秘焉，而天有所不许也。后之视今，亦犹今之视昔。彼泥古不化，诋为异学，甘守固陋以受制于人者，皆未之思耳。今中国既设同文、方言各馆，水师、武备各堂[11]，历有年所，而诸学尚未深通，制造率仗西匠，未闻有别出心裁创一奇器者，技艺未专，而授受之道未得也。〔十四卷本增：尚冀深通中西文字兼精一艺者，〕诚能将西国有用之书，条分缕晰，译出华文，颁行天下各书院，俾人人得而学之。〔十四卷本增：译书者不但深通中西文字，尤必于所译一门，精求博考，言之方能透达。若非融会其理，必至语多费解，仅称述皮毛而已。〕以中国幅员之广，人材之众，竭其聪明才力，何难驾西人而上之哉！

——选自夏东元编：《郑观应集（上册）》，上海人民出版社 1982 年版，第 245—248 页。

[1] 语出《礼记·学记》。据《周礼》记载，二十五家为闾、五百家为党、一万二千五百家为遂（即州），所谓"塾、庠、序"均是各级教育机构，彼此衔接逐级递升。王城及诸侯国都中有"国学"，分"小学"和"大学"。其中天子所设的"大学"称"辟雍"，诸侯所设的"大学"称"泮宫"，是世子、群后之子及地方学校选拔上来的学生就读的学校。国学每年（"比年"）入学，每隔一年（"中年"）考核一次。每次考核的主题不同："离经辨志"即分析经书的章节，读断文句，辨明志趣；"敬业乐群"即专心学业或事业，乐与朋友相切磋；"博习亲师"即广泛学习，亲爱师长；"论学取友"即讨论学问是非，择取善人为友；"知类通达"即触类旁通；"强立而不反"即立志坚定，不违反师长的

教诲。

[2] "不入学者罪其父母",即强迫性的义务教育。1763年普鲁士颁布《普鲁士普通学校规程》,规定父母必须把5—13岁儿童送入学校,对不执行法令规定者课处罚款。

[3] 幼学,此处指小学教育。

[4] 脩脯,干肉,指古代学生向教师赠送的礼物。以后借指致送教师的酬金,也叫"脩金"。

[5] 格物,清代末年对声光化电等自然科学部门的统称,亦称"格致"。

[6] 重学,即力学。理学,此处泛指自然科学。史鉴,即历史学。舆地,即地理学。

[7] 金石,矿物。胎卵,指胎生卵生。湿化,指无性繁殖。化生,即出生,指生物遗传。《易·系辞下》:"男女构精,万物化生。"

[8] 天学,即天文学。测步,古人谓日月转运于天,犹如人的行步,可以推算而知,故称推算历法为测步或推步。五星,即水、火、木、金、土。七政,指日月和五星。交会,指日月的相交和会合。伏留,指在地球上观察到的行星运行的天文现象。

[9] 丹青院,即美术学院。律乐院,即音乐学院。师道院,即师范学院。宣道院,即神学院、宗教学院。训瞽院,即盲人学校。训聋喑院,即聋哑学校。训罪童院,即犯罪儿童教养院。

[10] 赅,兼备;完备。

[11] "同文、方言各馆,水师、武备各堂",指在洋务运动期间设立的各种培养外交、翻译、军事等人才的洋务学堂。

【解读】

　　在长期投身于中外经贸往来的过程中,郑观应深刻地洞察到中外经济竞争("商战")的背后是人才的竞争,即教育的竞争("学战"),所以他认为:"学校者,造就人才之地,治天下之大本也。"经过中外比较,他发现建立系统的学制是极其重要的。为此,他在本文中详细地介绍了以德国为代表的西方学校规制,并总结了西方各国三条主要的"育才之道":学校、报馆和图书馆,其中学校又是最重要的机构。他描述的"初学、中学、上学"三级学校体系、分科分班教学制度,为建立中国的近代学制提供了启发和参考。在本文最后,他批判了洋务运动期间创办的一些实用技术类学校,"诸学尚未深通,制造率仗西匠,未闻有别出心裁创一奇器者"。其中原因除了"技艺未专",最重要的就是没有建立系统的学校制度,"授受之道未得也"。这一批判虽然一点即止,却是深中肯綮的。

　　需要指出的是,郑观应在本文中的立论方式是典型的"西学中源说",即认为西方近代的优良制度和思想是从古代中国引进发展而来的。由此,他在本文中首先叙述了中国夏商周时期理想的学校制度,并在介绍了西方学制后又认为西方近代文化"实窃我中国古圣之绪余,精益求精,以还之中国。虽欲自私自秘焉,而天有所不许也"。客观地说,中西文化制度各有源流,所谓"西学中源"是站不住脚的。当然,在近代多数思想家的言论中,以"西学中源说"立论只是一种策略,目的是批判那些"泥古不化,诋为异学,甘守固陋以受制于人者",并减少学习西学的心理阻力。

《盛世危言》一经刊印,反响极大,在此后的戊戌变法时期曾被推荐给光绪帝,光绪帝命总理衙门印刷两千部,分发给大臣阅读,从此这部著作传诵海内。在十年之后的清末"新政"期间,中国终于建立了近代学制体系。可以说,这与郑观应对学习西方学制的积极提倡和详细介绍是分不开的。

女教(节选)

【题解】在儒家"三从四德"的约束下,传统社会中的妇女不但被排斥在学校教育之外,而且身心备受裹足等陋习的摧残,真可谓"人生不幸作女子身,更不幸而为中国之女子"!为寻求"富强救国"之路,必须开发占人口一半的妇女的智力和体力,这是近代改良主义思想家的初步共识。郑观应是早期女子教育思想的集大成者,本文是他女子教育思想的最初系统表述。

【原文】中古〔八卷本增:古重胎教,盖谓人生自孩提以至胜衣,大都瞻依慈母,跬步不离。此家有贤母,其子若女必多造就。然后日之贤母即当年之名媛。中国〕女学诸书失传已久,自片语单文散见六经诸子外,以班昭《女诫》为最先[1],刘向《列女传》[2],郑氏《女孝经》[3]、《女训》、《闺范》、《女范》[4],各有发明。近世蓝鹿洲[5]采辑经、史、子、集中为妇人法式者,谓之女学,颇称详赡[6]。所惜者,朝野上下间,拘于"无才便是德"之俗谚,女子独不就学,妇功亦无专师。其贤者稍讲求女红、中馈之间而已[7]。于古人所为妇德、妇言、妇容、妇功者[8],有其名无其实。礼教之不讲,政化之所由日衰也。

泰西女学与男丁并重:人生八岁,无分男女,皆须入塾训以读书、识字、算数等事。塾规与男塾略同。有学实学者,有学师道者(学成准在女塾教授女徒),有学仕学者,有入太学院肄业以广其闻见者。虽平民妇女不必如男子之博雅淹通[9],亦必能通书文明道理,守规矩,达事情,参以书、数、绘画、纺织、烹调之事,而女工、中馈附之,乃能佐子相夫,为贤内助矣。瑞士国有大书院准女子入内习医,如果精通亦可给凭行道。而收生[10]一端关系尤重。俄国特设教女收生院,凡胎前产后一切要症,必须明白透彻,体恤入微,既讲求妇科,即内、外各科亦可兼习也。

中国之人生齿[11]繁昌,心思灵巧,女范虽肃,女学多疏。诚能广筹经费,增设女塾,参仿西法,译以华文,仍将中国诸经、列传、训诫女子之书别类分门,因材施教,而女红、纺织、书、数各事继之。富者出资,贫者就学,由地方官吏命妇[12]岁月稽查,奖其勤而惩其惰。美而贤者,官吏妥为择配,以示褒嘉。至于女塾章程,必须参仿泰西,整齐严肃。庶他日为贤女,为贤妇,为贤母,三从四德,童而习之,久而化之;纺绣精妙,书算通明;复能相子佐夫,不致虚糜坐食。愚贱皆知礼义,教化具有本原。此文、武[13]之所以化行俗美也。

至妇女裹足,合地球五大洲,万国九万余里,仅有中国而已。国朝功令已加禁革,而相沿既久,俗尚未移。夫父母之爱子也无所不至,而钟爱女子尤甚于男儿,独此事酷虐残忍,殆无人理:或四、五岁,或七、八岁,严词厉色,陵逼百端,必使骨断筋摧,其心乃快。以为如此而后,他日适人可矜可贵;苟肤圆六寸,则戚里[14]咸以为羞。此种浇风[15],城市倍于乡曲,世家巨室尤而效之。人生不幸作女子身,更不幸而为中国之女子,戕贼肢体,迫束筋骸,血肉淋漓,如膺大戮,如负重疾,如觏沈灾。〔十四卷本增:西人论女子裹足,男子宫刑,乃极弊之政,为合地球五大洲之所无,宜为彼族嗤笑。革之者真为圣君贤相矣!〕稚年罹剥肤之凶,毕世婴刖足之罪[16]。气质虚弱者因以伤生,虽父母爱怜,而死者不可复生,断者不可复续矣!即幸全性命,而终日需人扶掖,井臼安克操持?偶有水火、盗贼之灾,则步履艰难,坐以待毙。戕伐生质以为美观,作无益以为有益,是为海淫之尤。苟易裹足之功改而就学,罄十年之力率以读书,则天下女子之才力聪明,岂果出男子下哉?!所望有转移风化之责者,重申禁令,立限一年:已裹者姑仍其旧,而书“裹足”二字表其额,悬其门楣。嗣后一律禁止。故违者罪其家长,富贵者停给诰封。通饬各省广立女塾,使女子皆入塾读书。其美而才者,地方官吏赠物赠扁以奖荣之。各塾女师如能教化贤才,卓有成效,咨请旌奖以劝将来。一转移间而道一风同,利兴弊去。成周之雅化,关雎、麟趾之休风[17],无难复见于今日矣!

···········

——选自夏东元编:《郑观应集(上册)》,上海人民出版社1982年版,第287—289页。

【注释】

[1] 班昭(约49—约120),东汉史学家。一名姬,字惠班,扶风安陵(今陕西咸阳东北)人。史学家班彪之女、班固之妹。著有《女诫》,分七篇,阐述中国封建社会妇女"三从四德"的道德标准,影响深远。

[2] 刘向(约前77—前6),西汉经学家、目录学家、文学家。著有《列女传》,分七卷,共记载了105名妇女符合儒家伦理标准的事迹。

[3] 郑氏《女孝经》,唐朝散郎侯莫陈邈之妻郑氏撰,其书仿《孝经》,分十八章。

[4]《女训》《闺范》《女范》,都是封建社会宣扬"三从四德"的女子读物。闺,内室;闺门。借指妇女。

[5] 蓝鹿洲,即蓝鼎元,清人,谓妇人不可不学,因采辑经传格言,参撮史传,编《女学》六卷。

[6] 详赡,详细而又充分。

[7] 女红,亦作"女工""女功",指妇女所做的纺绩、刺绣、缝纫等事。中馈,指妇女在家主持饮食等事。

[8] 妇德、妇言、妇容、妇功,是封建礼教所称的妇女"四德"。

[9] 淹通,渊博而通达。

[10] 收生,接生。

[11] 生齿,长出幼齿,古时把已经长出乳齿的男女登入户籍。后借指人口、家口。

[12] 命妇,中国古代受帝王封号的妇女,多指官员之母、妻而言,享有各种仪节上的待遇。

[13] 文、武,指周文王、周武王。

[14] 戚里,亲戚邻里。

[15] 浇风,轻薄的社会风尚。

[16] 婴,缠绕;羁绊。刖足,断足。这里指裹足时受折断筋骨之苦。刖,音yuè。

[17] 关雎,《诗·周南》篇名,为全书首篇,《诗序》说是歌咏"后妃之德"。麟趾,《诗·周南·麟之趾》以"振振公子"等语称美周文王子孙昌盛,后遂以"麟趾"为子孙昌盛之喻。休,旧指吉庆;美善;福禄。这里作美好的风尚解。

【解读】

在本文中,郑观应首先从历史典籍中追寻中国女子教育的渊源,为倡导女子教育确立历史依据;同时他尖锐地指出,正是女子"无才便是德"的封建观念导致了传统的"妇德、妇言、妇容、妇功"教育走向有名无实。郑观应认为这是中国政治和教化日衰的重要原因。

为振兴女子教育,郑观应详细介绍了西方女子与男子享有同样的受教育权,可以学习各种专业从而成为专门人才的情况。他认为,西方女子教育可以作为中国兴女学的佐证和楷模,建议政府仿照西方女学办法,"通饬各省广立女塾,使女子皆入塾读书","其美而才者,地方官吏赠物赠扁以奖荣之。各塾女师如能教化贤才,卓有成效,咨请旌奖以劝将来"。

郑观应在提倡女子教育的同时,激烈反对妇女缠足的陋习。他指出在世界五大洲中只有中国有缠足的恶俗,其过程"酷虐残忍,殆无人理",其结果"骨断筋摧",使妇女"如膺大戮,如负重疾,如觐沈灾",从而丧失了劳动能力,甚至丧失了危急时刻的自救能力。这种"戕贼肢体"以为美观,把无益的事情当作有益,简直荒谬绝伦到极点。为此,他建议政府重申禁令,制定具体措施反对缠足。他认为,"苟易裹足之功改而就学,罄十年之力率以读书,则天下女子之才力聪明,岂果出男子下哉?!"。

中国近代女子教育思想的产生,是伴随着世界范围内的女子解放思潮出现的。在此思想的发展过程中,既要变革自身的陈规旧律,又要从文化传统中寻求变革的依据;既要主张吸收外来的先进思想和经验,又不放弃自身的历史传统。这种内在矛盾的存在,使我国近代的女子教育思想呈现出新旧杂糅、缓慢发展的特点。本文中这种特点也表现得很明显。郑观应一方面提倡解放妇女的智力和体力,为妇女争取平等的受教育权;另一方面却把解放的目标定位在使妇女"为贤女,为贤妇,为贤母","能佐子相夫",不致"虚糜坐食"。这既是他个人认识无法克服的历史局限,也体现了中国女子教育思想发展的历史特点。

(叶哲铭)

盛宣怀(1844—1916),字杏荪,号愚斋,江苏武进(今常州)人。洋务派首领,近代实业家、教育家,天津中西学堂和上海南洋公学的创办人。有《愚斋存稿》《盛宣怀未刊信稿》等。

盛宣怀

筹集商捐开办南洋公学情形折(节选)

【题解】 盛宣怀在长期办理洋务事业的实践中,深切地认识到"实业与人才相表里,非此不足以致富强"。1896年春,盛宣怀开始筹建南洋公学。同年10月,他卸任津海关道职务,接任铁路总公司督办,并被授予太常寺少卿衔和专折奏事特权,从此开始了事业发展的新起点。同年11月,盛宣怀连续呈递《条陈自强大计折》和《请设学堂片》,提出筹设南洋公学以造就人才,并奏请由招商局、电报局盈余项下拨银十万两充作经费。光绪帝批准了该计划,并派盛宣怀为南洋公学督办。1897年4月8日,南洋公学正式开学。1898年6月12日,盛宣怀再将筹办详情专折奏陈,报告了学校的办学宗旨、学制设计、经费筹措等事宜。

【原文】 头品顶戴大理寺少卿臣盛宣怀跪奏,为筹集商捐,开办南洋公学情形,恭折仰祈圣鉴事。窃世变日棘,庶政维新,自强万端,非人莫任,中外臣僚与夫海内识时务之俊杰,莫不以参用西制兴学树人为先务之急。臣于光绪二十二年冬间,附奏请设达成馆片[1]内曾经陈明,在上海地方筹立南洋公学。嗣以捐款难集,而达成馆之请,已奉总理衙门王大臣等议覆,应由户部拨款办理,钦奉谕旨饬遵[2]。又经臣奏明,将原拟捐设达成馆之款,还充南洋公学经费在案。

臣惟师道立则善人多,故西国学堂必探原于师范;蒙养正则圣功始[3],故西国学程,必植基于小学。中外古今教学宗旨,本无异同。特中土文明之化,开辟最先,历世愈远,尚文胜质,遗实探华[4]。而西人学以致用为本,其学校之制,转与吾三代以前施教之法相暗合。今日礼失而求诸野[5],讲西学,延西师,学堂之规模近似矣。然臣前年创设天津头二等学堂[6],旁求教习,招选学徒,大抵通晓西文者,多懵于经史大义之根柢;致力中学者,率迷于章句咕哔之迁途[7],教者既苦乏才,学者亦难精择。窃喟然于事半功倍之故,盖不导其源,则流不可得而清也;不正其基,则构不可

457

得而固也。

初议筹设南洋公学,拟照天津分设头二等两学堂,继念京师达成馆未有开办之期,沪馆虽无所依仿,不可不先行设法筹办。况师范小学,尤为学堂一事先务之先务,既病求艾[8],相需已殷,急起直追,惟虞弗及。查有奏调三品衔分省补用知府何嗣焜[9],学术湛深,不求闻达,臣与纵论西学为用,必以中学为体,考核程功次序,极为精邃,志气尤坚卓,不致始勤终惰。当经派委该员总理南洋公学事务,即于上年二月间,考选成材之士四十名,先设一师范学堂,延订华洋教习,课以中西各学,要于明体达用,勤学善诲为指归。复仿日本师范学校,有附属小学校之法,别选年十岁内外至十七八岁止,聪颖幼童一百二十名,设一外院学堂,令师范生分班教之。比及一年,师范诸生,且学且诲,颇得知行并进之益;外院生亦多颖异之姿,能志于学。今年复将二等学堂先行开办,名曰南洋公学中院,以次续开头等学堂,名曰南洋公学上院[10]。上中两院之教习,皆出于师范院,则驾轻就熟,轨辙不虑其纷歧;外院之幼童,涿[11]升于中上两院,则入室升堂,途径愈形其直捷。师范院诸生,挑充教习,至速以一年后为准。外院生分四班,满三年挑充升中院之四班,中上两院各分四班,岁转一班,阅八年而卒业。

夫人才盛衰之机,全视在上之取舍。伏查光绪二十三年二月安徽巡抚邓华熙奏建二等学堂总理衙门议复折内有云:所称头等学堂教习,诱掖生徒,精益求精,应如何优以仕途各节。查同文馆学生,每届三年,大考一次,择其学业径进考取前列者,量予保奖。或分部学习,或分发省份,或由出使大臣调充参赞翻译等官。近且有径请简派出使大臣者,仕途不为不优。又各教习殷勤讲授,应照新疆设立俄文馆章程,分别有无官职,奏请奖叙各等语,均经核准钦遵。今皇上复准总理衙门礼部议奏经济特科岁举之制[12],俾天下新设学堂书院,所教有用之学,皆得学成而各尽其用,宇内学子,莫不争自濯磨。窃维时事之艰大无穷,君子以致达为重。环球各国学校如林,大率形上形下,道与艺兼。惟法兰西之国政学堂[13],专教出使、治政、理财、理藩四门,而四门之中皆可兼学商务,经世大端,博通兼综。学堂系士绅所设,然外部为其教习,国家于是取才。臣设立南洋公学,窃取国政之义,以行达成之实,于此次钦定专科,实居内政、外交、理财三事。嗣后每年年终大考后,当将学生名籍及考定等级,详细造册,咨送各该省学政,存候乡试年分,调取录送。

惟各教习不乏体用兼赅之选，职在课徒，调取不及施教，至劳荣途转隘。拟请将此项教习内，愿应经济岁举者，由臣出具切实考语，咨请学政录送。其本系举人，准与经济科举人一体应经济科会试。此外应仍请援照新疆设立俄文馆章程，同文馆学生大考前列章程，三年期满，由臣会同南洋大臣江苏巡抚，择教诲有方，造就最广者，分别保奖，以仰副皇上甄陶[14]才俊之至意。

至公学四院，常年经费，以轮电两局岁捐银十万两，量入为出，仅可相当。虽初办两年，内上院未开，约可节存银五六万两，惟开办之费，除学堂基地由臣捐购外，其余建造房屋，置备仪器图书，以及一切器具，共需十数万金，初拟劝捐办理，近来商民交困，物力艰难，似兹巨款，未易集腋而成。只能先将节存余款动用，计不敷之数尚多，而将来如办理译书之费，既在常年经费之外，卒业学生出洋游学之费，亦当预储于八年之内，未有设措之方也。谨将现定公学章程，缮具清单，恭呈御览。

所有筹集商捐开办南洋公学缘由，理合恭折具陈。伏乞皇上圣鉴，训示。谨奏。

光绪二十四年五月十八日奉朱批：该衙门知道，单并发。钦此。

——选自国家档案局明清档案馆编：《戊戌变法档案史料》，中华书局 1958 年版，第 250—252 页。

【注释】

［1］奏请设达成馆片，见《光绪朝东华录·光绪二十二年丙申·九月》。1896 年 11 月 1 日，盛宣怀于"条陈自强大计暨设立达成馆并开设银行各折片"内，附奏"在京师及上海两处各设一达成馆，取成材之士专学英、法语言文字，专课法律、公法、政治、通商之学。期以三年，均有门径，已通大要。请命出使大臣奏调随员悉取于两馆，俟至外洋，俾就学于名师，就试于大学。历练三年，归国之后，内而总署章京，外而各口关道使署参赞"。片内又称："本年春间，又在上海捐购基地，禀明两江督臣刘坤一筹款议建南洋公学，如津学之制而损益之。俟筹款有绪，再当陈奏。"

［2］总理衙门议覆折和谕旨，见《光绪朝东华录·光绪二十二年丙申·十一月》："京师、上海两处既准设立大学堂，是则国家陶冶人才之重地，与各省集捐设立之书院不同，着由户部筹定之款，按年拨给。毋庸由盛宣怀所管招商、电报两局集款解济，以崇体制。"

［3］"蒙养正则圣功始"，见《易·蒙》："蒙以养正，圣功也。"原意指以蒙昧隐默的方法来修养正道，后用为教育童蒙之意。

［4］"尚文胜质"，见《论语·雍也》："文胜质则史"，谓只讲求外在文饰之美而缺乏仁的品质，文饰之美则成为一种虚饰，故所谓"尚文胜质"谓只看重表面而不追求实质。"遗实探华"，丢弃内在的实质

而追求表面的华彩。

[5] "礼失而求诸野",语出《汉书·艺文志》中所引孔丘之语,原指春秋时期礼崩乐坏,文化学术从官方流落到了民间("野"),所以孔子认为在官方学不到的各种礼乐典章制度,则要到民间去寻求。到了近代,这一思想成为人们解释向西方学习的"合法性"的理由。

[6] 天津头二等学堂,为盛宣怀于1895年创办的学校,正式名称为"天津中西学堂",分头等学堂、二等学堂两级,学习各四年。二等学堂属预科性质,学生毕业后递升入头等学堂。头等学堂设英文、数学、制图、物理、化学、天文、地学、万国公法、理财学等普通学科,工程学、电学、矿务学、机器学、律例学等专门学科。毕业后,"或派赴外洋分途历练,或酌量委派洋务职事"。1900年为帝国主义侵略军所毁,1903年再建后改为北洋大学堂,1913年改为北洋大学。为今天津大学之前身。

[7] 章句,古书注释体式之一。汉代注家以分章析句来解说古书的意义,主要是划分段落、分析词义、串讲文句等。呫哔,同"呫毕",看书;读书。一说即简册、书册。

[8] 艾,将艾草的叶子加工如绒,称"艾绒",为灸法治病的燃料。这里泛指治疗之法。

[9] 何嗣焜(1843—1901),字梅生,江苏武进(今常州)人。1897年任南洋公学第一任总理,1901年春病逝后由张元济继任。

[10] 南洋公学于1898年春设中院,学生由外院高级生选拔二十名递升。1900年春始建上院。

[11] 洊,通"荐"。再;一次又一次。

[12] 经济特科岁举之制,即本书所选的严修《奏请设经济专科折》中的科举改革建议。该折上奏后,经总理各国事务衙门会同礼部议奏,允先行特科,次行岁举。特科约以六事,曰:内政、外交、理财、经武、格物、考工。由三品以上京官及督抚学政各举所知,咨送总理衙门,会同礼部,奏请试以策论,名为经济特科。岁举则每届乡试年份,由各省学政调取各学堂书院高等生,送乡试分场专考。该方案得到光绪帝的批准。

[13] "法兰西之国政学堂",当为布特米(Emile Boutmy)等人于1872年创办的巴黎私立政治学院,是当时法国唯一在高等教育中设置处理公共事务的政治课程的学校,其毕业生在外交、财经和管理方面都占据着重要岗位。1945年,由于学校在培养国家高级公务员方面所起的重大作用,戴高乐决定在不改变学校自主性的情况下将其纳入高等教育公共服务的范围。现一般称为"巴黎政治学院"。

[14] 甄陶,本指烧制瓦器,见《后汉书·申屠刚鲍永郅恽列传》:"含元包一,甄陶品类。"李贤注:"甄者,陶人旋转之轮也。言天地造化品物,为陶匠之成众品者也。"后引申为对人的陶冶和造就。

解读

南洋公学于1896年由盛宣怀创设于上海,经费来自电报、招商两局,其最大特点是分层设学、自成体系的办学模式。通过创办近代工商业的实践,盛宣怀深知当时中国急需用新型的高等学校来培养高级管理和技术专才。但是,倘若没有配套的新式中小学校,即使开办了新式高等学校,也是"不导其源""不正其基"。在当时科举制尚未废止、新式中小学堂凤毛麟角的情况下,盛宣怀在南洋公学内部架构了一个小型的多级学校体系,包括师范院、外院、中院、上院四院:师范院,即师范学堂,为公学培养师资;外院,即附属小学堂,为中院提供生源;中院,即两等学堂(中学堂),为上院提供生源;上院,即头等学堂(大学堂),培养高级管理和技术人才。在这个体系中,盛宣怀将师范院和外院视为基础。他认为"师道立则善人多,故西国学堂必探原于师范;蒙养正则圣功始,故西国学程,必植基于小学",所以"师范小学,尤为学堂一事先务之先务"。由此,南洋公学就形成了初、中、高三级教育上下衔接、依次递升的自足体系;同时,普通教育和师范教育均作为高等专门教育的基础,为培养高级专业人才这一最终目标服务。

盛宣怀对高级专门人才的理解更侧重于高级管理人才。他认为"君子以致达为重",新式学堂不应仅把办学目标定位在培养技术人才上。为此,他提出"窃取国政之义,以行达成之实",模仿法国的巴黎政治学院的办学思路,把南洋公学办成培养内政、外交和理财方面的高级行政管理人才的学校。这一办学宗旨的背后,意味着近代人才观内涵的扩大:所谓新式人才已经不仅指有专门工艺技术之人,要使近代国家政治、经济制度得以有效运作,同样需要专门的高级管理人才。

盛宣怀是一位实干家,他继承了早期改良主义思想家培养"专才"的教育思想,并在兴办实业的过程中结合自己的思考予以发展。由此,当他充分利用自身所能支配的社会资源将办学思想付诸实践后,就显示出了鲜明的现实针对性和强大的生命力。他所创办的天津中西学堂和南洋公学在历史的沿革中薪火相传,发展成为今天的天津大学和多所交通大学。

(叶哲铭)

张百熙(1847—1907),字埜秋,湖南长沙人。1901年任管学大臣。其教育主张散见于他任管学大臣期内上奏清廷的奏折,以及他主持拟定的《钦定学堂章程》。有《退思轩诗集》,今辑有《张百熙集》。

奏办京师大学堂疏

【题解】

1898年7月,京师大学堂作为戊戌变法的兴学措施之一创办于北京。变法失败后,尽管京师大学堂以"萌芽早,得不废"而保留下来,但实际上陷于停顿状态。1900年,由于义和团运动兴起,学生告假四散,校舍被封闭,8月3日慈禧太后下令停办京师大学堂。8月14日,八国联军侵占了北京,京师大学堂被俄、德帝国主义侵略者占领,校舍、图书、仪器等大部分被毁,"学堂弦诵辍响者年余"。为了维持摇摇欲坠的统治,1902年1月10日清政府下诏将从前筹建的京师大学堂切实举办,并派张百熙为管理大学堂事务大臣。次日又命将京师同文馆并入大学堂,责成张百熙一并管理。张百熙接受任命后,遵照"端正趋向,造就通才"的办学宗旨,于同年2月13日奏陈本疏,提出了五条建议,即预定办法、添建讲舍、附设译局、广购书籍仪器、宽筹经费等。

【原文】

臣奉命以来,悉心考察,夙夜构思,一面查勘现在情形,一面预筹将来办法,计惟有钦遵谕旨,端正趋向,造就通才,以仰副朝廷兴学育才之至意。惟是从前所办大学堂,原系草创,本未详备。且其时各省学堂未立,大学堂虽设,不过略存体制,仍多未尽事宜。今值朝廷锐意变法,百度更新,大学堂理应法制详尽,规模宏远,不特为学术人心极大关系,亦即为五洲万国所共观瞻。天下于是审治乱,验兴衰,辨强弱,人才之出出于此,文明之系系于此,是今日而再议举办大学堂,非徒整顿所能见功,实赖开拓以为要务,断非因仍旧制、敷衍外观所能收效者也。惟念臣本无学问,粗识事情,当国家图治之时,正臣子致身之日,固不敢安于简陋,亦何至稍涉铺张,诚深悉唐虞三代古世所以致太平极治之规[1],又亲见欧美日本诸邦所以变通兴盛之故,确有凭据,谅不虚诬。今日中国若议救败图存,舍此竟无办法。如使成规坐隘，收效无存，臣一身不足惜，所恐上无以对圣朝，下无以塞群望，见轻外人，更伤国体，成败之故，罔不随之。臣既见及此，敢不直陈，用特粗拟推广办法五条，敬为我皇太后、皇上缕晰言之。

一、办法宜预定也。查各国学堂之制，大抵取幼童于蒙学卒业之后，先入小学堂，三年卒业，乃升入中学堂；如是又三年，乃升入高等学堂；如是又三年，乃升入大学堂。以中国准之，小学堂即县学堂也，中学堂即府学堂也，高等学堂即省学堂也。今虽奉明谕，令各省府州县遍设学堂，至今奏报开办者，尚无几处，是目前并无应入大学肄业之学生，而各省开办需时，又不知何年而学堂方可一律办齐，又何年而学生方能次第卒业。通融办法，惟有暂且不设专门，先立一高等学校，功课略仿日本之意，以此项学校造就学生，为大学之预备科，一面由臣请旨，催办各省学堂，三年之后，预备科所造人才，与各省省学堂卒业学生，一并由大学堂考取，升入专门肄业。所有预备科功课，谨遵绎本年变通科举、普设学堂历次上谕，分为二科：一曰政科，二曰艺科。以经史、政治、法律、通商、理财等事隶政科，以声、光、电、化、农、工、医、算等事隶艺科。惟取入预备科肄业学生，亦须平日在中学堂卒业者方能从事。查京外所设学堂，已历数年，办有成效者，以湖北自强学堂、上海南洋公学为最，此外则京师同文馆、上海广方言馆、广东时敏学堂、浙江求是学堂，开办皆在数年以上。余若天津高等学堂之已散学生，出洋游历学生、外洋华商子弟，亦多合格之才。再由各省督抚学政，就地考取各府州县高才生，咨送来京，由管学大臣复试如格，方准送入大学堂肄业。其外省考试之法，由大学堂拟定格式，颁发各省，照格考取，以免歧异。学生入学之后，俟三年卒业，由管学大臣择及格者，升入大学正科；有不及格者，分别留学撤退。恭查本年上谕，已有各省选派出洋学生学成回华，由督抚外务部考验之后，候旨分别赏给举人、进士明文。大学堂预备科卒业生，与各省省学堂卒业生，功课相同，应由管学大臣考验如格，择尤带领引见[2]，候旨赏给举人，升入正科；又三年卒业，再由管学大臣考验如格，带领引见，候旨赏给进士。如此办法，十年之后，所造就者，定多可用之材，以之综理庶务，当无不足。富强之基，必立于此。惟是国家，需才孔亟，士大夫求学甚殷，若欲收急效而少弃材，则又有速成教育一法。应请于预备科之外，再设速成一科。速成科，亦分二门：一曰仕学馆，一曰师范馆。凡京员[3]五品以下八品以上，以及外官候选，暨因事留京者，道员以下,教职以上,皆准应考,入仕学馆。举贡生监等皆准应考[4],入师范馆。仕学馆三年卒业学有成效者,请准由管学大臣考验后,择其优异,定为额数,带领引见。如原系生员者准作贡生,原系贡生者准作举人,原系举人者准作进士,均候旨定夺。准作进士者,给予准为中学堂教习文凭;准作举贡者,给予准为小学堂教习文凭。盖预科之学生,必取其年岁最富、学术稍精者再加练习,储为真正合格之才;速成科之学生,则取更事较多、立志猛进者,取其听从速化之效。此目前姑请缓立大学专门,先办预备、速成二科之实在情形也。至将来奏定京师大学堂章程,拟即全照大学规模,恭拟上闻,以备异日学成升入正科之用,仍将现在所办之预备科并附设之速成科章程,暨颁发各直省高等学、中学、小学各章程,一并奏进,候旨遵行。再专门正科,开办虽尚可稍稽岁时,而考求不能不预为地步,拟俟照现拟章程先行开办后,再由臣慎选通达纯正之员,派赴欧美日本,考察其现行章程、应用书籍。又讲求化学、电学,其房屋皆有一定造法,以及光学家之暗室,医学家之暖房,凡欲探究专门,皆须先造特室,其图式皆宜预向各国考求。再中国学堂所请西人教习,向皆就近延请其本居中国者,或为传教来华之神甫,或为海关退出之废员,在教者本非专门,而学者亦难资深造;且西国学问数年一变,则其人才亦月异而岁不同。将来延请教习专门,亦非彼国文部及高等学堂考问,不能分别优劣。似派员考察一层,为必不可少之举。现在湖北闻已派人先赴日本,即用此意。届时拟由臣选得其人,再行奏请办理。

　　一、讲舍宜添建也。查现在大学堂,从前原系暂拨应用,原议本须另拨地面,俾可建合格之屋,又须令四面皆有空地,以便陆续增造工医等项专门学堂。今请仍照此议,将来另须拨地新造,方足以便推广而壮规模。惟目前一切,尚待推求,一面赶为开办,只好仍就旧基修葺,并将附近地方增拓办理。臣亲往勘视丈量,学堂四面围墙,计南北不过六十丈,东西不过四十丈。中间所有房屋,仅敷讲堂及教习官役人等之用。其西北两边讲舍,共计不足百间,非大加开拓,万万不敷居住。现勘得学堂东、西、南三面,皆可拓开数十丈,其地面所有房屋,多系破旧民房,若公平估价,购买入官,所费当不甚巨。此项新拓地面,即作为增建学舍之需。查大学堂开办若有二年,学生从未足额,一切因陋就简。外人往观者,至轻之等于蒙养学堂,此于上国声名,极有关系。朝廷兴学育才,方以振起全局为要归。臣诚不敢希图省事，至使中国未收变通之效，而先贻外人以口实之讥。况一经开办，学生足额之后，若再加以同文馆学生，以及官员司役人等，总在千人以上，断非此方数十丈之地所能容纳。查外省如广东之广雅书院，湖北之自强学堂、两湖书院，上海之南洋公学，视大学堂现在基址，皆大至数倍或一倍不止，断无京师制度反减于外省之理。若过于狭隘，不特无以示天下，亦且无以示国中。是增建讲舍实为学堂首先应办之事，不能不据实上陈者也。

一、译局宜附设也。查现隶大学堂之官书局，开办最早，当时即选译各局书籍及外洋各种报章。上海设立南洋公学，江宁新设学堂，亦先后奏设译书局。是译书一事，实与学堂相辅而行。拟即就官书局之地，开办译局一所。盖欲求中国经史政治诸学，非藏书楼不足以供探讨之资；欲知西国政治工商等情，非译书局不足以广见闻之用也。惟欲随时采买西书，刷印译本，更宜设分局于上海，则风气既易流通，办理亦较妥便，又翻译东文，费省而效速，上海就近招集译才，所费不多，而成功甚易。南中[5]纸张工匠，比京师尤贱。拟即将东文一项，在上海随译随印，可省经费之半。惟是中国译书近三十年，如外洋地理名物之类，往往不能审为一定之音，书作一定之字，拟由京师译书局定一凡例，列为定表，颁行各省，以后无论何处译出之书，即用表中所定名称，以归画一，免淆耳目。然译局非徒翻译一切书籍，又须翻译一切课本。泰西各国学校，无论蒙学、普通学、专门学，皆有国家编定之本，按时卒业，皆有定程。今学堂既须考究西政西艺，自应翻译此类课本，以为肄习西学之需。惟其中有与中国风气不同，及牵涉宗教之处，亦应增删润色，损益得中，方为尽善。至中国《四书》《五经》，为人人必读之书，自应分别计月，垂为定课。此外百家之书，浩如烟海，亦宜编为简要课本，按时计日，分授诸生。盖编年纪传诸子百家之籍，固当以兼收并蓄，使学子随意研求。然欲令教者少有依据，学者稍傍津涯[6]，则必须有此循序渐进由浅入深之等级。故学堂又以编辑课本为第一要事。现各处学堂，皆急待国家编定，方有教法。上海南洋公学，江、鄂新设学堂，即自编课本以教生徒，亦不得已之举也。臣惟国家所以变法求才，端在一道德而同风俗，诚恐人自为学，家自为教，不特无以收风气开通之效，且转以生学术凌杂之虞。应请由臣慎选学问淹通[7]，心术纯正之才，从事编辑，假以岁月，俾得成书。书成之后，请发各省府州县学堂应用，使学者因途径而可登堂奥[8]，于详备而先得条流，事半功倍，莫切于此。

一、书籍仪器宜广购也。查大学堂先被土匪，后住洋兵，房屋既残毁不堪，而堂中所储书籍仪器亦同归无有。臣愚以为大学功课，不外政艺两途，政以博考而乃精，艺以实验而获益。书籍仪器两项，在学堂正如农夫之粟、商贾之钱，多多益善。不特前所有者固当买补，即前所无者亦宜添购，方足以考实学而得真才。查近来东南各省，如江南、苏州、杭州、湖北、扬州、广东、江西、湖南等处官书局，陆续刊刻应用书籍甚多，请准由臣咨行各省，将各种调取十余部不等。此外民间旧本时务新书，并已译未译西书，均由臣择定名目，随时购取，归入藏书楼，分别查考翻译。至仪器一项，除算学家所用以测量，图学家所用以绘画外，如水、火、气、力、声、光、电、化以及医学、农学专门应用甚多，不特每门皆有器具全副，即随时试验材料药水等项，学生愈多则购用愈繁，学问愈精则考验愈数，此类尤不可省。譬之武备靳予[9]枪炮子药，而责以准头命中，必不能矣。现拟先向上海、日本等处，购办万余金，以为开办普通要需。再筹定经费，向欧美各国广购，归入各专门应用。维采买必须得人，价目务从核实，俟临时由臣采访通达诚朴之员，遣往办理，以期器归实用，款不虚靡。

一、经费宜宽筹也。学堂之设，其造就人材为最至，其需用款项亦最繁。从前大学堂教习，功课仅分语言文字数科，略教公法格致数事，教习既无多人，学生亦未足额，计每岁所费，已在十万金上下。今议规模既须宏备，则款项何止倍增，加以现在情形，一切讲舍书籍仪器等项，或半归残破，或扫地无遗，计修理旧屋，增造新斋，暨购买各项政学应用书籍舆图、艺学备验器具材料等件，又增添翻译西书编辑课本等局，费亦不资。将来推广博物院、验工场以及派员考察之资，学生游历之费，亦动需巨款。查户部向有存放华俄银行库平[10]银五百万两，每年四厘生息，应得库平银二十万两，申合京平[11]二十一万二千两。光绪二十四年经户部奏准，以此项息银，由该行按年提出京平银二十万零六百三十两，拨作大学堂常年用款，仅余一万一千三百七十两未拨。今请将此项存款银两，全数拨归大学堂，仍存放华俄银行生息。则款项既有专注，名目亦免涉纷歧，将来或支或存，由学堂自与银行结算。每年年终，开单呈览，免其造册报销，似此较为直截。至去岁学堂停办，尚有未经付出存款，当时一律交回华俄银行暨中国银行，暂行收管，并经知照户部在案。现在学堂事同创始,需用一切开办经费甚多,应请将前项存款,仍发回学堂应用。惟似此办法,常年款所增尾数,究属无几,仍须添拨巨款,方足以资挹注[12]。查近年各直省如江南、四川、湖北、湖南等处督抚,皆资遣学生出洋,每次亦费至数万金。今大学堂既定高等功课专门教习,则前项学生赴外肄业可送外国者,亦可送大学堂。且大学堂专门正科,本为各省高等学校卒业学生资送肄业地步,则各省理宜合筹经费拨济京师。应请饬下各直省督抚,大省每年筹款二万金,中省一万金,小省五千金,常年拨解京师。大学堂有此增添常款,庶几得以展布一切,而诸事自日起而有功,人才亦积久而渐出矣。

以上五款,以预定办法一条为总立大纲,以购买书籍仪器、附设译局二条为讲求实用,以增建学舍一条为渐拓规模,而尤以宽筹经费一条为诸事根原,均乞恩准施行,俾臣得以从容布置。至各直省合筹经费一节,仍恳明降谕旨,饬令各直省督抚务筹的款,按季拨解大学堂应用,出自逾格鸿慈。

——选自张百熙撰,谭承耕、李龙如校点:《张百熙集》,岳麓书社 2008 年版,第 19—26 页。

注释

[1] 唐,即陶唐氏,传说中远古部落名,尧为其领袖。虞,即有虞氏,传说中远古部落名,舜为其领袖。

[2] 尤,特异的;突出的。引见,指皇帝接见臣下,须由官员引领。

[3] 京员,京师各衙门的官员,以别于外官而言。

[4] 举,举人。贡,贡生。生,生员,明、清时凡经考试取入府、州、县学的,通称"生员",即习惯所称之"秀才"。监,监生,凡有入国子监读书资格的学生称为"监生"。

[5] 南中,泛指南部地区,即南方。

[6] 津涯,水流的边岸。这里指求学的门径。

[7] 淹通,渊博而通达。

[8] 堂奥,深奥的义理。

[9] 靳予,吝惜而不给予。靳,吝惜。

[10] 库平,清代部库征收租税、出纳银两所用的称量标准,康熙五十二年(1713 年)制定。1908 年农工商部和度支部拟订划一度量衡制度,规定库平一两等于 37.301 克。

[11] 京平,白银重量名称,略小于库平。京平一两四分合库平一两。

[12] 挹注,把液体从一个盛器中取出,注入另一个盛器。亦比喻以有余补不足。

【解读】

　　如何兴办京师大学堂？张百熙首先提出"办法宜预定"的建议，这主要是解决大学堂的生源问题。京师大学堂虽创办于1898年，但"其时各省学堂未立，大学堂虽设，不过略存体制，仍多未尽事宜"。为此，张百熙主张暂不设大学本科，先设预备科，为本科作准备。预备科仿照日本，分政、艺二科，三年学习之后，预备科及各省学堂的学生经过考试后可以升入大学本科肄业。又因为国家急需人才，除预备科外，另设速成科，分仕学、师馆二馆，肄业三至四年，毕业后可担任初级官吏或学堂教习。张百熙还提出选通达纯正人员远赴欧美日本考察其现行章程、应用书籍及教习延请等情况，以此作为本国开设专门正科的借鉴。另外，张百熙还在奏疏中提出添建讲舍、附设译局、广购书籍仪器、宽筹经费等四项建议。1902年8月，张百熙主持制定了《钦定学堂章程》，其中包括京师大学堂章程八章八十四节。同年12月17日，京师大学堂举行开学典礼，宣布正式开学，仕学馆、师范馆学生共182名。

　　张百熙在京师大学堂百废待兴的情况下，深刻分析了京师大学堂开办以来的弊病所在，提出了以上五项切实可行的建议，这些都有利于京师大学堂的恢复，使教学和管理等逐步走上正轨，为国内其他学堂的改革和发展树立了榜样。京师大学堂在他的主持下初具规模，从而为我国高等教育的发展作出了一定的贡献。

（杨云兰）

张
謇

张謇(1853—1926),字季直,又字处默,号
啬庵,江苏南通人。近代实业家、教育家。有
《张季子九录》《啬翁自订年谱》等,今辑有《张
謇全集》。

通州师范学校议

题解

1902年春,张謇应两江总督刘坤一之邀,商议兴办学堂的规划,提出先办师范和中小学
以为基础的建议。然而由于有关官员的阻碍,张謇的建议未能实行。于是,张謇同友人罗振
玉等商议,以所储大生纱厂任事以来未支的公费合计六年本息及友人助款共三万余金,自办
师范,校址就以通州千佛寺扩建,7月初动工,同月撰写本文作为该校的办学章程。

原文

一艺之末,学必有师,无古今中外之通义也,况图国家强立之基,肇国民普及之
教育乎?光绪二十七年春,上书新宁督部[1],请先立师范学校,一年后各州县分别
立高等、寻常小学校,三年后各府立中等学校。其各省之高等专科学校,京师之大
学校,五年后置焉,于事理程度财用分际,或有当也。新宁韪之,下监司议,仅立算
术、测绘、师范而已。二十八年春,复以为言。有沮[2]之者,谓中国他事不如人,宁
读书犹待人授法耶?事遂寝。不自量度,归谋诸友,请于通州自立师范学校,督部
报可。适湖南、湖北、直隶先后有师范学校之议,而管学大臣奏定学堂章程,大学
堂、高等中等学堂并设师范[3]。明定章程,奉旨照办。教育之兴,渐有其导矣。然
不鼓舞习师范者,使有乐从教育之途,不导引立师范学校者,使无繁重困难之虑,谁
与剖腹而藏径寸之珠,叱驭而驱九折之坂[4]?建筑有暇,即各国学校之规制,合中
国传记之雅言[5],与夫习惯之士风,现时之财力,求为中国小学校得师。谨列议
如左:

曷言乎必鼓舞习师范者,使有乐从教育之途也?日本斟酌德法学制,立法、医、
工、文、理、农六科,皆有博士、学士之位,独师范无之;即德国亦止有许为正教员之
名而已。今钦定章程:大学堂、高等学堂附设之师范,取举贡生监;中学堂附设之
师范,取贡监廪增附五项生员。其出身等级,以本有之级为差。士但力学四年,贡

举进士可以操券而获。视科举时之皓首黄馘而不能博一第者,难易悬绝矣。然使登进之阶止于举人、进士,而教师终身不复跻于仕版,英伟之士或不乐为,而所谓顺良信爱威重之格,又不能望诸庸庸偷惃之儒[6],如之何其可也?国家原有学官矣,现既停捐,拟请凡大学高等中等学师范本科生毕业,准作贡生、举人、进士,给凭后试教各高等中等及小学四年,比较成绩(以教成学生分数多少为最优与次优之分)。进士教高等学,最优者除[7]国子监丞,次优者除博士。举人教中学,最优者除博士,次优者除学正。贡生教小学,最优者除学正,次优者除助教。其廪增准作贡生教小学者,最优除府教授,次优除州学正。监附准作贡生教小学,最优者除县教谕,次优者除县训导。积资累绩,可递升至祭酒而上为管学大臣。若是则虽除官以后,终身于教育一事,而仍得与他科进取之人,同享人间之福利矣。此以名誉鼓舞之,亦即德国许为正教员,日本府县视学官及小学校教员称训导之例也。

除以官矣,仍听为师。分布扩张,不虞空名告身之敝。然使有官以后,充当教习,或不敌其未官时之俸,或裁足相当,是徒名优而已,犹不足以鼓舞也。德国正教员本俸九百马克以上(约以一先令六本士计,约当银圆八角,马克九百共七百二十圆),又得由国库给年功加俸,或给官职与役宅金,又得免厘税。日本师范生充教习十五年以上、年至六十不能任教师者给退隐费,如在职时终其身。英法俄美师范生费由国帑支给,或官为补助。所以酬而奖之者如是其至也。谓宜由国家酌定俸额,要以训导、教谕为小学校教师,视凡小学校教师有加。学正、教授为中学校教师,视凡中学校教师有加。博士、监丞、司业为高等学校教师,视凡高等学校教师有加为准(拟寻常小学校约每月二十或三十圆,高等小学校约每月三十或四十圆,中等学校约每月四十或五十圆,其专科教师约每月七十或八十至一百圆)。

虽然,由上之说,须热心教育之大臣言之,须愿进国民知识之政府行之,非草野所敢必也。无已,则且为我同类之民,谋兴教育而立师范。又为我同愿兴教育之师范生,谋其不懈益奋多备进取之途。其惟仿日规制,于师范本科卒业后加习随意科乎。通州师范学校之随意科,为政治经济学、农艺化学、英文三科,听愿习者之自量。习随意科者,于习本科第四年读兼习科之译书,第五年由本校延专科教习。

通州师范为呕造小学校教习计,故初呈请立寻常科取举贡生监为师范生。前督部已经核准,今按钦定章程,寻常师范止合贡监廪增附五项生员,自应遵照。惟各处情形不同,原奏准试办后随时增改,今酌度情形,四年后增置高等科,便于通州五属举人有近取之益。

定章高等、中等学皆有入学年限,而不及师范。现招师范应比仿之,于地方情形上兼参高等、中等学年,以十八岁至三十岁为限,三五年后斟酌再定(以上师范生)。

虽然,为立师范学校之困难者又有在,请备言之:自学记师范实验之不传,教授管理不得不借才于异域。其所以必借之义,盖将借其考求所得之实际,以证我之理想,以复明我二千年前之教育不注眼于文字也。而我之师范生所已能者则独有文字,彼各国之挟一学艺而来受币为师者,不通中文,十常八九,猝然聚于一堂之上,教者止授以所长,学者转訾[8]其所短,即有轻玩之心,必不能得启迪之益。若质性粗戾者,或更有种种意外牴牾之现象,又不必论矣。故愚意延外国师范教师,尤以能通中文为最要之事。

师范生所习之本科与练习所授高等、寻常两小学校之学科,科目既备,程度有定,势不能不延外人,而富于赀者知识不开,感而兴者财力不足,事势所在,或又不能尽延外人。中国向来延请外人之费,较之延请中人相悬殊绝。外人远涉重洋,其市于我者,又我所亟需之事,其有挟而贵固宜。而局中之嫌忌,局外之诟病,遂以此事为酿具。士苟以洗国耻觉民智为心,则儿宽之为弟子都养,承宫之为诸生执苦[9],斯格的[10]之为吏抄书,大彼得之投身船厂[11],彼独非人乎?然不可望之常人也。愚意凡一校教习之中人之俸,必须当外人之半,为办事人财力计固要,为相竞人地位计尤要也(以上教师)。

日本市、町、村之单级小学校人数不多者,教授、管理,教师一人任之,事权一而费用省,于兴学实为相宜。师范学校则人多而事繁,其势不得不分。中国官设者,有总办、帮办、提调、监督、文案,支应,又或有坐办、襄办及各司事等名目。地方及民设者自可较省,今拟照奏定章程,设总理一人,教习或二人,或三四人,监理一人,司收支一人,司图书仪器一人,或增司书记一人。总理者,日本及中国他校已有之名;监理者,合日本舍监、中国监督而有时资为总理之权代而名之也。愚甚愿师范生极注意于教授、管理之法,他日各归里弄,得多设单级省费之小学校,广教育于穷乡之子弟也。

整洁教室内之尘垢,启闭教室内之门窗,排列会食堂之食器,日本学校皆学生为之。此正古人小学之事。中国贫儒或礼法家之子弟,犹执其事,非此列也,以惰为教而已。师范生为他日儿童之表率,不习焉是犹以惰教也,非所以重师范生也。然犹不得不求适于通行之俗惯,故所定丁役,视日本为多,视中国他校为少(以上各职务)。

通州师范学校虽因废寺,合于借用寺观之定章,然无一椽不改斫,无一甓不易置,成屋凡一百三十余间,合之培垫基地,购备图书仪器动用器具,费三万数千元矣。因寄宿舍在校内,凡与之有关系者,体操之衣,会食之器,燃灯之油,同式之被褥帐席,厕所浴室之布置,伺役之人夫,种种繁备,岂惟创办不易,经久之费尤艰。国势如此,官帑之补助不可期。若各国定以地方税供学校用者,目下亦未有此令。州县公款,其能拨与否与多寡之数,胥悬于有司之向背,不可必。若是则虽各国师范学校不收学费,而中国今日民立之师范学校,不得不酌收膳费。惟向学之士,贫者居多,今定十成中学者出其半,而本校助其半,然以补助半费计,岁费已四五千圆矣(合衣食卧具灯油茶水夫役工食每人每月约八圆,以十个月计,每人须八十圆,今收四十。若以留学日本费计之,已省去六之五,彼计日本学费者,谓止每月二圆,而不知旅费、房费、膳费每月率二十圆内外,固未算入也)。

寻常师范之等级,视中学堂。管学大臣定章中学由官立者,五年内不收束脩,以后征收每月每人不过一圆。民立者不拘此例。盖民智未开,民力有限,俾人自酌定收数,庶民间捐办者不甚以为苦,而观感易兴。然以通州五属论,一学生每年四十圆,未必人人能办,而收费章程又未可参差而不一也。无已,惟有劝愿学师范生之父兄、宗族、戚友协力以助之。为教育公益计,宜如此;为谋生私益计,亦宜如此。异日经费充赡,可更议减议除而非可豫必也(以上费用)。

日本参考各国教室之度而为之,率曰:广二丈四尺,长三丈三尺为最大之限。又曰:窗之面积、较教室之面积,其比例不可少于一四。通州师范学校诵堂三,特别教室二,深广略过所云,而光线面积亦不止于一四,盖因地为之,又欲空气容积多也。椅案仿日制而略加高,广增,距离亦略宽。中人冬日衣厚,通州人冬日无不穿厚袄者,如日制为之,则于人气体习惯上不适。息修室(即宿舍兼供自修故名)有平屋,有楼,每间深一丈二尺,广一丈三尺,高一丈及一丈一尺。外有雨廊,内容二榻,榻广三尺四寸,长六尺二寸;案二,各广二尺,长三尺;镫高一尺,足低而盘广,用植物油。其他盥饮厕溲之所，亦师其意而参以习惯。计诵堂、息修室可容师范生一百八人，高等、寻常两小学校诵堂面积，各容八十人（以上校舍、器具）。

夫中国之有师范学校，自光绪二十八年始；民间之自立师范学校，自通州始。以二十一行省之大，四万万人之众，为同类知识之谋而仅此乎？彼日本兴学三十年，何以教师至今而不足用也？参观而审思，滋可痛矣！虽然，丈者分厘之积也，世界者微尘之积也，吾安知二十九年以后，不有响应而飙举，日盛一日之会乎？奋而图之，谨而忖之，通理想于众人意识之中，善取法于各国参究之后，是则吾人之责也。不自量度，具陈所见，请益于海内达识君子，幸匡饬之。

——选自李明勋、尤世玮主编，《张謇全集》编委会编：《张謇全集（卷四）》，上海辞书出版社 2012 年版，第 62—67 页。

注释

[1] 新宁督部，指两江总督刘坤一。刘坤一，湖南新宁人，故尊称之。

[2] 沮，通"阻"。当时刘坤一属下的藩司李有棻、粮道徐树钧、盐道胡延等人对张謇先办师范的设想予以否定。

[3] 1902 年 8 月，管学大臣张百熙进呈《钦定学堂章程》共六件，其中规定大学堂、高等中等学堂并设师范。

[4] "剖腹而藏径寸之珠"，见《资治通鉴·卷一九二》："吾闻西域贾胡得美珠，剖身以藏之，有诸？"后世因称以身殉物为剖腹藏珠。"叱驭而驱九折之坂"，见《汉书·王尊传》："先是，琅邪王阳为益州刺史，行部至邛郲九折阪，叹曰：'奉先人遗体，奈何数乘此险！'后以病去。及尊为刺史，至其阪，问吏曰：'此非王阳所畏道邪？'吏对曰：'是。'尊叱其驭曰：'驱之！王阳为孝子，王尊为忠臣'。"后世遂以"叱驭"为因公忘险、奋不顾身之典。

[5] 雅言，正确合理的言论意见。

[6] 偷，苟且。愞，音 nuò，怯懦。

[7] 除，拜官授职。

[8] 訾，音 zǐ，毁谤非议。

[9] "儿宽之为弟子都养"，见《汉书·公孙弘卜式儿宽传》："（宽）以郡国选诣博士，受业孔安国。贫无资用，尝为弟子都养。"都养，古代对厨工的一种称谓。"承宫之为诸生执苦"，见《后汉书·宣张二王杜郭吴承郑赵列传》："（承宫）少孤，年八岁为人牧豕。乡里徐子盛者，以《春秋经》授诸生数百人，宫过息庐下，乐其业，因就听经，遂请留门下，为诸生拾薪。执苦数年，勤学不倦。经典既明，乃归家教授。"

[10] 斯格的，此处作者可能将同为英国文学家的司各特(Walter Scott，1771—1832)与狄更斯(Charles Dickens，1812—1870)相混淆了。司各特家境富裕，只是晚年为偿还债务而一度家道中落；而狄更斯则家境贫寒，12岁即到工厂做童工，15岁到一个律师事务所充当缮写员。

[11] "大彼得之投身船厂"，即俄国沙皇"彼得一世"，厉行改革，其统治为近代俄国的发展打下基础。

【解读】

　　"师范为教育之母"，要全面建立近代学校体系、普及国民教育，没有具备近代知识体系的新式师资是无从着手的。所以，梁启超在1896年有"故师范学校立，而群学之基悉定"的断言；盛宣怀于1896年合政府、企业、私人之力开办的南洋公学中专门设立了师范院作为办学"先务之先务"；而张謇则于1902年创办了近代中国第一所私立师范学校——通州师范学校。

　　张謇首先指出"一艺之末，学必有师"，强调师资是办教育的先决条件之一。然而，如何才能鼓舞"英伟之士"投身师范，"使有乐从教育之途"？又如何才能引导办师范教育之人，"使无繁重困难之虑"？张謇认为，一要有国家政策的引导，二要有具体办学章程的设计。就前者而言，他认为《钦定学堂章程》中对于学师范当教员者虽然有科举出身的奖励，但不能跻身仕途，这就必然导致优秀人才视师范为畏途。为此，在了解国外相关制度的基础上，他建议政府应实施精神和物质两方面的激励措施：一是根据教学实绩授予逐级递升的学官身份，"以名誉鼓舞之"，使教师安心于教育一事；二是"由国家酌定俸额"，保障教师物质待遇并根据学官等级递增。就后者而言，张謇提供了他对通州师范学校办学章程的具体设想以供"海内达识君子"参考。在这些设想中，张謇作为实业家的务实精神处处闪现。比如他认为，聘请的外籍教师最重要的是能通中文，以抵消中国学生的"轻玩之心"；同时对中国教师也应提高待遇，免得中外师资待遇"相悬殊绝"，彼此嫌忌；民办学校的管理部门应该精练，以减轻办学负担；膳宿费由于"向学之士，贫者居多"，所以应该减半，学费虽不得不收，但将来经费充足后应该考虑减免；甚至具体到课桌椅，张謇也考虑到通州人冬天的着装习惯而主张加宽加高。正是这种务实精神，使本文中提出的一些原则和具体做法成为以后官立、私立师范学校的范本。

　　在张謇的苦心经营下，通州师范学校的办学成绩日渐显现、声誉日隆。据统计，截至1922年，20年间师范正科毕业生525人，简易科和讲习科毕业生439人，还有附设科毕业生近百人。学生毕业后，分布在江苏省20个县市和其他7个省的14个县市的教育系统工作。在中国近代教育史上，张謇堪称师范教育的卓越先驱。

致美国政府请求以退还庚子赔款酌拨补助
南通文化教育事业基金意见书（节选）

【题解】　1900 年(庚子年)八国联军攻占北京,强迫清政府于次年签订《辛丑条约》,其中规定付给各国"偿款"海关银四亿五千万两,本息合计九亿八千多万两。这笔赔款通称"庚子赔款"。1908 年,美国国会通过决议,自 1909 年起将一部分赔款退还中国,作为派遣留美学生和创办清华学校的经费。1924 年,美国国会又决定将退款的余存部分一并退还中国,成立基金会"发展中国之教育及文化事业"。得悉这一消息后,张謇于同年向美国政府递交了这份意见书,希望能从退款中获得部分补助,以购置地产作为建设南通大学基金之用。

【原文】　前闻贵国以沉挚优美之交谊,退还庚子赔款,近复于美国中国各报纸,悉贵国会同意,有以此款支配于敝国文化用途之表决,厚意隆情,钦佩无任。中国之南通县,是中国一千七百余县之一,西南临长江,东北临海,水利、交通、文化,向较他省、他县为胜;而新文化事业,尤较他省、他县为独早,久为中外人士所知。惟此种种新文化事业,有久经开办者,有须扩充者,有正在建设者,均恃数人之捐助以为中坚,视实业之状况以为转移;经济充足则进行速,经济短绌则进行迟。兹闻贵国慨以赔款退还,用于扶助中国文化,南通为国内文化计,粗有先路之导,正求增进之方。窃希于全数中拨分十之二三,分年资其助力,以期各文化事业之易于发展。按诸各专门校,所收学生及于各省,是直接助南通,间接即助全国。拜德宁有涯涘[1]？因分别略具大概,陈请左右,希鉴核焉。

一、南通已成立之文化事业及现有之基金

吾通因世界之趋势,知文化必先教育,教育必先实业,于清光绪二十二年(即一千八百九十八年)因南通棉产著名,首先创设大生纺纱厂[2]。二十八年,创立师范学校[3],以为普及教育之基础。纺纱须棉,须增产棉地,乃创设通海垦牧公司[4];有棉产地,须讲求改良棉种及种法,又创设农业学校[5]。此校亦在省立农校之前。纺纱须纺织专门人才,又设立纺织学校[6],此校为全国所仅有。又设商业学校[7]。南通实业逐年发达，各省旅学于南通各校者，亦逐年加多。乃注重卫生，设立医校及医院[8]。更进而有图书馆，有博物苑，有气象台。此南通已成立之文化事业也。总计自开办至今，除本省、本县外，其他各省青年远道而来者，凡浙江、江西、安徽、福建、湖南、湖北、山东、山西、陕西、甘肃、云南、贵州、四川等十三省。现在各校已有之基产，计地十二万亩，及通海垦牧公司股本值银二十万元。

二、南通已有之文化事业其成功之原动力

南通各种文化事业，向由私人经营，绝不仰给于政府，亦不募捐于他处，更不受军阀之牵制。故已成立之中等以上各学校，及其他关于文化事业之种种场所，均由张謇张詧及张孝若于各实业私人红利项下[9]，次第拨款建设；偶有不敷，亦以其他私资设法筹补。盖以私人志愿与能力，为地方文化事业之原素，此彰彰在全国人耳目中者。

三、南通预计扩充之文化事业及其所需之基金

按南通大学分科，农科虽经成立，设备尚未完。工业只有纺织专门，须添染。水利交通上，须添设河海工程一部（南通处江海之交，更兴办许多垦植公司，不得不为水利人才宏其造就）。商业仍系中等，亟需进办大学。文科。办哲学与经史地理四科。男女师范均须提高程度，为大学专门之预备。此预计扩充之文化事业也。

四、补充南通文化事业基金之计画

南通所谋扩充文化既如上述，其所需之基金，不得不亟谋补充。查南通大学已有之基金产地毗连处所，尚有优沃草地五十万华亩，此地本有一公司，因缺乏经营资本，急欲廉价出售。南通为补充文化事业基金之故，拟承购此项地产。因其代价廉，而将来之生利巨，即以目前极少数之基金，希望成将来极伟大之事业也。预计购地代价，约华币二百万圆，经营费约华币三百万圆，总计约华币五百万圆。将来每年收益，可达一百五十万圆（实收有过无不及，上数系比较人工等田地上之实收与详细考量工价、市价与土质而得），足供前条预计文化事业全体之用。其关于此项补充基金之基产地详细情形及计算如左。

⋯⋯⋯⋯⋯

右上所述，所需共计华币六百万圆。六百万圆中，拟五百万为大学基地整理之用，其余一百万为大学建筑及设备之用（均逐年分用之）。如蒙惠予拨助退还赔款

全数十分之二三，所不足者，南通仍分年自行筹之。所以敢为此请者，一、根基久立，成绩已著；二、苟得助力，发展比他处捷速而稳固；三、地点于水利交通适宜；四、利用基金产地之法，助少而收效甚厚；五、大学各部，若农校，若纺织学校，有特殊之价值。

——选自李明勋、尤世玮主编，《张謇全集》编委会编：《张謇全集（卷一）》，上海辞书出版社2012年版，第722—725页。

【注释】

[1] 涯涘，水的边际，也泛指边际或界限。涘，音sì。

[2] 大生纺纱厂，即"大生纱厂"，张謇创办的第一家近代企业。1895年，两江总督张之洞上奏清廷，建议由张謇在植棉业和手工织布业一直很发达的南通地区就地筹建纺纱厂，自产棉纱以抵御国外棉纱涌入而导致的白银外流。经过五年筹备终于1899年投产，张謇根据《易经》中"天地之大德曰生"的含义给纺纱厂取名为"大生"。大生纱厂是第一次世界大战前华资纱厂中唯一成功的厂，也是张謇后来相继创办20多家企业构成"大生集团"的基础和核心。

[3] 师范学校，即通州师范学校，详见《通州师范学校议》。

[4] 通海垦牧公司，1901年为了解决大生纱厂的用棉问题，也为了开发通州、海门沿海荒滩为百姓谋生计，张謇以垦荒为突破口，在两江总督刘坤一的支持下开始筹办垦牧公司。经过十年经营，该公司在123 279亩沿海荒地上建成完备的堤渠、桥梁、道路、水闸，垦殖田地共30 413亩，通过植棉、放牧牲畜等途径发展现代农业。到1911年公司开始盈利。

[5] 农业学校，张謇开办的第一所实业学校。1901年，张謇在《通海垦牧公司集股章程启》就明确表示要在公司内附设立农学堂，"讲求垦牧之事，备公司任用，亦即为他州县储才"。1902年，垦牧公司附设农学堂如期开办，1906年，农学堂归并通州师范学校农科。嗣后，农学堂从师范学校中分出，独立建制，不断扩大规模，从初等农校到乙种农校、1913年甲种农校、1919年农科大学，到1928年与南通纺织大学、南通医科大学合为南通大学。

[6] 纺织学校，1912年，张謇等人试办纺织传习所，培养纺织技师。几个月后，改传习所为南通纺织学校。学制分为本、预科。本科招收中学毕业生，三年毕业；预科招收高小毕业生，五年毕业。纺织学校延聘日籍、德籍和留美毕业生任教。1913年，校定名为"南通纺织专门学校"，学制四年。1927年改称"南通纺织大学"，除原设纺织、染化两系外，增设金工系。1928年并入南通大学。

[7] 商业学校，1909年，张謇在通海五属公立中学开办初等商业学校及银行专修科，培养企业管理和会计人员。1912年，初等商校改为乙种商业学校，1915年又建立了甲种商业学校（后改为商益中学）。

[8] 医校及医院，1912年，张謇创立南通医学专门学校，设中医、西医两科。为便于学生实习，又创办

南通医院。1917 年办中医院,供中医科学生实习。1926 年改称"南通医科大学",1928 年并入南通大学。

［9］张詧(1851—1939),字叔俨,晚号退庵,张謇胞兄,排行第三,1902 年辞官归里后全力协助张謇创办各种近代企业,是整个大生集团内部管理的核心。张孝若(1898—1935),名怡祖,字孝若,又字潜庐,张謇之子。20 岁游学美国,归国后襄助其父办理各项事业。1926 年张謇谢世后,主持南通各项事业。1935 年 10 月突遭暗杀惨死于上海寓所,时年 37 岁。

【解读】

　　办学需要经费,这是一个常识。而办学经费从哪里来呢? 在国力衰弱的近代中国,国家和地方财政中用于文化教育事业的经费少之又少,有志之士只能走民间自主办学的道路。作为近代著名的实业家,张謇创办各种新式企业的目的,一方面是富民强国,另一方面就是为发展教育事业积累资金。在本文中他指出"文化必先教育,教育必先实业",也就是说办教育必须以实业为基础,实业发展了,文化教育投资才有保障。这既是他对教育与社会发展基本规律的认识,也是他处理实业和文化教育事业关系的出发点。从 1895 年筹办大生纱厂开始,张謇克服种种困难,创办了由 20 多家企业组成的"大生集团",并从这些企业所获的利润中拿出部分资金来办学。据统计,截至 1923 年,张謇及其家人和朋友在南通等地办了 25 所学校,并投资创办了博物苑、图书馆、体育场、剧场、天文台等文教设施。另据 1925 年统计,张謇及其家人花在办学和其他公益事业上的费用,总计达到 350 多万银元,占他办企业资产的七分之一。张謇个人因办学而负债达 89 万元。

　　实业扶助了教育,教育也要为实业服务,提供实业发展所需的人才和技术支持。在本文中,张謇简要总结了 1895—1924 年的办学情况。从中可见,张謇发现地方社会有什么需要就设立什么样的实业(职业)学校,其办学宗旨非常明确,就是发展实业,满足社会需要。正所谓"实业之所至,即教育之所至"。而且,张謇并没有把目光仅仅局限于南通一地,而是将南通教育事业的影响扩展到全国,为全国各地培养实用技术人才,正所谓"直接助南通,间接即助全国"。在其他文章中,张謇曾用"父教育而母实业"的生动比喻来揭示实业与教育的关系,并概括为"实业与教育迭相为用"的思想。

　　在张謇的长期努力下,南通由一个落后地区发展为全国闻名的"模范县",文化教育事业机构也渐成系统,办学层次逐步提高,几所主要的学校如农业学校、纺织学校、医科学校等都已升格为单科性大学。在这种条件下,张謇提出了一个合并几所主要学校成立综合性的南通大学的设想,并为此向美国政府提出支持办学的请求,希望能从美国退回的庚子赔款中获得部分资助以购置建设南通大学所用的基金地产。当然,张謇的这一请求多少有些一厢情愿——美国政府之所以愿意退还赔款,是为了"用最圆满与最巧妙的方式来控制中国的发展","从知识与精神上支配中国领袖"。所以,张謇的这一愿望也化为泡影。

1928年,张謇之子张孝若将南通已有的农业大学、纺织大学、医科大学等学校合并成立南通大学,终于实现了张謇的遗愿。

(叶哲铭)

严复(1854—1921)，初名传初，曾改名宗光，字又陵，又字几道，晚号瘉壄老人，福建侯官(今福州)人。近代启蒙思想家、翻译家、教育家。其著作汇编为《严复集》等。

严复

原强修订稿（节选）

【题解】 所谓"原强"，意即探寻国家富强的根本之所在。19世纪60年代开始的洋务运动把国家富强的希望寄托在学习西方先进的军事和科学技术上。然而甲午战争中"天朝大国"被"蕞尔小国"打败的惨痛事实，既打碎了洋务运动"器用自强"的迷梦，又激励了士人阶层的觉醒。长期以来空有一腔报国热忱的严复，这时候再也不能保持沉默，他觉得"胸中有物，格格欲吐"。1895年春，严复奋笔疾书，在天津《直报》上发表《原强》等一系列政论文，是为要求维新变法的先声。后严复又对《原强》作修改和补充，形成修订稿，收入《侯官严氏丛刻》，本文即由此节选而成。

【原文】 今之扼腕奋肵[1]，讲西学、谈洋务者，亦知近五十年来，西人所孜孜勤求，近之可以保身治生，远之可以经国利民之一大事乎？

达尔文[2]者，英之讲动植之学者也。承其家学，少之时，周历寰瀛[3]。凡殊品诡质之草木禽鱼，裒[4]集甚富。穷精眇[5]虑，垂数十年，而著一书，曰《物种探原》[6]。自其书出，欧美二洲几于家有其书，而泰西之学术政教，一时斐变[7]。……其书之二篇为尤著，西洋缀闻之士，皆能言之，谈理之家[8]，摭为口实，其一篇曰物竞，又其一曰天择[9]。物竞者，物争自存也；天择者，存其宜种也。意谓民物于世，樊然并生，同食天地自然之利矣。然与接为构[10]，民民物物，各争有以自存。其始也，种与种争，群与群争，弱者常为强肉，愚者常为智役。及其有以自存而遗种也，则必强忍魁桀，趫捷巧慧[11]，而与其一时之天时地利人事最其相宜者也。此其为争也，不必爪牙用而杀伐行也。习于安者，使之为劳，狃[12]于山者，使之居泽，以是以与其习于劳、狃于泽者争，将不数传而其种尽矣。物竞之事，如是而已。是故每有太古最繁之种，风气渐革，越数百年数千年，消磨歇绝，至于靡有孑遗[13]，如矿学家[14]所见之古兽古禽是已。动植如此，民人亦然。民人者，固动物之类也，达氏总有生之物，标其宗旨，论其大凡如此。……

斯宾塞尔[15]者，亦英产也，与达氏同时。其书于达氏之《物种探原》为早出，则宗天演之术，以大阐人伦治化之事。号其学曰"群学[16]"，犹荀卿言人之贵于禽兽者也[17]，故曰"群学"。……

斯宾塞尔全书[18]而外，杂著无虑数十篇，而《明民论》、《劝学篇》二者为最著。《明民论》者，言教人之术也。《劝学篇》者，勉人治群学之书也。其教人也，以浚智慧、练体力、厉德行三者为之纲。……

…………

……盖生民之大要三，而强弱存亡莫不视此：一曰血气体力之强，二曰聪明智虑之强，三曰德行仁义之强。是以西洋观化言治之家，莫不以民力、民智、民德三者断民种之高下，未有三者备而民生不优，亦未有三者备而国威不奋者也。反是而观，夫苟其民契需恂愁[19]，各奋其私，则其群将涣。以将涣之群，而与鸷悍[20]多智、爱国保种之民遇，小则房辱，大则灭亡。此不必干戈用而杀伐行也，磨灭溃败，出于自然，载籍所传，已不知凡几，而未有文字之先，则更不知凡几者也。是故西人之言教化政法也，以有生之物各保其生为第一大法，保种次之。而至生与种较，则又当舍生以存种，践是道者，谓之义士，谓之大人。至于发政施令之间，要其所归，皆以其民之力、智、德三者为准的。凡可以进是三者，皆所力行；凡可以退是三者，皆所宜废；而又盈虚酌剂，使三者毋或致偏焉。西洋政教，若自其大者观之，不过如是而已。

…………

夫人才者，民力、民智、民德三者之征验也，求之有位之中[21]，既如此矣。意或者沉伏摧废，高举远引而不可接欤？乃吾转而求之草野闾巷之间，则又消乏雕亡，存一二于千万之中，竟谓同无，何莫不可？然则神州九万里地，四十京[22]之民，此廓廓者徒土荒耳，是蛊蛊[23]者徒人满耳。尚自诩冠带[24]之民，灵秀之种，周孔所教，礼义所治，诸君聊用自娱则可耳，何关人事也耶！且事之可忧可畏者，存乎其真，而一战之胜败，不足计也。使中国而为如是之中国，则当日中东之事[25]，微论败也，就令边衅不开，开而幸胜，然而自有识之士观之，其为忧乃愈剧。何则？民力已荼[26]，民智已卑，民德已薄故也，一战之败，何足云乎！今虽有圣神用事，非数十百年薄海知亡[27]，君臣同德，痛锄治而鼓舞之，将不足以自立。而岁月悠悠，四邻眈眈，恐未及有为，已先作印度、波兰之续[28]，将斯宾塞尔之术未施，而达尔文之理先信。矧[29]自甲午迄今者几何时，天下所振兴者几何事，固诸君所共闻共见者耶！呜呼！吾辈一身无足惜，如吾子孙与四百兆之人种何！天地父母，山川神灵，尚相兹下土民以克诱其衷[30]，咸俾知奋！

··············

盖一国之事，同于人身。今夫人身，逸则弱，劳则强者，固常理也。然使病夫焉，日从事于超距赢越之间[31]，以是求强，则有速其死而已矣。今之中国，非犹是病夫也耶？且夫中国知西法之当师，不自甲午东事败衄[32]之后始也。海禁大开以还，所兴发者亦不少矣：译署，一也；同文馆，二也；船政，三也；出洋肄业局，四也；轮船招商，五也；制造，六也；海军，七也；海署，八也；洋操，九也；学堂，十也；出使，十一也；矿务，十二也；电邮，十三也；铁路，十四也。拉杂数之，盖不止一二十事。此中大半，皆西洋以富以强之基，而自吾人行之，则淮橘为枳[33]，若存若亡，不能实收其效者，则又何也？苏子瞻曰："天下之祸，莫大于上作而下不应。上作而下不应，则上亦将穷而自止。"[34]斯宾塞尔曰："富强不可为也，政不足与治也。相其宜，动其机，培其本根，卫其成长，则其效乃不期而自立。"是故苟民力已蕱〔茶〕，民智已卑，民德已薄，虽有富强之政，莫之能行。盖政如草木焉，置之其地而发生滋大者，必其地之肥硗燥湿寒暑与其种性最宜者而后可。否则，萎瘁而已，再甚则僵槁而已。往者，王介甫[35]之变法也，法非不良，意非不美也，而其效浸淫至于亡宋，此其故可深长思也。管、商变法而行[36]，介甫变法而敝，在其时之风俗人心与其法之宜不宜而已矣。达尔文曰："物各竞存，最宜者立。"动植如是，政教亦如是也。

夫如是，则中国今日之所宜为，大可见矣。夫所谓富强云者，质而言之，不外利民云尔。然政欲利民，必自民各能自利始；民各能自利，又必自皆得自由始；欲听其皆得自由，尤必自其各能自治始；反是且乱。顾彼民之能自治而自由者，皆其力、其智、其德诚优者也。是以今日要政，统于三端：一曰鼓民力，二曰开民智，三曰新民德。夫为一弱于群强之间，政之所施，固常有标本缓急之可论。唯是使三者诚进，则其治标而标立；三者不进，则其标虽治，终亦无功；此舍本言标者之所以为无当也。虽然，其事至难言矣。夫中国今日之民，其力、智、德三者，苟通而言之，则经数千年之层递积累，本之乎山川风土之攸殊，导之乎刑政教俗之屡变，陶钧炉锤[37]而成此最后之一境。今日欲以旦暮之为，谓有能淘洗改革，求以合于当前之世变，以自存于偪儴[38]烦扰之中，此其胜负通塞之数，殆可不待再计而知矣。然而自微积[39]之理而观之，则曲之为变，固有疾徐；自力学之理而明之，则物动有由，皆资外力。今者外力逼迫，为我权借，变率至疾，方在此时。智者慎守力权，勿任旁夺，则天下事正于此乎而大可为也。即彼西洋之克有今日者，其变动之速，远之亦不过二百年，近之亦不过五十年已耳，则我何为而不奋发也耶！

然则鼓民力奈何？今者论一国富强之效，而以其民之手足体力为之基，此自功名之士观之，似为甚迂而无当。顾此非不佞[40]一人之私言也，西洋言治之家，莫不以此为最急。历考中西史传所垂，以至今世五洲五六十国之间，贫富弱强之异，莫不于此焉肇分。周之希腊，汉之罗马，唐之突厥[41]，晚近之峨特一种，莫不以壮佼长大，耐苦善战，称雄一时。而中土畴昔分争之代，亦皆以得三河六郡[42]为取天下先资。顾今人或谓自火器盛行，懦夫执靶，其效如壮士惟均，此真无所识知之论也。不知古今器用虽异，而有待于骁猛坚毅之气则同。且自脑学[43]大明，莫不知形神相资，志气相动，有最胜之精神而后有最胜之智略。是以君子小人劳心劳力之事，均非气体强健者不为功。此其理吾古人知之，故庠序校塾，不忘武事，壶勺之仪[44]，射御之教，凡所以练民筋骸，鼓民血气者也。而孔孟二子皆有魁杰之姿。彼古之希腊、罗马人亦知之，故其阿克德美（柏拉图所创学塾）之中，莫不有津蒙那知安（此言练身院）属焉，而柏拉图乃以骈胁著号[45]。至于近世，则欧罗化〔巴〕国，尤鳃鳃然以人种日下为忧[46]，操练形骸，不遗余力。饮食养生之事，医学所详，日以精审，此其事不仅施之男子已也，乃至妇女亦莫不然。盖母健而后儿肥，培其先天而种乃进也。去岁日本行之，《申报》论其练及妇女，不知所云。嗟夫，此真非以裹脚为美之智之所与也！

故中国礼俗，其贻害民力而坐令其种日偷[47]者，由法制学问之大，以至于饮食居处之微，几于指不胜指。而沿习至深，害效最著者，莫若吸食鸦片、女子缠足二事，此中国朝野诸公所谓至难变者也。然而夷考其实，则其说有不尽然者。今即鸦片一端而论，则官兵士子，禁例原所未用。假令天子亲察二品以上之近臣大吏，必其不染者而后用之，近臣大吏各察其近属，如是而转相察，藩臬察郡守，郡守察州县，州县察佐贰，学臣之察士[48]，将帅之察兵，亦用是术焉，务使所察者，人数至简，以期必周。如是定相坐之法[49]而实力行之，则官兵士子之染祛。官兵士子之染祛，则天下之民知染其毒者必不可以为官兵士子也，则自爱而求进者必不吸食。夫如是，则吸者日少，俟其既少，然后著令禁之，旧染渐去，新染不增，三十年之间可使鸦片之害尽绝于天下。至于缠足，本非天下女子之所乐为也，拘于习俗而无敢畔[50]其范围而已。假令一日者，天子下明诏，为民言缠足之害，且曰：继自今，自某年所生女子而缠足，吾其毋封。则天下之去其习者，犹热之去燎而寒之去翣[51]也。夫何难变之有与！夫变俗如是二者，非难行也，不难行而不行者，以为无与国是民生之利病而已。而孰知种以之弱，国以之贫，兵以之窳，胥于此焉阶之厉[52]耶！是鸦片、缠足二事不早为之所[53]，则变法者，皆空言而已矣。

其开民智奈何？今夫尚学问者，则后事功，而急功名者，则轻学问。二者交失，其实则相资而不可偏废也。顾功名之士多有，而学问之人难求，是则学问贵也。东土之人，见西国今日之财利，其隐赈[54]流溢如是，每疑之而不信；迨亲见而信矣，又莫测其所以然；及观其治生理财之多术，然后知其悉归功于亚丹斯密[55]之一书，此泰西有识之公论也。是以制器之备，可求其本于奈端[56]；舟车之神，可推其原于瓦德[57]；用电之利，则法拉第[58]之功也；民生之寿，则哈尔斐[59]之业也。而二百年学运昌明，则又不得不以柏庚[60]氏之摧陷廓清之功为称首。学问之士，倡其新理，事功之士，窃之为术，而大有功焉。故曰：民智者，富强之原。此悬诸日月不刊之论[61]也。顾彼西洋以格物致知为学问本始，中国非不尔云也，独何以民智之相越乃如此耶？或曰：中国之智虑运于虚，西洋之聪明寄于实，此其说不然。自不佞观之，中国虚矣，彼西洋尤虚；西洋实矣，而中国尤实，异者不在虚实之间也。夫西洋之于学，自明以前，与中土亦相埒[62]耳。至于晚近，言学则先物理而后文词，重达用而薄藻饰。且其教子弟也，尤必使自竭其耳目，自致其心思，贵自得而贱因人，喜善疑而慎信古。其名数诸学[63]，则借以教致思穷理之术；其力质诸学[64]，则假以导观物察变之方，而其本事[65]，则筌蹄之于鱼兔而已矣[66]。故赫胥黎[67]曰："读书得智，是第二手事，唯能以宇宙为我简编，民物为我文字者，斯真学耳。"此西洋教民要术也。而回观中国则何如？夫朱子以即物穷理释格物致知，是也；至以读书穷理言之,风斯在下矣[68]。

且中土之学,必求古训。古人之非,既不能明,即古人之是,亦不知其所以是。记诵词章既已误,训诂注疏又甚拘,江河日下,以致于今日之经义八股,则适足以破坏人材,复何民智之开之与有耶?且也六七龄童子入学,脑气未坚,即教以穷玄极眇之文字,事资强记,何裨灵襟[69]!其中所恃以开浚神明者,不外区区对偶已耳。所以审核物理,辨析是非者,胥无有焉。以是为学,又何怪制科人十九鹘突[70]于人情物理,转不若农工商贾之有时而当也。今之蒿目时事[71]者,每致叹于中国读书人少;自我观之,如是教人,无宁学者少耳。今者物穷则变,言时务者,人人皆言变通学校,设学堂,讲西学矣。虽然,谓十年以往,中国必收其益,则又未必然之事也。何故?旧制尚存,而荣途未开也。夫如是,士之能于此深求而不倦厌者,必其无待而兴,即事而乐者也。否则刻棘之业[72]虽苦,市骏[73]之赏终虚,同辈知之则相忌,门外不知则相忘,几何不废然反也!是故欲开民智,非讲西学不可;欲讲实学,非另立选举之法,别开用人之涂,而废八股、试帖、策论诸制科不可。

至于新民德之事,尤为三者之最难。今微论西洋教宗[74]如何,然而七日来复[75],必有人焉聚其民而耳提面命之,而其所以为教之术,则临之以帝天之严,重之以永生之福。人无论王侯君公,降以至于穷民无告[76],自教而观之,则皆为天之赤子,而平等之义以明。平等义明,故其民知自重而有所劝于为善。今夫"上帝临汝,勿贰尔心"、"相在尔室,尚不愧于屋漏"者[77],大人之事而君子之所难也;而西洋小民,但使信教诚深,则夕惕朝乾[78],与吾之大人君子无所异。内省不疚,无恶于志,不为威惕,不为利诱,此诚教中常义,而非甚瑰琦绝特之行者也。民之心有所主,而其为教有常[79],故其效能如此。

至于吾民,则姑亦无论学校已废久矣,即使尚存如初,亦不过择凡民之俊秀者而教之。至于穷檐之子,编户之氓[80],则自襁褓以至成人,未尝闻有孰教之者也。孟子曰:"饱食暖衣,逸居而无教,则近于禽兽[81]。"夫饱食暖衣之民,无教尚如此。则彼饥寒逼驱,救死不赡者,当何如乎?后义先利,诈伪奸欺,固其所耳。曩甲午之办海防也,水底碰雷与开花弹子[82],有以铁滓沙泥代火药者。洋报议论,谓吾民以数金锱铢之利[83],虽使其国破军杀将失地丧师不顾,则中国今日之败衄,他日之危亡,不可谓为不幸矣。此其事足使闻者发指,顾何待言!然诸君亦尝循其本而为求其所以然之故与?

　　盖自秦以降,为治虽有宽苛之异,而大抵皆以奴虏待吾民。虽有原省[84],原省此奴虏而已矣;虽有燠咻[85],燠咻此奴虏而已矣。夫上既以奴虏待民,则民亦以奴虏自待。夫奴虏之于主人,特形劫势禁[86],无可如何已耳,非心悦诚服,有爱于其国与主,而共保持之也。故使形势可恃,国法尚行,则䫏靴剺面[87],胡天胡帝[88],扬其上于至高,抑其己于至卑,皆劝为之;一旦形势既去,法所不行,则独知有利而已矣,共起而挺[89]之,又其所也,复何怪乎!今夫中国之詈诟人也,骂曰畜产,可谓极矣。而在西洋人则莫须有之词也。而试入其国,而骂人曰无信之诳子,或曰无勇之怯夫,则朝言出口而挑斗相死之书已暮下矣。何则?彼固以是为至辱,而较之畜产万万有加焉,故宁相死而不可以并存也。而我中国,则言信行果仅成硁硁[90]小人,君子弗尚也。盖东西二洲,其风尚不同如此。苟求其故,有可言也。

　　西之教平等,故以公治众而贵自由。自由,故贵信果。东之教立纲[91],故以孝治天下而首尊亲。尊亲,故薄信果。然其流弊之极,至于怀诈相欺,上下相遁,则忠孝之所存,转不若贵信果者之多也。且彼西洋所以能使其民皆若有深私至爱于其国与主,而赴公战如私仇者,则亦有道矣。法令始于下院[92],是民各奉其所自主之约,而非率上之制也;宰相以下,皆由一国所推择。是官者,民之所设以厘[93]百工,而非徒以尊奉仰戴者也,抚我虐我[94],皆非所论者矣。出赋以庀[95]工,无异自营其田宅;趋死以杀敌,无异自卫其室家。吾每闻英之人言英,法之人言法,以至各国之人之言其所生之国土,闻其名字,若我曹闻其父母之名,皆肫挚固结[96],若有无穷之爱也者。此其故何哉?无他,私之以为己有而已矣。

　　是故居今之日,欲进吾民之德,于以同力合志,联一气而御外仇,则非有道焉使各私中国不可。顾处士[97]曰:“民不能无私也,圣人之制治也,在合天下之私以为公。”然则使各私中国奈何?曰:设议院于京师,而令天下郡县各公举其守宰。是道也,欲民之忠爱必由此,欲教化之兴必由此,欲地利之尽必由此,欲道路之辟、商务之兴必由此,欲民各束身自好而争濯磨于善必由此。呜呼!圣人复起,不易吾言矣!

　　此三者,自强之本也,不如是则虽有伊尹、吕尚为之谋[98],吴起、李牧为之战[99],亦将浸衰浸灭[100],必无有强之一日决矣。虽然,无亦有[101]其标者焉。然则治标奈何？练兵乎？筹饷乎？开矿乎？通铁道乎？兴商务乎？曰：是皆可为。有其本则皆立，无其本则终废。自甲午以来，海内樊然并兴者亦已众矣，其效何若？其有益于强之数与否，识时审势之士将能言之，无假鄙人深论者也。虽然，有一事焉，自仆观之，则为标之所最亟而不可稍或迟缓者也。其事维何？曰：必朝廷除旧布新，有一二非常之举措，内有以慰薄海臣民之深望，外有以破敌国侮夺之阴谋，则庶几乎其有豸[102]耳。不然，是琐琐者[103]，虽百举措无益也。善夫吾友新会梁任公[104]之言曰："万国蒸蒸，大势相逼，变亦变也，不变亦变。变而变者，变之权操诸己；不变而变者，变之权让诸人。"《传》曰："无滋他族，实逼处此[105]。"愿天下有心人三复斯言而早为之所焉可耳。

——选自王栻主编：《严复集（第一册）》，中华书局1986年版，第15—32页。

注释

[1] 扼腕奋肣，讲话激昂慷慨的样子。扼腕，用手握腕，表示激动、振奋或惋惜。肣，音 hán，舌头。

[2] 达尔文（Charles Robert Darwin，1809—1882），英国博物学家，进化论的奠基人。他第一次运用大量自然科学材料，论证生物进化的理论，著作有《物种起源》等。

[3] 寰瀛，天下；全国。

[4] 裒，音 póu，聚集。

[5] 眇，音 miào，通"妙"。精微；奥妙。

[6] 《物种探原》，即《物种起源》。

[7] 斐变，大变。

[8] 缀闻之士，著书立说的学者。谈理之家，指哲学家、思想家。

[9] "物竞"现译为"生存竞争"。"天择"现译为"自然选择"。

[10] 与接为构，这里指生物之间发生接触与联系。构，联系。

[11] 强忍，顽强坚忍。魁桀，出众杰出。趫捷，矫健敏捷。趫，音 qiáo。巧慧，灵巧聪慧。

[12] 狃，习惯。

[13] 孑遗，遗留；余剩。

[14] 矿学家，这里兼指矿物学家、地质学家和古生物学家。

[15] 斯宾塞尔，通译"斯宾塞"（Herbert Spencer，1820—1903），英国哲学家和社会学家。著作有《综合哲学体系》（严复译作《天人会通论》）、《社会学研究》（严复摘译名为《群学肄言》）等。

[16] 群学，即社会学。

[17] "荀卿言人之贵于禽兽者，以其能群也"，见《荀子·王制》："水火有气而无生，草木有生而无知，禽

兽有知而无义,人有气、有生、有知,亦且有义,故最为天下贵也。力不若牛,走不若马,而牛马为用,何也? 曰:人能群,彼不能群也。"

[18] 斯宾塞尔全书,指斯宾塞完成《综合哲学体系》一书。全书共分五部分:"第一原理"(严复译为"第一义谛")、"生物学原理"(严复译为"生学之理")、"心理学原理"(严复译为"心学之理")、"社会学原理""伦理学原理"(最后两部分严复合称为"群学")。

[19] 契需,懦弱。恂愁,音 kòumào,愚昧无知。

[20] 鸷悍,凶猛强悍。鸷,音 zhì。

[21] 有位之中,即占据官位的朝廷各级官员之中。

[22] 京,古代称一千万为一京,四十京即四万万,为当时全国人口的约数。

[23] 蚩蚩,纷扰貌;忙乱貌。

[24] 冠带,指戴帽束带。

[25] 中东之事,即 1894—1895 年的甲午中日战争。

[26] 苶,音 nié,疲倦貌。

[27] 薄海知亡,全国人都知道将要亡国灭种。薄海,及于四海,后统称海内外。

[28] 印度自 16 世纪起,先后被葡、法、英等国侵入,1849 年被英国占领全境。波兰曾于 1772 年、1793 年、1795 年被俄、普、奥三次瓜分。

[29] 矧,音 shěn,况且。

[30] 下土民,指中国人民。克诱其衷,能诱导其内心,意为使其觉悟。

[31] 超距,跳高;跳远;跨越障碍物。古代的一种习武活动。赢越,即超越。

[32] 衄,音 nù,损伤;挫败。

[33] 淮橘为枳,见《周礼·冬官考工记》:"橘逾淮而北为枳。"谓淮南的橘子到了淮北因地理气候关系而变成了酸涩的枳。

[34] 苏子瞻,即苏轼(1037—1101),字子瞻,号东坡居士,北宋文学家。"天下之祸,莫大于上作而下不应。上作而下不应,则上亦将穷而自止",见苏轼《策别训兵旅三·倡勇敢》。

[35] 王介甫,即王安石(1021—1086),字介甫,号半山,北宋政治家、思想家、文学家。

[36] 管,即管仲(? —前 645),名夷吾,春秋初期政治家,曾帮助齐桓公在经济、政治、军事等方面进行改革,使齐国成为春秋初期"九合诸侯,一匡天下"的霸主。商,即商鞅(约前 390—前 338),公孙氏,名鞅,因战功封商(今陕西丹凤西北)、於(今河南西峡境)十五邑,因称"商鞅"。曾在秦孝公支持下两次在秦国进行变法,使贫穷落后的秦国,一跃为当时最富强的国家。

[37] 陶钧炉锤,烧制陶器,锻炼金属。这里指锻炼造就人才。

[38] 倥偬,音 kuāngráng,匆遽不安貌。

[39] 微积,即微积分。

[40] 不佞,没有才能,常用作自称的谦辞。

[41] 古希腊与我国周代同时,古罗马与我国汉代同时,突厥与唐朝同时。

[42] 三河六郡,汉人称河东、河内、河南三郡为"三河",陇西、天水、安定、北地、上郡、西河为"六郡"。三河六郡在今山西、河南、陕西、甘肃等地,是汉代选拔精兵的地方。

[43] 脑学,即心理学。

[44] 壶,投壶,将箭投进酒壶,以投中多少决胜负的一种游戏。勺,舞勺,古代儿童所学的一种乐舞。

[45] 阿克德美,"学园"(Academy)一词的音译。津蒙那知安,"体育馆"(Gymnasium)一词的音译。柏拉图(Plato,前 427—前 347),古希腊哲学家。骈胁,肋骨紧密相接的生理畸形,亦指肌肉健壮得不显肋骨。

[46] 欧罗化〔巴〕国,欧洲已开化的国家。鳃鳃,忧虑、恐惧貌。

[47] 偷,苟且。《礼记·表记》:"君子庄敬日强,安肆日偷。"

[48] 藩,即藩司,明、清布政使别称,掌一省政令、财赋。臬,即臬司,明、清按察使别称,掌一省刑名按劾之事。佐贰,知府、知州、知县的辅佐官。学臣,即学政,清朝廷派往各省的主考官。

[49] 相坐之法,即连坐法,古代因一人犯法而使有一定关系的连带受刑的制度。

[50] 畔,通"叛"。

[51] 翣,音 shà,古代仪仗中用的大掌扇。此处指阴凉、寒冷的状态。

[52] 阶之厉,即"厉阶",祸端;祸患的来由。

[53] 所,这里指解决。

[54] 隐赈,繁盛;富饶。

[55] 亚丹斯密,通译"亚当·斯密"(Adam Smith,1723—1790),英国经济学家。所著《国民财富的性质和原因的研究》(简称《国富论》),经严复译成中文,译名为《原富》。

[56] 奈端,通译"牛顿"(Isaac Newton,1643—1727),英国数学、物理学家,发现万有引力定律。

[57] 瓦德,通译"瓦特"(James Watt,1736—1819),英国发明家,对原始蒸汽机作了一系列重大改进和发明,使其得以广泛应用,大大提高了当时社会的生产力。

[58] 法拉第(Michael Faraday,1791—1867),英国化学家、物理学家,在电学上有很多发现。

[59] 哈尔斐,通译"哈维"(William Harvey,1578—1657),英国医师,实验生理学的创始人之一,首次证实了动物体内的血液循环现象。

[60] 柏庚,通译"培根"(Francis Bacon,1561—1626),英国哲学家。他反对经院哲学和唯心主义,主张打破"假相",铲除各种幻想和偏见,冲破教条和权威的束缚,强调发展自然科学,并着力建立起近代自然科学体系。因此文中作者称其有"摧陷廓清之功"。

[61] 不刊之论,不能改动或不可磨灭的言论。

[62] 相垺,相等。

[63] 名,即逻辑学。数,即数学。

[64] 力,即物理学。质,即化学。

［65］本事，本来作用。

［66］筌，音 quán，捕鱼用的竹器。一说是各种垂钓用具的统称。蹄，捕兔器。

［67］赫胥黎(Thomas Henry Huxley，1825—1895)，英国博物学家，达尔文主义者。

［68］朱子，即南宋理学家朱熹(1130—1200)。"朱子以即物穷理释格物致知，是也；至以读书穷理言之，风斯在下矣"，朱熹以"即物穷理"来解释格物致知，从字面上讲还是可以的；至于以读书穷理来解释格物致知，那还是在下风而不是居上游。

［69］灵襟，智慧。

［70］鹘突，糊涂。鹘，音 hú。

［71］蒿目时事，看到时势的混乱而眼神忧郁。《庄子·骈拇》："今世之仁人，蒿目而忧世之患"。

［72］刻棘之业，在棘刺之端刻物的工作。《韩非子·外储说左上》："宋人有请为燕王以棘刺之端为母猴者。"这里指研究科学的艰苦。

［73］市骏，求买骏马之骨，比喻求贤，此指对研究科学者的奖励。

［74］教宗，宗教各派的教义。

［75］七日来复，此指基督徒每 7 天 1 个礼拜日，到教堂去做礼拜。

［76］无告，有苦而无处可告，指孤苦百姓。

［77］"上帝临汝，勿贰尔心"，见《诗·大雅·大明》，谓天帝看着你，不要生邪念。"相在尔室，尚不愧于屋漏"，见《诗·大雅·抑》。屋漏，古代室内西北隅施设小帐，安藏神主，为人所不见的地方称作"屋漏"。

［78］夕惕朝乾，通作"朝乾夕惕"，谓从早到晚都虔诚警惕而不敢懈怠。

［79］为教有常，宣教有一定的教义。

［80］穷檐，破屋。编户之氓，编入户籍的平民。

［81］"饱食暖衣，逸居而无教，则近于禽兽"，见《孟子·滕文公上》。

［82］水底碰雷，即水雷。开花弹子，即炸弹。

［83］锱铢之利，极言微利。锱铢，古代计量单位，六铢为锱，二十四铢为两，比喻极微小的数量。

［84］原省，指宽刑罚，薄赋敛。原，宽宥。

［85］燠咻，音 yùxiū，一作"燠休"，优恤；抚慰。

［86］形劫势禁，受形势所劫持和禁止。

［87］齅靴，伏地用鼻子嗅别人的靴子。齅，音 xiù，同"嗅"。这是古代一些少数民族对人表示尊敬的礼节。劓面，古代北方某些少数民族的风俗，割面流血，表示忠诚或哀痛。劓，音 lí。

［88］胡天胡地，见《诗·鄘风·君子偕老》："胡然而天也，胡然而帝也。"谓见者惊为天帝，表示极其尊敬。

［89］挻，音 shān，夺取。

［90］硁硁，浅薄固执貌。硁，音 kēng。《论语·子路》："言必信，行必果，硁硁然小人哉！"

[91] "东之教立纲",指中国儒教以"三纲五常"为基本内容。

[92] 下院,下议院。

[93] 厘,管理;治理。

[94] "抚我虐我",见《书·泰誓下》:"抚我则后,虐我则仇。"

[95] 庀,音 pǐ,治理;兴办。

[96] 肫挚,诚恳;恳切。肫,音 zhūn。固结,指爱的感情深挚而不可分解。

[97] 顾处士,即顾炎武(1613—1682),字宁人,江苏昆山人,明末清初的思想家。明亡以后,不肯出来做官,故称"处士"。

[98] 伊尹,商初大臣,曾帮助商汤灭夏桀。吕尚,本姓姜,因祖上封于吕地,故又姓吕,字尚父,一说字子牙,帮助周武王灭商纣,封于齐。

[99] 吴起(约前440—前381),战国时卫政治家、军事家,善用兵。李牧(? —前229),战国时赵名将。

[100] 寖衰寖灭,渐渐地走向衰弱灭亡。寖,同"浸",渐渐。

[101] 无亦有,也有。无,语助词。

[102] 弭,音 zhǐ,制止;解救。

[103] 琐琐者,琐碎细小的事情。

[104] 梁任公,即梁启超。

[105] "无滋他族,实逼处此",见《左传·隐公十一年》。这是郑庄公对许国大夫百里说的话。"实逼处此",本意是说来占据这个逼近郑地的许国。后来用以表示为情势所迫,不得不如此。

【解读】　中国实现富强的关键到底在哪里？这是一代又一代先进的中国人苦苦思索的问题。严复根据达尔文的进化论和斯宾塞的社会进化学说指出,在这个各国激烈竞争的时代,任何一个国家、民族要想幸免于天演淘汰之列,最重要的莫过于提高全体国民的素质,而国民素质的强弱高下主要看以下三方面:"一曰血气体力之强,二曰聪明智虑之强,三曰德行仁义之强。"反观中国,长期以来的"积弱积贫","民力已茶,民智已卑,民德已薄",已经使中国有被列强瓜分亡国的危险。严复认为,中国要想改善和提高国民素质以自立于世界民族之林,不能依靠旧制度,也不能单靠兴办洋务追求技术进步,而必须通过教育来"鼓民力、开民智、新民德"。

所谓"鼓民力",就是培养人民强健的身体。严复指出,"形神相资,志气相动,有最胜之精神而后有最胜之智略",强健的身体是旺盛的精神和智慧的基础。对男子而言如此,对女子而言关系更大,因为"母健而后儿肥,培其先天而种乃进也"。然而,近代中国吸食鸦片和女子缠足等陋习成为"种以之弱,国以之贫,兵以之窳"的根源。因此,"鼓民力"的第一步就是要自上而下改革中国的礼俗,严禁吸食鸦片和女子缠足。

所谓"开民智"，就是废除以八股取士为核心的教育制度，提倡科学教育，以"西学"来代替"中学"。严复所说的"民智"，包括相辅相成的学问和事功两方面。他从西方近代科学发展的历史中得出"民智者，富强之原"的结论，指出要开民智，必须讲西学，特别是学习西方教育"先物理而后文词，重达用而薄藻饰"的学习方法，以及"贵自得而贱因人，喜善疑而慎信古"的学习态度。

所谓"新民德"，就是用资产阶级的民主、自由、平等等道德观念取代封建伦理道德。严复指出，西方国家能够"以公治众而贵自由"，因为自由，所以"贵信果"。在这种道德水准的基础上，通过民主制度的实施，西方国民就具有了对国家"深私至爱"，对赴公战"如私仇"的爱国主义情感。比较中西，严复痛斥封建专制制度。为了图强自存，他要求学习西方的议会制度，并认为这是教化国民的必备条件。

严复在国家危亡的危急关头，希望通过改革教育来全面提高国民素质，以实现救亡图存，进而走上独立富强的道路，反映了他对教育作用的高度重视和评价。他提出的德、智、体三育兼备的教育目标体系，无论就其结构要素，还是各育的内容而言，都基本确立了中国教育目标体系的近代化模式。

（叶哲铭）

康有为(1858—1927),原名祖诒,字广厦,号长素,又号更生,广东南海丹灶(今属佛山市南海区)人,人称"南海先生"。近代思想家、教育家,维新派领袖。著有《新学伪经考》《孔子改制考》《戊戌奏稿》《大同书》《康南海先生诗集》等,今辑有《康有为全集》等。

康有为

请废八股试帖楷法试士改用策论折

【题解】1898年6月11日,光绪帝下诏"明定国是",宣布开始变法维新,并于16日召见康有为,询问变法事宜,特许康"专折奏事"。次日,康有为即上奏本折"感谢天恩",并立即提出了改革科举制度的具体建议:废除徒尚虚文、无济时用的八股文和试帖诗,并淡化对试卷字体的刻板要求,改用策论(传统的政论文)的形式选拔人才。

【原文】奏为恭谢天恩,特许专折奏事,请罢弃八股试帖楷法取士[1],复用策论,冀养人才,以为国用,恭折仰祈圣鉴事:

窃臣以疏贱,荷蒙召对,询臣以中外之事、救国之谟,对逾二时,皆承嘉纳,天颜有喜。并问取所著各书,咸令写进[2];又令随时上陈,特许专折奏事。殊恩异数,非臣之贱所当被蒙;粉骨碎身,非臣之愚所能上报。臣窃惟今变法之道万千,而莫急于得人才;得才之道多端,而莫先于改科举;今学校未成,科举之法,未能骤废,则莫先于废弃八股矣。夫八股之无用,臣即业八股以窃科第者也,从其业之既久,知其害之尤深,面对未详,敢为我皇上先陈之。

夫自《春秋》讥世卿而选郊野[3];汉世举孝秀而考经行[4];六朝至唐、宋,词章与帖括并用[5];元、明及国朝,经义与试帖俱行。自周与宋,曾取士于学校;经汉迄今,多试士以策论。虽立法各殊科,要较之万国,比之欧土,皆用贵族,尤为非才,则选秀于郊,吾为美矣,任官先试,我莫先焉。美国行之,实师于我[6]。夫若汉之光禄四行[7],宋臣司马光之十科试士,朱子之学校贡举法[8],皆为良法,惜不见行。且凡法虽美,经久必弊;及其弊已著,时会大非,而不与时消息,改弦更张,则陷溺人才,不周时用,更非立法求才之初意矣。

推宋王安石之以经义试士也[9],盖鉴于诗赋之浮华寡实,帖括之迂腐无用,故欲借先圣深博之经文,令学者发精微之大义,以为诸经包括人天,兼该治教[10],经世宰物,利用前民[11],苟能发明其大义微言,自可深信其通经致用;立法之始,意美法良。迨至明与国初,人士渐陋,然抉经心而明义理,扶人伦而阐心性,当闭关之世,虽未尽足以育才兴学,犹幸以正世道人心焉。

惟垂为科举,立法过严,以为代圣立言,体裁宜正,不能旁称诸子而杂其说,不能述引后世而谬其时,故非三代之书不得读,非诸经之说不得览,于是汉后群书,禁不得用,乃至先秦诸子,戒不得观。其博学方闻之士,文章尔雅,援引今故,间征子纬,旁及异域,则以为犯功令而黜落之[12]。若章句瞀儒,学问止于《论语》,经义未闻《汉书》,读《礼记》则严删国恤,学《春秋》则束阁《三传》[13]。若夫《周礼》以经国家,《仪礼》以范人伦,以试题不及,无人读诵。乃至《诗》《书》《易》《礼》之本经,亦复束汉注唐疏而不观。甚乃《学》《庸》《论》《孟》之微言,亦只守兔园坊本之陋说[14]。盖以功令所垂,解义只尊朱子;而有司苟简,三场只重首场。故令诸生荒弃群经,惟读《四书》;谢绝学问,惟事八股。于是二千年之文学,扫地无用,束阁不读矣。渐乃忘为经义,惟以声调为高歌;岂知圣言,几类俳优之曲本。东涂西抹,自童年而咿唔摹仿;妃青俪白[15],迄白首而按节吟哦。既因陋而就简,咸闭聪而黜明。试官妄取,谬种展转以相传;学子循声,没字[16]空疏而登第。虽有经文五义,皆以短篇虚衍;虽有问策五道,皆依题字空对。但八股清通,楷法圆美,即可为巍科进士、翰苑清才;而竟有不知司马迁、范仲淹为何代人,汉祖、唐宗为何朝帝者。若问以亚非之舆地,欧美之政学,张口瞪目,不知何语矣。既流为笑语,复秉文衡,则其展转引收,为若何才俊乎?

然凡此所讥,尚属进士、举贡、生员以上者也。若夫童试,恶习尤苛;断剪经文,割截圣语,其小题有枯困缩脚之异[17],其搭题有截上截下之奇[18],其行文有钓伏渡挽[19]之法。譬如《中庸》"及其广大,草木生之",则上去"及其广"三字,下去"木生之"三字,但以"大草"二字为题,如此之例,不可殚书。无理无情,以难学者。不止上侮圣言,试问工之何益? 而上自嘉、道,下迄同、光,举国人士,伏案揣摩,皆不出此"大草"之文法也。

夫人士之才否,国命之所寄托也。举贡诸生,为数无几。若童生者,士之初基。吾国凡为县千五百,大县童生数千,小县亦复数百,但每县通以七百计之,几近百万人矣。夫各国试皆无额,惟通是求;而吾国学额寡少,率百数十额,乃录一人。故录取者百之一,而新试者不止百之一。故多有总角应试,耄耋犹未青其衿者[20];或十年就试,已乃易业。假三十年之通,则为三百万人矣。故有人士终身,未及作一大题,以发圣经大义者。夫以总角至壮至老,实为最有用之年华,最可用之精力,假以从事科学,讲求政艺,则三百万之人才,足以当荷兰、瑞典、丹麦、瑞士之民数矣。以为国用,何求不得?何欲不成?乃以三百万可用之精力、人才、月日,钩心斗角,敝精费神,举而投之枯困搭截文法之中。以言圣经之大义,皆不与之以发明也,徒令其不识不知,无才无用,盲聋老死,是比白起之坑长平赵卒四十万[21],尚十倍之。其立法之谬异,流弊之奇骇,诚古今所未闻,而外人所尤怪诧者矣。即以臣论,卯角[22]学文,于小题搭截,尤畏苦之。其文法严苛,过于钳网,触处皆犯。束书不读,稍能习熟,若复涉群书,置而不事,即复犯文法。故六应童试,见摈以此。知其于学问,最相阻相反也。

且童生者,全国人之蒙师也。师之愚陋盲瞽既极,则全国人之闭塞愚盲益甚。是投全国人于盲瞽也,何以为国?昔在一统闭关之世,前朝以之愚民则可矣。若夫今者万国交通,以文学政艺相竞,少不若人,败亡随之。当此绸缪未雨之时,为兴学育才之事,若追亡救火之急,犹恐其不能以立国也。而乃以八股试多士,以小题枯困截搭缚人才,投举国才智于盲瞽,惟恐其稍为有用之学,以为救时之才也,不亦反乎?

然则中国之割地败兵也,非他为之,而八股致之也,故臣生平论政,尤痛恨之。即日面奏,荷蒙圣训,以八股为学非所用。仰见圣明,洞见积弊。夫皇上既深知其无用矣,何不立行废弃之乎?此在明诏一转移间耳,而举国数百万人士,立可扫云雾而见青天矣。从此内讲中国文学,以研经义、国闻、掌故、名物,则为有用之才;外求各国科学,以研工艺、物理、政教、法律,则为通方[23]之学。以中国之大,求人才之多,在反掌间耳。尚虑群臣守旧,或有阻挠。皇上睿虑,内断于心,请勿下部议,特发明诏,立废八股。其今乡会童试,请改试策论,以其体裁,能通古证今,会文切理,本经原史,明中通外,犹可救空疏之宿弊,专有用之问学。然后宏开校舍,教以科学,俟学校尽开,徐废科举。其试帖风云月露之词,亦皆无用;其楷法方光乌之尚,尤为费时。昔在闭关之世,或以粉饰夫承平;今当多难之秋,不必敝精于无用。应请定例,并罢试帖,严戒考官,勿尚楷法。庶几人士专研有用之学,其于立国育才,所关至大。

臣愚颟顸[24],首以是请。恭折叩谢天恩,伏维皇上圣鉴。谨奏。

——选自汤志钧编:《康有为政论集(上册)》,中华书局1981年版,第268—271页。

【注释】

[1] 试帖,帖为唐代考明经科所用的一种试卷,卷上抄录一段经文,另用他纸覆在上面,中开一行,显露字句,考试者即据以补上下文。"试帖"即指这种考试。楷法,就是殿试对策所用的标准楷体书法,当时以"黑大方光"为好。

[2] 光绪帝召见康有为时,令将其所著《日本变政考》《波兰分灭记》《法国变政考》《德国变政考》《英国变政考》等书立即抄写进呈。

[3] 讥世卿,就是讥讽世卿制度。世卿,世代袭职为卿相。孔子在整理《春秋》时反对这种制度,予以讥讽。选郊野,即到非贵族的平民阶层中去选拔人才。

[4] 我国在汉代确立了人才选拔的察举制度,用孝廉、秀才等科目("孝秀")考察一般官员乃至平民对儒家经典的掌握程度和在日常言行中的实践程度("经行",即经明行修之意)。

[5] 词章,即诗赋。帖括,科举考试文体。唐代考试制度,明经科以"帖经"试士。后考生因帖经难记,就总括经文编成歌诀,便于熟读,叫"帖括"。明、清八股文有仿于唐之帖括者,亦称之。

[6] 18世纪中叶到19世纪,欧美各国逐步推行文官考核制度,其中就吸取了中国科举考试的合理因素,因此文中有此一说。

[7] 汉之光禄四行,指汉代光禄勋选拔人才的四条标准:淳良、质朴、谦逊、节俭。见《文献通考·卷二十八》。

[8] 朱子,即南宋著名学者朱熹,曾著《学校贡举私议》对科举制度提出一系列改革措施。

[9] 宋神宗熙宁四年(1071年),根据王安石的建议,宋廷废除明经诸科只留进士一科,罢诗赋、帖经、墨义等考试形式,而采用经义、论、策试进士。

[10] 兼该,兼备,包括各个方面。治教,即治术和教化。

[11] "利用前民",使人们在行动前就得到有用的指导,知道怎样做为吉,怎样做为凶。《易·系辞上》:"是兴神物,以前民用。"

[12] 方闻,有道而博闻。子纬,指子书和纬书。纬书,汉代混合神学附会儒家经义的书。功令,古时国家对学人进行考核和录用为官的法令或规程。

[13] 章句瞀儒,即拘泥于章法和句读的冬烘先生。国恤,封建王朝指帝后之丧。束阁,即束之高阁,弃

置不用之意。《三传》指对《春秋》进行解释阐发的《左传》《公羊传》《穀梁传》。

[14] 兔园,即《兔园册》,唐代蒋王李恽僚属杜嗣先收集古今事迹、典故,用对偶文句分类编集,分四十

八门,三十卷。五代时流行村塾,作为学童读本。后用指被读书不多的人当作秘本的肤浅书籍。

坊本,指书坊粗制滥造、校勘不精的刻本。在科举时代,有关四书高头讲章的坊本充斥市面。

[15] "妃青俪白",写文章如色彩搭配一样对偶成文。

[16] 没字,即没字碑,没有刻上文字的碑。喻指虚有仪表而不通文墨的人。

[17] 小题,相对大题而言,大题出全章全节,小题则出一句或一字。枯困缩脚,谓题旨局限在一定范围

内,不能违犯。

[18] 八股文的题目,一般取经书中的句子命题,主试者有时剪断经文、割裂语句以为试题,叫作搭截或

截搭题。截搭题有截上题、截下题和截上截下题等名目。比如下文的"大草"一题,就是将两句话

截去上下数字而搭成。

[19] 钓伏渡挽,是作八股文时的一些特定手法。钓伏,是指在八股文的破题部分就要将题目所包含的

意思概括出来,并在展开阐发前就远远地暗示或提醒,这个埋下伏笔的过程好比钓鱼时早早地将

饵料投下,所以称为"钓伏"。渡,即从上文引出下文。挽,即从下文关照,回顾上文。

[20] 总角,古时儿童束发成两角,此代指童年时期。耄耋,指高龄老人。青其衿,语出《诗·郑风·子

衿》:"青青子衿,悠悠我心",青衿,即青色的衣领。青其衿,在明、清科举时代中指得到了"秀才"

功名而得以穿长衫。

[21] "白起之坑长平赵卒四十万",指长平之战中,秦将白起大败赵军,坑杀俘虏四十余万。

[22] 丱角,即总角。丱,音 guàn。

[23] 通方,即博通道术之意。

[24] 颟顸,愚昧无知貌。

【解读】

废除八股,是引发中国近代教育制度层面改革的第一步。经过诸多有识之士和开明官员的不断呼吁,到 19 世纪即将结束的时候,改革终于迈出了实质性的第一步。而这一步的迈出,是与康有为的不懈努力密不可分的。从 1895 年组织"公车上书"开始,康有为就连续上书光绪帝,痛陈八股取士的严重危害,并提出改革的方案。本文是康有为相关思想的集中表述。

康有为认为,"变法之道万千,而莫急于得人才;得才之道多端,而莫先于改科举;今学校未成,科举之法,未能骤废,则莫先于废弃八股矣",废除八股是改革科举制的重点。为此,他在奏折中系统总结了明、清两代科举考试注重八股、试帖和楷法的危害。

他指出,这种只重视严格的形式而不重视丰富的思想的考试制度使得"诸生荒

弃群经,惟读《四书》;谢绝学问,惟事八股。于是二千年之文学,扫地无用,束阁不读矣"。不学无术的庸才们只要"八股清通,楷法圆美,即可为巍科进士、翰苑清才"。富贵利禄的引诱使所谓的"才俊"普遍、惊人地无知,他们不但对传统文化的精神实质无知,对近代的新知更是"张口瞪目,不知何语"。至于最低一级的童生试,则更是匪夷所思。由于考试范围的高度局限,出题只好"断剪经文,割截圣语",以稀奇古怪的题目刁难考生,以严格的名额限制考生。这就使全国几百万童生将"最有用之年华,最可用之精力"耗费在毫无意义的考试中,一生"不识不知,无才无用,盲聋老死"。这是何等荒谬而又令人痛心的事实!假如能引导这几百万人转而"从事科学,讲求政艺",为国所用,何求不得?何欲不成?更为糟糕的是,这几百万惊人无知的读书人还是全国儿童的启蒙老师,这等于是"投举国才智于盲瞽",无知就更加谬种流传、贻害无穷了。总之,他认为八股文就是中国历年来割地赔款的罪魁祸首!

鉴于这些触目惊心的事实,康有为请求光绪帝立即废除八股文和同样空讲形式的试帖和楷法,改试策论,并以此为契机改革教育制度,"内讲中国文学,以研经义、国闻、掌故、名物,则为有用之才;外求各国科学,以研工艺、物理、政教、法律,则为通方之学",把读书人从惊人的无知中解放出来,然后逐渐多设学校,教以科学,等到学校之风已开,就可以彻底废除科举制了。

光绪帝迅即采纳了康有为的建议,于 1898 年 6 月 23 日诏命自下科始,废八股,改试策论,以后又续下诏令,对科举制进行改革。此后由于变法运动失败,清政府又恢复了八股取士制度,但是废除八股乃至最终废除整个科举制的缺口已经打开,科举制在中国士大夫心目中的神圣地位已被撼动,也预示着其最终走向终结的命运。

请开学校折

【题解】 本文写于 1898 年 6 月 23 日光绪帝废八股改策论上谕颁布之后,7 月 10 日诏命各地改书院为学堂之前。为了巩固废除八股的成果,康有为上奏本折请求光绪帝进一步颁旨改革教育体制,学习西方国家建立近代教育体制。

【原文】 奏为请广开学校,以养人才,恭折仰祈圣鉴事:

窃臣以狂愚,请废八股,荷蒙圣明嘉纳,立下明诏施行,薄海回风[1],洗濯固陋,咸更新历学,以赞休明[2]。夫以千年之弊俗,而一旦扫除之,非皇上之神武英断,何能致此?岂愚臣之梦寐癉思[3]所能及也。天下回首面内,想望更化之善治,肇应千载之昌期,在我皇上矣。其鼓荡国民,振厉维新,精神至大,岂止区区科举一事已哉?虽然,譬诸治病,既以吐下而去其宿疴,即宜急补养以培其中气,则今者广开学校为最要矣。

吾国周时,国有大学、国学、小学之等,乡有党庠、州序、里塾之分[4],教法有诗书、礼乐、戈版、羽籥、言说、射御、书数、方名之繁,人自八岁至十五岁,皆入大小学[5]。万国立学,莫我之先且备矣。《诗》曰:“周王寿考,遐不作人[6]。”言文王于人才作而致之,非赖自然生而有之也。故兔罝[7]野人,可为干城腹心,介胄武夫,能说诗书礼乐,人才既多,则国命延洪,故作人则能寿考也。后世不立学校,但设科举,是徒因其生而有之,非有以作而致之,故人才鲜少,不周于用也。臣不引远古,请近校于今欧、美各国,而知其故矣。

欧、美之作其国民为人才也,当吾明世,乃始立学,仅从僧侣,但教贵族,至不足道。及近百年间,文学大兴,普之先王大非特力[8],馆法名士窝多于其生苏诗宫而师之[9],聘柏罗斯其[10]于瑞士,而创国民学,令乡皆立小学,限举国之民,自七岁以上必入之,教以文史、算数、舆地、物理、歌乐,八年而卒业,其不入学者,罚其父母。县立中学,十四岁而入,增教诸科尤深,兼各国文,务为应用之学。其初等科二年,高等科二年,初等二年者,中学必应卒业者也。自是而入专门学者听之,专门者,凡农、商、矿、林、机器、工程、驾驶,凡人间一事一艺者,皆有学,皆为专门也。凡中学专门学卒业者皆可入大学,其教凡经学、哲学、律学、医学四科。自是各国,以普之国民学为师,皆效法焉。

英大学分文、史、算、印度学、阿喇伯[11]学、远东学,于哲学中别自为科。美则加农工商于大学,日本从之。夫学至于专门止矣,其所谓大学者,不过合各专门之高等学多数为之,大聚天下之书图仪器,以博其见闻,广延各国之鸿博硕学专门名家,以得其指导,而群一国之学者,优游渐渍,讲求激厉,而自得之,凡各州能备此者,皆可谓为大学,非徒在国都而已。总而言之,小学中学者,教所以为国民,以为己国之用,皆人民之普通学也。高等专门学者,教人民之应用,以为执业者也。大学者,犹高等学也,磨之砻[12]之,精之深之,以为长为师,为士大夫者也。其条理至详,科学至繁,荷兰、比利时、瑞典、丹麦以蕞尔国[13]而能独立者,以诸学并立,大学岿然,人才不可胜用故也。普胜法后,俾士麦[14]指学生语之曰:"我之胜法,在学生而不在兵。"以百业千器万技,皆出于学,作而成之故也。彼分途教成国民之才,如此其繁详也,我乃鞭一国之民以从事于八股枯困搭截之题,斫[15]人才而绝之,故以万里之大国,四万万之人民,而才不足立国也。

近者日本胜我,亦非其将相兵士能胜我也,其国遍设各学,才艺足用,实能胜我也。吾国任举一政一艺,无人通之。盖先未尝教养以作成之,天下岂有石田而能庆多稼者哉? 今其害大见矣,不可不亟设学以育成之矣。今各国之学,莫精于德,国民之义,亦倡于德,日本同文比邻,亦可采择。请远法德国,近采日本,以定学制,乞下明诏,遍令省府县乡兴学,乡立小学,令民七岁以上皆入学,县立中学,其省府能立专门高等学大学,各量其力皆立图书仪器馆,京师议立大学数年矣,宜督促早成之,以建首善而观万国。夫养人才,犹种树也,筑室可不月而就,种树非数年不荫,今变法百事可急就,而兴学养才,不可以一日致也,故臣请立学亟亟[16]也。若其设师范、分科学、撰课本、定章程,其事至繁,非专立学部,妙选人才,不能致效也。惟圣明留意幸察,伏乞皇上圣鉴。谨奏。

——选自汤志钧编:《康有为政论集(上册)》,中华书局 1981 年版,第 305—307 页。

[1]"薄海回风",全国兴起、响应之意。薄海,海内外。回风,即旋风。

[2]休明,美好清明。

[3]梦寐寤思,谓日思夜想。梦寐,睡梦。寤,睡醒。

[4]据《周礼》记载,二十五家为闾、五百家为党、一万二千五百家为遂(即州),所谓"塾、庠、序"均是各级教育机构,彼此衔接逐级递升。王城及诸侯国都中有"国学",分"小学"和"大学"。其中天子所设的"大学"称"辟雍",诸侯所设的"大学"称"泮宫",是世子、群后之子及地方学校选拔上来的学生就读的学校。

[5]《汉书·食货志》述西周学制说:"八岁入小学,学六甲五方书计之事,始知室家长幼之节。十五入大学,学先圣礼乐,而知朝廷君臣之礼。"由此可知,当时教育内容是六艺,而六艺又有大艺(礼、

乐、射、御)和小艺(书、数)之分。"戈、版、羽、籥、言(乞言)、说(语说)",都属礼、乐的内容。方名(五方),属书、数的内容。

[6] "周王寿考,遐不作人",见《诗·大雅·棫朴》。周王,指周文王。寿考,即高寿,相传周文王97岁乃终,故言寿考。遐,通"何",如何。作人,造就人才。

[7] 兔罝,《诗·周南》篇名。兔罝,捕虎的网。兔,即"菟"的假借字,周代楚人将老虎称为"乌菟"。罝,音 jū,即网。后人或以为系赞美武士能得公侯信任,可以捍卫内外。一说诗人写卫士扈从游猎,见英杰之士,均属公侯之选,知国家必将昌盛。

[8] 大非特力,后译"腓特烈二世",俗称"腓特烈大帝",今译"弗里德里希二世"(Friedrich Ⅱ, der Grosse,1712—1786),普鲁士国王(1740—1786),曾于1763年颁布《普鲁士普通学校规程》,规定父母必须把5—13或14岁的儿童送入学校,对不执行法令规定者课处罚款,并特别注重宗教教育。

[9] 窝多,通译"伏尔泰"(Voltaire,1694—1778),法国启蒙思想家。生苏诗宫,又名"无忧宫"(Schloss Sanssouci),建在波茨坦。

[10] 柏罗斯其,通译"裴斯泰洛齐"(Johann Heinrich Pestalozzi,1746—1827),瑞士教育家。

[11] 阿喇伯,即阿拉伯。

[12] 砻,即磨。

[13] 蕞尔国,小国。蕞尔,小貌。

[14] 俾士麦,通译"俾斯麦"(Otto Fürst von Bismarck-Schönhausen,1815—1898),任普鲁士王国首相时,推行铁血政策,实行强权统治,有"铁血宰相"之称。先后发动多次战争,统一了德意志。

[15] 斫,砍;斩。此为摧残之意。

[16] 亟亟,急忙;急迫。

解读　废科举、兴学校,是近代教育改革的最大主题,也是康有为教育思想的核心内容。在本文中,康有为把变科举比作治病时"吐下而去其宿疴",把兴学校比作"宜急补养以培其中气"。那么,如何"培其中气"呢?

首先,康有为指出一个开明君主的责任不仅在于选拔人才,更重要的是把国民培养成人才。如果"徒因其生而有之,非有以作而致之",人才终有枯竭之一日。为了说明这一点,他在奏折中向光绪帝介绍了欧洲各国、日本的教育制度和培养国民达到富强的成效。其中,他尤其推崇普鲁士的弗里德里希二世建立的三级国民教育制度,并引用了俾斯麦的话强调国民教育在国家发展中的战略地位。至于强敌日本更是因现代教育之赐,其国民普遍具有外国政治、文学、技术等知识,因此在甲午战争中打败中国。

然而，中国只有考试制度而无学校制度，强迫举国读书人学写八股文，以致扼杀人才。中国虽有4亿人口，而无足够有知识之人，使国家独立于世界。因此，康有为在折中请求光绪帝"远法德国，近采日本，以定学制"，并请"遍令省府县乡兴学"，其中乡立小学，儿童7岁起入学，是义务教育阶段；县立中学，儿童14岁入学，分为两段，初等科2年，高等科2年，初等科毕业，可升入专门学；省府设立专门高等学或大学；京师更设京师大学堂，并设立学部领导全国教育工作。对于各级学校的性质任务，康有为总结各国经验指出："小学中学者，教所以为国民，以为己国之用，皆人民之普通学也。高等专门学者，教人民之应用，以为执业者也。大学者，犹高等学也，磨之砻之，精之深之，以为长为师，为士大夫者也。"这样，所有人都能经由教育而被培养为不同层次的人才，这就为变法维新、实现国家富强奠定了基础。

在中国近代教育史上，康有为等启蒙思想家的重要贡献在于克服了洋务教育以培养少数专才为宗旨的局限性，推动晚清人才教育向近代国民教育的转变，从而为中国近代国民教育制度的建立创造了条件。

请广译日本书派游学折

【题解】全面提高国民素质、培养新式人才不但要有一个好的内部制度环境，还要广泛地从外部世界引进新思想、新知识。为此，康有为在1898年6月初撰写了本文，详细阐述了翻译和留学工作的重要性，并就如何全面有效地翻译西方书籍和派遣留学生设计了实施方案。

【原文】奏为请广译日本书，大派游学[1]，以通世界之识，养有用之才，恭折仰祈圣鉴事：

窃顷东事大败[2]，割台湾，赔巨万，举国痛之，臣以为此非日本之胜我也，乃吾闭关之自败，而人才之不足用也。夫中国万里之广土，五千年文明之古国，以文学教化，自尊高于大地者也。以夙昔[3]环我皆诸番野蛮，未开化者，故鄙为夷狄[4]，又皆遣学于我，而日本政法文学，亦自我出，故足已无待，轻视一切，此中国人数千年之积习，非一日矣。其学者所事，学八股试帖，读四书五经而外，无他学矣。其号称博学方闻之士，则有义理、考据、掌故、词章、舆地、金石诸学，通之者郡县寡得其人。

然问以新世五洲之舆地国土政教艺俗,盖皆茫然无睹,瞠目挢舌,若冈闻知,猝以投之大地交通万国之世,以当各国之新法新学新器,安有不败者哉?

盖人才之盲瞀不足用也,数千年闭关自足使然也,吾永永闭关,以为今之世,犹古之世也。而不意自嘉庆之世,汽船骤出,道光之世,电线忽成,咸丰之代,铁舰创行,同治之朝,铁路交通,近乃电话四达,于是诸欧挟其异器,横行宇内,隳突[5]全球,若天下诸星之忽下于地也,遂破吾数千年久闭之重关,惊吾久睡之大梦,入吾之门,登吾之堂,处吾之室矣。自尔之后,吾中国为列国竞争之世,而非一统闭关之时矣。

列国竞争者,政治工艺文学知识,一切相通相比,始能并立,稍有不若,即在淘汰败亡之列,而吾乃以宿昔闭关之俗对待之。天已大雪,不觅炉裘,而尚葛屦[6]履霜;前横大河,不具舟航,而以方车渡水;其有不寒毙而溺死者乎? 我国今势,何以异此?

日本昔亦闭关也,而早变法,早派游学,以学诸欧之政治工艺文学知识,早译其书,而善其治,是以有今日之强而胜我也。吾今自救之图,岂有异术哉? 亦亟变法,亟派游学,以学欧、美之政治工艺文学知识,大译其书以善其治,则以吾国之大,人民之多,其易致治强可倍速过于日本也。

今以吾国人士至卿大夫,此一国之托命者也,其聪明才智,岂为乏人,其欲讲求外国之政治文学工艺知识亦伙[7]矣。然苦于欲通之而无其道也,以无各国之书故也。昔者大学士曾国藩尝开制造局于上海以译书,于今四十年矣,其天津、福建、广州亦时有所译,然皆译欧、美之书,其途至难,成书至少,既无通学以主持之,皆译农工兵至旧非要之书,不足以发人士之通识也,徒费岁月、糜巨款而已。

臣愚颛颛思之,以为日本与我同文也[8],其变法至今三十年,凡欧、美政治文学武备新识之佳书,咸译矣,但工艺少阙[9],不如欧、美耳。译日本之书,为我文字者十之八,其成事至少,其费日无多也,请在京师设译书局,妙选通人[10]主之,听其延辟通学,专选日本政治书之佳者,先分科程并译之,不岁月后,日本佳书,可大略皆译也。虽然,日本新书无数,专恃官局为人有几,又佳书日出,终不能尽译也,即令各省皆立译局,亦有限矣。

窃计中国人多,最重科第,退以荣于乡,进仕于朝,其额至窄,其得至难也。诸生有视科第得失为性命者，仅以策论取之，亦奚益哉？臣愚请下令，士人能译日本书者，皆大赉[11]之。若童生译日本书一种五万字以上者，若试其学论通者，给附生。附生增生译日本书三万字以上者试论通，皆给廪生，廪生则给贡生。凡诸生译日本书过十万字以上者，试其学论通者给举人。举人给进士，进士给翰林，庶官皆晋一秩。

应译之书，月由京师译书局，分科布告书目以省重复，其译成之书，皆呈于译书局，译局验其文可，乃发于各省学政，试可而给第。举人以上至庶官，则译局每月汇奏，而请旨考试给之。若行此乎？以吾国百万之童生，二十万之诸生，一万之举人，数千之散僚，必皆竭力从事于译日本书矣。若此则不费国帑，而日本群书可二三年而毕译于中国，吾人士各因其性之所近而研究之，以成通才，何可量数。故臣之请译日本书便也。

若夫派游学乎，则宜多在欧、美矣。书者空言也，实行之事，非深久游入其学校，尚虑不能深明之。且欧、美近今之盛，实以物质故，汽力之为用[12]，倍人力者三十，而国势之富盛强，亦三十倍。夫物质之学，又非可以译书得也。请大筹学费，或令各县分筹之，大县三人，中县二人，小县一人，皆举其县之秀才，令其县自筹供其费，吾以千五百县通计县二人，骤得三千游学生矣。律、医二者，我宜缓学，自哲学、海陆军、化电、光重、农工商矿、工程机器，皆我所无，亟宜分学，每科有二三百人矣，其后岁岁议增。及理财既成，增派无数，六年之后，立国之才，庶几有恃。

若派学生于诸欧，以德为宜，以德之国体同我[13]，而文学最精也。若法民主，于欧东多变，覆车可鉴，吾国体不宜。惟日本道近而费省，广历东游，速成尤易，听人士负笈，自往游学，但优其奖导，东游自众，不必多烦官费。但师范及速成之学，今急于须才，则不得已，妙选成学之士，就学于东，则收新学之益，而无异说之害。昔日本变法之始，派游学生于欧、美，至于万数千人，归而执一国之政，为百业之师，其成效也。此臣所以请派游学也。我皇上忧国如膉，叹念人才，乞下明诏，亟开译书局并筹遣游学，其于作人成才以供国用，至大计也，伏惟皇上圣鉴。谨奏。

——选自汤志钧编：《康有为政论集（上册）》，中华书局 1981 年版，第 301—303 页。

【注释】

[1] 游学,即留学。

[2] 东事大败,指中国在 1894—1895 年甲午战争中的惨败。日本在中国的东部,故近代文献中常用"东"指称日本。

[3] 夙昔,过去。

[4] 夷狄,古代泛称我国东方各族为"夷",北方各族为"狄",因用以泛指异族人。历史上中国的周边国家或民族大多在文明程度上落后于中国。

[5] 隳突,冲撞毁坏。隳,音 huī。

[6] 葛屦,古时用葛做的鞋。

[7] 伙,人数众多状。

[8] 日本自 8 世纪起,大量利用汉字和假名创立了自己的文字,故日文与汉文有"同文"之谓。必须注意的是,日语一般认为属阿尔泰语系,汉语则属汉藏语系,在语言上分属不同语系。

[9] 少,稍;略微。阙,同"缺"。

[10] 通人,谓学识渊博贯通古今之人。

[11] 赉,音 lài,赏赐;赠送。

[12] "汽力之为用",利用蒸汽机之意。

[13] 1871 年,德意志各邦在普鲁士的主导下建立了君主立宪制的帝国。康有为等维新思想家试图在中国建立的政治制度就是君主立宪制的帝国,所以认为"德之国体同我"。

【解读】

　　康有为深刻地指出,中国长期以来文化输出国的历史地位养成了中国士大夫轻视外部事务的积习,僵化的科举制度又使得学者们除了八股试帖、四书五经外,对世界各国一无所知。然而,近代以来西方各国的发展远远超过了中国,因此列强能"破吾数千年久闭之重关,惊吾久睡之大梦"。特别是日本,通过全面学习西方,不到 30 年就获得了惊人的发展,并在甲午战争中打败了中国。形势已经发展到刻不容缓的地步,中国必须顺应历史潮流,打破闭关自守的壁垒,了解和学习欧美、日本的政治、文化和科学技术,"以通世界之识,养有用之才"。那么,怎样做好译西书和派游学的工作呢?

　　第一,通过日本"转口"翻译西方书籍。康有为指出,过去翻译的书,大多数是已过时的、无关紧要的技术类书籍;再者,所选译的书都是西方原籍,译事自然艰巨而缓慢。而日本和我国文化接近,又是近邻,且在明治维新后的 30 年里几乎译全了有关政治、文学、军事等方面英美典籍中的"好书"。因此,翻译日文书费力少而功效大,不失为聪明的办法。为了搞好这一工作,各省可以成立译书局。除去由国家聘请翻译人员以外,也可由私人译书。此外,可以由京师译书局把应译书籍分科公布书目,分别由专人翻译,译成以后报译书局审查,合格者给予奖励。这样,既可节省人力,又可发动更多的人参加译书工作。

第二,直接派学生出国留学。康有为认为,仅依靠翻译外国书籍,还不能全面了解外国的情况,更不能完全掌握先进的科学技术。因为科学技术的学习和研究离不开实验和实习,没有先进的设备,不实际操作,是不能掌握的,所以中国必须像日本一样选派学生出洋,摄取近代西方的第一手知识。科学技术在欧美最发达,因而赴欧美较赴日本为佳。他提议在开始时,每县都要派1—3名优秀生到外国留学,人数应与日俱增。到德国留学又较到法国为佳,因德国不仅学术最为发达,还和中国一样是君主政体。同时应鼓励私人留学日本,因有利于速成,费用又不高,无需政府津贴。

19世纪末,中国近代第一波留学热潮已开始涌动。派遣留学的建议虽然不是康有为首先提出的,但他详细规划了留学策略和具体方案。尤为可贵的是,康有为在本文中坚定地提出向中国过去的"学生"日本全面学习的建议,这对向来讲究"面子"的民族性格而言是一个巨大的挑战。这背后体现了先进的中国人坚忍奋进的勇气。从此,废科举、兴学堂、派游学三者互为因果、互相促进,构成了晚清最后十年教育近代化的三重变奏曲。

(叶哲铭)

严
修

严修（1860—1929），字范孙，天津人。近代教育家。1894—1898 年任贵州学政期间，首开贵州新学风气。戊戌变法后，严修在天津地区创立以"南开"为名的多所新式学堂。其著作除奏议外，有《严氏两世事略》《欧游讴》《蟫香馆使黔日记》《严修年谱》等，今辑有《严修集》。

奏请设经济专科折

【题解】

近代以来，对科举制的改革呼声不绝于耳。人们首先关注的焦点在废八股上，后又进一步提出增设科目以选拔实用人才。但是，科举制是千余年来读书人的进身之阶，改革科举又事关"祖宗成法"，清政府是慎之又慎的。然而甲午战败，终于迫使统治者认识到新型人才的极端重要性。为此，光绪帝屡次下诏，急切地要求臣属们推荐人才。在这样的时代背景下，以增设科目选拔各种实用人才为核心的改革意见终于提上议事日程。1897 年 12 月 16 日，时任贵州学政的严修上奏本折，主张开设"经济专科"（也称"经济特科"），以广取经邦济世的实用人才。本奏折被梁启超称为"新政最初之起点"（《戊戌政变记》）。

【原文】

奏为时政维新，需才日亟，请破常格，迅设专科，以表会归[1]而收实用，恭折仰祈圣鉴事。窃近日内外臣工，屡以变通书院添设学堂为请，均已上邀俞允，次第施行，钦仰圣明，天纲行健，本育才兴学之意，为穷变通久之谋，此诚更化之始基，自强之要义也。而臣窃反复推详，犹以为道有未尽，何也？书院学堂，所以教之者至矣，然以二十余行省之大，四百兆人民之众，其在书院学堂内者，未必所教皆属异才，其在书院学堂外者，未必散居遂无英俊，既多方以成就后学，尤必使有志之士，翕然[2]奋兴，此非迅设专科，布告海内，恐终无以整齐鼓舞而妙裁成也。

前岁军事甫定，皇上诏中外举人材矣，两年以来，保荐几人，录用几人，臣固无从悬揣，但既无期限，又无责成，设稍存观望之心，即难免遗贤之虑，而且擢用者未及遍晓，则风气仍多未开也，去取者未一章程，则才俊不免沦散也。为今之计，非有旷出非常之特举，不能奔走乎群才，非有家喻户晓之新章，不能作兴乎士气。伏查康熙乾隆年间,两举鸿词,一举经学[3],得人之盛,旷代所希,恩遇之隆,亦从来未有,彼时晏安无事,犹能破常格以搜才,岂今日求治方殷,不能设新科以劝士？臣愚以为仿词科之例而变通之,而益推广之,谨就管见所及,敬陈数端,以备圣明采择：

一、新科宜设专名也。词科之目,稽古为荣,而目前所需,则尤以变今为切要,或周知天下郡国利病,或熟谙中外交涉事件,或算学律学,擅绝专门,或格致制造,能创新法,或堪游历之选,或工测绘之长,统立经济[4]之专名,以别旧时之科举,标准一立,趋向自专,庶几百才绝艺,咸入彀中,得一人即获一人之用。

一、去取无限额数也。以今要政,在在需人,若果与试多才,虽十拔其五,亦不为过,即或中程者少,亦请十拔其一,以树风声。前者特达,则后者兴起。至于考试年限,或以一二年为期,参酌春秋闱[5]之例,昭示大信,永定章程,庶天下争自濯磨,而人才将不可胜用矣。

一、考试仍凭保送也。不立科目,人终以非正途为嫌,然使但凭考试,不由荐举,恐滥竽幸进,复蹈前辙,前此科举之弊。词科之例,所为法良意美也,应请饬下京官四品以上,外官三品以上,与夫各省学臣,各举所知,无限人数,无限疆域,凡所保送,悉填注姓名籍贯,已仕未仕,并其人何所专长,按照道里远近,酌定限期,咨送总理衙门,请旨定期考试,本爵人与共之义,兼考言询事之谋[6],如是则人无幸心,而真才可以立见。

一、保送宜严责成也。天下之大,何时无才,若非膜视时难,自必留心搜访。凡应保送之大员,或以无才可荐为词,即非蔽贤,亦属尸位[7],应请严旨惩处,以戒泄沓。如有保者拔十得五,或人数虽少,而实系出类拔萃者,则荐贤上赏,自有明征,应请恩旨优予奖叙,以励其余,庶内外诸臣,皆知留意人才,不敢因循诿谢。

一、录用无拘资格也。词科之例,不以已仕未仕而拘,故布衣而授检讨,知县而擢编修,道员而迁翰林院侍读,其后典试衡文,概与进士出身者同例,有非常之才,即有不次之擢[8],理固然也。今请参考成案,而略为变通,凡京官自五品以下,外官自四品以下,与夫举贡生监布衣,均准保送与试,试取优等,已仕者授翰林院侍读至编修,未仕者授检讨庶吉士,次之授部属同通,或充出使参赞随员,或充总署章京,或发往海疆省份差遣,又次之给以五六品顶戴,令赴各省充当教习,或充各学堂领班学生,数年学如有成,仍归下届考试,其最下者黜之。凡录用由于此科,皆比于正途出身，不得畸轻畸重，如是则人无歧虑，而才自蔚然而兴矣。

一、赴试宜筹公费也。寒士或艰于资斧，边省或惮于跋涉，体恤不至，则难免向隅。应请酌分道里，参仿举人入京会试之例，量给公车之费，如在遥远省份，可否仰恳天恩，俯准给予火牌[9]，驰驿北上，出自逾格鸿慈。以上数端，微臣一得之愚，不敢自谓详备，如蒙俞允，请饬下部臣，逐加核议，请旨施行，似于大局不无裨益。

抑臣更有请者，本年安徽抚臣邓华熙，筹议添设学堂折内，请四年后，取若干名作为生员，部议以为有妨学额，然则如臣此议，岂不更妨科举？而臣以为是虑之过也。以为无益，则不如其已，以为有益，岂其处今时势，犹患才多！方今庠序如林，甲科相望，士如其众也，然而中外大臣，犹朝夕议储才者，岂非已知其不足恃，将欲更张，尚无善法乎？今不以为旧日之士习，无补时用，转虑夫新学之位置，有妨旧额，似于目前求材之本意，未能符合。且臣请比类而证之，往者粤逆之乱[10]，绿营兵额遍天下也，以为不可用，则从事于招募，湘淮江楚之间，其自名一军者，至不可胜纪，彼时固无暇裁改绿营，亦不闻阻止招募[11]，谓其有妨者，势处其穷，不得不变而出此也。今人材雕乏，患伏无形，而科举既未能骤变，学额中额，又未能遽裁，暂为并行不悖之谋，徐思整齐画一之法，以为权宜则有之矣，臣愚诚不见其犹有妨也。伏冀皇上奋独断之明，早定宸谟[12]，以宏大业，天下幸甚！微臣愚昧之见，是否有当，伏乞皇上圣鉴训示。谨奏。

——选自中国史学会主编：《中国近代史资料丛刊·戊戌变法(二)》，上海人民出版社 1957 年版，第 329—332 页。

注释

［1］会归，集聚；会集。

［2］翕然，趋势一致貌。翕，音 xī。

［3］自唐代以来，科举考试科目就分为定期举行的"常科"和皇帝根据特殊需要不定期举行的"制科"。清代统治者为了巩固统治，怀柔士人，曾在康熙十八年(1679 年)、乾隆元年(1736 年)、乾隆十四年(1749 年)以"博学鸿词科"和"保举经学"科的名义特开制科，"天子亲诏以待异等之才"，将一批身在民间的著名学者纳入彀中。下文的"词科"即指这种科举考试科目。

［4］经济，在本文中为儒家学者"经邦济世"或"经世济民"的社会理想之简称，不是现代意义上的经济学专业。

［5］闱,科举时代的试院,借指科举考试。因明、清在各省省城举行的乡试均于秋季举行,故名秋闱;
其后的会试于次年春季举行,故名春闱。

［6］爵,二十等爵。按规定,凡有爵位者,依其高下享有免除赋税徭役,有罪者还可用高爵抵罪。汉
制,人民赐爵者,得在军吏之列。爵人与共,谓让被保送的平民与已入仕的官员享有同样的权益。
考言,考校其言语。询事,询问其行事。

［7］尸位,"尸位素餐"的简称,谓居其位食其禄而不尽其职。

［8］不次之擢,不按常规次序等级的提拔。

［9］火牌,清代军中符信之一。封建社会兵役驿递之符信,沿途可凭此领口粮及更换坐骑。牌由兵部
制造,发给各省督抚提镇应用,每年各有定额。

［10］粤逆之乱,即太平天国运动。

［11］"无暇裁改绿营,亦不闻阻止招募",指清政府在镇压太平天国运动中,鼓励、支持各地组织团练民
防等武装,同时又不裁减清正规部队绿营军一事。

［12］宸谟,帝王的谋略。

解读

　　科举制实施千余年来,学习儒家经典通过科举考试获得"出身"的所谓"正途"观念深入人心。在这种观念的影响下,人们往往轻视那些没有获得"出身"的人,认为他们不是人才,官场的任用升迁也首先看是否"正途出身"。19世纪60年代后,虽然几十所洋务学堂也培养了一些实用人才,但由于没有科举"正途出身",不但受到社会的歧视,而且在任用升迁上也得不到平等的待遇。绝大多数士人仍醉心八股,无补时用。到了19世纪末,中国面临瓜分豆剖的危机,科举制度终于到了非改不可的时候。

　　在本文中,严修反复阐述的中心论题是:打破常规,振兴士气,选拔有真才实学的人才,改变社会风气。他强调:"为今之计,非有旷出非常之特举,不能奔走乎群才,非有家喻户晓之新章,不能作兴乎士气。"设立经济专科,选拔各种实用人才,才能使"百才绝艺,咸入彀中"。为了达到这个目的,严修还制订了去取额数、保送事宜、录用标准、赴试待遇等方面的措施。首先,不要像原来的科举考试一样规定应试的名额,取宽进严出之意,并确定与原来一样的考试日期,垂为定制。其次,生源应由官员保送推荐而来,"无限人数,无限疆域",而且要制定严格的推荐奖惩制度,以免官员推诿泄沓。再次,无论被推荐者"已仕未仕",一经录用,就要跟原来的"正途出身"一样待遇,按实际水平高低任用,"不得畸轻畸重"。最后,对应试学生应给予一定待遇,使之不因经济原因而无法赴京。这些措施详细周密,体现了作者

的务实精神和强烈的责任感。

1898 年"百日维新"期间,光绪帝于 7 月 23 日下诏设立经济特科,以选拔维新人才。特科分内政、外交、理财、经武、格物、考工六项,并强调科举考试要以实学实政为主。戊戌政变后,虽然清政府停设经济特科,但人们开始向往富有朝气的新式教育,科举考试经此冲击,应举人数锐减,并预告了其在历史舞台上的最终谢幕。

(叶哲铭)

蔡元培(1868—1940),字鹤卿,号子民,浙江绍兴人。近代民主革命家、教育家。其著述汇编为《蔡元培全集》等。

蔡元培

对于新教育之意见

【题解】辛亥革命后,蔡元培在担任南京临时政府教育总长期间,组织起草了一系列教育法令,对中国的教育制度进行了资产阶级民主主义性质的改革。1912 年 2 月,他撰写了本文,目的是为中华民国的教育改革从理论上作必要的宣传鼓动。在文中,蔡元培提出了军国民教育、实利主义教育、公民道德教育、世界观教育、美育五育并举的教育方针。

【原文】

近日在教育部与诸同人新草学校法令,以为征集高等教育会议之预备,颇承同志饷以谠论[1]。顾关于教育方针者殊寡,辄先述鄙见以为嚆引[2],幸海内教育家是正之。

教育有二大别:曰隶属于政治者,曰超轶乎政治者。专制时代(兼立宪而含专制性质者言之),教育家循政府之方针以标准教育,常为纯粹之隶属政治者。共和时代,教育家得立于人民之地位以定标准,乃得有超轶政治之教育。清之季世,隶属政治之教育,腾于教育家之口者,曰军国民教育。夫军国民教育者,与社会主义僢驰[3],在他国已有道消之兆。然在我国,则强邻交逼,亟图自卫,而历年丧失之国权,非凭借武力,势难恢复。且军人革命以后,难保无军人执政之一时期,非行举国皆兵之制,将使军人社会,永为全国中特别之阶级,而无以平均其势力。则如所谓军国民教育者,诚今日所不能不采者也。

虽然,今之世界,所恃以竞争者,不仅在武力,而尤在财力。且武力之半,亦由财力而孳乳[4]。于是有第二之隶属政治者,曰实利主义之教育,以人民生计为普通教育之中坚。其主张最力者,至以普通学术,悉寓于树艺、烹饪、裁缝及金、木、土工之中。此其说创于美洲,而近亦盛行于欧陆。我国地宝不发,实业界之组织尚幼稚,人民失业者至多,而国甚贫。实利主义之教育,固亦当务之急者也。

是二者,所谓强兵富国之主义也。顾兵可强也,然或溢而为私斗,为侵略,则奈何?国可富也,然或不免知欺愚,强欺弱,而演贫富悬绝,资本家与劳动家血战之惨剧,则奈何?曰教之以公民道德。何谓公民道德?曰法兰西之革命也,所标揭者,曰自由、平等、亲爱。道德之要旨,尽于是矣。孔子曰:匹夫不可夺志。孟子曰:大丈夫者,富贵不能淫,贫贱不能移,威武不能屈。自由之谓也。古者盖谓之义。孔子曰:己所不欲,勿施于人。子贡曰:我不欲人之加诸我也,吾亦欲毋加诸人。《礼记·大学》曰:所恶于前,毋以先后;所恶于后,毋以从前;所恶于右,毋以交于左;所恶于左,毋以交于右。平等之谓也。古者盖谓之恕。自由者,就主观而言之也。然我欲自由,则亦当尊人之自由,故通于客观。平等者,就客观而言之也。然我不以不平等遇人,则亦不容人之以不平等遇我,故通于主观。二者相对而实相成,要皆由消极一方面言之。苟不进之以积极之道德,则夫吾同胞中,固有因生禀[5]之不齐,境遇之所迫,企自由而不遂,求与人平等而不能者。将一切恝置[6]之,而所谓自由若平等之量,仍不能无缺陷。孟子曰:鳏寡孤独,天下之穷民而无告者也。张子[7]曰:凡天下疲癃残疾茕独鳏寡,皆吾兄弟之颠连而无告者也。禹[8]思天下有溺者,由己溺之。稷[9]思天下有饥者,由己饥之。伊尹[10]思天下之人,匹夫匹妇有不与被尧舜之泽者,若己推而纳之沟中。孔子曰:己欲立而立人,己欲达而达人。亲爱之谓也。古者盖谓之仁。三者诚一切道德之根源,而公民道德教育之所有事者也。

教育而至于公民道德,宜若可为最终之鹄的矣。曰未也。公民道德之教育,犹未能超轶乎政治者也。世所谓最良政治者,不外乎以最大多数之最大幸福为鹄的。最大多数者,积最少数之一人而成者也。一人之幸福,丰衣足食也,无灾无害也,不外乎现世之幸福。积一人幸福而为最大多数,其鹄的犹是。立法部之所评议,行政部之所执行,司法部之所保护,如是而已矣。即进而达《礼运》之所谓大道为公,社会主义家所谓未来之黄金时代,人各尽所能,而各得其所需要,要亦不外乎现世之幸福。盖政治之鹄的,如是而已矣。一切隶属政治之教育,充其量亦如是而已矣。

虽然,人不能有生而无死。现世之幸福,临死而消灭。人而仅仅以临死消灭之幸福为鹄的,则所谓人生者有何等价值乎?国不能有存而无亡,世界不能有成而无毁,全国之民,全世界之人类,世世相传,以此不能不消灭之幸福为鹄的,则所谓国民若人类者,有何等价值乎? 且如是,则就一人而言之,杀身成仁也,舍生取义也,舍己而为群也,有何等意义乎? 就一社会而言之,与我以自由乎,否则与我以死,争一民族之自由,不至沥全民族最后之一滴血不已,不至全国为一大冢不已,有何等意义乎? 且人既无一死生破利害之观念,则必无冒险之精神,无远大之计划,见小利,急近功,则又能保其不为失节堕行身败名裂之人乎? 谚曰:"当局者迷,旁观者清。"非有出世间之思想者,不能善处世间事,吾人即仅仅以现世幸福为鹄的,犹不可无超轶现世之观念,况鹄的不止于此者乎?

以现世幸福为鹄的者,政治家也;教育家则否。盖世界有二方面,如一纸之有表里:一为现象,一为实体。现象世界之事为政治,故以造成现世幸福为鹄的;实体世界之事为宗教,故以摆脱现世幸福为作用。而教育者,则立于现象世界,而有事于实体世界者也。故以实体世界之观念为其究竟之大目的,而以现象世界之幸福为其达于实体观念之作用。

然则现象世界与实体世界之区别何在耶? 曰:前者相对,而后者绝对;前者范围于因果律,而后者超轶乎因果律;前者与空间时间有不可离之关系,而后者无空间时间之可言;前者可以经验,而后者全恃直观。故实体世界者,不可名言者也。然而既以是为观念之一种矣,则不得不强为之名,是以或谓之道,或谓之太极,或谓之神,或谓之黑暗之意识,或谓之无识之意志。其名可以万殊,而观念则一。虽哲学之流派不同,宗教家之仪式不同,而其所到达之最高观念皆如是。(最浅薄之唯物论哲学,及最幼稚之宗教祈长生求福利者,不在此例。)

然则,教育家何以不结合于宗教,而必以现象世界之幸福为作用? 曰:世固有厌世派之宗教若哲学,以提撕[11]实体世界观念之故,而排斥现象世界。因以现象世界之文明为罪恶之源,而一切排斥之者。吾以为不然。现象实体,仅一世界之两方面,非截然为互相冲突之两世界。吾人之感觉,既托于现象世界,则所谓实体者,即在现象之中,而非必灭乙而后生甲。其现象世界间所以为实体世界之障碍者,不外二种意识:一、人我之差别,二、幸福之营求是也。人以自卫力不平等而生强弱,人以自存力不平等而生贫富。有强弱贫富,而彼我差别之意识起。弱者贫者,苦于幸福之不足,而营求之意识起。有人我,则于现象中有种种之界画,而与实体违。有营求则当其未遂,为无已之苦痛。及其既遂,为过量之要索。循环于现象之中,而与实体隔。能剂其平,则肉体之享受,纯任自然,而意识界之营求泯,人我之见亦化。合现象世界各别之意识为浑同,而得与实体吻合焉。故现世幸福,为不幸福之人类到达于实体世界之一种作用,盖无可疑者。军国民、实利两主义,所以补自卫自存之力之不足。道德教育,则所以使之互相卫互相存,皆所以泯营求而忘人我者也。由是而进以提撕实体观念之教育。

提撕实体观念之方法如何?曰:消极方面,使对于现象世界,无厌弃而亦无执著;积极方面,使对于实体世界,非常渴慕而渐进于领悟。循思想自由言论自由之公例,不以一流派之哲学一宗门之教义梏其心,而惟时时悬一无方体无始终之世界观以为鹄。如是之教育,吾无以名之,名之曰世界观教育[12]。

虽然,世界观教育,非可以旦旦而聒之也。且其与现象世界之关系,又非可以枯槁单简之言说袭而取之也。然则何道之由?曰美感之教育。美感者,合美丽与尊严而言之,介乎现象世界与实体世界之间,而为津梁。此为康德[13]所创造,而嗣后哲学家未有反对之者也。在现象世界,凡人皆有爱恶惊惧喜怒悲乐之情,随离合生死祸福利害之现象而流转。至美术则即以此等现象为资料,而能使对之者,自美感以外,一无杂念。例如采莲煮豆,饮食之事也,而一入诗歌,则别成兴趣。火山赤舌,大风破舟,可骇可怖之景也,而一入图画,则转堪展玩。是则对于现象世界,无厌弃而亦无执著也。人既脱离一切现象世界相对之感情,而为浑然之美感,则即所谓与造物为友,而已接触于实体世界之观念矣。故教育家欲由现象世界而引以到达于实体世界之观念,不可不用美感之教育。

五者,皆今日之教育所不可偏废者也。军国民主义,实利主义,德育主义三者,为隶属于政治之教育。(吾国古代之道德教育,则间有兼涉世界观者,当分别论之。)世界观、美育主义二者,为超轶政治之教育。

以中国古代之教育证之,虞[14]之时,夔典乐而教胄子以九德[15],德育与美育之教育也。周官[16]以卿三物教万民,六德六行,德育也。六艺[17]之射御,军国民主义也。书数,实利主义也。礼为德育,而乐为美育。以西洋之教育证之,希腊人之教育为体操与美术,即军国民主义与美育也。欧洲近世教育家,如海尔巴脱[18]氏纯持美育主义。今日美洲之杜威[19]派,则纯持实利主义者也。

以心理学各方面衡之,军国民主义毗于意志;实利主义毗于知识;德育兼意志情感二方面;美育毗于情感;而世界观则统三者而一之。

以教育界之分言三育者衡之,军国民主义为体育;实利主义为智育;公民道德及美育皆毗于德育;而世界观则统三者而一之。

以教育家之方法衡之,军国民主义,世界观,美育,皆为形式主义;实利主义为实质主义;德育则二者兼之。

譬之人身:军国民主义者,筋骨也,用以自卫;实利主义者,胃肠也,用以营养;公民道德者,呼吸机循环机也,周贯全体;美育者,神经系也,所以传导;世界观者,心理作用也,附丽于神经系,而无迹象之可求。此即五者不可偏废之理也。

本此五主义而分配于各教科,则视各教科性质之不同,而各主义所占之分数,亦随之而异。国语国文之形式,其依准文法者属于实利,而依准美词学者,属于美感。其内容则军国民主义当占百分之十,实利主义当占其四十,德育当占其二十,美育当占其二十五,而世界观则占其五。

修身,德育也,而以美育及世界观参之。

历史、地理,实利主义也。其所叙述,得并存各主义。历史之英雄,地理之险要及战绩,军国民主义也;记美术家及美术沿革,写各地风景及所出美术品,美育也;记圣贤,述风俗,德育也;因历史之有时期,而推之于无终始,因地理之有涯涘,而推之于无方体,及夫烈士、哲人、宗教家之故事及遗迹,皆可以为世界观之导线也。

算学,实利主义也,而数为纯然抽象者。希腊哲人毕达哥拉士[20]以数为万物之原,是亦世界观之一方面;而几何学各种线体,可以资美育。

物理化学,实利主义也。原子电子,小莫能破,爱耐而儿(Energy),范围万有,而莫知其所由来,莫穷其所究竟,皆世界观之导线也;视官听官之所触,可以资美感者尤多。

博物学,在应用一方面,为实利主义;而在观感一方面,多为美感。研究进化之阶段,可以养道德,体验造物之万能,可以导世界观。

图画,美育也,而其内容得包含各种主义:如实物画之于实利主义,历史画之于德育是也。其至美丽至尊严之对象,则可以得世界观。

唱歌,美育也,而其内容,亦可以包含种种主义。

手工,实利主义也,亦可以兴美感。

游戏,美育也;兵式体操,军国民主义也;普通体操,则兼美育与军国民主义二者。

上之所著,仅具辜较[21],神而明之,在心知其意者。

满清时代,有所谓钦定教育宗旨者,曰忠君,曰尊孔,曰尚公,曰尚武,曰尚实。忠君与共和政体不合,尊孔与信教自由相违(孔子之学术,与后世所谓儒教、孔教当分别论之。嗣后教育界何以处孔子,及何以处孔教,当特别讨论之,兹不赘),可以不论。尚武,即军国民主义也。尚实,即实利主义也。尚公,与吾所谓公民道德,其范围或不免有广狭之异,而要为同意。惟世界观及美育,则为彼所不道,而鄙人尤所注重,故特疏通而证明之,以质于当代教育家,幸教育家平心而讨论焉。

——选自中国蔡元培研究会编:《蔡元培全集(第二卷)》,浙江教育出版社 1997 年版,第 9—16 页。

【注释】

[1] 谠论,正直的言论。

[2] 喤引,古时大官出巡,骑卒在前喝道,称作"喤引"。后人们把为别人的书作序,自谦称作"喤引",也就是一种先导的意见。

[3] 僢驰,背道而驰;相违背。僢,同"舛",相背。

[4] 孳乳,滋生;增益。

[5] 生禀,天生禀赋。此处指人的遗传素质。

[6] 恝置,"恝然置之"的略语,即淡然处之,不予理会。恝,音 jiá,不经心;无动于衷。

[7] 张子,即张载。

[8] 禹,传说中古代部落联盟领袖。姒姓,鲧之子。亦称"大禹""夏禹"。原为夏后氏部落领袖,奉舜命治理洪水有功,被舜选为继承人。舜死继位。

[9] 稷,即后稷。古代周族始祖。姬姓,名弃,为舜的稷官,主管农事,教民耕种,后世祀为谷神。

[10] 伊尹,商汤大臣。名伊,尹为官名。一说名挚,是奴隶出身,助汤攻灭夏桀,被尊为宰相。

[11] 提撕,拉扯;提引。引申为提醒;振作。

[12] 世界观教育,关于世界观的教育。世界观即宇宙观,指人们对整个世界、宇宙的根本看法。

[13] 康德(Immanuel Kant,1724—1804),德国哲学家,德国古典唯心主义哲学创始人。主要著作有《自然通史和天体论》《判断力批判》《纯粹理性批判》《实践理性批判》《未来形而上学导言》《道德形而上学基础》等。

[14] 虞,传说中远古部落名,即有虞氏,居于蒲阪(今山西永济西南蒲州镇)。舜是其著名领袖。

[15] 夔,精通音乐的人,传说中是虞舜的乐官。胄子,古帝王与贵族的长子。九德,古谓贤人所具备的

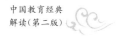

九种优良品德。《逸周书·常训》："九德：忠、信、敬、刚、柔、和、固、贞、顺。"

[16] 周官，即《周礼》，又称《周官经》，儒家经典之一，战国时代作品。

[17] 六艺，一指中国古代学校的教育内容，即礼、乐、射、御、书、数；一指"六经"，即《诗》《书》《礼》《易》《乐》《春秋》。

[18] 海尔巴脱，通译"赫尔巴特"（Johann Friedrich Herbart，1776—1841）。德国哲学家、心理学家、教育家。著有《普通教育学》《教育学讲授纲要》《哲学概论》等。

[19] 杜威（John Dewey，1859—1952），美国哲学家、社会学家、教育家，实用主义芝加哥学派创始人。1919—1921 年曾来中国讲学。著有《学校与社会》《民主主义与教育》《哲学的改造》《经验和自然》《逻辑：探究的理论》等。

[20] 毕达哥拉士，通译"毕达哥拉斯"（Pythagoras，前 580 至前 570 之间—约前 500），古希腊数学家、哲学家。在西方首次提出勾股定理，以及对奇数、偶数和质数的区别方法。毕达哥拉斯的著作已全部佚失，仅在亚里士多德等人的著作中存有其部分观点。

[21] 辜较，梗概；大略。

【解读】　蔡元培在本文中首先指出"教育有二大别：曰隶属于政治者，曰超轶乎政治者。专制时代（兼立宪而含专制性质者言之），教育家循政府之方针以标准教育，常为纯粹之隶属政治者。共和时代，教育家得立于人民之地位以定标准，乃得有超轶政治之教育"。在此，作者提倡以人民而不是以政治为标准的教育，把教育的自由发展与社会的民主进步联系起来。文章提出，要培养出当时国家和社会所需要的共和国民，必须实施军国民教育、实利主义教育、公民道德教育、世界观教育、美育等"五育并举"的新教育方针，这也是针对晚清学部制定的"忠君、尊孔、尚公、尚武、尚实"的教育宗旨而提出的。蔡元培认为"忠君与共和政体不合，尊孔与信教自由相违"，所以必须删去忠君、尊孔；而尚武、尚实、尚公与军国民教育、实利主义教育、公民道德教育相对应；世界观教育和美育尤其要重视。具体来说，军国民教育的目的是强兵和维护民权。实利主义教育针对的是"我国地宝不发，实业界之组织尚幼稚，人民失业者至多，而国甚贫"这种国家民族积贫积弱的现状，提出必须发展"以人民生计为普通教育之中坚"的"普通学术"。而对于公民道德，作者把法国大革命所标举的"自由、平等、亲爱"的政治口号与中国古代的基本伦理道德规范联系起来，并用后者解释前者，颇有深意。如作者认为，"大丈夫者，富贵不能淫，贫贱不能移，威武不能屈。自由之谓也。古者盖谓之义""己所不欲，勿施于人。……平等之谓也。古者盖谓之恕""己欲立而立人，己欲达而达人。亲爱之谓也。古者盖谓之仁"。作者认为这三者是一切道德之根源,且囊括了公民道德教育的所有方面。蔡元培把世界分为现象世界和实体世界,认为教育的终极目的应该使人达到最高的精神境界,即实体世界,而要想达到这一目的,就要靠世界观教育和美感教育。世界观教育是为了让人在"消极方面,使对于现象世界,无厌弃而亦无执著;积极方面,使对于实体世界,非常渴慕而渐进于领悟"。为此要认真学习哲学课程,从先秦诸子、印度哲学及欧洲哲学找到为人处世的普遍道理,实现人与人之间的平等和沟通。美育是作者在教育上向来特别强调的内容,文中更是把美育视为由现象世界进入实体世界的桥梁,认为美感具有普遍性和超越性,可以打破人与人之间的偏见,破除人们在利害关系上的私心。

蔡元培强调这"五育"不可偏废,是一个统一体。他指出,军国民教育、实利主义教育、公民道德教育属于政治之教育,而世界观教育和美育属于超轶政治之教育,并且从心理学、教育学、生理学等角度生动地论证了"五育并举"的必要性。同时,他还论述了"五育"的实践要求,认为当"五育"应用于学校教育时,标准应与各门课程的具体特点相协调,即"本此五主义而分配于各教科,则视各教科性质之不同,而各主义所占之分数,亦随之而异"。

蔡元培提出的全面和谐发展的教育思想,体现了现代教育以人为本的先进理念,在中国近代教育史上有着重大而深远的意义。

就任北京大学校长之演说

【题解】　辛亥革命后,由京师大学堂改名的北京大学,在严复、马良、胡仁源等人的改革下,尽管取得了一定的发展,但由于是从封建体制下的高等学府嬗变而来的,因而学校的各种积习根深蒂固。当时的北大曾以学风败坏、腐败盛行而声名狼藉。在这种情况下,1916年袁世凯复辟失败后,北京政府教育总长范源廉电促蔡元培从德国回国任北京大学校长。蔡元培到上海后,多数友人均劝其不可就职,认为北大腐败,恐怕整顿不了;也有少数朋友劝其到北大任职,认为腐败总要有人去整顿,不妨试一试。蔡元培听从了少数友人的劝说,决定去北大任职。同年12月26日,蔡元培被任命为北京大学校长。1917年1月9日,蔡元培到校主持开学典礼,发表了这篇演说。

　　五年前，严幾道[1]先生为本校校长时，余方服务教育部，开学日曾有所贡献于本校。诸君多自预科毕业而来，想必闻知。士别三日，刮目相见，况时阅数载，诸君较昔当必为长足之进步矣。予今长斯校，请更以三事为诸君告。

　　一曰抱定宗旨　诸君来此求学，必有一定宗旨，欲知宗旨之正大与否，必先知大学之性质。今人肄业专门学校，学成任事，此固势所必然。而在大学则不然，大学者，研究高深学问者也。外人每指摘本校之腐败，以求学于此者，皆有做官发财思想，故毕业预科者，多入法科，入文科者甚少，入理科者尤少，盖以法科为干禄[2]之终南捷径也。因做官心热，对于教员，则不问其学问之浅深，惟问其官阶之大小。官阶大者，特别欢迎，盖为将来毕业有人提携也。现在我国精于政法者，多入政界，专任教授者甚少，故聘请教员，不得不聘请兼职之人，亦属不得已之举。究之外人指摘之当否，姑不具论。然弭谤莫如自修，人讥我腐败，而我不腐败，问心无愧，于我何损？果欲达其做官发财之目的，则北京不少专门学校，入法科者尽可肄业法律学堂，入商科者亦可投考商业学校，又何必来此大学？所以诸君须抱定宗旨，为求学而来。入法科者，非为做官；入商科者，非为致富。宗旨既定，自趋正轨。诸君肄业于此，或三年，或四年，时间不为不多，苟能爱惜光阴，孜孜求学，则其造诣，容有底止。若徒志在做官发财，宗旨既乖，趋向自异。平时则放荡冶游[3]，考试则熟读讲义，不问学问之有无，惟争分数之多寡；试验既终，书籍束之高阁，毫不过问，敷衍三四年，潦草塞责，文凭到手，即可借此活动于社会，岂非与求学初衷大相背驰乎？光阴虚度，学问毫无，是自误也。且辛亥之役，吾人之所以革命，因清廷官吏之腐败。即在今日，吾人对于当轴[4]多不满意，亦以其道德沦丧。今诸君苟不于此时植其基，勤其学，则将来万一因生计所迫，出而任事，担任讲席，则必贻误学生；置身政界，则必贻误国家。是误人也。误己误人，又岂本心所愿乎？故宗旨不可以不正大。此余所希望于诸君者一也。

　　二曰砥砺[5]德行　方今风俗日偷[6]，道德沦丧，北京社会，尤为恶劣，败德毁行之事，触目皆是，非根基深固，鲜不为流俗所染。诸君肄业大学，当能束身自爱。然国家之兴替，视风俗之厚薄。流俗如此，前途何堪设想。故必有卓绝之士，以身作则，力矫颓俗。诸君为大学学生，地位甚高，肩此重任，责无旁贷，故诸君不惟思所以感己，更必有以励人。苟德之不修，学之不讲，同乎流俗，合乎污世，己且为人轻侮,更何足以感人。然诸君终日伏首案前,营营攻苦,毫无娱乐之事,必感身体上之苦痛。为诸君计,莫如以正当之娱乐,易不正当之娱乐,庶于道德无亏,而于身体有益。诸君入分科时,曾填写愿书,遵守本校规则,苟中道而违之,岂非与原始之意相反乎?故品行不可以不谨严。此余所希望于诸君者二也。

三曰敬爱师友 教员之教授,职员之任务,皆以为诸君求学之便利,诸君能无动于衷乎?自应以诚相待,敬礼有加。至于同学共处一堂,尤应互相亲爱,庶可收切磋之效。不惟开诚布公,更宜道义相劝[7],盖同处此校,毁誉共之。同学中苟道德有亏,行有不正,为社会所訾詈[8],己虽规行矩步[9],亦莫能辩,此所以必互相劝勉也。余在德国,每至店肆购买物品,店主殷勤款待,付价接物,互相称谢,此虽小节,然亦交际所必需,常人如此,况堂堂大学生乎?对于师友之敬爱,此余所希望于诸君者三也。

余到校视事仅数日,校事多未详悉,兹所计划者二事:一曰改良讲义。诸君既研究高深学问,自与中学、高等不同,不惟恃教员讲授,尤赖一己潜修。以后所印讲义,只列纲要,细微末节,以及精旨奥义,或讲师口授,或自行参考,以期学有心得,能裨实用。二曰添购书籍。本校图书馆书籍虽多,新出者甚少,苟不广为购办,必不足供学生之参考,刻拟筹集款项,多购新书,将来典籍满架,自可旁稽博采,无虞缺乏矣。今日所与诸君陈说者只此,以后会晤日长,随时再为商榷可也。

——选自中国蔡元培研究会编:《蔡元培全集(第三卷)》,浙江教育出版社 1997 年版,第 8—10 页。

【注释】

[1]严幾道,即严复(1854—1921),民国建立后为北京大学(京师大学堂正式更名)的第一任校长。

[2]干禄,求禄位(官职)。

[3]冶游,同"游冶",野游,男女出外游玩。后专指狎妓。

[4]当轴,比喻官居要职。后亦指掌权者。

[5]砥砺,磨刀石。引申为磨砺。

[6]偷,苟且。

[7]劝,音 xù,勉励。

[8]訾詈,音 zǐ lì,诋毁;辱骂。

[9]规行矩步,比喻言行谨慎,举止合乎法度。《颜氏家训·序致》:"规行矩步,安辞定色。"

【解读】 在本文中,蔡元培针对当时普遍存在于北京大学学生中的不求学业进步,但求升官发财的庸俗思想作风,指出大学应不同于专科学校,大学的性质是"研究高深学问"。文中对北大学生提出了三点希望:一、"抱定宗旨","为求学而来";二、"砥砺德行",注重品德修养,"不惟思所以感己,更必有以励人","以正当之娱乐,易不正当之娱乐";三、"敬爱师友",对教员"以诚相待,敬礼有加",对同学"互相亲爱""道义相勖"。这三点也是蔡元培对北大学子修身为学提出的具体要求。在本文的最后,蔡元培还提出了"改良讲义"和"添购书籍"两项计划,提出要广添书籍供学生参考,并要求学生独立潜修学问,这体现了蔡元培倡导在大学里重视学术研究,鼓励学生独立思考的积极主张。

蔡元培对北大的整顿和改革,不仅扭转了北大的学风,而且改变了这所旧大学的性质,使之成为中国高等学府的楷模,对中国近代高等教育的发展产生了重要影响。

以美育代宗教说

【题解】 早在1907年蔡元培赴德国留学时,便对美育的问题"有极深的印象"。后到莱比锡大学研究哲学、文学、美学和心理学,为他回国后积极提倡美育,大力传播美学思想奠定了坚实的基础。1917年,在陈独秀、胡适发起"文学革命"的同时,蔡元培则开辟了另一条文化战线——非宗教运动。当时,"由于留学外国之学生,见彼国社会之进化,而误听教士之言,一切归功于宗教,遂欲以基督教劝导国人。而一部分之沿习旧思想者,则承前说而稍变之,以孔子为我国之基督,遂欲组织孔教,奔走呼号,视为今日重要问题"。为此,蔡元培发表了一系列文章,提出以美育代替宗教,产生了广泛的影响。本文即为1917年蔡元培在北京神州学会(由李大钊于1914年发起成立)的演说词。

【原文】 兄弟于学问界未曾为系统的研究,在学会中本无可以表示之意见。惟既承学会诸君子责以讲演,则以无可如何中,择一于我国有研究价值之问题为到会诸君一言,即"以美育代宗教"之说是也。

夫宗教之为物,在彼欧西各国,已为过去问题。盖宗教之内容,现皆经学者以科学的研究解决之矣。吾人游历欧洲,虽见教堂棋布,一般人民亦多入堂礼拜,此则一种历史上之习惯。譬如前清时代之袍褂,在民国本不适用,然因其存积甚多,毁之可惜,则定为乙种礼服而沿用之,未尝不可。又如祝寿、会葬之仪,在学理上了无价值,然戚友中既以请帖、讣闻相招,势不能不循例参加,借通情愫。欧人之沿习宗教仪式,亦犹是耳。所可怪者,我中国既无欧人此种特别之习惯,乃以彼邦过去之事实作为新知,竟有多人提出讨论。此则由于留学外国之学生,见彼国社会之进化,而误听教士之言,一切归功于宗教,遂欲以基督教劝导国人。而一部分之沿习旧思想者,则承前说而稍变之,以孔子为我国之基督,遂欲组织孔教[1],奔走呼号,视为今日重要问题。

自兄弟观之,宗教之原始,不外因吾人精神作用而构成。吾人精神上之作用,普通分为三种:一曰知识;二曰意志;三曰感情。最早之宗教,常兼此三作用而有之。盖以吾人当未开化时代,脑力简单,视吾人一身与世界万物,均为一种不可思议之事。生自何来? 死将何往? 创造之者何人? 管理之者何术? 凡此种种,皆当时之人所提出之问题,以求解答者也。于是有宗教家勉强解答之。如基督教推本于上帝,印度旧教则归之梵天[2],我国神话则归之盘古[3]。其他各种现象,亦皆以神道为惟一之理由。此知识作用之附丽于宗教者也。且吾人生而有生存之欲望,由此欲望而发生一种利己之心。其初以为非损人不能利己,故恃强凌弱,掠夺攫取之事,所在多有。其后经验稍多,知利人之不可少,于是有宗教家提倡利他主义。此意志作用之附丽于宗教者也。又如跳舞、唱歌,虽野蛮人亦皆乐此不疲。而对于居室、雕刻、图画等事,虽石器时代之遗迹,皆足以考见其爱美之思想。此皆人情之常,而宗教家利用之以为诱人信仰之方法。于是未开化人之美术,无一不与宗教相关联。此又情感作用之附丽于宗教者也。天演之例,由浑而昼。当时精神作用至为浑沌,遂结合而为宗教。又并无他种学术与之对,故宗教在社会上遂具有特别之势力焉。

迨后社会文化日渐进步,科学发达,学者遂举古人所谓不可思议者,皆一一解释之以科学。日星之现象,地球之缘起,动植物之分布,人种之差别,皆得以理化、博物、人种、古物诸科学证明之。而宗教家所谓吾人为上帝所创造者,从生物进化论观之,吾人最初之始祖,实为一种极小之动物,后始日渐进化为人耳。此知识作用离宗教而独立之证也。宗教家对于人群之规则,以为神之所定,可以永远不变。

然希腊诡辩家，因巡游各地之故，知各民族之所谓道德，往往互相抵触，已怀疑于一成不变之原则。近世学者据生理学、心理学、社会学之公例，以应用于伦理，则知具体之道德不能不随时随地而变迁；而道德之原理则可由种种不同之具体者而归纳以得之；而宗教家之演绎法[4]，全不适用。此意志作用离宗教而独立之证也。

知识、意志两作用，既皆脱离宗教以外，于是宗教所最有密切关系者，惟有情感作用，即所谓美感。凡宗教之建筑，多择山水最胜之处，吾国人所谓天下名山僧占多，即其例也。其间恒有古木名花，传播于诗人之笔，是皆利用自然之美以感人者。其建筑也，恒有峻秀之塔，崇闳幽邃之殿堂，饰以精致之造像，瑰丽之壁画，构成黯淡之光线，佐以微妙之音乐。赞美者必有著名之歌词，演说者必有雄辩之素养，凡此种种，皆为美术作用，故能引人入胜。苟举以上种种设施而屏弃之，恐无能为役矣。然而美术之进化史，实亦有脱离宗教之趋势。例如吾国南北朝著名之建筑则伽蓝[5]耳，其雕刻则造像耳，图画则佛像及地狱变相之属为多；文学之一部分，亦与佛教为缘。而唐以后诗文，遂多以风景人情世事为对象；宋元以后之图画，多写山水花鸟等自然之美。周以前之鼎彝，皆用诸祭祀。汉唐之吉金[6]，宋元以来之名瓷，则专供把玩。野蛮时代之跳舞，专以娱神，而今则以之自娱。欧洲中古时代留遗之建筑，其最著者率为教堂，其雕刻图画之资料，多取诸新旧约[7]；其音乐，则附丽于赞美歌；其演剧，亦排演耶稣故事，与我国旧剧"目莲救母"[8]相类。及文艺复兴[9]以后，各种美术，渐离宗教而尚人文。至于今日，宏丽之建筑，多为学校、剧院、博物院。而新设之教堂，有美学上价值者，几无可指数。其他美术，亦多取资于自然现象及社会状态。于是以美育论，已有与宗教分合之两派。以此两派相较，美育之附丽于宗教者，常受宗教之累，失其陶养之作用，而转以激刺感情。盖无论何等宗教，无不有扩张己教、攻击异教之条件。回教之谟罕默德[10]，左手持《可兰经》[11]，而右手持剑，不从其教者杀之。基督教与回教冲突，而有十字军之战[12]，几及百年。基督教中又有新旧教之战，亦亘数十年之久。至佛教之圆通[13]，非他教所能及。而学佛者苟有拘牵教义之成见，则崇拜舍利[14]受持经忏之陋习，虽通人亦肯为之。甚至为护法起见，不惜于共和时代，附和帝制。宗教之为累，一至于此，皆激刺感情之作用为之也。

鉴激刺感情之弊，而专尚陶养感情之术，则莫如舍宗教而易以纯粹之美育。纯粹之美育,所以陶养吾人之感情,使有高尚纯洁之习惯,而使人我之见、利己损人之思念,以渐消沮者也。盖以美为普遍性,决无人我差别之见能参入其中。食物之入我口者,不能兼果他人之腹;衣服之在我身者,不能兼供他人之温,以其非普遍性也。美则不然。即如北京左近之西山,我游之,人亦游之;我无损于人,人亦无损于我也。隔千里兮共明月,我与人均不得而私之。中央公园之花石,农事试验场之水木,人人得而赏之。埃及之金字塔,希腊之神祠,罗马之剧场,瞻望赏叹者若干人,且历若干年,而价值如故。各国之博物院,无不公开者,即私人收藏之珍品,亦时供同志之赏览。各地方之音乐会、演剧场,均以容多数人为快。所谓独乐乐不如与人乐乐,与寡乐乐不如与众乐乐,以齐宣王之惛,尚能承认之。美之为普遍性可知矣。且美之批评,虽间亦因人而异,然不曰是于我为美,而曰是为美,是亦以普遍性为标准之一证也。

美以普遍性之故,不复有人我之关系,遂亦不能有利害之关系。马牛,人之所利用者,而戴嵩[15]所画之牛,韩干[16]所画之马,决无对之而作服乘之想者。狮虎,人之所畏也,而芦沟桥之石狮,神虎桥之石虎,决无对之而生搏噬之恐者。植物之花,所以成实也,而吾人赏花,决非作果实可食之想。善歌之鸟,恒非食品。灿烂之蛇,多含毒液。而以审美之观念对之,其价值自若。美色,人之所好也;对希腊之裸像,决不敢作龙阳[17]之想;对拉飞尔若鲁滨司之裸体画[18],决不敢有周昉[19]秘戏图之想。盖美之超绝实际也如是。且于普通之美以外,就特别之美而观察之,则其义益显。例如崇闳之美,有至大至刚两种。至大者如吾人在大海中,惟见天水相连,茫无涯涘。又如夜中仰数恒星,知一星为一世界,而不能得其止境,顿觉吾身之小虽微尘不足以喻,而不知何者为所有。其至刚者,如疾风震霆,覆舟倾屋,洪水横流,火山喷薄,虽拔山盖世之气力,亦无所施,而不知何者为好胜。夫所谓大也,刚也,皆对待之名也。今既自以为无大之可言,无刚之可恃,则且忽然超出乎对待之境,而与前所谓至大至刚者胻合而为一体[20],其愉快遂无限量。当斯时也,又岂尚有利害得丧之见能参入其间耶!其他美育中,如悲剧之美,以其能破除吾人贪恋幸福之思想。《小雅》[21]之怨悱,屈子[22]之离忧,均能特别感人。《西厢记》若终于崔、张团圆,则平淡无奇;惟如原本之终于草桥一梦,始足发人深省。《石头记》若如《红楼后梦》等,必使宝、黛成婚,则此书可以不作;原本之所以动人者,正以宝、黛之结果一死一亡,与吾人之所谓幸福全然相反也。又如滑稽之美,以不与事实相应为条件。如人物之状态,各部分互有比例。而滑稽画中之人物,则故使一部分特别长大或特别短小。作诗则故为不谐之声调,用字则取资于同音异义者。方朔割肉以遗细君[23],不自责而反自夸。优旃谏漆城[24],不言其无益,而反谓漆城荡荡,寇来不得上,皆与实际不相容,故令人失笑耳。要之,美学之中,其大别为都丽之美,崇闳之美(日本人译言优美、壮美)。而附丽于崇闳之悲剧,附丽于都丽之滑稽,皆足以破人我之见,去利害得失之计较,则其所以陶养性灵,使之日进于高尚者,固已足矣。又何取乎侈言阴骘[25]、攻击异派之宗教,以激刺人心,而使之渐丧其纯粹之美感为耶。

——选自中国蔡元培研究会编:《蔡元培全集(第三卷)》,浙江教育出版社 1997 年版,第 57—62 页。

注释

[1] 这里指以康有为、陈焕章等人为代表的尊孔活动。康、陈于辛亥革命后组织孔教会,标榜"昌明孔教、救济社会"。

[2] 梵天,梵文 Brahmā(婆罗贺摩)的意译。婆罗门教、印度教的创造之神。传说世界万物(包括神、人、魔鬼、灾难)都是梵天创造的。

[3] 盘古,我国神话中开天辟地创世之人。所有日月、星辰、风云、山川、草木、金属等物,都是在他死后,由身体各部变成。

[4] 演绎法,即演绎推理。

[5] 伽蓝,佛教寺院的通称。梵文 Saṅghārāma 的音译"僧伽蓝摩"的略称,意译"众园"或"僧院"。

[6] 吉金,犹言善金,古指适于铸造钟鼎彝器的金属。后因以为钟鼎彝器的统称。

[7] 新旧约,即《旧约全书》和《新约全书》。

[8] "目莲救母",佛教故事,讲的是释迦牟尼高徒目莲遍历地狱找寻母亲青提夫人,终于依仗佛力救出母亲的故事。

[9] 文艺复兴,指 14—16 世纪欧洲新兴资产阶级思想文化运动。始于意大利,后逐渐扩展到欧洲各国。它反映新兴资产阶级的利益和要求,反对中世纪的思想禁锢和宗教束缚。16 世纪资产阶级史学家认为它是古代文化的复兴,因而得名。

[10] 回教,亦称"回回教",伊斯兰教在中国的旧称。谟罕默德,通译"穆罕默德"(Muhammad,约 570—632),伊斯兰教创传者。

[11] 《可兰经》,即《古兰经》。伊斯兰教最高和根本的经典。"古兰"系阿拉伯语 Qur'ān 的音译,意为

"诵读"或"读物"。

[12] 十字军之战,西欧封建主、意大利商人和天主教会为扩张势力及掠夺财富,以维护基督教名义,对东部地中海沿岸地区发动的侵略性远征。这场以从"异教徒"(穆斯林)手中夺回"圣地"耶路撒冷为名义的东侵,前后共 8 次,历时近 200 年(1096—1291 年)。史称"十字军东征"。

[13] 圆通,佛教语。圆,无偏缺。通,无障碍。《楞严经·卷二十二》:"慧觉圆通,得无疑惑。"

[14] 舍利,梵文 Śarira 音译的略称,亦译"设利罗",意为"身骨"。通常指释迦牟尼的遗骨为佛骨或佛舍利。

[15] 戴嵩,唐画家。师事韩滉,擅画田野之景,尤善水牛,后人谓得"野性筋骨之妙"。与韩干绘马,世并称"韩马戴牛"。

[16] 韩干,唐画家,京兆(治今陕西西安)人。善画人物,尤工画马,骨肉均匀,得其神气,自成一家。

[17] 龙阳,战国时魏王宠臣。后指以男色事人的人。

[18] 拉飞尔,通译"拉斐尔"(Raffaèllo Sanzio,1483—1520),意大利文艺复兴时期画家、建筑师。其代表作有《西斯廷圣母》《卡斯提利宾奈像》《自画像》等。鲁滨司,通译"鲁本斯"(Peter Paul Rubens,1577—1640),佛兰德斯画家。所创作的神话、历史、宗教题材的作品和肖像画、风俗画、风景画等,气象万千,色彩富丽。作品有《智者朝圣图》《农民的舞蹈》《劫夺留西帕斯的女儿》《亚马孙之战》等。

[19] 周昉,唐画家,字景玄,京兆(治今陕西西安)人。工仕女,并擅长作佛道宗教画。相传《簪花仕女图》《挥扇仕女图》为他所作。

[20] 胪,音 xī,扩散。合,融合。

[21] 《小雅》,《诗经》组成部分之一。七十四篇。大抵产生于西周后期和东周初期。作者多属于统治阶级。一部分是宴会的乐歌,较多的是反映其统治危机,并对此表示忧虑的政治诗,有的则表现了周室与西北戎、狄部族以及东方诸侯各国之间的矛盾。也有部分作品的内容及风格与《国风》中民间歌谣相似。

[22] 屈子,即屈原(约前 340—约前 278),名平,字原;又自云名正则,字灵均。战国楚诗人。学识渊博。因见楚国政治日益腐败,无力实现自己的政治理想,后投汨罗江而死。诗篇深沉表现他的忧国情愫和为理想献身的精神,文辞优美,想象力丰富,对后世影响极大。其书久佚,后世所见《离骚》《九歌》《天问》《九章》等名篇,系出自刘向辑集的《楚辞》。

[23] 方朔,即东方朔(前 154—前 93),字曼倩,平原厌次(今山东德州市陵城区东北,一说今山东惠民东)人。西汉文学家。武帝时,为太中大夫。性诙谐,善辞赋。武帝诏赐从官肉,朔独拔剑割肉而去。次日东方朔对武帝说:"受赐不待诏,何无礼也!拔剑割肉,壹何壮也!割之不多,又何廉也!归遗细君,又何仁也!"武帝笑曰:"使先生自责,乃反自誉!"复赐酒一石,肉百斤,归遗细君。细君,指东方朔妻。

[24] "优旃谏漆城",出自《史记·滑稽列传》:"优旃者,秦倡侏儒也","始皇尝议欲大苑囿","二世立,

又欲漆其城"，皆因优旃讽谏而止。优旃，秦优人。旃，音 zhān。

[25] 阴骘，犹阴德。骘，音 zhì，定。《书·洪范》："惟天阴骘下民。"意谓天默默地安定下民。

【解读】

本文首先论证了以美育代替宗教的原因。作者指出，宗教是精神的知识、意志、感情三种作用的产物，早先的宗教常常兼具这三种作用：在未开化时代，人们头脑不发达，把人与人以外的各种事物都看作一种不可思议的事情，于是有宗教家来勉强回答人关于自身和世界的诸种问题，这就是知识作用催生的宗教；在道德上，人由生存的欲望而逐渐发展一种利己之心，后来经验越来越多，于是有宗教家为了平衡人们之间的利益关系，提倡利他主义，这是意志作用催生的宗教；宗教家利用人人都有的爱美之心来引导人的信仰，于是未开化人的美术无一不与宗教相关联，这是情感作用催生的宗教。因此，宗教在社会上的势力便越来越大，但随着社会文化的日益进步和科学的不断发展，许多不可思议的现象得到科学的解释和证明，知识作用逐渐独立于宗教，不再以宗教为知识。道德规范，古人本来是归之于神灵的，可近代生理学、心理学、社会学的发展，使人们也逐渐懂得了道德并不是永恒不变的范畴，相反，同样是世异时移的，于是意志作用也脱离了宗教。如此一来，宗教只剩下与之关系最密切的情感作用，即美感。但是美术的发展历史也有脱离宗教的趋势，因为美术多取材于自然现象及社会现象，而宗教却是扩张本教、攻击异教的，结果"美育之附丽于宗教者，常受宗教之累，失其陶养之作用，而转以激刺感情"。在这种情况下，当然要用美育而不是宗教来陶冶人的情操了。蔡元培指出，"纯粹之美育，所以陶养吾人之感情，使有高尚纯洁之习惯，而使人我之见、利己损人之思念，以渐消沮者也"。他认为美育具有普遍性，不存在人我差别之见，也不存在利害关系，它是超绝实际的，所以只有美育才能陶养性灵，使人一天天高尚起来，这是以激刺人心为目的的宗教做不到的。

蔡元培提倡以美育代宗教，反对宗教迷信，这一点既与五四运动中"打倒孔家店"、反对旧礼教的方向一致，对青年学生起了指路和鼓舞斗志的作用，同时也反映了他的资产阶级民主主义和人道主义的进步思想。他是中国近代美育的积极倡导者，对中国美育的发展有重要影响。

新教育与旧教育之歧点

【题解】 本文是蔡元培在京津中华书局"直隶全省小学会议欢迎会"上的演说词,发表于1918年5月30—31日的《北京大学日刊》,《新青年》第5卷第1号转载。在本文中,蔡元培反对和抨击了压抑儿童个性和摧残儿童自由发展的封建教育,提倡"尚自然、展个性"的自由民主主义教育。

【原文】 今日承京津中华书局代表之招,得与诸先生晤言一堂,不胜荣幸。中华书局,为供给教育资料之机关;诸君子皆有实施教育之职务。今日所相与讨论者,自然为教育问题。鄙人于小学教育,既未有经验;又于直隶省教育情形,未有所考察,不能为切实之贡献。谨以平日对于教育界之普通感想,质之于诸先生。

夫新教育所以异于旧教育者,有一要点焉,即教育者非以吾人教育儿童,而吾人受教于儿童之谓也。吾国之旧教育以养成科名仕宦之材为目的。科名仕宦,必经考试,考试必有诗文,欲作诗文,必不可不识古字,读古书,记古代琐事。于是先之以《千字文》[1]、《神童诗》[2]、《龙文鞭影》[3]、《幼学须知》[4]等书;进之以四书、五经;又次则学为八股文、五言八韵诗;其他若自然现象,社会状况,虽为儿童所亟欲了解者,均不得阑入教科,以其于应试无关也。是教者预定一目的,而强受教者以就之;故不问其性质之动静,资禀之锐钝,而教之止有一法,能者奖之,不能者罚之,如吾人之处置无机物然,石之凸者平之,铁之脆者煅之;如花匠编松柏为鹤鹿焉;如技者教狗马以舞蹈焉;如凶汉之割折幼童,而使为奇形怪状焉;追想及之,令人不寒而栗。新教育则否,在深知儿童身心发达之程序,而择种种适当之方法以助之。如农学家之于植物焉,干则灌溉之,弱则支持之,畏寒则置之温室,需食则资以肥料,好光则复以有色之玻璃;其间种类之别,多寡之量,皆几经实验之结果,而后选定之;且随时试验,随时改良,决不敢挟成见以从事焉。故治新教育者,必以实验教育学[5]为根柢。实验教育学者,欧美最新之科学,自实验心理学出,而尤与实验儿童心理学相关。其所试验者,曰感觉之阈[6],曰感觉之分别界,曰空间与时间之表象,曰反射，曰判断，曰注意力，曰同化作用，曰联想，曰意志之阅历，曰统觉[7]，凡一切心理上之现象皆具焉。其试验之也，或以仪器，或以图画，或以言语，或以文字。其所为比较者，或以年龄，或以男女之别，或以外界一切之关系，或以祖先之遗传性，因而得种种普通之例，亦即因而得种种差别之点。虽今日尚未达完全之域，然研究所得，视昔之纯凭臆测者，已较有把握矣。

因而知教育者，与其守成法，毋宁尚自然；与其求划一，毋宁展个性。请举新教育之合于此主义者数端。一曰托尔斯泰（Tolstoy）之自由学校[8]，其建设也，尚在实验教育学未起以前，乃本卢梭[9]、裴斯泰洛齐[10]、弗罗贝尔[11]等之自然主义而推演者；其学生无一定之位置，或坐于凳，或登于棹，或伏于窗槛，或踞于地板，惟其所欲；其课程亦无定时，惟学生之愿，常以种种对象间厕而行之；其教授之形式，惟有问答。闻近年比利时亦有此种学校，鄙人欲索其章程，适欧战起，比为德所据，不可得矣。二曰杜威（Dewey）之实用主义，杜威尝著《学校与普通生活》一书，力言学校教科与社会隔绝之害；附设一学校于芝加哥大学[12]，即以人类所需之衣、食、住三者为工事标准，略分三部：一曰手工，如木工、金工之类；二曰烹饪；三曰缝织，而描画模型等皆属之。即由此而授以学理，如因烹饪而授以化学，因裁缝而授以数学，因手工而授以物理学、博物学，因原料所自出而授以地学，因各时代各民族工艺若服食之不同而授以历史学、人类学等，是也。三曰蒙台梭利[13]之儿童室，即特设各种器具以启发儿童之心理作用者，是也；吾国已有译本，想诸君已见之。四曰某氏[14]之以工作为操练说，此说不忆为何人所创，大约以能力说为基础。能力者，西方所谓 Energy 也，近世自然哲学，以世界一切现象，不外乎能力之转移，如然〔燃〕煤生热，热能蒸水成汽，汽能运机，机能制器；即一种能力之由煤，而热，而汽，而机，而器，递相转移也。惟能力之转移，有经济与不经济之别，如水力可以运机发电，而我国海潮瀑布之属皆置而不用，是即不经济之一端也。近世教育，如手工图画等科，一方面为目力手力之操练，而一方面即有成绩品，此能力转移之经济者也。其他各种运动，大率止有操练，并无出品，则为不经济之转移。若合个人生理及社会需要两方面而研究之，设为种种手力足力之工作，以代拍球蹴[15]球之戏；设为种种运输之工作，以利用竞走竞漕之役；则悉于体育之中，养成勤务之习惯，而一切过激之动作，凌人之虚荣心，亦可以免矣。其他类是之新说，为鄙人所未知者，尚不知凡几,亦足以见现代教育界之进步矣。吾国教育界,乃尚牢守几本教科书,以强迫全班之学生,其实与往日之《三字经》[16]、四书、五经等,不过五十步与百步之相差。欲救其弊,第一,须设实验教育之研究所。第二,教员须有充分之知识,足以应儿童之请益与模范而不匮。第三,则供给教育品者,亦当有种种参考之图画与仪器,以供教员之取资。如此,则始足语于新教育矣。

——选自中国蔡元培研究会编:《蔡元培全集(第三卷)》,浙江教育出版社 1997 年版,第 337—340 页。

【注释】

[1]《千字文》,南朝梁周兴嗣撰,以四言韵语叙述有关自然、社会、历史、伦理、教育等方面的知识,后用作蒙学课本。

[2]《神童诗》,宋汪洙 9 岁能诗,有诗数十首,后人以其诗增补成集,旧时为村塾蒙训所用。

[3]《龙文鞭影》,中国古代蒙学课本。明萧良有始编《蒙养故事》,杨臣诤增订,分上下两卷,改名《龙文鞭影》,取义"龙文,良马也,见鞭则疾驰,不俟驱策"。喻可使受教者迅速掌握知识。该书均为四言韵文,涉及自然知识和历史典故。

[4]《幼学须知》,即《幼学琼林》。中国古代蒙学课本。明程允升撰,清邹圣脉增补。共四卷。博采自然、社会、历史、伦理等方面知识和典故,编为骈语,便于记忆。

[5] 实验教育学,20 世纪初,在实验研究方法运用于生理学和心理学的影响下创立。主张用实验、统计和系统观察的方法来研究儿童的生理和心理,解决教育和教学问题。以德国的梅伊曼(Ernst Meumann,1862—1915)和拉伊(Wilhelm August Lay,1862—1926)为代表。

[6] 感觉之阈,即感觉阈限,是指持续了一定时间的、能引起感觉的刺激量。它用来度量感受性的大小。感觉阈限分为感觉绝对阈限和感觉差别阈限。

[7] 统觉,心理学上指由当前事物引起的心理活动同已有知识经验相联系、融合,从而更清晰地理解事物意义的现象。

[8] 托尔斯泰(Tolstoy,1828—1910),俄国作家。他曾在故乡办学校,教育农民,渴望建立一个"自由平等"的小农社会。自由学校,指托尔斯泰 1859 年所创办的亚斯那亚·波良那学校,1861—1862 年,他在该校实践他的"自由教育"理论。

[9] 卢梭(Jean-Jacques Rousseau,1712—1778),法国启蒙思想家、哲学家、教育学家。在教育思想方面,提倡自然教育,要求尊重儿童个性。主要著作有《论人类不平等的起源和基础》《爱弥儿》《社会契约论》等。

[10] 裴斯泰洛齐(Johann Heinrich Pestalozzi,1746—1827),瑞士教育家。他认为教育的目的在于促进人的天赋能力的和谐发展。从人道主义出发,期望通过教育来改善农民生活。曾创办孤儿院,从

事贫苦儿童的教育。后又创办伊弗东学院，进行简化教学实验。著有《林哈德和葛笃德》《葛笃德如何教育她的子女》等。

[11] 弗罗贝尔，通译"福禄培尔"（Friedrich Wilhelm August Froebel，1782—1852），德国教育家。著有《人的教育》等。

[12] "附设一学校于芝加哥大学"，即芝加哥大学实验学校，亦称"杜威学校"。杜威于 1896 年 1 月创办，旨在实践其教育思想，改革传统教育。1904 年停办。

[13] 蒙台梭利（Maria Montessori，1870—1952），意大利教育家和医生。1907 年在罗马为 3—6 岁儿童设立"儿童之家"，从事教育实验。她把教育看作促使儿童内在力量自我发展的过程，强调让儿童自由活动。认为让儿童进行各种感官练习是儿童获得知识的基础，并创制了一套进行各种感官练习的教具。

[14] 某氏，指凯兴斯泰纳（Georg Kerschensteiner，1854—1932），德国教育家。他提倡"公民教育"和"劳作学校"，主张把国民学校从读书学校改组为劳作学校，对劳动人民子女施以劳作和公民训练，使他们成为具有一定的生产技术、绝对服从国家利益的工人和兵士。著有《德意志青年及少年的公民教育》等。

[15] 蹴，音 cù，踢。

[16] 《三字经》，中国古代蒙学课本。相传为南宋王应麟（一说为区适子）所撰。明、清学者陆续补充。1928 年章炳麟重订。全书为三言韵语，便于记诵。

解读

在本文中，蔡元培首先论证了新旧教育的不同。他痛斥旧教育摧残儿童个性，认为它是"教者预定一目的，而强受教者以就之"，教学方法极端单调，完全违反自然，硬把成人的观念强加给儿童，束缚儿童个性的自由发展。与旧教育相比，新教育以实验教育学为基础，"在深知儿童身心发达之程序，而择种种适当之方法以助之"，即按照儿童的兴趣和个性特点，使儿童自然地发展，所以新教育不同于旧教育之处在于"教育者非以吾人教育儿童，而吾人受教于儿童"。因此，他大力提倡"教育者，与其守成法，毋宁尚自然；与其求划一，毋宁展个性"。

其次，本文介绍了当时国外重视发展儿童个性的教育思潮及其成果，如托尔斯泰的自由学校、杜威的芝加哥大学实验学校、蒙台梭利的儿童之家以及凯兴斯泰纳的劳作学校。与之对照，蔡元培批判了国内教育界"尚牢守几本教科书，以强迫全班之学生"的注入式教学法。为此，他提倡实验教育学，建议："第一，须设实验教育之研究所。第二，教员须有充分之知识，足以应儿童之请益与模范而不匮。第三，则供给教育品者，亦当有种种参考之图画与仪器，以供教员之取资。"

蔡元培的"发展个性，崇尚自然"的教育思想，主张解放学生个性，反对封建教育对学生的摧残,在当时是相当进步的。他倡导按照儿童的身心发展进行教育实验;在教学中反对注入式,提倡启发式;强调学生的主体性。这些思想对于当前的教育改革与发展仍有极大的启发意义。

普通教育和职业教育

题解 1920年,蔡元培赴欧美考察教育,12月5日路过新加坡时应南洋华侨中学等校之请作了这篇演说。原文载于同年12月《教育杂志》第13卷第1号。作者主要分析了普通教育和职业教育的不同,提出了普通教育的宗旨,还对女子教育发表了自己的看法。

原文 兄弟已经几次到过新嘉〔加〕坡了,今天得有机会,和诸位共话一堂,实在荣幸得很!只是今天没有什么预备,所以不能有多少贡献,还望诸君原谅。

在座诸君,大半是学界中人,因此可知这里的学校多了。我今天就把普通教育和职业教育说一说。刚才从中学校来,知道中学内有商科一班,这却是职业教育的性质,不在普通小学校或中学校的普通教育范围以内。

普通教育和职业教育,显有分别:职业教育好像一所房屋,内分教室、寝室等,有各别的用处;普通教育则像一所房屋的地基,有了地基,便可把楼台亭阁等建筑起来。故职业教育所注重的,是专门的技能或知识,有时研究到极精微处,也许有和日常生活绝不相干的情形。例如研究卫生的,查考起微生虫来,分门别类,精益求精,有一切另外的事都完全不管的态度。这是从事专门学问的特异点。

可是我们要起盖房子时,必得先求地基坚实,若起初不留意,等到高屋将成,才发见地基不稳,才想设法补救,已经来不及了。我刚才讲过普通教育好像房屋的地基一样,所以教育者和被教育者,都要特别注意才是。现今欧美各大学中的课程,非常严重,对于各种基本的知识,差不多不很注意了。为什么呢?因为学生在中小学的时代,早已受了很重的训练,把高深学术的基础筑固了,入大学时自然不觉得困难。若在中小学内,并没有建筑好基础,等到自悟不够时,再要补习起来,那就很不容易了。

因此前年我国审查教育会[1],把普通教育的宗旨,定为:(一)养成健全的人格,(二)发展共和的精神。

所谓健全的人格,内分四育,即:(一)体育,(二)智育,(三)德育,(四)美育。

这四育是一样重要,不可放松一项的。先讲体育,在西洋有一句成语,叫作健全的精神,宿于健全的身体。足见体育的不可轻忽。不过体育是要发达学生的身体,振作学生的精神,并不是只在赌赛跑跳或开运动会博得名誉体面上头,其所以要比赛或开运动会,只是要引起研究体育的兴味;因恐平时提不起锻炼身体的精神,故不妨常和人家较量较量。我们比不过人家时,便要在平常用功了。其实体育最要紧的,是合于生理。若只求个人的胜利,或一校的名誉,不管生理上有无危险,这不要说于身体上有妨害,且成一种机械的作用,便失却体育的价值了。而且只骛虚名,在心理上亦易受到恶影响。因为常常争赛的结果,可使学生的虚荣心旺盛起来;出去服务社会,一切举动,便也脱不了虚荣心的气味,这是贻害社会不浅的。不过开运动会和竞技等,在平时操练有些呆板乏味时,偶然举行一下,倒很可能调剂机械作用。因变化常态而添出兴趣,是很好的,只要在心理上使学生彻底明白体育的目的,是为锻炼自己的身体,不是在比赛争胜上,要使他们望正鹄做去。

次讲智育,案我们教书,并不是像注水入瓶一样,注满了就算完事。最要是引起学生读书的兴味。做教员的,不可一句一句,或一字一字的,都讲给学生听。最好使学生自己去研究,教员竟不讲也可以,等到学生实在不能用自己的力量了解功课时,才去帮助他。至于常用口头的讲授,或恐有失落系统的毛病,故定出些书本来,而定书本也要看学生的程度,高下适宜才对。做学生的,也不是天天到校把教科书熟读了,就算完事,要知道书本是不过给我一个例子,我要从具体的东西内抽出公例来,好应用到别处去。譬如从书上学得菊花,看见梅花时,便知也是一种植物;从书上学得道南学校,看见端蒙学校[2],便也知道是什么处所;若果能像这样的应用,就是不能读熟书本,也可说书上的东西都学得了。

再现在各学校内,每把学生分为班次,要知这是不得已的办法,缘学生的个性不同:有的近文学,有的喜算术等;所以各人于各科进步的快慢,也不能一致,但因经济方面,或其他的关系,一时竟没法子想。然亦总须活用为妙。即有特别的天才的,总宜施以特别的教练。在学生方面,也要自省,我于那几科觉得很困难的,须格外用功些,那几科觉得特别喜欢的,也不妨多学些。总之,教授求学,两不可呆板便了。

至于德育,并不是照前人预定的格言做去就算数。有些人心目中,以为孔子或孟子所讲的总是不差,照他们圣人的话实行去,便是有道德了;其实这种见解,是不对的。什么叫道德,并不是由前人已造成的路走去的意义,乃是在不论何时何地照此做法,大家都能适宜的一种举措标准。是以万事的条件不同,原理则一。譬如人不可只爱自己,于是有些人讲要爱家,这便偏于家庭;或有些人提倡爱群,又偏于群的方面了。可是他的原理,只是爱人一语罢了。故我们要一方考察现时的风俗情形,一方推求出旧道德所以酿成的缘故,拿来比较一下。若是某种旧道德成立的缘故,现在已经没有了,也不妨把他改去,不必去死守他。我此刻在中学校看见办有图书馆、童子军等,这些事物,于许多人很适宜,于四周办事人亦无妨害,这便不是不道德。总之,道德不是记熟几句格言,就可以了事的,要重在实行。随时随地,抱着试验的态度,因为天下没有一劳永逸的事情,若说今天这样,便可永远这样,这是大误。要随时随地,看事势的情形,而改变举措的标准。去批评人家时,也要考察他人所处的环境怎样而下断语才是。

第四美育,从前将美育包在德育里的,为什么审查教育会,要把他分出来呢?因为挽近人士,太把美育忽略了,按我国古时的礼乐二艺,有严肃优美的好处。西洋教育,亦很注意美感的。为要特别警醒社会起见,所以把美育特提出来,与体智德并为四育。

美育之在普通学校内,为图工音乐等课。可是亦须活用,不可成为机械的作用。从前写字的,往往描摹古人的法帖,一点一划,依样葫芦,还要说这是赵字哪,这是柳字哪[3],其实已经失却生气,和机器差不多,美在哪里?

图画也是如此,从前学子,往往临摹范本,圆的圆,三角的三角,丝毫不变,这亦不可算美。现在新加坡的天气很好,故到处有自然的美,要找美育的材料,很容易。最好叫学生以己意取材,喜图画的,教他图画;喜雕刻的,就教他雕刻;引起他美的兴趣。不然,学生喜欢的不教,不喜欢的硬叫他去做,要求进步,很难说的。像儿童本喜自由游戏,有些人却去教他们很繁难的舞蹈,儿童本喜自由嬉唱,现在的学校内,却多照日本式用1 2 3 4 5 6 7等,填了谱,不管有无意义,教儿童去唱。这样完全和儿童的天真天籁相反。还有看见西洋教音乐，要用风琴的，于是也就买起风琴来，叫小孩子和着唱。实则我们中国，也有箫笛等简单的乐器，何尝不可用？必要事事模仿人家，终不免带着机械性质，于美育上，就不可算是真美。

以上四育，都宜时时试验演进，要一无偏枯，才可教练得儿童有健全的人格。

学校教育注重学生健全的人格，故处处要使学生自动。通常学校的教习，每说我要学生圆就圆，要学生方就方，这便大误。最好使学生自学，教者不宜硬以自己的意思，压到学生身上。不过看各人的个性，去帮助他们作业罢了。但寻常一级的学生，总有二十人左右。一位教员，断不能知道个个学生的个性，所以在学生方面，也应自觉，教我的先生，既不能很知道我，最知我的，便是我自己了。如此，则一切均须自助才好。大概受毕普通教育，至少要获得地平线以上的人格，使四育平均发展。

又我们人类，本是进化的动物，对于现状常觉不满足的。故这里有了小学，渐觉中学的不可少，办了普通教育，又觉职业教育的不可少了。南洋是富于实业的地方，我们华侨初到这里的，大多数从工事入手以创造家业。不过发大财成大功的，都从商务上得来。商业在南洋，的确很当注意的，这里的中学，就应社会的需要，而先办商科。然若进一步去研究，商业的发达，必借原料的充裕，那原料，又怎样能充裕呢？不消说，全在农业的精进了。农业更须种种的农具，要求器械的供给，又宜先开矿才行，这又侧重到工艺上头。按我国制造的幼稚，实在不容不从速补救。开了铁矿自己不会炼钢，却将原料卖给别国，岂不可惜？若精了制造术，便不怕原料的一时跌价，因为我们能自己制造应用品出售，也可不吃大亏啦。

照现在的社会看来，商务的发达，可算到极点了，以后能否保持现状，或更有所进步，这都不能有把握。万一退步起来，那么，急须从根本上补救。像研究农业和开工厂等，都足为经商的后盾，使商务的基础，十分稳固，便不愁不能发展。故学生中有天性近农近工的，不妨分头去研究，切不可都走一条路。

农商工的应用，我们都知道了。但在西洋，这三项都极猛进。而我国自古以农立国，工业一途，亦发达极早。何以到了今日都远不如他们呢？这便因他们有科学的缘故。一个小孩子知识未足时，往往不知事物的源本。所以若去问小孩子，饭是从哪里来的？他便说"从饭桶里来的"。聪明些的，或能说"从锅子里来的"。都不能说从田里来的。我国的农夫,不能使用新法,且连一亩田能出多少米,养活多少人,都不能计算出来,这岂不是和小孩子差不多么？故现在的学生,对于某种科学有特别的兴味的,大可去专门研究。即如性喜音乐的,将来执业于社会,能调养他人的精神,提高社会的文化,也尽有价值,尽早自立。做教师的,不妨去鼓舞他们,使有成功。总之,受毕普通教育,还要力图上进,不可苟安现状。若愁新洲[4]没有专门学校,那可设法回国,或出洋去。

我最后还有几句关于女学校的话要说：这里的学校,固已不少,但可惜还没有女子中学。刚才在中学时,涂先生也曾提及这一层。我想男女都可教育的,况照现在的世界看来,凡男子所能做的,女子也都能做。不过我国男女的界限素严,今年内地各校要试办男女合校时,有许多人反对。若果真大众都以为非分校不可,那就另办一所女子中学也行。若经济问题上,不能另办时,我看也可男女合校的。在美国的学校,大都男女兼收,虽有几校例外,也是历来习惯所致。在欧洲还有把一校划分男女二部的,这也是一种方法。总之,天下无一定不变的程式,只有原理是不差的。我们且把胆子放大了,试试男女合校也好。若家庭中父兄有所怀疑时,就可另办一所女子中学,或把男子中学划分二部,或把讲堂上男女座位分开,便极易办到了。这女子中学一事,只要父兄与学生两方面,多数要求起来,我想一定可以实现的。我今日所说的,就是这些了。

——选自中国蔡元培研究会编：《蔡元培全集(第四卷)》,浙江教育出版社 1997 年版,第 258—264 页。

注释

[1] 审查教育会,即教育调查会,成立于 1918 年。次年 4 月,教育调查会召开第一次会议,在"教育宗旨研究案"中提出,谨拟"以养成健全人格,发展共和精神"为宗旨。

[2] 道南学校,端蒙学校,均是新加坡著名的华侨学校,创办于 1906 年。

[3] 赵字,即赵体。赵,指赵孟頫(1254—1322),字子昂,号松雪道人,湖州(今属浙江)人。元书画家,书法工行楷,画法精山水。其字世称"赵体字"。柳字,即柳体。柳,指柳公权(778—865),字诚悬,京兆华原(今陕西铜州市耀州区)人。唐书法家,其字世称"柳体字"。

[4] 新洲,即新加坡。

【解读】　本文开篇就指出普通教育和职业教育的不同,认为"职业教育好像一所房屋,内分教室、寝室等,有各别的用处;普通教育则像一所房屋的地基,有了地基,便可把楼台亭阁等建筑起来"。这个比喻形象地指明了职业教育与普通教育的差异:前者注重专门的技能或知识,后者注重基础知识。蔡元培重视普通教育的作用,认为普通教育的宗旨是养成健全的人格和发展共和的精神,健全的人格分体、智、德、美四育。继而文章具体分析了学校在实施这"四育"过程中出现的问题和误解,要求教育者端正教育态度,不能机械对待"四育",要强调学生的主动性;认为"四育"要"平均发展","一无偏枯",使学生完成普通教育后至少能"获得地平线以上的人格"。蔡元培当时的这些教育主张对当前我国改变应试教育,推行素质教育和创新教育,仍有一定的指导意义。

联系南洋社会及教育发展的实际,蔡元培强调了职业教育的重要性,认为职业教育可以促进农商工实业的发展,主张学生"对于某种科学有特别的兴味的,大可去专门研究"。这种把培养专家和培养通才同等对待的教育理念也是有着积极意义的。

最后,蔡元培还谈到了女子教育问题,阐述了创办女子中学和男女合校的观点,这体现了其主张人人平等的教育思想,具有时代的进步性。

我在教育界的经验

【题解】　本文是蔡元培晚年所写的一篇自传性文章,发表于1937年12月和1938年1月的《宇宙风》第55,56期。在文中,蔡元培叙述了自己一生受教育的经历、教育思想发展的历程以及自己的教育实践,是研究蔡元培教育活动和教育思想的重要文献。

【原文】　我自六岁至十七岁,均受教育于私塾;而十八岁至十九岁,即充塾师(民元前二十九年及二十八年)。二十八岁又在李莼客[1]先生京寓中充塾师半年(前十八年)。所教的学生,自六岁至二十余岁不等。教课是练习国文,并没有数学与其他科学。但是教国文的方法,有两件是与现在的教授法相近的:一是对课,二是作八股文。对课与现在的造句法相近。大约由一字到四字,先生出上联,学生想出下联来。不但名词要对名词,静词要对静词,动词要对动词;而且每一种词里面,又要取其品性相近的。例如先生出一山字,是名词,就要用海字或水字来对他,因为都是地理的名词。又如出桃红二字,就要用柳绿或薇紫等词来对他;第一字都用植物的名词,第二字都用颜色的静词。别的可以类推。这一种工课,不但是作文的开始,也是作诗的基础。所以对到四字课的时候,先生还要用圈发的法子,指示平仄的相对。平声字圈在左下角,上声在左上角,去声右上角,入声右下角。学生作对子时,最好用平声对仄声,仄声对平声(仄声包上、去、入三声)。等到四字对作得合格了,就可以学五言诗,不要再作对子了。

八股文的作法,先作破题,止两句,把题目的大意说一说。破题作得合格了,乃试作承题,约四五句。承题作得合格了,乃试作起讲,大约十余句。起讲作得合格了,乃作全篇。全篇的作法,是起讲后,先讲领题,其后分作八股(六股亦可),每两股都是相对的。最后作一结论。由简而繁,确是一种学文的方法。但起讲、承题、破题,都是全篇的雏形;那时候作承题时仍有破题,作起讲时仍有破题、承题,作全篇时仍有破题、承题、起讲,实在是重床叠架了。

我三十二岁(前十四年)九月间,自北京回绍兴,任中西学堂监督,这是我服务于新式学校的开始。这个学堂是用绍兴公款设立的。依学生程度,分三斋,略如今日高小、初中、高中的一年级。今之北京大学校长蒋梦麐[2]君、北大地质学教授王烈君,都是那时候第一斋的小学生。而现任中央研究院秘书的马祀光君、任浙江教育厅科员的沈光烈君,均是那时候第三斋的高材生。外国语原有英、法二种,我到校后又增日本文。教员中授哲学、文学、史学的有马湄莼、薛阆轩、马水臣诸君,授数学及理科的有杜亚泉[3]、寿孝天诸君,主持训育的有胡钟生君,在当时的绍兴,可为极一时之选。但教员中颇有新旧派别,新一点的,笃信进化论,对于旧日尊君卑民,重男轻女的旧习,随时有所纠正,旧一点的不以为然。后来旧的运动校董,出而干涉,我遂辞职(前十三年)。

我三十五岁(前十一年)任南洋公学[4]特班教习。那时候南洋公学还止有小学、中学的学生;因沈子培[5]监督之提议,招特班生四十人,都是擅长古文的;拟授以外国语及经世之学,备将来经济特科之选。我充教授,而江西赵仲宣[6]君、浙江王星垣君相继为学监。学生自由读书,写日记,送我批改。学生除在中学插班习英文外,有愿习日本文的;我不能说日语,但能看书,即用我的看书法教他们,他们就试译书。每月课文一次,也由我评改。四十人中,以邵闻泰(今名力子)[7]、洪允祥、王世澂[8]、胡仁源[9]、殷祖同、谢忱(今名无量)[10]、李同(今出家号弘一)[11]、黄炎培、项骧[12]、贝寿同诸君为高材生。

我三十六岁(前十年),南洋公学学生全体退学,其一部分借中国教育会之助,自组爱国学社[13],我亦离公学,为学社教员。那时候同任教员的吴稚晖、章太炎诸君,都喜昌言革命,并在张园开演说会,凡是来会演说的人,都是讲排满革命的。我在南洋公学时,所评改之日记及月课,本已倾向于民权女权的提倡,及到学社,受激烈环境的影响,遂亦公言革命无所忌。何海樵[14]君自东京来,介绍我宣誓入同盟会,又介绍我入一学习炸弹制造的小组(此小组本止六人,海樵与杨笃生[15]、苏凤初[16]诸君均在内)。那时候学社中师生的界限很宽,程度较高的学生,一方面受教,一方面即任低级生的教员;教员热心的,一方面授课,一方面与学生同受军事训练。社中军事训练,初由何海樵、山渔昆弟担任,后来南京陆师学堂退学生来社,他们的领袖章行严[17]、林力山二君助何君。我亦断发短装与诸社员同练步伐,至我离学社始已。

爱国学社未成立以前,我与蒋观云[18]、乌目山僧[19]、林少泉(后改名白水)、陈梦坡、吴彦复诸君组织一女学,命名"爱国"。初由蒋君管理,蒋君游日本,我管理。初办时,学生很少;爱国学社成立后,社员家中的妇女,均进爱国女学,学生骤增。尽义务的教员,在数理方面,有王小徐[20]、严练如、钟宪鬯[21]、虞和钦诸君;在文史方面,有叶浩吾、蒋竹庄[22]诸君。一年后,我离爱国女学。我三十八岁(前八年)暑假后,又任爱国女学经理。又约我从弟国亲及龚未生[23]、俞子夷诸君为教员。自三十六岁以后,我已决意参加革命工作。觉得革命止有两途:一是暴动,一是暗杀。在爱国学社中竭力助成军事训练,算是下暴动的种子。又以暗杀于女子更为相宜,于爱国女学,预备下暗杀的种子。一方面受苏凤初君的指导,秘密赁屋,试造炸药,并约钟宪鬯先生相助,因钟先生可向科学仪器馆采办仪器与药料。又约王小徐君试制弹壳,并接受黄克强、蒯若木诸君自东京送来的弹壳,试填炸药,由孙少侯君携往南京僻地试验。一方面在爱国女学为高材生讲法国革命史、俄国虚无党历史,并由钟先生及其馆中同志讲授理化,学分特多,为练制炸弹的预备。年长而根柢较深的学生如周怒涛等,亦介绍入同盟会,参加秘密小组。

我三十九岁(前七年),又离爱国女学。嗣后由徐紫虬、吴书箴、蒋竹庄诸君相继主持[24],爱国女学始渐成普通中学,而脱去从前革命性的特殊教育了。

四十岁(前六年),我到北京,在译学馆任教习,讲授国文及西洋史,仅一学期,所编讲义未完,即离馆。

四十一岁至四十五岁(前五年至一年),又为我受教育时期。第一年在柏林,习德语。后三年,在来比锡,进大学。

四十六岁(民国元年),我任教育总长,发表《对于教育方针之意见》,据清季学部忠君、尊孔、尚公、尚武、尚实的五项宗旨而加以修正,改为军国民教育、实利主义、公民道德、世界观、美育五项。前三项与尚武、尚实、尚公相等,而第四、第五两项却完全不同,以忠君与共和政体不合,尊孔与信仰自由相违,所以删去。至提出世界观教育,就是哲学的课程,意在兼采周秦诸子、印度哲学及欧洲哲学以打破二千年来墨守孔学的旧习。提出美育,因为美感是普遍性,可以破人我彼此的偏见;美感是超越性,可以破生死利害的顾忌,在教育上应特别注重。对于公民道德的纲领,揭法国革命时代所标举的自由、平等、友爱三项,用古义证明说:"自由者,'富贵不能淫,贫贱不能移,威武不能屈'是也;古者盖谓之义。平等者,'己所不欲,勿施于人'是也;古者盖谓之恕。友爱者,'己欲立而立人,己欲达而达人'是也;古者盖谓之仁。"

学部旧设普通教育、专门教育两司;改教育部后,我为提倡成人教育、补习教育起见,主张增设社会教育司。

我与次长范静生[25]君常持相对的循环论,范君说:"小学没有办好,怎么能有好中学? 中学没有办好,怎么能有好大学? 所以我们第一步,当先把小学整顿。"我说:"没有好大学,中学师资哪里来? 没有好中学,小学师资哪里来? 所以我们第一步,当先把大学整顿。"把两人的意见合起来,就是自小学以至大学,没有一方面不整顿。不过他的兴趣,偏于普通教育,就在普通教育上多参加一点意见。我的兴趣,偏于高等教育,就在高等教育上多参加一点意见罢了。

我那时候,鉴于各省所办的高等学堂,程度不齐,毕业生进大学时,甚感困难,改为大学预科,附属于大学。又鉴于高等师范学校的科学程度太低,规定逐渐停办;而中学师资,以大学毕业生再修教育学的充之。又以国立大学太少,规定于北京外,再在南京、汉口、成都、广州各设大学一所。后来我的朋友胡君适之等,对于停办各省高等学堂,发见一种缺点,就是每一省会,没有一种吸集学者的机关,使各省文化进步较缓。这个缺点,直到后来各省竞设大学时,才算补救过来。

清季的学制,于大学上,有一通儒院,为大学毕业生研究之所。我于大学令中改名为大学院,即在大学中,分设各种研究所。并规定大学高级生必须入所研究,俟所研究的问题解决后,始能毕业(此仿德国大学制)。但是各大学未能实行。

清季学制,大学中仿各国神学科的例,于文科外又设经科。我以为十四经[26]中,如《易》、《论语》、《孟子》等,已入哲学系;《诗》、《尔雅》,已入文学系;《尚书》、三《礼》、《大戴记》、春秋三《传》,已入史学系;无再设经科的必要,废止之。

我认大学为研究学理的机关,要偏重文理两科,所以于大学令中规定:设法商等科而不设文科者不得为大学;设医工农等科而不设理科者,亦不得为大学;但此制迄未实行。而我于任北大校长时,又觉得文理二科之划分,甚为勉强;一则科学中如地理、心理等等,兼涉文理;二则习文科者不可不兼习理科,习理科者不可不兼习文科。所以北大的编制,但分十四系,废止文理法等科别。

我五十一岁至五十八岁(民国六年至十二年),任国立北京大学校长。民国五年,我在法国,接教育部电,要我回国,任北大校长。我遂于冬间回来。到上海后,多数友人均劝不可就职,说北大腐败,恐整顿不了。也有少数劝驾的,说:腐败的总要有人去整顿,不妨试一试。我从少数友人的劝,往北京。

北京大学所以著名腐败的缘故,因初办时(称京师大学堂)设仕学、师范等馆,所收的学生,都是京官。后来虽逐渐演变,而官僚的习气,不能洗尽。学生对于专任教员,不甚欢迎,较为认真的,且被反对。独于行政、司法界官吏兼任的,特别欢迎;虽时时请假,年年发旧讲义,也不讨厌,因有此师生关系,毕业后可为奥援。所以学生于讲堂上领受讲义,及当学期、学年考试时要求题目范围特别预备外,对于学术,并没有何等兴会。讲堂以外,又没有高尚的娱乐与自动的组织,遂不得不于学校以外,竞为不正当的消遣。这就是著名腐败的总因。我于第一次对学生演说时,即揭破"大学学生,当以研究学术为天职,不当以大学为升官发财之阶梯"云云。于是广延积学与热心的教员,认真教授,以提起学生研究学问的兴会。并提倡进德会(此会为民国元年吴稚晖、李石曾、张溥泉、汪精卫诸君发起,有不赌、不嫖、不娶妾的三条基本戒,又有不作官吏、不作议员、不饮酒、不食肉、不吸烟的五条选认戒),以挽奔竞及游荡的旧习;助成体育会、音乐会、画法研究会、书法研究会,以供正当的消遣;助成消费公社、学生银行、校役夜班、平民学校、平民讲演团与《新潮》[27]等杂志,以发扬学生自动的精神,养成服务社会的能力。

北大的整顿,自文科起。旧教员中如沈尹默、沈兼士、钱玄同诸君,本已启革新的端绪;自陈独秀君来任学长,胡适之、刘半农、周豫才、周岂明诸君来任教员,而文学革命、思想自由的风气,遂大流行。理科自李仲揆[28]、丁巽甫[29]、王抚五[30]、颜任光[31]、李书华[32]诸君来任教授后,内容始以渐充实。北大旧日的法科,本最离奇,因本国尚无成文之公、私法,乃讲外国法,分为三组:一曰德、日法,习德文、日文的听讲;二曰英美法,习英文的听讲;三曰法国法,习法文的听讲。我深不以为然,主张授比较法,而那时教员中能授比较法的,止有王亮畴[33]、罗钧任[34]二君。二君均服务司法部,止能任讲师,不能任教授。所以通盘改革,甚为不易。直到王雪艇[35]、周鲠生[36]诸君来任教授后,始组成正式的法科,而学生亦渐去猎官的陋见,引起求学的兴会。

我对于各家学说,依各国大学通例,循思想自由原则,兼容并包。无论何种学派,苟其言之成理,持之有故,尚不达自然淘汰之运命,即使彼此相反,也听他们自由发展。例如陈君介石[37]、陈君汉章[38]一派的文史,与沈君尹默一派不同;黄君季刚一派的文学,又与胡君适之的一派不同;那时候各行其是,并不相妨。对于外国语,也力矫偏重英语的旧习,增设法、德、俄诸国文学系,即世界语亦列为选科。

那时候,受过中等教育的女生,有愿进大学的;各大学不敢提议于教育部。我说:一提议,必通不过。其实学制上并没有专收男生的明文;如招考时有女生来报名,可即著录;如考试及格,可准其就学。请从北大始。于是北大就首先兼收女生,各大学仿行,教育部也默许了。

我于民国十二年离北大,但尚居校长名义,由蒋君梦麟代理,直到十五年自欧洲归来,始完全脱离。

我六十一岁至六十二岁(十六年至十七年)任大学院院长。大学院的组织,与教育部大概相同,因李君石曾提议试行大学区制,选取此名。大学区的组织,是摹仿法国的。法国分全国为十六大学区,每区设一大学,区内各种教育事业,都由大学校长管理。这种制度优于省教育厅与市教育局的一点,就是大学有多数学者,多数设备,决非厅局所能及。我们为心醉合议制,还设有大学委员会,聘教育界先进吴稚晖、李石曾诸君为委员。由委员会决议,先在北平(包河北省)、江苏、浙江试办大学区。行了年余,常有反对的人,甚至疑命名"大学",有蔑视普通教育的趋势,提议于大学院外再设一教育部的。我遂自动的辞职,而政府也就改大学院为教育部;试办的三大学区,从此也取消了。

我在大学院的时候,请杨君杏佛[39]相助。我素来宽容而迂缓,杨君精悍而机警,正可以他之长补我之短。正与元年我在教育部时,请范君静生相助,我偏于理想,而范君注重实战,以他所长补我之短一样。

大学院时代,院中设国际出版品交换处,后来移交中央研究院,近年又移交中央图书馆。

大学院时代,设国立音乐学校于上海,请音乐专家萧君友梅为校长(第一年萧君谦让,由我居校长之名)。增设国立艺术学校[40]于杭州,请图画专家林君风眠[41]为校长。又计划第一次全国美术展览会,但此会开办时,我已离大学院了。

大学院时代,设特约著作员,聘国内在学术上有贡献而不兼有给职者充之,听其自由著作,每月酌送补助费。吴稚晖、李石曾、周豫才[42]诸君皆受聘。

我于六十一岁时,参加中央政治会议,曾与吴稚晖、李石曾、张静江诸君提议在首都、北平、浙江等处,设立研究院,通过。首都一院,由大学院筹办,名曰国立中央研究院。十七年开办,我以大学院院长兼任中央研究院院长。我离大学院后,专任研究院院长,与教育界虽非无间接的关系,但对于教育行政,不复参与了。

——选自中国蔡元培研究会编:《蔡元培全集(第八卷)》,浙江教育出版社 1997 年版,第 504—513 页。

[1] 李莼客,即李慈铭(1830—1894),号莼客,浙江会稽(今绍兴)人。清末文学家。光绪进士。钻研诗文,颇负盛名。著有杂剧《蓬莱驿》与《星秋梦》,另有《越缦堂日记》最为著称。

[2] 蒋梦麐,即蒋梦麟(1886—1964),字兆贤,号孟邹,浙江余姚人。对文学艺术、史学经学、文字训诂均有研究。著有《中国教育原理之研究》《过渡时代之思想与教育》《西潮·新潮》《梦麟文丛》《书

法探源》等。

[3] 杜亚泉(1873—1933),浙江山阴(今绍兴)人。初在绍兴中西学堂任教,后到上海任商务印书馆编译所理化部主任、《东方杂志》主编。

[4] 南洋公学,1896年盛宣怀奏请创办于上海。分设四院:师范院,即师范学堂;外院,即附属小学堂;中院,即两等学堂(中学堂);上院,即头等学堂(大学堂)。

[5] 沈子培,即沈曾植(1850—1922),字子培,浙江嘉兴人。清光绪进士。学识渊博,尤深于史学掌故。著有《海日楼文集》等。

[6] 赵仲宣,即赵从蕃,江西南丰人。

[7] 邵闻泰,即邵力子(1882—1967),原名闻泰,字仲辉,浙江绍兴人。近代教育家、政治家。清光绪举人。

[8] 王世澂,字莪孙,福建闽侯人,清朝及中华民国法学家。

[9] 胡仁源(1883—1942),字次珊,浙江吴兴(今湖州)人。南洋公学特班学生,1913年至1916年任北京大学工科学长(院长),并署理北大校长。

[10] 谢忱,即谢无量(1884—1964),原名蒙,字无量,别署啬庵。四川乐至人。

[11] 李同,即李叔同(1880—1942),名文涛,字息霜,号弘一。浙江平湖人。中国早期话剧活动家、音乐美术教育家。有《弘一法师文钞》等。

[12] 项骧(1880—1944),字伟人,浙江瑞安人。清末进士,后赴美国学习,归国后授翰林院编修。辛亥革命后,曾任北洋政府中国银行监督、财政部次长等职。著有《浴日楼诗文稿》《说关税》。

[13] 爱国学社,1902年夏,上海南洋公学压制学生言论自由,激起学潮,200多名学生愤而退学,中国教育会乃设立爱国学社,吸收退学学生。蔡元培为经理,吴稚晖任学监,章炳麟等任义务教员,实行学生自治。1903年因"苏报案",爱国学社被迫解散。

[14] 何海樵,即何海秋。1905年10月26日,由何海樵介绍,蔡元培加入了中国同盟会。

[15] 杨笃生,即杨守仁(1872—1911),原名毓麟,字笃生,湖南善化(今长沙)人。清光绪进士,后积极参加维新变法运动。1902年留学日本,与黄兴等创办了《游学译编》,后又写了《新湖南》一书,从事反清政府的革命宣传。1903年参加拒俄义勇队,组织暗杀团。1911年闻黄花岗之役失败,忧愤交加,赴利物浦投海自杀。

[16] 苏凤初,即苏鹏(1880—1953),字凤初,湖南娄底市新化县人。

[17] 章行严,即章士钊(1881—1973),字行严,湖南善化(今长沙)人。近代教育家、学者。

[18] 蒋观云,即蒋智由(1865—1929),字观云,号因明子,浙江诸暨人。甲午战争后,力言变法。1902年冬赴日本,任《新民丛报》主编。1907年参与发起组织政闻社,鼓吹君主立宪。曾参加"诗界革命",是新派诗的重要诗人。早期所作诗歌,内容多反对封建专制,颂扬西方民主,富有朝气。晚年寓居上海,诗作转向守旧。有《居东集》《蒋观云先生遗诗》。

[19] 乌目山僧,即黄宗仰(1865—1921),一名中央,别号乌目山僧,江苏常熟人。

[20] 王小徐,即王季同(1875—1948),字孟晋,号小徐。近代数学家、机电学家和佛学家。

[21] 钟宪鬯(chàng),即钟观光(1868—1940),字宪鬯,浙江镇海(今宁波市镇海区)人。近代植物学家。

[22] 蒋竹庄,即蒋维乔(1873—1958),字竹庄,号因是子,江苏武进(今常州)人。近现代教育家。

[23] 龚未生,即龚宝铨,字未生,号味荪,浙江秀水(今嘉兴)人。1902年赴日本留学,参加拒俄义勇队,回国后,进行反清活动,在上海组织暗杀团,与蔡元培等发起成立光复会,是该会的重要领导人之一,还先后介绍章太炎、徐锡麟等人入会。

[24] 徐紫虬、吴书箴,爱国女学初创时期教员,吴书箴曾兼庶务主任。

[25] 范静生,即范源廉(1875—1927),字静生,湖南湘阴人。近代教育家。早年就读于湖南长沙时务学堂。辛亥革命后,任教育部次长、总长,中华书局总编辑部部长。

[26] 十四经,蔡元培将"十三经"再加上《大戴记》,合称为"十四经"。

[27] 《新潮》,五四时期由北京大学师生创办的宣传新文化的著名刊物。主要编辑和撰稿人为傅斯年、罗家伦等。

[28] 李仲揆,即李四光(1889—1971),原名仲揆,湖北黄冈人。中国著名的地质学家。1920年曾在北京大学地质系任教。一直从事古生物学、冰川学及地质力学的研究和教学。

[29] 丁巽甫,即丁西林(1893—1974),原名燮林,字巽甫,江苏泰兴人。中国剧作家、物理学家。早年留学英国,回国后,任北京大学教授、中央研究院物理研究所所长等职。1949年后,任中国科协副主席、文化部副部长、对外文化联络委员会副主任等职。

[30] 王抚五,即王星拱(1888—1949),字抚五,安徽怀宁(今安庆)人。留学英国,回国后,任北京大学教授。1923年参加"科学与玄学"论战,以"科学万能"反对玄学。后任安徽大学校长、武汉大学副校长兼理学院院长、中山大学校长等职。著有《科学概论》等。

[31] 颜任光(1888—1968),又名嘉禄,字耀秋,广东崖州(今海南三亚)人。中国物理学家。历任北京大学、海南大学、光华大学教授。

[32] 李书华(1890—1979),河北昌黎人。早年赴法留学,回国后,任北京大学物理系教授、主任。1929年任北平研究院副院长。1931—1932年任南京国民政府教育部政务次长、部长,1943年任中央研究院总干事等职。著有《原子论》等。

[33] 王亮畴,即王宠惠(1881—1958),字亮畴,广东东莞人。1900年毕业于天津中西学堂(北洋大学前身),次年留学日本,转学美国,入耶鲁大学,获法学博士。回国后,任南京临时政府外交总长,北洋政府司法总长、大理院院长。1927年后又任南京国民党政府司法部部长、外交部部长、代理行政院院长等职。今辑有《王宠惠先生文集》。

[34] 罗钧任,即罗文干(1888—1941),字钧任,广东番禺人。

[35] 王雪艇,即王世杰(1891—1981),字雪艇,湖北崇阳人。1913年赴英、法留学,回国后任北京大学教授。1929年任武汉大学校长,后又历任国民党政府法制局局长、教育部部长、外交部部长等

职。1949 年去台湾后,任"总统府"秘书长、"行政院"政务委员等职。著有《比较宪法》等。

[36] 周鲠生(1889—1971),湖南长沙人。国际法学家。早年留学日本。1913 年后,又留学英、法。1921 年回国后,从事国际法和外交史的研究,任北京大学教授。后曾任武汉大学校长。1949 年后,续任武汉大学校长,并任外交学会副会长等职。著有《国际法》《国际法大纲》等。

[37] 陈君介石,即陈黻宸(1859—1917),字介石,浙江瑞安人。光绪进士。京师大学堂教习。辛亥革命后,任国会众议院议员,北京大学文科教授。其著作汇编为《陈黻宸集》。

[38] 陈君汉章,即陈汉章(1863—1938),浙江象山人。清末举人。1913 年任北京大学文科教授兼哲学、国文二门研究所教员,后任中央大学史学系教授兼主任。学识渊博,有"浙江名儒"之称。其著作汇编为《陈汉章全集》。

[39] 杨君杏佛,即杨杏佛(1893—1933),名铨,江西清江(今樟树)人。著有《杨杏佛文存》《杨杏佛讲演集》等。

[40] 国立艺术学校,1928 年春创办于杭州,初名国立艺术院。翌年改名国立杭州艺术专科学校。首任校长林风眠。抗日战争爆发后,迁往贵溪、沅陵,与国立北平艺专合并为国立艺术专科学校。后又迁昆明、壁山、重庆。1945 年夏迁回杭州复校。1950 年改名中央美术学院华东分院,1958 年恢复独立建制,易名浙江美术学院,1993 年改为中国美术学院。

[41] 林君风眠,即林风眠(1900—1991),画家、美术教育家。曾任国立杭州艺术专科学校校长。

[42] 周豫才,即鲁迅(1881—1936),原名周樟寿,字豫才,后改名周树人,笔名鲁迅,浙江绍兴人。现代文学家、思想家、革命家。

【解读】

在本文中,蔡元培叙述了自己 6—62 岁从受教育者到教育者的经历。简单来说,可以从以下四个阶段来把握蔡元培教育思想和实践的发展历程。

第一阶段(6—19 岁),接受私塾教育,后来又担任塾师。这一阶段的受教育和教育经历尽管与蔡元培后来的教育思想和实践存在很大差异甚至冲突,却为他后来深刻认识传统教育的弊端,运用西方现代教育理念推进教育的各项改革奠定了基础。

第二阶段(32—45 岁),主要从事教育和革命活动,寓革命于教育。蔡元培 32 岁时担任绍兴中西学堂监督,这是他服务新式学校的开端。1901 年任上海南洋公学特班教习,1902 年组织爱国学社和爱国女校,1904 年担任爱国女校的经理,这些经历使蔡元培对教育有了比较全面的认识。也正是在此阶段(36 岁以后),蔡元培决意参加革命,并加入同盟会。1906 年任北京译学馆教习后不久,蔡元培于 1907 年远赴德国莱比锡大学学习,研究心理学、美术、文学、哲学、人类学等,深受德国古典哲学的影响,这可以说为蔡元培教育思想的形成奠定了理论上的基础。

第三阶段(46—58 岁),担任南京临时政府教育总长和北京大学校长,其间组织并参与了多项重要的教育改革。比如,46 岁担任教育总长时,对晚清学部"忠君、尊孔、尚公、尚武、尚实"的教育宗旨加以修正,改为军国民教育、实利主义教育、公民道德教育、世界观教育、美育五育并举的教育方针。他还对教育机构、学制等提出了许多改革建议并付诸实施。蔡元培 51—58 岁在担任北京大学校长期间,对北大的学生、教师、科系等进行了全面整顿。针对北大的腐败,他认为"大学者,研究高深学问者也",指出"大学学生,当以研究学术为天职,不当以大学为升官发财之阶梯"。根据大学思想自由、兼容并包的原则,蔡元培广聘学有造诣的专家学者,特别是聘请了当时具有进步思想的一批学者,充实教师队伍,使北大一时成为新思想、新文化的策源地。他还主张男女同校,并在北京大学招收了我国第一批女大学生。所有这些改革,革除了传统教育的诸多弊端,适应了近代教育发展的潮流,为近代中国教育的发展作出了很大的贡献。这一时期也是蔡元培教育思想的成熟期,形成了他在当时很具代表性的教育理论体系。

第四阶段(61—62 岁),担任大学院院长和中央研究院院长。蔡元培模仿法国的教育制度,提倡大学区制,设立大学委员会,并在北平、江苏、浙江试办大学区。大学区制尽管并不成功,但蔡元培在教育上不断改革的精神还是令人钦敬的。他在此期间还组织成立了国际出版品交换处、国立音乐学校、国立艺术学校等,这些也反映了他一贯重视兼容并包及重视美育的教育思想。

在本文中,蔡元培详细记述了自己 50 余年的教育经历,介绍了他的教育旨趣及其施行的教育改革。这些叙述包含了作者关于教育方针、高等教育、普通教育、职业教育、美育、女子教育等多个领域的独到见解和主张,从中也可以看到一位大教育家的成长之路。

(杨云兰)

梁启超(1873—1929),字卓如,号任公,又号饮冰室主人,广东新会(今江门市新会区)人。近代史学家、教育家。一生著作颇丰,涉及政治、经济、哲学、历史、语言、宗教等,由其弟子汇编为《饮冰室合集》,今辑有《梁启超全集》。

与林迪臣太守论浙中学堂课程应提倡实学书

【题解】

这是梁启超写给杭州知府林启的一封信。林启(1839—1900),字迪臣,福建侯官(今福州)人。1896 年春调任杭州知府,受命查办普慈寺案件。结案后,林启向巡抚廖寿丰请示,建议用原来的寺庙房舍兴建学堂。经批准后第二年正月就在寺庙内设立了学堂,名为"求是书院"。巡抚廖寿丰还任命林启为总办,负责规划学堂的各种事务,包括制订学堂章程、延聘学堂教习等。学堂招生 30 名,定于当年 5 月 21 日开学,此事廖寿丰专门写了奏折禀报朝廷,该折曾转载于《实学报》和《万国公报》。本文当是梁启超读了该折后写的,反映了其关于教学内容的主张,主要涉及中学与西学、政学与艺学的关系问题。

【原文】

顷阅各报,知浙中学堂已有成议,大吏委公总司厥事,无任忭喜。军事既定,庙谟谆谆,野议缤缤,则咸以振兴学校为第一义。各省州县颇有提倡,而省会未或闻焉,浙中此举,实他日群学之权舆[1]也。

启超窃以为此后之中国,风气渐开,议论渐变,非西学不兴之为患,而中学将亡之为患,至其存亡绝续[2]之权则在于学校。昔之蔽也,在中学与西学分而为二,学者一身不能相兼。彼三十年来之同文馆、方言馆、武备学堂等,其创立之意,非不欲储非常之才以为国用也,然其收效乃仅若是。今之抵掌鼓舌以言学校者[3],则莫不知前此诸馆之法之未为善矣,而要彼今日之所立法,其他日成就有以异于前此诸馆之为乎。则非启超之所敢言也。

启超谓今日之学校,当以政学为主义,以艺学为附庸。政学之成较易,艺学之成较难;政学之用较广,艺学之用较狭。使其国有政才而无艺才也,则行政之人,振兴艺事，直易易耳。即不尔，而借材异地，用客卿而操纵之，无所不可也。使其国有艺才而无政才也，则绝技虽多，执政者不知所以用之，其终也必为他人所用。今之中国，其习专门之业稍有成就者，固不乏人，独其讲求古今中外治天下之道，深知其意者，盖不多见：此所以虽有一二艺才而卒无用也。

中国旧学，考据、掌故、词章为三大宗。启超窃尝见侪辈之中，同一旧学也，其偏重于考据、词章者，则其变而维新也极难。其偏重于掌故者，则其变而维新也极易。盖其人既以掌故为学，必其素有治天下之心，于历代治乱兴亡、沿革得失所以然之故，日往来于胸中。既遍思旧法，何者可以治今日之天下？何者不可以治今日之天下？抉择既熟，图穷匕见[4]，乃幡然知泰西之法，确有可采，故其转圜之间廓如也。

彼夫西人之著书为我借箸[5]者，与今世所谓洋务中人介于达官市侩之间而日日攘臂谭新法者，其于西政非不少有所知也；而于吾中国之情势政俗，未尝通习，则其言也，必窒碍不可行：非不可行也，行之而不知其本，不以其道也。于是有志经世者，或取其言而试行之，一行而不效，则反以为新法之罪：近今之大局，未始不坏于此也。故今日欲储人才，必以通习中国掌故之学，知其所以然之故，而参合之于西政，以求致用者为第一等。

泰西诸国，首重政治学院。其为学也，以公理公法为经，以希腊、罗马古史为纬，以近政近事为用，其学成者授之以政，此为立国基第一义。日本效之，变法则独先学校，学校则独重政治，此所以不三十年而崛起于东瀛也。

启超自顷入鄂，则请南皮[6]易两湖书院专课政学，以六经诸子为经，而以西人公理公法之书辅之，以求治天下之道；以历朝掌故为纬，而以希腊、罗马古史辅之，以求古人治天下之法；以按切当今时势为用，而以各国近政近事辅之，以求治今日之天下所当有事。苟由此道，得师而教之，五年之间，可以大成，则真国家有用之才也。今以为浙中学堂宜仿此意，即未能专示以所重，亦当中西兼举，政艺并进，然后本末体用之间，不至有所偏丧。

彼乎同文、方言诸馆者，其中亦未尝无中学教习也，未尝不课以诵经书作策论也，而其学生皆如未尝受中学然者，彼其教习固半属此间至庸极陋之学究，于中学之书，原一无所闻，其将以何术传诸其徒也？学生既于中学精深通达之处，未尝少有所受,则其所诵经书,只能谓之认字;其所课策论,只能谓之习文法,而绝不能谓之中学。故其成就一无可观也。故今日欲兴学校,苟不力矫此弊,则虽糜巨万之经费,只为洋人广蓄买办之才。十余年后,必有达识之士以学堂为诟病者,此不可不慎也。

为今之计,能聘一通古今、达中西之大儒为总教习、驻院教授,此上策也。其不能也,则窃见尊拟章程中有诸生各设日课部一条,苟能以《周礼》《公羊》《孟子》《管子》《史记》《文献通考》、全史书志等,及近译西人政学略精之书数种,列为定课,使诸生日必读若干页,以今日新法证群书古义,而详论其变通之由与推行之道,其有议论,悉扎识于日课中,而请通人评骘[7]之。或每月更设月课,其题多用策问体,常举政学之理法以叩之,俾启其心思,广其才识,则其所得亦庶几也。浙中此举,为提倡实学之先声,一切章程,他日诸省所借以损益也,惟公留意焉。启超稚龄寡学,于一切门径条理,岂有所知? 顾承见爱,相待逾恒,故不避唐突,薄有所见,辄贡之于左右,想公达人,必不诃其多言也。

——选自梁启超著:《饮冰室合集·文集·第三册》,中华书局 2015 年版,第 2—4 页。

【注释】

[1] 权舆,草木萌芽新生。引申为起始、初时。

[2] 存亡绝续,继续生存或者灭亡。形容态势十分危急。

[3] 抵掌,击掌。一说犹据掌,即以一手覆按另一手的手掌。鼓舌,掉弄舌头,谓诡辞逞辩。

[4] “图穷匕见”,见《战国策·燕策三》。比喻事情发展到最后,真相或本意就会完全显露出来。

[5] 借箸,比喻代人策划。《汉书·张陈王周传》:“请借前箸以筹之。”箸,筷子。筹,策划。

[6] 南皮,即张之洞,因他为直隶南皮(今属河北)人,故称。

[7] 评骘,评定。骘,音 zhì。

【解读】

在如何处理中学与西学、“西政”与“西艺”的关系上,梁启超主张中西兼举,政艺并进,但他又非常强调政学的重要性,认为“今日之学校,当以政学为主义,以艺学为附庸”。这充分体现了梁启超的政治主张,即为了变法图强,必须大力培养治国安邦的政治人才。他还认为,政学既要学习西方先进的政治体制,也要了解中国政治的传统与现实。信中所谓“故今日欲储人才,必以通习中国掌故之学,知其所以然之故，而参合之于西政，以求致用者为第一等"，无非是希望能培养出学贯中西、学以致用的第一流人才，这样变法才能顺利进行。在这种思想指导下，梁启超还精心设计了政学的课程内容，即"以六经诸子为经，而以西人公理公法之书辅之，以求治天下之道；以历朝掌故为纬，而以希腊、罗马古史辅之，以求古人治天下之法；以按切当今时势为用，而以各国近政近事辅之，以求治今日之天下所当有事"。他建议"浙中学堂宜仿此意，即未能专示以所重，亦当中西兼举，政艺并进，然后本末体用之间，不至有所偏衷"。

梁启超在本文中批评了洋务学堂的中学教育，认为那里的教习大多数属于"至庸极陋之学究"，对中国的传统典籍知道得并不多，根本没资格开馆授徒。在这样的教师教导下，学生只能学一点皮毛知识，死记硬背几本经书，只能算是认字；所写的策论，只能算是练习写诗作文的方法而已，这种学问，到头来根本不能叫"中学"；甚至花费了大量经费，结果却只是替洋人培植了大批买办人才。而要想纠正上述洋务教育的诸种弊端，梁启超认为最好的办法就是"聘一通古今、达中西之大儒为总教习、驻院教授"。若不能实现，还可以安排中西课程，选择一些中西方政学方面比较好的书作为指定课程，同时改变教学方法，让学生每天都坚持读若干页这样的书籍，并能够用当时的现实问题参证书上的道理，对照书中的内容，在每天的课堂上展开讨论，并请学识渊博的人加以评述，从而"启其心思，广其才识"。

梁启超提倡中西学兼取，重视政学，其最终目的是"致用"，以服从和服务于维新变法的政治需要，其要旨无非是借西方近代民主政治以审视中国封建专制统治，培育符合资产阶级利益的维新政治人才。这封信充分反映了梁启超教育救国的思想，他十分重视教育的政治功能，迫切希望通过教育改革以达到政治变革。

学校总论

【题解】 面对晚清社会的内忧外患，出于救亡图存的目的，梁启超等有识之士极力要求统治者图强自立、主动变法。《变法通议》即反映了梁启超在政治上的主张和理想。正如他所说，此书是为"批评秕政"，并为"救弊"而写的。在书中，他针对当时中国的落后状况，提出了一系列变法改革的主张。他认为教育改革是其他各项改革的基础，指出无论练兵、开矿、通商等一系列改革，都离不开兴学育才的教育改革；而教育改革成功与否，则与现行官制改革能否积极配合密切相关。"变法之本，在育人才；人才之兴，在开学校；学校之立，在变科举；而一切要其大成，在变官制。"具体来说，在教育上，他提出培养人才的主要办法是改变八股取士的科举制，学习西方资本主义国家的学校制度，特别要注重师范教育、女子教育、儿童教育。本文选自《变法通议》，提出了如何实施学校教育的意见和要求，充分体现了梁启超兴办学校的主张，同时也是其政治主张在教育上的反映。

【原文】

吾闻之《春秋》三世之义[1]，据乱世以力胜，升平世智、力互相胜，太平世以智胜。草昧伊始，蹄迹交于中国，鸟兽之害未消，营窟悬巢，乃克相保，力之强也。顾人虽文弱，无羽毛之饰，爪牙之卫，而卒能槛縶兕[2]、虎，驾役驼、象，智之强也。数千年来，蒙古之种，回回之裔，以虏掠为功，以屠杀为乐，屡蹂各国，几一寰宇，力之强也。近百年间，欧罗巴[3]之众，高加索之族，借制器以灭国，借通商以辟地，于是全球十九，归其统辖，智之强也。世界之运，由乱而进于平；胜败之原，由力而趋于智。故言自强于今日，以开民智为第一义。

智恶乎开，开于学；学恶乎立，立于教。学校之制，惟吾三代为最备：家有塾，党[4]有庠，术[5]有序，国有学，立学之等也；八岁入小学，十五而就大学，入学之年也；六年教之数与方名，九年教之数日，十年学书计，十有三年学乐诵《诗》，成童学射御，二十学礼，受学之序也[6]；比年入学，中年考校，以离经辨志为始事，以知类通达为大成[7]，课学之程也。《大学》一篇，言大学堂之事也；《弟子职》一篇，言小学堂之事也；《内则》一篇，言女学堂之事也；《学记》一篇，言师范学堂之事也。《管子》言农、工、商，群萃而州处，相语以事，相示以功，故其父兄之教不肃而成，其子弟之学不劳而能[8]，是农学、工学、商学，皆有学堂也。孔子言以不教战，是谓弃民[9]。晋文[10]始入而教其民，三年而后用之；越王栖于会稽，教训十年[11]，是兵学有学堂也。其有专务他业，不能就学者，犹以十月事讫，使父老教于校室（见《公羊传·宣十五年》注）；有不帅教者，乡官简而以告，其视之重而督之严也如此。故使一国之内，无一人不受教，无一人不知学。《兔罝》[12]之野人，可以备干城；《小戎》之女子，可以敌王忾[13]；贩牛之郑商，可以退敌师[14]；斫轮之齐工，可以语治道[15]；听舆人之诵，可以定霸[16]；采乡校之议，可以闻政[17]。举国之人，与国为体，填城溢野，无非人才。所谓以天下之目视，以天下之耳听，以天下之虑虑，三代盛强，盖以此也。

　　马贵与[18]曰:"古者户口少而才智之民多,今户口多而才智之民少。"余悲其言。虽然,盖有由也。先王欲其民智,后世欲其民愚。天下既定,敌国外患既息,其所虑者,草泽之豪杰,乘时而起,与议论之士,援古义以非时政也。于是乎为道以钤制之。国有大学,省有学院,郡县有学官,考其名犹夫古人也,视其法犹夫古人也,而问其所以为教,则曰制义也,诗赋也,楷法也,不必读书通古今而亦能之,则中材以下,求读书、求通古今者希矣。非此一途不能自进,则奇才异能之士,不得不辍其所学,以俯焉而从事矣。其取之也无定,其得之也甚难,则倜傥之才,必有十年不第,穷愁感叹,销磨其才气,而无复余力以成其学矣。如是则豪杰与议论之士必少,而于驯治天下也甚易。故秦始皇之燔诗书[19],明太祖之设制艺[20],遥遥两心,千载同揆[21],皆所以愚黔首[22],重君权,驭一统之天下,弭内乱之道,未有善于此者也。譬之居室,虑其僮仆,窃其宝货,束而缚之,置彼严室,加扃镭[23]焉,则可以高枕而卧,无损其秋毫矣;独惜强寇忽至,入门无门,入闺无闺,悉索所有,席卷以行,而受缚之人,徒相对咋舌,见其主之难,而无以为救也。

　　凡国之民,都为五等:曰士,曰农,曰工,曰商,曰兵。士者学子之称,夫人而知也。然农有农之士,工有工之士,商有商之士,兵有兵之士。农而不士,故美国每年农产值银三千一百兆两,俄国值二千二百兆两,法国值一千八百兆两,而中国只值三百兆两。工而不士,故美国每自创新艺,报官领照者,二万二百十事,法国七千三百事,英国六千九百事,而中国无闻焉。商而不士,故英国商务价值二千七百四十兆两,德国一千二百九十六兆两,法国一千一百七十六兆两,而中国仅二百十七兆两。兵而不士,故去岁之役[24],水师军船九十六艘,如无一船;榆关防守兵几三百营,如无一兵。今夫有四者之名,无士之实,则其害且至于此。矧[25]于士而不士,聚千百帖括、卷折、考据、词章之辈,于历代掌故,瞠然未有所见,于万国形势,瞢然[26]未有所闻者,而欲与之共天下,任庶官,行新政,御外侮,其可得乎?

　　今之言治国者,必曰仿效西法,力图富强,斯固然也。虽然,非其人莫能举也。今以有约之国十有六,依西人例,每国命一使;今之周知四国,娴于辞令,能任使才者,几何人矣?欧、美、澳洲,日、印、缅、越、南洋诸岛,其有中国人民侨寓之地,不下四百所,今之熟悉商务,明察土宜,才任领事者,几何人矣?教案、界务、商务,纷纷屡起,今之达彝[27]情,明公法,熟约章,能任总署章京、各省洋务局者,几何人矣?

泰西大国常兵皆数十万,战时可调至数百万,中国之大,练兵最少亦当及五十万,为千营,每营营哨官六员,今之习于地图,晓畅军事,才任偏裨者,几何人矣?娴练兵法,谙习营制,能总大众,遇大敌,才任统帅者,几何人矣?中国若整顿海军,但求与日本相敌,亦须有兵船百四十余艘,今之深谙海战,能任水弁者,几何人矣?久历风涛,熟悉沙线,堪胜船主、大副、二副者,几何人矣?陆军每营,水师每船,皆需医师二三人,今之练习医理,精达伤科,才任军医者,几何人矣?每造铁路,十英里需用上等工匠二员,次等六十员,今之明于机器,习于工程学,才任工师者,几何人矣?中国矿产,封镉千年,得旨开采,设局渐多,今之能察矿苗,化分矿质,才任卝人^[28]者,几何人矣?各省议设商务局以保利权,今之明商理,习商情,才任商董者,几何人矣?能制造器械,乃能致强,能制造货物,乃能致富,今之创新法,出新制,足以方驾彼族,衣被天下者,几何人矣?坐是之故,往往有一切新法,尽美尽善,人人皆知,而议论数十年,不能举行者,苟漫然举之,则偾辙立见,卒为沮抑新法者所诟詈,其稍有成效之一二事,则任用洋员者也。而轮船招商局、开平矿局、汉阳铁厂之类,每年开销之数,洋人薪水,几及其半。海关厘税^[29],岁入三千万,为国饷源,而听彼族盘踞,数十年不能取代。即此数端论之,任用洋员之明效,大略可睹矣。然犹幸而借此以成就一二事,若决然舍旃^[30],则将并此一二事者而亦无之。呜呼!同是圆颅方趾,戴天履地,而必事事俯首拱手,待命他人,岂不可为长太息矣乎!

若夫四海之大,学子之众,其一二识时之彦,有志之士,欲矢志独学,求中外之故,成一家之言者,盖有人矣。然不通西文,则非已译之书不能读,其难成一也。格致^[31]诸学,皆借仪器,苟非素封,末由购置,其难成二也。增广学识,尤借游历,寻常寒士,安能远游,其难成三也。一切实学,如水师必出海操练,矿学必入山察勘,非借官力不能独行,其难成四也。国家既不以此取士,学成亦无所用,犹不足以赡妻子,免饥寒,故每至半途,废然而返,其难成五也。此所以通商数十年,而士之无所凭借,能卓然成异材为国家用者,殆几绝也。此又马贵与所谓姑选其能者,而无能之人,则听其自为不肖而已。姑进其用者,而未用之人,则听其自为不遇而已。豚蹄满篝之祝^[32],旁观犹以为笑,况复束缚之,驰骤之,销磨而钤制之,一旦有事,乃欲以多材望天下,安可得耶?安可得耶?

然犹曰洋务为然也。若夫内外各官,天子所以共天下也;而今日之士,他日之官也，问国之大学，省之学院，郡县之学官，及其所至之书院，有以历代政术为教者乎？无有也。有以本朝掌故为教者乎？无有也。有以天下郡国利病为教者乎？无有也。当其学也，未尝为居官之地，其得官也，则当尽弃其昔者之所学，而从事于所未学。《传》[33]曰："吾闻学而后入政，未闻以政学者也。"以政学犹且不可，况今之既入官而仍读书者，能有几人也。以故一切公事，受成于胥吏之手，六部书办，督抚幕客，州县房科，上下其手，持其短长，官无如何也。何以故？胥吏学之，而官未学也。遂使全局糜烂，成一吏例利之天下，祸中腹心，疾不可为。是故西学之学校不兴，其害小；中学之学校不兴，其害大。西学不兴，其一二浅末之新法，犹能任洋员以举之；中学不兴，宁能尽各部之堂司，各省之长属，而概用洋员以承其乏也？此则可为流涕者也。

不宁惟是。中国孔子之教，历数千载，受教之人，号称四百兆，未为少也。然而妇女不读书，去其半矣；农、工、商、兵不知学，去其十之八九矣；自余一二占毕呫嗫[34]以从事于四书、五经者，彼其用心，则为考试之题目耳，制艺之取材耳，于经无与也，于教无与也；其有通人志士，或笺注校勘，效忠于许、郑[35]，或束身自爱，归命于程、朱[36]，然于古人之微言大义，所谓诵《诗》三百可以授政，《春秋》经世先王之志者，盖寡能留意，则亦不过学其所学，于经仍无与也，于教仍无与也。故号为受教者四万万人，而究其实能有几人，则非吾之所敢言也。故吾尝谓今日之天下，幸而犹以经义取士耳，否则读吾教之经者，殆几绝也。此言似过，然有铁证焉。彼《礼经》十七篇，孔子之所雅言，今试问缀学之子，能诵其文言其义者，几何人也？何也？科举所不用也。然则堂堂大教，乃反借此疲敝之科举以图存。夫借科举之所存者，其与亡也相去几何矣？而况今日之科举，其势必不能久。吾向者所谓变亦变，不变亦变，与其待他人之变，而一切澌灭以至于尽，则何如吾自变之，而尚可以存其一二也。《记》曰："下无学，贼民兴，丧无日矣。"《传》曰："《小雅》尽废，则四夷交侵，而中国微。"怃我儒教，爰自东京，即已不竞。晋、宋之间陷于老[37]，隋、唐以来沦于佛，外教一入，立见侵夺，况于彼教之徒，强聒不舍，挟以国力，奇悍无伦。今吾盖见通商各岸之商贾，西文学堂之人士，攘臂弄舌，动曰四书、六经为无用之物，而教士之著书发论，亦侃侃言曰：中国之衰弱，由于教之未善。夫以今日帖括家之所谓经，与考据家之所谓经，虽圣人复起，不能谓其非无用也，则恶能禁人之不轻薄之而遗弃之也！故准此不变，吾恐二十年以后，孔子之教，将绝于天壤，此则可为痛哭者也。

亡而存之，废而举之，愚而智之，弱而强之，条理万端，皆归本于学校。西人学校之等差、之名号、之章程、之功课，彼士所著《德国学校》《七国新学备要》《文学兴国策》等书，类能言之，无取吾言也。吾所欲言者，采西人之意，行中国之法；采西人之法，行中国之意。其总纲三：一曰教，二曰政，三曰艺。其分目十有八：一曰学堂，二曰科举，三曰师范，四曰专门，五曰幼学，六曰女学，七曰藏书，八曰纂书，九曰译书，十曰文字，十一曰藏器，十二曰报馆，十三曰学会，十四曰教会，十五曰游历，十六曰义塾，十七曰训废疾，十八曰训罪人（所拟章程，皆附于各篇之后）。

今之同文馆[38]、广方言馆[39]、水师学堂、武备学堂、自强学堂、实学馆之类，其不能得异才何也？言艺之事多，言政与教之事少。其所谓艺者，又不过语言文字之浅，兵学之末，不务其大，不揣其本，即尽其道，所成已无几矣。又其受病之根有三：一曰科举之制不改，就学乏才也；二曰师范学堂不立，教习非人也；三曰专门之业不分，致精无自也。故此中人士，阁束六经，吐弃群籍，于中国旧学，既一切不问，而叩以西人富强之本，制作之精，亦罕有能言之而能效之者。昔尝戏言，古人所患者，离乎夷狄，而未合乎中国。今之所患者，离乎中国，而未合乎夷狄。推其成就之所至，能任象鞮[40]之事，已为上才矣。其次者乃适足为洋行买办冈必达[41]之用，其有一二卓然成就，达于中外之故，可备国家之任者，必其人之聪明才力，能借他端以自精进，而非此诸馆、诸学堂之为功也。夫国家之设学，欲养人才以共天下，而其上才者仅如此，次下者乃如彼，此必非朝廷作人之初意也。今朝士言论，汲汲然以储才为急者，盖不乏人。学校萌芽，殆自兹矣。其亦有洞澈病根之所在，而于此三端者少为留意也乎。

抑今学校之议不行，又有由也。经费甚巨，而筹措颇难，虽知其急，莫克任也。今夫农之治畴也，逾春涉夏，以粪以溉，称贷苦辛，无或辞者，以为非如是则秋成无望也。中人之家，犹且节衣缩食以教子弟，冀其成就，光大门闾。今国家而不欲自强则已，苟欲自强，则悠悠万事，惟此为大，虽百举未遑，犹先图之。吾闻泰西诸大国学校之费，其多者八千七百余万，其少者亦八百万（小学堂费，英国每年三千三百万元，法国一千四百万元，德国三千四百万元，俄国五百万元，美国八千四百万元。

中学、大学共费，英国每年八百六十万元，法国三千万元，德国二百万元，俄国四百余万元，美国三百余万元）。日本区区三岛，而每年所费，亦至八九百万。人之谋国者，岂其不思撙节之义，而甘掷黄金于虚牝[42]乎？彼日人二十年兴学之费，取偿于吾之一战而有余矣，使吾向者举其所谓二万万而百分之，取其一二以兴群学，则二十年间，人才大成，去年之役，宁有是乎？呜呼！前事不忘，后事之师。及今不图，恐他日之患，其数倍于今之所谓二万万者，未有已时。迨痛创复至，而始悔今之为误，又奚及乎？今不惜糜重帑以治海军，而不肯舍薄费以营学校，重其所轻，而轻其所重。譬之孺子，怀果与金示之，则弃金而取果；譬之野人，持寸珠与百钱示之，则遗珠而攫钱。徒知敌人胜我之具，而不知所以胜之具，旷日穷力，以从事于目前之所见，而蔽于其所未见，究其归宿，一无所成，此其智视孺子、野人何如矣？

西人之策中国者，以西国之人数与中国之人数为比例，而算其应有之学生，与其学校之费。谓小学之生，宜有四千万人，每年宜费二万二千六百万元；中学之生，宜有一百十八万四千余人，每年宜费五千九百万余元；大学之生，宜有十六万五千余人，每年宜费七千一百万余元。今不敢为大言，请如西人百分之一，则亦当有小学生四十万人，中学生一万一千八百四十人，大学生一千八百五十余人，每年当费三百五十六万元。中国房屋衣食等费，视西人仅三之一，则每年不过一百余万元耳。犹有一义于此，中国科第之荣，奔走天下久矣。制艺楷法，未尝有人奖励而驱策之，而趋者若鹜，利禄之路然也。今创办之始，或经费未充，但使能改科举，归于学校，以号召天下，学中惟定功课，不给膏火，天下豪杰之士，其群集而俛焉从事者，必不乏人。如是则经费又可省三之一，岁费七十余万足矣。而学中所成之人材，即以拔十得五计之，十年之后，大学生之成就者，已可得八千人，用以布列上下，更新百度，沛然有余矣。夫以日本之小，每年此费，尚至八九百万，而谓堂堂中国，欲得如日本十二分一之费，而忧其无所出邪，必不然矣。

——选自梁启超著：《饮冰室合集·文集·第一册》，中华书局2015年版，第14—21页。

【注释】

[1] 三世之义，儒家公羊学派对历史所划分的三个演变阶段，即据乱世、升平世和太平世，是一种历史演变思想。

［2］兕,音 sì,古代犀牛一类的兽名。皮厚,用以制甲。

［3］欧罗巴,指欧洲。

［4］党,古代民户编制,五百家为党。

［5］术,古代城邑中的道路。

［6］这是《礼记·内则》所记载的先秦时期小学教育的学习次序。方名,即四方之名,指辨识方向。数
日,即朔望与六甲。书记,应为书计,谓书写和算数。

［7］"比年入学,中年考校,以离经辨志为始事,以知类通达为大成",语出《礼记·学记》。离经,分析
经书的章节,读断文句。辨志,辨明志趣。知类,懂得事物间的关系,能进行类推、比较。

［8］"农、工、商,群萃而州处,相语以事,相示以功,故其父兄之教不肃而成,其子弟之学不劳而能",语
出《管子·小匡》。《管子》,战国时齐稷下学者托名管仲所作。内容庞杂,包含道、名、法等思想
以及天文、历数、舆地、经济和农业等知识。

［9］"以不教战,是谓弃民",见《论语·子路》:"以不教民战,是谓弃之。"

［10］晋文,即晋文公(前 697 或前 671—前 628),名重耳,春秋时晋国君。晋献公之子,前 636—前 628
年在位。曾被驱逐出奔在外 19 年。后在位时,改革内政,整军经武,教化人民,终成霸业。

［11］"越王栖于会稽,教训十年",指越王勾践卧薪尝胆之事。吴越争雄,越被吴击败。勾践忍辱负重,
任用文种、范蠡,十年生聚,十年教训,终于灭吴。

［12］兔罝,《诗·周南》篇名。兔罝,捕虎的网。兔,即"菟"的假借字,周代楚人将老虎称为"乌菟"。
罝,音 jū,即网。后人或以为系赞美武士能得公侯信任,可以捍卫内外。一说诗人写卫士扈从游
猎,见英杰之士,均属公侯之选,知国家必将昌盛。

［13］"《小戎》之女子,可以敌王忾",见《诗·国风·小戎》:"小戎,美襄公也。备其兵甲,以讨西戎。西
戎方强,而征伐不休,国人则矜其车甲,妇人能闵其君子焉。"

［14］"贩牛之郑商,可以退敌师",指弦高犒师事,见《左传·僖公三十三年》。弦高,春秋时郑商人,郑
穆公元年(前 627 年),路过滑国(今河南偃师东南),遇见偷袭郑国的秦军,他便假托穆公之命以
四张熟牛皮及十二头牛犒劳,表明郑已知秦军动向,并派人回郑告急。秦将孟明以为郑国已有准
备,即退兵。

［15］"斫轮之齐工,可以语治道",见《庄子·天道》:"桓公读书于堂上,轮扁斫轮于堂下。"

［16］"听舆人之诵,可以定霸",见《左传·僖公二十八年》:"夏四月戊辰,晋侯、宋公、齐国归父、崔夭、
秦小子慭次于城濮。楚师背郑而舍,晋侯患之,听舆人之诵,曰:'原田每每,舍其旧而新是谋。'公
疑焉。子犯曰:'战也。战而捷,必得诸侯。若其不捷,表里山河,必无害也。'"晋侯,即晋文公。
舆人,众人。

［17］"采乡校之议,可以闻政",见《左传·襄公三十一年》:"郑人游于乡校,以论执政,然明谓子产曰:
'毁乡校,何如?'子产曰:'何为? 夫人朝夕退而游焉,以议执政之善否。其所善者,吾则行之。其
所恶者,吾则改之。是吾师也,若之何毁之? 我闻忠善以损怨,不闻作威以防怨。岂不遽止? 然

犹防川,大决所犯,伤人必多,吾不克救也。不如小决使道,不如吾闻而药之也。'"

[18] 马贵与,即马端临(约1254—1323),字贵与,饶州乐平(今属江西)人。宋元之际史学家。著有《文献通考》等。

[19] "秦始皇之燔诗书",秦始皇嬴政为加强统一集权,销毁民间兵器,焚烧《秦记》以外的列国史书及民间所藏儒家经典、诸子书籍,并坑杀儒生、方士460余名,是为焚书坑儒。

[20] "明太祖之设制艺",明太祖,即朱元璋(1328—1398),在位时着力加强中央集权,以政治高压统一思想。相传制艺(又称"八股文",明、清两代科举考试的文体)为其所确定和推广,但目前学术界对此尚无定论。

[21] 揆,音kuí,揣度;度量。

[22] 黔首,战国、秦代对国民的称谓。《史记·秦始皇本纪》:"二十六年,……更名民曰'黔首'。"

[23] 扃镭,门闩锁钥之类。扃,音jiōng,门窗箱柜上的插关。镭,音jué,有舌的环。

[24] 去岁之役,指1894—1895年的甲午战争,中国北洋水师全军覆没。

[25] 矧,音shěn,况且。

[26] 瞀然,迷迷糊糊的样子。

[27] 彝,音yí,常理;常规。

[28] 卝人,《周礼》地官属官,掌矿产。这里指精通探矿采矿的人。卝,音kuàng,"矿"的古字。

[29] 厘税,晚清的一种商业税,主要在水陆交通要道设关卡征收。

[30] 旃,音zhān,犹"之"。

[31] 格致,语出《大学》"格物致知",清代末年对声光化电等自然科学部门的统称。

[32] 豚蹄满篝之祝,见《史记·滑稽列传》:"(淳于)髡曰:'今者臣从东方来,见道傍有禳田者,操一豚蹄,酒一盂,祝曰:"瓯窭满篝,污邪满车,五谷蕃熟,穰穰满家。"臣见其所持者狭而所欲者奢,故笑之。'"后用以讥讽那些奢望以微薄投资换取丰厚回报之人。梁启超在文中揶揄清政府平时不投资教育,而期望多出人才,无异于"豚蹄满篝之祝"。

[33] 传,指《左传》,我国第一部体例完善的编年体史书,以《春秋》为纲,记述前722年至前464年的历史。书中保存了大量珍贵史料,同时也具有极高的文学价值。

[34] 占毕呫嗫,读书的声音。占毕,看书;读书。呫嗫,不清晰的语声。

[35] 许、郑,指许慎、郑玄。许慎(约58—约147),字叔重,汝南召陵(今河南漯河市召陵区)人。东汉经学家、文字学家。博通经籍,有"五经无双许叔重"之誉。精文字训诂,著《说文解字》等。郑玄(127—200),字康成,北海高密(今属山东)人。东汉经学家。精古文经学,又兼采今文经说,遍注群经,成为汉代经学集大成者,称"郑学"。今通行本《十三经注疏》中《毛诗》、"三礼"注,即采用郑注。

[36] 程、朱,程指程颢、程颐兄弟二人,皆为北宋理学家、教育家。程颢(1032—1085),字伯淳,人称"明道先生"。程颐(1033—1107),字正叔,人称"伊川先生"。他们的著作收入《二程全书》。朱指朱

熹(1130—1200)，字元晦，号晦庵。祖居徽州婺源(今属江西)，生于南剑州尤溪(今属福建)，定居建阳(今属福建)。南宋理学家、教育家。主要著作有《四书章句集注》《近思录》《资治通鉴纲目》等。

[37] 老，指道教。道教尊老子为祖，故称"老教"。

[38] 同文馆，亦称"京师同文馆"，清末培养译员的学校和翻译出版机构，1862年设立。

[39] 广方言馆，亦称"上海同文馆"，1863年李鸿章在上海设立的外国语文学馆。

[40] 象鞮，同"象寄译鞮"，语出《礼记·王制》，古代指能通传东南西北四方语言的翻译官，后泛指语言翻译。

[41] 冈必达，即 capitalist 的音译，为外国在华企业服务的资本家。

[42] 虚牝，指空谷，比喻无用之地。

【解读】 梁启超非常强调教育的作用。他列举了中国三代的学校制度及西方的教育体制，认为三代及西方国家的强盛主要是因为重视教育，开办学校，培养出了所需的人才。同时认为当时中国社会最严重的问题是民智不开，人才缺乏，广大妇女不读书，农、工、商、兵也不知学，而少数知识分子又埋头训诂词章和程朱理学，醉心于科举考试，盼望猎取功名利禄。究其原因是现行教育制度埋没了人才，这种教育"曰制义也，诗赋也，楷法也，不必读书通古今而亦能之"，因此"自强于今日，以开民智为第一义"，这样才能培养出人才使国家富强。继而，梁启超指出培养人才的五大困难是：第一，由于不懂外语，因而看不懂原文书籍；第二，格致等一些学科，本来就需要实验仪器设备却又难以购买；第三，做学问需要通过出国留学才能增长学识，但普通的贫寒之士又没钱留学；第四，一切实学，即科学技术，如水师出海操练，矿学入山勘察，政府和国家不参与，个人便无力单独完成；第五，国家不以这些技术衡量人才，人们学成之后也派不上什么用场，到头来都不足以养家糊口，因此也就难怪人们不能坚持学到底了。

梁启超还分析了洋务学堂的弊端及其原因，认为其培养不出人才，是因为"言艺之事多，言政与教之事少。其所谓艺者，又不过语言文字之浅，兵学之末，不务其大，不揣其本，即尽其道，所成已无几矣"，并指出"其受病之根有三：一曰科举之制不改，就学乏才也；二曰师范学堂不立，教习非人也；三曰专门之业不分，致精无自也"。

最后，梁启超强调要想国家富强，必须废科举、兴学校、育人才，"但使能改科举，归于学校，以号召天下，学中惟定功课，不给膏火，天下豪杰之士，其群集而偲焉

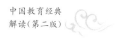
从事者，必不乏人"。

本文体现了梁启超的教育思想，抓住了当时教育在科举制度、教师以及教学内容三个方面的要害问题，尽管也有偏激之词，但基本上是客观的，对照后来科举制的废除以及近代教育的发展趋势，可见梁启超的上述观点的确反映出了其远见卓识。

论师范（节选）

【题解】 "开民智"，培养"新民"是梁启超的教育理想，他希望通过教育"维新吾民"，最终达到"维新吾国"的政治目的。因此，他极为重视担当"育人才"重任的教师，然而当时的师范教育制度还未建立，足够数量和质量的师资得不到保证，这严重阻碍了教育的改革和发展。另外，他主张学习西方资本主义国家的学校制度，建立各级各类学校，这也显示出对师资的急需。为此，他十分重视师范教育，强调把师范教育作为"群学之基"，认为若改良教育，"必以立师范学堂为第一义"。这也是他撰写本文的基调所在。文中，他不仅分析了我国旧式教师的弊病，也尖锐地指出在华西方教习的种种不足，并且提出了自己有关师范教育的主张。

【原文】 今之府州县学官，号称冷宦，不复事事，固无论矣。此外握风气之权者，为书院山长[1]，为蒙馆学究[2]，车载斗量，趾踵相接，其六艺[3]未卒业，四史[4]未上口，五洲[5]之勿知，八星[6]之勿辨者，殆十而八九也。然而此百数十万之学子，方将帝之、天之、圭之、臬之[7]，以是为学问之极则，相率而踵袭之。今夫山木有择，必待大匠，美锦在御，不使学制，惧其有弃才也。中人之家，聘师诲子，周详审慎，必择其良，惧子弟之失学也。若夫士人者，帝王之所与共天下也，其贵也，匪直大木美锦，其重大过于中人之家之子弟万万也。今乃一举而付之不通六艺、不读四史、不知五洲、不识八星之人，使之圭之、臬之、刌琢之，欲于此间焉求人才，乌可得也？是故先王患人才之寡，后世患人才之多。患才寡，故立为学校，定其教法以成就之；患才多，故设为不待学不待教之帖括，以笼络天下士。而士之教焉、学焉于其间者，亦终身盘旋于胯下而不复知有天地之大。师范之不立，自数百年以来矣。

今天下之变日亟，教学之法亦日新，于是立为同文馆、水师学堂等，皆略效西制,思讲实学。然一切教习,多用西人,西人言语不通,每发一言,必俟翻译展转口述,强半失真,其不相宜一也。西人幼学,异于中土,故教法亦每不同,往往有华文一二语可明,而西人衍至数十言者,亦有西人自以为明晓,而华文犹不能解者,其不相宜二也。西人于中土学问,向无所知,其所以为教者,专在西学,故吾国之就学其间者,亦每拨弃本原,几成左衽[8],其不相宜三也。所聘西人,不专一国,各用所习,事杂言庞,尝见某水师学堂之教习,其操兵所用口号,英将官教者用英语,法将官教者用法语,德将官教者用德语,徒视其一队,非不号令严肃,步伐整齐也,不知沟而通之,各不相习,且临阵之号令,随时变化,万有不齐者也。今惟寻常操练之数口号,习闻之而习知之,一旦前敌,或进退起伏,偶有一二事为平时所未习者,则统帅虽大声疾呼,而士卒且罔闻知,则安往而不偾事[9]也? 其不相宜四也。西人教习,既不适于用,而所领薪俸,又恒倍于华人,其不相宜五也。夫有此五端,而此诸馆、诸学堂,犹然用之,若有重不得已者,则岂不以中国之人,克任此职者之寡也。夫以四万万之大众,方领[10]成帷,逢掖如鲫[11],而才任教习者,乃至乏人,天下事之可伤可耻,孰过此矣。

今之识时务者,其策中国也,必曰兴学校。虽然,若同文馆、水陆师学堂等,固不得谓之非学校焉矣,然其成效也若彼。今使但如论者之意,自京师以及各省府州县,遍设学校,复古法,采西制以教多士,则其总教习当以数百,分教习当以数千,试问海内之士,其足以与斯选者,为何等人也? 欲求之今日所谓耆学名宿,则彼方褒其所学,率天下士而为蠹鱼为文鸟,是欲开民智而适以愚之,欲使民强而适以弱之也。若一如今日诸馆、诸学堂之旧例,则为之师者,固不知圣教之为何物,六籍之为何言,是驱人而焚毁诗书,阁束传记,率天下士而为一至粗极陋之西人。夫国家岁费巨万之帑,而养无量数至粗极陋之西人,果何取也? 今夫由前之说,此吾国数百年积弱之根原;由后之说,则数十年来变法之所以无效也。

故欲革旧习,兴智学,必以立师范学堂为第一义。日本寻常师范学校之制(日本凡学校,皆分二种:一高等;二寻常)。其所教者有十七事:一、修身;二、教育;三、国语(谓日本文语);四、汉文;五、史志;六、地理;七、数学;八、物理、化学(兼声、光、热、力等);九、博物(指全体学、动植物学);十、习字;十一、图画;十二、音乐;十三、体操;十四、西文;十五、农业;十六、商业;十七、工艺。今请略依其制而损益之:一须通习六经大义,二须讲求历朝掌故,三须通达文字源流,四须周知列国情状,五须分学格致专门,六须伨习诸国言语。以上诸事,皆以深知其意,能以授人为主义。至其所以为教之道,则微言妙义,略具于《学记》之篇,循而用之,殆庶几矣。

是故居今日而言变法,其无遽立大学堂而已,其必自小学堂始。自京师以及各省府州县,皆设小学,而辅之以师范学堂。以师范学堂之生徒,为小学之教习,而别设师范学堂之教习,使课之以教术。即以小学堂生徒之成就,验师范学堂生徒之成就。三年之后,其可以中教习之选者,每县必有一人。于是荟而大试之,择其尤异者为大学堂、中学堂总教习,其稍次者为分教习,或小学堂教习。则天下之士,必争自鼓舞,而后起之秀,有所禀式,以底于成,十年之间,奇才异能,遍行省矣。不由此道,时曰无本,本之既拨,而日灌溉其枝叶以求华实,时曰下愚。

——选自梁启超著:《饮冰室合集·文集·第一册》,中华书局 2015 年版,第 35—37 页。

注释

[1]山长,古代书院之院长,兼总理院务。

[2]学究,唐代取士之明经科内,有"学究一经"之名目;宋代简称"学究",为诸科之一。应此科试中式者亦称"学究"。

[3]六艺,一指中国古代学校的教育内容,即礼、乐、射、御、书、数;一指"六经",即《诗》《书》《礼》《易》《乐》《春秋》。

[4]四史,指二十四史的前四部纪传体史书,即《史记》《汉书》《后汉书》《三国志》。

[5]五洲,亚洲、欧洲、非洲、美洲、大洋洲。泛指世界各地。

[6]八星,似为"八魁"。八魁,星名。属室宿,在鲸鱼座内。《星经》:"八魁九星,在北落东南。"这里是指天文。

[7]圭、臬,指法度、准则,作尊崇解。此处同帝、天,都作动词用。之,他们,指行为的对象,即书院山长、蒙馆学究。

[8]左衽,古代某些少数民族服饰礼仪与中原一带人民不一样,其服装开襟在左面,而中原一带人民服装则开在右面。这里比喻为外族文化所同化。

[9]偾事,败事。偾,音 fèn。

[10]方领,因以指儒者或儒者之服。

[11]缝掖,亦作"缝腋",古代读书人所穿的一种袖子宽大的衣服。如鲫,喻多。

　　梁启超向来认为师资缺乏是晚清教育的主要弊端之一。他指出,当时的书院山长和蒙馆学究大都是一些"六艺未卒业,四史未上口,五洲之勿知,八星之勿辨"的平庸之辈,加上把用不着教和学的"帖括"作为教学内容,致使士人在教与学的过程中眼界狭小,不能开阔视野,涤荡胸襟。这和当时师范教育的薄弱有重要的关系。他又对洋务学堂中洋教习存在的种种弊端作了分析,认为有"五不宜":一是言语不通,每句话经翻译转述后,大部分已偏离原意;二是中西方文化背景不同,教学方法也不一样,导致双方在教学中难以有效沟通;三是西人即使精通西学,也很少有精通中土学问的,这就使跟他们学习的中国人容易丢弃作为根本的传统文化,造成"舍本逐末"的现象;四是所聘西人,来自不同国度,言论观点五花八门,令学习者莫衷一是;五是洋教习虽然作用不大,所得薪俸却几倍于中国人。这"五不宜"也是中国教育长期积贫积弱、变法无效的根源。因此,梁启超提出"欲革旧习,兴智学,必以立师范学堂为第一义"。

　　参照日本师范学校体制,梁启超草拟了中国师范学校的制度规范,认为"一须通习六经大义,二须讲求历朝掌故,三须通达文字源流,四须周知列国情状,五须分学格致专门,六须仞习诸国言语"。以上各项,都要以融会贯通,能为人师为目标。至于为教之道,则以遵循我国最早的教育、教学专论《学记》中的各项原则为主。另外,梁启超强调自上而下实行变法,提出从京师到各省、府、州、县都设立小学堂,并且建立相应的师范学堂以培养小学堂教师,这样以小学堂学生的成绩就可以验证师范学堂学生的成绩。如此三年之后,必定可以选出优秀人才作为大学堂、中学堂的总教习,稍次者也可以成为分教习或小学堂的教习。

　　本文揭露了当时旧式塾师、山长及新式学堂西人教习在新式教育中存在的诸多问题,从理论上分析了师范教育的重要性,并相应地提出了师范教育的主张及建议,遂成为我国近代师范教育兴起的先声。

论女学(节选)

　　作为批判封建专制制度的斗士,梁启超非常痛恨封建教育男女不平等的现象,他认为在封建社会,女子不仅没有受教育的权利,而且遭受摧残,这种"智男而愚妇"的封建观念必须铲除。梁启超认为,中国贫弱的原因之一就是妇女未受教育,因为妇女教育的好坏关系到家庭、后代和种族,好的女子教育就可能起到"上可相夫,下可教子,近可宜家,远可善种"的巨大作用,所以他主张男女平权,提倡女子教育。本文即反映了他在女子教育方面的主张,强调了女子教育的重大意义。

【原文】

善夫诸教之言平等也(南海先生[1]有孔教平等义)。不平等恶乎起?起于尚力。平等恶乎起?起于尚仁。等是人也,命之曰民,则为君者从而臣妾之;命之曰女,则为男者从而奴隶之。臣妾、奴隶之不已,而又必封其耳目,缚其手足,冻其脑筋,塞其学问之涂,绝其治生之路,使之不能不俯首帖耳于此强有力者之手。久而久之,安于臣妾,安于奴隶,习为固然,而不自知。于其中有人焉,稍稍自疑于为臣妾、为奴隶之不当者,反群起而哗之。以故数千年来之男子,无或以妇学为治天下所当有事。而数千年之妇人,益无有奋然自张其军,以提倡其同类者也。非不才也,压力使然也。

今语人曰"欲强国必由学校",人多信之。语人曰"欲强国必由女学",人多疑之。其受蔽之原,尚有在焉。今日之攘臂奋舌,以谭[2]强国,震惊于西人,而思效其长者,则惟是船舰之雄也,枪炮之利也,铁路之速也,矿务之盛也,若此者皆非妇人所能有事也。故谋国者曰"教妇人非所急也",而不知西人之强在此,其所以强者不在此。农业也,工作也,医学也,商理也,格致也,律例也,教授也,男子所共能,抑妇人所共能也。其学焉而可以成为有用之材,一也。今夫言治国而必推本于学校,岂不以人才者,国之所与立哉?岂不以中国自有之才,必待教而始成哉?夫必谓彼二万万为人才,而谓此二万万为非人才,此何说也?

西方全盛之国,莫美若;东方新兴之国,莫日本若。男女平权之论,大倡于美,而渐行于日本。日本之女学,约分十三科:一、修身;二、教育(言教授及蒙养之法);三、国语(谓日本文);四、汉文;五、历史(兼外国史);六、地理;七、数学;八、理科(谓格致);九、家事;十、习字;十一、图画;十二、音乐;十三、体操。其与男学相出入者,不过数事而已。此数事者,大率与兵政相关,亦尚力之世所当有事者也。彼西人之立国,犹未能至太平世也。太平之世,天下远近大小若一,无国界,无种界,故无兵事,无兵器,无兵制,国中所宜讲者,惟农、商、医、律、格致、制造等事。国人无男无女,皆可各执一业以自养,而无或能或不能之别。故女学与男学必相合,今之美国,殆将近之矣。是故女学最盛者,其国最强,不战而屈人之兵,美是也。女学次盛者,其国次强,英、法、德、日本是也。女学衰,母教失,无业众,智民少,国之所存者幸矣,印度、波斯[3]、土耳其是也。

若是夫中国之宜兴妇学,如此其急也。虽然,今日之中国,乌足以言妇学?学也者,匪直晨夕伏案,对卷伊吾[4]而已。师友讲习,以开其智,中外游历,以增其才,数者相辅,然后学乃成。今中国之妇女,深居闺阁,足不出户,终身未尝见一通人,履一都会,独学无友,孤陋寡闻,以此从事于批风抹月、拈花弄草之学[5],犹未见其可,况于讲求实学,以期致用。虽有异质,吾犹知其难矣,不宁惟是,彼方毁人肢体,溃人血肉,一以人为废疾,一以人为刑僇,以快其一己耳目之玩好,而安知有学?而安能使人从事于学?是故缠足一日不变,则女学一日不立。嗟夫!国家定鼎之始,下令剃发,率土底定[6]。顺治末叶,悬禁缠足,而奉行未久,积习依然[7]。一王之力,不改群盲之心,强男之头,不如弱女之足。遂留此谬种,孳乳流衍,历数百年,日盛一日,内违圣明之制,外遗异族之笑,显罹楚毒之苦,阴贻种族之伤。呜呼!岂苍苍者天,故厄我四万万生灵,而留此孽业以为之窒欤,抑亦治天下者未或厝意[8]于是也。

——选自梁启超著:《饮冰室合集·文集·第一册》,中华书局 2015 年版,第 42—44 页。

注释

[1]南海先生,即康有为。

[2]谭,同"谈"。

[3]波斯,古代中国称伊朗为波斯。

[4]伊吾,又作"咿唔",低语诵读之声。

[5]批风抹月、拈花弄草,比喻作诗填词。

[6]清顺治元年(1644 年)曾颁剃发令,后以人心不服,暂缓执行。次年攻下江南,重行颁布,规定:凡清军所到之处,限十日之内,男人尽行剃去前半部头发,后半部依满族习俗,男子削发垂辫,废弃明朝衣冠,实行"留头不留发,留发不留头",违抗者处死。此事激起各地人民的英勇反抗。

[7]清康熙三年(1664 年),有诏禁缠足,七年又罢此禁。

[8]厝意,注意;关心。厝,音 cuò。

【解读】 康有为、梁启超等维新派在领导变法运动的过程中，把教育乃至女子教育作为社会改良的一个重要组成部分。康有为在其重要著作《大同书》中，从天赋人权论出发阐述了他的男女平权思想，并强调了女子教育的重要性。梁启超在许多方面都受到康有为的影响，女子教育方面也不例外。他不仅批判了中国封建社会历来轻视女子教育的错误思想，而且以西方各国及日本强盛与女学息息相关为例，指出"女学最盛者，其国最强""女学次盛者，其国次强""女学衰，母教失，无业众，智民少，国之所存者幸矣"，强调女学的兴衰关系到国家的强盛与否。梁启超还指出中国妇女由于"深居闺阁，足不出户"，孤陋寡闻，而且还要忍受身体的伤害——缠足，因此兴女学是当务之急。为了开民智，梁启超强烈要求必须禁缠足、立女学，充分体现了其强种保国的女子教育观。

梁启超主编的《时务报》，从创刊到终刊的两年时间里，发表有关妇女问题的论文、译文及消息等近 30 篇。除了《论女学》外，还为中国女学堂起草了《女学会书塾创办章程》和《倡设女学堂启》，对女子教育进行了系统的理论阐述，形成了比较完整的女子教育思想，在中国近代女子教育史上有着重要的理论贡献。

论幼学（节选）

【题解】 作为资产阶级改良派，梁启超将维新变法的理想寄托在培养具有维新思想的"新民"上，为此他提出了许多进步的教育主张，如学校制度和义务教育的主张，而幼儿教育即是他设计的国民教育体系及义务教育制度中重要且基础的一环。他认为"今中国不欲兴学则已，苟欲兴学，则必自以政府干涉之力强行小学制度始"。因此，针对我国传统幼儿教育的弊端，根据西方儿童教育的思想，梁启超在本文中详细地阐述了儿童教育的内容和方法。

【原文】 西人每岁创新法，制新器者，以十万计。著新书，得新理者，以万计，而中国无一焉。西人每百人中，识字者自八十人至九十七八人，而中国不逮三十人。顶同圆也，趾同方也，官同五也，肢同四也，而悬绝若此。呜呼！殆天之降才尔殊哉？顾吾尝闻西人之言矣：震旦之人，学于彼土者，才力智慧，无一事弱于彼。其居学数岁，褒[1]然试举首者，往往不绝，人之度量相越，盖不远也。而若是者何也？梁启超曰：

春秋万法托于始,几何万象起于点,人生百年,立于幼学。吾向者观吾乡塾,接语其学究,蠢陋野悍,迂谬猥贱,不可向迩[2]。退而傀焉[3]忧,愀然思,无惑乎乡人之终身为乡人也。既而游于它乡,而它县,而它道,而它省,观其塾,接语其学究,其蠢陋野悍,迂谬猥贱,举无以异于向者之所见。退而瞠然芒然皇然曰[4]:中国四万万人之才、之学、之行、之识见、之志气,其消磨于此蠢陋野悍、迂谬猥贱之人之手者,何可胜道!其幸而获免焉者,盖万亿中不得一二也。顾炎武曰:"有亡国,有亡天下。"梁启超曰:强敌权奸流寇,举无足以亡国,惟吏胥可以亡国;外教左道乡愿,举无足以亡天下,惟学究足以亡天下。欲救天下,自学究始。

古之教学者,不可得见矣。顾其为道,散见于七十子后学所记者,若《曲礼》,若《少仪》,若《保傅》,若《学记》,若《文王世子》,若《弟子职》[5],何其详也。吾未克游西域,观于其塾与其学究,顾尝求之于其书,闻之于其人,其与今日之中国,何相反也。其为道也,先识字,次辨训,次造句,次成文,不躐等也。识字之始,必从眼前名物指点,不好难也;必教以天文地学浅理,如演戏法,童子所乐知也;必教以古今杂事,如说鼓词,童子所乐闻也;必教以数国语言,童子舌本未强,易于学也;必教以算,百业所必用也,多为歌谣,易于上口也,多为俗语,易于索解也;必习音乐,使无厌苦,且和其血气也;必习体操,强其筋骨,且使人人可为兵也。日授学不过三时,使无太劳,致畏难也;不妄施扑教,使无伤脑气,且养其廉耻也;父母不得溺爱荒学,使无弃材也;学究必由师范学堂,使习于教术,深知其意。故西童出就外傅,四年之间,其欲为士者,即可以入中学,仞专门以名其家;其欲为农若工若商若兵者,亦可以略识天地人物之理、中外古今之迹,其学足以为仰事俯畜[6]之用,稍加阅历,而即可以致富贵。故用力少而畜德多,数岁之功,而毕世受其用也。

中国则不然,未尝识字,而即授之以经;未尝辨训,未尝造句,而即强之为文。开塾未及一月,而"大学之道,在明明德[7]"之语,腾跃于口,洋溢于耳。夫《记》者明揭之曰"大学之道",今乃骤以施之乳臭小儿,何为也?"明德"二字,汉儒据《尔雅》[8],宋贤袭佛典,动数千言,未能悬解,今执负床之孙而语之,彼乌知其作何状也?夫《大学》之道,至于"平天下";《中庸》之德,极于"无声臭"。此岂数龄之学童所克有事也?今之教者,其姑以授之,而希冀其万一能解也,则是大愚也。知其必不能解,而犹然授之,是驱其子弟,使以学为苦而疾其师也。……

··········

然则奈何？曰：非尽取天下之学究而再教之不可，非尽取天下蒙学之书而再编之不可。大率自五岁至十岁为一种教法，自十一岁至十五岁为一种教法，苟慧非项橐，痴非周子[9]，皆可率由此道，相与有成。······

··········

尝见西人幼学之书，分功课为一百分，而由家中教授者，居七十二分，由同学熏习者居九分，由师长传授者，不过十九分耳。儿童幼时，母亲于父，日用饮食，歌唱嬉戏，随机指点，因势利导，何在非学，何事非教。孟母迁室，教子俎豆[10]，其前事矣。故美国婴儿学塾，近年教习，皆改用妇人，以其闲静细密，且能与儿童亲也。中国妇学不讲，为人母者，半不识字，安能教人？始基之坏，实已坐此，今此事既未克骤改，至其就学之后，一切教法，亦宜稍变。无俾尔许人才，皆汩没于学究之手。《记》曰："八岁入小学。"又曰："十年出就外傅。"今将八岁以上，十二年以下，略审中人之资，所能从事者，拟为一功课表，世之爱子弟者，或有取焉（行此功课数年，则能读经、史、格致等书，其功课别详他篇）。

每日八下钟上学，师徒合诵赞扬孔教歌一遍，然后肄业。

八下钟受歌诀书，日尽一课（每课二百字），每课以诵二十遍为率。

九下钟受问答书，日尽一课（凡问答书，皆歌诀书之注疏，问答书之第一课，即解歌诀书之第一课，余同），不必成诵，师为解其义，明日按所问而使学童答之，答竟，则授以下课。

十下钟，刚日受算学，柔日受图学[11]。

凡受算学。先习笔算，一年以后，渐及代数。每日由师命二题，令学童布算。

凡受图学。先习简明总图，渐及各国省县分图，以纸摹印写之，日约尽一县。印毕，由师随举所已习者，令学童指其所在之经纬度。

十一下钟，受文法，师以俚语述意，令学童以文言达之，每日五句，渐加至五十句。

十二下钟，散学。

一下钟复集，习体操，略依幼学操身之法，或一月或两月尽一课，由师指授。操毕，听其玩耍不禁。

二下钟,受西文,依西人教学童之书,日尽一课。

三下钟受书法,中文、西文各半下钟,每日各二十字,渐加至各百字。

四下钟受说部书(指新编者言),师为解说,不限多少,其学童欲涉猎他种书者,亦听。

五下钟散学,师徒合诵爱国歌一遍,然后各归。

每十日一休沐[12],至日,师徒晨集堂中,祀孔子毕,合诵赞扬圣教歌一遍,各散归。凡孔子卒日,及万寿日[13],各休沐五日。

…………

……故善为教者,必使举国之人,无贵贱无不学。学焉者,自十二岁以下,其教法无不同。入学之始,教以识字,慧者及八岁,钝者及十岁,中西有用之字皆识矣(苏州彭君新三拟创教识字法,为方格书字于其上,字之下注西字,其旁加圈识,字有一义者,识一圈,有数义者识数圈,师为授其音,解其义,令学童按圈覆述之,中文既识则及西文浏简易之法也)。然后按前者所列之功课表,而以授之,慧者及十二岁,钝者及十五岁,则一切学问,大纲节目,略有所闻矣。自此以往,其有欲习专门者,可更入中学、大学、研精数载,以求大成;其欲改就他业者,亦既饫道义,濡文教,大之必不为作奸犯科之事,小之亦能为仰事俯畜之谋。于此而犹有为盗贼为奸细者乎?无有也。犹有为游手为饿殍者乎?无有也。衣食足,礼义兴,以此导民,何民不智;以此保国,何国不强。……

——选自梁启超著:《饮冰室合集·文集·第一册》,中华书局2015年版,第44—60页。

注释

[1]襄然,杰出貌。《汉书·董仲书传》:"今子大夫襄然为举首。"襄,音 yòu,禾苗渐长貌。引申为出众。

[2]向迩,接近。

[3]僬焉,轻贱貌;不庄重貌。《礼记·表记》:"君子不以一日使其躬僬焉如不终日。"僬,音 chàn,苟且;不严肃。

[4]芒,通"茫",模糊;昏暗。引申为暗昧无知。皇,同"惶",心神不安。

[5]《曲礼》《少仪》《学记》《文王世子》为《礼记》篇名,《保傅》为《大戴礼记》篇名。《弟子职》,收入《管子》一书中。

[6] 仰事俯畜,谓对上侍奉父母,对下养活妻子儿女。亦以泛称维持一家生活。

[7] "大学之道,在明明德",见《礼记·大学》。

[8] 《尔雅》,我国最早解释词义的专著。由汉初学者缀辑周、汉诸书旧文,递相增益而成。后世经学家常用以解说儒家经义。

[9] "苟慧非项橐",见《淮南子·说林训》高诱注:项橐"年七岁,穷难孔子而为之作师"。王充《论衡·实知篇》载,项橐"七岁未入小学,而教孔子,性自知也"。"痴非周子",见《左传·成公十八年》:"周子有兄而无慧,不能辨菽麦,故不可立。"杜预注:"无慧,盖世所谓白痴。"

[10] 俎豆,俎和豆都是古代祭祀、设宴用的器具。引申为祭祀、崇奉。俎,音 zǔ。

[11] 刚日,犹单日,指十日中的一、三、五、七、九日。柔日,犹双日,指十日中的二、四、六、八、十日。《礼记·曲礼上》:"外事以刚日,内事以柔日。"

[12] 休沐,休息沐浴。指古代官吏的例假。

[13] 万寿日,封建时代指君主的生日。

【解读】

　　为了培养变法人才,梁启超极力主张兴学校,特别重视师范教育和女子教育,也非常重视幼学,将它们视为开民智的基础。他认为幼学与国家强弱兴亡关系至为密切,"人生百年,立于幼学"。他痛斥乡塾学究的"蠢陋野悍,迂谬猥贱",以致泯灭了儿童的个性。

　　梁启超推崇西方有关儿童的教育方法,认为"其为道也,先识字,次辨训,次造句,次成文,不躐等也","用力少而畜德多"。比照中西幼儿教学方法和教学内容,他认为中国的幼学在教学上没有考虑到儿童身心发展的特点,教给儿童的内容非常艰深晦涩;另外,家庭在儿童成长中的作用也往往被忽视,并且中国"为人母者,半不识字"。因此他激愤地指出,"非尽取天下之学究而再教之不可,非尽取天下蒙学之书而再编之不可"。为此,梁启超极力强调要改变教法,并且根据儿童的年龄特点拟定了一份功课表,强调了教育、教学的科学性。

　　梁启超针对传统幼学不适宜的教学内容、不科学的教学方法、忽视儿童特点等弊端,强调幼儿教育须考虑儿童发展的同一性和差异性,在当时具有重要的启蒙作用;他对西方幼学的介绍冲击了人们传统的儿童教育观念,也具有进步的意义。

(杨云兰)

王国维(1877—1927),字静安,一字伯隅,号观堂,浙江海宁人。近代史学家、教育家。生平著作甚多,汇编为《王国维全集》等。

王国维

论教育之宗旨

【题解】　1904 年,张百熙、荣庆、张之洞主持拟定《重订学堂章程折》,规定了"无论何等学堂,均以忠孝为本,以中国经史之学为基"的"立学宗旨"。1906 年,晚清学部制定并颁布了"忠君、尊孔、尚公、尚武、尚实"的教育宗旨。这一教育宗旨,在保留封建教育核心精神"忠君、尊孔"的前提下,企图吸取西方近代教育观念来挽救清王朝的命运。其逻辑框架依然是"中体西用",具有无法调和的内在矛盾。针对这一宗旨,王国维撰写本文,提出了"完全之人物"的教育宗旨,发表于 1903 年《教育世界》第五、六号。

【原文】　教育之宗旨何在? 在使人为完全之人物而已。何谓完全之人物? 谓使人之能力无不发达且调和是也。人之能力分为内外二者:一曰身体之能力,一曰精神之能力。发达其身体而萎缩其精神,或发达其精神而罢敝其身体,皆非所谓完全者也。完全之人物,精神与身体必不可不为调和之发达。而精神之中,又分为三部:知力、感情及意志是也。对此三者,而有真、美、善之理想。真者,知力之理想;美者,感情之理想;善者,意志之理想也。完全之人物,不可不备真、美、善之三德。欲达此理想,于是教育之事起。教育之事亦分为三部:知育、德育(即意志)、美育(即情育)是也。如佛教之一派,及希腊、罗马之斯多噶派[1],抑压人之感情,而使其能力专发达于意志之方面;又如近世斯宾塞尔[2]之专重知育,虽非不切中一时之利弊,皆非完全之教育也。完全之教育不可不备此三者,今试言其大略。

一、知　育

人苟欲为完全之人物,不可无内界及外界之智识,而智识之程度之广狭,应时地而不同。古代之智识,至近代而觉其不足;闭关自守时之智识,至万国交通时而觉其不足。故居今之世者,不可无今世之知识。知识又分为理论与实际二种,溯其发达之次序,则实际之知识常先于理论之知识,然理论之知识发达后,又为实际之知识之根本也。一科学,如数学、物理学、化学、博物学等,皆所谓理论之知识。至应用物理、化学于农、工学,应用生理学于医学,应用数学于测绘等,谓之实际之知识。理论之知识,乃人之天性上所要求者;实际之知识,则所以供社会之要求而维持一生之生活。故智识之教育,实必不可缺者也。

二、道 德

然有智识而无道德,则无以得一生之福祉而保社会之安宁,未得为完全之人物也。夫人之生也,为动作也,非为智识也。古今东西之哲人,无不以道德为重于智识者,故古今东西之教育,无不以道德为中心点。盖人之至高之要求,在于福祉,而道德与福祉实有不可离之关系。爱人者,人恒爱之;敬人者,人恒敬之。不爱敬人者反是,如影之随形,响之随声,其效不可得而诬也。《书》云:"惠迪吉,从逆凶。"希腊古贤所唱福德合一论,固无古今中外之公理也。而道德之本原又由内界出,而非由外铄我者,张皇而发挥之,此又教育之任也。

三、美 育

德育与智育之必要,人人知之,至于美育,有不得不一言者。盖人心之动,无不束缚于一己之利害,独美之为物,使人忘一己之利害,而入高尚纯洁之域,此最纯粹之快乐也。孔子言志,独与曾点,又谓"兴于诗,成于乐"。希腊古代之以音乐为普通学之一科,及近世希痕林[3]、歇尔列尔[4]等之重美育学,实非偶然也。要之,美育者,一面使人之感情发达以达完美之域,一面又为德育与智育之手段,此又教育者所不可不留意也。

然人心之智、情、意三者,非各自独立,而互相交错者。如人为一事时,知其当为者,知也;欲为之者,意也。而当其为之前后,又有苦乐之情伴之。此三者,不可分离而论之也。故教育之时,亦不能加以区别,有一科而兼德育、智育者,有一科而兼德育、美育者,又有一科而兼此三者。三者并行,而得渐达真、善、美之理想,又加以身体之训练,斯得为完全之人物,而教育之能事毕矣!

教育之宗旨 {
- 体育
- 心育 {
  - 知育 } 完全之人物
  - 德育
  - 美育
}

——选自谢维扬、房鑫亮主编,胡逢祥分卷主编:《王国维全集(第十四卷)》,浙江教育出版社 2010 年版,第 9—12 页。

【注释】

[1] 斯多噶派,亦称"画廊学派""斯多亚学派""斯多葛学派",古希腊罗马哲学学派。公元前 300 年左右由芝诺(季蒂昂的)创立于雅典。此派的理论以实践为目的,以伦理学为基本内容,具有折中主义、神秘主义的特点,特别是到晚期斯多噶派,宣扬宿命论、神秘主义与禁欲主义,并致力于伦理问题,主张对神意与不可避免的命运无条件地服从,其学说几乎成为罗马帝国的官方哲学,对基督教影响也很大。

[2] 斯宾塞尔,即斯宾塞(Herbert Spencer,1820—1903),英国社会学家、哲学家。倡导综合哲学、普遍进化论和社会有机体论。在教育上,主张重视自然科学并大量建立实科中学。主要著作有《综合哲学》《社会静态学》《社会学研究》等。

[3] 希痕林,即谢林(Friedrich Wilhelm Joseph von Schelling,1775—1854),德国哲学家,德国古典唯心主义主要代表之一。其哲学发展过程主要有自然哲学、先验唯心主义、同一哲学、天启哲学等阶段。主要著作有《世界灵魂》《自然哲学体系初稿》《先验唯心论体系》《艺术哲学》《我的哲学的论述》《神话与天启哲学》等。

[4] 歇尔列尔,即席勒(Johann Christoph Friedrich von Schiller,1759—1805),德国剧作家、诗人。1791 年开始研究哲学,特别是康德哲学,并在艺术理论上受到康德唯心主义哲学的影响。在这一时期写出《论素朴诗和感伤诗》《审美教育书简》等美学论文,提出通过审美教育,能使人提高境界,获得精神上的解放,从而使社会得到改造。

【解读】

本文开宗明义地指出教育宗旨在于培养"完全之人物",即诸种能力全面、和谐发展的人才。王国维指出人的能力分"身体之能力"和"精神之能力","完全之人物"就是精神和身体"无不发达且调和"的人。他还指出,人的精神能力是由知力、感情、意志三部分组成的,因此,培养"完全之人物"的"完全之教育"就必须包括对知力培养的"知育"、意志培养的"德育"、感情培养的"美育"和身体训练的"体育";而且,知、德、美不是"各自独立"的,而是"互相交错"的,只有"三者并行"协调,才能逐渐达到真、善、美的理想境界，"又加以身体之训练"的体育，才能成为"完全之人物"。这也是中国教育史上明确提出培养完全人格的智（知）、德、美、体四育主张的开始，与后来蔡元培所提出的教育宗旨颇为一致。

本文还着重对知育、德育和美育分别进行了详细的论述。王国维认为，知育就是对人知识的培养，"完全之人物"必须具备广博的知识，要接受"今世之知识"。他又将知识分为理论的与实际的两种。理论的知识是人的天性上的要求，满足人们的求知欲，而实际的知识旨在满足社会和人生的需要。知育要对这两种知识都进行培养。对于德育，王国维强调它重于知识，把它看作教育的中心点，认为道德不仅可以使个人获得真正的幸福，而且也可以确保社会的安宁。至于美育，王国维认为它有特殊的作用，强调美育的重要性不在德育和知育之下，教育者必须加以注意，因为它能够"一面使人之感情发达以达完美之域，一面又为德育与智育之手段"。可以说，王国维是中国近代美育思想的奠基者。

受康德、叔本华等西方哲学家的影响，王国维从哲理上对教育宗旨这个根本问题进行了深入的探索，这体现了中国教育正逐步走向世界，并开始与西方先进教育理论接轨。他的论述系统而缜密，知、德、美、体四育的提出，特别是他在美育问题上的独特见解，揭示了教育的一些基本规律，符合教育发展的历史趋势，对其后民国教育方针的确立产生了深远的影响，并开创了中国近现代德、智、体、美和谐发展的教育思想的先河。

（杨云兰）

徐特立(1877—1968),原名懋恂,又名立华,字师陶,湖南长沙人。无产阶级革命家、教育家。其论著汇编为《徐特立文存》等。

徐特立

抗战五个年头中的教育

【题解】 本文是徐特立应延安《解放日报》社编辑之约请撰写的,发表于 1942 年 7 月 16 日《解放日报》。文章回顾了全民族抗战五个年头中的教育,阐述了特定历史阶段的教育性质、教育方针、教育特点以及存在的问题,指明了抗战时期革命教育发展的方向。

【原文】 五年抗战是全面战或总力战,在军事、政治、经济、文化、思想各方面,都成为你死我活的残酷战争。在思想方面,即文化教育方面,其斗争的形式虽有种种,其实质只是民族解放的革命教育与日寇和伪政权的奴化教育的战争。同时在民族解放运动共同的目标下,又有少数人包办的抗战与全民抗战或全民族抗战两种不同的教育思潮。

在抗战初期,民族解放运动的教育蓬蓬勃勃如潮水一般的发展起来,抗战的革命刊物如雨后春笋的发展。革命书店随着民族解放运动的发展而普及到大小城市。抗战必胜,建国必成的信念普及到了全民族。初中学生也要求了解国际问题,辩证唯物论成为极进髦的刊物论题。思想的改造无论彻底与不彻底,其速度超过了中国历史的记录。这时破坏团结抗战的刊物无人购买,只作赠品。人民政治水准的提高对于刊物的鉴别能力也是超历史的。五年抗战武装了全民族的头脑,在思想上已成了不可战胜的民族。武汉退出以后,抗战进到相持阶段时期,军事战、经济战、政治战和文化教育战都进到了空前残酷的阶段,而国内反群众运动和反共分子制造磨擦也随国际法西斯的猖狂而加剧了。于是革命书籍不能出版,而革命书店扫地无余了,进步的教授或撤职,或扣留,进步的青年入了集中营或监狱。

日寇在速战速决战略失败后,就加强以战养战的战略和以华制华的政略,于是奴化教育的建立将普及于敌后。军事上进到相持阶段,而政治上和思想上同样也进到你死我活的战斗阶段。我们在思想方面树立了坚强的壁垒,首先纠正一切不利于团结抗战的思想,即反统一战线的思想和反劳动人民的思想。为着进一步提高革命的理论而提出反主观主义、宗派主义和党八股,以纠正自己的错误和缺点,发动群众来揭发这些错误和缺点,借广大群众的力量来纠正所有在教育上思想上的错误和缺点。革命的教育,其本质是斗争性和群众性,所以批评就是教育的武器。面向群众进行,依靠群众力量来进行,就是斗争的武器。我们的军事技术和生产技术虽然落后,竟能支持五年抗战者,就靠我们有思想上的武器和政治上的武器,用来武装广大群众的头脑。另一方面我们的战争延长到五年之久不能速胜者,不独军事技术上存在着严重的缺点,而且在大后方的教育上亦存在着严重的弱点。因为短短的文章不能更多举事实说明五年来的历史,下面再谈今后的教育。

五年抗战中革命教育与奴化教育和反团结抗战的教育作了坚决的斗争。今后双方的斗争并不会减弱。我们不应该采取防守政策,而是要采取进攻政策。因为反动教育有数千年的历史,而今日的反动教育,一方面是封建的落后性,另一方面又是垂死的资本落后性,法西斯主义常乘封建残余而侵入。同时应该知道思想问题非武装所能解决,也不能够单靠政治,尤其是法律的制裁,对于思想上更难发生积极的作用。一方面需要经济上起根本的变化,另一方面需要在政治斗争和思想斗争中把握正确的路线、正确的立场和方法。具体地说,就是革命的科学的方法和立场。因为只有革命才是反奴化的工具,只有科学才是反复古和反教条主义的工具。

我们要吸收过去人类知识的一切遗产,向我们的友党学习,甚至向敌人学习。因为在历史上华北的文化教育落后于华南,西北尤为落后。一般的文化教育,我们远赶不上我们的友党。科学技术和教育人才与友党相比是小巫见大巫。以整个中国与日本相比,中国又落后甚远。日寇把握着现代的科学与技术,士兵的文化程度比较高,教育又已普及,因此在各种斗争技术掌握上,常占着某些优势,例如反映斗争情况比较敏锐,总结经验比较迅速,战争机构比较灵活。我们因为一般的教育比日寇薄弱,科学技术又相差甚远,所以向敌人学习,向友党学习,反对自高自大,是我们的教育方针之一。但不是无批判的无斗争的学习。在向敌向友学习时,应该坚决地反对奴化教育和复古教育。同时反对贬抑自己,忘记了革命的创造性,夸张敌人与友党的科学和技术,而向科学技术的客观困难条件投降。对于我们的教育事业发生某些悲观,甚至说我们无法培养科学技术干部,要整个地仰给于友党,所有这类的错误思想都应该加以纠正。在学习人类历史知识遗产的口号之下,还应该发扬我们自己的优良传统,即创造性、斗争性、科学性,这是我们学习的作风。我们所以能了解战斗情况。把握正确政策,而不是依靠旧有的一般的教育程度。在这一方面我们是落后的,但学习的作风我们是先进的。我们所以能支持五年抗战,也是恃有这一优良的教育与学习武器。我们应该掌握好这一武器,把优良作风中的主观主义和教条主义加以淘汰。

我们设备太差,学生程度还有问题,教员学识经验还不够,尤其是技术和科学教育方才开始,还不满两个年头,所有这些,根据我们的历史和现在的成绩看来,并不足悲而可欣喜。

下面把我们的教育历史略加叙述:"过去陕北在战争中受着经济封锁,学生买不到纸、笔、墨,就用木盘装着泥土,用木棒或手指在土中写字;没有书籍,教员抄写在黑板上,学生在土盘练习;黑板桌椅一概没有;却建立了四百三十个小学校。鲁迅师范学生三百余人,没有费一文钱的开办费,而教室和自习室的桌凳是由学生从河沟弄来的石板做的。"(见一九三七年四月二十九日的《新中华报》)抗大的窑洞差不多全部是学生挖的。艰难创造的作风是革命的特色。在五年战争破坏中,大后方的教育也与我们有同等的困难。四川大学移到峨嵋时,理学院一年没有实验,西南联大仪器图书不够,学生看书听课都要抢,抢看参考书至于打架(见《战时青年》二卷五期)。"土木工程系的学生这样诉苦:因为自己出产水泥钢铁太少,所以许多建筑用木材及石料来代替,观察及研究实际建筑物也成问题,真是缺点"(见《读书月报》十二期)。"川大农学院所谓实习只是画图看显微镜,农作物的品种都是外国的,因此讲到特征和习性,只是外国的,不是中国的"(《教育通讯》三十四期)。至于教授,虽有些名教授是我们所没有的,聘不到的,但是比之我更落后的也不少。即如:"川大法学院的毕业生当农学院的助教"(《教育通讯》二十八期)。在抗战时期,全世界的生产都集中到军火方面,人才也难以适当地使用,不独中国如此,更不用说我们边区了。在三十六年前,我曾和友人私人出力出钱办了一间小学,被地方落后群众打坏了,并烧掉了。又办了一间高级小学到政府立案,被批驳了。它的批词是:"查该校教员和校长均不支薪,既不为名,又不为利,将何所为。"湖南原有人民所办的淑慎与第一两女校,奉皇帝谕旨封闭了。过去不望政府出钱,求保护和批准也不可。革命事业本质上就是这样。不然就不是革命教育。我们的教育应该强调创造性、革命性,不向物质困难和群众落后投降。陕北群众的文化虽落后,断不至如满清末年捣毁学校。对于教育发生悲观,应该极力纠正。另一方面要知道我们抗战不能长期地停滞在落后的技术上面,而我们的教育、技术和科学,在人才方面,在物资方面,实在赶不上我们的友党和敌人。我们边区还比较是安全的后方。我们工业虽十分落后,基本的机械还有,科学的设备虽然落后,并非落后于民国初年。在这些条件下,不独不应悲观,还应该振奋起来提高一步,况且我们中等以上的学生以及小学生也有许多,不是单纯从学校出身的学生,有些是儿童团剧团的领导者和组织者。中学生和大学生在社会上服务过的,以我所知道的有五年至八年的,前途的远大,我们不能闭着眼不看。抽象地说,学生和教员低于大后方,并且应该承认某些方面远赶不上大后方。在这里我所谈的只是略及教育的基本方面。内容充实,尚有待于将来。

——选自武衡、谈天民、戴永增主编:《徐特立文存(第二卷)》,广东教育出版社 1995 年版,第227—231 页。

【解读】

　　本文首先说明了全民族抗战五个年头里文化教育的实质、教育发展的情况以及教育对策。徐特立指出,这一时期文化教育斗争的实质是"民族解放的革命教育与日寇和伪政权的奴化教育的战争"。革命教育的本质就是斗争性和群众性。为了赢得这场斗争,取得革命教育的胜利,战胜反动教育,就必须让广大群众在思想方面建立坚强的壁垒,坚持"革命的科学的方法和立场"。这也是抗日民主根据地以落后的军事技术和生产技术坚持五年抗战的原因。但是大后方的教育也存在着严重的弱点。为此,徐特立强调要"吸收过去人类知识的一切遗产","向敌人学习,向友党学习,反对自高自大",并把这作为教育方针之一。但这种学习不是无批判的无斗争的,应该坚决反对奴化教育和复古教育,反对贬抑自己,应该发扬抗日民主根据地的优良传统,即创造性、斗争性、科学性的学习作风。

　　本文接着还指出了抗战教育中存在的问题,即人们对教育的悲观态度。为了纠正这种态度,徐特立详细叙述了全民族抗战前的教育历史,认为尽管教育在物质条件方面很困难,群众文化落后,但是教育成绩"并不足悲而可欣喜",鼓励人们"应该振奋起来提高一步"。

本文对于时人了解抗战时期的教育状况、肃清错误思想、认清形势都有积极的作用,从而鼓舞了人们的斗志,指明了教育发展的方向。

(杨云兰)

黄炎培

黄炎培(1878—1965),号楚南,字任之,笔名抱一,江苏川沙(今属上海浦东新区)人。近现代民主革命家、教育家。其主要教育论著汇编为《黄炎培教育论著选》等。

学校教育采用实用主义之商榷

【题解】

学校教育中的学用脱节、"重道轻艺"是中国传统教育长期以来存在的大问题。民国成立后,虽然学校在数量上发展势头迅猛,但这个问题依然存在。对此,时任江苏省教育司司长和江苏省教育会副会长的黄炎培深感忧虑。通过实地调查和理论借鉴思考,他于1913年8月写成本文,同年10月发表在当时很有影响的《教育杂志》第5卷第7号上,在国内引起很大反响。黄炎培在本文中提出的实用主义,其内涵不同于作为哲学概念的实用主义,它主要是指学校教育内容应与学生生活、与社会实际相联系,是针对传统教育专重文字、脱离生活、远离社会的弊病而提出的一个教育上的概念。本文较全面地反映了这一时期黄炎培的教育思想。

【原文】

教育界诸君子鉴之。吾今借此短帙[1],欲与诸君子有所商榷。间尝窃议今之学校教育,殆未尽善。教育者,教之育之使备人生处世不可少之件而已。人不能舍此家庭绝此社会也,则亦教之育之,俾处家庭间、社会间,于己具有自立之能力,于人能为适宜之应付而已。析言之:即所谓德育者宜归于实践;所谓体育者求便于运用;而所谓智育,其初步一遵小学校令之规定,授以生活所必需之普通知识技能而已。乃观今之学子,往往受学校教育之岁月愈深,其厌苦家庭、鄙薄社会之思想愈烈,扞格[2]之情状亦愈著。而其在家庭社会间,所谓道德、身体、技能、知识,所得于学校教育堪以实地运用处,亦殊碌碌无以自见。即以知识论,惯作论说文字,而于通常之存问书函,意或弗能达也;能举拿破仑、华盛顿之名,而亲友间之互相称谓,弗能笔诸书也;习算术及诸等矣,权度在前弗能用也;习理科略知植物科名矣,而庭除之草不辨其为何草也,家具之材不辨其为何木也。此共著之现状固职教育者所莫能为讳者。然则所学果何所用?而所谓生活必需者,或且在彼不在此耶?

自社会困于生计，于是实业教育问题惹起一世之研究。一般论者，谓将以教育为实业之先导，不得不以实业为教育之中心。其道维何？曰多设实业学校也，曰于普通学校加设实业科也，曰提倡实业补习教育也。潮流所趋，几不闻有歧出之论调。余亦推荡此潮流之一人也。进而思之，诚将以实业为教育中心，则一切设施必求悉与此旨相合。苟于普通诸学科不能使之活用于实地之业务，此外，管理训练亦未能陶冶之，使适于实际之生活，而徒专设学校，增设学科，譬犹习运动者，感宽袍大服之不适也，特制一种运动用衣，袭于其外，乃其里衣之宽大如故，可乎哉？夫里衣苟犹是宽大也，将何从袭此特制之衣？袭矣，亦安能达其适于运动之目的？彼不从事于普通诸学科之改良，而徒专设学校增设学科，何以异是？

十年以来，吾国民思想界不可谓无开拓活动之进步，而独至物质文明，则奄然无生色。识者忧之，谓殊与救国之道相背驰也。今夏美教育家孟罗[3]博士东来，既觇吾国教育现状，语余曰："贵国未尝无优良小学校，第以余所见一般学校，理化等科，程度去欧美太远，殊无以为富国之本。"又曰："贵国地层以上之农产，地层以下之矿产，如此天然大富源，加以民俗习于勤俭，苟能于教育注意此点，以余辈外人观之，致富强易易耳。君其善为之。"余聆此语，未尝不感孟罗君之厚意，颇欲于小学注意输入理科知识以植其本。虽然，今小学校未尝废理科也。而若此，毋亦其所取之材与所用之法，不能使之应用于实地之业务使然耶？

凡此诸念，郁勃于余胸际久矣。频年所见所闻，皆若诏余以所倾向之未尝谬，而益增余之郁勃也。犹忆两年前，赴某省之某埠，参观某师范学校，以有所亲肄业，得索观各科讲义，不禁喟然感叹！所最可诧者，教育科讲义，于理论刺刺[4]不已，中间罗列教育家姓氏学说，亘数十纸未尽；至各科教授法，实习教授，全未暇及，而去毕业仅数月矣。其他学科，大率称是。余以所亲见故，感愤倍至！反而思之，余辈往日执业于学校，凡所设施，果能使来学者所得确实否？适于应用否？果不见憾于生徒亲属否？此亦五十步之于百步。吾过矣！吾过矣！自忏之不暇，而敢诅人乎哉！

今岁某君贻余书，述某校教科之缺点，节其语如次，愿与诸君共读之。

"近见师范教育有一种危机，请研究之。某师范某科三年毕业，问其课程，则修身讲伦理学；国文读极高深之古文；教育科心理学一大本，讲述时黑板上列举外国人名无数,叙沿革极详;教育理论仅总论一篇已印有二十页之讲义;博物则用中学校教科书之最详密者;理化大讲方程式;算术外又学代数;滔滔论因子分解法二三周。而调查其成绩,则伦理学名词难记;心理学观念、概念不能区别,'意志'二字不能解释;教育理论但知外国人名,而学说之取义未明;理化方程式但识外国文记号,氧气性质如何、居室通气法如何,均未能明;代数算术题,均待教师板演而钞之。"

自读此书,使余改良学校教育之念大炽。夫此等学校,在今日已算难得,其病坐太过,以视夫校长教员相率怠废职务者,奚止加人一等。然而专事注入,不顾生徒之程度,与其来学之目的,流弊所至,即诸生中容有天姿超拔能自领会者,未必尽如某君书云云。顾欲以之应用于小学教育,难矣。设此一般师范生,即以所受不顾程度、不问目的之教育,转而施诸将来之小学校生徒,教育前途,尚可问乎?

今秋,以事至南汇,遇故人马君亦昂。马,前十年在乡共演说提倡设学校兴新教育者。极言今兹学校教育方法之未善,学子自入学校,起居饮食无一不与家庭与社会相扞格,寄宿者尤甚。往往毕小学业,习农则畏勤动之多劳,习商则感起居之不适。而自实际应用上观之,其所学固一无所得也。循是不变,学校普而百业废,社会生计绝矣。言次,不胜其愤慨! 谆嘱余设法改良,心为怦然!

此皆促余提出改良意见者,往者尝就小学各教科,假定以实用为目的,而设改良之方法如次:

修身:注重偶发事项及作法。

国文:读本材料,全取应用的。作文力戒以论人论事命题,多令作记事、记物、记言等体(记物置实物于前为题,或令写实景)。尤多作书函(正式书函、便启、通告书均备)或拟电报(书函兼授各种称谓,及邮政章程。电报兼授电码翻译法、电报价目表等。旧时《宦乡要则》,今之《官商快览》,以及坊间印售之日记册,附载各种实包有无数适于应用之好资料)。习写各种契据式。书法注重行书。

历史:除近世大事择要授之外,全不取系统的,授以职业界之名人故事等。

地理:多用画图,少用文字。画图必令自习,兼与手工科联络,制为图版(如京津间所售《知方图》等),上绘山脉、河流、道路、都邑、区域,注明各种名称及物产,时就运动场划为各种地形,令之熟习。

算术:演算命题,多用实事或实物。习诸等必备各种度量衡器,使实验之。关于土地面积,则令实地量度。兼授珠算簿记(并宜略授各种新式簿记),示以钞票钱票式样及各国货币,并授验币法(或疑此类于商业学校,非普通学校,然试以验币一事论,孰不用银币,而真赝错出,随处售欺,则虽认验币为普通必要之技能,可也)。

理科:其材料一以人生普通生活所接触所需用为断,时利用事物到吾眼前之机会而教授之,绝不取顺序的(如先植物,次动物、矿物、生理、卫生,又次及理化,此法绝不取之)。教授务示实物,遇不得已时,济以模型标本。必令实验,切戒专用文字,凭空讲授。尤多行校外教授修学旅行。

图画:虽简单之形体,亦参用实物写生,如绘笔示以笔,杯示以杯,鸟示以鸟类(或用标本),尤励行联络他科方法。

手工:宜与图画联络无论矣,尤宜置实物于前,令仿造之。其材料,其方法,务求为他科策应,但仍须适合于生徒程度。

体育:采用锻炼主义,兼视地方情形,令习生活必需之特种运动,如陆则骑马,水则游泳等。

如习外国语,注重会话。

如上所述,未敢云悉当也。一言蔽之,即打破平面的教育,而为立体的教育。易言之,盖欲渐改文字的教育,而为实物的教育。此非创论也。当世教育家固有先我而研究者矣。

去今千八百年前,罗马塞南加(Seneca)[5]氏有言曰,青年之于学校,为生活而学,非为学校而学。近世博爱派之教育学者,如白善独(Besedow)[6]氏、康丕(Compe)[7]氏、柴之孟(Salzmann)[8]氏,亦大鼓吹此实用主义。自裴斯泰洛齐(Pestalozzi)氏出,益主张生活教育,务使学校教育与实际的生活渐相接近。准此而教育方法一变。盖从来一般之教授,仅恃生徒听官之感觉,以为输入之梯。自直观教授行,乃进而利用生徒视官之感觉。今且更进而利用筋肉之感觉,不惟使生徒目睹此事物而已,直令其一一自行实验。由是而论知识,则观念益明确;论技能,则修炼亦精熟。以是谋生处世,遂无复有扞格不入之虑。此种教育,在欧美不仅著为学说,且见诸实行矣。日本人西行考察教育者归,亦辄以是提倡,而未为政府特别注重。今观吾国教育界之现象,虽谓此主义为惟一之对病良药,可也。

余之于教育,愧未尝为系统的研究。偶服政务,盖卒卒鲜读书暇。比者宁垣难作[9],庶政停滞,端居多暇,思夫今兹扰扰,所以酿成此好乱易动之社会,凡坐生计耳。将普养之,毋宁普教之。顾今之教果足以为养地否? 观夫受教者之不能自养,而前途危矣。因世变之亟,使余一缕思潮,辗转起伏以达于此实用主义之一点,誓将贡其所见于教育界同志诸君,辄复辑录关于实用主义之著述二种附供参究,借知吾说之非无所据。诸君子对此主义,其有乐为研究者乎? 窃提出简单之问题二:

一、今日吾国教育是否宜采用此实用主义?

二、对于实用主义之批评。

诸君无论赞同或反对,如有所见,惟冀惠我以书。苟后此续继有得,且将并诸君惠书择要刊布,为第二回之商榷,以备施行。凡此嘤求,聊为喤引[10]。伏候垂教。

——选自田正平、李笑贤编:《黄炎培教育论著选》,人民教育出版社 2018 年版,第 17—22 页。

注释

[1] 短帙,指篇幅不长的书信。帙,音 zhì,原指用布帛制成的包书套。

[2] 扞格,抵触;格格不入。扞,音 hàn。

[3] 孟罗,通译"孟禄"(Paul Monroe,1869—1947),美国教育家。1921 年来华进行教育调查,提倡"科学教育"。与中国教育界人士共同组建中华教育改进社。著有《教育史教科书》等,并主编《教育百科全书》。

[4] 刺刺,啰唆多言貌。

[5] 塞南加,通译"塞涅卡"(Lucius Annaeus Seneca,约前 4—后 65)。古罗马哲学家、戏剧家,晚期斯多亚学派主要代表之一。

[6] 白善独,通译"巴泽多"(Johann Bernhard Basedow,1724—1790),德国著名教育改革家。关于学校教育,巴泽多注重实利科目的设置和实物教授,提倡改革教授方法,重视教科书的编写与改良,重视学校体育活动。曾倡办"泛爱学校",实施其教育理论。主要教育论著有《初等教育指南》《教育方法手册》。

[7] 康丕,通译"坎佩"(Joachim Heinrich Campe,1746—1818),德国泛爱派教育家,曾在巴泽多创办的"泛爱学校"任教,后又在汉堡附近创办学园,进行改革教育的试验。主要教育论著有《无知年轻人的良师益友》《父亲对女儿的忠告》等。

[8] 柴之孟,通译"扎尔茨曼"(Christian Gotthilf Salzmann,1744—1811),德国教育家。著有《蒙养镜》等。

[9] 宁垣难作,指 1913 年二次革命时,黄兴在南京(宁)起兵讨袁,不久二次革命失败,9 月 4 日南京

失陷。

[10] 嘤求,见《诗·小雅·伐木》:"嘤其鸣矣,求其友声。"嘤,鸟鸣声。喤引,指古时大官出行,前驱的
骑卒一路喝道。这里是借喻作为作者倡议的自谦说法。喤,音 huáng。

【解读】 清末"新政"后,中国的新式学校教育获得了长足的发展;尤其是1912年民国成立后,新教育更是表现出勃勃生机。然而,身处其中的黄炎培却发现学校教育重书本轻生活、重理论轻实践的倾向仍十分严重:学生们尽管能写出议论文,却写不好生活中常用的信函;尽管学过算术,却不会使用常见的衡器;尽管略知一些植物的名称,却分辨不出庭院里的花草。诸如此类的情况使学生在学校获得的技能、知识方面的教育和训练,走上社会后毫无用处。这就导致学生"受学校教育之岁月愈深",与家庭、社会愈格格不入。师范教育同样只重理论知识的学习而轻视实践运用,这样的师范生"转而施诸将来之小学校生徒,教育前途,尚可问乎?"如果不思改良,将"学校普而百业废,社会生计绝矣"。

黄炎培认为,要改变这种状况,不能单靠增加一些实业学校或实业科目来解决,关键是要对普通教育的教育观念、教学方法进行改革。在教育观念上,黄炎培指出,"教育者,教之育之使备人生处世不可少之件而已",教育是为了赋予人们社会生活的基本能力,使人"于己具有自立之能力,于人能为适宜之应付"。既然如此,那么"所谓德育者宜归于实践;所谓体育者求便于运用;而所谓智育,……授以生活所必需之普通知识技能而已"。为了进一步说明这个"粗浅"的道理,并提供切实改进的方法,黄炎培具体提出了改革小学各科教学的思路:教学应与儿童的日常生活紧密联系;不强调学科本身的系统性,重在具体运用;要因科制宜采取不同的教学方法;重视实物教学;等等。他把上述思路概括为"打破平面的教育,而为立体的教育""渐改文字的教育,而为实物的教育",并冠之以"实用主义教育"而号召于全国教育界,断言:"今观吾国教育界之现象,虽谓此主义为惟一之对病良药,可也。"本文发表后,全国教育界观念为之大变,并"于民国二、三年间,蔚为一种思潮,流行全国"。

本文提醒人们在中国教育现代化的道路上,制度变革可以使旧教育换一个躯壳,各种教育统计数据的巨大变化也能给人们带来"大发展"的印象,但是新教育是否真的能"新"起来且对国计民生具有切实意义,是需要及时反思的。其实,不但民国的新教育很难"新"起来,即便现在,中国教育重间接经验轻直接经验,教师重讲解不重体验,学生实践能力不强等仍是"痼疾",当前新一轮基础教育课程改革仍强

调课程和教学的生活化、实践化。可以说，中国教育现代化的道路任重道远，先贤思考的教育基本问题仍然值得后人继续思考，并在新的历史条件下作出积极的应答。

中华职业教育社宣言书

【题解】 辛亥革命后，中国近代工业经历了一个长足发展的"黄金时代"，工厂数和产业工人数都急剧增长。然而教育与职业分离、学校与社会脱节的老问题使得一方面工商业界招不到扩大再生产急需的合格人才，另一方面学生却一毕业即失业。职业教育因而成为这一时期社会各界普遍关注的课题。1914年黄炎培辞去江苏省教育司司长的职务，开始了国内外教育考察。中外教育的鲜明对比使黄炎培逐渐意识到，仅从改革普通教育入手，难以尽快解决上述问题。因此，他开始从宣传实用主义到逐渐具体化为提倡职业教育，从致力于普通教育的改革到更多地关心如何沟通教育与职业的联系，其职业教育思想逐渐酝酿成熟。1917年5月6日，黄炎培联合全国各界知名人士在上海发起成立中华职业教育社，并在当日发表了由他起草的《中华职业教育社宣言书》，遂开启了在此后近20年影响深远的职业教育运动的序幕。

【原文】 今之策国是者，莫不重教育；策教育，莫不谋普及。夫教育曷贵乎普及，岂不曰教育普及，则社会国家一切至重要至困难问题，根本上皆得缘以解决也。今吾中国至重要至困难问题，尚有过于生计者乎！兴学二十余年，全国学校亦既有十万八千余所，何以教育较盛之区，饿莩载涂如故，匪盗充斥如故。更进言之，谓今之教育而能解决生计问题，则必受教育者之治生，较易于其未受教育者可知。而何以国中自小学以至大学，学生之毕业于学校而失业于社会者比比。此国人所谛观现象，默审方来，而不胜其殷忧大惧者也。

甲寅之秋，同人有考察京津教育者，某中学学生数百人，其校长见告：吾校毕业生，升学者三之一，谋事而不得事者二之一。乙卯、丙辰两岁，江苏省教育会以毕业生之无出路也，乃就江苏公私立各中学调查其实况。乙卯升学者得百分之二十三，丙辰得百分之三十九，此外大都无业，或虽有业而大都非正当者也。今岁全国教育联合会各省区代表报告,则升学者仅及十之一,或不及十之一。若夫高等小学,今岁调查江苏全省毕业者四千九百八十三人,而收容于各中等学校者,不及四之一,此外大都营营逐逐,谋一业于社会,而苦所学之无可以为用者也。

或曰:此之所云,普通学校耳。则试观夫实业学校、专门学校。有以毕业于纺织专科,而为普通小学校图画教员者矣;有以毕业于农业专科,而为普通行政机关助理员者矣;甚有以留学欧美大学校专门毕业,归而应考试于书业机关,充普通编译员者矣。所用非其所学,滔滔皆是。虽然,此犹足以糊其口也。其十之六七,乃并一啖饭地而不可得。实业学校毕业者且然,其他则又何说。然则教育幸而未发达未普及耳,苟一旦普及,几何不尽驱国人为高等游民,以坐待淘汰于天演耶。曩岁同人鉴于教育之不切实用,相与奔走呼号,发为危言,希图教育当局之省悟。今则情见势绌,无可为讳,盖既不幸言而中矣。

简而言之,吾侪所深知确信而敢断言者,曰今吾中国至重要至困难问题,厥惟生计。曰求根本上解决生计问题,厥惟教育。曰吾中国现时之教育,决无能解决生计问题之希望。曰吾中国现时之教育,不惟不能解决生计问题,且将重予关于解决生计问是〔题〕之莫大障碍。此而不思所以救济,前途其堪问耶!

救济之道奈何? 或曰:此社会事业不发达之故。夫人才而有待夫现成之事业耶,抑事业实待人才而兴也? 或曰:此用人而违其长者之咎。然吾闻农场尝用农学生矣,其知识其技能,或不如老农也。商店尝用商学生矣,其能力未足应商业用,而其结习,转莫能一日安也。吾侪所深知确信而复敢断言者,曰方今受教育者之不能获职业,其害决非他方面贻之,而实现时教育有以自取之也。

且教育曷贵也,语小,个人之生活系焉;语大,世界国家之文化系焉。今吾国文明之进步何如乎? 行于野,农所服者,先畴之畎亩也[1]。游于市,工所用者,高曾之规矩也。夫使立国大地,仅我中华,则率其旧章,长此终古,亦复何害。独念今世界为何等世界,人绝尘而奔,我蛇行[2]而伏。试观美利坚一国,发明新器物,年至四万种,安迭生[3]一人,发明新器物,多至九百种。我未有一焉。谁为为之,无新学识以应用于实际,无新人才以从事于改良,教育不与职业沟通,何怪百业之不进步。由是吾侪深知确信而复敢断言,曰吾国百业之不进步,亦实现时教育有以致之也。

同人于此,既不胜其殷忧大惧。研究复研究,假立救济之主旨三端:曰推广职业教育;曰改良职业教育;曰改良普通教育,为适于职业之准备。

依教育统计,全国中学四百有三所,而甲种实业学校仅九十有四,高等小学七千三百一十五所,而乙种实业学校仅二百三十[4]。夫中学毕业力能升学者,或不及十分之一。高等小学毕业,力能升学者,或不及二十分之一。数若是其少,谋生者数若是其多。乃为学生升学地之中学、高等小学数若是其多,为学生谋生地之实业学校数若是其少,供求不相剂若此,职业教育之推广,其可缓耶! 又况甲乙种实业学校,固未足以括职业教育,而尽给社会分业之所需也。虽然,属于普通性质之中学、高等小学数既若是其多,则一时欲广设职业学校,俾适合乎十分之一、二十分之一中学、高等小学毕业生升学者与谋生者之比,不惟财力将有所不胜,即进行亦嫌其太骤。故同人所主张,一方推广职业学校、职业补习学校,一方于高等小学、中学分设职业科。谓惟此于事实较便,影响较广耳。

虽然,仅言推广职业教育,而谓足解此症结,则又何解于实业学校毕业生失业者之纷纷。盖吾国非绝无职业教育,其所以致此,亦有数原因焉:一曰其设置拘统系而忽供求也。美瑟娄[5]博士有言,苟与我六十万金办中国职业教育,我必以二十万金充调查费。夫职业教育之目的,一方为人计,曰以供青年谋生之所急也;一方又为事计,曰以供社会分业之所需也,然则今时之社会,所需者何业,某地之社会,所需者何业,必一一加以调查,然后立一校,无不当其位置,设一科,无不给其要求,而所养人才,自无见弃之患。今则不然,曰农,曰工,曰商,不可不备也。农若干科,工、商各若干科,苟为法令所无,匪所宜立也。其所汲汲者,在乎统系分明,表式完备,上以是督,下以是报,而所谓时也,地也,孰所需,孰非所需,均在所不暇计。二曰其功课重理论而轻实习也。自《小学校令》有加设农商科之规定,各地设者不少,顾农无农场也,商无商品也,不过加读农商业教科书数册,其结果成为农业国文、商业国文而已。所谓乙种农、工、商学校,亦复如是。即若甲种,其性质既上近专门,其功课更易偏理论。今之学生,有读书之惯习,无服劳之惯习,故授以理论,莫不欢迎;责以实习,莫不感苦。闻农学校最困难为延聘实习教师。夫实习既不易求之一般教师,则所养成之学生,其心理自更可想。而欲其与风蓑雨笠之徒,竞知识之短长,课功能于实际,不亦难乎。三曰其学生贫于能力而富于欲望也。实习非所注重,则能力无自养成。然而青年之志大言大,则既养之有素矣。上海某银行行长,录用学校毕业生有年,一日本其经验语人曰:今之学生,学力不足,而欲望有余,不适于指挥,徒艰于待遇耳。夫银行,新式事业也,犹且如此。则凡大多数之旧式事业,学徒执役,则极其下贱,学成受俸,则极其轻微,其掉头不屑一顾可知。夫生活程度,必与其生活能力相准。办事酬报,必与其办事能力相当。若任重有所不胜,位卑又有所不屑,奚可哉!此第三病根,实于受普通教育时代种之。故同人所主张:改良职业教育,必同时改良普通教育。

救济之主旨如上述,其施行方法奈何?曰调查,曰研究,曰劝导,曰指示,曰讲演,曰出版,曰表扬,曰通信答问。其所注意之方面,为政府,为学校,为社会,而又须有直接之设施。曰择地创立都市式、乡村式男女子职业学校,日、夜、星期职业补习学校。而又须有改良普通教育之准备。曰创立教育博物院。迨夫影响渐广,成效渐彰,又须设职业介绍部。其为事曰调查,曰通告,曰引导。

今欧美之于职业教育,可谓盛矣。德国一职业学校,分科至三百多种。美国黑人实业学校,凡房屋以及房屋之砖之瓦之钉,屋内一切家具,马车以及车之轮之铁之褥之油幔,马之缰及马之豢养,御者之衣及履,食物如面包以及制面包之麦之粉,若牛肉,若牛油,若鸡蛋,若牲畜之豢养及屠宰,无一非出学生手。凡归自欧美者,莫不艳称而极道。然试考其发达之源,英仅自一九零八年苏格兰设教育职业局始[6]。美仅自一九零七年波士顿设少年职业顾问所始[7]。其后经舆论之赞成,极一时之响应,以有今日。可知谋事无所为难,作始不嫌其简。同人不敏,所为投袂[8]奋起,以从事于本社之组织。十年而后,倘获睹夫欧美今日之盛,学校无不用之成材,社会无不学之执业,国无不教之民,民无不乐之生,乃至野无旷土,肆无窳[9]器,市无游氓,因之而社会国家秩序于以大宁,基础于以确立,斯皆有赖夫全国同志群策群力之赞助,以底于成,而非同人一手一足之所能为役矣。同人所敢言者,矢愿本其忠诚,竭其才力,终始其事。一切组织,具如别订。盖诚目击夫现象之大危,心怀夫方来之隐患,以谓方今最重要最困难之问题,莫生计若。而求根本上解决此问题,舍沟通教育与职业,无所为计。惟我教育家、实业家与夫热心谋所以福国家利社会诸君子有以教之。

——选自田正平、李笑贤编:《黄炎培教育论著选》,人民教育出版社 2018 年版,第 145—149 页。

【注释】

［1］先畴，先人所遗的田地。畎亩，田间；田地。畎，音 quǎn。班固《西都赋》："士食旧德之名氏，农服先畴之畎亩。"

［2］蛇行，像蛇一样伏地爬行。

［3］安迭生，通译"爱迪生"（Thomas Alva Edison，1847—1931）。美国发明家、科学家。

［4］实业学校，1913 年由清末创办的实业学堂改称。分甲、乙两种，各设农业、工业、商业、商船四科。甲种以省立为原则，相当于中学程度，修业期预科一年，本科三年。乙种以县立（允许私立）为原则，相当于高等小学程度，修业三年。1922 年改称"职业学校"。

［5］瑟娄（T. H. P. Sailer），美国哥伦比亚大学教授。1915 年 12 月来华考察教育，应邀在江苏教育会讲演并与黄炎培讨论中国教育问题。

［6］苏格兰职业教育局，1908 年由爱丁堡学校教育部（Edinburgh School Board）创立。

［7］波士顿少年职业顾问所，1907 年由帕森斯（Frank Parsons）教授创立，主要任务是指导青少年选择职业。

［8］投袂，振袖；甩袖。形容决绝或奋发。袂，音 mèi，衣袖。

［9］窳，音 yǔ，器物粗劣。

【解读】

　　职业教育思想是黄炎培教育思想的核心，也是他在中国近代教育史上留下的最宝贵的财富。在本文中，黄炎培以从实际情况出发的一贯立场，揭露了当时普通学校和实业学校毕业的学生"所学之无可以为用"而导致比比皆是的"毕业于学校而失业于社会"的现象。面对大量毕业于现代学校却连"一啖饭地而不可得"的学生，黄炎培叹息道："教育幸而未发达未普及耳，苟一旦普及，几何不尽驱国人为高等游民，以坐待淘汰于天演耶。"

　　为了解决"今吾中国至重要至困难"的"生计问题"，黄炎培提出了用沟通教育与职业的思路，创立一种融教育与职业为一体的新教育形式——职业教育。这种教育的目的是：一方面"为人计"，使青年获得谋生的一技之长；一方面"又为事计""供社会分业之所需"。黄炎培认为，教育的意义说小是关系到个人的生活，说大更是关系到国家和世界文化的发展，所以提倡职业教育是整个教育事业的题中应有之义。

　　基于此，本文确立了实施职业教育的三个主旨：一是推广职业教育，二是改良职业教育，三是改良普通教育，使之"适于职业之准备"。首先，推广职业学校和职业补习学校，并在高等小学和中学里分设职业科，以扭转普通学校与实业学校比例严重失调的局面。其次，针对实业学校"设置拘统系而忽供求""功课重理论而轻实习""学生贫于能力而富于欲望"的弊端而改良之,其中第三种弊端也是普通教育的通病,所以普通教育也要改良。此外,本文还介绍了欧美职业教育的盛况,具体提出了实施职业教育的方法和内容。

如果说在 1917 年以前,黄炎培对教育的"兴奋点"在于如何在普通教育中倡导实用主义,进行教育改革,那么 1917 年中华职业教育社的成立以及本文的发表,标志着黄炎培的教育活动进入了一个新阶段。1917—1937 年这 20 年间,从创办中华职业教育社、中华职业学校,到《教育与职业》杂志问世;从对职业教育的调查、研究、宣传,到设立职业指导机构,开展职业指导活动;从试验如何在普通学校实施职业教育,到提出"大职业教育主义"思想;从注重城市职业教育,到开辟乡村改进试验区,推行农业职业教育;从国内职业教育的推广,到南洋职业教育的勃发,黄炎培为推进职业教育事业竭尽了全部的力量。舒新城评论道,"中国近代各种教育思想在实际上的影响,无有出乎职业教育思想之外者"(《近代中国教育思想史》),这也是对黄炎培的最好评价。

(叶哲铭)

陈独秀(1879—1942)，字仲甫，号实庵，安徽怀宁(今安庆)人。中国共产党主要创始人和早期领导人，近代思想家、教育家。主要著作收入《独秀文存》《陈独秀著作选编》。

陈独秀

今日之教育方针

【题解】 本文发表于 1915 年 10 月 15 日《青年杂志》第 1 卷第 2 号。"今日之教育方针"是针对袁世凯政府提出来的。同年初，袁世凯申令国民教育的目标是培养"大仁大智大勇之国民"，强调以"忠孝节义植其基"。不久，颁发《教育纲要》，规定中小学加读经科，大学设经学院。又另定《教育要旨》，把"法孔孟"列为教育宗旨之一。7 月，教育部正式废止 1912 年南京临时政府教育部制定的《小学校令》，并在大、中、小学恢复尊孔读经教育。为了批判这种复古教育，陈独秀写了本文。

【原文】 居今日之中国而谈教育，无贤不肖将共非之。上方百计仆此以为弭乱之计，下亦以非生事所需，一言教育，贤者叹为空谈，不肖者訾为多事，吾则以为皆非也。多事之说，良以教育非能致富求官也，然则教育之所以急需，正为此辈而设。空谈之说，亦志行薄弱，随俗进退者之用心，吾无取也。何以言之？盖教育有广狭二义：自狭义言之，乃学校师弟之所授受；自广义言之，凡伟人大哲之所遗传，书籍报章之所论列，家庭之所教导，交游娱乐之所观感，皆教育也。以执政之摧残学校，遂谓无教育之可言，执政倘焚书坑儒，将更谓识字之迂阔乎？以如斯志行薄弱之人主持教育，虽学生遍乎域中，岁费增至亿万，兴国作民之事，必无望也！反乎此者，虽执政尽废全国学校，而广义教育，非其力所能悉除，强毅之士，不为所挠，填海移山，行见教育精神，终有救国新民之一日。发空谈之长叹，煽消极之恶风，其罪殆与摧残教育之执政相等。即以狭义之教育言之，二三年来，学校破坏，诚可痛心；然就此孑遗[1]，非绝无振作精神之余地；乃必欲委心任运[2]，因循敷衍，致此残败之余，亦归残败，青年学子，用以自放，绝无进取向上之心，呜呼！是谁罪欤？吾以为已破坏之学校，罪在执政；未破坏之学校，其腐败堕落等于破坏者，则罪在教育家！

教育家之整理教育，其术至广，而大别为三：一曰教育之对象，一曰教育之方针，一曰教育之方法。教育之对象者，即受教育者之生理的及心理的性质也；教育之方针者，应采何主义以为归宿也；教育之方法者，应若何教授陶冶以实施此方针也。三者之中，以教育之方针为最要：如矢之的，如舟之舵。不此是图，其他设施，悉无意识[3]。

第所谓教育方针者，中外古今，举无一致。欧洲中世，教育之权，操之僧侣，其所持教育方针，乃以养成近似神子（即耶稣）之人物[4]；近世政教分离，国民普通教育，恒属于国家之经营，施教方针，于焉大异。斯巴达（Sparta 古代希腊 Laconia 州之首府）人之教育[5]，期以好勇善斗，此所谓军国民教育主义也。此主义已为近世教育家所不取（德意志及日本虽以军国主义闻于天下，然其国之隆盛，盖不独在兵强，其国民教育方针，德智力三者未尝偏废），以其戕贼人间个性之自由，失设教之正鹄也。法兰西哲学者庐梭[6]，以人生本乎自治，为立教之则，此哲家之偏见，未可施诸国民普通教育者也。德意志之哲学者赫尔巴特（Herbart）[7]，近世教育家之泰斗也。其说以品行之陶冶，为教育之极则，十九世言教育者，多以赫氏为宗。所谓赫尔巴特派教育学与康德[8]派哲学，殆如并世之双峰；然晚近学者多非之，至称为雕刻师而非教育家，盖以其徒事表象之庄严，陷于漠视体育与心灵二大缺点也。现今欧美各国之教育，罔不智德力三者并重而不偏倚，此其共通之原理也。而各国特有之教育精神：英吉利所重者，个人自由之私权也；德意志所重者，军国主义，举国一致之精神也；法兰西者，理想高尚，艺术优美之国也；亚美利加者，兴产殖业，金钱万能主义之国也。稽此列强教育之成功，均有以矜式[9]宇内者。吾国今日之教育方针，将何所取法乎？

窃以理无绝对之是非，事以适时为兴废。吾人所需于教育者，亦去其不适以求其适而已。盖教育之道无他，乃以发展人间身心之所长而去其短，长与短即适与不适也。以吾昏惰积弱之民，谋教育之方针，计惟去短择长，弃不适以求其适；易词言之，即补偏救弊，以求适世界之生存而已。外览列强之大势，内鉴国势之要求，今日教学相期者，第一当了解人生之真相，第二当了解国家之意义，第三当了解个人与社会经济之关系，第四当了解未来责任之艰巨。准此以定今日教育之方针，教于斯，学于斯，吾国庶有起死回生之望乎。依此方针，说其义于下方：

595

（一）现实主义

人生之真相,果如何乎? 此哲学上之大问题也。欲解决此问题,似尚非今世人智之所能。征诸百家已成之说,神秘宗教,诉之理性,决其立言之不诚,定命之说,不得初因,难言后果。印度诸师,悉以现象世界为妄觉,以梵天真如为本体[10](惟一切有部之说[11]微异斯旨);惟征之近世科学,官能妄觉,现象无常,其说不误。然觉官有妄,而物体自真;现象无常,而实质常住。森罗万象,瞬刻变迁,此无常之象也。原子种性[12],相续不灭,此常之象也。原子种性不灭,则世界无尽;世界无尽,则众生无尽;众生无尽,则历史无尽。尔我一身,不过人间生命一部分之过程,勿见此身无常,遂谓世间一切无常;尔之种性及历史,乃与此现在实有之世界相永续也。以现象之变迁,疑真常之存在,于物质世界之外,假定梵天真如以为本体,薄现实而趣空观,厌倦偷安,人治退化,印度民族之衰微,古教宗风,不能无罪也。耶稣之教,以为人造于神,复归于神,善者予以死后之生命,恶者夺之,以人生为神之事业。其说虽诞,然谓天国永生,而不指斥人世生存为妄幻,故信奉其教之民,受祸尚不若印度之烈。加之近世科学大兴,人治与教宗并立,群知古说迷信,不足解决人生问题矣。

总之,人生真相如何,求之古说,恒觉其难通;征之科学,差谓其近是。近世科学家之解释人生也:个人之于世界,犹细胞之于人身,新陈代谢,死生相续,理无可逃;惟物质遗之子孙,(原子不灭)精神传之历史;(种性不灭)个体之生命无连续,全体之生命无断灭;以了解生死故,既不厌生,复不畏死;知吾身现实之生存,为人类永久生命可贵之一隙,非常非暂,益非幻非空;现实世界之内有事功,现实世界之外无希望。唯其尊现实也,则人治兴焉,迷信斩焉:此近世欧洲之时代精神也。此精神磅薄无所不至:见之伦理道德者,为乐利主义;见之政治者,为最大多数幸福主义;见之哲学者,曰经验论,曰唯物论;见之宗教者,曰无神论;见之文学美术者,曰写实主义,曰自然主义。一切思想行为,莫不植基于现实生活之上。古之所谓理想的道德的黄金时代,已无价值之可言。德意志诗人海雷(Heine,生于一七九七年,卒于一八五六年)[13]有言曰:"海之帝国属于英吉利,陆之帝国属于法兰西,空之帝国属于德意志。"斯言也,意在讽劝其国人,一变其理想主义而为现实主义也。现实主义,诚今世贫弱国民教育之第一方针矣。

（二）惟民主义

封建时代,君主专制时代,人民惟统治者之命是从,无互相连络之机缘,团体思想,因以薄弱。此种散沙之国民,投诸国际生存竞争之漩涡,国家之衰亡,不待蓍卜。是以世界优越之民族,由家族团体,进而为地方团体,更进而为国家团体。近世欧洲文明进于中古者,国家主义,亦一特异之征也。第国家主义既盛,渐趋过当,遂不免侵害人民之权利。是以英、法革命以还,惟民主义,已为政治之原则。美、法等共和国家无论矣,即君主国,若英吉利,若比利时,亦称主权在民,实行共和政治。欧洲各国,俄罗斯、土耳其之外,未有敢蹂躏宪章,反抗民意者也。十八世纪以来之欧洲绝异于前者,惟民主义之赐也。吾人非崇拜国家主义,而作绝对之主张;良以国家之罪恶,已发见于欧洲,且料此物之终毁。第衡之吾国国情,国民犹在散沙时代,因时制宜,国家主义,实为吾人目前自救之良方。

惟国人欲采用此主义,必先了解此主义之内容。内容维何? 欧、美政治学者诠释近世国家之通义曰:"国家者,乃人民集合之团体,辑内御外,以拥护全体人民之福利,非执政之私产也。"易词言之,近世国家主义,乃民主的国家,非民奴的国家。民主国家,真国家也,国民之公产也。以人民为主人,以执政为公仆者也。民奴国家,伪国家也,执政之私产也,以执政为主人,以国民为奴隶者也。真国家者,牺牲个人一部分之权利,以保全体国民之权利也。伪国家者,牺牲全体国民之权利,以奉一人也。民主而非国家,吾不欲青年耽此过高之理想;国家而非民主,则将与民为邦本之说,背道而驰。若惟民主义之国家,固吾人财产身家之所托。人民应有自觉自重之精神,毋徒事责难于政府。若期期[14]唯共和国体是争,非根本之计也。

（三）职业主义

现实之世界,即经济之世界也。举凡国家社会之组织,无不为经济所转移所支配。古今社会状态之变迁,与经济状态之变迁同一步度。此社会学者经济学者所同认也。今日之社会,植产兴业之社会也;分工合力之社会也;尊重个人生产力,以谋公共安宁幸福之社会也。一人失其生产力，则社会失其一部分之安宁幸福。生产之力，弱于消费，于社会，于个人，皆属衰亡之兆。

征之吾国经济现象，果如何乎？功利货殖，自古为羞；养子孝亲，为毕生之义务：此道德之害于经济者也。债权无效，游惰无惩：此法律之害于经济者也。官吏苛求，上下无信；姬妾仆从，漫无限制：此政治之害于经济者也。并此数因，全国之人，习为游惰：君子以闲散鸣高，遗累于戚友；小人以骗盗糊口，为害于闾阎[15]。生寡食众，用急为舒。于此经济竞争剧烈之秋，欲以三等流氓（政治家为高等流氓，士人为中等流氓，流氓为下等流氓，以其均无生产力也）立国，不其难乎？

今之教育，倘不以尊重职业为方针，不独为俗见所非，亦经世家所不取。盖个人以此失其独立自营之美德，社会经济以此陷于不克自存之悲境也。

（四）兽性主义

日本福泽谕吉[16]有言曰："教育儿童，十岁以前，当以兽性主义；十岁以后，方以人性主义。"进化论者之言曰：吾人之心，乃动物的感觉之继续。人间道德之活动，乃无道德的冲动之继续。良以人类为他种动物之进化，其本能与他动物初无异致。所不同者，吾人独有自动的发展力耳。强大之族，人性，兽性，同时发展。其他或仅保兽性，或独尊人性，而兽性全失，是皆堕落衰弱之民也。

兽性之特长谓何？曰，意志顽狠，善斗不屈也；曰，体魄强健，力抗自然也；曰，信赖本能，不依他为活也；曰，顺性率真，不饰伪自文也。晰种之人[17]，殖民事业遍于大地，唯此兽性故；日本称霸亚洲，唯此兽性故。彼之文明教育，粲然大备，而烛远之士，恒期期以丧失此性为忧，良有以也。

余每见吾国曾受教育之青年，手无搏鸡之力，心无一夫之雄；白面纤腰，妩媚若处子；畏寒怯热，柔弱若病夫：以如此心身薄弱之国民，将何以任重而致远乎？他日而为政治家，焉能百折不回，冀其主张之贯彻也？他日而为军人，焉能戮力疆场，百战不屈也？他日而为宗教家，焉能投迹穷荒，守死善道也！他日而为实业家，焉能思穷百艺，排万难，冒万险，乘风破浪，制胜万里外也？纨绔子弟遍于国中；朴茂青年，等诸麟凤；欲以此角胜世界文明之猛兽，岂有济乎？茫茫禹域[18]，来日大难。吾人倘不以劣败自甘，司教育者与夫受教育者，其速自觉觉人，慎毋河汉[19]吾言，以常见虚文自蔽也！

——选自陈独秀著：《独秀文存》，安徽人民出版社1987年版，第14—20页。

注释

［1］孑遗，遗留；余剩。

［2］委心，听任本心自然。任运，听任命运摆布。

［3］意识，此为"意义"的意思。

［4］中世纪的欧洲，教育受天主教教会控制。教会设有许多教会学校，如座堂学校（旧译"主教学校"）、隐修院学校（旧译"僧院学校"）和堂区学校（旧译"教区学校"）。前两类学校均以培养教士为任务。

［5］古希腊的斯巴达教育以培养坚强的、受过锻炼的未来战士为目标，特重体育、军事体操和忍受寒冷、饥渴的锻炼。男孩7岁起即进国家教育机关受教，18岁进青年军事政治训练学校，并服兵役。后人就把这种培养尚武精神、专重体育和军事操练、灌输爱国意识的教育称为"军国民教育"。

［6］庐梭，通译"卢梭"（Jean-Jacques Rousseau，1712—1778），法国启蒙思想家、哲学家、教育家。在教育思想方面，提倡自然教育，要求尊重儿童个性。著有《论人类不平等的起源和基础》《爱弥儿》《社会契约论》等。

［7］赫尔巴特（Johann Friedrich Herbart，1776—1841），德国哲学家、心理学家、教育家。他认为道德是"人类的最高目的"，也是"教育的最高目的"。主张教育的任务是培养具有"完美德性"的人；强调通过管理和训练养成儿童的良好习惯，完成其道德；提出"教育性教学"原则，要求通过教学培养多方面的兴趣，灌输道德观念。著有《普通教育学》《教育学讲授纲要》《哲学概论》等。

［8］康德（Immanuel Kant，1724—1804），德国哲学家，德国古典唯心主义哲学创始人。著有《自然通史和天体论》《判断力批判》《纯粹理性批判》《实践理性批判》《未来形而上学导言》《道德形而上学基础》等。

［9］秭式，取法。

［10］梵天，梵文Brahmā（婆罗贺摩）的意译。婆罗门教、印度教的创造之神。传说世界万物（包括神、人、魔鬼、灾难）都是梵天创造的。真如，译自梵语Tathatā，意为"事物的真实状况和性质"。佛教认为用语言、思维等表达事物的真相，总不免有所增减，不能恰到好处。要表示其真实，只能用"照那样子"的"如"字来作形容。《成唯识论》卷九："真，谓真实，显非虚妄；如，谓如常，表无变易。谓此真如，于一切位，常如其性，故曰真如。"中国佛教学者大都将它作为宇宙万有的本体之称，与实相、法界等同义。

［11］一切有部之说，指佛教部派之一"说一切有部"的教义。说一切有部，梵文Sarvāstivāda的意译，音译"萨婆多部""萨婆帝婆部"等。该教派主张"三世实有"，即过去、未来与现在一样，皆有实体，与

以"真如"为本体的佛教部派教义不同。

[12] 原子,组成单质和化合物分子的最小微粒。种性,这里泛指种族、人类。

[13] 海雷,通译"海涅"(Heinrich Heine,1797—1856),德国诗人、政论家,作品有《诗歌集》《哈尔茨山游记》《时代诗歌》等。

[14] 期期,原形容口吃,说话蹇涩,每语重言。这里指反复争论。

[15] 闾阎,里巷的门,此指里巷。

[16] 福泽谕吉(1835—1901),日本明治维新时代的启蒙思想家,长期从事教育活动。主要著作有《劝学篇》《文明论概略》《帝室论》等。

[17] 晰种之人,白种人。

[18] 禹域,中国的别称。传说禹首先划分九州,并指定名山、大川为各州疆界,故后相沿称中国为禹域。

[19] 河汉,比喻言论夸诞,不着边际,使人难以置信。《庄子·逍遥游》:"肩吾问于连叔曰:'吾闻言于接舆,大而无当,往而不返,吾惊怖其言,犹河汉而无极也。'"此引申为忽视之意。

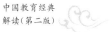

在本文中,陈独秀根据西方资产阶级教育理论以及科学、民主的精神,阐发了其理想中的教育方针。他认为教育方针应该"去短择长","补偏救弊,以求适世界之生存"。根据国内外形势的要求,陈独秀提出了教育要贯彻四大主义:(一)现实主义。这主要是为了"了解人生之真相",解决人生问题,提倡用科学和现实生活的教育取代复古迷信的"理想主义"教育。(二)惟民主义。为实现民主的国家而非民奴的国家,教育要使人民了解国家之意义,培养人民自觉自重之精神,所以要用民主主义教育取代封建的专制主义教育。(三)职业主义。这主要从个人与社会经济的关系的角度着眼,陈独秀认为传统以"功利货殖"为羞,"养子孝亲,为毕生之义务"的教育既使"个人以此失其独立自营之美德",也使"社会经济以此陷于不克自存之悲境",认为这种空疏迂腐的伦理说教教育必须为职业教育所取代,强调以尊重职业为教育方针之一。(四)兽性主义。提倡以注重体魄和意志锻炼的强身教育取代忽视体育而培养出"心身薄弱"的弱民教育,认为只有这种教育才能培养出身心皆健康的国民,也才能担负起艰巨的未来责任。

本文所倡导的近代教育方针,体现了时代的进步性,有力地抨击了当时倒行逆施的复古教育的浊流,对于唤醒民众、推动社会的发展发挥了积极的作用。此外,它还有极强的现实意义,陈独秀为使国家"起死回生"而制定的教育方针,其中深挚的爱国热忱使国人受到强烈的震撼。

宪法与孔教

本文发表于1916年11月1日《新青年》第2卷第3号。当年9月20日,康有为在《时报》发表《致总统总理书》,再次要求"以孔教为大教,编入宪法,复祀孔子之拜跪礼"。10月4日,张勋等十三省区督军、省长等又致电黎元洪,请提议于国会,"照旧定孔教为国教,保存郡县学宫及其学田祭田,设奉祀生,跪拜礼,编入宪法,永不得再议"。一时各地尊孔会社与军阀、政客函电交驰,又一次掀起尊孔复古逆流。陈独秀以《新青年》为阵地,发表了一系列文章,本文对"定孔教为国教"的谬论和宪法草案中关于"国民教育,以孔子之道为修身大本"的规定,进行了有力的批驳。

"孔教"本失灵之偶像,过去之化石,应于民主国宪法,不生问题。只以袁皇帝干涉宪法之恶果,天坛草案[1],遂于第十九条,附以尊孔之文,敷衍民贼,致遗今日无谓之纷争。然既有纷争矣,则必演为吾国极重大之问题。其故何哉?盖孔教问题不独关系宪法,且为吾人实际生活及伦理思想之根本问题也。

余尝谓:"自西洋文明输入吾国,最初促吾人之觉悟者为学术,相形见绌,举国所知矣。其次为政治。年来政象所证明,已有不克守缺抱残之势。继今以往,国人所怀疑莫决者,当为伦理问题。此而不能觉悟,则前此之所谓觉悟者,非彻底之觉悟,盖犹在惝恍迷离之境。"(见《吾人最后之觉悟》)盖伦理问题不解决,则政治学术,皆枝叶问题。纵一时舍旧谋新,而根本思想,未尝变更,不旋踵而仍复旧观者,此自然必然之事也。

孔教之精华曰礼教,为吾国伦理政治之根本。其存废为吾国早当解决之问题,应在国体宪法问题解决之先。今日讨论及此,已觉甚晚。吾国人既已纷纷讨论,予亦不得不附以赘言。

增进自然界之知识,为今日益世觉民之正轨。一切宗教,无裨治化,等诸偶像,吾人可大胆宣言者也。今让一步言之,即云浅化之民,宗教在所不废。然通行吾国各宗教,若佛教教律之精严,教理之高深,岂不可贵?又若基督教尊奉一神,宗教意识之明了，信徒制行之清洁，往往远胜于推尊孔教之士大夫。今蔑视他宗，独尊一孔，岂非侵害宗教信仰之自由乎？（所谓宗教信仰自由者，任人信仰何教，自由选择，皆得享受国家同等之待遇，而无所歧视。今有议员王谢家建议，以为倘废祀孔，乃侵害人民信教之自由，其言实不可解。国家未尝祀佛，未尝祀耶，今亦不祀孔，平等待遇，正所谓尊重信教自由，何云侵害？盖王君目无佛耶，只知有孔，未尝梦见信教自由之为何物也。）

今再让一步言之。或云佛、耶二教，非吾人固有之精神，孔教乃中华之国粹。然旧教九流[2]，儒居其一耳。阴阳家[3]明历象，法家[4]非人治，名家[5]辨名实，墨家[6]有兼爱节葬非命诸说，制器敢战之风，农家[7]之并耕食力：此皆国粹之优于儒家、孔子者也。今效汉、武之术，罢黜百家，独尊孔氏[8]，则学术思想之专制，其湮塞人智，为祸之烈，远在政界帝王之上。

今再让一步言之。或谓儒教包举百家，独尊其说，乃足以化民善俗。夫非人是己，宗风所同。使孔教会仅以私人团体，立教于社会，国家固应予以与各教同等之自由。使仅以"孔学会"号召于国中，尤吾人所赞许（西人于前代大哲，率有学会以祀之）。今乃专横跋扈，竟欲以四万万人各教信徒共有之国家，独尊祀孔氏，竟欲以四万万人各教信徒共有之宪法，独规定以孔子之道为修身大本。呜呼！以国家之力强迫信教，欧洲宗教战争，殷鉴不远[9]。即谓吾民酷爱和平，不至激成战斗，而实际生活，必发生种种撞扰不宁之现象（例如假令定孔教为国教，则总统选举法，及官吏任用法，必增加异教徒不获当选一条。否则异教徒之为总统官吏者，不祀孔则违法，祀孔则叛教，无一是处。又如学校生徒之信奉佛、道、耶、回各教者，不祀孔则违背校规，祀孔则毁坏其信仰，亦无一是处），去化民善俗之效也远矣。

以何者为教育大本，万国宪法，无此武断专横之规定。而孔子之道适宜于民国教育精神与否，犹属第二问题。盖宪法者，全国人民权利之保证书也，决不可杂以优待一族一教一党一派人之作用。以今世学术思想之发达，无论集硕学[10]若干辈，设会讨论教育大本，究应以何人学说为宗，吾知其未敢轻决而著书宣告于众。况挟堂堂国宪，强全国之从同，以阻思想信仰之自由，其无理取闹，宁非奇谈！

凡兹理由，俱至明浅，稍有识者皆知之，此时贤之尊孔者，所以不以孔教为宗教者有之；以为宗教而不主张假宪法以强人信从者有之。此派之尊孔者，虽无强人同己之恶习,其根本见解,予亦不敢盲从。故今所讨论者,非孔教是否宗教问题,且非但孔教可否定入宪法问题,乃孔教是否适宜于民国教育精神之根本问题也。此根本问题,贯彻于吾国之伦理政治社会制度日常生活者,至深且广,不得不急图解决者也。欲解决此问题,宜单刀直入,肉薄问题之中心。

其中心谓何?即民国教育精神果为何物,孔子之道又果为何物,二者是否可以相容是也。

西洋所谓法治国者,其最大精神,乃为法律之前,人人平等,绝无尊卑贵贱之殊。虽君主国亦以此为立宪之正轨,民主共和,益无论矣。然则共和国民之教育,其应发挥人权平等之精神,毫无疑义。复次欲知孔子之道,果为何物。此主张尊孔与废孔者,皆应有明了之概念,非可笼统其词以为褒贬也。

今之尊孔者,率分甲乙两派:甲派以三纲五常,为名教之大防,中外古今,莫可逾越,西洋物质文明,固可尊贵,独至孔门礼教,固彼所未逮。此中国特有之文明,不可妄议废弃者也。乙派则以为三纲五常之说,出于纬书[11],宋儒盛倡之,遂酿成君权万能之末弊,原始孔教,不如是也。持此说之最有条理者,莫如顾实君,谓宋以后之孔教,为君权化之伪孔教;原始孔教,为民间化之真孔教。三纲五常,属于伪孔教范畴,取司马迁之说,以四教(文,行,忠,信),四绝(毋意,毋必,毋固,毋我),三慎(齐,战,疾)[12],为原始之真孔教范畴。(以上皆顾实君之说,详见第二号民彝杂志《社会教育及共和国魂之孔教论》)愚则宁是甲而非乙也。

三纲五常之名词,虽不见于经,而其学说之实质,非起自两汉、唐、宋以后,则不可争之事实也。教忠(忠有二义:一对一切人,一对于君。与孝并言者,必为对君之忠可知),教孝(吴稚晖先生,谓孝为古人用爱最挚之一名词,非如南宋以后人之脑子,合忠孝为一谈,一若言孝,而有家庭服从之组织,隐隐寓之于中;又云孝之名即不存,以博爱代之:父与父言博爱,慈矣,子与子言博爱,孝矣[13]。——以上见十月九日中华新报说孝——倘认人类秉有相爱性,何独无情于骨肉?吴先生以爱代孝之说尚矣。惟儒教之言孝,与墨教之言爱,有亲疏等差之不同,此儒墨之鸿沟,孟氏所以斥墨为无父也[14]。吴先生之言,必为墨家所欢迎,而为孔孟所不许。父母死三年,尚无改其道[15],何论生存时家庭服从之组织?儒教莫要于礼,礼莫重于祭,祭则推本于孝。——《祭统》云:"凡治人之道,莫急于礼。礼有五经,莫重于祭。"又云："祭者，所以追养继孝也。"[16]——儒以孝为人类治化之大原，何只与忠并列？《祭统》云："忠臣以事其君，孝子以事其亲，其本一也。"《孝经》云："资于事父以事君而敬同。"又云："孝莫大于严父。"又云："父母之道，天性也，君臣之义也。"又云："要君者无上，非圣人者无法，非孝者无亲，此大乱之道也。"审是，忠孝并为一谈，非始于南宋，乃孔门立教之大则也。吴先生所云，毋乃犹避腐儒非古侮圣之讥也欤？）教从（《郊特牲》曰："妇人，从人者也：幼则父兄，嫁则从夫，夫死从子"[17]），非皆片面之义务，不平等之道德，阶级尊卑之制度，三纲之实质也耶？"不仕无义，长幼之节，不可废也，君臣之义，如之何其废之[18]"；"挞之流血，起敬起孝[19]"；"妇人者，伏于人者也"；"夫不在，敛枕箧簟席襡，器而藏之[20]"。此岂宋以后人尊君尊父尊男尊夫之语耶？纬书，古史也，可以翼经，岂宋后之著作？董仲舒，马融，班固，皆两汉大儒。董造《春秋繁露》[21]，马注《论语》[22]，班辑《白虎通》[23]，皆采用三纲之说。朱子不过沿用旧义，岂可独罪宋儒？

　　愚以为三纲说不徒非宋儒所伪造，且应为孔教之根本教义。何以言之？儒教之精华曰礼。礼者何？《坊记》曰："夫礼者，所以章疑别微，以为民坊者也，故贵贱有等，衣服有别"[24]；又曰："天无二日，土无二王，家无二主，尊无二上，示民有君臣之别也。"《哀公问》[25]曰："民之所由生，礼为大：非礼无以节事天地之神也，非礼无以辨君臣上下长幼之位也。"《曲礼》[26]曰："夫礼者，所以定亲疏，决嫌疑，别同异，明是非也"；又曰："君臣上下，父子兄弟，非礼不定。"《礼运》[27]曰："礼者，君之大柄也。"《礼器》曰："礼之近人情者，非其至者也。"《冠义》[28]曰："责成人礼焉者，将责为人子，为人弟，为人臣，为人少者之礼行焉。"是皆礼之精义。（晏婴所讥盛容繁饰，登降之礼，趋详之节，累世不能殚其学，当年不能究其礼[29]，此犹属义文之末）尊卑贵贱之所由分，即三纲之说之所由起也。（三纲之义，乃起于礼别尊卑，始于夫妇，终于君臣，共贯同条，不可偏废者也。今人欲偏废君臣，根本已摧，其余二纲，焉能存在？浏阳李女士[30]，主张夫妻平等，以为无伤于君父二纲，——见本年第五号《妇女杂志》社说——是皆不明三纲一贯之根本精神之出于礼教也。）

　　此等别尊卑明贵贱之阶级制度，乃宗法社会封建时代所同然，正不必以此为儒家之罪，更不必讳为原始孔教之所无。愚且以为儒教经汉、宋两代之进化，明定纲常之条目，始成一有完全统系之伦理学说。斯乃孔教之特色，中国独有之文明也。

若夫温良恭俭让信义廉耻诸德,乃为世界实践道德家所同遵,未可自矜特异,独标一宗者也。

使今犹在闭关时代,而无西洋独立平等之人权说以相较,必无人能议孔教之非。即今或谓吾华贱族,与晰人殊化,未可强效西鞏[31],愚亦心以为非而口不能辨。惟明明以共和国民自居,以输入西洋文明自励者,亦于与共和政体西洋文明绝对相反之别尊卑明贵贱之孔教,不欲吐弃,此愚之所大惑也。以议员而尊孔子之道,则其所处之地位,殊欠斟酌;盖律以庶人不议,则代议政体,民选议院,岂孔教之所许?(《礼运》所谓天下为公,选贤与能[32],乃指唐虞之世,君主私相禅授而言。略类袁氏"金匮石室"[33]制度。与今世人民之有选举权,绝不同也。)以宪法而有尊孔条文,则其余条文,无不可废;盖今之宪法,无非采用欧制,而欧洲法制之精神,无不以平等人权为基础。吾见民国宪法草案百余条,其不与孔子之道相抵触者,盖几希矣,其将何以并存之?

吾人倘以为中国之法,孔子之道,足以组织吾之国家,支配吾之社会,使适于今日竞争世界之生存,则不徒共和宪法为可废,凡十余年来之变法维新,流血革命,设国会,改法律(民国以前所行之大清律[34],无一条非孔子之道),及一切新政治,新教育,无一非多事,且无一非谬误,应悉废罢,仍守旧法,以免滥费吾人之财力。万一不安本分,妄欲建设西洋式之新国家,组织西洋式之新社会,以求适今世之生存,则根本问题,不可不首先输入西洋式社会国家之基础,所谓平等人权之新信仰,对于与此新社会新国家新信仰不可相容之孔教,不可不有彻底之觉悟,猛勇之决心;否则不塞不流,不止不行!

——选自陈独秀著:《独秀文存》,安徽人民出版社1987年版,第73—79页。

注释

[1] 天坛草案,即《天坛宪法草案》,正式名称为《中华民国宪法草案》,因在北京天坛祈年殿起草而得名,1913年10月31日制成,共11章113条。其第19条第2项规定:"国民教育,以孔子之道为修身大本。"在起草中曾有"孔教应否列入宪法中定为国教"的议案。

[2] 九流,历史上对先秦至汉初学术思想派别的合称。西汉刘歆在《七略》中把先秦和汉初诸子思想分为十家,即儒、道、阴阳、法、名、墨、纵横、杂、农、小说家。后班固在《汉书·艺文志》中除小说家为九家,亦称"九流"。

[3] 阴阳家,战国时提倡阴阳五行说的学派,代表人物有驺衍等。他们对天文、历法、地理有一定的科学知识,但其中也混杂着不少的巫术和迷信。

[4] 法家,战国时的重要学派,代表人物有李悝、商鞅、韩非等。他们主张"法治",强调"耕战"。

[5] 名家,先秦时期专门研究"名"(概念)、"实"(事实)关系问题的学派,代表人物有惠施和公孙龙等。他们"循名责实",着重名词概念的辨析,对我国古代逻辑学和思想方法论有一定贡献。

[6] 墨家,战国时的重要学派,代表人物墨翟。主张"兼爱""非攻""尚贤""尚同""天志""明鬼""非乐""非命""节用""节葬"。"兼爱",即提倡把别人和自己同等看待,互相相爱,反对儒家的"爱有差等"。"节葬",即丧葬活动要节俭,反对统治阶级厚葬之风和"以厚葬久丧以为仁也,义也"的儒家主张。"非命",即反对儒家的"天命论",主张判断事物的真假不能"以命为有",而要以于民于国是利还是害为标准。

[7] 农家,战国时注重农业生产的学派,代表人物许行。主张君民"并耕而食",反对剥削。

[8] "罢黜百家,独尊孔氏",事见《汉书·董仲舒传》。西汉武帝时期,董仲舒建议用儒家学说统一思想,而罢黜其他学术流派,此建议为汉武帝所采纳,开此后封建社会以儒学为正统的先声。

[9] 欧洲从15世纪至17世纪,发生过多次宗教战争:1419—1434年间捷克人民反抗德意志封建主和天主教会的民族解放战争,因捷克爱国者胡斯而得名,又称"胡斯战争";16世纪由德国人马丁·路德发起的宗教改革运动,在运动中以闵采尔为代表的平民革命派参加了德国农民起义;1562—1598年间法国由于天主教强硬派袭击胡格诺派教徒,从而引起胡格诺派和天主教派的内战;1618—1648年,神圣罗马帝国皇帝、德意志天主教诸侯和西班牙为一方,并得到教皇和波兰的支持,与受荷兰、英国和俄国支持的德意志新教诸侯和丹麦、瑞典、法国之间的"三十年战争"。"殷鉴不远",见《诗·大雅·荡》:"殷鉴不远,在夏后之世。"原谓殷人灭夏,殷的子孙应以夏的灭亡作为鉴戒。后泛称可作借鉴的往事。

[10] 硕学,硕学之士。指品节高尚、学问渊博的人。

[11] 纬书,与"经书"相对,汉代混合神学附会儒家经义的书。纬书在西汉末年逐渐流行,曾有《诗》《书》《礼》《乐》《易》《春秋》和《孝经》七经的纬书,总称"七纬"。

[12] "四教(文,行,忠,信),四绝(毋意,毋必,毋固,毋我),三慎(齐,战,疾)",见《史记·孔子世家》。

[13] "父与父言博爱,慈矣,子与子言博爱,孝矣",此句疑应为:父与子言博爱,慈矣;子与父言博爱,孝矣。

[14] "孟氏所以斥墨为无父也",见《孟子·滕文公下》:"孟子曰:'……墨氏兼爱,是无父也。'"

[15] "父母死三年,尚无改其道",见《论语·学而》:"父在,观其志;父没,观其行;三年无改于父之道,可谓孝矣。"

[16] 《祭统》,《礼记》篇名。郑玄注:"礼有五经,谓吉礼、凶礼、宾礼、军礼、嘉礼也。莫重于祭,谓以吉礼为首也。"又孔颖达疏:"亲没而祭之,追生时之养,继生时之孝也。"

[17] 《郊特牲》,《礼记》篇名。"妇人,从人者也:幼则父兄,嫁则从夫,夫死从子",见《礼记·郊特牲》:

"妇人,从人者也。幼从父兄,嫁从夫,夫死从子。"

[18] "不仕无义,长幼之节,不可废也,君臣之义,如之何其废之",见《论语·微子》。

[19] "挞之流血,起敬起孝",见《礼记·内则》:"父母怒,不说而挞之流血,不敢疾怨,起敬起孝。"

[20] "夫不在,敛枕箧簟席襡,器而藏之",见《礼记·内则》。

[21] 董仲舒著有《春秋繁露》。书中阐发"春秋大一统"之旨,杂糅儒家思想和五行学说。提出"三纲"理论,即君为臣纲,父为子纲,夫为妻纲,并附会于"天意",谓"王道之三纲,可求于天"。又提出"五常之道",即仁、谊(义)、礼、知(智)、信,并加以神化。

[22] 马融(79—166),东汉经学家,遍注《周易》《尚书》《毛诗》"三礼"《论语》《孝经》,使古文经学达到成熟的境地。

[23] 建初四年(79 年),汉章帝在白虎观召集经学会议,记录经班固整理成《白虎通德论》(又称《白虎通义》,简称《白虎通》),这是继《春秋繁露》之后,进一步糅合儒家经学和谶纬神学,以解释封建政治制度和道德伦理的儒家典籍。

[24] 《坊记》,《礼记》篇名。章疑别微,孔颖达疏:"疑,谓是非不决,用礼以章明之。微,谓幽隐不著,用礼以分别之。"

[25] 《哀公问》,《礼记》篇名。

[26] 《曲礼》,《礼记》篇名。

[27] 《礼运》,《礼记》篇名。

[28] 《冠义》,《礼记》篇名。

[29] 晏婴(? —前 500),春秋时齐国大夫。以节俭力行,重于齐。晏婴讥孔子事见《史记·孔子世家》:"景公问政孔子,……景公说,欲以尼谿田封孔子。晏婴进曰:'……今孔子盛容饰,繁登降之礼,趋详之节,累世不能殚其学,当年不能究其礼。君欲用之以移齐俗,非所以先细民也。'"《晏子春秋》记载稍异。

[30] 浏阳李女士,名素筠,曾在 1916 年《妇女杂志》第 5 号发表《论夫妇平等无碍于三纲》一文。

[31] 强效西颦,原喻学习别人长处时舍本逐末,这里指学习别人时不从自己的实际出发。颦,皱眉。

[32] 《礼记·礼运》中曾有对"大同"社会的描述,"天下为公,选贤与能"就是书中描述的大同社会重要特征之一。文中是指古代传说中唐尧与虞舜"禅让"之事。

[33] 金匮石室,古时保存书契文献之处。此处指袁世凯复辟帝制过程中伪造民意的密电。

[34] 大清律,对清代法典的总称。主要有《大清律集解附例》,顺治四年(1647 年)颁行;《大清律例》,乾隆五年(1740 年)颁行;《大清现行刑律》,宣统二年(1910 年)颁行。

【解读】

1916 年掀起的尊孔复古逆流,在教育上表现为"法孔孟"又成为教育宗旨,"三纲五常、礼乐刑政"又成为中小学修身、伦理课的主要内容,这实际上是恢复了被民国政府废除的封建教育。为此，陈独秀以西方资产阶级的"人权平等"说为武器，对孔教的实质进行了深刻的剖析，对这股尊孔读经的逆流进行了无情的揭露和批判。

首先，陈独秀对当时"推尊孔教之士大夫"的各种尊孔的言论一一进行了批判。当时社会上流行以下几种错误观点：一是认为废除祭祀孔子侵害了宗教信仰自由；二是认为"孔教乃中华之国粹"；三是认为儒教包括了百家，独尊儒教，就足以"化民善俗"。陈独秀认为这些观点都是站不住脚的，不适应时代进步的要求，而且会阻碍中国的发展。

其次，陈独秀指出儒家伦理道德学说是以"三纲五常"为核心的。当时一些封建遗老遗少为了尊孔颂孔，或者打着"三纲五常"的旗号维护封建的道德观念，表面上说"三纲五常"之说为宋儒曲解，并非孔教的本义，借此逃避进步人士的批判。陈独秀抓住这个要害，以此为突破口，深入地批判了孔子的儒家学说，揭露了孔教"三纲五常"的反动性。他在文中还举出唐、宋以前儒者大量"教忠""教孝""教从"的言论，论证"三纲之说"不是宋儒伪造的，实际上正是孔教的根本教义。他指出儒家的根本在于礼，而礼的精义在于"别尊卑明贵贱"，这种礼制是适应封建时代宗法社会的需要而产生的；然而，现今是共和政体，其精神是"以平等人权为基础"，因此是与这种"别尊卑明贵贱"的孔教格格不入的。

最后，陈独秀指出共和国民的教育"应发挥人权平等之精神"，以"三纲五常"为实质的孔教是不符合这种国民教育精神的，因此，为了适应新社会的发展，建立新国家、新社会，就必须摒弃"与此新社会新国家新信仰不可相容之孔教"，而"输入西洋式社会国家之基础，所谓平等人权之新信仰"。

陈独秀作为新文化运动的主将，坚决抵制尊孔复古，提倡资产阶级人权平等的主张，体现了新文化运动提倡的民主和科学在文化教育上的诉求。

（杨云兰）

俞子夷

俞子夷(1886—1970),又名旨一,江苏吴县(今苏州)人。近现代教育家、初等教育专家。其主要教育论著汇编为《俞子夷教育论著选》等。

小学教员该注重理论,还是注重经验?

【题解】

1918—1926年,俞子夷在南京高等师范学校(后改称"东南大学")任教育科教授,并主持南京高等师范学校附属小学。在新文化运动"重估一切价值"的思想氛围中,这一时期欧美教育理论大量涌入中国,激发了中国教育界对教育理论的学习和研究热情,实践各种理论的教育实验也开始兴起。然而,如何处理教育理论和教育经验的关系?学习和运用教育理论的真正意义在哪里?对于诸如此类的问题,教育界并没有形成正确的认识。特别是在一向注重教育实践经验的基础教育界,理论和经验"两张皮"的现象还普遍地存在。为此,俞子夷于1922年写了本文谈了自己的思考,为基础教育界提供了处理教育理论与经验之间关系的基本思路。

【原文】

曾记得十几年前新式学校教育才起头的时候,有一辈日本留学的人执师范学校或师范讲习所的教鞭,讲种种教育上的理论。当时的小学教员对于这种种理论大都以为是理论罢了;以为实地上课是小学教员独得的经验,讲理论的未必能自己实地上课,有实地上课经验的小学教员用不着什么理论。所以理论和经验成为对立的两派。当时经验派在某几点确乎有理论派不能及的成绩,就是拿实际上课论,经验派确乎能措置得从容不促,学生安安静静地受教。这现象是不是可以证实理论不及经验?

从元年以来师范学校渐渐加多,师范毕业生也一天多似一天。并且师范生除学习种种教育上的理论以外,还要有半年或一年的实习。各师范对于附属小学校的组织和教授等等也十分热心研究改进,所以附属小学校的精神至今还能做一地方小学校的领袖。师范生受了这种训练,毕业后出去办事,成绩当然比从前要格外好些,实际也的确比从前好得多。但是大多数师范毕业生办的学校处处把附属小学校当作标准；无论组织、设备，就是教授方法也大多模仿附属小学校的。倘使问起他们师范里学的理论和附属小学校里实习得到的经验哪一种有用，差不多异口同声，多说："我们此刻办事全靠附小实习所得，讲堂理论始终没有应用过呢！"师范学校既经把实地经验和理论并重，并且竭力想法把经验和理论联络，然结果还是经验胜。这可以证实理论不及经验吗？

　　某年某地方教育厅开办视学讲习会。这会的宗旨要想使视学员得到些新的理论，帮助他们使视学的效能加增，因此间接谋小学教育的改进。当时有一辈有新理论的人看见小学教育常常死守因袭来的成法，觉得不很满意，所以有这讲习会的动机。会中讲员西洋留学过的人也有，中国老经验的人也有。讲的材料，理论和经验可以说是并重的。然而听讲的视学员中有一种很普通的评论："他们西洋学来的理论确是很动听的，不过恐怕他们还没有知道我们办学的实在情形，我们听听罢了。像某人等确是经验之谈，才不踏空呢！"难道老经验胜于西洋留学的学士、博士吗？理论终归失败不成？

　　从九年以来暑期学校，暑期讲习会盛行了。一般小学校教员似乎渐渐知道要吸收理论了。每次暑期学校里小学教员常占多数；他们选习的学程似乎也渐渐注重理论。然而每有一种评论，似乎说："教育理论虽好，总不及经验谈的得益多。"讲员专讲理论时，听讲的人似乎因为尊重讲员的学位或人格起见，所以有一种受教的义务；并不是想和讲员来研究理论，把经验改造的。所以逢到老经验的讲员登台，听讲员的态度就一变；很想吸收他的经验谈去实地改进了。小学教员既到了自己要吸收新知识的时候，对于理论和经验依旧有这种歧视的态度，难道理论终不敌经验谈吗？

　　二三年来试验教育的风气也很盛。试验的，自然要算设计教法[1]的问题顶重大，顶有兴味，推行的地方也顶广，试验的态度和精神也比较得顶好。然而大多数的试验不外乎模仿方式和手续；大多数的研究也不外乎"怎样怎样办"。很少有小学校教员提出关于设计教法方面"何以？""为什么？""有什么根据？"等问题。杂志里顶受欢迎的是实施报告，演讲时顶注重的是"怎样办法"，参观人顶要问的是"什么什么"的方法。曾经有位参观人要求我谈话。我每说一实际事实必略带些理论的根据。这也不过是一种科学研究应有的态度。不料他听得很不耐烦，说："先生，请你不说理论——理论我多在书上看见了，专谈经验。"这一位参观人或者是聪明过度的人,所以他只要利用我的经验;至于理论,他胸中自有成竹呢。但是大多数不如此聪明过度的人也顶注重在这经验上。难道这完全从新理论上发生的新方法,一传到我们重经验的民族里来,也要抛掉理论上的根据,专在经验上用功夫吗?

何以理论被人轻视?这不是理论本身的不好,实在是理论传布法的不好。我们讲理论的人对于理论往往视为天经地义,不当他是科学上一种假定的结论。所以讲述理论的时候用顶简捷的注入法,并且常要带着"应该""必定""当然"等决定的口气。一方面惯受注入讲演的人,失掉科学的研究态度,缺少适应的能力。他们听了理论起先未尝不崇拜到五体投地——听名人演讲像杜威演讲[2]的尤其如此;不过因在学校学习时没有培养好实地适应的能力,所以一到实地教授,就不会把理论实地应用了,所以就看不起理论了,所以爱别人告诉他现成的方法了。倘使学校里讲理论时用了正当的研究方法,师范生养成了科学研究的习惯和态度,那么决不会有这种轻视理论的现象,理论和经验自然互相有联络了。这一方面的改良全在乎我们讲理论的人自己的态度。所以无论小学,中学,大学,科学研究法是比别的教材格外重要。

究竟理论和经验的真正关系是什么?理论有可靠的,也有不可靠的。从科学方法研究得来的结果是可靠的,凭空臆造的议论是不可靠的。我们此刻所说的理论,当然拿可靠的做标准,其实就是经验经过科学的组织成功的结晶。但凭经验未尝不可做一个好教员,并且学得理论的人也要实地应用成功了自己的经验才可以成好教员。所以经验并不是不必要的,实在是很重要的。但是经验没有理论去指导,往往要走迂远的路,或者走入不正当的路。走迂远的路是空耗时间和精神;走入不正当的路要生产不好的结果。理论决不能代替经验;然而理论却可以做经验的指导。最好要把学的理论和自己的经验化成一起。

但重经验的人往往缺少伸缩性,往往喜欢呆板划一。有了理论做指导,可以免去这弊病。要知道教育学生的原理没有几多条,实地应用的方法千变万化没有底止。只重经验的人要留心许多的方法,因此成功呆板划一的习惯。一成功呆板划一,于小学教育就顶不相宜。朗读多于默读,写字描红[3]——等教法上的改革比一千九百十一年政治革命,剪辫子还要难得多呢。若是有了理论的指导,早就可以绝迹的了。小学教员该注重理论,还是注重经验?这一问题读者可以自己解答,我也不用注入的方式来侵犯读者自由思考的机会。倘使读者爱研究教育上的理论,我略举几本书在下面：

人生教育　　郑宗海译　　商务出版

教授法概要　　在商务教育丛书第二集里

自力研究启导法｜　　湖南图书编局印

儿童自学法　｜　　商务代售

根据于最新心理学教育学　　上海广学会出版

以上第一本是教育原理，其余四本都是关于教法理论的。爱研究设计教法的也可以读。设计教法理论上的根据，这五种里都有。

——选自董远骞、施毓英编：《俞子夷教育论著选》，人民教育出版社 1991 年版，第 47—50 页。

［注释］

［1］设计教法，即设计教学法。美国教育家克伯屈（William Heard Kilpatrick）等根据杜威（John Dewey）的实用主义教育思想创立的一种教学制度。1918 年，他在《设计教学法》一文中提出设计教学理论。他主张由学生根据自己的兴趣决定学习目的和内容，摒弃教科书，废除班级授课制，打破学科界限，让学生在每一单元活动中通过自行设计、自己执行，学习实际的知识和技能；教师的任务在于激发学生的学习动机，帮助学生选择活动所需要的材料。设计教学法出现后在美国、西欧和苏联流行一时。1919 年秋，南京高等师范学院附属小学在俞子夷主持下首先进行了设计教学法实验，20 世纪 20 年代初在中国一度颇为流行。

［2］美国哲学家、教育家杜威在 1919—1921 年访问中国期间，足迹遍及 11 个省和几个主要城市，作了十余次系统演讲和五六十次短篇演讲，宣传其实用主义哲学和教育学说。

［3］描红，让初学字的儿童在印有红色楷字的描红纸上，用墨笔描写，是旧时学习书法的一种方法。

［解读］

作为一位从基础教育一线成长起来的教育家，俞子夷对教育界长期以来"重教育经验，轻教育理论"的倾向了如指掌。在本文中，俞子夷形象地描述了自清末新教育兴起以来中小学教师对教育理论的种种轻视态度和做法，提出一个反问："难道理论终不敌经验谈吗？"

俞子夷认为，中国的基础教育界之所以会轻理论重经验，除了我们有重经验的传统外，主要是因为学习和传播教育理论的态度和方式有问题。在态度上，教育理论的学习者往往不加思考地视理论为天经地义，而没有意识到任何理论在本质上只是一种假设。于是在传播教育理论的方式上，主讲者往往就会用"应该""必定"

"当然"等极其肯定的语气,用"顶简捷的注入法"来进行;听讲者也习惯了接受注入式的讲演。这种把理论视为教条,不加分析就全盘接受的态度和方式,使理论学习者"失掉科学的研究态度",不会对理论如何联系实际作进一步的思考,"一到实地教授,就不会把理论实地应用了,所以就看不起理论了",同时也养成了惰性,"爱别人告诉他现成的方法了"。

俞子夷指出,真正可靠的教育理论"其实就是经验经过科学的组织成功的结晶",只要在学习教育理论的过程中用科学研究的态度对理论作自由的思考,在理论的指导下"把学的理论和自己的经验化成一起",那么教师就能少走一些"迂远的"或"不正当的路",加快自己的成长过程。

如何处理教育理论与经验的关系,并不是一个过时的问题,反观现在,仍能发现很多中小学教师还存在着俞子夷当年所描述的重经验轻理论的态度和做法,教师群体中还存在将理论视为天经地义的教条,在课堂教学中专用"注入式的讲演"的做法。因此,重读这篇旧文,依然可以有所启发。

小学教学法上的新旧冲突(节选)

【题解】 清末"废科举兴学堂"以来,教学组织形式逐渐从旧时私塾的个别施教转变为班级授课,教学方法也相应地发生了变革。在短短十几年间,中国教育界从西方引进种种新教学方法,"从注入式进而为启发式,从启发式进而为自学辅导,从自学辅导进而为设计教学",令人目不暇接。然而,在此过程中,教育界出现了生搬硬套、矫枉过正的情况,并导致教学质量在某些方面的下降,引起学生家长的不满,甚至有人重新将子弟送入旧式私塾"补课"。俞子夷认为,这说明新旧教法之间存在冲突、脱节的现象。新学校的教师既对新教法很生疏,又不知吸收旧教法中的合理因素,所以造成教学上的失误。要解决这种冲突,需要正确运用新教法、改造旧教法。1923 年,俞子夷在南京小学教育研究会及武进县暑期学校中作了以本文为主要内容的讲演,系统表达了他对这一问题的思考。

一、练 习

【原文】 新法学校往往为父兄所不欢迎,一般保守的家庭还要送子弟入私塾,或自己请塾师,或用塾师来补学校的不足。新法学校受指摘最大的地方,就是读书不能成诵,写字别字太多,算法又缓慢又错误。照一般小学校毕业生的成绩看来,我们提倡新法的人也要发生怀疑。——我们去年编造测验时,的确也觉得小学生读、写、算的成绩太低。难道受过师范教育的小学教员不如开门授徒的塾师,小学校的算术教员不如店伙的教珠算吗? 还是西洋传来的新教育法不合中国人的心理,中国人只能用旧日的老法吗?

不! 不! 中国的国民性是很能吸收外来文化而变改使适合本国情形的。……乐器、衣饰、佛教,都能适应采用,独不能利用外来的教育方法,恐怕论理上、事实上都讲不通呢。

旧法是社会里沿用很久的了,新法输入还不满五十年。沿用的,自然纯熟;新学的,自然生疏。塾师、店伙何尝进过特殊的训练机关,然而中国各地教读书、珠算的方法却千篇一律。这就是旧法沿用已久,在社会里成功习惯的证据。新法的教员虽同受师范学校的训练,然而他们方法可以千差万别。——教法当然不宜呆板划一,但是差别到立于反对的地位,大足以证明我们对于新法的确是很生疏而没有彻底!

新旧法冲突的地方不止一处,新教法失败的地方也不止一端,我今先就练习的问题讨论一下。

旧法,无论读书、学珠算或习字,只有死练习,练习的前头完全没有说明或启发。所以要学生费了许久许久的练习,而自己去"一旦豁然贯通"的。这方法的效力,只有少数的天才可以自己领悟出理由来,大部分不过熟了些技能罢了;然而那技能却的确成为习惯,可以运用自由的。

在创办学校的当初,觉得旧方法太呆板、专练习,所以把讲解启发的方法急急地输入;新法学校到的地方,旧式的练习大概都一扫而空。在当时这样的矫枉过正,也是自然的趋向;不过日后没有调和,把练习丢在九霄云外,那么弊病来了。

要知道启发是头,练习是尾。旧法无头有尾,学生只知道练习的当然,而不知道练习的所以然。其弊,就是盲目的练习,觉得练习是痛苦而没有什么兴味。所以努力少而成效缓;并且练习的习惯也是一种机械的技能罢了。

新法有头无尾。学生学时有兴味,明白其所以然。但是一明白,便要换教材;

有必须成为习惯而要自由运用的,也没有机会练习了。所以学生不必努力;结果,当养成的习惯技能都不纯熟。

新旧法实在没有冲突。只好说各顾了一半,实在是"脱节"。要教学收真正的效果,两者都不宜偏废的。新教法的目的是在养成健全的人格,和老教法但求技能纯熟,其广狭固然大不相同。技能习惯,当然不能代表健全人格的全部;然而缺少了必需的技能习惯,也算不得健全的人格。无论体格怎样强健,卫生怎样留意,品性行为怎样善良,若是常用的字时常写错,乘法九九生疏易错,这种人可以算得健全的吗? 启发在前,练习在后,又明白,又纯熟,才是完全的教学过程,就是有头有尾的教学法了。

启发是大家惯用的了,所缺的是练习;所以我下面略举几条练习的原则:

(一) 每次练习时间不必太久。旧法的练习时间太久,太久是不得益的。大概低年级每次练习时间从十分钟到十五分钟已经很够的了,到高年级可以延长到二十分或三十分;再多,不但无益,并且有害。即使要加多些,宁使分上午下午两次或三次,每次时间仍旧短些。旧法习字一时间,读书连续到二三时间,徒弟学珠算也要连续到一二时间,弄到打瞌睡,实在太浪费了。

究竟时间多少合宜,各种材料、各种学生各各不同。要是不能决定,可以武断地定了若干分,再在时间里把练习的方法常常变换。譬如十分钟练习算术,可以三分钟口唱,四分钟笔写,再三分钟用纸牌。这样变化多方,注意自然不会涣散了。

我们心理上精神的进行不是自始至终同等的;是一起一伏,像波形的。并且过了若干时间以后,波纹的起伏也渐渐地低沉了。所以练习要在波纹高处,用全注意、全努力赶快的练习,过了这时期还是停止的好。

(二) 练习时期宜有合理的支配。由实验证明,新练习宜勤续,练习愈久,愈可以间去几天。譬如新学加法,宜天天练习几分钟;过了一二星期后,宜间一日练习一次;再过几星期,可以间三四日练习一次;到后来,不过一星期复习一次;再后来,只要一个月复习一次。这样由密而疏,大可以节省时间的耗费。旧法练习没有疏密的支配,一律平均进行,实在耗费太大。老材料练习渐疏时,可以支配新教材的密的练习。所以同是这许多时间,比了旧法平均的练习,可以把新练习的资料插进去。

（三）练习的结果宜使学生觉得满足或不满足。旧法练习效果的少，费时的多，已如上述；并且对于结果，学生不生感觉。所以穷年累月的读书、习字、学珠算，除了聪明子弟能一旦豁然自己贯通外，大多数学生都是盲目的、呆板的、强制的练习，自己不知道已经到什么地步，什么时候可以了结。倘使能把每次练习的结果使学生觉得满足或不满足，那么今天的结果可以做明天练习的动机，下次的练习因上次结果满足或不满足而更加努力，更有兴味。这样，多一次的练习，就增一分的成效。

所谓使学生觉得满足或不满足，是使学生自觉的，不是由教员批评或赞赏或斥责的。譬如练习两位加法五分钟内出十五题。练习结果有错十题的，有错六七题的，也有错一二题的，也有全不错的。倘使教员用训诫的方法，称赞错得少的；并且对错得多的人说："明天当心些！"这虽是一种批评，然而不能使学生自觉满足或不满足的。不如把各人结果报告了，末后说："明天再来练习五分钟，看各人结果怎样！好吗？"这样一问，可以使少错的满足，而希望明天至少保持今天同样的地位；多错的，自觉不满足，而希望明天至少要少错一二题。个个学生都有若干的期待心，那么下一次练习的兴味、注意、努力自然强盛了，下次的练习自然更有效力了。

（四）练习的要能实地应用。学校里练习成功的习惯要能实地应用才有价值。譬如熟习加法九九而不能算日常的连加法，熟练乘法九九而不能算日常的乘法，那么九九的习惯还是没有价值。旧法学九九，一定要顺了次序，从二二得四排到九九八十一；学生逢到九乘六十七时，一定要从一九得九，依次挨下去，才能求得七九六十三。这是错的，是不经济的。所以练习时的情形要和实地应用的情形相仿佛，乘九九宜错杂，加九九不如用三个数连加。养成的习惯要能自由运用；呆定的顺序大足以阻碍自由运用。

（五）练习宜拣顶困难的地方多反复。譬如四十五个乘九九里，像二二得四是顶容易熟的，练习的次数宜少；像六六三十六，七七四十九等稍难的，练习的次数宜加多；像七九六十三等顶难的，宜反复顶多。旧法练习一律平等。顶容易熟的，已经熟习后再练，是浪费时间和努力。顶难熟的往往嫌次数不够。这种分配方法宜根据客观的调查而定。好在现在已有专家研究得妥善的方法供我们使用了。算术已经有了，就是中华教育改进社[1]的练习测验；写字、读书、听说也在那里进行编造。

（六）练习的材料宜全体连续，不宜切断。旧法逢较长的材料，往往喜欢切断，逐段练习。所以，结果，学生唱歌有三首时，每每第一首顶熟，第二首次之，第三首顶生；并且第二首和第三首的起头，往往不能直接和第一首的末一句和第二首的末一句关联。这就是分段练习的弊病。分段练习时，第一段的末句不和第二段的头发生关联，却和第一段的头生了关联。全体练习虽长，但是意义明白后，大可以帮助记忆。不过中间有特别困难处，自然要特别抽出多练。总之，以全体法为主，再参加上面第五项的办法，全体虽长，也容易纯熟。不过乘九九等，不是有意义的全文，实用时要随意抽出的，当然不算全体论。这一点要分别清楚。旧法恰巧相反。乘九九等不是全体的，偏偏要全体的练习；歌曲、诗文等全体有意义的，偏偏切断了练习，所以旧法练习费时费力多。

练习的原则大略如上。但是我们此刻要问：究竟什么是小学校必须要练习成功习惯的？是不是凡有教材都要练熟的？这问题的解答并不难。我们要拣国民的习惯使学生练习纯熟；此外尽多思考的、欣赏的、建设的、发表的、理想的。小学教学不限定练习一项呢。

国民的习惯并不多，略举起来，有：写常用的字，读常见的文，算常用的算法，保自己康健的习惯，和社会里做人的习惯，如是而已。其中，公民卫生习惯是日常训练的事，不必、也不能在教室里特别练习的。读文的习惯自然反复的机会很多，也不必特别练习的。算法一种，平日学校内自然反复的机会又少，而里头的习惯又比较的复杂，所以除解答问题外，应有长时期的练习。这种已经有专家编造的练习测验可以应用。写字一种似乎自然反复的机会也不少，在低年级不必特练。不过到了三年以上，不妨也特练若干时期，到了某限度，又可以不必继续。

除此以外，手工、图画、园艺、家事、唱歌等等，在不是预备职业的小学校里，这各方面的技能不必练习成功习惯。这种技能，不是我们教学法上的目的；我们所以要教这各种科目，不在技能上，在使学生因了技能明白社会里各种的活动和各种活动间及对于我们的关系。

设计法[2]和练习相矛盾的吗？这是一个重大的问题；实在也没有什么重大。我敢简捷地否定说："没有矛盾！"只要学生自己觉得需要练习——有目的之练习；

非练习不能进行——并且自己承认那练习的方法是有效的,练习也成了一个设计了。练习既然是设计的一种,还有什么矛盾?

但是,近来讲设计法的人往往把这一种设计忽略过去。设计法是较新的;要是愈新了,愈把练习抛弃不顾,那么学生成绩愈不堪问了。——这是指国民的习惯方面说,还有那思考、理想、欣赏、态度等平常一时看不出来的,当然是设计法独特的成绩。但是平常人指摘设计法的失败,却就在这一点上头。我们顶好要使学生各方面——思考、理想、欣赏、态度和国民的习惯都有成绩表现出来,才可以使新法战胜旧法。

我说注重练习,说得太过分了吗? 请注意! 教学法不独独是练习一种;完全不顾练习的教学法,却是残缺不全的教学法。

⋯⋯⋯⋯⋯

二、 兴味和努力

旧法只知练习而练习不得法,新法专重启发而忘却练习,这是我们讨论教学法上新旧冲突的第一点;我们曾经提出几件练习法中重要的原则和方法,想补救新法的缺点。除此以外,新法和旧法冲突的地方——或者叫他脱节的地方——还有许多。我们此刻再举一种来比较讨论——就是学生学习时心理上的态度不同。

我们先讲读书。旧法也有时要讲解的。塾师讲书,大概囫囵吞枣的居多。简略的,不过把章节大意略为指示;较详的,也不过逐句说明一二遍就是了。书中的真意义,完全靠学生自己去盲撞。塾师又不教授字典的用法,学生除把前后文推测外,实在没有别的方法可以领悟。虽然对于本文并不见得有多大的兴味,然而因为塾师严厉督促,不得不用很大的努力,自己想法克胜这些困难。愚笨的,终究没有成功,也是常见的。但是一部分天资聪明的,却因此得到一种刻苦求学的训练,成功一种自力研究的好习惯。——不过他们求学或研究没有合理的方法罢了。

新法的讲书却不然:用注入法,讲解十二分的详尽。讲解以前,先要加许多的实物观察或谈话。说不明白的,还要图画标本等帮助。再恐怕学生不注意,又加上许多引起注意的有兴味的动作。用启发法的,更加"道地"。注入讲解,还恐怕学生兴味不好;于是多用问答,循循善诱。此后还有什么表演,还有什么问答内容,还有什么整理表解。即使用预习的，在预习以前也有许多引起兴味的方法。预习时，又开好方法的次序给学生照办。有时，连生字的音义也查好，学生只要抄在笔记本上就是了。

新法既如此注重兴味，那么学生对于读书的兴味当然很好了；但事实却不如此。要学生在家庭自习，到下一天，大半还没有做。教员的帮助稍为小一些，自习就停滞不进行。只肯抄教员揭示的表解，不肯自己用心做一个表解。结果，对于读书的兴味并没有好，努力却不肯用了。人家说现在小学生不肯刻苦用功，也有一部分确是实情。

新法的兴味误用了，或滥用了。兴味和开心、有趣混淆了。教员不一定要模仿剧场里的小丑或评传弹词的人，引动学生的开心和有趣。我们所谓真兴味，决不是不肯努力的。我们且举个浅显的例来证验：

游戏是一种小孩子本能的兴味，然而小孩子并不是坐在旁边看人家游戏、听人家讲游戏的新闻就能满足他的愿望。他一定自己要参加游戏，努力去做游戏，做而不得法，还要努力的想法做得好。除非自己能力够不上的，或者为别种的关系限制了的，凡是有游戏兴味的人，一定要参加游戏，而用他的全努力去做。所以兴味和努力是一体的两面，不过名词不同罢了。

新法把兴味看得太肤浅了，只在引动学生有趣、开心上着想，没有想法利用学生心底里的本能的兴味，所以学生的依赖性很大，弄得没有刻苦用功与自力研究的习惯了。我们并不是说前面所举的，详尽讲解、实物观察、谈话、用实物标本、问答、表演、整理、表解、自习法教给学生等等是不该有。——这许多都是该有的。不就学生固有经验上出发，何从教学？不使学生心理状态准备要学，如何可教？不过教一次材料，总要有一个主要的中心问题，使学生有学这问题的兴味，肯努力求明白这问题。有了这中心，那么上述的种种方法都是好的，都可以帮助学生努力自学的。要是没有这中心，不过像小丑的引人发笑开心罢了。

我们并不是称赞塾师的教法胜过现在的教员，我们对于旧时学生那种刻苦自力的努力，却很表同情。——虽然他们的努力有不少是无谓的、浪费的。所以我们现在优良教员教读书的好方法，一切可以照旧；只要在每学一课的头上，能想出一个中心的问题，激起学生一种本能的兴味来；那么学生一定肯努力学习了，那么我们帮助可以使他的努力不致浪费了,那么他因为觉得成功的快活而下次更愿意努力学习了。久而久之,谁说现在新法出身的学生不肯努力,不肯刻苦? 恐怕将来努力于大发明、大发现的种因,都要归功到我们小学校里的学习呢! 空话说得够了,我们要回到事实,把各科教材可以做中心的境遇约略举些出来,譬如:

一、读书——预备讲故事。预备读书比赛会。预备表演。预备编剧本的故事。解答问题,像"小巧用什么方法除瞎怒的害?""隐士用什么方法答国王的三个问题?"等。

二、作文——实在的通信。做学校新闻。编书,和别科联络。编剧本。预备演说会稿子,日记,读书笔记等。

三、算学——家里、学校里的实在问题。地方上的问题。本地的职业状况。本地的生活状况。各学生自己的账目。学校商店。手工里的计算。地理科学的统计。级务、校务,像到席缺席统计,检查体格统计,成绩核算。学生自治会的账目等。

…………

……我们一方面有了兴味的研究,一方面还有境遇的研究,把两方面相互搭配,可以说小学校里各科作业没有不能利用学生肯用努力的兴味的了。新法当然胜过旧法许多!

三、 全体和部分

我们再来研究教学法上的新法和旧法冲突的第三点;为便利起见,仍旧用读书来做例。在第二篇里,我们也说过:塾师的讲书,囫囵吞枣的居多数,或者不过指示章节的大略,或者不过把全文讲解一二遍;书中的真意,要靠学生自己去猜度,自己去揣摩。惟其如此,所以学生对于全文先有一个概观;愚笨的,终久只有这概观罢了,心意中留着一个模糊的全体;聪明的,先有概观,经过自己一番猜度和揣摩的死功夫,却有很明确的全体的概念。从这种教学法出来的学生,只会失之粗疏模糊,然而全体的观念却总是有的。这全体的概观,在我们经验里,是很有益的。

新法却不然:预备问答,是零零碎碎的、琐琐屑屑的问答,从来没有提到全文的大意。谈话观察,也是从各方面枝枝节节地进行,也没有中心的问题做目标。指示目的,往往是板书第几课和课文的题目。本文的启发、练习,也是逐节逐句地进行。用预习、自习的,也偏重在生字的音义和分段方面。直到整理结束,还是分得细细的一张表式。可以说自始至终,专在部分上用功夫,没有顾到全体的概念。所以有时要叫学生复述全文大意,学生往往只会接二连三地背讲全课;要能够用简要的言语,把全文概括陈述的,实在百人中没有一二。在领悟全文概念这一点上,新法又失败了。这不是我们过分的、严酷的批评,实在是天天看见的实在情形。

这一种偏重枝节忽略全体的教法,从初年级起就是如此。我们此刻通行的第一本教科书,不是单字,便是单句。教一年级的大多数教员,更注重在一个一个字的教,以为不如此,学生字要不认识的。现在我们可以举一个例,说明也不是模糊、也不是只顾字而不顾全文的办法;或者这是补救新法的缺点的一个方法。

…………

我们为什么要仔细研究语句? 我们要明白全文格外清楚,所以才要研究语句。我们为什么要仔细认识单字? 我们要明白单字在全文里的功用格外透彻,所以才要研究单字。——同时还可以学到一种工具的使用,以便将来利用已熟的单字语句去学习新的全文。不过这是教者的目的,不是学生的目的。单字语句,不在全文里,不见有什么功用。单字语句的机能,要有了全文,才显明。所以我们研究单字语句,不是读书的目的,是读书的方便。这方面是达到了解全文的一种工具。犹之人身四肢器官不过全身体的一部分,是达到全体生活的一种工具。我们的目的,是在身体和精神的生活上。旧法只有一目的,而不讲究达目的用的工具,所以失之含糊;犹之要想造屋子,没有家伙,只得徒手工作,结果一定是成功非常简陋的棚。从前所谓新方法,抛了目的,只讲究工具,所以散漫而一无所得;犹之孩子们拿了锯子斧头,毫无目的地乱锯、乱劈,工具用得很忙,终久没有什么成就。又好像起初有意造屋子,后来专在研究工具材料上用功夫;到工具磨得很快利的时候,屋子也停止不造了。要是能像所举一年级的实例,由全体始,进而入于部分,部分研究是明了全文的一种工具,到终结还是归到全文,那么既有明确的概念,又有快利的工具,这才是真正的教法呢。读书如此,别科当然同样;举一反三,请读者自己想罢。

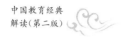
四、 因材施教和程度划一

教学法的新旧冲突,我们已经说过三点,这是第四点。旧法私塾教读,无论读书、写字、做对、做诗,到开笔做文章,各学生各自进行。启蒙识方字的,和做文章完篇的,由同一塾师教,没有发生过难教的问题。不但学生少的学塾里没有困难,就是多到二十个人的学塾里也是这样安稳的过去。各学生的进步,也各随各自的能力和努力的多少,彼此从来没有发生过牵制。在塾师们也不过袭着相因的成法,知其当然而不知其所以然,至多懂得一句"因材施教"的套头话罢了。其结果,学生各得其宜;愚笨的循序渐进,没有欲速不达的弊病;聪明的也尽可勇往上进,决没有要他们迁就等别人的举动。私塾的教法,我们也说过他的优劣,不过这种编制方法确乎是很合个性差异的。

新法输入了,学级教法替代私塾教法了,程度要划一了,升级有年限了,毕业有限制了,于是把因材施教那句老套话也丢在九霄云外了。这样,学生苦了。愚笨的,天天在那里追赶;追了一年,幸而勉强及格,但到了上一级去,又格外要追得快;不幸而不及格,就要退出出发点重来。初几个月还可以勉强追赶,追到上年发生困难的地点,还是一个追不上。教材或者是学过的,似乎要容易些;但是几个月的反复,已经弄得讨厌,愈是熟教材,愈是觉得兴味索然;敷衍到学年终,还是一个不及格。几次留级,只得换个学校;哪知道个个学校的办法都是如此。换了几次,结局,父兄也厌倦了,学生的兴味也全无了,还是退学罢,请塾师来教倒还可以得益些呢。那种幸而升级的,到了上级,功课加难了,追赶起来不容易了,终究还是弄到留级,终究还是得到上述的结果。总之,所谓新方法只能使"能力合于教法的,进步的快慢合于教材的进行"的才得升级,才得毕业;否则,都是"劣等生"。

聪明的呢,常常觉得功课容易;别人孜孜不倦地问答,他们已经觉得乏味;天天要等待人,课课要迁就人,那么索性学着"龟兔竞走"寓言里那只兔子到野里去吃些草睡一刻再走罢;哪知醒来时,却落在后面了。这不是学生有意地要学那兔子,凡人做太容易的事不须努力的时候,心理上自然有这种怠忽的倾向。所以聪明的也要弄到留级。即不然,他们的能力在上课没有他们发挥的余地,他们就把这能力用到不正当的地方去。所以不守教室秩序或喜欢捣乱的,不是能力合于教法的学生,而是聪明有余力的学生。新法行了，学生有这种痛苦，父兄也有升级留级的恐慌，提心吊胆，直到毕业为止。在旧日只有考秀才时有这种紧张，平时在学塾里时，做父兄的却不必如此神经过敏的。

留一年级，就是多教一年；多教一年，就是多一年的费用；父兄当然要多一年的负担，社会至少也要多花几块钱。照现在教育经济算，国民学校留级一年，就是社会平均每人多花五元左右的经费。我们没有统计，不知道一年里这宗耗费共要多少。在此刻用有限的经济办小学校时，这学生多花五元，就是少一个别的学生享这五元的利益；实在一个人留级一年，就是夺去别人学一年的权利。要是留级的人有一千，就是全国少一千个人学一年。在教育经济穷苦的时候，我们还留着这种大不经济的制度，实在是近乎自杀的政策。

留级的损失或者还可以说是不得免的，即使改用新的编制，愚笨的学生总要多学几年的。聪明的学生尽可少学几时，省些社会的负担，把这利益让给别人去享，那么，我们当欢迎之不暇，何必也要勉强他们多留在学校里呢？开运动会时，大家都知道第一名、第二名有奖的；到了求学问的运动会，却不许快的人先到，一定要叫他等候众人。我们办学校的人往往只知道一枝一节，自相矛盾，而缺乏统一的方针，这就是一个铁证。最可笑的，是从前的部章要查明白学生毕业时一个一个学期的分数；不但聪明的学生受累无穷，就是合程度的转学生——尤其是私塾转来的学生，也更形苦恼。这种划一年限的章程，养成学生不良的习惯，而每年又不知道要浪费多少金钱。在行政的人或者是昧于原理，定出这种戕贼儿童、浪费公款的章程来，然而他们却不应当不征求懂原理的人的意见，斟酌而后行。所以当时定这章程的人，在法律上及道德上，都该得一个"虚耗公款"和"残害儿童"的大罪。这也是民贼；虽不是卖国贼，却是误国贼。

学生和父兄受了痛苦，社会受了损失，教员也没有得到便宜。粗浅地看起来，似乎共同教时，教员可以省力不少；哪知道实在却不然，一方面要教中等的，一方面又要迫愚笨的追赶，还有一方面要管理聪明的捣乱。日常上课，无时无刻不如此。到了结束，还是程度不能齐一。"程度不齐，教授困难"，差不多是小学教员的口头语了。从前塾师有这苦痛吗？

自从有了新法编制，旧有因材施教的办法扫荡无遗，理想的程度齐一终究没有达到,然而学生、父兄、社会、教员各方面都觉苦痛。所谓新编制法实在远不及旧编制法;因为旧法是顾到个性差异的,新法却蔑视个性差异的。

个性差异并不是意想而是事实,用近来通行的各种测验可以证明。譬如算学,比较的容易划一,然而下例一班五年级上期学生做四则测验的成绩相差也很大。

⋯⋯⋯⋯⋯

对于能力弱的,平常宜多注意,再加些特别的个人指导,看作业的性质,再定办法。

(一)凡是社会里将来极有价值,是个个人应该知道和熟习的,宜定最低限度,除程度较深的低能或白痴另用特别教学外,各生都宜达到这最低限度。不过达到的时期尽可先后,不必一律。

(二)凡是这种能力,即使缺少了,到将来社会里仍旧可以做有用的快活的人的,就是不学会也无妨。譬如能听音乐而不能唱歌,能看美术品而不能画图,都于做人没有什么大碍;所以若是不能学,缺去也无妨。

对于能力强的,要使他发展的机会加多,而得充分的发挥。上课时,遇着这种学生先完的时候,当给他相当程度的补助作业。这是顶经济的办法。凡是有某种能力强的人,务必使他充足发展,将来对于社会尽量的贡献。这种人是社会里有用的人。使有用的才充分发展,就是使社会的进步快一些。

教法上可以照上述办理,编制上只要使能力弱的对于上列一项及格而对于二项不及格的也许升级,一方面使能力强的升级可以快些,不限年份,那么,也就容易解决了。

学级教法自有相当的利益——就是一个小小的社会,学生和教员共同生活,无形中得到一种社会的训练,所以不必尽行废除。能照上面所说办法留出伸缩余地,那么,学级组织也有存留的价值。道尔顿编制[3]实在是私塾书院的精神而加上一个系统。这方法顶能调和新旧的冲突;不过在小规模的学校里很难施行。所以我们主张暂时把学级制保存着,只要升级方法有伸缩,也不难把所谓新法的弊病除去大半。这是一种简易的救济法。

——选自董远骞、施毓英编:《俞子夷教育论著选》,人民教育出版社 1991 年版,第54—73 页。

【注释】

［1］中华教育改进社，1921年由中华新教育共进社、实际教育调查社、《新教育》杂志社合并成立于北京，以蔡元培、范源廉、郭秉文为董事，下设30多个专门委员会。这是当时中国教育家建立的最大的学术团体，以调查教育实况、研究教育学术、力谋教育进步为宗旨。

［2］设计法，即设计教学法。

［3］道尔顿编制，即道尔顿制，美国教育家帕克赫斯特(Helen Parkhurst)1920年在道尔顿中学创立的一种个别教学制度。

【解读】

俞子夷既接受过私塾教育，也接受过新式教育，成年后长期在新式学校从事教学和研究工作，是中国教育界引进新教学形式和方法的代表人物之一。面对当时新旧教学法的冲突，他在本文中能敏锐地抓住几个基本问题，实事求是地分析新旧教学法的利弊得失，并提出了种种立足新教学法、吸收旧教学法积极因素的教学建议。

首先，对于启发和练习，俞子夷用了"启发是头，练习是尾"的比喻来说明两者的关系。他认为旧教学法的"无头有尾"和新教学法的"有头无尾"都割裂了激发学生兴趣和通过练习巩固基本技能的关系。要使教学收到良好的效果，就应该"启发在前，练习在后，又明白，又纯熟"，两者都不偏废才是完整的教学过程。为了让教师们实施有效的练习，俞子夷还提出了一系列原则，这些原则即便在今天看来，也依然有充足的合理性和可行性。

其次，对于兴味和努力，俞子夷认为学生如果对学习真的感兴趣，是绝对不会不肯努力的，所以"兴味和努力是一体的两面"。他批评新教学法把"兴味和开心、有趣混淆"的肤浅理解，指出这使得教师不得不像小丑一样在教学中"只在引动学生有趣、开心上着想"，结果养成了学生的依赖性而不肯"刻苦用功与自力研究"了。他指出，教学中只要围绕中心问题真正激发起学生"心底里"的兴趣，而不是表面的有趣，学生就能在教师的帮助下学有所得，并从学习成功中得到快乐，更愿意努力学习。这样，兴趣和努力就能实现相互推动和促进了。

再次，对于全体和部分，俞子夷指出旧教学法教出来的学生，对学习内容会失之粗疏模糊，但全体观念是有的；而新教学法却恰恰相反，教学中偏重枝节而忽略全体。他以读书教学为例，认为那种从字、词、句到全文的所谓"新教法"，"是教者的目的，不是学生的目的"。就学生的学而言，读书的目的是了解全文，所以应该"由全体始，进而入于部分，部分研究是明了全文的一种工具，到终结还是归到全文，那么既有明确的概念，又有快利的工具"。

最后,对于因材施教和整齐划一,俞子夷认为私塾教育的施教方式是合乎学生个性差异的,而新教育采用班级授课制追求"程度齐一"的理想,却将旧有的因材施教的办法扫荡无遗,最终得到的仍是"程度不齐,教授困难"。他认为,要解决这一矛盾,首先要承认学生个体差异是客观存在的事实,其次要在教学的方法、要求和升留级制度上都采取适应个体差异的办法,留出伸缩的余地。

我国实行班级授课制已有百余年了,但俞子夷在本文中指出的各种教学方法和组织形式的问题并没有得到完全解决。在当前新一轮的基础教育课程改革中,对于如何解决好上述问题,避免教学要求的肤浅化、教学方法的形式化等,相信广大教师依然能从本文随处闪现的真知灼见中得到启发。

教学法的科学观和艺术观(节选)

【题解】 教学法这个学科,是近代随着师范学校的建立而出现的。20 世纪初,教学法尚处在学科建设的初期,当时有不少人认为它并不是一门科学,只能算是一些教学经验的总结。还有一个很普遍的看法是:教学没有什么秘诀,教学的好坏全凭教师个人有无"天分"和经验,教学法既不是科学,也不是艺术。在教育界对教学法学科性质的认识还很模糊的情况下,俞子夷于 1924 年发表本文,系统地论述了教学法的学科性质问题。

【原文】 教学法是艺术。教员是和学生共同活动的,是领导学生生长发展的,所以教员的活动比戏剧家、文学家、美术家等等什么都困难,都复杂。戏剧家的艺术,是把剧本的内容用言语姿势尽情地表现;文学家的艺术,是把自己的感想用文字尽情地表现;美术家的艺术,是把自然的美或自己理想的美用色彩或别的东西尽情地表现。他们虽是也要顾到听戏的、看文艺的、赏鉴美术品的人众,但是他们的表现却重在自己的主观上。教员却不能这样。他一方面要尽情表现,他一方面又不能不把学生当中心。听戏,看文艺,赏鉴美术,是随意的。听得懂就听,听不懂不妨走;看得懂就看,看不懂不妨换一种;以为好就赏鉴,以为不好就不管他。教员却不能。学生听不懂,要改到学生一定听得懂,并且愿听;学生看不懂,一定要设法使他懂,并且愿看。所以教员的艺术,是一种介绍、传达、引导的,比文学家、美术家稍不同,比戏剧家似乎相象而更困难。

教学法又是科学。教员的活动，比工程师、医生、矿师等等什么都困难，都复杂。工程师、矿师、医生，只要懂得物的科学或生理的科学便可以措置裕如的了。教员更当懂心的科学。心的科学比物的或生理的科学更复杂、更困难，而比较的发达又较迟。但是关系却同样的重要。

我们教学生，若没有科学的根据，好比盲人骑瞎马，实在危险。但是只知道科学的根据而没有艺术的手腕处理一切，却又不能对付千态万状、千变万化的学生。所以教学法一方面要把科学做基础，一方面又不能不用艺术做方术。教学法是一种学，也是一种术。为讨论便利计，且把这两方面的大概说一说。

请先论教学法的科学方面。

国文、算术不是顶老的科目吗？我们教国文、算术时用的教材和方法，都能有科学的根据，能免盲人骑瞎马的危险吗？

请先论国文，先论国文里的识字。请问我们社会上常用的字究竟有多少，究竟是哪几个？这问题谁能回答？我们决不能把中国新新旧旧所有的字一起教学生识。既不能一起教，那么一定要有个选择。用什么标准去选择，却是一个重大的问题。听编教科书的人去选择罢。我不是不信任编书人，我们怕编书人主观的选择，不一定适合社会上普遍的需要。小孩子在学不过六年或四年，他们的光阴何等可贵。并且现在学校的课程又不比私塾，不能终日在文学上用死功夫。所以究竟社会上普遍用的是什么几个字的问题，变成我们教国文第一个关键了。这关键没有通得过，一切国文教学总免不了盲人骑瞎马的危险。东南大学陈鹤琴教授曾经有过这方面的研究，将来我们教识字，或者就可以用这研究的结果做基础。

教国文第二个科学问题，就是字的横直行、字的大小、行的长短、行间距离的多少。像汉字的形式是不是合于学习的经济？改革汉字后是不是宜用注音字母或用罗马字母？哪一种字母的形式最合于学习的经济？太远大的问题，我们且不论；我们姑且承认用汉字做基础，而想到横直行、字形大小、行长、行间距等问题，已经觉得麻烦。实在改革汉字后，这许多问题也依旧存在的。主张汉字横写的人近来很多，但是用横行文字的人也有说英文字直行了较为便利。这不是江南望见江北好吗？但凭嘴说，不经科学的试验，我们怎样断定。还有字形的大小，好像有人试过，三号字较为合用。这不过一级高年级学生的试验，是不是普遍的，还难断定。还有字行的长要多少，才可以免眼力的疲劳；行间距至少要多少，才可以免学生看误。这一类的问题，没有科学的解决，我们教科书也无从印刷，油印讲义更不能用了。那么，我们现在的国文书和油印品可以说完全是盲人骑瞎马呢。

我们读书的目的是要了解书中的意思。究竟了解意思，只要阅看就能达到目的，还是要用嘴诵出声音来才能明白？我们日常在社会上做事的人，读信札要多么快，才能算效力顶好？朗朗成诵，是我们向来教读书的目的，成诵后是否能了解意义？由成诵了解意义，比直接阅看了解意义，哪一个方法来得经济？惯于诵读的人，要不要阻碍他阅看的速度？这又是一大批的重要问题。这许多问题没有解决，我们怎能教学生用顶少的努力，顶少的时间，收得顶大的结果！我们现在教国文时所用的齐读、轮读、指名读、意读、美读等方法，都和这许多问题有密切的关系。我们没有科学解决这许多问题，可以说现在的教学不过是盲人骑瞎马而已。

随便想一想，教读书已经有这许多难问题，非得科学地解决不可；倘使再细细分析，次要的问题还不知有多少。我们这些重大的例，或者也够证明读书教学法的科学观罢。

国文科的写字，我们通行的是先学正书，次学行书；先习大字，次习小字。大字是否能做小字的预备？正书是否能做行书的根基？大字和小字的运动是否相同，怎样转移？正书和行书的运动是否相同，怎样转移？社会上普遍通行的是哪几种行书？顶有效的，一分钟要写多少字？社会上普通的字好到什么程度？至少要到什么程度的字才可以使人看得清楚，看了不讨厌？我们以前教的，是要进科场去换得功名的，所以字要好；要好得平常人所不及，才可以被选入科举。我们现在教的，是全体的国民，是将来在社会上办事有效的国民。拿被选在科举里的标准，做教全国民的目标，谁也知道是不合理的。那么，我们的新标准是什么？没有科学的研究，这新标准从什么地方来？现在我们教写字，不又是盲人骑瞎马吗？又如笔顺究竟有多少价值？要估定笔顺的价值，至少要拿二点做标准：一，学了笔顺，对于学生写字的速度有多少帮助？二，学了笔顺，对于学生写字的正确或字形的整齐，有多少帮助？要是没有多大的帮助，那么，何必费许多时间精力去学！又如练习写字的方法，也要用科学的研究来决定。旧日私塾里科目少，每天不妨早上、午后各写一点钟或半点钟的字！现在势所不能了。那么，还是每天用十分钟好呢，还是一星期二次或三次，每次四十五分钟好呢？时间减少了，有什么经济的方法可以得到较好的效果？这许多又是习字方法方面的问题，要等科学研究来解决的。此刻我们用的方法，实在是盲人骑瞎马的办法罢了。我们识的字数和写的字数是不同的，识的字多，写的字少。我们社会上个个人不能不会写的是什么几个字，这一层没有明白，我们的写字不过是养成一个手匠，没有帮助学生作文时的用字。这是写字教学的科学问题的又一个。

再论作文，科举时代是要做八股或策论，这也是和写字一样，供少数人专门预备被选而得到功名的。现在的小学教员目的却不同了。那么，标准也要换了。我们社会里个个人不能不会作的是哪一种文？现在社会里字纸篓的文，除学校以外，究竟是什么程度？我们要全国民都像以前一般预备被选科场，固然是做不到的事；我们教的全国民，都弄得拆字先生般似文非文、似白非白、叫看的人要仔细端详的，也是不合。那么，我们一定要用科学的方法，求出一个适合社会需要的作文标准来。文言白话，是不必争的；只要用科学的方法来，决定哪一种写得快，读得快，意思懂的人多，就是哪一种合用。

呀！不好了！我们教学国文，无论读书、写字、作文，都缺少科学的根据。那么，我们现在的教学，不是盲人骑瞎马吗？教员虽有艺术的天才，怕也不济事罢！

现在再论算学。珠算、笔算，不知哪一种便利？要是珠算好，何必要先学笔算，到高年级略为学些半生不熟的珠算？要是笔算好，何必把不好的珠算还保留着？要是两样都好，那么只要拣定一样，学个彻底，何必再要学两种？这是未决的问题。怎样解决，不是凭空议论可以成功，恐怕也要用科学的方法比较试验才行罢！

现在算学教科书里的问题，是从什么地方来的？一大半是好多年前外国书里译出来的；有一部分是编书人坐了空想出来的；还有一部分也许是实在上课的教员们从实际教授的经验上得来的。但是他们出问题，大多是把教材的纲目方法做主，所出问题是凑了纲目方法造的。然而我们实际处世的问题却不然，是先有了实际境遇里的问题，然后用方法来解答的。所以我们要算学问题合宜，非先用科学的方法，调查社会上实际境遇里的问题不可。这还不够，我们还要明白学生的能力程度，然后可以明白哪一种实际的问题是什么程度的学生能做的。这又要用科学方法研究,才能有正确的结论。

算学的技能,是要充分练习,才能纯熟的。关于练习的科学根据,我们虽已知道些普通的大概,但是算学技能的习惯是很复杂的,各各特殊不同的。所以仅仅懂得些普通的练习心理,还不能解决算学里各种特殊的困难。美国柯的斯费了许多年功夫,用科学方法试验,乃成一种练习测验。去年麦柯[1]来中国造测验时,已由朱韵秋女士和著者,把柯氏练习法改良变成一种中国适用的练习测验,由商务印书馆印行。这一部分事业,就固有的改良适应,已经要一年多功夫呢! 这还不过四年以上用的,二三年的练习方法,还等着我们去创案!

国文、算学等顶老的科目,会教的人顶多的科目,比较的又容易用科学方法研究的科目,尚且这般情形,何况别的科目!

历史、地理、自然,不是我们从前所称为知识科目的吗? 这种所谓知识科目的知识内容究竟怎样? 单单就教材的选择一端论,我们就觉得材料非常之多,去取没有合乎科学的标准。史地自然等科教材选择的标准,我们也时常看见的,并且有时自己也规定的。试问这选材标准,真正有标准的资格吗? 我敢说"没有! 没有!"凡是真正可以当得标准的,要使用标准的人虽不同,而所得结果一定要同的——虽不能绝对完全符合,但所差也不过若干分之一罢了。譬如用尺量布,尺是标准。无论多少人用同一尺量同一布,所得结果虽不能丝毫没有出入,然而至多也不过差了一寸半寸。我们用了史地自然的选材标准,去选择史地自然的教材,各各不同的人,所得结果相差是很大的。所以我们所谓选材标准,也不过是几条教学法里的空泛的条项罢了,何尝是什么标准! 那么,我们先要造个选材的标准,才可以下手。

标准可以随意造的吗? 随意造的标准,已如上述,是不能用的。标准要用科学的方法精密地造的。所以我说史地自然等科,我们第一步要用科学方法造选材的标准;造好标准以后,才可以着手选择那所谓知识科里知识的内容。

若要讲到材料的排列,又是一个科学的问题。我们从前所谓心理的排列,论理的排列,也不过是一种空泛的抽象条件,和选材标准同一无用。试问自然科的心理排列,究竟什么年龄的学生顶爱研究猫? 研究猫时,什么是学生第一注意的? 无论史地自然里各项教材,我们若没有方法解答上述一类具体的排列问题,那种"心理的排列""论理的排列"等空话有什么用! 要解答上述一类具体的排列问题,可以空凭意见和主张吗？可以不用科学的方法吗？

实在，史地自然不仅是知识科呢！学生学习史地自然，不仅是堆积许多许多的知识，他还要用他思考解决问题，并且因此还学会研究解决问题的方法。思考的心理不是空泛的哲学的说明，也是科学试验的结果。自习法亦然。我们成人平常以为顶便利的学习法，小孩子们或者以为是顶难的。学生用的学习方法，也许有我们想象不到的。我们不用科学方法，平心静气地研究，怎么免去我们主观的成见！我们没有明白小孩学习的方法，我们何从指导他们，帮助他们？关于这一方面，我们的责任更重大。在盛行用科学方法研究教育问题的美国，关于学习方法的研究，还是偏于哲学的居多。——近年来零星的报告也不少，要关于学习解决问题的方法有一个系统的结论，恐怕是要费许多人的努力呢！要是这一问题没有科学地解决，在学校时学生以"盲人骑瞎马"的态度方法求学问，将来在社会上做事时，他不是也以"盲人骑瞎马"的态度方法来解答社会问题、政治问题、经济问题等吗？我们不要怪现在人的成见太深，世界不容易改良进步；虽经大战争的刺激，而国家间的纷扰比战前更厉害。我们不能使人研究问题的方法破除成见、合乎科学，我们决不能希望世界上人对于社会问题、经济问题、政治问题等有合理的解决法，我们决不能希望世界上不发生接二连三凶恶的大战！这是教育中的生命呢！

美术、工艺、音乐、体育等科更不必说了！这方面科学的研究，从全世界看起来，不过有些萌芽。四科中体育一科的进步稍为好些。我们中国，改进社[2]里也有一种体育的标准测验。

有人说美术、音乐是欣赏的、情的，决不能用科学方法来研究，恐怕这种科目的教学和科学是没有关系的。这话也不差。这些科目偏于艺术方面的多，但是也不能说完全不需要科学研究的。这些偏于艺术的科目，或者不是个个学生都要学的、都能学的。因为艺术是和先天的才能关系更密切些，所以缺乏这才能的学生要他们学习，不过空费精神和努力罢了。我们要诊断学生们这种艺术方面的才能怎样，我们非用科学方法不可。

我们有了智力测验，可以明白学生的能力；有了学力测验，可以明白学生各科的学习的结果；更有了体育测验，可以明白学生身体上、生理上的情形。这三方面的测验，是我们教学方法的出发点。这是教学法科学观的又一方面。

教学法的科学方面，大概如上。这不过是个导言，是问题的概略的概略；若要细细分析，恐怕大小问题要待科学方法解决的有好几百呢！著者这一段论文，不过要引起读者对于教学法科学方面的兴味，开一个端罢了。若就把问题来做个纲目，恐怕也可以编成一本和本杂志仿佛大的书呢！

篇幅太长了。要谈谈教学法的艺术方面了。科学方面往往偏于枯燥，艺术方面或者生动些。读者看了我文上半，或者觉得厌倦了罢。我想换一个较近艺术的方法，来叙述我教学法上的艺术观，读者或者可以兴味好些！

....

上面不过是一个一年级初学读书的例，教学的方法大部分偏重艺术方面。但是从全体教学法的艺术方面看起来，真不过是一小部分罢了。教学读书还有二年以上各种的程度，当然要用不同的方术；小学里教学的还有别的科目，当然也要用不同的方术。若要各科目，各年级程度一一举例说明，恐怕不是短篇论文篇幅所能容纳，或者可以编成专书，所以我也不再多说了。总结说，艺术方面大约有：

一、学生兴味的利用。空谈兴味不是难事，实际在教学时要使学生肯注意努力，却是顶难的事。同是一级的学生，同是一种的问题或材料，教师技术的好歹，大可以影响到学生的努力。

二、教师和学生问答的方法。问答法也有若干原理，但是实地施用时，字句的组织，声音的高低、轻重、缓急，笑容姿势等，都有很重大的影响。

三、讲述故事的方法。像怎样形容，怎样补充，怎样插问，怎样接笋，怎样布置，等等，都是一种技术。我们虽然把大概情形做成几条条件，但是实地运用，也靠教师的天才和修炼。

四、社会化的上课。上课要有条不紊，秩序井然；不能放任学生乱动，也不能完全由教师指挥命令。有人以为这是教室管理上的问题。实在教师技术高明的，能很顺利地教学，无须特别注意教室管理，而自然可以有合宜的秩序。

以上四端，说了如同未说。实在这种艺术方面的问题，无论你怎样多说，实际不过如是。一半要靠教师的天才，一半也要靠教师平时的修炼。修炼方法，看书里说的原理条件，固然是重要的；但是顶好要有具体实例的记载来补充。一方面更从事参观，把书里的记载来证验证验；一方面自己再精密地预备，实地教学。这样经验渐多,技术自会神而明之。我并不是说这种技术是一种神秘的,我是说要从经验才能渐渐体会得来。我又不是鄙薄书本里的记述,我是说要在实地证验书本里的记述,才可以真正有价值。

——选自董远骞、施毓英编:《俞子夷教育论著选》,人民教育出版社1991年版,第74—86页。

【注释】
[1] 麦柯,通译"麦柯尔"(William Anderson McCall),美国教育心理测量专家,1922年受中华教育改进社之聘来中国指导编制各种测验。当时几乎国内全部的教育心理学者都参加了该项工作,一年之内总计编成了心理与教育测验40余种。1925年廖世承、陈鹤琴出版的《测验概要》一书,就是当时所编的各种测验的汇编。
[2] 改进社,即中华教育改进社。

【解读】
在本文中,俞子夷认为"我们教学生,若没有科学的根据,好比盲人骑瞎马,实在危险。但是只知道科学的根据而没有艺术的手腕处理一切,却又不能对付千态万状、千变万化的学生。所以教学法一方面要把科学做基础,一方面又不能不用艺术做方术"。所以,教学法既是科学的,又是艺术的。

就科学性而言,俞子夷首先指出教学法必须以心理学为依据。与其他职业相比较,教师职业最大的特点是以人而不是物为工作对象,所以"教员更当懂心的科学"。其次,他认为要克服实际教学中大量存在的"盲人骑瞎马"的现象,就必须开展大量的科学研究。文中他逐一列举了国文、算学、历史、地理、自然等学科中存在的需要通过科学研究加以解决的问题,说明要使实际教学摆脱主观臆断而真正合理有效,还有很长的路要走。再次,教学的出发点和归宿都要基于对学生情况的了解,而要了解学生的情况,必须运用各种教育测验。他概括地说:"我们有了智力测验,可以明白学生的能力;有了学力测验,可以明白学生各科的学习的结果;更有了体育测验,可以明白学生身体上、生理上的情形。这三方面的测验,是我们教学方法的出发点。这是教学法科学观的又一方面。"总之,俞子夷认为,当时的教学法已有科学的成分,但还需要大量的科学研究,才能使教学法成为一门真正的科学。

就艺术性而言,俞子夷认为,从教学是师生共同活动的角度来看,教学的艺术涉及教师和学生两方面。教师处于领导地位,进行"介绍、传达、引导",学生是自动的学的主体,因此在教法和学法中都表现出教学艺术的色彩来。教学艺术是通过教学技巧表现出来的，俞子夷把教学艺术总结为"学生兴味的利用、教师和学生问答的方法、讲述故事的方法、社会化的上课"四个方面的技巧来说明。然而，俞子夷认为，"艺术手腕"的形成"一半要靠教师的天才，一半也要靠教师平时的修炼"。天才无法改变，但如何修炼则是有讲究的。他指出，以教学原理为依据，收集大量的感性经验，再用实地的教学反复验证，"技术自会神而明之"。

　　在今天看来，本文中的一些具体说法并不科学，有些观念也已不符合现在的教学理念了，但对这些缺点，后人不应苛责。正是由于俞子夷等教育前辈的开创性研究工作，今天教学论才能在科学化的道路上走得更深更远，对教学艺术的认识才更为精细深刻，这正是先辈筚路蓝缕的意义之所在。

（叶哲铭）

晏阳初(1890—1990),原名兴复,又名遇春、云霖,字阳初,四川巴中人。近现代教育家。其著述汇编为《晏阳初全集》。

晏阳初

平民教育概论

【题解】 1926年前后,全国教育界兴起了乡村教育运动,"下乡去"成为教育工作者的行动口号。然而,在乡村教育运动开始后不久,教育家们就发现中国的农村已陷入全面破产的边缘,仅靠识字扫盲为主的乡村教育还不行,必须以教育为先导,对乡村进行文化、卫生、经济和政治上的全面建设。于是1927年后,乡村教育开始向乡村建设的方向发展。1926—1929年间,时任中华平民教育促进会总会总干事的晏阳初选定河北省定县(今定州市)作为实验区,领导同人初步进行了农业教育、农业研究和农村调查的试点活动,为此后大规模的乡村建设实验做准备。在此期间,晏阳初对中国社会问题与平民教育的性质、地位有了进一步的认识。1927年,他发表了一系列演讲,这些演讲稿被摘要编成《平民教育概论》,并于1928年4月由商务印书馆作为"平民教育丛书"系列之一出版。

【原文】 平民教育运动[1]在中国虽有了八九年的历史,但社会上能彻底了解平民教育的人,确实不多。这并不是因为平民教育是一个奥妙难明白的东西,实在是因为它是中国特创的教育,社会上一般人,少见少闻,对于它就没有一个整个的观念。兹作此篇以介绍平民教育。

一、平民教育的意义

(一)平民信条 人的人格本来平等,原无上下高低之分;因为社会制度不良,一部分人得有受教育的机会,一部分人没有受教育的机会,于是各人的学问、德行显出不同,而人格的上下高低亦即由是而判别。吾人在社会组织未经改良之前,惟有努力于教育机会的平等,使人人所蕴蓄的无限能力都有发展的机会。这样,人格不平等的原因就可以消除了。

(二)平民界说 现在全国只有最少数的人民得受教育,其余最多数的人民全没有教育。依中华教育改进社的调查统计,不识字的人民占全国总数百分之八十以上,就是全国四万万人中有三万万二千万不识字的人。其中有一部分是六岁至十二岁的学龄儿童,虽不能得其概数,但依欧美各国的统计,学龄儿童约占人口总数五分之一,所以现在国内至少有七千万的失学儿童。这种学龄儿童应受国家的义务教育;假使政治上了轨道,还有受教育的机会。其余两万万以上的青年和成人,政府对于他们不负责任,社会对于他们没法补救,真是不幸极了。所以应受平民教育的平民,从狭义讲,就是指导这一班失学的青年和成人;从广义讲,就是一班粗通文字没有常识的男女,也应包括在内。

(三) **平民教育** 平民教育的目的是教人做人。做什么人?做"整个的人"。什么叫作"整个的人"?第一要有知识力,第二要有生产力,第三要有公德心。要造就整个的人,须有三种教育:

(甲)文字教育——民智 就我国人对于读书的观念来说,常有一种根本误谬的观念,以为读书是读书人的专业,其他的人可不必读书。士农工商之中,惟士可以读书;若农,若工商,就不必读书。所以现在除商人需要文字,尚有一部分读书以外,其余农民、工人几乎全数都是不识字的。我们应先将此种观念根本推翻,使人人觉悟读书识字是人类共有的权利,无论什么人都应享受。若是只有一小部分人读书,最大多数愚蠢,必致产生许多痛苦和羞耻的事。

就我国的新文化运动来说,所谓新文化运动,都是少数学者的笔墨运动,和多数平民真是风马牛不相及。其中虽亦有关于改进平民生活,免除平民压迫的问题,然而平民生活只有一天比一天堕落,各种压迫只有一天比一天加重。尽管一些研究社会学的学者在报章上对于工人有什么八小时工作制啦,增加工资啦,工人卫生和工人教育啦,对于农民又有什么打倒地主啦,保障农民利益啦,高谈阔论,说得天花乱坠。而城市的工人每天工作仍然在十五小时以上,所得工资得顾个人的口腹尚虞不足,至于教育、卫生,更是梦想不到;乡村的农民,终年忙碌,所有生产都被政府、地主剥夺净尽,自己则"乐岁终身苦,凶年不免于死亡"。像这样无知识的人,对于自己的生活没有改进的方法,对于外界的压迫没有免除的能力;社会上种种切身关系的运动,也不知道参加,岂不是"一生辛苦有谁怜!"再从人类和牛马的分别来说:牛马供人的驱使,所得不过满腹。现在的农民工人,为吃饭而劳动,为劳动而吃饭，和牛马有什么分别？与其名之为人，不如称为两腿动物。倘人类与牛马仅在两腿与四腿之争，人生还有什么意义？有什么价值？但人类无论如何，决不屑自等于牛马，皆愿享受教育以培植其知识，更愿将所得的知识分给多数的人，以消除其牛马的生活。

最后就人类生存的竞争来说，知识是生存竞争必不可少的东西，无论个人，无论国家，其优胜者，必定是知识超越的！其劣败者，必定是知识低下的。现在国家受异族的压迫，人民受军阀的摧残，其根本原因就在我国人民的平均知识低下。假使我们真有为民族争自由，为民权图发展的决心，则应先努力于提高民智，使我国牛马奴隶生活的民众一变而为有知识有头脑的国民。

文字是传播知识的工具，也是寻求知识的钥匙。欲传播知识，须先传授文字；欲得知识，必须认识文字，所以平民教育第一步必须有文字教育。

（乙）生计教育——民生　文字教育可以消除大多数的文盲。即使文盲除尽，人人能应用日常必需的文字，其与国家社会的前途究竟有什么利益？这是平民教育第一重要问题。并且中国人还有一种最通行的毛病，在没有读书以前，尚肯做工，以谋个人的生活，一到抱了书本以后，便成文人，文人自己可以不必生产，社会应负供养的责任。还有一部分的人，终日埋头窗下，只求书本的知识，至于实际生活，尽可菽麦不分。这种寄生虫似的书呆子，不是平民教育的需求，且应极力设法消除。所以平民教育于实施文字教育以外，即需有生计教育，使人人具备生产的技能，造成能自立的国民。倘全国人民均有生产能力，国民生计必皆富足，社会经济自给活动，就是将来世界的经济也都要受中国的影响了。

（丙）公民教育——民德　平民教育从文字方面以提高民智，从生产方面以裕民生。即使民智提高，民生充裕，对于国家社会的前途究竟有什么利益？这是平民教育第二重要的问题。试看历来的卖国奴，何一非知识超越、经济富足的人呢？盖其人缺乏公德心，一举一动，只知有自己的祸福利害，不顾国家社会的祸福利害；所有知识、经济，只足以供其为恶之资，所作之恶，常比无知识无能力者高出万倍。倘平民教育处处都是养成这种自私自利的亡国奴，岂是国家之福？所以平民教育于实施文字教育和生计教育外，另有公民教育，希望造成热诚奉公的公民。

总之，平民教育是养成有知识、有生产力和公德心的整个人。

二、 今昔平民教育的区别

（一）以前有许多人误解平民教育为贫民教育。办理贫民教育的动机，也就是以慈善为怀。平民学校招收的学生，虽十之八九都是贫民，其实平民教育何曾是施米施粥的教育。近来所提倡平民教育，在中国现状之下，比较高等教育、中等教育和义务教育还更重要。凡是中华民国国民，无论男女贫富，只要他是在应受教育期内而未曾受教育的，或受过基本教育而缺乏公民常识的，都应领受平民教育。民主国家里最重要、最正宗的教育事业，莫过于此。

（二）以前的平民教育，多是中等以上的学生于求学之余抽暇来办的。这种关系我国二万万平民的重大问题，岂是学生课余附带办理的方法所能解决。现今所提倡的平民教育，必须有专门的人才，专门的研究和专门的组织去办，才有成功的希望。

（三）以前办理平民教育的人，是东一个西一个，零零碎碎彼此毫无联络。现在办理平民教育的人是很有联络的，因为现今的平民教育是有组织、有系统的。就组织方面说：北京有中华平民教育促进会总会，各省区有省分会、市分会、县分会、村分会，运用灵活，如脑之使臂，臂之使指。就系统方面说：有高初两级平民教育和继续教育等。

（四）以前办理平民教育的，不外授予学生以文字教育，绝没想到生计教育和公民教育的必要，只能养成有知识而无生产力及公德心的片面人。现在我们知道一个人至少必具知识力、生产力及公德心三种要素，才能成为整个的人。因此才有文字教育、生计教育及公民教育。

（五）以前办理平民教育的，多是社会热心人士的提倡。某地有热心的人，某地平民教育即可发达，所以运动的范围都是限于一小区域之内。自民国十二年，全国平民教育代表集合于北京，组织中华平民教育促进会总会[2]以后，这种运动才有普及全国之势。现时各省虽未见都能进行无碍，但平教空气确已遍传于全国，兼及各地的华侨所在地了。

三、 平民教育的急需

（一）齐家

中国人对于国家的观念，非常薄弱，但对于家庭的观念，确是根深蒂固，牢不可破。这种观念，有利有害，随各人见解而不同，现在有许多人觉得有害无利，主张打破家庭的组织与制度。但能否打破，尚属疑问，即使能够打破，必另产生新组织新制度的家庭。可以断言，无论旧家庭或新家庭，精神方面纵不讲怎么纲常伦秩，亦必一家人相亲相爱，通力合作。物质方面虽不必高楼大厦，画栋雕梁，亦必窗明几净，室无微尘。倘进其门则秽气冲天，登其堂则粪土满地，入其室则立无容身，家人相语则此诉很淬，人类的团体生活和男女的共同生活，无论取任何形式的组织，恐怕也不应有这样的现象吧？西洋人对于家庭观念，虽不及中国人，但对于家庭的整理，亦非常注意。可见齐家之事，无论古今中外都是必要的。现在中国仍是以家庭为国家组织的单位，欲治其国，须从齐家起。平民教育为齐家所急需的至少有两点：

（甲）平民教育与家长教育　欧美的教育注重在儿童；中国的教育应注重在家长。为什么呢？因为中国现在做家长的，自己都没受过教育，不知道教育的重要，多不肯送子女弟妹们去上学。倘若他们受过教育，至少可以觉悟教育的重要和不识字的害处，推想到子弟不受教育的害处，自然很愿意送他们去读书。

（乙）家庭教育与学校教育　学校教育固然重要，但是家庭教育和儿童的发展，更是密切。因为学校教育是有限制的，家庭的教育是无限制的。家长的一举一动，影响于子女者甚大；而教师的一言一行，影响于学生者甚小。有人以为家庭不过吃饭与睡觉的处所，对于儿童教育没有关系。其实家庭是造人的工厂，要想制造有学问有道德的好人，须看家长是否有学问有道德的好人。倘家长受过平民教育，便有好习惯以教训灌输于子女。同时，学校教育得到家庭的协助与合作，定可收最大的效果。

（二）治国

儿童是将来国家的主人，这句话谁都不能否认的。欧美各国对于义务教育特别注重，以培养国民的基础，担负将来国家的责任。近常有人说：今日的中国是没有希望了。要建设明日的中国，尽可努力于义务教育，数十年之后，便可收效。不知欧美各国所以能努力于将来，是否因为现在的结果已由前人艰难缔造好了。中国的先民既不肯艰难缔造，致生今日举国文盲的结果。倘今日中国所处的地位，还有数十年从容制造国民的机会，那么，现在的青年和成人，只好任他随时而逝，不容我辈操心。不幸中国所处的地位危险已极，救国的责任，加不到数十年后的人身上，只好借重现在不长进，号称为文盲的青年和成人。

（甲）平民教育与平民政治　中国今日已为共和国家，若能把共和推翻，恢复十六年前的专制，则蚩蚩者氓，仍可不识不知，顺帝之则，凡努力于平民教育的人们，都是多事。现在这民主国的金字招牌，是脱不下了的。聪明的人，就得脚踏实地地做共和国家以民为主的工作，从根本上唤醒民众，使他们知道人民都应该参与政治运动，人民都能参与政治，才是真正的民主的政治。不参与政治，让一班军阀、官僚、政客去把持，就是假民主的政治。现在国家弄到这步田地，固然应该痛恨一班军阀、官僚、政客的误国殃民，但是我们也得自怨自艾。为什么不摆起主人翁的架子来管政治？我们不管政治，是因为多数的民众没有政治的知识，不知道国家是什么东西，和自身有什么关系。所以我们觉得现在应从速施行平民教育，提高民众的知识，才有实现真正的民主政治的希望。孙中山先生说：外国人建屋重在奠基，中国人的建屋重在加梁，我们建设民主政治的华夏，请从奠基始。

（乙）平民教育与建国人才　中国现在最危险的现象，就是无论在政治界或教育界的舞台上，都是这一班老角色在台上轮流演唱，我们做顾曲的民众，实在已经听倦了，不爱听了，喊他一声倒好。知趣点的就下台，不知趣的简直是恋栈不去，始终看不到一个新名角出台，这不是国内人才将破产了吗？其实不然。试以美国为例，其人口约一亿，自立国至今不过二百年，人才辈出，且所谓人才，大多数都是平民。数年前某报发起选举历来国内伟人五十名，投票者共二百万人，选出的伟人五十名中，有三十二人是平民政治家，远之如华盛顿、林肯，其出身寒微，固已人人皆知；近之如哈丁、顾理治[3]，亦均出自平民。科学家如福兰克林、爱迪生，大商人如福特等，无一不是从平民出身。中国前此何独不然，所谓"将相本无种"，"茅庐出公卿"，就是这个意思。中国人口四倍于美国，按理美国若于十年之内能产生一个拔萃的人才，中国于同样十年之内应出四个，才合比例的数目。但为什么竟没有一人呢？其原因就在美国人民都受了基本的教育，凡是天才都有自行发展的机会。中国虽号称四亿，其得受教育的机会的，不过八千万人，其不能多产人才，也是理之当然。中国现在不是没有人才，是民众的"脑矿"未开，有许多"豪杰"、"智士"、"哲人"和其他有用的人，都埋没在不识字的人脑海中了。平民教育是开脑矿最简单最适用的工具，使大多数人民均有受教育的机会，然后从多数人中产生人才。有了真正的人才，从民众中产生，然后才有多数人去负担国家各种的责任。所以欲谋国家发扬光大，惟有推行平民教育之一法。

（三）平天下

（甲）平民教育与国际关系　民国十二年在美加利福尼亚举行世界教育会议时，各国代表报告本国文盲的人数。在英国每百人中只有三人，在法国只有四人，在美国只有六人，在日本也只有四人；我国代表报告每百人中有八十人时，各国无不惊讶。即此一端，在国际上已无地位之可言。该会并议决十二年以内，除尽全世界的文盲。倘此时若不努力，以后要在中国举行世界教育会议时，不知我国有担任的勇气没有？

（乙）平民教育与世界和平　太平洋沿岸各国国民，得欧战的教训，不愿人类再演战争的惨剧，于民国十四年，特召集国民代表会议，实行国民真正的公开外交，打破政府秘密的外交。赴会的共九国，代表百余人。阳初为中国国民代表之一，曾提出平民教育案。闭会时，会长威尔伯博士当众宣言，此次通过议案六十余件中，依我个人的意见及各专门家的观察，最有关系于太平洋沿岸各国的太平的，莫如现在中国的平民教育运动。在各国或含有夸扬之意，在我国实敢受之而不愧。我国地大物博，人口占世界四分之一，前此所以无大发展者，即在民众知识的低下，生产力的薄弱，和公德心的缺乏。设若平民教育运动成功，把民众都养成社会整个的人，那就不难建设健全的国家。以全国人民之多，一举一动，真有影响世界之力。吾民族素有大同思想，正可尽量发挥，以保持世界永久的和平。

四、平民教育的原则

（一）全民的　即凡一般已过学龄时期，而不识字或已识字而缺乏常识的青年和成人，不分男女、老少、富贵、贫贱，都有领受平民教育的必要。

（二）以平民需要为标准的　平民是因为缺乏某种常识，或需要某种技能，才来上学。是故所学当为所用，所用即为所学而后可。倘平民学校不能满足其需求，平民教育就算失败了。

（三）适合平民生活状况的　平民大多数都很穷苦，每天工作的时间很长，要使他们筹出一点钱，在百忙之中来受教育，非用最少的经济、最短的时间，万办不到。所以平民教育第一要图金钱和时间的经济。课程及教材，也应力求简单，读书的时间过长，易使平民生厌倦之心，势必半途而废，所以教育的期间不能过四个月。

（四）根据本国国情和人民心理的　平民教育是我国特有的教育问题，非抄袭东西洋而来；要想抄袭，亦无从抄袭。只有根据本国国情、人民心理而定教育的目标、方法与进行的步骤。

（五）地方自动负责的　平民教育应普及于全国。事业远大，不是一个机关可以包办的。不说财力不足，人才缺乏，没有包办的本领，就是财力、人才都很充足，在原则上讲，也不应由少数人来包办。因为由本地方的人，出本地方的钱，办本地方的事，不特可以持久，更可养成本地责任观念和自立精神。

（六）人人有参加的可能　现在社会上很难得有一件事人人都有参加的可能，只有平民教育，无论什么人都可以参加。受过教育的人，可以来教人，未受过教育的人，可以来受教。所以人民对于平民教育运动，不必问能否参加，但问愿不愿参加而已。

五、 平民教育实施的方法

（一）学校式的　学校式的教育，对于青年较为适宜。因为青年脑筋灵敏，思想活泼，用形式的、有系统的训练，收效甚易。在学校式的教育中，因教具和教法的不同，可分为三种：

（甲）单班学校　普通的单班教学，用不着特别的教具。

（乙）挂图学校　所用教具是挂图、挂课、挂字等。

（丙）幻灯学校　应用幻灯，可以教授多数的学生。

（二）社会式的　成人年龄已长，事务较多，脑筋纷杂，记忆薄弱，只能施以社会式的教育。如讲演、戏剧、展览、电影、音乐等，都是教育成人最好的方法。

（三）**表证式的**　凡事徒空谈理论而没有实验证明，往往不易使人信服。尤其是平民厌听空话，爱看实验。所以在生计教育方面，多采这种方法，使平民易于相信，并能仿效。

六、 平民教育的现状

（一）**国内**　可分为城市和乡村两部分来说：

（甲）**城市**　全国各省已经成立平民教育促进分会的，有十九处，特别区分会三处，市分会二十余处。

（乙）**乡村**　全国乡村平民教育促进会，有一百五十余处，都是自动组织的。由总会直接办理的直隶保定道属的二十县。并以定县为推广平民教育的试验区，进行不及数月，成绩很好。

全国平民学校及已受平民教育的男女共有若干，本会未得完全的报告，无从统计。但据上海各大书局报告售出《平民千字课》的总数，截至去年九月底止，共三百六十万部。准此以推，全国平民学校毕业生，至少已达三百万名以上。

（二）**国外**　亦可分两层来说：

（甲）**华侨教育的发展**　前述太平洋国民会议在檀香山举行时，因阳初有关于平民教育的提案，得多人的赞扬，该地华侨大受感动，组织檀香山华侨平民教育促进会，推行平民教育。已毕业学生一百二十人；其继续开办的，不久亦将毕业。此外菲律宾、澳大利亚、日本及其他各国各地华侨，亦闻风继起，常来信探询推行平民教育的情形。

华侨旅居异国，受外国的教育，易被异族同化，对于祖国的文化，每怀轻视之心，真是国家前途最不幸事！海外同胞，富于冒险，善于居积，所以都能独立奋斗，造成巨富。孙中山先生前此提倡革命，得他们的助力不少。可见华侨尚未忘情祖国，应急推行教育，使他们能欣赏祖国的文化，生爱国之心，并愿协助国内文化事业的发展。

（乙）**国际教育的联络**　自太平洋国民会议以后，平民教育影响不但及于华侨，其他国也受了相当的影响。现在菲律宾已进行最大规模的平民运动，计划在五年之内，普及平民教育。印度、朝鲜有志之士，也都觉得平民教育的重要，正在设法推行，彼此声气互通。我们倘能由国际教育的联络，进而为东亚民族的联络，由东亚民族的联络，进而为谋东亚民族的自由解放而联络，力量之巨大，真可撼山岳，泣鬼神。我希望努力平民教育的人都有这种抱负。

七、 平民教育总机关的组织

中华平民教育促进会总会的组织，包含有三种制度：

（一）行政制度　本会于总干事之下，设有总务、城市、乡村、华侨四部，每部直辖若干股，分担一切行政事宜。

（二）研究制度　本会设有调查统计、平民文学、视导训练、公民教育、生计教育、直观教育、妇女教育、健康教育八科，每科直辖若干门，分担一切研究事宜。

（三）训练制度　本会设立平民教育师范院、育才院、研究院，以培养全国平教事业需要的人才。

八、 平民教育运动的使命

平民教育运动的使命，在于"作新民"。分析其内容，有下列三项：

（一）养成有知识，有生产力，有公共心的整个人。

（二）养成社会健全的分子，发展社会的事业。

（三）养成建设国家的国民，增高国际的地位。

九、 平民教育推行的政策

平民教育促进会总会是平教的学术机关；至于推行平民教育，是各地平民教育促进会的责任。要希望平民教育达到普及的目的，非全国各地方一致努力进行不可。根据各处推行平教的经验并希望各地推行平教顺利，我们采取了鼎足而三的平教推行政策。这三足是：一、地方人士；二、平教专家；三、地方政府。三足分工合作的责任大致如下：

（一）地方上各界领袖，自动结合各社团、各机关和一班热心人士共同提倡平教，并分任各委员会的委员，协助专家实施平教；

（二）培养或聘请平教专门人才，专任实施平教事宜，并请托平教总会选派专家指导一切；

（三）呈请地方政府补助经费，维持秩序，并规定褒奖和惩戒办法，使平民教育在地方上易于普及。

——选自宋恩荣主编：《晏阳初全集（第一卷）》，天津教育出版社 2013 年版，第 80—91 页。

【注释】

[1] 平民教育运动，五四运动时期兴起的教育思潮和活动，是民主思潮在教育上的反映。为一部分具有共产主义思想的知识分子发起。试图通过提高城市平民的文化知识水平，来消灭不合理的社会现象。后来运动发生分化，以晏阳初为代表的中华平民教育促进会总会成为后期的主要力量。他们曾编写了《平民千字课》为教材，以办平民学校、平民读书处等机构进行识字、读书教育，短时期内在全国掀起高潮。1929 年晏阳初在河北定县设立平民教育总会办事处，以定县作为乡村平民教育实验区，继续进行活动，并逐渐发展为乡村建设运动。

[2] 中华平民教育促进会总会，简称"平教总会"。近代教育团体。1923 年 8 月 26 日借中华教育改进社开会之机，在北京成立。朱其慧为董事长，陶行知为书记，晏阳初为总干事。以"除文盲，作新民"为宗旨。次年编辑出版《平民千字课》教材，被全国广泛采用。北京、江苏、浙江、广东、江西、河北等地相继成立平民教育促进会、平民学校。1926 年平民教育促进会选河北定县翟城村作为开辟农村平民教育的试验区。1929 年平教总会迁定县。1930 年后主要工作转向设立实验县，实行县政改革。初在定县。1935—1937 年间，主要成员随晏阳初至长沙、成都，指导湖南、四川、贵州建立实验县。

[3] 哈丁，即哈定（Warren Gamaliel Harding），1921—1923 年任美国总统。顾理治，即柯立芝（John Calvin Coolidge），1923—1929 年任美国总统。

【解读】

1923 年 8 月中华平民教育促进会总会成立后，在"除文盲，作新民"的宗旨指引和晏阳初等人的切实努力下，国内的平民教育扩展迅速，在海外华侨和其他国家中也得到积极响应。经过几年的发展和认识的深入，晏阳初意识到必须对平民教育的性质、意义、原则、方法、使命、现状、组织、政策等方面的问题作系统的梳理，使社会对该运动有"一个整个的观念"，并指导进一步的行动。本文就是在此背景下写成的。

在本文中，晏阳初首先指出人是生而平等的，但由于社会制度的不良，剥夺了多数人受教育的机会，使得人格显出了高低上下之分，而平民教育就是要重新把全国两亿多不识字的青年和成年人培养成具有知识力、生产力和公德心的"整个的人"。为此需要三大教育方式：文字教育是为了让民众能通过识字而获得知识，从而得到人类的尊严；生计教育赋予民众生产技能，造就经济上能自立的国民；公民教育旨在造就热诚奉公的公民。因此，平民教育是一种需要专门的、系统的、以全国为范围实施的"民主国家里最重要、最正宗的教育事业"。只有确立这样的性质，平民教育才能实现其"作新民"的伟大使命。

在晏阳初看来，平民教育具有实现"齐家、治国、平天下"的儒家社会理想的深远意义。首先，只有受过教育的家长，才能更理解子女受教育的重要性，也才会实施良好的家庭教育以协助学校教育的进行。其次，只有具有政治知识和参政能力的民众，才能真正实现民主政治；也只有普遍提高国民的受教育水平，开发"脑矿"，才能从中不断产生新的建国人才。再次，一个文盲占比很高的人口大国，无论如何都无法在国际上获得真正的地位；反之，只有把全中国的民众"都养成社会整个的人"，"建设健全的国家"，才能真正为实现"天下大同"、世界和平发挥巨大的影响力。

作为一种"中国特创的教育"，平民教育应该有适合国情的实施原则和方法。晏阳初在本文中归纳的六个原则，的确体现了这种独创性。比如，教育对象的全民性不仅是指不识字的学龄儿童，还包括虽识字而缺乏常识的青年和成年人。仅此一点，平民教育与此前"施舍性的"识字教育就有根本的不同。又如，第二、三、四条原则中，无论是要求提供平民确实缺乏的知识，做到"所学当为所用，所用即为所学"，还是要求经济节省、根据国情和民众心理，都真正体现出了立足平民生活的精神。在具体的三大方式中，他将社会式的和表证式(实验证明)的教育与学校教育并列，同样体现了适合国情、立足平民生活的特点。

平民教育是一项全国性的事业，不是光靠一群有良心的知识分子的个人努力就能成功的，要保证事业的推进，不但要有合理的组织制度保障，还要结合各种力量"全国各地方一致努力进行"。平民教育促进会总会根据实际需要设立行政、研究、训练等制度和相应机关分工合作，同时把地方人士和地方政府联合起来，与平民教育专家一起形成合力。后来的乡村建设运动证明，这种组织制度和实施政策，是保证平民教育长期坚持并卓有成效的重要条件。

晏阳初的平民教育思想，不是抄袭前人或时人的模式，也不是预先主观拟订出一套计划或方案，而是通过深入的实际调查和反复的实验，不断摸索与总结出来的，并在实践的基础上不断修正。比如，三大教育后来变成了四大教育(文字教育变成了文艺教育，并增加了卫生教育)，三大方式中的表证式也变成了家庭式，表证成为所有教育方式普遍采用的具体方法。晏阳初一生致力于帮助中国和其他第三世界国家的平民获得受教育的机会，并唤醒民众的自主性以改造自己的生活。他的平民教育思想，照他本人的说法是由"3C"构成，即孔子（Confucius）的"民为邦本，本固邦宁"的民本思想、基督（Christ）的博爱哲学和对"苦力"（Coolie）的发自内心的尊重与爱，这三者融合，形成一体，从而造就了一位集中国传统精神与西方文明于一身的教育家。

中国农村教育与农村建设问题

【题解】 自 1929 年秋中华平民教育促进会总会迁至定县，开始著名的"定县实验"后，平民教育运动进入了乡村建设阶段。在上文《平民教育概论》中，晏阳初指出要推广平民教育必须将"平教专家、地方人士、地方政府"这三方面的力量结合起来，这一思想在定县实验中得到了进一步的明确。因此，从 1933 年河北省的县政建设研究院和县政建设实验县在定县设立，晏阳初出任院长兼县长后，与政府密切合作成为此后平教会长期实行的政策。同时随着抗战全面爆发的迫近，晏阳初更加意识到实施救亡图存的农村教育的重要性。1935 年 3 月 25 日，他应邀在北京大学第二院作了以本文为主要内容的演讲，阐述了他对上述问题的理解。

【原文】 敝人久不作讲演，因自民国十二年以后即努力于平民教育工作，近五六年来，在定县研究实验农民教育与县政改革，既无宣传之必要，故亦不作公开讲演。惟来此听讲者多数为研究教育之同学，定县之工作又偏重于教育，阳初为责任心所驱使，实不能不来向诸君说话。今日所讲者多为阳初十余年来之心得，诸君既多为研究教育者，或亦可供诸君之参考。

所谓教育，并非指一般的及普通的教育，普通教育并不难，欲其切合实际方为难事。最切合于实际之教育为农民教育。一般人以为教育之目的，乃在产生伟大光明灿烂之中国。吾人之希望又何尝不是如此，惟此种希望，实太迂远，今日中国，危亡已迫于眉睫，今日所应施之教育为最低限度最基本必不可少者之救亡图存之教育。中国此时可为一非常之时代，而各处所实施之教育，似为一种普通之教育，"一切正常"，国家岂能维持！如现在乡间一般儿童所读之课本，仍与十年前大同小异，即可证明。须知吾人今日之唯一目标，为救亡图存，我辈虽无希望，然为我辈之子孙着想，岂能仍令其与吾辈受同样之处境。

予以为当此非常时代，必须有一种计划教育，教育之内容与方式以及一切的一切，均须有计划。按救人十年来于困苦艰难中所得之经验，欲达到救亡图存之目的，最急需最迫切者有三：

第一，培养知识力，最低限度须培养其民族意识与国家观念，能够自觉自强。吾人站在教育者的地位，一切一切都在启发他们。

第二，培养科学的生产力，更换那些老农、老圃的旧习惯旧技术，使其了然于人力可以胜天，一切自己均可创造，即养成其自给自养之能力。

第三，培养组织能力，养成纪律生活，方能自卫自保。

集中以上三种能力，始足以言救亡。同时实施此种教育，尤须注意目标、计划与策略三方面。如农村中有成人、青年与儿童，对于成人，因彼等在乡间极有力量，欲其为我等之助力，对之须用开导方法。对于儿童因其为国家之基础，故须用培养方式。至吾人所视为最重要者为青年，为十八九岁至二十五六岁之青年。因彼等年富力强，可以继往开来。姑就定县而论，全县四十万人中，就有八万青年农民，以全国四亿人计算，中国农民青年至少有八千万，除去一千万已受教育者外，尚余七千万人。欲救亡图存，必须抓住此七千万青年。将他们组织训练起来，给他们以文字知识，与其他公民训练，及保健卫生的知识与训练。养成此数千万充实与健全之青年以后，有什么计划有什么目标必能成功，讲到总动员，才真正有员可动。

中国自鸦片之战以后，经过甲午之战，到日本提出二十一条时，经过一次刺激，一班有志之士即想出一个救亡的方法。忽而学东洋，忽而学西洋，今日忙这样，明日忙那样，但都没有把根本拟清，所以仍然是束手无策。今后我们必须拿定主意，下大决心，钻进农村，深入民间，造就这八千万的农民青年，叫他们来担负这民族再造的使命。我等在定县所研究实验者，并非为定县。定县乃系一个实验室，我们要研究出一套内容与结果，故必须切合以下四条件者：（一）是否经济，（二）是否简易，（三）是否切合实际，（四）是否有基础，能合此四条件，方易普遍推行，才能对于广大之民众有益。

总之，定县之工作，系为研究实验，重质而不重量，一切系由下而上。十余年来，集中各方人才，根据民情，应用科学，所获得之结果，均系如此。至于农村建设，即欲以政治的立场加以推动，一方面是政治组织问题，一方面是行政人才问题。所谓县政改革乃为建设而改革，乃欲将以前专司收税审问官司之衙门，变为实施救亡教育建设各种基本工作之机关，服务人民，建设地方，以求政治之根本改革，此乃系由上而下，若与上面所说者相辅而行，我们一定有光明灿烂之前程。

总之，当此山穷水尽之时，只有农村有光明的希望，深望一般青年发挥宏愿，施展宏才，好静者作研究工作，好动者作推广工作。深信学术可以解决问题，有伟大之精神，必能成伟大之事业。前途荆棘最多，然只要大家能够任劳任怨，下大决心，为农民，为中国，甘愿受罪，不但青年自己有了出路，即整个中国亦有了出路。

——选自宋恩荣主编：《晏阳初全集（第一卷）》，天津教育出版社 2013 年版，第 321—323 页。

【解读】　与众多近代教育家一样，晏阳初教育思想的最大特点就是不懈探索真正适合中国国情的教育方式，并将教育视为挽救民族危亡的有效工具。

在本文中，晏阳初批判了近代新式教育兴起以来那种"忽而学东洋，忽而学西洋"，东拼西凑成一个不符合国情的普通教育体系的做法。这种普通教育就是到了民族危亡迫在眉睫的时刻，还"一切正常"，"乡间一般儿童所读之课本，仍与十年前大同小异"。他认为，"普通教育并不难，欲其切合实际方为难事"。在面临抗战全面爆发的危急时刻，全国应实施一种最低限度的、最基本的"救亡图存之教育"。这种教育必须能根据国家的实际需要有计划地实施。其计划性体现在两大方面：首先，这种计划教育必须具备能培养广大农民的"知识力、科学的生产力、组织能力"的效能。其次，在策略上要将农村地区的七千万文盲青年作为培养的主要对象，因为他们是"年富力强，可以继往开来"的一代，只要"给他们以文字知识，与其他公民训练，及保健卫生的知识与训练"，就能"养成此数千万充实与健全之青年"，作为抗战和建国的主力军。

面对全面备战的时代主题，晏阳初准确地将定县的农村教育工作定位在实验研究上，他希望通过这种自下而上的实验研究为全国提供一个样本。同时，他也认识到"至于农村建设，即欲以政治的立场加以推动"，要把实验研究的结果推广到全国，必须结合政治力量自上而下地进行，否则将一事无成；而要形成这种政治力量的推动,就要改革县政,以解决政治组织和行政人才两方面的问题。他相信,把自下而上的乡村教育问题研究和自上而下的乡村建设推广"相辅而行,我们一定有光明灿烂之前程"。

在本文的最后,晏阳初希望青年能认识到乡村建设工作的伟大意义,"任劳任怨,下大决心,为农民,为中国,甘愿受罪",为自己和整个中国找到出路。

晏阳初毕生致力于平民教育和乡村建设事业,限于当时的历史条件,尽管收效不大,但反映了五四运动后教育界人士"教育救国"的理想及其努力。晏阳初的实践和经验在今天仍然可供研究和借鉴。

(叶哲铭)

陶行知(1891—1946),原名文濬,后改名知行、行知,安徽歙县人。近代教育家。毕生致力于教育和社会改革事业,留下大量著述,汇编为《陶行知全集》等。

中华教育改进社改造全国乡村教育宣言书

【题解】 自清末兴办新教育以来,新式学堂大多设在城市;民国成立后,虽然学制规定城镇乡村都可以设立国民小学校,但由于乡村学校数量有限、质量低劣,乡村的教育普遍十分落后。五四运动前后,教育界一批有识之士在民主、科学思想影响下,开始组织各种教育社团在城市中下层民众中推行平民教育、职业教育等。陶行知在 1921 年参与组织中华教育改进社,1923 年又与朱其慧、晏阳初等人发起组织中华平民教育促进会总会,在当时产生了较大的影响。在此过程中,教育家们逐渐达成一个共识:占中国人口 80% 以上的是住在乡村的农民,如果不重视乡村教育,那么普及教育、提高全体国民的素质只是一句空话。1926 年 11 月,陶行知受中华教育改进社之托,起草本文,并开始了他的乡村教育事业。

【原文】 本社的乡村教育政策是要乡村学校做改造乡村生活的中心,乡村教师做改造乡村生活的灵魂。我们主张由乡村实际生活产生乡村中心学校,由乡村中心学校产生乡村师范。乡村师范之主旨在造就有农夫身手、科学头脑、改造社会精神的教师。这种教师必能用最少的金钱,办最好的学校,培植最有生活力的农民。我们深信他们能够依据教学做合一的原则,领导学生去学习那征服自然改造社会的本领。但要想这种教育普遍实现,必须有试验、研究、调查、推广、指导之人才、组织、计划、经费及百折不回的精神,方能成功。本社的事业范围很宽,但今后主要使命之一,即在厉行乡村教育政策,为我们三万万四千万农民服务。我们已经下了决心,要筹募一百万元基金,征集一百万位同志,提倡一百万所学校,改造一百万个乡村。这是一件伟大的建设事业,个个国民对他都负有绝大的责任。我们以至诚之意欢迎大家加入这个运动,赞助他发展,指导他进行,一心一德地为中国乡村开创一个新生命。

　　——选自《陶行知全集》编辑委员会主编:《陶行知全集(第一卷)》,四川教育出版社 1991 年版,第 98—99 页。

【解读】　　在本文中,陶行知明确指出乡村教育的目的是"为我们三万万四千万农民服务"。这里所谓的"服务",不是像此前在城市里的平民识字运动那样单纯地教农民子弟基本的文化知识技能,而是把乡村教育作为改造整个乡村生活的策源地,也就是"要乡村学校做改造乡村生活的中心,乡村教师做改造乡村生活的灵魂"。要使乡村教育真正实现这个使命,其前提就是不能将城市里的那套思路简单挪用到乡村,而是要从乡村生活的实际出发,"由乡村实际生活产生乡村中心学校,由乡村中心学校产生乡村师范";同时,乡村教师也不能是传统意义上的"书生型"教师,而必须具有"农夫身手、科学头脑、改造社会精神",可以说是改造乡村生活的实干家。在本文中,陶行知规划了一个"筹募一百万元基金,征集一百万位同志,提倡一百万所学校,改造一百万个乡村"的宏伟蓝图。他相信,实施符合乡村生活需求的教育以改造好整个农村社会,是中国立国的根本大计。为此,他呼吁有志之士投入到"为中国乡村开创一个新生命"的伟大事业中。

　　与这一时期的很多进步教育家一样,陶行知对教育的社会作用的理解有理想化色彩,教育的任何社会作用都首先是在特定的社会历史条件下得以发挥的。从这个意义上讲,任何教育救国论都是不现实的,宣言中描绘的四个"一百万"的蓝图也没有在中国真正实现。但是,宣言中提出的必须关注乡村教育,乡村教育必须符合乡村生活的实际,乡村学校和教师必须从实际出发改造乡村社会等观点,至今仍有巨大的现实意义。

试验乡村师范学校答客问

【题解】　　陶行知既是富于理想色彩的教育理论家,又是勇于行动的教育实践家。为了实现自己的乡村教育主张,他在 1926 年下半年先后考察了南京、无锡等地的乡村教育。同年 12 月中旬,他在上海召集中华教育改进社成员讨论乡村教育政策,成立了乡村教育同志会,会后正式筹备试验乡村师范学校。同年 12 月 27 日，陶行知通宵写成本文，就有关办学宗旨、培养目标、办学方法、开设课程、学校组织、招生名额、考试科目、修业年限、交纳费用等诸多事项作了系统的说明。可以说，本文既是一份"招生问答"，也是陶行知乡村师范办学思路的一次系统的、创造性的表述。

【原文】

乡村师范学校是什么？

乡村师范学校是依据乡村实际生活，造就乡村学校教师、校长、辅导员的地方。

为什么要加上试验两个字？

中国乡村教育走错了路，现在已经到了山穷水尽，不得不另找生路。试验就是用科学的方法去采新的生路。我们在前面已经看着一线光明，不能说是十分有把握，但深愿"试他一试"。

这个学校是谁办的？

这个学校是中华教育改进社结合少数乡村教育同志办的。

中华教育改进社为什么要发这种宏愿？

中华教育改进社三年以来对于乡村教育素所注意，近来更觉得这件事是立国的根本大计。估计起来，中国有一百万个乡村，就须有一百万所学校，最少就须有一百万位教师。个个乡村里都应当有学校，更应当有好学校。要有好的学校，先要有好的教师。好的教师有生成的，有学成的。生成的好教师如同凤毛麟角，不可多得，恐怕一百万位乡村教师当中，九十九万九千九百位是要用特殊的训练把他们培养成功的。这是一件伟大的事业，要全国同志运用心力财力才能办到。本社不忍放弃国家一分子的责任，所以很情愿在万难中设立这个小小的试验乡村师范，为的是要造就好的乡村教师去办理好的乡村学校。

乡村教师要怎样才算好？

好的乡村教师，第一有农夫的身手，第二有科学的头脑，第三有改造社会的精神。他足迹所到的地方，一年能使学校气象生动，二年能使社会信仰教育，三年能使科学农业著效，四年能使村自治告成，五年能使活的教育普及，十年能使荒山成林，废人生利。这种教师就是改造乡村生活的灵魂。

乡村学校要怎样才算好？

有了这样的好教师,就算是好的乡村学校;好的乡村学校,就是改造乡村生活的中心。

现在中国有没有这种学校?

现在中国有少数乡村学校确是朝着这条路走。他们的精神确系要令人起敬。如同燕子矶小学、尧化门小学、开原小学,都是著有成绩的乡村学校。最近改造的江宁县立师范学校、明陵小学、笆斗山小学,成绩也有可观。别的地方一定也有这种学校,因为不晓得清楚,不能列举。这几个学校假使再给他们五年或十年的时间,当能使这些乡村得到一种新生命,开创一个新纪元。

这些学校为什么办得这样好?

因为他们的教职员有办理乡村教育的天才,并且有虚心研究学问的精神。

这些学校与试验乡村师范要发生什么关系?

因为地点接近燕子矶小学和尧化门小学,已经特约为试验乡村师范学校的中心小学,其他学校就辅助分工研究关于乡村小学的种种问题。

何谓中心小学?

中心小学以乡村实际生活为中心,同时又为试验乡村师范的中心。平常师范学校的小学叫作附属小学,我们要打破附属品的观念,所以称它为中心小学。中心小学是师范学校的主脑,不是师范学校的附属品。中心小学是师范学校的母亲,不是师范学校的儿子。中心小学是太阳,师范学校是行星。师范学校的使命是要传布中心学校的精神、方法和因地制宜的本领。

试验乡村师范学校依据中心小学办理,已经听得明白,但究竟采用什么方法使他实现呢?

我们的一条鞭[1]的方法就是教学做合一。

什么是教学做合一?

教学做合一是:教的法子根据学的法子,学的法子根据做的法子。事怎样做就怎样学,怎样学就怎样教。比如种田这件事要在田里做,就要在田里学,也就要在田里教。教学做有一个共同的中心,这个中心就是"事",就是实际生活,教学做都要在"必有事焉"上用功。

试验乡村师范的课程与平常学校有什么不同的地方?

试验乡村师范的全部课程就是全部生活,我们没有课外的生活也没有生活外的课。约略分起来,共有五门:一,中心小学生活教学做;二,中心小学行政教学做;三,师范学校第一院院务教学做;四,征服天然环境教学做;五,改造社会环境教学做。

什么是第一院?

我们的师范学校将来要分两院:第一院是招收他校末一年半学生及相等程度之在职人员,加以一年半的训练;第二院是完全师范制,一切训练,都由本校始终其事。因为第一种办法较为轻而易举,所以先办第一院。

什么是院务教学做?

我们第一院里面种种事务都是要学生分任去做的,什么文牍、会计、庶务、烧饭、种菜,都是要学生轮流学习的。全校只用一个校工担任挑水一类的事,其余一切操作,都列为正课,由学生躬亲从事。

师范生要学习烧饭种菜,这是什么道理?

乡村里当教师,不会烹饪,就要吃苦。我们晓得师范生初到乡间去充当教师,有的时候,不免饿得肚皮叫,就是因为他们不会炊事。从前科举时代文人因过考需要,大多数都会烹饪。现在讲究洋八股反把这些实用的本领挥之门外,简直比科举还坏。所以我们这里的口号是:"不会种菜,不算学生";"不会烧饭,不得毕业"。

教师处于什么地位?

本校各科教师都称为指导员,不称为教员。他们指导学生教学做,他们与学生共教、共学、共做、共生活。不但如此,高级程度学生对于低级程度学生也要负指导之责。

什么资格的学生可以进来呢?

初级中等学校、高级中等学校、专门大学校末了一年半的学生和在职教职员有相等程度的都可以投考。但是他们必须有农事或土木工经验方才有考取的把握。这是顶重要的资格,这两个条件完全没有的人,不必来考。凡是小名士、书呆子、文凭迷的都最好不来。如果有人想办乡村小学,为预储师资起见,保送合格学生来学,学成就去办学,这是我们最欢迎的。

考些什么功课?

我们所要考的有五样东西:一、农事或土木工操作;二、智慧测验;三、常识测验;四、作国文一篇;五、三分钟演说。

收录多少学生呢?

我们现在暂定为二十名。倘使我们在这两个月当中经费可以多筹些,如果合格学生很多,我们也可以多收几名;倘使合格学生很少,我们就少取几名;只要有一个合格学生,我们都是要开办的。我们教一个学生和教一千个学生一样地起劲,因为如果这个学生是个人才,他对于乡村教育必有相当的贡献。一个人是千万人的出发点。倘使我们这次招生只能得到一个真学生,我们也就心满意足了。

毕业年限怎样?

我们的修业年限暂定为一年半,但不是一定不移的,可以按照实在情形酌量伸缩。不过修业后必须服务半年,经本校派员考查,确有精神表现,才发给各种毕业证书。

费用要多少呢?

本校学费一概不收,膳费每月暂以五元为最高额,由师生共同经管。杂费依最节省限度另订。学生种田,照佃户租田公允办法,每年赚钱多少,看自己运用心力的勤惰巧拙,统归本人所用,账目完全公开。

试验乡村师范学校设在何处?

这个学校设在南京神策门外迈皋桥,离燕子矶、尧化门都很近。我们准备了田园二百亩,供师生耕种;荒山数座,供师生造林;最少数经费,供师生自造茅草屋居住。

茅草屋怎样布置?

每个茅草屋住十一个人:十位学生,一位指导员。里面有阅书室、会客室、饭厅和盥洗室、厕所。屋外后面附一个小厨房,厨房之后有一个小菜园。

茅草屋没有造成住在何处?

住在帐篷里。谁的茅草屋没有造好,谁就要住在帐篷里。十一个人都要受茅草屋指导员的指导,按照图样建造一个优美的、卫生的、坚固的、合用的、省钱的茅草屋。个个人都要参加,都要动手。教师不但是教书,学生不但是读书,他们是到这里来共同创造一个学校。从院长起以及到学生,谁不造成茅草屋,谁就永久住在帐篷里。

宿舍之外还有什么？

本校一切建筑都是茅草屋。除宿舍外，我们要有图书馆、科学馆、教室、娱乐室、操室、温室、陈列所、医院、动物园。指导员家属住宅，都要逐渐使他们成立，但总依据茅草屋的形式建筑。

简括些说起来，试验乡村师范的精神究竟何在？

本校的精神可以拿本校校旗之意义来代表。旗之中心有一个小圆圈，里面有个"活"字代表所要培养之生活力。圈外有个等边三角，代表学教做三者合一。三角上面有一个"心"放在当中，表示关心农民甘苦之意。左边有一支笔，右边有一把锄头。三角之外有一大圆圈放射光芒，好比是太阳光。四面有一百个金色星布满全旗，代表一百万个学校，改造一百万个乡村，使个个乡村都得到光，合起来造成中华民国的伟大的光。

——选自《陶行知全集》编辑委员会主编：《陶行知全集（第一卷）》，四川教育出版社 1991 年版，第 103—109 页。

【注释】

［1］一条鞭，即明代政治家张居正所推行的"一条鞭法"的赋税政策。他把各项赋税劳役合并为一，按亩征收。这里借用其名，比喻"教学做合一"。

【解读】

晓庄学校是陶行知乡村教育事业的起点，这一时期也是其教育思想的核心——生活教育理论形成的时期。在这份"招生问答"中，蕴含着此后不断在实践中发扬光大的生活教育的基本理念。

陶行知认为，生活本身就是教育，过好的生活就是受好的教育，过坏的生活就是受坏的教育，而教育的根本意义在于促使生活的变化。因此，学校的办学宗旨就是"依据乡村实际生活"来"造就乡村学校教师、校长、辅导员"。学校的培养目标之所以要确定为"第一有农夫的身手，第二有科学的头脑，第三有改造社会的精神"，就是为了让乡村教师不但能适应乡村生活，而且能成为"改造乡村生活的灵魂"。

在这一理念的指导下，首先，在办学方法上就应该把通常的师范学校和附属小学的关系倒过来，因为"中心小学以乡村实际生活为中心"，所以乡村师范就必须围绕中心小学,为"传布中心学校的精神、方法和因地制宜的本领"而服务。其次,在课程设置上也打破了学科课程观,"全部课程就是全部生活","没有课外的生活也没有生活外的课",学校的"种种事务都是要学生分任去做",这些事务分成五大类,所以课程也是五门,那些没有生活能力的小名士、书呆子、文凭迷都最好不来,来了也通不过"不会种菜,不算学生""不会烧饭,不得毕业"的标准。再次,在这种新课程观的指导下,教学方法也必须有根本的变革,为此陶行知创造性地提出了"教学做合一"的方法——"教的法子根据学的法子,学的法子根据做的法子。事怎样做就怎样学,怎样学就怎样教"。也就是说,教师的教和学生的学,都以"做事"为中心,教和学都统一在生活实践上。陶行知希望以此来改变中国教育"劳心"和"劳力"相脱离的千年痼疾,从切实的"行"中得到真正的"知"。最后,在此教学理念下,教师角色也有了质的变化,在学校里"各科教师都称为指导员,不称为教员。他们指导学生教学做,他们与学生共教、共学、共做、共生活"。陶行知指出,师生们到晓庄是"来共同创造一个学校"的,所以无论是校长、指导员还是学生,在生活实践面前一律平等,"谁不造成茅草屋,谁就永久住在帐篷里"。除了上述诸方面充满创新精神的设想外,陶行知还在本文中就招生名额、考试科目、修业年限、交纳费用等作出了详细的、有创意的规定,并用解释校旗来简括学校精神作结。

1927年3月15日,后来闻名全国的晓庄试验乡村师范学校正式开学,它在许多方面实践了本文提出的办学思路。

教学做合一

【题解】

"教学做合一"是陶行知生活教育理论的中心观点之一。早在美国哥伦比亚大学求学期间,陶行知就接触到了他的老师杜威"在做中学"的教育思想。陶行知受此启发,回国后先在五四运动期间将南京高师的"教授法"改为"教学法",后又在1922年制订新学制时主张事怎样做就怎样学,怎样学就怎样教;教的法子要根据学的法子,学的法子要根据做的法子。1925年冬,他到南开大学演讲"教学合一",张伯苓建议改为"学做合一",陶行知又受到启发,改为"教学做合一"。1927年11月2日,陶行知在晓庄学校寅会(清晨寅时举行的全校师生大会)上作本演讲,向师生系统阐述了"教学做合一"思想的演变过程和基本含义。

教学做合一是本校[1]的校训，我们学校的基础就是立在这五个字上，再也没有一件事比明了这五个字还重要了。说来倒很奇怪，我在本校从来没有演讲过这个题目，同志们也从没有一个人对这五个字发生过疑问。大家都好像觉得这是我们晓庄的家常便饭，用不着多嘴饶舌了。可是我近来遇了两件事，使我觉得同志中实在还有不明了校训的意义的。一是看见一位指导员的教学做草案里面把活动分成三方面，叫作教的方面，学的方面，做的方面。这是教学做分家，不是教学做合一。二是看见一位同学在《乡教丛讯》[2]上发表一篇关于晓庄小学的文章。在这篇文章里，他说："晓庄小学的课外作业就是农事教学做。"在教学做合一的学校的辞典里并没有"课外作业"。课外作业是生活与课程离婚的宣言，也就是教学做离婚的宣言。今年春天洪深[3]先生创办电影演员养成所，招生广告上有采用"教""学""做"办法字样。当时我一见这张广告，就觉得洪先生没有十分了解教学做合一。倘使他真正了解，他必定要写"教学做"办法，决不会写作"教""学""做"办法。他的误解和我上述的两个误解是相类的。我接连受了这两次刺激，觉得非彻底地、源源本本地和大家讨论明白，怕要闹出绝大的误解。思想上发生误解则实际上必定要引起矛盾，所以把这个题目来演讲一次是万不可少的。我自回国之后，看见国内学校里先生只管教，学生只管受教的情形，就认定有改革之必要。这种情形以大学为最坏。导师叫作教授，大家以被称教授为荣。他的方法叫作教授法，他好像是拿知识来赈济人的。我当时主张以教学法来代替教授法，在南京高等师范学校校务会议席上辩论二小时，不能通过，我也因此不接受教育专修科主任名义。八年[4]，应《时报·教育新思潮》主干[5]蒋梦麟先生之征，撰《教学合一》一文，主张教的方法要根据学的方法。此时苏州师范学校首先赞成采用教学法。继而"五四"事起，南京高等师范同事无暇坚持，我就把全部课程中之教授法一律改为教学法。这是实现教学合一的起源。后来新学制[6]颁布，我进一步主张：事怎样做就怎样学，怎样学就怎样教；教的法子要根据学的法子，学的法子要根据做的法子。这是民国十一年的事。教学做合一的理论已经成立了，但是教学做合一之名尚未出现。前年在南开大学演讲时，我仍用教学合一之题，张伯苓[7]先生拟改为学做合一，我于是豁然贯通，直称为教学做合一。去年撰《中国师范教育建设论》时，即将教学做合一之原理作有系统之叙述。我现在要把最近的思想组织起来作进一步之叙述。教学做是一件事，不是三件事。我们要在做上教，在做上学。在做上教的是先生；在做上学的是学生。从先生对学生的关系说：做便是教；从学生对先生的关系说：做便是学。先生拿做来教，乃是真教；学生拿做来学，方是实学。不在做上用工夫，教固不成为教，学也不成为学。从广义的教育观点看，先生与学生并没有严格的分别。实际上，如果破除成见，六十岁的老翁可以跟六岁的儿童学好些事情。会的教人，不会的跟人学，是我们不知不觉中天天有的现象。因此教学做是合一的。因为一个活动对事说是做，对己说是学，对人说是教。比如种田这件事是要在田里做的，便须在田里学，在田里教。游水也是如此，游水是在水里做的事，便须在水里学，在水里教。再进一步说，关于种稻的讲解，不是为讲解而讲解，乃是为种稻而讲解；关于种稻而看书，不是为看书而看书，乃是为种稻而看书；想把种稻教得好，要讲什么话就讲什么话，要看什么书就看什么书。我们不能说种稻是做，看书是学，讲解是教。为种稻而讲解，讲解也是做；为种稻而看书，看书也是做。这是种稻的教学做合一。一切生活的教学做都要如此，方为一贯。否则教自教，学自学，连做也不是真做了。所以做是学的中心，也就是教的中心。"做"既占如此重要的位置，宝山县立师范学校竟把教学做合一改为做学教合一。这是格外有意思的。

——选自《陶行知全集》编辑委员会主编：《陶行知全集（第一卷）》，四川教育出版社 1991 年版，第124—126 页。

【注释】

［1］本校，指晓庄师范学校。

［2］《乡教丛讯》，半月刊，是中华教育改进社乡村教育同志会的会刊，后与晓庄学校合办。

［3］洪深(1894—1955)，江苏武进(今常州)人，戏剧家、导演。早年留学美国，20 世纪 30 年代初参加左翼戏剧运动，长期从事教育工作，中华人民共和国成立后从事国际文化交流工作。

［4］八年，指民国八年，即 1919 年。

［5］主干，即主编。

［6］新学制，即 1922 年由北洋政府颁布实施的学制，又称"壬戌学制"或"六三三学制"(该学制因第一次确立了小学六年、初中三年、高中三年的分段而得名)。

［7］张伯苓(1876—1951)，原名寿春，天津人，近代教育家。一生从事教育事业，创办了南开小学、南开中学、南开女子中学、南开大学，时任南开大学校长。

【解读】 杜威认为,所有的学习都是行动的副产品,所以教学方法也应该出自行动和操作,建立在对学习者有意义的、直接的、具体的经验之上。教师通过"做"——"适应环境"的"自我活动"促使学生思考,从而学得知识。

陶行知进一步发展了杜威的观点。他认为"教学做合一"实际包括三层意思:一是指方法,"事怎样做就怎样学,怎样学就怎样教";二是指关系,"一个活动对事说是做,对己说是学,对人说是教";三是指目标,教育不是教人,不是教人学,而是教人学做事。他同时强调,教学做是一件事,不是三件事,而"做"在其中尤为重要,它是根本,又是中心。在他那里的"做",已不同于杜威所说的"做",因为它不但包括如何运用书本知识和别人的经验,以及如何改造用得着的一切工具,而且还要想到事物间的联系,从具体想到抽象,从我相想到共相,从片段想到系统。实际上,这一"做"已广泛包含征服自然和改造社会的丰富的生活实践内容。陶行知强调"做"的主张异常明确,他反复申述此意:生活教育必须"在做上教,在做上学。在做上教的是先生;在做上学的是学生。从先生对学生的关系说:做便是教;从学生对先生的关系说:做便是学。先生拿做来教,乃是真教;学生拿做来学,方是实学。不在做上用工夫,教固不成为教,学也不成为学"。

"教学做合一"的理论,表达了陶行知"生活教育"论的基本方法,也表达了"生活教育"论的教学方法,并且在晓庄师范加以试验;"教学做合一"既是晓庄师范的校训,同时也是晓庄师范学校教育的思想基础。有了"教学做合一","生活即教育"和"社会即学校"这两个命题才能落到实处,生活教育的内容和方法方始相辅相成、一脉贯通。

手脑相长歌

【题解】 陶行知不仅是一位锐意进取的人民教育家,还是一位独具风格的大众诗人。他有强烈的创作欲望、深厚的古典文学根基,又深受新文化运动影响,在三十多年的诗歌创作生涯中留下了700首左右的诗篇。陶行知早年的诗主要描述那种宁静优裕的中产阶级生活。1927年后,随着教育事业的深入拓展和生活境遇的骤变,他越来越意识到为大众的进步、提高而写的诗更具有深沉的力量,更能抒发他"生将此心献教育"的理想。于是,他的诗风一变而为朗朗上口、通俗易懂的大众诗。作于1931年冬的本诗,就是被人称为"陶行知体"的大众诗的代表作。

【原文】

人生两个宝，

双手与大脑，

用脑不用手，

快要被打倒。

用手不用脑，

饭也吃不饱，

手脑都会用，

才算是开天辟地的大好佬。

——选自《陶行知全集》编辑委员会主编：《陶行知全集(第六卷)》，四川教育出版社1991年版，第802页。

【解读】

陶行知一生的事业，都是为了实现他在1917年秋从美国留学回国的轮船上所发的宏愿"要使全中国人都受到教育"。他把教育视为打破种种因阶级差异而产生的不幸，使全体国民过上幸福生活的主要手段。在他看来，中国自古以来"劳心者治人，劳力者治于人"的局面一方面导致了"劳心的专门在心上做工夫，劳力的专门在苦力上讨生活。劳力的人只管闷起头来干，劳心的人只管闭起眼睛来想；劳力的人便成了无所用心，受人制裁；劳心的人便成了高等游民，愚弄无知"。如此一来，劳心者、劳力者都失去了创新精神。要打破这种局面，就必须提倡"在劳力上劳心，用心以制力"。为了表达这一思想，他不仅在《教学做合一》演讲的次日作了《在劳力上劳心》的演讲，而且以本诗加以形象的说明。

在诗中，陶行知以"用手"来比喻"劳力"，以"用脑"来比喻"劳心"，把两者都视为人生不可或缺的工具。他断言，那些"用脑不用手"的"伪知识分子阶层"，就要被历史淘汰了；他又悲悯那些"用手不用脑"的劳苦大众"饭也吃不饱"。最后，他热切地呼唤所有的人手脑并用，把劳力与劳心相结合，成为开辟中国新天地的"大好佬"。全诗朴实无华、明白如话，因为在陶行知看来，为大众写诗歌与为大众办教育的出发点是统一的，它们都不是奢侈的装饰品，而是生活的必需品。

创造的教育（节选）

【题解】 陶行知的生活教育理论和实践,归根结底就是为了探索培养人的生活创造能力。1931年春,他在流亡日本近一年后返回上海,此后直到1936年春的整整五年中,他以上海为基地,不断进行教育试验。在实践的过程中,他对创造教育的内涵和方法不断进行思考和提升。1932年底,在经济陷入极端困难的情况下,陶行知登报"卖艺",一方面用有偿演讲等方式筹集教育试验经费,另一方面宣传自己不断发展的教育思想。本文是陶行知1933年初在上海大夏大学所作的演讲。

【原文】 诸位同学：

我今天的讲题是《创造的教育》。

什么是创造的教育？先说明"创造"两个字的意义。我举两个例子来说吧。鲁滨孙漂流到荒岛上去,口渴了,白天他走到海边用手去捧水喝,到黑夜里就没有办法了。他偶尔在灶的旁边,看见经火烧过的泥土,硬得如石子一样。他想到软的土经火烧了,就成坚固且硬的东西,于是他把土做成三个瓶子,放入火中去烧,烧碎了一个,其余的两个可以满满地盛着水。于是他口渴的问题完全解决了。[1]我们把这件事分析起来,可以发现三点：他把手捧水喝,到黑夜发生了困难,是他的行动；发现泥土经过火烧变成坚固且硬的东西,也是他的行动；把泥土塑成了瓶,希望同烧过的土一样的坚固,是他的思想。结果,他瓶子盛水的计划成功了,是新价值的产生。由行动而发生思想,由思想产生新价值,这就是创造的过程。这个例子是"物质的创造"。再如《红楼梦》上刘姥姥游大观园,贾母请客,后来唤了二只船来,贾母同媳妇人等在前船先行,宝玉同姊妹们在后船后行。河内氽满着破残荷叶,宝玉的船划不快,追不上前船。宝玉心里非常忿怒,马上要铲光破荷叶。薛宝钗说："现在仆人们很忙碌,等他们空了,再叫他们铲除吧！"林黛玉说："我平生最不喜欢李义山的诗,只有一句还可以。"宝玉问她究竟是哪一句呢？黛玉说,"留得残荷听雨声"一句。宝玉一想,觉得破荷叶很有用处,就不再要铲荷叶了。[2]这个例子中,船行到荷叶中去,是行动;破荷叶妨碍行船,是行动;林黛玉提出李义山的诗句,是思想;宝玉心中厌恶的破荷叶,一变而为可爱的天然乐器,是产生了新的价值。这种新观念的成立,是"心理的创造"。

我现在再讲行动,关于教育上的行动。中国现在的教育是关门来干的,只有思想,没有行动的。教员们教死书,死教书,教书死;学生们读死书,死读书,读书死。所以那种教育是死的教育,不是行动的教育。我们知道王阳明[3]先生是提倡"知行合一"说的,他说"知是行之始,行是知之成"。他的意思是先要脑袋里装满了学问,方才可以行动。所以大家都认为学校是求知的地方,社会是行动的地方,好像学校与社会是漠不相关的,以致造成一班只知而不行的书呆子。所以阳明先生的二句话,很可以代表中国数千年的传统教育的思想。现在我要把他的话翻半个筋斗。如果翻一个筋斗,岂非仍是还原吗,所以叫他翻半个筋斗,就是说:"行是知之始,知是行之成。"例如爱迪生发明电灯,不是从前的人告诉他的,是玩把戏而偶然发现的。小孩子不敢碰洋灯泡,是他弄火烫痛的经验;至于妈妈告诉他火是烫人的,不过使小孩子格外清楚一些。所以要有知识,是要从行动中去求来,不行动而求到的知识,是靠不住的。有人告诉你这是白的,那是黑的,你不行动,就不能知道哪个是真,哪个是假。有行动的勇敢,才有真知识的收获。书本子的东西,不过告诉你别人得来的知识。有许多人著书,东抄西袭,这种抄袭成章的知识,不是自己知识的贡献。你能行动,行动才生困难,想法解决了困难,才是真知识的获得。我现在介绍杜威先生思想的反省(Reflectria of Thinking)中的五个步骤:(一)感觉困难;(二)审查困难所在;(三)设法去解决;(四)择一去尝试;(五)屡试屡验,得到结论。我的意思,要在"感觉困难"上边添一步:"行动"。因为惟其行动,到行不通的时候,方才觉得困难,困难而求解决,于是有新价值的产生。所以我说行动是老子,思想是儿子,创造是孙子。你要有孙子,非先有老子、儿子不可,这是一贯下来的。但是我们知道,单独的行动,也是不能创造的,如中国农夫耕种的方法,几千年来,间有小小的改良外,其余的都是墨守成规,毫无创造。还有许多书呆子,书尽管读得多,也不能创造。所以要创造,非你在用脑的时候,同时用手去实验;用手的时候,同时用脑去想不可。手和脑在一块儿干,是创造教育的开始;手脑双全,是创造教育的目的。孟子说:"劳心者治人,劳力者治于人。"这是孟子当时的教育思想。

时至今日,这种传统的思想已经起了一个极大的地震,渐渐地在那里崩溃了。我最近读了世界许多有名科学家的传记,觉得有发明的人,都是以头脑指挥他的行动,以行动的经验来充实他的头脑。中国的所谓学者,他们擅长的是高谈阔论,作空文章;而做劳工的人,又不读书,不肯用脑。所以一辈子在这种传统习尚下过生活,大科学家、大发明家哪里会产生?现在我们知道了,劳工教育啦,平民教育啦[4],都是时见时闻的。但是情势一变,"反动"、"嫌疑"等等名目都加上来,你就陷于四面碰壁的绝境。有许多教育界很有声望的、无阻无碍的人,他们又不愿去干,以致这种教育至今还尚在萌芽时代。

行动的教育,要从小的时候就干起。要解放小孩的自由,让他做有意思的活动,开展他们的天才。至于我们一辈,从小是受传统教育的熏陶,到现在觉悟起来,成为一个半路出家的和尚。和尚是半路出家,他往往会想起他的家来。例如不吃鸦片的人,一见鸦片就生厌恶,但吃过鸦片的人,虽然戒了,至少对它有相当的感情。我们小的时候,有天赋的行动本能,不过一切工作都被仆人们代做去了,被慈善的妈妈代做了。稍长一些,我们到小学校去读书,有阎罗王般的教师坐在上面,不许我们动一动。中学和大学的课程是呆呆地钉死在那里,你要动亦不得动。到现在始费尽九牛二虎之力,挣扎着改变久受束缚的人生,还不能回复自然的行动本能。但是我们不要灰心,时机也并不算晚,佛兰克林四十几岁才发明了电呢!不过行动的教育,应当从小就要干起,因为小孩子还没有斫丧他行动的本能,小小的孩子,就是将来小小的科学家。假使我们给小孩子自由行动,我相信千百孩子之中,一定有一个小孩是天才,是一个创造者、发明者。爱迪生小时候,是个很喜欢行动的小孩子。当时美国的教育,也同中国一样,小学教员是禁止小孩子活动的。爱迪生违反了教师的训条,就蒙到"坏蛋"的声名,不到三个月,爱迪生被"坏蛋"的空气逼走了。爱迪生的母亲不服气,她以为她的儿子并不是"坏蛋","蛋"并没有"坏",她就教他先在地窖里研究化学,后来研究物理,结果成了一个闻名的科学家。所以爱迪生的成功,幸而有他的妈妈,否则老早就把他的天才牺牲了。牛顿生下来的时候,小到像小老鼠一只,体重只有三磅。看护妇去请医生的时候,很不高兴地说:"这样小老鼠一般大的东西,等到医生来,早已一命归天了。"岂料小老鼠一般的东西,就是以后闻名的科学家,还活到八十多岁呢。据说牛顿小的时候,并不聪明。

可见小孩子的时代，很难看得出哪一个是天才的儿童。

··········

我们要打倒传统的教育，同时要提倡创造的教育。他的办法是怎样呢？我们知道，传统的教育，他们一个教室容纳四五十人，试问教师的力量有多么大，能够完全去推动全级学生？所以就发生了教育方法上的错误。我们现在的办法是教师教大徒弟，大徒弟再去教小徒弟，先生在上了几堂课以后，鉴别了几个较有天才、聪明的大徒弟。以后教师就专门去教大徒弟，所以他的精神容易去推动他们，学问也容易灌输到他们头脑中去。大徒弟再把他所得到的，分别地去教那些小徒弟。学生们很活动地去找寻知识，解释困难，贡献他所求得的知识，先生不过站在旁边的地位略加指点而已。我们认为这种教育，是行动的教育。有行动才能得到知识，有知识才能创造，有创造才有热烈的兴趣。所以我们主张"行动"是中国教育的开始，"创造"是中国教育的完成。我曾经参观过一个学校，这个学校是小孩子办的。我问他们说："你们是大小孩子教小小孩子吗？"有一个小孩子回答说："是的，不过有许多时候小小孩子也教大小孩子呢。"我说："你的话是对的，是真理，比我的意见更进一层。"现在中国传统教育下的知识阶级，根本就看不起小孩子，看不起农人、工人。但是试问他们的力量有多么大？倭奴[5]侵占我们的东三省，你有力量赶走他吗？不可能！我们要启发小孩子，启发农人、工人，运用大多数人的力量，才能够去创造，才能救国雪耻。······

其次我要讲的：现在中国的教育组织，是不能创造的。我们可以分两种来说：第一种是，学校是学校，社会是社会。他们认为学校是求知的地方，社会是行动的地方；他们说读书不忘救国，救国不忘读书。日本人的炮弹已经飞到他们面前，还是子曰子曰读他的书，这种教育是亡了中国还不够的。第二种，他们已经觉得学校是离不开社会的，所以他们主张"学校社会化"。他们想把社会的一切，都请到学校里来，所以学校里什么都有：公安局啦，卫生局啦，市政厅啦，什么都有。但是他们所做的与社会依旧是隔膜的。况且学校有多么大，能够包罗万象？他们的学校好像大的鸟笼，把鸟儿捉到笼里来养；又好像一只大缸，把鱼儿捉到缸里来养。结果鸟儿过不来鸟笼的生活，死了；鱼儿过不来鱼缸的生活，死了。所以这种似是而非的教育是不自然的、虚伪的和无力量的，也不是创造的教育。创造的教育是怎样呢？就是"以社会为学校"、"学校和社会打成一片"，彼此之间，很难识别的。社会含有学校的意味，学校含有社会的意味。我们要把学校的围墙拆去，那么才可与社会沟通。这种围墙不是真的围墙，是各人心中的心墙。各人把他的感情、态度从以前传统教育那边改变过来，解放起来。实则这种教育，只要有决心去干，是很容易办到的。例如大夏大学的附近有许多村庄，庄上的人，都是散漫的，无教育的。假使我们把学校与村庄沟通，大学生都负责去创造新村，村上的人，都接受到知识，形成活泼的有力量有生命的村庄，再把全中国所有的村庄联合起来，构成一个有大生命的中国，民众的力量可以集中，国难也可共赴。这样做去，要普及教育，一年就可以成功。我们自近而后远，先小而后大，着手办去，把小孩子、农人、工人都培养起来，这才是创造教育的目的。中国现在的教育不是平等发展的，是畸形发展的，一方面有博士、硕士，一方面有一大群无知识的民众，迟滞的表示不出多大贡献。

现在我再要讲，创造的教育是以生活为教育，就是生活中才可求到教育。教育是从生活中得来的，虽然书也是求知之一种工具，但生活中随处是工具，都是教育。况且一个人有整个的生活，才可得整个的教育。举个例来说吧，有一个儿子，他是喜欢赌博的，他的母亲训斥他。不过他的母亲却悄悄地到邻舍去赌博了，他在窗内看见他的母亲赌博，于是也到别处去赌博了。这个孩子过的是赌博生活，受的是赌博教育，不期而然而成赌博的人生。某学校反对我"生活即教育"的主张，我去参观他们的学校，适逢吃饭的时候。他们的饭菜是有等级的，厨子巴结先生，先生的菜特别好，学生的菜，简直坏之不堪。他们请我在先生一桌吃饭，我愿意同学生一块儿吃。学生的饭菜坏到怎样呢？他们名为一碗肉，肉仅在碗面上有几小块，学生在未下箸的时候，目光炯炯地早已看准那最大的一块，一下箸，一碗饭还没有吃完，而菜已吃得精光了。这种饕餮的状态，无形中在饭堂里更造成了许多小军阀。这个学校，是不把吃饭问题归入教育范围之内的。有许多学校对于男女学生的恋爱，他们是讳莫如深，但恋爱问题，往往闹遍在学校里。现在生活的教育是怎样呢？我们知道恋爱、吃饭等问题都是非常重要的，所以，恋爱先生我怕你，请你进来；吃饭先生我怕你，请你进来，我们一块儿干吧！我们的教育非但要教，并且要学要做。教而不学，学而不做，叫作"忘三"。我们要能够做，做的最高境界就是创造。我们要能够学，学从生活中去学，只知学而不知做，就不是真的学。我们要能够教，教要教得其所,要有整个的教育,平等的行动的教育,不要像现在畸形的教育。有人说我的创造教育,不成其为学校,我做了一首诗:"谁说非学校,就算非学校。依样画葫芦,简直太无聊。"

——选自《陶行知全集》编辑委员会主编:《陶行知全集(第三卷)》,四川教育出版社1991年版,第524—534页。

注释

[1] 详见英国小说家笛福(Daniel Defoe)所著《鲁滨孙漂流记》第四章。

[2] 详见曹雪芹所著的《红楼梦》第四十回"史太君两宴大观园　金鸳鸯三宣牙牌令"。

[3] 王阳明,即王守仁(1472—1529),字伯安,号阳明,余姚(今属浙江)人。明理学家、教育家。陶行知早年深受王守仁"知行合一"说的影响,曾改名"陶知行"。后来他通过对杜威哲学思想的学习和批判,认识到"行动"才是"思想的母亲",于是又改名"陶行知"。当然,王守仁的"知行合一"说并非如陶行知在本篇演讲中表述得那么简单,"知先行后"其实是程朱理学而不是王守仁的观点。

[4] 劳工教育和平民教育都是在20世纪20年代前后兴起的教育思潮和运动,是新文化运动中的民主思潮在教育领域的反映和重要组成部分,其特点在于批判传统的"贵族主义"的等级教育,破除千百年来封建统治者独占教育的局面,使平民百姓享有教育权利,获得文化知识,改变生存状况。在"一战"时期,中国留学生晏阳初于1918年赴法国参加为华工服务的工作,也开始教劳工识字学文化的探索。"一战"结束后,在"劳工神圣"口号的感召下,中国有一大批知识分子首先把平民教育的重点集中在对工人阶级的知识启蒙和思想启蒙上。1923年,以晏阳初为干事长的中华平民教育促进会总会成立后,教育对象扩大到全国各地的劳动群众。1925年后,该会的工作重点逐渐由城市转向农村,由此逐渐转轨为乡村教育运动。

[5] 倭奴,对倭寇、日本侵略者的蔑称。明代曾将骚扰我国东南沿海的以日本浪人为首的海盗集团称为"倭寇"。此指20世纪三四十年代的侵华日军。

解读

在本文中陶行知指出,无论是"物质的创造"还是"心理的创造",一切创造都是从行动中来的,所谓创造的过程,就是一个"由行动而发生思想,由思想产生新价值"的过程。

把实践行动确立为创造过程中的关键,是陶行知在突破了他早年信奉的王阳明和杜威的认识论基础上形成的。他指出,按照王阳明"知是行之始,行是知之成"的名言,人们必"先要脑袋里装满了学问,方才可以行动"。这样,学校就变成了一个单纯"求知的地方",而社会就成了单纯"行动的地方",导致学校与社会的"漠不相关",培养出来的是一批批"只知而不行的书呆子"。为此,他提出了一个与王阳明的命题相反的命题:"行是知之始,知是行之成。"对于他的老师杜威的人类分析反省思想过程的五步说,陶行知认为其只强调了思想过程,而没有解释人为什么会产生思想,由于缺少前提,杜威描述的思想过程就像是一个单极的电路,通不出电流。他认为正确的完整的思想过程应该在五个步骤之前加上行动的步骤,"因为惟其行动,到行不通的时候,方才觉得困难,困难而求解决,于是有新价值的产生"。由此,陶行知形成了一个科学的思想认识过程:行动生困难,困难生疑问,疑问生假设,假设生试验,试验生断语,断语又生行动。如是演进,人的思想认识过程便不断深化,以至于无穷。所以,"行动是老子,思想是儿子,创造是孙子"。至此,陶行知明确了创造教育的逻辑起点和终点:"手和脑在一块儿干,是创造教育的开始;手脑双全,是创造教育的目的。"

那么,如何开展创造教育呢?陶行知认为:第一,"行动的教育,要从小的时候就干起。要解放小孩的自由,让他做有意思的活动,开展他们的天才"。第二,要认识到教师个人的力量有限,而儿童、农人、工人的力量是无穷的,因此创造的教育应该启发他们,使他们获得和传播真知识。第三,不要把学校办成似是而非的、不自然的鸟笼和鱼缸,而要把观念中学校与社会隔绝的"心墙"拆去,"以社会为学校""学校和社会打成一片"。第四,不要忽视生活(尤其是不良的生活)对人的消极影响,要"以生活为教育",把生活中的问题纳入教育中来,并用良好的生活引导学生的发展。第五,要把教、学、做统一起来,"我们要能够做,做的最高境界就是创造。我们要能够学,学从生活中去学,只知学而不知做,就不是真的学。我们要能够教,教要教得其所,要有整个的教育,平等的行动的教育,不要像现在的畸形的教育"。

这篇名为《创造的教育》的演讲,真切地体现了陶行知本人的创新精神。他勇于突破自己长期信奉的思想,并根据自身实践提出新的学说。从实践出发追求真知,解放儿童的自由,把教育与生活、社会相联系,强调手脑并用等观点,不但发前人之未发,而且对当今的教育仍具有借鉴意义。

小先生与民众教育

题解

从1931年春到1936年春,陶行知以上海为基地,先后发动了科学下嫁运动、工学团运动、小先生运动、民众教育运动和国难教育运动。这些运动彼此联系、相互促进。在推广工学团的教育实践中,陶行知发现,工学团的儿童不但能教小孩子,还能教大人,他们有能力担当普及教育的大任。根据这一发现,陶行知创立了"小先生制",并在1934年1月28日的山海工学团普及教育总动员大会上正式宣布"小先生制"的问世。为了推广小先生制,陶行知积极奔走宣传,本文就是他在宝山县民众教育馆所主办的民众教育服务人员训练班开学典礼上的演讲。

【原文】

今天贵馆民众教育服务人员训练班举行开学典礼,行知能躬逢其盛,参与大典,心里觉到非常快活。刚才冯先生[1]及两位来宾,已说了许多我心里所要说的意思,现在行知再简单地说几句。

近来我对"民教"二个字有点感想。教育在从前甚至现在是被少数有钱人把它当作私有财产占住了,就如同占取金钱一样,非但把它占有,而且还要存在银行的铁柜里牢牢保护,不轻易传给别人。我以为"民众教育"的根本意义,就是教人把知识广散给人众,不是像占取金钱一样,把它封锁在少数人的脑袋里,把头弄得大大的。干民众教育,便是要把教育、知识变成空气一样,弥漫于宇宙,洗荡于乾坤,普及众生,人人有得呼吸。空气是不要钱买的,人人可以自由呼吸。教育也就不能以金钱做买卖,人人可以自由享受。把教育当作商品做买卖,只被少数有钱人霸占,使大多数人像坐牢一般受限在一个"愚者之群"的圈子里,这绝对不行,我们极力要否认。有了空气人才活,没有空气便活不成。空气是人人需要,人人不可少。教育也是人人需要,人人不可少。新鲜空气是有益于人的,教育也必不能仅是些泥灰污浊气,给人以害生。所以把教育、知识化作新鲜空气,普遍地广及于大众,人人可以按其需要,自由呼吸,因而增加大众以新的生命活力,我以为这便是民众教育最主要的意思。不过挂着民众教育的招牌,不见得就会把知识变成空气,必得要有办法才行。在我看来,这办法便只有运用小先生,小先生便能把知识变成空气。

小先生出世尚未到一年,而它的怀胎,却远在十数年以前。小先生最重要的几位接生婆,除我以外,你们的主任冯先生也是一个,今春"一二八"宝山普及教育动员令,便是冯先生发的(《生活教育》第一期画报,很希望大家一看)。每村小先生发令旗一面,普及教育,把知识变作空气!

小先生为什么能把知识变成空气一样的容易普遍呢？因为小先生便是小学生，他早上学了两个字，晚上便可以把这两个字拿去教人，此刻学了一件知识或一种技能，彼时即可以把这一件知识或一种技能去教别人，他不像大先生一样要领薪水。所以我们可以不化经费把教育普及出去。

有人说，小先生要有相当程度才行。我敢保证说，六岁小孩便可以做小先生，这是有着铁打的事实。当然，小先生所遇到的困难非常多，我现在正要写小先生的八十一难。《西游记》上唐僧取经，要经过九九八十一道难关，幸而有三个徒弟费了很大的力量把它一个个地解除了。有的是猪八戒帮助解除的，有的是沙僧帮助解除的，而帮助唐僧解难关最多的要算孙悟空。现在小先生普及教育，正犹如唐僧向西天去取佛经一样，要经过八十一道难关。我们做个猪八戒也好，做个沙僧也好，做孙悟空更好，总动员去帮助小先生解除一难又一难，把教育变成新鲜空气普及出去，以增加大众的新兴力量。

用小先生普及教育，还有四点比大先生好的地方：

第一，中国最难普及的是女子教育。乡下十七八岁大姑娘，或是二十几岁的大嫂子，一位年轻的男先生去教，乡下人是看不惯，不欢迎你去教的。即有较开通，肯受教了，不多时，谣言来了，女学生不敢上学了，甚至把学堂封掉了，男先生失败了。女先生去教固然是很好，可是女先生太少了，而且女先生大都是些少奶奶、小姐，肯下乡的真是难得。有勇气下乡的，怕蛇，怕鬼，怕小偷，又吓跑了。如果是男校长请女教员，那又有困难问题。夫妻学校最好，可是又太凤毛麟角，少之又少了。现在小先生来了，女子教育就如雪团见太阳，一见冰消，问题一笔解决。广东百侯中学有三百小先生，教二千多民众，其中女人就有一千五百人之多，由此可见小先生对普及女子教育问题解决之一斑。

第二，有人说，中华民族现在是衰老了。我推究其原因虽多，但有一个原因，便是被人教老了。六岁小孩子，大人就教他要"少年老成"，而这小孩子也就无形中涂上两个八字胡须，做个小老夫子了。我有一个大学毕业的学生，他到一个女子中学去当教员，可是年纪太轻了，很不为人敬重。后来教员不当，找了一件别的事做，便养起一嘴胡子来。本来是个美少年，一变而为美髯公，因此很受人敬重而做了许多年的事。所以中华民族衰老，便是社会教人变老，教小孩子做小老翁。用小先生教人便不同了,大人跟小孩学,无形中得到一种少年精神,个个变为老少年。本来,大人者,不失其赤子之心者也。这样一来,朝气必格外勃勃。前天在上海西区小学开小先生会,有一位小先生教一个八十三岁老太婆。又有一位孩子,教其德国母亲认中国字,写的故事均非常生动有趣。南京有一个丁广生小先生,教他父亲。他父亲有一天用笔画一个乌龟,画一角菱角。小先生不懂,问他父亲什么缘故。他父亲告诉他说:"我画着玩的,这意思是说:菱角怕乌龟,乌龟爱菱角。"后来丁广生便把这几个字写出来教他,父亲读得非常有趣。前天下午两点半钟,我未吃午饭,正想出去买两块烧饼充饥时,忽接西桥小先生来的信,我便坐在门外一个竹椅上拆开来看。有一位小先生教他六十二岁的祖母。他的祖母能读能认,不能写字,小先生便代祖母口里说的意思写信给我,精神非常好,我看得饭也忘记吃了。在这许多故事中,可以看出中华民族可以因小先生而转老还童,而得一种新兴的少年精神。

第三,刚才我已说过,过去甚至现在,教育是被少数有钱人把它当为私有财产占住。小先生一出来,"即知即传人",立刻把这种观念撕得粉碎,要知识公有,不再私占。要把教育化为"春风风人,夏雨雨人"一样,人人有得到沾施的机会。"天下为公"的基础,第一步便要知识公有。这一点,小先生是可以帮助我们,一个钱也不要化的做到。

第四,一般乡村小学要和学生家庭联络,很多困难,教师感觉孤立,学校感觉单调,利用小先生那便好了。小先生是一根根流动的电线,这一根根电线四方八面伸展到社会底层,构成一幅生活教育网、文化网,把学校与家庭构成一体,彼此可以来往,可以交通。它把社会所发生的问题,所遇到的困难,带回学校,再把学校里的知识技能带回社会去。这样一来,如有一位教师,三十位小学生,而这三十位小学生便是三十位小同志,教师不再孤立,学校也不再和社会隔膜,而能真实地通出教育的电流,碰出教育的火花,发出教育的力量。训练班诸位同学,现在最要紧的一件事,便是"怎样把小先生的办法得到?""怎样把学校教育与社会教育打成一片?"将来到一处办民众教育馆,最要紧的,便是要和当地的小学校联络,私塾联络,店铺里的能看报的掌柜联络,要发动他们都负起教人责任,即知即传人,共同普及教育。还有一点,办民众夜校,开学后学生只见少而不见多。我们也得要教学生去做先生教人。譬如有四十位学生,我们教他们每人回去教二个人,这样便一共有一百二十位学生了。这样成人做先生,我们不叫他"小先生",叫他做"连环先生"或"传递先生"。因为他是要继续不断地循环着,学后去教人。最后,我还有几句话要向诸位贡献。

我们现在办民众教育必得要承认:

农人最好的先生,不是我,也不是你,是农人自己队伍里最进步的农人!

工人最好的先生,不是我,也不是你,是工人自己队伍里最进步的工人!

小孩子最好的先生,不是我,也不是你,是小孩子自己队伍里最进步的小孩子!

我们现在最要紧的工作便是:

帮助进步的农人格外进步,由他们"联合自动",领导全体农人一同进步!

帮助进步的工人格外进步,由他们"联合自动",领导全体工人一同进步!

帮助进步的小孩子格外进步,由他们"联合自动",领导全体小孩子及时代落伍的成人一同进步!

——选自《陶行知全集》编辑委员会主编:《陶行知全集(第三卷)》,四川教育出版社 1991 年版,第 302—307 页。

【注释】【解读】

[1] 冯先生,指宝山县教育局局长冯国华,当时兼任宝山县民众教育馆主任。

在本文中陶行知认为,民众教育的根本意义就是"教人把知识广散给人众","把教育、知识变成空气一样,弥漫于宇宙,洗荡于乾坤,普及众生,人人有得呼吸"。只有这样,才能打破知识私有的"小众教育","增加大众以新的生命活力"。而要完成这个任务,小先生制是很好的办法;因为通过小学生的"即知即传人",能够把现代文明的钥匙从少数人手中拿出来教给大众;而且在当时中国这样一个文盲充斥的穷国,只有用"小先生制"这种穷办法才能少花钱多办事。

为了说明这一认识,陶行知列举了小先生制的四个具体好处:第一,用小学生去开展女子教育,可以省却许多因为传统的男女有别观念而导致的麻烦。第二,大人跟小孩学,无形中可以恢复其"赤子之心",有助于整个民族"返老还童",恢复活力。第三,小先生的"即知即传人",可以打破知识私有的观念,以知识公有为"天下为公"打下基础。第四,小先生制还是推行生活教育的理想途径,"生活即教育""社会即学校"和"教学做合一"等基本原理都可以在小先生制中得到贯彻。一般的学校要和社会联系有不少困难,"小先生制"就如一根根活动的电线,四面八方伸展到社会底层;又如一条条血管,将学校与社会连接起来,充分发挥这一新型的文化细胞在整个社会文化机体中的作用。

陶行知希望,从事民众教育的工作人员要相信进步的农人、工人和小孩子,并帮助他们不断进步,促使他们"联合自动",以带动全体的进步,由此,"小先生制"与实现国家现代化的历史使命紧密地联系在了一起。

在陶行知的积极倡导下,"小先生制"在中国近代普及教育运动中充分显示了自身的力量。到1934年底,即"小先生制"问世11个月时,它已推广到全国19个省、4个特别市。可以说,"小先生制"的创造和推广,是陶行知对当时我们这个办大教育的穷国的又一重要贡献。

（叶哲铭）

廖世承(1892—1970),字茂如,江苏嘉定(今属上海)人。近现代教育心理学家、中等教育专家。有大量著、译作传世,其中一部分著作汇编为《廖世承教育论著选》。

廖世承

性教育与中学校(节选)

题解

1923年,由于"怵于吾国民族之颓废与青年之滥用性欲,觉'性教育'之提倡,实目下急不容缓之举",《教育杂志》第15卷第3号推出"教育杂志社第十五卷第六号'性教育专号'征文启事",向海内外教育专家征稿,以求"使国人消极地了解性的卫生,积极地激悟性的神圣与严肃"。廖世承应《教育杂志》编辑李石岑之请,写了本文,就当时中学性教育问题作了探讨。

原文

中学生的问题很复杂,性欲问题是其中重要问题里边的一个。在青年时代,两性本能和精神生活有密切的关系;好修饰,好表炫一己的长处,觉悟个人和社会的关系,兼爱的行为,美术的欣赏,人生观的变迁,游历的欲望,以及其他青年心理方面的特征,彻底说来,都和性欲有关。采用霍尔(Stanley Hall)[1]的话,这种特征可以当作"男女性本能的光耀"("irradiations" of the sex instinct);用佛洛特(Freud)[2]的话,这种特征可以说是"性欲冲动的化装游戏"("sublimations" of the sex impulse)。

两性本能　普通人的观念,以为两性本能在春情发动期才行发达;但据近代心理学家的研究,性欲的生活发现很早,初生的婴孩,对于性欲的刺激,也能发生反应;不过在青年时候,性欲的趋势格外显著,如怕羞、自炫、注意异性动作及性欲的刺激所引起的各种冲动及情绪方面的反应等,都表示性欲发达的倾向。

在春情发动的时期,两性间彼此吸引的媒介,不必是很强盛的冲动,就是细微的事物,也可以发生这个影响。例如发肤的颜色,走路的形状,发语的音声,头颈的后形,以及其他种种,都是男女相悦的来由。照生物学上讲,这种种都为保存种族所不可少的特质。

哪一种特质是引起爱的媒介,称为"性的崇拜物"(sex fetish)。有人调查影响男女间爱憎最重要的几种特质,依照重要的次序,列举如下。关于体质方面的,为:眼、发、身材、足、眉、肤色、颊、喉、耳、下颔、手、颈、鼻等;关于举止行动方面的,为:声音、笑的形状、仪容、步态、手势、头的仪态等;关于衣服和装饰方面的,为:白色衣服、皮衣、领服、丝带等。

也有几种特质可以引起强盛的厌恶,例如凹眼或凸眼、粗颈、竖耳、挤眉、大足、红头发、痴笑、躁暴、显丽的领带、不称身的服饰或形似动物——猴、狗、鹦鹉、猪、孔雀等。

总之,各个人的眼光不同,一个人认为有莫大关系的,另一人或视为无足重轻;所以关于两性问题的个性差异,也非常之大。

爱的发达　上边所说的,不过为爱情发达的一部分事实。据培耳(S. Bell)的分析,爱的发达可以分为五个时期。

(1) 八岁以下儿童的"爱"。这是一种天真烂漫的爱,不带有性欲的色彩。"竹牛木马,牵裳问好",完全是一种游伴的性质。这种爱,不发达过分,不生什么危险。

(2) 幼年的爱,从八岁到十二岁。这个时期,儿童已有些须觉悟。在男女同校的小学里边,各人往往心中有所爱好。这时候,教师很可利用儿童彼此相悦的动机,促进课室的作业。

(3) 从八岁到十三岁,或十三岁以后,还可另立一个时期。这时期内,儿童对于年岁较大的人,往往发生强烈的爱情。这种爱情有时虽不正当,要发生危险,但是未尝不可利用他,因为这也是一种自然的倾向。最普通的,就是儿童对于女教员发生热烈的情感。这种情感,对儿童将来的志愿、理想、动机、行为,很有影响。有时,儿童对于年长的男教员,也发生强盛的情感。所以霍尔以为这是儿童羡慕"成熟"(maturity)的表示。总之,这时期的爱情冲动非常强烈。

(4) 青春期的爱。这时期的爱,是隐藏的。男女都有害羞的表示,不肯彼此接近。

(5) 最后时期为"自觉的爱"。青年的体质和智力都已发达成熟;对于爱的真义,也能领略。

性教育(sexual education)　因为青年滥用性欲,所以近来大家对于性教育的设施,都很注意。不过我们要知道性的问题和遗传环境都有关系。对于遗传方面,教育可以帮助的力量很小;对于环境方面,教育也不能完全操纵。要知可以引起性欲发动的刺激,非常之多;不仅青年男女聚在一起,可以引起这种刺激;就使隔离男女,依然无济于事。因为家庭间父母相悦的情状,或不经意地流露于子女的眼中。其他如街谈巷语,飞禽走兽,以及书报上爱情的著作,在在都可以供给性的刺激。所以教育要完全支配环境,是不可能的事。

我们说这句话,并不是反对性教育,性教育是应有的。儿童对于人生的由来、男女的分别、性欲器官的作用以及在青春期内身体上所有的变化,都有一极强盛的好奇心。这种事情,是他们应该知道的。倘使在适当时期内,给他们充分的两性知识,于他们德、智、体、群、美五育的发达,很有帮助。以前的科学,都避去此种讨论,以为一涉及两性问题,就太猥亵,所以儿童在学校里边得不到正当的知识。

我班上有一个大学学生,写他在中学时候关于性欲的问题,有几句话,说得很切实情。他说:"我那时对于性欲的问题,满肚皮怀疑,好奇心又强,总想知道一切,但是见教师和家族方面,都以谈此事为可恶可耻,于是不敢公然叩问,只得藏在肚里不作声。因此性欲的冲动愈甚,求知的心愈切,无奈何只得向书中去找寻答复(既不知如何选择,不当看的书也不问了)。有时听得同学中讲起这件事,非听个详细不可。这两件事,是我少年时关于两性问题惟一的指导,因此有许多误解的地方。及今思之,又恨又气,才知性欲问题不可没有正常的指导。"

性知识的启迪(sexual enlightenment)所以不可少的缘由,大概说来,有六种:(1) 健康,(2) 社会的生活,(3) 法律,(4) 道德,(5) 教育,(6) 知识的增进。此刻先讲知识的增进。性欲的知识,也可视为文雅教育的一部分;因为竟有许多人对于鸡的孵化、鱼的繁殖,茫然莫明其故;也有许多人,不知道有的动物究竟是卵生的,还是胎生的。所以普通的生物知识,学校里应该使儿童知道。

讲到康健方面,应该使儿童知道滥用性欲和手淫的害处。大凡儿童有了手淫的举动以后,当时总发生极强烈的愧悔,深怕戕贼一己的身体。要是那时候有人恳切地指导,说出其中的害处,未始不可以收效。再在青年时期,往往有遗精的事情。这是生理上自然的现象,并不是反常;但是青年不了解,心中容易发生一种恐惧。这种潜在的恐惧,于青年精神方面,也有很大的影响。

就道德方面说,父母对于子女,也负一种启迪的责任。一味用神秘的话来哄骗他,是不妥当的。记得有一个九岁的女孩子,同她母亲谈论的时候,母亲骗她说:"凡是女孩子,就是鹳养的。"其实那个女孩子,早从别方面探听到真情了。从此,她对于母亲所说的话,便不大信仰。

关于这一点,做父母的很要注意。因为父母不在相当的时期内给子女以良好的教训,别人粗野的话就要来戕贼儿童的本性了。但是普通做父母的,非特不肯设法启迪,并且还想各种方法来抑制性的本能,其实何尝有效呢!

美国相传有一个牧师,管束他的儿子非常严厉,从不许他儿子同女子讲一句话。看见女子时,总对他儿子说:"这是妖怪,不要理会他。"有一天牧师同他儿子走在街上。他儿子看见一个铺子里有一个女子在那里陈设货物,打扮得非常美丽,就问他父亲是什么东西。他的父亲回答他:"不要作声,那是妖怪。"他的儿子嗫嚅道:"但是——父亲,我很爱那个妖怪!"

再就法律方面言,也有启迪的必要。现时中等学校里边往往发现同性恋爱(homosexual)的事实。这种冲动强烈到极顶,可以酿成"同性交"之犯罪行为。倘使有人点醒一下,当局的人未始不能深自敛抑。这不过举一个例子,其他性欲问题关于法律方面的尚多。所以注意性教育,间接就可以减少法律问题。

教育与性欲问题的关系,大家都明白,无庸讨论;现在再就社会的生活方面说一说。我们知道不正当的性交可以使当事人失掉公众的信仰;不过贞操问题,在女子方面,尤为重要。青年女子,在未嫁以前,有了失足的行为,便要终身受人指摘,所谓"白圭之玷,不可磨也"。要保障青年男女终身的幸福,便应该早给他们性欲的知识,养成他们纯洁高尚的理想,使他们轻易不受外界的引诱。

性教育实施的程序 现在我们对于所以要施行性教育的理由,已经明白了。但是实施的方法程序怎样?

(1) 在什么时候? 有的人主张儿童第一次发性欲疑问的时候,就可给以相当的指导。有的人觉得太早,实施性教育的时期,应该迟些。这两种主张,都有理由。大致客观方面的启迪,如利用生物学和生理学讲解生物繁殖的概略、雌雄花蕊的配合、哺乳与育儿的大要以及生殖器官的构造机能,施行可以早些;至于主观方面的启迪,如讲解手淫的害处等等,至早须在实足年龄十四五岁的时候。因为没有经验，先告诉他手淫的危险，非特无益，反足以引起他好奇的倾向。其他消极的警戒，如讲解各种花柳病的害处，应在中学毕业时期或初入大学时候施行。

（2）什么人教？这一个问题，和"为什么要教"以及"在什么时候教"有密切关系。实施性教育的机关，大概不外两种：家庭和学校。关于客观方面的知识，启迪的责任，学校里边应该多负些；主观方面的启迪，学校便不易奏效。在课室中同十二三岁的女子或十四五岁的男子讲手淫的害处，实在是一个很困难的问题。密室中个人谈话，或者可以减少困难。不过谈话的人，儿童须对他有完全的信仰，否则就不生效力。所以这种性教育，最好由父母负责。父母在家庭中，可利用相当的机会，告诉儿童因性欲而发生的各种弊害，使他知道避免的方法。年幼的儿童，如果有关于性欲的质问，可渐渐地指导他，不可用虚伪的手段来应付。某英文书上载一段事实，很可供我们参考。

"几个小孩子有一次看见了衣橱中的衣服。有一个小孩子说衣服的用处在御寒，并可遮盖下身。母亲便回答遮盖下身的用处很大，下身给人家看见了，很不雅相。但是那个小孩继续地说，衣服还有一种用处，使我们辨别男女。他的小兄弟就接着说，除了衣服以外，男女实在没有什么分别：'倘使我穿了姊姊的服式，我就变成一个女子了。''那不能'母亲立刻回答他：'再过几时，你姊姊便和你大不相同了。普通男子都有须的，女子没有须的；男子不能生产，也不能哺乳；他们只能做父亲。因为这个缘故，所以男女初生出来的时候，身体上的构造便不同。不单是身体构造有不同，就是意志、兴趣等等都不一样。'"

主观的启迪，在学校方面，未尝绝对不可行。倘使有学生信仰的教职员，或良好的校医，有时也可设法指导。在学生毕业后离开中学校的时候，很应当将各种花柳病的危险讲给他们听。

我在美国大学读书的时候，知道有一个美国同学，他在生物学班上听教授讲演各种花柳病的事实以及传染病的祸害，并用许多图表统计来证实。他听了以后，留了一个很深刻的印象。有一次，他到纽约去游玩，受了外界引诱的势力，差不多要失足了；忽然间想到了那一次教授的演讲，暗地叫了一声惭愧，那不正当的心思立刻扫除了。

施行性教育的程序，大概是这样。不过有的人觉得仅仅灌输知识，是没有用的。社会上许多两性间失足的事情，并不是知识的问题，是行为的问题。要免除不正当的行为，必须使青年男女肌体上有一种深刻的印象，遇到两性刺激强盛时，能牵制他们的动作。这几句话，说得很有道理。我们一方面注意"教"，一方面还得注重"育"。现在就育的方面，简单地分几层说一说。

（1）养成高尚的理想　青年子女在校读书，最怕的是自己没有什么理想，随波逐流，到处受人引诱。理想是青年的主宰。所以无论施行人格教育或性教育，首当注意这个问题。一个青年有了各种的理想生活，如婚姻的理想、家庭生活的理想、健全人格的理想、服务社会的理想等等，举动便有节制，便不肯牺牲一己的名誉，戕贼一己的身心。这便是意志教育。

（2）尊重女子的人格　我觉得女子在文化上占领很重要的位置。倘使大多数女子有了高尚的美德，男子无形间可受到许多的陶冶。女子是一国的菁华，所以我们对于女子，应有相当的敬意。女子自身，也须尊重一己的人格，使人有敬爱的意思。这样，社会上才可减少许多两性间的罪恶，才可产生美满和乐的家庭。

（3）加增课外活动　抑制性育冲动，是最劣的方法。最好予以相当的出路，使他发泄到别方面去。在中学校内，如课外运动、竞技比赛、野外露宿以及一切课外作业，从青年性育方面看来，都有重大的价值。

（4）提倡审美的环境　除了几个教会学校以外，我国的中学校生活，实在太干枯，太没有生气；所以卑劣的思想，性欲的冲动，时时有发现的机会。以后中学校应当设法造成一种美的环境，使青年油然生出一种爱好的理想。不纯洁的"爱"，以及不正当的娱乐，当然不来萦绕我们青年的心志了。

（5）注意生理卫生　上边所说的，都是积极方面的事情；不过消极方面，也须顾到。例如关于性欲卫生重要的规条，都应该注意：1. 应禁止儿童饮酒，因为和人类性欲生活有显著的关系。其他有刺激性的食物，如烟、茶、咖啡，也当防止儿童，勿使多食。2. 衣服要修长适度，不要过于狭小；易触弄性欲器官的服装，应设法改良。3. 注意儿童睡觉的时间，未倦不要使他睡，醒后就应使他起来。4. 防止儿童时常独处隐室。

与性育有密切关系的，就是中学男女同学问题。对于本问题，有两种主张：（甲）反对男女同学，以为青年学生适当性欲强烈时期，男女同学必定发生危险。

（乙）赞成男女同学，以为两性愈隔离，冲动愈强盛，不如使两性时常有自然接触的机会，养成两性间正当的观念，可以解决中学校一部分性育问题。这两种说法，都持之成理。倘使中学有适当的准备，那么，男女同学，确能实现男女社交的理想，养成优美的环境。倘使中学无相当的准备，昧然采用男女同学，则不惟不能解决性育上的问题，且将助性欲为恶。不过男女同学问题很复杂，只就性育立论，尚是一偏之见。

⋯⋯⋯⋯⋯⋯

——选自汤才伯主编，梁树基、吕达副主编：《廖世承教育论著选》，人民教育出版社 1992 年版，第 99—106 页。

注释

［1］霍尔（Stanley Hall，1844—1924），美国心理学家、教育家，被视为儿童心理学和教育心理学的奠基人。

［2］佛洛特，通译"弗洛伊德"（Sigmund Freud，1856—1939），奥地利心理学家，精神分析学派创始人。

解读

本文首先说明了在中学进行性教育的理由。廖世承认为，从生理和心理两方面说，儿童到了青春期对性都有极强盛的好奇心。所以，学校要让他们知道这些事，而且要在"适当时期内，给他们充分的两性知识"，这样才能"于他们德、智、体、群、美五育的发达，很有帮助"。他还指出，性知识的启迪（sexual enlightenment）之所以不可少还有以下六种缘由：（1）健康；（2）社会的生活；（3）法律；（4）道德；（5）教育；（6）知识的增进。

那么性教育如何实施呢？廖世承认为从"教"方面来说必须解决两个问题：（1）在什么时候教？他建议，客观方面的启迪，如利用生物学和生理学讲解生物繁殖的概略、雌雄花蕊的配合、哺乳与育儿的概要以及生殖器官的构造机能，施行可以早些；至于主观方面的启迪，如讲解手淫的害处等等，至早须在实足年龄十四五岁的时候。（2）什么人教？他提出，学校最好承担客观方面的知识启迪的责任，而父母则多负责主观方面的启迪。从"育"方面来说，性教育可以采取以下措施：（1）养成高尚的理想；（2）尊重女子的人格；（3）增加课外活动；（4）提倡审美的环境；（5）注意生理卫生。廖世承还就与性教育有密切关系的中学男女同校问题发表了自己的看法，认为中学男女是否同校取决于中学的准备如何，不能作简单化处理。

性教育不仅在当时讳莫如深,即使在如今也仍是中小学教育的薄弱环节。对青少年来说,学校是性教育的主要场所,中学更是关键阶段,所以中学教师无疑成为一支主要力量,他们有责任担负起性教育工作。廖世承提出的性教育观念及实施程序,对于性教育的普及和科学地实施性教育,至今仍有指导意义。

对于改革中学教育的一些意见

1927年,廖世承离开东南大学,到上海新创办的光华大学任教育系主任、附中主任和大学副校长。1931年,为了集中精力办好附中,"力辞副校长兼职"。在光华附中的十余年中,廖世承不仅积极办好光华附中,还对我国中等教育的历史、现状和理论作了比较全面系统的研究。本文以及下文是他这一时期具有代表性的理论研究成果。在本文中,针对中学教育存在的问题,廖世承详细地论述了中学的职能,并阐述了自己关于中学教育的主张。

在发表作者的意见之前,有几句话要声明。中学教育的范围,非常广大,本篇不预备提出一个改革全部中学的具体方案,也不预备把现时中学所有的病象,罗列出来。不过就一时感想所及,发表一些意见,为改进中学教育的参考。

研究大学教育的人,说大学教育破产了。研究中学教育的人,说中学教育每况愈下了。不满现实,是人类的特性,也为改进的先声。就我国的立场上看,似乎外国教育,办得比我们有声有色,但就外国的立场而论,他们一般教育家,对于中学教育,也抨击不遗余力。我且举几个例子。

一、前哈佛大学校长爱里德(Eliot)[1]的意见　爱氏为美国有名的老教育家,对于中学教育,曾发表不少意见。他说:"现时学校,对于感官的训练,太不注意。许多受过高等教育的牧师,律师,和教员,没有得到什么科学的训练,没有用过准确的度量,没有用手操作的技能,不能画画,不能唱歌,不能玩弄乐器。他们的教育,只限于语言,文学,哲学,历史,和极粗浅的算学。有许多老年的专门职业人员,回思以前所受的教育,省察本人的思想和发表的习惯,觉得以前感官的训练,受得太少,因此举动欠准确,思想多浮泛,发表欠审慎。总结一句话,少一科学的精神。"他又说:"现时学校对于手,耳,眼的训练,渺乎其微。中学课程,应注重手,耳,眼的操作,注意下列二类课程:(1)图画,木工,音乐,缝纫,烹饪等,(2)练习观察的科学,如化学,物理,生物,地理等。此种科学的教授,愈具体愈妙。乡村的中学,应多注意农业;城市的中学,应多注重手工。"(注一)

二、哥伦比亚大学校长贝德来(Butler)[2]的意见　他说:"现时教育的结果,多数人不满意。究竟症结何在?以我个人的观察,各人都想往前跑,应用他零星的知识,粗浅的技能,享受物质上的利益。中学和大学都忘记了教育的真义,在预备青年适当的生活,而全神注意于次要的事实,使青年得到一些糊口的技能。"他又说:"中学和大学降低他们在社会上的领袖地位,专为时尚的傀儡。学校要迎合一般人的心理,不惜放弃重要的主张。从小学起至大学止,教师不成其为教师,成了为自己主义张目的宣传家。在这种状况之下,青年男女离校以前,既没有得到训练的智能,又没有欣赏艺术和道德的标准,举止粗鲁,语言乏味,遇到新问题,不能运用思想清明的解决。我们学校里都教法文,西班牙文,德文,但任何中学或大学毕业生,能说、能写,能读此种文字,准确流利无重要错误者,可谓绝无仅有。五十年来我们费在自然科学,实验科学,和实验室设备的钱,不可谓少,但就学生所得的科学方法,科学知识论,实卑不足道,学校中习历史的时间,不可谓少,但真懂历史的有几人?学校常指导学生读书,但大部分学生在课外阅读的书籍,实无阅读的价值。以前大家攻击拉丁,希腊文,算学,说结果浅薄,但现时所习的学程,效果又怎样呢?"(注二)

从这两个批评的方面,可以知道(1)美国的一般教育家,对于现行的学制,也很不满意;(2)各人批评的观点不同,如爱氏注重感官的训练,贝氏倾向文雅的陶冶。此外蒋斯顿(Johnston)[3]在他的《中学教育》(*High School Education*)书中,曾列举十四种批评的点;路伊士(Lewis)在他的《德谟西克的中学教育》(*Democracy's High School*)一书中,也提出十四种批评和十种改造的意见。本文限于篇幅,只好不多引了。

我国的中学教育,更不如美国,更觉得百孔千疮,无从说起。现在只提出一个问题来说一说。

我国的中学校办了数十年,但是问人家究竟中学校在造就什么样子的人才,就不容易具体地回答。办学的人只知道排课表,请教员,订规程,依着沿习的惯例、维持学校的生命。至于教育的根本问题,总不大去理会。家长只知道送子女上学读书,究竟读书有什么用,子女进了学校以后,希望他们得到什么知识,养成什么态度,获得什么技能,丝毫不去理会。学生进中学的时候,年龄很轻,除了分数及格两项还知道注意外,更不知教育为何物。现象如此,教育的前途,真是渺茫得很!

笼统地说,中学的目的,在养成社会有用的人才;中学的作用,在改进青年的生活,变更青年的行为。说得细些,中学的职能,至少有三点:(1)增进知识,(2)陶冶情感,(3)养成能力。现在分别地来说:

(一)增进知识 现行中学校,对于知识的灌输,可谓十分十二分的注重,可是误解太深,流弊滋多。第一种误解,以记忆事实,为真实的知识。我可以举一个例子来说明。某君应检定教员试验,在试验的前一晚,发现试验科目中有农业一门,他就连夜地准备,结果得到了九十六分。试问农业是一种专门学问,任何聪明才智之士,一个晚上的准备,能获得多少知识?某君的九十六分,并不表示他对于农业有什么深切的研究,不过表示他强记的功夫。倘使我们叫他指导农夫或下田工作,他就莫名其妙。马力逊(Morrison)说得好,真的知识,必须适合两种标准:(1)有永久性,不会如过眼云烟转瞬即忘;(2)能应用于生活各方面。[注三]试以中学的英文教学来譬喻。教师教英文的时候,对于文法上的规则,总是谆谆指导,考试时,学生亦能复述教材,可是到造句作文时候,依然错误百出。所以然者何,仅注意知识的符号,而没有得到真实的了解。再以算学来说,中学的几何班上,总有几个学生考在八十分九十分以上的,倘使教师的题目,出在书本以外,他们便瞠目不知所对。试问这种学习,有什么用处呢?

要知道学习的结果,并不是记忆的事实,回答的问句,做的习题,写的论文,读的书籍,或及格的学程。这些都是材料,都是练习。从这些材料,习练里边,可以得到真的了解,适当的态度,应用的能力。但现时一般教师试验学生学习与否,都以做习题,背公式,复述书中材料为标准。所以在考试时所碰到的问题,就是平日所学习的问题。凭了这个成绩,批评 60,70,80,90 等分数。实际所试验的,并非学习结果,乃是各种学习工作。

因为太偏重机械的记忆,于是又引起第二种误解:以分数为知识的代表。学生看见多记得事实,可以得到高分,他的心神,就转移到分数方面去。只要得到分数,不论抄袭,欺骗,作弊,强记,任何方法,都愿采用。结果堕落到更下一层。不特真实的了解没有得到,适当的态度没有养成,应用的能力没有获得,连不良好的习惯都深根固蒂地造成了。推原其故,都由学生不明了读书的目的所致。忆高中某生缴一册很厚的课外阅读报告,字迹写得很清楚。教师和颜悦色地问他:"你做了这个很长的报告,得到了什么新观念没有?"某生听了大失望。某生未缴报告之前,总以为费了这许多力,一定可以得到教师的欢心,不知道这位教师,不注重形式而注重真实的知识。

语云:"失之毫厘,谬以千里。"目的既未辨明,结果当然不能满意。某家长曾批评他儿子所受的教育,说他已不会自己想,自己做,自动地解决问题。但他的儿子在校的分数很高。某次他的儿子要出去旅行,他叫他在出发前把应买的物件,不要遗漏,都开列出来,再付给他钱。可是他的儿子刚出发,就天天写信问父亲要钱,并开列了不少添买的物品。由此可见学校中并不能令学生学习处世接物的道理,只给他记忆知识的符号,变成一个书呆子。

(二)陶冶情感 情感的陶冶,其重要不亚于知识的增进。态度,欣赏,理想,好尚,都可说是属于情感方面。大概理智的问题需要知识来解决;道德的行为,需要情感来控制。举一事实来说明:有一个中学生得到公民常识测验竞赛的奖品。他对于公民应具的常识和责任,知道得很清楚。大家认他是一个好公民,不道过了六个月后,他因为捣毁了报馆的办公室,被警察拘去关禁了数日。一般人的批评,以为那个学生没有真的知道公民的责任,他的答案是空虚的。详细地研究,这个问题似非如此简单。我们知道学习的种类不同,学习的反应也不同,有属于运动方面的,有属于知觉方面的,有属于记忆方面的,有属于理解方面的,有属于情感方面的。各种学习的反应,控制各种不同的环境。历来的学校,只注重理智的了解,以为可以涵盖一切生活。对于情感的反应,特别忽略。即以方才所举的事实而论,学校只借给了理智的学习,了解的反应,以为可以控制情绪和道德的环境。实则关于此类的学习反应,宜偏重情感,欣赏,态度,而不在了解。要知道辨别善恶是一件事,好善恶恶又是一件事。辨别善恶是知的问题,好善恶恶是情的问题。

社会上做不好事情的人,并不是愚昧无知,因为没有养成适当的态度,中心的

理想,情感的力量不够控制他的冲动。青年行为上的缺点更多了。前数年美国中部曾调查一万一千多个中学生,叫他们自己省察对于十三项道德的行为,有几项能确切的不违反。结果如下表:

道德的行为	回答的人数	自信能不违反的百分比
遵守约会时刻	7 385	81%
遵守信约	7 207	92%
处事诚实	6 977	87%
讲话忠实	7 116	86%
做事彻底	6 926	63%
勤恳的习惯	7 040	75%
遇困难而能坚忍	6 875	72%
尊重法律和在上位的人	6 642	91%
有礼貌	7 165	89%
勇敢	6 033	93%
能节制欲念	7 108	73%
忠于同伴	7 414	94%
乐观	6 267	73%

自己承认能不违反道德的行为,是否可靠,尚属问题。假定自省的结果很可靠,那么违反道德行为的人数,已很可怕。各校中差不多有五分之一的学生自己承认是不遵守约会时刻的,有十二分之一是不遵信约的,有八分之一是不诚实的,有四分之一是不勤恳的,有十分之一是不尊重法律和在上位的人的,有八分之三是不能节制欲念的。父母师长是否觉得这是一个严重的问题? 再看下表:

	答案总数	曾犯下列各项过失的答案			
		男生数	女生数	总　数	百分比
吸烟	7 547	1 018	218	1 236	16
饮酒	7 370	671	139	810	11
赌博	7 406	635	450	1 083[3]	15
作弊	7 235	531	391	922	13
听或讲不正当的故事	7 125	1 499	924	2 423	34
用粗俗的言语	7 124	1 571	629	2 200	31
发脾气	8 230	939	1 251	2 190	27
奢侈的服装	7 200	299	212	511	7

根据七千多中学生的答案,问题是:"你曾否犯过下列任何一项的过失?"

倘使我们做同样的调查,学生也能如美国学生的爽直,我想所犯各项过失的百分比,决不会比上表来得小。所以情感的陶冶,在中学教育中实占一重要的地位。

(三)养成能力 上边爱里德对于中学的批评,说得很透彻。现时一般学校对于感官的训练太嫌缺乏,因之不能养成生活的能力,相当的技能。能力与技能的分别,可以举一个例子来说明。比方四则的演习题,各中学生都能演算,不过演算的快慢不同,这就表示技能有高下。至于四则的理解题,便有少数的中学生做不出来了,这是能力的问题。又如写字写得快是技能,知道"天"字怎样写是能力。无论能力,技能,都靠托多方的练习。以英文来譬喻,学生必须时常用耳听,用眼看,用口讲,用手写作,方可获得应用的能力。现时学生在课室内耳用得最多,口眼就用得很少,手可以说是用得最少了。我们时常听人家说"双手万能",学生进中学后,几变成双手无能了。

知的方面,没有真实的了解,结果为浮夸,为盲从;情的方面,没有良好的态度,结果为放纵,为烦闷;能的方面,没有适当训练,结果为怠惰,为奢侈。青年的欲望,则继续增长,而控制此欲望之知,情,能,则虚无所有,现象如此,实堪叹息!

至于救济的方法,决非作者个人所能回答。惟前数日在光华附中为讨论学生不及格的问题,曾提过一个议案,于教学上的改革略有意见(原案大意载中央大学《教育季刊》一卷四号)。希望海内同志,多多发表具体的主张,实地试验改革,从下层做起,以冀达到"中学革命"的目的。

(注一)Eliot,C. W.,"Changes Needed in American Secondary Education" in Occasional papers.

(注二)Butler,N. M.,"Making Liberal Men and Women," Annual Report of the President of Columbia University,1920.

(注三)Morrison,H. C.,The Practice of Teaching in the Secondary School.

——选自汤才伯主编,梁树基、吕达副主编:《廖世承教育论著选》,人民教育出版社1992年版,第252—259页。

注释

[1] 爱里德，通译"埃利奥特"（Charles William Eliot，1834—1926），美国教育家。1853 年毕业于哈佛大学，1858 年任该校数学和化学助教。1863—1865 年赴欧洲研究化学和教育法，回国后任麻省理工学院化学教授。1867—1868 年赴欧洲考察教育。1869—1909 年任哈佛大学校长，后任该校名誉校长至 1926 年。1892 年兼任"十人委员会"主席，1914 年任美国科学促进协会主席。主要著作有《教育改革》《大学行政管理》等。

[2] 贝德来，通译"巴特勒"（Nicholas Murray Butler，1862—1947），美国教育家、政治家。1882 年获哥伦比亚大学学士学位，1884 年获得哲学博士学位，1901—1945 年任该校校长。

[3] 引用原版图表数据有误，应将"1 083"更正为"1 085"。

解读

在本文中，廖世承首先分析了我国中学教育发展的"病象"。他认为中学教育之所以每况愈下，是因为人们没有认清中学教育的根本问题，无论是办学的人，还是家长及学生，对中学的目的和作用都不甚了解，甚至存在各种误解，只知"依着沿习的惯例"。为此，廖世承明确指出，"中学的目的，在养成社会有用的人才；中学的作用，在改进青年的生活，变更青年的行为"。中学的职能就是增进知识、陶冶情感、养成能力。

然而，中等学校并没有很好地贯彻这三种职能，存在种种偏差。从增进知识来说，他指出，以记忆事实为真实知识，太偏重机械的知识，以分数为知识的代表，结果导致抄袭、欺骗、作弊、强记等各种现象，"不特真实的了解没有得到，适当的态度没有养成，应用的能力没有获得，连不良好的习惯都深根固蒂地造成了"。廖世承认为这种现象主要是学生不明了读书的目的所致。从陶冶情感来说，中等学校在情感教育方面忽视较多，他认为"历来的学校，只注重理智的了解，以为可以涵盖一切生活。对于情感的反应，特别忽略"。从养成能力来说，他指出"现时学生在课室内耳用得最多，口眼就用得很少，手可以说是用得最少了"。因此学生在中学不能养成生活的能力以及相关技能。这种中学教育便导致"知的方面，没有真实的了解，结果为浮夸，为盲从；情的方面，没有良好的态度，结果为放纵，为烦闷；能的方面，没有适当训练，结果为怠惰，为奢侈。青年的欲望，则继续增长，而控制此欲望之知，情，能，则虚无所有"。廖世承痛感上述不良现象十分有害，强调要明确中学的目的和作用，要清楚中学的职能就是增进知识、陶冶情感、养成能力，即全面发展青年的知、情、能。

廖世承对中学教育的剖析及其中学教育思想，不仅在当时中学教育的改革中起到了重要的作用，而且对当今我国的中学教育改革仍具可贵的借鉴意义。

中学教育改造的基本原则

【题解】 本文发表于《教育杂志》1948 年第 33 卷第 8 期"中学教育专号"。针对当时普遍存在于中学教育的各种问题,廖世承提出了改造中学教育的六条基本原则。

【原文】 人类的思想,总比现实来得进步,所以时刻不满现实,时刻要求改进。这是促进人类进化的一个大动力。不过言之匪艰,行之惟艰。病状说来头头是道,药方却不易开。政治如此,教育也如此。

改造中学教育的呼声,已经很久了。究竟应当怎样改造? 这个方案很难厘订。订了,又谁来推行? 推行后,能发生相当的效用吗? 科学上的发明,一次实验失败,可以继续尝试数百次,乃至数千次;只要实验费充足,不会有什么害处。教育是关系千百万儿童和青年的幸福,关系整个民族的隆替,不能随意更张。我们只能就可能范围内,提出数种改进的意见。

批评现行制度的人说:"中学目标不清。"所谓目标不清,就是中学究应注重升学准备抑就业准备? 照批评者的意思,如果这点弄清了,一切似可迎刃而解,其实问题不这样简单。假定中学专为升学而设,毕业生大多数升入大学,并出国留学,取得硕士博士学位,归国后,或经商,或从政,一天到晚,专在巩固自己的地位,获致物质的享受,于民生疾苦,国家大计,丝毫无所贡献,请问这样的中学可说是达到目标了吗? 这样的中学能符合我们的理想了吗? 如果不能符合,那所谓目标不清,固在彼而不在此。准此而谈,宁独中学,小学大学又何尝有清明的目标。一般的学校,只知灌输知识,注重机械的记忆,对于体格的锻炼,品性的陶冶,技能与习惯的养成,为人和处世的启示,多不在意。所以如果学校行政人员与教师没有正确的教育观念,不肯继续地研究改进,仅仅变更学制,变更年限,不会发生显著的效用。

再就升学的问题来说,在一个民主国家,非特不应拒绝一个青年入中学,并且应鼓励他们利用均等的教育机会发展他们潜在的能力。那么进中学以后,又怎能限制他们一定须读到毕业,一定须升入大学? 下边一个例子,可说明这一点:

某中学一年级教师发现多数学生不够中学程度。实习和测验的成绩都很低,口头发表的能力亦差。另外有几个学生他非常得意。他时常问班上说一样的学生,为什么他们会得到很高的分数,可见教师的测验是很公平的,问题是成绩低劣的学生不配进中学。有少数学生简直不是"中学的材料"。这几个学生不久就被迫退学了。

有一次这个教师碰到了一位小学校长,他就发表他的意见。他说:"这般学生进中学有什么用? 这徒然浪费了他们与我们的时间。他们读不上,使学校的工作受到阻碍。到头来,他们觉悟不配进中学,于是辍学去找寻工作。照我看,有的应在小学多留一二年,有的应立即找寻工作。这样,还可得到正当的谋生,不致在中学碰壁了。"

小学校长回答:"你对于中学的性能显然与我的看法不同。你认为中学的责任在维持一个学术水准。这个水准是一种固定的因素。学生进中学而不合这个水准,应当拒绝或排斥。中学是专为少数人享受的。

"我相信中学的性能像别的学校一样,在尽量设法使所有的男孩和女孩得到正常的发展。它对于来学的儿童不应抱拒绝态度,应帮助他们生长。我想中学只有一个标准可以决定男孩或女孩应不应进中学,就是:究竟中学还是小学或职业生活对他或她的帮助多? 倘使你的看法是对的,那我们所提到的那些学生进中学是一种错误,但我相信错误是在你方面。

"你提议这些学生中有几个应在小学多留一二年。我们已尝试过多次,但结果恰如你所指斥的——他们离开学校了。他们年龄较大,自己感觉不属于小弟弟小妹妹的一组,因而厌恶学校,愿意离开。我们曾尽力诱导他们继续留校,但我们受环境的限制。中学的设备较好,管理方法和体育活动都适宜于年龄较大的儿童,所以中学帮助他们的可能性较小学为大。"

中学教师听了这番话,仍不以为然。他不赞成迁就成绩低下的学生而降低学校水准。他问:"他们怎样能升大学呢? 他们六年内不能毕业,多花时间恐怕养成他们懒怠的习惯。"

小学校长说:"我并不盼望中学降低水准。我期望水准要能适合儿童的能力,倘使我们的目的在真实地教育男孩和女孩,我们不应武断地规定一种只能适应少数学生的标准。这儿有一本书,你读了就明白我的意思。"

书中载有不少关于儿童和成人的个别差异的研究。教师阅读以后,得到一个新观念。他当然也知道人的能力是有差别的,但他没有深切了解这些差别的意义。他以为大多数人只要有志气,肯努力,都可有同样的造诣。书中的事实显示任何团体,任何特质,均有绝大的差异……。

这个观念留存在教师的意识中有数星期之久。他在班中工作时,看到不少肯定的证据,他曾测验学生试题由易而难,没有人能全体做完,但成绩最劣的学生也能答对几题。表列的结果证明与书中的测验报告相符合。大多数的分数离均数不远;分数愈高或愈低,人数亦愈少。有一个学生在数种测验中几乎都得到一百分。教师以前并没有想到那个学生的能力会比别人强这么多。他现在方晓得他从前没有真实地测验到这个学生的能力。工作对他太容易了。他亦注意到成绩不满意的学生差别亦很多。有几个人的测验分数差不多达到均数,有一二人只答对了一题。

想到个别差异的问题,他不期然而然地承认小学校长对于中学性能的看法。他开始变更指定作业的方式,使能力强的学生有艰难的工作可做,能力差的学生,不致望尘莫及。他把成绩最劣的学生编成一小组,有时在课内分出一部分时间特别指导他们。偶然间这小组内有人缺课,他很关心,深怕他因工作失望而灰心。几个星期以前,他但愿这种学生早日离开他。现在他的教育思想变了,态度也变了,他很乐意地看到差不多全班学生都能完成学期的工作。其中有数个要不是他的鼓励和帮助,恐怕早已辍学了。

从上边的例子我们可以知道有许多中学行政人员和教师对于中学教育的性能未能深切了解。倘使普通中学专为少数的升学学生而设,那我们必须有各种类型不同的中学,并须有良好的选拔制度。这两个条件具备后,学生的志愿还未必能完全顾到。

至年限问题,我同意方惇颐先生的主张,中学一段不宜缩短(理由见《教育通讯》复刊一卷十期,方惇颐《中学修业年限问题》)。我亦同意赵廷为[1]先生的意见,修正旧制,牵动太大,不如允准各地试验新制(仍与旧制关联使青年升学转学不受影响)。试行有效,准其与现行中学同时设立(《教育通讯》五卷四期,程其保[2]等编:《中国教育问题之总检讨》)。

现在把上述的意见归纳成几条原则:

（一）一国的中学教育制度必须适合国情及地方需要。中国的幅员辽阔，整齐划一的制度，恐不易适应各地的特殊情状。

（二）现行学制成立已二十余年，自有其存在之理由。彻底改革，必致引起纷乱。不如允准各地有需要时，得设实验学校。如试行有效，准与现行中学同时设立。

（三）在未有各种类型不同的中学及选拔制度未能施行尽如人意以前，中学对于升学准备及就业准备仍须双方兼顾。

（四）不论升学或就业，中学教育的宗旨在充分发展各个人潜在的能力，使他或她成为一个最快乐和最有用的人。

（五）中学教育的对象是千变万化的青年，所以一切措施不易有固定的方式，必须继续研究，继续改进。

（六）中学教育对于学生的品性和健康应与知识看得一样重要。

此外，中学的课程、教材、教法、训导，与教育人员的态度，与中学效能关系特大，兹特分别指出数种意见：

甲、课程：我国的中学课程标准曾经修订了不少次。修订结束是否满意，很难有肯定的答复。我自己感觉有几个疑问：

一、编订课程标准的先生似乎专着眼于找得一个理想的课程，以为全体中学生都可以修毕这个课程，得到同样的造诣。不知道学生的环境不同，兴趣不同，能力不同，因此中途离校的甚多，初一学生读毕高三的，恐怕不到半数。

二、各科专家往往只顾到维持本科的学术水准，而忽略了其他方面，因此一科的标准有时提得很高，结果学生食而不化，程度反而降低。

三、课程标准牵涉的问题太多，不仅限于上课时间的多寡。例如教材的选择，师资的培养，方法的研究，都和课程有关。

因此，我们主张：

（一）中学课程不应太整齐划一，应视学生的能力、兴趣、环境、未来的教育计划、职业计划而分化。分化的程度应随学生的成熟而增加。其理由如下：

（1）世上累积的知识和经验如此丰富，决非任何人所能学习；并且新的知识，新的经验不断地增加，所以我们应有选择。

（2）社会需要各种不同类的活动，所以人民的训练方式不能一致。

（3）各人的天赋相差甚远。要发展各个人不同的能力，教育亦须有差别。

（4）各个人在某种成熟时期受各种环境因子的影响：家庭、人与人的组合、游历以及其他。这些不同的经验，需要分化的教育来适应。

（5）要使各个人获得最大的幸福和效用，差别的兴趣必须顾到。在校缺乏兴趣，为多数学生提前离校的重要原因之一。

（6）学生留校的时期长短不一。在可能范围内，课程应配合个人的求学时期，使他得到相当的准备，有一快乐而有用的生活。

乙、教材：（一）教材的选择，须符合教育宗旨。换一句说，选择教材时须时刻在念，哪一部分材料对于我们所抱的宗旨最有贡献。

（二）学程本身并不是目的，而是一种工具，因为发展青年使成为社会上最快乐和最有用的一个人。所以我们的目的在选择对于个人发展最有价值的教材。

（三）有时代价值的教材应较传统的知识占重要地位。

（四）有的观念和事实需要大家知道，以增进彼此的了解和行动的协调。但为时间经济起见，各类学生获得共同的知识，不必用同样的材料。

（五）全体所需用的知识应占第一位，少数人应用的材料，应俟少数人有需要时学习，不应加重班中其他学生的负担。

（六）学生兴趣愈广阔，快乐和效率愈增加。教材的范围不应过于狭小。

（七）有中心组合的教材，能鼓励连续的思想，系统的观念，和活用的方法。

（八）与学生的兴趣最有关系的教材，最能培养习惯、理想、兴趣和能力。

丙、教法：（一）教学应注重观念、理想和态度的获得，不应记忆琐碎的事实，应训练学生如何找寻需要的材料。教材可视为一种鹰架，用以发展理想、兴趣和养成工作习惯，鹰架本身并无永久的价值。教材不必呆记，只须树立一坚强的骨骼，清楚的统系。（二）测量教材的影响，应注重学生的了解、兴趣、态度、行为、技能、和工作习惯，不要把记忆事实看作教育的成就。（三）从有目的的学习或经验中得来的知识较之不感急迫需要的学习所得的知识有价值得多。效用最大的教育，是从学生"做"中得来，不是被动地"做"，是因为感到某种需要的刺激而"做"。（四）最好的教学法应能使学生尽力地做，自动地想，并有工作的动机。

丁、训导：（一）青年的本性复杂，只有小心研究和密切观察，才能了解。（二）青年的观念、成见和兴趣，教师不可藐视或抹杀。（三）用冷静及同情的态度，解决青年的困难，比躁急有效得多。（四）铲除一坏习惯，最好的方法是成立一相反的新习惯，不要专注意坏的方面。（五）呆板的规则要普遍应用是有危险性的。规则是达到目的的一种手段。执行规则须不违背教育宗旨。（六）惩罚常用则失败，良好的惩罚一二次即可达到目的。（七）学校对学生有任何要求，应使他们了解所以必须这样的意义并感到兴趣。（八）信任学生的能力和好意，可以促进努力。不信任，常获得相反的影响。（九）学校应以培养学生的自治能力为宗旨。仅能服从的青年，不能养成社会的行为。责任心的培养，在使学生有实地负责的机会。（十）要使学生负责，须小心，勿使责任负得太大。失败易致灰心，成功可以激发。（十一）培植理想为教育者最重要的责任。用外界的力量所造成的习惯，情势变迁后，随时有破除的可能，惟中心所藏的理想，能发生永久的影响。

戊、教育人员：（一）教育人员的成功与否，在乎他能否了解儿童和青年的天性，生长的规律，社会的需要，以及他有否应付儿童和青年的技能。（二）要培养青年的品性，促进青年的健康，教育者自身须有崇高的理想，并能实践卫生的条件，树立一个好榜样。（三）教育者应自认为一个科学的公务员。他不论对事对人均抱一种客观的态度。他对于公众的幸福和人类的进化，有服膺的理想，不会因别人的误会或轻视而失望愤怨。（四）教育人员应把自己看作一个队（team）的队员，大家为了一个共同的目标。为队的成功计，各个队员必须牺牲个人的意见和便利而促进队的精神。（五）教育者应有坦白的胸襟，持心如水，虚怀若谷。（六）教育者应有学不厌，诲不倦的精神。他能接受新的观念，欢迎别人善意的批评。（七）教育者最难得的为服务精神——喜爱儿童，喜爱青年，愿意为他们而贡献一生。

——选自汤才伯主编，梁树基、吕达副主编：《廖世承教育论著选》，人民教育出版社 1992 年版，第 502—509 页。

【注释】

[1] 赵廷为，号轶尘，浙江嘉善人。1922 年毕业于北京高等师范学校英语系，1924 年北京师范大学教育研究科毕业。1949 年前曾历任安徽大学、大夏大学、沪江大学、中央大学教授等职，1949 年后历任华东师范大学教育系小学教材教学法教研组主任、教授。专长小学教学法研究。著有《小学教材及教学法》《教育概论》等。

[2] 程其保(1895—1975),名深,别名稚秋,江西南昌人。1918 年赴美留学,1923 年获哥伦比亚大学教育
博士学位。回国后,历任东南大学教授、上海商科大学代理校长、山东齐鲁大学教务长、中央大学教
授及教育学院院长、湖北省教育厅厅长、中央政治学校教授等。抗战时期,任国民党中央党政工作
考核委员会教育主任、西康省教育厅厅长。1948 年在联合国教科文组织任教。后赴美任教。

【解读】

　　在本文中,廖世承认为中学教育存在许多问题,如"只知灌输知识,注重机械的记忆,对于体格的锻炼,品性的陶冶,技能与习惯的养成,为人和处世的启示,多不在意"。他指出这不仅仅是现行学制的问题,更主要的是由于学校行政人员与教师没有正确的教育观念,没有明确的教育目标,对于中学教育的功能未能深切了解。为此,他强调学校行政人员与教师要树立正确的教育观念,拥有科学的教育知识,并指出中学的功能在于对所有进入中学的学生给予帮助,按照学生的个别差异进行不同的教育。于是,他提出改造中学教育要遵循六条基本原则:(1)一国的中学教育制度必须适合国情和地方需要。中国幅员辽阔,整齐划一的制度则不易适应各地的特殊情状。(2)现行学制有其存在的理由,如果彻底改革,必然会引起纷乱,所以不如允许各地根据需要设立实验学校。如果试行有效,允许与现行中学同时设立。(3)在未有各种类型不同的中学,以及选拔制度未能尽如人意以前,中学对于升学准备与就业准备仍须两者兼顾。(4)中学教育的宗旨在于充分发展各人的潜在能力,使学生成为最快乐和最有用的人。(5)中学教育的对象是千变万化的青年,所以一切措施不能有固定的方式,必须继续研究,改进教育工作。(6)中学教育对于学生的品性和健康应与知识看得一样重要。根据这些基本原则,廖世承从课程、教材、教法、训导以及教育人员等方面提出了自己的主张,认为改造中学教育的最终目的是要帮助青年,使青年获得充分的准备,"成为社会上最快乐和最有用的一个人"。

　　廖世承的中学教育思想是一份宝贵的历史遗产,至今对中学教育的改革及实践仍有指导意义。

(杨云兰)

陈鹤琴(1892—1982),浙江上虞(今绍兴市上虞区)人。近现代教育家、儿童教育专家。其论著汇编为《陈鹤琴全集》。

陈鹤琴

儿童心理及教育儿童之方法

【题解】 1919年,陈鹤琴从美国留学回国,到南京高等师范学校讲授儿童心理学。次年开始,他以自己的孩子陈一鸣为研究对象,进行了长达808天的观察实验,得出了许多教育结论。本文是他根据杜威儿童心理发展的教育理论,结合自己的观察实践而作,发表于《新教育》1921年第3卷第2期。本文主要论述了儿童的心理特点以及怎样教育儿童的方法。

【原文】 常人对于儿童的观念之误谬,以为儿童是与成人一样的,儿童的各种本性本能都同成人一色的,所不同的,就是儿童的身体比成人小些罢了。若诸君以为这句话未免太过,那么我举几个例,来证实证实。我们为什么叫儿童穿起长衫来?为什么称儿童叫"小人"?为什么不准他游戏?为什么迫他一举一动要像我们成人一样?这岂不是明明证实我们以为儿童同成人一样的观念么?儿童既然同成人一样,所以他亦应当穿成人的长衫马褂,不晓得长衫马褂与他的行动大生妨碍,并很违逆他的好动本性。至于叫他端端正正地坐在家里,不得往外游戏,这是愈不对了。但以上所说的误谬观念、误谬教育,到了今天仍是如此。假使我们要收教育的良果,对于儿童的观念,不得不改变;施行教育的方法,不得不研究。

我现在把儿童的心理以及怎样教育儿童的方法,约略说一说。

一、好动心

儿童生来好动的,他喜欢听这样,看那样;推这样,攉那样;忽而玩这样,忽而弄那样;忽而立,忽而坐;忽而跳,忽而跑;忽而哭,忽而笑。没有一刻的工夫能像成人坐而默思的。你要叫他像成人的样子穿了长衫,规规矩矩坐起来,他实在觉得精神上痛苦不堪。你要问我:"儿童虽然生来好动的,但坐坐有什么难处呢?"咳,你不晓得他的心理嗄！儿童为什么好动呢？因为他的感觉与动作很连通的，若他一想到吃，他就去寻东西吃。他一觉得痛，他就哭。他一听得门外欢呼声，会即刻跑出去看。总之，儿童还没有养成自制力，他的行动完全为冲动与感觉所支配。这种心理，米勒（Miller）[1]叫作"心意的动现"（motor flow of consciousness）。从这一点看来，儿童生来好动，不像成人有自制力。或者你又要问我："这个好动心于儿童的教育有什么好处呢？"他的好处是显而易见的。我现在略说一点以供参考。我们晓得一个儿童生来无知无识的，试问他怎样能有知有识呢？他生来并不知冰是冷的，火是热的，铁是坚的，水是弱的，那样东西的性质，这样东西的滋味，他怎样能支配工具，怎样能控制万物，他的身体怎样得着运动，他的道德怎样能发展，他的智力怎样能增进，他的群育怎样能养成？这些就都是他的好动心的功劳，虽然不能完全归功于这个好动心，但是要使儿童得到健康的发展，那这是很要紧的利器。他摸着铁，就觉得铁的坚性；他吃了冰，就知道冰的冷性；他玩这样弄那样，就渐渐儿从无知无能的地步，到有知有能的地步。这样说来，从前我们教育儿童的方法，实在是大错了。我们应当给他充分的机会、适当的刺激，使他多与万物相接触才好。

二、 模仿心

这个模仿心，青年老年亦有的，不过儿童格外充分一些。儿童学习言语、风俗、技能等等，大大依赖这个模仿心。他生来不能说方言，到了 1 岁的时候，就咿唔地要说起来了。到了 3 岁的时候，一乡的方言就学会了。假使他生在英国，他就能讲英语了；假使生在德国，他就会说德语了。儿童的模仿力实在是大，不仅对于言语是如此，对于一国风尚文化亦莫不如此。这样说来，寻常儿童的优劣智愚，虽有先天的基础，亦决定于后天环境的影响。倘若儿童处的环境是卑鄙龌龊的，那么难望其光明正大的了；倘若环境是奢侈繁华的，难望其能节俭朴实的了。孟母三迁择邻，就是为了这个缘故。那么，儿童的模仿心在教育上有什么价值？我们应如何利用模仿心呢？做父母的要格外留意，因他们的一举一动，都能影响他们的儿童。做师长的，亦须"以身作则"，烟酒嫖赌，尤宜戒绝。吾闻友人说某校学生，因为教员吸烟，亦居然效仿，谓教员可吸我们为什么不可吸。做职教员除了要以身作则之外，还宜养成纯美的校风，使得学生在不知不觉中模仿。假使某校学生皆好勤学，凡偷懒的新生进来亦渐渐儿地好学起来了。我对于利用这个模仿心，还有一层意思不得不说的，我们不论在家庭、在学校，当设置极好的环境，使儿童模仿，不过同时要教他鉴别是非善恶，务使他达到"择其善者而从之，其不善者而改之"的地步。诺斯沃思（Norsworthy）说得好："教育家对于模仿心的责任，就是对于儿童选择模范与法则，发展他们的判断力与分析力，要求他们所模仿的结果与模范相比较，并设置各种模范，使儿童得发展自立心、创造力和发明心。"

三、 好奇心

好奇心关乎儿童之发展、文化之造就，具莫大势力的。儿童凡对于一切新的东西就生出好奇心。一好奇，就要与新的东西相接近。一接近，那就晓得这个东西的性质了。假使儿童与新的境地相接触愈多，他的知识愈广。虽然由好奇心所得的知识，一时不发生效力，但后来于实用上很关紧要的。比方他以好奇心的缘故，知道木能浮水，蜂能刺人，火能烧，刀能割，这些经历，这些知识，于他将来很有用处。

好奇心具怎样的性质？

（一） 能激起儿童的好奇心，就是新异（novelty）

比方大声、辉耀的色泽、显著的比照（contrast），皆易引起儿童的好奇心。

（二） 事物与事物相接触而发生的新异，亦能引起儿童的好奇心

第一条所说的新异，是指事物之本身而言；这条所说的新异是事物与事物相接触而发生的新异。

比方说，儿童放风筝，起初风筝是他的新物，放风筝，为他的新事，所以他对于风筝是很好奇的。但是过了一二星期后，放风筝的事体，不能引起他的好奇心了，风筝的本身的新异已消失了。虽然如此，假使我们对这个儿童说："某儿童亦有一个好风筝，你愿意去看么，你愿意与他比赛放风筝么？"这个儿童对于放风筝这一件事体又发生好奇心了。他的好奇心一方面是要看看某儿童的风筝是怎样的，一方面是要看看他的风筝能否比那儿童放得高。从上说来，我们晓得事物有本身的新异，有与他事物相关系而生的新异。儿童对于这两种新异，皆有好奇心。

（三） 好奇心与年岁

儿童的好奇心不是永久不变的，乃是随年岁而发展的。克尔帕屈克

(Kilpatrick)[2]在他的《儿童学原理》(*Fundamentals of Child Study*)一书中,对于这一点说得很清楚,我所以把那一段译出来以飨读者。他说:"当儿童未能行走以前,他的主要兴趣即在经历新的感觉并注意感觉的关系。但当儿童一能讲话,就要问他所经历过的东西的名词,'这个是什么?''那个是什么?'若得了一个名词的答案那就知足了。等到熟悉各种事物并名词之后,他的兴趣就变了,他现在常常要问:'这个什么用处?''你怎样做的?'或者'你为什么这样做的?'有时他要追根掘源问:'这个东西从哪里来的?'"

儿童长到三四岁的时候,他的"为什么"的询问格外多,所问的大抵关于普通公理,比方"天黑暗因为太阳下山了"。他的兴趣常常关于应用真理一方面的,"太阳下山么?""没有。""那么为何天如此黑暗呢?"在这个时期,他对于真理的询问必加之以"为什么"三字,而且他一直要问到底始肯息或等到受成人的责骂为止。

儿童究竟爱悦什么样的东西,我们也应当研究的。当七八岁的时候他对于颜色比对于形状有兴趣,对于动物与小孩比对于大人有兴趣。到十二三岁的时候他的兴趣在于理解,迷物(puzzles)推想,在这个时期研究历史的兴趣亦浓厚起来了。年岁再长一点,他对于道德的问题就很有兴趣。总之,好奇心是儿童学问之门径,吾人不得不注意的,不得不利用的。

(四) 好奇心与教育

柏拉图曾经说过:"好奇心是知识之母。"可惜我们不会利用这种利器。儿童一到学校,就受注入的教育,没有发展好奇心的余地。所以现在我要请掌教职的,当利用儿童的好奇心,引导他至学问的境界,并不仅以新的经历、新的东西引起他的好奇心罢了。

四、 游戏心

儿童好游戏乃是天然的。近世教育利用这种活泼的本能,以发展儿童之个性与造就社会之良好分子。幼稚园教育,即根据游戏本能。中小学校亦以游戏为施教之良器。但是吾国社会对于游戏不加注意,甚有以为学校不宜让儿童游戏的。普通人常以游戏为顽皮。

乡村学校有志的教师就是要引进游戏一门亦觉得困难万分,因许多父母竟反

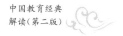
对儿童在校游戏，以为他们送子弟是为读书不是学顽皮的。

（一）游戏的价值

未说儿童与游戏的关系之先，我要把游戏的价值约略地说几种：

1. 发展身体

游戏是一种自然的、具兴趣的、活泼的运动。游戏时，儿童不自知地将他的全副精神拿出来游戏。因此锻炼他的筋骨，协助他的消化，加速他的血液之循环，增加他的肺之呼吸。工作与体操虽能发展身体，然万万不及游戏。因为工作与体操无所兴趣的，易使人疲劳的。游戏致人快乐，人乐意去玩。

所以欲发展儿童的身体非利用游戏心不可。

2. 养成公民应有的品质

各种高尚道德，几乎多可从游戏中得来。什么自治、什么克己、什么诚实、什么独立、什么共同作业、什么理性的服从，这种种美德之养成，没有再比游戏这个利器来得快，来得切实。至于公平、信实、尊敬他人的权利、勉尽个人的义务，种种懿行，实为游戏之附属产品。以捉迷藏之游戏为例。蔽目捉人的儿童，不得私自偷看，他一定要有自治的能力；假使他不能自治而偷看，那么，同玩的儿童断断不让他这样偷看的。所以强迫他自治，也不许他与别人串通欺弄其余的儿童，他必定要独立的、诚实的。还有假使某强硬的儿童，被蔽目捉人的所捉着，不肯照例来代替蔽目的，其余的儿童断然不让他不尽他的义务，亦不准他侵犯他们游戏的规则。这种精神除了游戏之外，实在不可多得。我再举一例，以证游戏之效用。比方四人玩网球。二人在一边，这二人各有玩球的范围，不得互相侵犯，且必须共同协济来攻打他们的对敌，在这一点，就可养成尊敬他人的权利之心并共同作业之精神，其余的，我也不必多细述了。总之，游戏是一种发展公民道德之利器，吾人万不可忽略。

3. 能使脑筋锐敏

游戏亦能发展智力。判断力、知觉力、观察力、想象力、创作心、冒险心皆能从游戏中渐渐地养成。我将棒球游戏来做证据，游戏的人必须眼快手快，而且要冒险，要判断，见有机会可抢家基（home base）[3] 即须冒险前进。玩棒球游戏，一定要刻刻注意，时时观察的。

4. 为休息之灵丹

人之精神有限,休息与放松是必需的。比方某儿童在学校读了六点钟的书,他的精力一定觉得困疲,那么,最好的休息方法是什么? 我们简直可以说,除了游戏之外,没有好的灵丹。一游戏,他的脑筋就得放松,他的心思,就到游戏上去了。所以,要使儿童活泼,非引进适当的游戏不可。

(二) 年岁与游戏的关系

幼时所好的,未必青年之所喜。老年之所爱的,未必儿童之所能。人生一期,有一期之游戏。今略述华特尔(Waddle)[4]在《儿童心理学入门》(*Introduction to Child Psychology*)一书中研究所得的结果,以供参考。

1. 幼稚期(出生～3 岁)

在这个时期儿童所爱的游戏,完全是属于一种感觉的与动作的方面。遇着小的东西,儿童就要捡它,尝它;遇着大的东西,若椅、桌等,他就要推推看、动动看。儿童在这个时候,不但爱触觉的游戏,亦喜欢听觉的游戏。他很爱听声音,他常常以棒敲这样,击那样,有时把桌上的杯碗抹下地去,听那破碎的声音。所以在这个时期,我们应当给他各种会响的玩物,若摇铃、吹箫(一种小的,是专门为儿童玩的)、摇鼓冬、口笛等,一方面可以使得他独自游玩,不致缠绕父母,一方面使得他学听各种声音。

2. 儿童初期(4～7 岁)

在幼稚期,婴儿喜欢独自游戏。到儿童初期,他就要同伴同游。假使没有同伴,那么他就想象一个或几个的同伴,他能与这个幻想的同伴一同游戏,一同起居饮食,但到底他的同伴是幻想的,他终究觉得寂寞的。所以我们一定要使得儿童有良好的伴侣。在这个时期儿童所游戏的,近于模仿,近于戏剧。心理学所谓模仿游戏(imitative play)、化装游戏(dramatic play),三五儿童,常常群集一隅,同做娶亲或出丧的游戏。从前小的时候只能把凳子推推摇摇罢了。现在二三小儿以两根棒头,抬了这个凳子,抬来抬去,谓"我们抬花轿来了",或者把几个长凳,拖来拖去,谓"火车来了"。这些模仿游戏、化装游戏对于发展儿童是很有价值的。儿童怎样的游戏,对于他本身,学习社会风尚习惯;对于社会,使得文化永续不绝。不过我们最要注意的,就是应当设置适当的环境,使儿童不知不觉地模仿才好。

3. 儿童后期(8～12岁)

儿童到了这个时候,身体比较初期的时候强健得多,精神亦非常饱满,知识亦渐渐地丰富,运动筋骨亦颇老练。因此从前所喜欢的游戏现在不喜欢了;现在要玩的,当比从前的复杂,若放风筝、踢毽子、斗蟋蟀、拍皮球等等。这些游戏的价值比较初期的初浅模仿,自然来得高。强健儿童的身体,活泼儿童的精神,敏锐儿童的脑筋,发展儿童的道德,大大地可从这些复杂的、具兴趣的、有规则的游戏中得来。

结　论

以上所说的,不过荦荦数端。其余儿童心理若群居心、竞争心、畏惧心、争斗心、嘉许与谴责心等等非这短篇所能尽述。但请读者诸君于这篇中要格外注意的有数点,我再简单地声明于下:(1)儿童不是"小人",儿童的心理与成人的心理不同,儿童时期不仅作为成人之预备,亦具他的本身的价值,我们应当尊敬儿童的人格,爱护他的烂漫天真。(2)儿童秉性好动,我们不要仍旧用消极的老法,来剥夺他的活泼天性,必须予以适当的环境,能使他充分地发展。(3)我们教育儿童,亦当利用他的好奇心。好奇心为知识之门径,我们当利导之。我们有些父母常常摧残这点好奇心,禁止儿童"多嘴"、"饶舌",这实在令人痛恨之极。(4)游戏是儿童的生命,游戏具种种教育上的价值,我们更加宜利用的,但是我们也要明白这个游戏是随年岁而变迁的。总而言之,我们应研究儿童的心理,施行教育当根据他的心理才好。

———选自陈鹤琴:《儿童心理及教育儿童之方法》,《新教育》1921年第3卷第2期。

注释

［1］米勒(Irving Elgar Miller),美国心理学家。主要著作有《人生教育》。

［2］克尔帕屈克,通译"克伯屈"(William Heard Kilpatrick,1871—1965)。美国教育家。1917年到中国讲学。他的设计教学法当时曾在中国一些中小学流行。主要著作有《设计教学法》《教育哲学》等。

［3］家基,即棒球本垒,起点站。

［4］华特尔,现译"沃德尔"(Charles Wilkin Waddle),美国心理学家。

【解读】　本文首先指出了人们平常对儿童的错误观念和错误教育。陈鹤琴认为人们总是把儿童错看作与成人一样的"小人"，对儿童实施与成人一样的教育，但这样做并不能收到良好的教育效果，所以必须改变这种谬误观念，努力研究科学的教育方法。

根据西方心理学研究的成果，本文详细介绍了儿童的心理特征及相应的教育方法。陈鹤琴认为，儿童生来就具有好动心、模仿心、好奇心和游戏心这四种心理。儿童的这些心理特点是与成人不同的，教育必须充分利用这些特点，尊重儿童，以发展其个性。好动心是发展儿童"很要紧的利器"，教育要给儿童充分的机会和适当的刺激，使他们多与万物相接触。模仿心在教育上的价值则表现为，"儿童学习言语、风俗、技能等等，大大依赖这个模仿心"，所以师长在以身作则外，还宜养成纯美的校风，在设置极好的环境使儿童模仿的同时要教儿童鉴别是非善恶。对于好奇心，教师则要充分加以利用，引导儿童不断思考并最终走上学问探索的道路，因为"好奇心是儿童学问之门径"。游戏是儿童的生命，儿童富有游戏心乃是天性使然，因此，儿童教育要善于利用儿童这种活泼的本能，以发展儿童的个性，造就合格的社会成员。对于游戏心，文章着重分析了游戏的价值、游戏与年龄的关系，认为"游戏为施教之良器"。

陈鹤琴最后强调所有教育者都"应当尊敬儿童的人格，爱护他的烂漫天真"，应研究儿童的心理特点，以此施行相当的教育。

本文是我国近代教育史上最早的研究儿童心理发展的文献，具有重要的理论价值，促进了我国幼儿教育的发展。文中的一些主张至今仍有现实意义。

我们的主张

【题解】　1927 年，《幼稚教育》在南京创刊，时任主编陈鹤琴在该刊发表了本文。文章总结了他从事幼儿教育的实践经验和理论思考，提出了适合我国国情和儿童特点的 15 条办幼儿园的主张。这标志着陈鹤琴在前期《儿童心理之研究》和《现今幼稚教育之弊病》等文章中提出的幼儿教育理论的基础上，对幼儿教育的中国化和科学化问题所作的进一步探索。

【原文】　幼稚园这种教育机关，在中国本来是没有的。现在我们既然来创办这件事，就应当先自己问一问，用种什么目标，怎样的办法。倘是一些主张都没有，仍旧像中国初办教育时候,今日抄袭日本,明日抄袭美国,抄来抄去,到底弄不出什么好的教育来。我以为,无论对于任何事体,要想去办,总得先计划一下,规定哪几种步骤去做;否则只是盲目的效法,哪里会有好的结果呢! 至于主张对不对,适用不适用,这个当然不能一时断定。我们现在办这个幼稚园,是先有了研究,再根据儿童的心理、教育的原理和社会的现状,确定下面几种主张做去。

一、 幼稚园是要适应国情的

现在中国所有的幼稚园,差不多都是美国式的。幼稚生听的故事是美国的故事,看的图画是美国的图画,唱的歌曲是美国的歌曲,玩的玩具,用的教材,也有许多是从美国来的。就连教法,也不能逃出美国化的范围。这并不是说美国化的东西是不应当用的,而是因为两下国情上的不同。有的是不应当完全模仿的,尽管在他们美国是很好的教材和教法,但是在我国采用起来到底有许多不妥当的地方。要晓得我们的小孩子不是美国的小孩子,我们的历史、我们的环境均与美国不同,我们的国情与美国的国情又不是一律;所以他们视为好的东西,在我们用起来未必都是优良的。比如那个三只熊的故事,因为熊在美国是一种很平常的动物,各处动物园里都有,小孩子玩的熊,图画上画的熊,都是非常的普遍,因此熊竟成为小孩子很熟悉的动物。所以他们的儿童听起熊的故事来,是很有兴趣的。若拿来讲给我们中国的小孩子听,就不免有些隔膜了。因为熊是我们小孩子从来没有看见过的,玩的熊也从来没有的,就是关于熊的故事,也从来未曾听过。以这样未见过、未听过、未玩过的动物编了故事对他讲,当然是不能引起他的兴趣,不能使他领会了。若是我们将这种好的故事稍为改变一下,将熊变为虎,那小孩子听起来就容易懂得多了。又如,圣诞节在外国是一个很重要的节日,在这个节期里,人人心目中只有圣诞节,街上看见的,家庭里所预备的,都是圣诞节的礼物;大人送礼给小孩子,小孩子送礼给大人;什么亲戚朋友都预备相当的礼物互相赠送,表示大家相敬相爱的意思。像这种节期的风俗,在外国幼稚园里当然要遵守要举行的,可是在中国素无此等风俗,就没有举行此等礼节的必要。不过这种精神,我们不妨采用来庆祝我们的节日,庆祝我们的新年,不将更加有意义了么? 总之,幼稚园的设施,总应当处处以适应本国国情为主体,至于那些具世界性的教材和教法,也可以来用,总以不违反国情为惟一的条件。如此则幼稚园的教育,可收事半功倍之效,可充分适应社会的需要了。

二、 儿童教育是幼稚园与家庭共同的责任

幼稚教育是一件很复杂的事情,不是家庭一方面可以单独胜任的;也不是幼稚园一方面可以单独胜任的,必定要两方面共同合作方能得到充分的功效。现在试看中国的幼稚园,有几个是与家庭合作的? 有的父母把小孩子送到幼稚园里去,并不是为小孩子要受教育,乃是为自己的方便。因为小孩子在家里吵得很,没有工夫去对付他,所以把他送到幼稚园里去,使他收收心,其他并没有什么目的;所以把教育小孩子一切的任务都置之不闻不问。有的父母则不然,他们对于儿童的教育非常注意;但是因为对于幼稚园的情形不十分明了,不晓得小孩子在幼稚园里究竟作些什么事情,所以在家里所教的与幼稚园里所学的,常不能相融合,甚至两方面发生冲突。像这样的父母本来是可以帮助幼稚园的,无奈幼稚园不去同他们合作,竟以为儿童的教育是幼稚园可以单独担任,不必同家庭去商议的。并有以为小孩子在幼稚园是教师的责任,在家里方是父母的责任;所以只要问自己教得好不好,而不必问儿童在家里的情形怎么样,这种态度真是大错而特错。不知道儿童教育是整个的,继续的,为教师的应当知道儿童在家里一切的情形,吃的是什么,做的是什么,玩的是什么,学的是什么。做父母的也应当知道小孩子在幼稚园里做些什么,学些什么,如此则两方所施的教育,就不致发生冲突,而所得的效果也必定很大。但是有什么方法可以使这两方面了解,使这两方面合作呢? 我想合作的方法很多,现写出几条来。

1. 恳亲会

幼稚园每学期至少要开一次或二次的恳亲会,一方面展览儿童的成绩和表演的能力,使其做有目的活动;一方面教师可以借此与儿童的父母相认识。

2. 讨论会

幼稚园的教师可以每月集合各家的父母一次,讨论儿童身心发育之种种问题,并可以报告儿童最近的缺点,请他的父母到家里注意纠正。儿童的父母,也可将儿童在家里的不良习惯,随时报告教师,请教师设法诱导。如此双方交换意见,庶可

容易了解,容易合作。

3. 报告家庭

我们不但应用讨论会探索小孩子的种种心身问题,也应将小孩子在幼稚园里所做的工作和一切关于品性上、习惯上的种种举动,都详细报告家庭。如此可以使父母知道在家里怎样教导他们的孩子了。

4. 探访家庭

幼稚园教师应当时常去探访儿童的家庭,由此可以知道儿童在家里的生活状况,而且借此可以增进两方面的感情,遇到困难的问题,两方面就容易融洽了。若能实行以上所说之方法,那幼稚教育的进展殊未可限量呢!

三、 凡儿童能够学的而又应当学的,我们都应当教他

什么东西是幼稚园应当教的,什么东西是幼稚园不应当教的,这种问题是我们办幼稚园的人首先要注意的。对于这个问题有人主张幼稚园不过是小孩子玩玩的地方,只要有点可以玩的东西,使小孩子快乐快乐就是了,不必教什么东西。有的主张幼稚园应当用一种有系统的教材去教小孩子,什么读法、写字、理化常识,都在必修之列。我们现在要问究竟实际上小孩子应当学些什么东西,有什么标准,我觉得下面三个标准有讨论的价值。

第一个标准是:凡儿童能够学的东西就有可能作为幼稚园的教材。比方一个小孩子能够识字了,不论他是两岁,还是三岁,我们就应当设法去教他识字。但是"能学"的这个标准还不够;假使这个小孩子虽能识几个字,然而学习的时间要非常之长,教师所费的精力又要非常之多;在这种情形之下反倒不如用这些时间精力去学别样东西来得妥当而有效果。所以在"能学"的标准之下,也要有点限制才好。例如,有些东西小孩子虽然学是能学,不过学了或足以妨碍他身心的教育,那就更加不必勉强他学了。

第二个标准是:凡教材需以儿童的经验为根据。我们从前在私塾里读书的时候,天天念《三字经》《千字文》和四书五经等书,虽然能够背诵得很熟,但是觉得毫无意义;因为书上所讲的与儿童的经验隔离得太远了,所以我们应当以儿童的经验为选择教材的根据才好。

第三个标准是：凡能使儿童适应社会的，就可取为教材。我们选择教材的时候，不但要问这种教材小孩子能学不能学，与他们的经验有没有衔接，我们还要问这种教材同他现在或将来的生活上发生什么样子的影响。如果这种教材对他现在或将来的生活上有不良影响的，那么就是小孩子能够学的又与他经验衔接的，也不能教他的。比如偷桃子这件事，偷是小孩子能学，吃桃子是小孩子的经验里有的，教他去偷桃子来吃，他是很高兴的，但是这种行为对他生活上是有妨碍的，而且为社会上所不许的，所以我们总不能拿它来做教材教他们。

我们若根据以上的三个标准去选教材，那所选的教材就不至于有大错了。

四、 幼稚园的课程可以用自然、社会为中心

小孩子能够学的与应当学的东西，本来是很多的，但是我们不能就这样漫无限制地毫无系统地去教他。总必定要有一种组织，在相当范围内，使其成为一个系统并使各科目中间互相连接起来发生关系。因为儿童的生活是整个的，所以教材也必定要整个的，互相连接的，不能四分五裂。我们不能把幼稚园里的课程像大学的课程那样独立，什么音乐是音乐、故事是故事的，相互间不发生影响。我们应当把幼稚园的课程打成一片，成为有系统的组织。但是这种有系统的东西，应当以什么为中心呢？这当然要根据儿童的环境。儿童的环境不外乎两种：一种是自然的环境；一种是社会的环境。自然的环境就是各种动植物的现象。社会的环境就是个人、家庭、集社、市廛[1]等类的交往。这两种环境都是与儿童天天要接触的，所以我们应当利用这两种环境作幼稚园课程的中心。

五、 幼稚园的课程须预先拟定，但临时得以变更

普通幼稚园的教法有两种：一种是固定的；一种是自由的。固定的教法，就是教师把一日间所做的种种工作，按照一定的时间去支配。什么时间做什么工作，都是刻板不变的，不管小孩子所做的这件工作有没有做好，时间一到立时就要停止。这种注入式的教法有好处也有坏处。好处呢，是容易见效，学得不久即学会了。坏处呢，是小孩子不能独自创造，不能独自发表意思，以致好的或有天才的小孩子，不能积极地向上进取。这种教法在我们中国的幼稚园里还是很通行的。还有一种教

法是"自由教法"，就是让小孩子各人自由去工作，小孩子喜欢做什么就做什么。不过这种自由工作之中，也有点相当的限制，不然随意妄动就要妨碍别人的动作了。而且这种教法非常之难；一方面幼稚园的设备要充分，一方面教师的知能要丰富。设备不充分，则小孩子终日只做一二种工作，玩一二种玩具，甚至缺乏兴趣，不是生厌偷懒，就是妄动胡闹，对于真正的工作，并没有学到。若是设备充分而教师没有相当的学识去指导儿童的动作，那么儿童也学不出什么东西来。但是这种自由的方法，能够运用得当，儿童所得的益处实在是不可限量哩！由此儿童的能力可以加强，儿童的思想可以发展得很充分；天资特别的儿童不致为全体所牵制而不能上进；其他儿童也能得到尽量的发展。

这两种方法在运用上都是各有利弊。我们无论采取哪一种或者两种都采取，我们总应当把每日所做的功课预先拟定出来。谁去拟定呢？教师呢，还是儿童？那也不必拘泥。有了这种拟定的功课，教师就可以有相当的准备。不然临时仓皇，就不容易应付。倘使临时发生一种很有兴趣的事情，那不妨就改变已拟定的功课，以做适时的工作来满足儿童的需要。

六、 我们主张幼稚园第一要注意的是儿童的健康

我们中国人素来是不注重卫生的，所以身体羸弱，精神萎靡；故外人称我为"病夫"。要知道强国，必先强种，强种先强身，要强身先要注意幼年的儿童。儿童的身体不强健，到了成年，也不会强健。所以，幼稚园首先应当注重儿童的身体。不但要强身、强种、强国，还应注意儿童身体；就是儿童目前的问题，也非得有强健的身体不可。因为他的智力，他的行为，都是跟他的健康有关的。身体不强，就不容易学，常见多病的小孩子，对于他的学业，发生许多的妨碍。就在病后也常常不愿意动作，不肯听话，又容易发脾气。身体强健的儿童则不然。他的举动活泼，脑筋敏捷，做事容易，乐于听从，比较有病的小孩子真是大相径庭呢！所以幼稚园为儿童的将来与现在，都应极力注意儿童的健康。还有一层，办幼稚园的人应当特别注意的，就是小孩子常有患传染病的，如百日咳、沙眼、癣疥等类，都是很容易传染给别人的。倘使幼稚园对于这些疾病，平时不加注意，那么一传二，二传三，不久就要一起传遍了；一个好好的幼稚园，将成为一个传染疾病的机关了。这不是很危险的

吗？所以幼稚园一方面要常常注意儿童的健康，检查儿童的疾病，以免传染；一方面要有充分的设备，使儿童每日有相当的活动，以强健他们的身体。

七、 我们主张幼稚园要使儿童养成良好的习惯

人类的动作十分之八九是习惯，而这种习惯又大部分是在幼年养成的；所以幼年时代，应当特别注重习惯的养成。但是习惯不是一律的，有好有坏；习惯养得好，终身受其福，习惯养得不好，则终身受其累。比如某孩子少时非常放纵，娇生惯养，他的父母也没有什么知识，不去严加约束，反而时常叫他去拿人家的东西来玩；到大来，偷窃的习惯已经养成了，一看见人家的东西就要起盗心。又如某幼稚生在某幼稚园上学，开始执笔就用四个指头，他的教师没有留心，不去矫正他，过了一载，这种执笔的姿势差不多变成一种牢不可破的习惯了；后来，他换了一个幼稚园，那园里的教师发觉了他的坏姿势，费了四个月的功夫，才把他矫正过来。倘使这个教师也像如前的教师一样忽略过去，没有替他矫正，那恐怕到后来还要难改呢！所以我们应当特别注意儿童所养成的种种习惯，以期建筑健全人格之巩固基础。

八、 我们主张幼稚园应当特别注重音乐

音乐是儿童生来喜欢的。三四个月的小孩子，就能开始咿咿呀呀地唱了；到了八九个月，他就能发出唱歌的声调了，快乐的时候，格外要唱得起劲；等到 1 岁的时候，就差不多一天到晚不歇地唱；再大一点，只要一听见别人唱歌的声音就要跟着唱起来，虽然所唱的，并不是一样，但是总像一种曲调的样子；到了三四岁的时候，小孩子好唱的能力格外发展得快，而喜欢音乐的兴趣亦格外来得浓厚。所以幼稚园为满足儿童的欲望起见，就应当特别注重音乐，以发展他们的欣赏的能力，养成他们歌唱的技能。若是儿童生来虽然喜欢音乐，但是环境没有什么音乐的表现以适应他们的欲望，这怎样能够发展音乐的才能呢？试看中国虽有种种的乐器，但是会玩的很少；各处虽有戏剧的流行，但是除了几个戏剧家以外，会唱的又是很少；一般普通的人差不多全然没有唱歌的能力。比较欧美的情形来，欧美人民之家庭社会，大半都充满了音乐的环境，中等以上的家庭差不多都有相当的乐器，或是钢琴，或是留声机，每日都有一些时候家庭团聚，弹弹唱唱以资娱乐，并且由此可以陶冶

性情,小孩子不知不觉间受了这种影响,慢慢地就养成一种音乐的兴趣、音乐的技能了。这不但他们的家庭是如此,他们的社会方面也很提倡音乐的,如音乐会是常常举行的,歌剧则各大城市都有。至于学校方面,是格外注重的。所以他们随便什么公共聚会,都有一唱百和之势,从音乐中很能表现出他们的情感。而我们中国的情形,简直可以说要找一个大家能唱的歌曲也找不出来,甚至于连一个国歌也不能普遍地会唱。在这种情形之下,个人的情感、团体的精神如何可以充分地表现出来呢? 所以为满足儿童个人的欲望需要计,为唤起团体爱国的精神计,我们不得不特别注重音乐这一科。

九、 我们主张幼稚园应当有充分而适当的设备

经验是发展儿童个性的工具。经验也就是学问。无论在家里或在幼稚园里,我们应当给小孩子一种充分的经验。经验的来源有二：(一)与实物相接触。(二)与人相接触。这两种接触的机会,都要靠着充分的设备为转移的。假使小孩子在幼稚园里没有什么可玩的东西、可做的事体,那么就是有许多小孩子团聚在一起,也不能做出什么有用的事体来；若是有了可玩的东西、可做的事体,那所学的就多了。但是现在我们中国的幼稚园呢? 设备都非常的简陋,大概有几盒恩物[2]、几块积木、几把剪刀、几张纸头、几盒蜡笔、几个皮球、几张桌椅以及其他少数物件而已。试问在这种情形之下,怎样可以丰富儿童的经验,发展儿童的个性呢? 幼稚园要求发展扩张儿童的经验,非有充分的设备不可,有了充分的设备,小孩子就可以随意玩弄,不但不致生厌,而且由此可以得到许多知识,比如此刻画图或做衣服,等一刻又去作游戏、骑车、跳绳种种动作；因此,要发展儿童各方面个性,就应当有充分的设备。不过在充分的设备之下,也有一个条件,就是设备不但要充分,而且要适宜。假若设备虽是充分而并不适宜,那么它的效果,也就有限,并没有多大的用处了。比如像球形的恩物太少,便不能达到发展儿童肌肉与思想的条件；秋千太高太大,小孩子不易玩弄；滑梯每每的太陡蠶直,使小孩子易遭危险。这些都是设备所亟应注意到的。所以我们筹备幼稚园的种种设备,都应当顾到它们的数量问题和适用问题才好。

十、 我们主张幼稚园应当采用游戏式的教学法去教导儿童

游戏也是儿童生来喜欢的。儿童的生活可以说就是游戏。儿童既然有这种强烈的本性,我们就可以利用这个动机去教导他。比方教他识数,我们不能够呆板地教他这个是一,那个是二;我们可以叫他做各种识数的游戏去识数,这就比用呆板的方法容易学得多。又比如识字,我们也不应当用呆板的方法去教他认字;我们也可以用种种游戏的方法(如用识字牌、缀法盘等)去教他,因为儿童总是喜欢游戏的,而且他游戏的时候,会忘记了自己,用全副的精神,去做他的游戏。名义上虽说是游戏,但所学的确是很好的学问,很好的东西。不但如此,还有许多别的游戏,如玩小宝宝请客等,都可以学到许多的东西。游戏的直接用处,虽只是寻求快乐,然而间接的用处则甚大,因为它可以发展儿童的身心,敏捷儿童的感觉,于儿童的生活有莫大之助益,所以幼稚园应当采用游戏式的教导法去教导儿童。

十一、 我们主张幼稚生的户外生活要多

"幼稚园"这个名词的意思本是一个花园,让小孩子在里面自由活动,随意游玩,吸收新鲜的空气,享受天然的美景,不是像大学生拘在一间教室里面那样;但是中国的幼稚园并不是一座花园,简直是几间房子,小孩子从早到晚差不多都是在那里生活。有的幼稚园只有一间房子,没有什么空地可以自由娱乐。这种幼稚园简直是一个监狱,把活泼的小孩子,关在里面,过一种机械式的生活;像这种幼稚园,真是还不如不办来得好。还有一种幼稚园,园内有许多的空地,或者邻近也有很好玩的地方,但是教师不知道儿童的需要,不晓得利用这些空旷的地方,只一味地把小孩子关在室内,不出去活动,不肯变更他们的教学方法,不晓得小孩子是顶喜欢野外生活的,什么飞鸟走兽野草闲花种种东西,都足以引起他们的注意。至于新鲜的空气、明亮的日光,都是小孩子强身的要素,到了这种野外的地方,做教师的就可以随地施教,看见什么,就可以教什么;小孩子看见了这些野外的景象就得到了一种深刻的印象。若是教师在这种适宜的地方教小孩子唱歌、做游戏、画图画、讲故事等功课,这样小孩子学了许多天然的实物,又可以学到普通所教的功课,并且可

以增加儿童的快乐，活泼儿童的精神，强健儿童的身体。像这种户外的教学，比起室内的生活来，不知道要强多少倍。还有一层意思要说的，就是我们因为有种种原因不能带小孩子天天到野外去生活，也应当让小孩子多得些庭院的生活，不应把他们天天关在房子里面；因为教室的功用有限，只有在天气寒冷的时候或下雨下雪的时候应当在室内活动，好天气时，总应当让小孩子常常出去玩耍。

十二、 我们主张幼稚园多采用小团体的教学法

幼稚生的年龄是不齐的，智力又各人不同，兴趣又不能一致，所以幼稚园不能够把他们归在一起，叫他们做一种同样的工作。常看见幼稚园讲故事的时候，全体小孩子团团坐着听教师讲，其实真正能听教师讲的，只有几个；其余的都不留心听，不是玩弄这样，就是玩弄那样；即使教师讲得很动听，还是不能引起全体人的注意。这不是很不经济的事吗？最好把故事分开来讲，大的为一班，小的为一班；小的可以多用图画来帮助教学，使他容易领会。教音乐的时候，小孩子也应当像这样分开来教，如此，程度高的不至于受程度低的牵累，可以直往上进；程度低的，也不至于赶不上。这种情形不但对于故事、音乐是应当如此，就是其他的功课也应当分开来教；如此，教学的效果可以增加，儿童的兴趣可以格外浓厚。

十三、 我们主张幼稚园的教师应当是儿童的朋友

幼稚园的教师不是私塾的先生，私塾的先生是很尊严的，儿童对于先生是很害怕的；因此儿童大半不愿意进馆去受这种拘束，由此师生之间就有许多的隔膜，以致先生教起来不容易教，学生学起来也不容易学。反过来说，若是教师如同学生的朋友一样，与学生非常地亲近，同同学玩，那么，教师就容易明了各个学生的性情能力，教起来就容易引导，学起来也容易听从了。所以我们主张幼稚园的教师应当做儿童的朋友，同游同乐地去玩去教的。

十四、 我们主张幼稚园的教师应当有充分的训练

小孩子是不容易教的，幼稚园的教师是不容易做的，因为幼稚园的教师要善于唱歌，善于弹琴，善于绘画，善于讲话及其他种种技能。并且要熟悉自然界的现象

与社会的状况,要有很丰富的常识,要明了儿童的心理;想要满足以上这许多的标准,非要有充分的训练不可。为什么幼稚园教师要有这样的训练呢?这里面的原因很多。

1. 因为儿童是很难教的。各个儿童的年龄看起来相差很少,但是他们的智力却相差很远。3岁的儿童比2岁的儿童晓得的多,5岁的儿童又比4岁的儿童晓得的多。幼稚园的儿童,有的3岁,有的5岁;有的智力很弱,有的智力很强;做教师的不能一律用呆板的方法去教导他们,必定要有充分的学识、高深的技能,方能因材施教,满足各个儿童的需要;且儿童的注意力很薄弱,教导不易,非有特别训练的教师,实在不能胜其任。

2. 儿童开始学的时候,应当学得好。我们都晓得无论学什么东西,第一次学坏,第二次就更容易学坏;所以开始学习时一定要谨慎。有许多小孩子因为初学的时候,学得不好,学得不对,后来改起来就非常困难。比如小孩子写字,十居七八没有适当的姿势,或是笔拿得不好,或是坐得不正,或是头歪在一边,种种坏的习惯都是由于开始学写字的时候,他们的教师没有留意去指导他们的缘故,以致后来一误再误,成为第二天性;所以要教小孩子教得好,必定要在第一次的时候教得好。这样说来,教师非得有充分的训练不可。

十五、 我们主张幼稚园应当有种种标准可以随时考查儿童的成绩

幼稚园究竟应当教些什么东西?小孩子究竟应当做些什么东西,做到什么地步?幼稚生的程度究竟是怎样的?要解答这种种问题,非得有种种标准不可。幼稚生应当在幼稚园里养成什么样的德行、什么样的习惯、什么样的技能?得到什么样的知识?我们都要研究的。所以我们考查品行,应当有品行的标准;甄别习惯,应当有习惯标准;检验技能,应当有技能标准;测验知识,应当有知识标准。知道幼稚生的成绩,就可以施相当的教育:成绩好的,可以格外鼓励他上进;成绩坏的,设法补救。这样一来,好的坏的都有相当的教育,这样说来标准是实行优良教育的根据。不过标准虽然这样重要,做起来也很不容易,一个标准常要费一二年工夫始得做成的,不但编制的工夫长,而且编的手续也是很繁的,我们不能因为编制之麻烦

就不去进行。

总起来说,我们在上面所主张的 15 条信条当然不是金科玉律尽善尽美的,但从现在中国幼稚教育的情形看来,这 15 条信条也许是治病的良方呢!

——选自陈鹤琴:《我们的主张》,《幼稚教育》1927 年第 1 卷第 1 期。

【注释】

[1] 市廛,指店铺集中的市区。廛,音 chán,公家所建供商人存储货物的屋舍。

[2] 恩物,德国教育家福禄培尔对他于 1837 年创制的儿童玩具的称谓。福禄培尔认为,大自然包罗万象,是神意的安排,是上帝的恩赐物,是使人们认识上帝的大学校。为了适应幼儿教育的特殊要求,必须仿照大自然的性质、形状及法则,制造简易的教具,作为幼儿认识万物、理解自然的初步手段。这种玩具是适合幼儿特点的上帝的恩赐,故简称"恩物"。

【解读】

20 世纪 20 年代以前,我国的幼儿教育机构很少,且基本采用欧美式的幼教模式。这种情况正如本文所指出的:"现在中国所有的幼稚园,差不多都是美国式的。幼稚生听的故事是美国的故事,看的图画是美国的图画,唱的歌曲是美国的歌曲,玩的玩具,用的教材,也有许多是从美国来的。就连教法,也不能逃出美国化的范围。"为了改变这种局面,建立有中国特色的幼儿教育体系,陈鹤琴根据中国儿童的心理特点和当时社会的实际情况,积极借鉴国外先进的教育理论,对举办幼儿园进行了多方探索,文中提出的 15 条主张就是他上述探索的集中反映。比如,他认为"幼稚园是要适应国情的",强调了幼儿教育的社会性。又认为,"儿童教育是幼稚园与家庭共同的责任",建议采用恩亲会、讨论会、报告家庭、探访家庭等形式实现幼儿园、家庭和社会之间的合作互动,这突出了幼儿教育的系统性。又指出"凡儿童能够学的而又应当学的,我们都应当教他",说明幼稚园的课程虽然要以自然、社会为中心,但是须预先拟定,也可以临时变更,这强调了幼儿教育既要有计划性,又要有灵活性。本文还指出,幼儿园第一要注意的是儿童的健康,要使儿童养成良好的习惯,应当特别注重音乐,应当有充分而适当的设备,并强调幼儿的户外生活要多,幼儿教育应采用游戏式的教学法,多采用小团体的教学法,这些则从多方面揭示了幼儿教育的特殊性。此外,陈鹤琴还对幼儿园教师提出了要求,认为他们应当是儿童的朋友,应当有充分的训练;强调幼儿园应当有相应的标准可以随时考查儿童的成绩,只有这样才可以"施相当的教育"。所有这些主张对当时乃至以后的幼儿教育都产生了深远的影响。

本文是陈鹤琴幼儿教育研究的理论结晶,是中国幼儿教育史上一个纲领性文件,体现了一定的科学性,对于探索中国幼教事业的发展方向,使中国幼儿教育走上一条适合中国国情、合乎儿童心理、适应社会发展的正确道路有着积极的现实意义。

创造的艺术（节选）

【题解】 本文原载《儿童教育》1930 年第 2 卷第 6 期。陈鹤琴针对我国艺术教育的弊端,通过分析欧美艺术教育发展的状况,提出我国学校应该施行创造艺术教育。

图画在学校里是怎样教的

【原文】 图画是小孩子生来就很喜欢的,而普通的小孩子在家里是得不到相当的教育机会以发展他的艺术思想和技能的。现在我们要问,学校里的艺术教育是怎样实施的呢？中国现在普通的学校,对于艺术一科并不注意;教师也不晓得怎样去教。艺术本是一种很有生气的科目,现在把它教得干燥乏味,一点没有什么意思。有的教师在黑板上画一个图,教小孩子依样画葫芦地画了一张。有的教师拿一张名画教小孩子临摹。好一点的教师,拿一些实物,如茶杯、砚台、笔架、花瓶等等教小孩子写生。小孩子在上课以前,一点不晓得要画什么;一进了教室,承了先生的意志,随便地涂了一张。这种机械的教法,模仿的画法,无非是埋没他的想象,抹杀他的思想,摧残他的个性。在这种情况下,所谓"创造",所谓"自由",一点也没有了,"艺术"是这样教的吗？

艺术教育的改革

以上这种情形,不但中国现在还是这样;欧美各国从前也是如此的。1904 年,道(A. W. Dow)在哥伦比亚大学师范学院组织艺术科。1909 年沃尔特·萨金特(Walter Sargent)在芝加哥大学教育学院,积极研究艺术教育。他们两位,一在美国东部,一在美国中部,极力研究艺术教育,训练许多教师,引起社会注意。不到几年,艺术一科,在学校里就有了相当的地位。

现在我们要问,他们两位究竟怎样改进艺术教育的?

第一,搜集关于艺术讨论的各种材料,依照各级学生的程度,编成有系统的教材及各种教科书。

第二,将各种艺术的原质,如结构、图案、曲线、匀称、调和等,用各种古今简单的例子表白出来,以便教师实地应用。

第三,将图案的应用,色学的原理,推行到自然界、工艺界、科学界,使艺术教育在日常生活中占一个重要的地位。

上面所讲几条是笼统的教法,现在我们要考察他究竟怎样教小孩子的。试举一例:教一年级生画麻雀,老师给小孩子一张麻雀轮廓画,一张空白纸,中间叫他衬着一张复写纸,用铅笔依轮廓画一只麻雀。画好之后,依轮廓剪下来,着了色,放在桌上。这种教法——印画、着色、剪贴,使小孩子可以知道麻雀的形状;不过小孩子可以不要多加思索,只要模仿现成的图形,这样画法是没有什么个性的,也没有什么创造的。

对于二年级以上的儿童,教师按部就班地教他各种技能、各种知识;如配景远近、敷色、取景等等,依儿童的年龄逐步教授,使儿童在短时间内充分了解,实地绘画。这种画法果能收效,然均系模仿工作,没有创作可言;他们所注重的是技能、知识、模仿,这种教法,那时在美国很风行一时。考其原因,有几点:

一是因普通的教师,有了教材,就容易教,因此采用者很多。

二是这种教法,用起来比较可以有相当的成绩,因此很得人信仰。

艺术教育的新趋势

从上看来,道(Dow)和萨金特(Sargent)所注重的是艺术的知识,不是儿童的个性,不是儿童的创作。

所以就有欧洲一般艺术家起来校正和批评。其中最著名的有奥国三画家:奇泽克(Cizek)、西特(Thetter)、罗西(Roth'e)。他们都对于儿童有相当的了解,都尊重儿童的自由,都爱护儿童的个性,都注重儿童的创作。他们的教法,结果都非常美满;他们的学生所画的图画,都表现出特异的个性,创造的技能,非以上两位所可比拟。

奇泽克的口号是"揭开盖子"(take off the lid),他教小孩子的方法是非常特异的。他不主张干涉小孩子的自由,不主张校正小孩子的作品。有人问他:"倘使你的学生画一个小孩子的头很大,画一个母亲的手臂极细弱无力,身体各部分不相称,你是否随时指出,使他们改正?"他回答说:"我对他们画得不相称的地方,还是很看重的;因为儿童自有他的方法,进行他的工作;成人有何权利干涉他们呢? 儿童绘画,应依照他自己的感觉。他觉得头是大的,就画大些;他觉得四肢是小的,就画小些。"他还主张小孩子不要模仿名作,甚至于参看古人的名画他也不赞成。他说:"我愿意儿童在他们现在的环境中生长创造,不愿他们看见希腊过去的作品。"他又说:"我愿教贫家子弟。因富家的子弟,经验较丰富,所看见的美术品较多,这些经验,这些东西,就影响他们的意见和思想。"他是极端主张儿童自己创作,极端主张儿童的自由的,认为我们成人没有干涉他们的权利。

西特所主张的则不然。他所用的方法是先教小孩子观察对象的性质和环境,参考关于对象的古画与名画,再加以讨论和研究,然后让儿童各人自由去发挥。例如:教儿童画一只狗。他先教儿童实地观察狗的生活,狗的形状;再看关于狗的各种图画,然后叫儿童随意发挥。有的喜欢用蜡笔,就用蜡笔;有的喜欢做模型,就用模型;有的喜欢去雕刻,就去雕刻;有的喜欢用油漆,就用油漆;有的喜欢用木炭,就用木炭;种种方式,让各个儿童自己去选择,毫不加以成人主观的束缚。这种教法是与奇泽克不同的。但是尊重儿童的个性,注重儿童的创作,维护儿童的天真,他们是一致的。

罗西的主张,是要把儿童的情绪生活充分地发表出来。他不顾艺术上的技能,也不顾艺术上的知识。他只顾激发儿童创造的想象。他的儿童所画的图画,是很浪漫、很奇特、很古怪的,确与寻常不同。

创造艺术教育的实况

创造艺术教育的学说已如上述,现在在欧美究竟怎样实施的? 与旧式的教育有什么显著不同的地方?

第一，艺术的材料非常丰富。从前在学校艺术科是很简单的,蜡笔画、铅笔画或水彩画几种而已。现在呢? 除了上面几种之外,还有染色、木工、皮工、黏土、石膏、油画、漆画、木炭、雕刻、石印、用器画、做地图、做玩具、肥皂雕刻……各式各样的材料,可说是应有尽有。

第二,艺术一科已经与各科有相当的联络。从前教图画,与各科是没有什么关系的。现在则不然,艺术科在课程中占很主要的地位。比如在社会科,他们做一个城池的小模型;在地理科,他们计划一张地理图;在历史科,他们画一张战争的图画;在工艺科,他们画一张发明经过的事实图;在演戏剧时,他们自己做衣、染色、制作布景等等;在在表现艺术的精神。

这两点也是艺术教育必需的条件。

总　　结

从前的艺术教育太注重技能,现在的艺术教育是注重儿童的个性、儿童的天真、儿童的创作。但是艺术的技能,究竟要不要教儿童,这是一个很重大的问题。儿童若是没有相当的技能,断画不出很好的作品。艺术是一定要教的,倘使不教而让儿童自己去瞎摸,那是太不经济了。我们人类所有的经验,是应当利用的。不然让儿童自己去瞎摸,就是摸了一辈子顶多不过像初民时代的作品罢了。

但是技能应当什么时候开始教,应当怎样教,这是我们研究教育的应当解答的。大概在九岁十岁以前,要注重想象一方面,就是注重儿童天真的作品,就是尊重儿童的个性;那时候儿童自己所要发表的,也不过是发挥他自己的意思,至于画得像不像,他是不管的。但是到了九岁十岁以后,他自己觉得许多意思而不能用艺术工具发表出来;在那时候,我们就可以乘机慢慢地教导他,可是不能过分地注重艺术技能,而忽略思想;也不要只顾收效,而不顾儿童能不能够领会你的教法。所以我们要教他艺术的时候,要顾到他们的能力,所谓"循循善诱"、"因材施教"是了。

然而九岁以前,可否一点不要教授关于艺术的知识、艺术的技能呢? 那也不然。在儿童觉得有意思而不能发表的时候,你尽可以暗示他,帮助他。倘使他没有觉得需要,我们当然不必帮助他,但是他画得不像而不能代表他的意思,做教师的似有指点他的必要。奇泽克对于这一点在上面已经说过,他是不赞成的,说我们成人没有这个权利去干涉他。他说:"小孩子画得头很大,手臂很长,我并不加以校正。"又说:"我们应当尊重儿童的自由,他要把头画得大些,就大些;手臂画得长些,就长些。"这种主张是很对的,不过像这种图画是不是他的真意? 倘使是的,那我们应当十二分尊重他的自由;否则,他的意思是要把头画小些,手臂画短些,而他的技能不及,结果则适得其反。在那当儿,我们去教他正是解除他的痛苦,发挥他的意思。这种教法,不是干涉,实是指示;这种教法,他不会拒绝,一定欢迎的。

总而言之,从前的艺术教育,简直谈不到艺术;没有组织,没有系统,没有主张,无非是"依样画葫芦"。这种教育,现在我们中国滔滔皆是;在外国大概是已经变为一种过去的陈迹了。

在 20 世纪初,美国的两位艺术家道和萨金特把艺术教育组织起来,使它在学校课程中占着相当地位。他们的贡献实在很大;可惜他们只顾到艺术的传授,而忽略个性的表现,致使一班艺术家起而反响,创造艺术的声浪遂澎湃欧美。他们的口号是发展个性,尊敬自由,注重创作。他们的方法是供给充分的教材,布置丰富的环境,联络各种科目与艺术打成一片。他们主要的意思,是以儿童为中心,智慧与技能都要受儿童支配,不应该让知识、技能来支配儿童。我们中国应当采取这种创造的新精神来改进陈腐、呆板的"艺术教育"。

——选自陈鹤琴:《创造的艺术》,《儿童教育》1930 年第 2 卷第 6 期。

解读

本文分五个部分进行了阐述。第一部分批评了中国近代学校艺术教育的弊端,认为"中国现在普通的学校,对于艺术一科并不注意;教师也不晓得怎样去教。艺术本是一种很有生气的科目,现在把它教得干燥乏味,一点没有什么意思"。这种机械的教法、模仿的画法,根本就没有"创造"和"自由",不仅埋没了儿童的想象,而且摧残了儿童的个性。

本文的第二部分和第三部分对欧美的艺术教育改革进行了介绍,认为 20 世纪初美国风行一时的由道和萨金特倡导的艺术教育,尽管收效快,但没有创作可言,注重的是技能、知识、模仿,只顾到艺术的传授,而忽略个性的表现。正因为这些缺点,欧洲艺术家对此进行了批评和纠正,艺术教育出现了新趋势。文章分别详细论述了奇泽克、西特、罗西三位画家所主张的艺术教育,指出他们的共同特点都是尊重儿童的自由，爱护儿童的个性，注重儿童的创作。

本文第四部分介绍了创造艺术教育的本质特点，指出这种教育与旧式教育的不同主要体现在两点，即"艺术的材料非常丰富"以及"艺术一科已经与各科有相当的联络"，认为这两点也是艺术教育必需的条件。

本文的最后就艺术的知识技能是否要教、什么时候教、应当怎样教等问题进行了探讨，并且区别了以往的艺术教育和现在的艺术教育。陈鹤琴承认艺术的技能需要教给儿童，但要遵循"循循善诱""因材施教"的教法。他还总结道，"从前的艺术教育太注重技能，现在的艺术教育是注重儿童的个性、儿童的天真、儿童的创作"，认为"从前的艺术教育，简直谈不到艺术；没有组织，没有系统，没有主张，无非是'依样画葫芦'"，并倡导国内应当采取创造的新精神来改进陈腐、呆板的"艺术教育"。

陈鹤琴提倡尊重儿童个性、注重儿童创造的艺术教育思想，不但冲击了束缚儿童发展的传统教育，而且对于中国近代儿童教育及艺术教育的发展有重要的指导意义。

儿童教育的根本问题

【题解】 本文发表于 1934 年 4 月 4 日上海《时事新报》庆祝儿童节特刊，主要论述了儿童教育的两个根本问题，即健康和发育以及父母教育与儿童教育的问题，强调了女子教育的重要性。其中的一些观点至今仍有很大的启发意义。

【原文】 儿童教育，的确是现今社会上一个很重大的问题。现在的儿童，就是未来的主人。社会的进化，国家的繁荣，要看这些未来主人的品格才智如何而定。培养这些主人的品格才智，端赖优良的儿童教育，那么儿童教育的重要，自然不用再说了。

儿童教育，既然这等重要，我们实施儿童教育的时候，究竟应当从什么地方着手进行，照我个人看来，关于儿童教育的根本问题，可分作两层来讲。

一、 健康和发育

健康是事业之母，这是谁都承认的，如果身体不好，就是有了满腹才能，也不能做出什么事业来，所以讲到儿童教育，健康和发育，就是第一个根本问题。关于这个问题，可分作心理和生理的两方面来讲。

1. 心理的健康和发育。儿童的脑筋，原是纯洁无瑕的，我们教导纯洁无瑕的儿童，就是要教他们吸收一切有益的印象，发展合理的思想和思考的能力，摒除一切不好的印象，避免差误的思想和无谓的恐惧，所以在积极方面，要利用他们的好奇心，引导他们去研究他们的环境，教导他们自己去探索各种事物的原理，借此获得正常的经验，组织准确的想象。消极方面，第一是多给他们自动和发问的机会，增加他们的自信力和探索的兴趣。凡百事情做父母和教师的，切不可一手包办，或横加干涉，应当从旁观察，相机指导。第二是切不可恐吓他们，使他们发生无谓的恐惧，脑筋里，无端地印入一种恐惧的印象，譬如禁止儿童哭泣，就说："暗地里有妖怪要来捉你。"禁止儿童外出，就说："外边有老虎可来吃你。"这种无意识的恫吓，大有妨害于儿童心理的健全，抚育儿童的需引为大戒。第三是要以身作则。凡一举一动，都要做儿童的模范，因为儿童的脑筋是纯洁的，而且又是富于模仿性的，看到好的举动，无形之中，就得到好的印象，看到不良举动，无形之中，就得到坏的印象，所谓"习于善则善，习于恶则恶"。这是不磨之论，负有教育儿童的责任的，都应当随时警惕，处处留意，庶几儿童的心理，可以健全的发展。

2. 生理的健康和发育。关于身体的健康和发育，可以分作几点来讲：

第一，是要注意饮食。"病饱不病饥"，"病从口入"，可说是卫生的至理名言，尤其是中国家庭里，对儿童的食物和成人一样，质量方面，既毫无区别，分量方面，更毫无限制，好食虽然是儿童的天性，然而儿童的肠胃和消化力，是和成人大不相同的。天天吃那些不容易消化的食物，并且吃得很多很饱，那是没有不生病的，所以中国儿童在断奶以后，往往形销骨瘦，百病丛生。考其原因，大半是由于饮食不慎所致，所以切不可把成人吃的东西给儿童吃，儿童要吃宜于儿童身体的食物，并且切忌吃得过多，这事做父母的应当特别留意。

第二，是要改良服装。旧式家庭里儿童的衣服、鞋子，束缚身体，不便运动。富有之家，更加上许多金银的装饰品，锁呀，链呀，挂满在儿童身上，凭空使他们增加不少负担，也不便活动，儿童身体的发育当然受极大的影响，所以儿童的服装，务须改良，以灵便舒适宜于运动者为是。

第三,是要有儿童游戏的设备。游戏可以说是人类的天性,尤其是儿童生活的大部分,对于身体的发育有密切的关系。无论家庭、学校,对于儿童游戏,务须鼓励引导,学校里当然要有充分的游戏设备,家庭也应当量力设置游戏的设备和玩具,庶几儿童多活动的机会,增加运动的兴趣,身体方面,也就可以尽量地发展了。

3. 服务的习惯。儿童的心理和生理两方面都得到充分发展,当然是很好的,然而有了健全的身心,不能做有益公众的事情,这不但对于社会无益,或许是有害的,所以我们教育儿童,还要培养他们服务的习惯。关于这层,可以分三点来讲。

(1) 不自私。自私是人类的通病,不过现在的中国人,自私的心理,似乎特别厉害些,无论对什么事情,只知有"我",不知有"人",这一个"我"字,横亘在头脑里,一切罪恶,就从此发生。与人共事,则争权夺利,互相倾轧,经理账款,则营私舞弊,侵吞自肥,推而至于国家的扰乱、世界的不安,无非是这一个"我"字从中作祟。所以我们教育儿童,第一先要教他们牺牲我见,扫除自私自利的心理,对于食物不要争多嫌少,对于一切玩具,不要强夺霸占,遇到这种事情,务须善事晓喻,教儿童推己及人,引起他们设身处地的思想,养成大公无私的习惯。

(2) 帮助人家。家庭中间,遇到儿童能够做的事情,做父母的,就应当教儿童自己去做。不要一些小事,也专责仆人,自己摆出少爷的架子来。学校里应当有公众服务的组织,不过第一要教儿童认清一点,就是"纠察员"或"市长""局长"等名称是公众服务人员的记号,决不是一种虚荣幌子,有这种名称就有服务公众的责任,是公众的仆役,要尽力地帮助人家,才称尽责,"非以役人乃役于人"是很好的格言。

(3) 守秩序。社会是公众集团,个人在这集团中活动决不可图一己的性情,譬如人家谈话,不要去掺杂其间,人家工作不要去吵闹,人家休息的时间,不要高声谈笑,凡此种种,都要从小教训,养成这种习惯,长大了,才能确守社会秩序,做个健全优良的国民。

二、 父母教育与儿童教育

1. 父母教育的重要。儿童在没有进学校之前,一天到晚最亲近的人当然就是父母,父母的言语动作,最是儿童所习见习闻的。就是进了学校之后,放学回家,还是和父母在一块,如果父母的知识习惯好,儿童早已受到好的家庭教育,再加上学校教育,自然就相得益彰。父母的知识习惯不好,那么儿童在未进学校之前,无形之中早已养成不良的习惯,学校教育就算很好,也就收效甚微了。所以讲到儿童教育,根本上还是要从父母教育讲起。

2. 母亲教育与儿童教育。父母与儿童的关系,分别地讲述起来,母亲和儿童更加亲密。因母亲教育和儿童教育的相关度,也格外高,儿童在没有出世前十个月,早已受着母亲的体质和性情脾气的影响,出世以后一两年中间,无时不在母亲的怀抱,母亲的一举一动,在在都可以优先地影印入儿童的脑海,成为极深刻的印象。母亲如果受过良好的教育;她的习惯行动,自然也就良好,在日常生活中间她的儿童就会随时随处受到一种无形的良好教育;反而言之,如果母亲的习惯行动不好,她的儿童就随时随处受到种种不良的影响,俗语说得好,"先入为主","根深蒂固",母亲教育与儿童教育的关系,也就可想而知了。

3. 女子教育与母亲教育。母亲是女子的专职,现在的女子就是未来的母亲,现在的母亲,就是从前的女子,现在一般母亲的程度,就是从前女子教育的结果,未来母亲的教育程度,全看现在女子教育的良否。我们讲儿童教育,归根结蒂还是先从女子教育说起。

女子教育的范围甚广,从幼儿园到大学,凡是教女子的都可以说是女子教育,那么女子教育,哪一个时期比较重要? 照道理讲,当然是初中这一阶段。因为这个时期是女子的发育时期,女性显著,母亲的特性也日渐发达,在这时期就进行女性教育,教以母亲的知识技能,甚为合宜。不过以现在中国的情形而论,女子从小学毕业之后,再进中学的比较少,如果一定要到中学里才开始施行女性的教育,大多数的女子,就没有领受机会了。所以我想照中国现状而论,女子教育最重要的时期,还是在小学五六年级,况且有许多女子,在这时期,身体已渐渐发育,女性已渐渐显著,有些做父母的知识技能,不妨从此刻开始教授,各种做母亲的良好习惯,可以在此时及早养成。"教人要从小教起",本是儿童教育的名论,儿童教育的根本,可以说在女子教育。女子教育的施行还要着重儿童时代。儿童教育与女子教育,实在是迭相为用,互为表里的。

——选自陈鹤琴:《儿童教育的根本问题》,《时事新报》1934 年 4 月 4 日,第 2 版。

在本文中,陈鹤琴非常强调儿童教育的重要性,认为"现在的儿童,就是未来的主人。社会的进化,国家的繁荣,要看这些未来主人的品格才智如何而定",这些都有赖于科学的儿童教育。

本文主要对儿童教育的两个根本问题作了详细的论述,指出"健康和发育,就是第一个根本问题"。而这个问题又可分作心理和生理两方面。从心理的健康和发育方面来看,积极的教育就是"要利用他们的好奇心,引导他们去研究他们的环境,教导他们自己去探索各种事物的原理,借此获得正常的经验,组织准确的想象"。消极的教育就是多给儿童自动和发问的机会,增强他们的自信和探索的兴趣,切不可恐吓他们,使他们发生无谓的恐惧,并要以身作则。从生理的健康和发育方面来看,要注意儿童的饮食,改良儿童的服装,还要有儿童游戏的设备。另外,陈鹤琴指出,除了使儿童的心理和生理两方面都得到充分发展外,还必须培养儿童形成"不自私""帮助人家""守秩序"的好习惯,为公众和社会服务。文章指出儿童教育的第二个根本问题是父母教育的问题,认为"儿童在没有进学校之前,一天到晚最亲近的人当然就是父母,父母的言语动作,最是儿童所习见习闻的"。因此父母教育是非常重要的,而母亲教育又是其中更为重要的,母亲所受教育的好坏直接影响到儿童的习惯和行为。因此,与之相关的女子教育也就显得尤为重要了,"未来母亲的教育程度,全看现在女子教育的良否。我们讲儿童教育,归根结蒂还是先从女子教育说起"。陈鹤琴还针对当时中国的现实情况指出"女子教育最重要的时期,还是在小学五六年级","有些做父母的知识技能,不妨从此刻开始教授,各种做母亲的良好习惯,可以在此时及早养成",强调女子教育的施行要从儿童时代开始。总之,"儿童教育与女子教育,实在是迭相为用,互为表里的"。

怎样做父母

本文原载《教育杂志》1935年第25卷第12号,主要对"做父母"提出了五条具体的要求。

"怎样做父母"这个问题非常之大,也非常之重要。在此地,我只能简单扼要地说几句。盖"做父母"实在要有一种专门的技能,专门的学识。这种技能,这种学识，断非在这里可以说得了的。

"做父母"是一桩不容易的事情。一般人太把这桩事情忽视了，太把这桩事情看得容易了。我们晓得栽花有了栽花的学识技能，花才能栽得好。养蜂有了养蜂的学识技能，蜂才能养得好。育蚕有了育蚕的学识技能，蚕才能育得好。甚至养牛、养猪、养羊、养马、养鱼、养鸟莫不都要有专门的学识技能。而一般人对于他自己的儿女反不若养鸡、养蜂、养牛、养猪来看得重要。我们只要是一个人就好像都有资格可以教养儿童的。至于怎样教养，怎样培育，事先既毫无准备，事后更不加研究；好像儿童的价值不及一只猪、一只羊。这种情形在中国是非常普遍，司空见惯。我愿普天下做父母的，在未做父母之前，应当自问他有没有研究过怎样教养他未来的儿童，自问他自己应当有什么资格才配做父亲，应当有什么资格才配做母亲。对于儿童的生理，对于儿童的心理，在既做了父母之后，自问是否有相当的研究，相当的了解。我们应当如何以身作则，做小孩子的模范；如何教育儿童，做一个有益于社会的分子。现在根据个人的一些经验，对于做父母的条件，约举如后。

一、 要以身作则

这句话是非常重要的。我们晓得小孩子生来是很好的，也是无知无识的。父母怎样做，他就怎样学。做父母的一举一动都直接或间接影响小孩子。所以做父母的是怎样的一种人，他们的小孩子大概也做怎样的一种人。不过小孩子的环境不限制于父母的一举一动。他当然也受到各种环境的影响。但是父母的影响比任何影响来得大。父母喜欢喝酒，小孩子大概也喜欢喝酒。父母喜欢吸烟，小孩子大概也喜欢吸烟。父母说话吞吞吐吐，或者有条有理，清清楚楚，小孩子说话也不知不觉地像父母一样。总之做父母的行为好，做小孩子的行为大概也是好的。反过来说，做父母的行为坏，他小孩子的行为大概也是坏的。所以做父母的教养子女第一条原则，就是要尊重"以身作则"这条原则。对于这条原则凡做父母的，说起来，大概都能明了，实际上一般做父母的能确守奉行的恐怕十无二三。

二、 要研究儿童的生理与心理

要教养儿童，我们非要懂得儿童的生理和心理不可。在上面已经说过养鸡、养蜂都要有专门的学识和技能。现在我们教养儿童必须要研究儿童的身体如何发育,儿童的心理如何发展,儿童的知识如何获得,儿童的人格如何培养,这种种问题要在未做父母之前应当有初步的研究;既做父母之后,应当继续不断地注意。

教养儿童实在是桩极难的事情。有许多小孩子教养得不好,这不是小孩子的过失,完全是父母的过失。即使小孩子的先天不足,神经缺陷,这也是父母的过失。但是一般做父母的并不事先研究,及待小孩子一有问题时,就把小孩子做一个试验品,做一个牺牲品。所谓试验品并不是拿科学的方法去试验,例如小孩子生病了,不晓得事先预防;有病的时候,不晓得怎样处理;结果小孩子就给他牺牲了。还有一种父母因为太溺爱小孩子,反而害了小孩子的。如从前有一个母亲恐怕她的小孩子受冷,所以给她的小孩子衣服穿得很多,小孩子本来没有病的,因为衣服穿得太多倒生了伤风病。又有一个母亲希望小孩子吃得多,吃得好,天天给他吃大鱼大肉,结果小孩子肠胃不胜消化工作,生下大病来。像这种违反养育的原理,做父母的并不事先去研究,以致小孩子蒙受莫大的损害,岂不冤枉。

儿童的心理也是很复杂的。能了解儿童的心理才可以施行相当的教育。从前在瑞士有一个小孩子,偷了先生的一只表。据这个孩子的意思,偷表是表示他一种反抗的意旨;当初全校的师生,因为他的功课不好,都羞辱他,称他"笨牛",他想学校里的功课他都不及别人,他想偷表的妙技,是别人所不能做的,也就是别人不及他的地方;所以他就以偷表的动作来战胜一切,表示他自己不可屈服的精神。

这个小孩子后来由儿童心理学教授带到一个乡村学校里去读书。不久这个小孩子不是"笨牛"了。他居然在学校里有很好的成绩,小学毕业升入农业学校,现在听说在农业学校也毕业了。

试问这个孩子当初他受到全校师生的羞辱,称他为"笨牛"。倘使他没有偷表的举动,反抗的能力,便得不着那位心理学教授的指导,这个小孩子到今天早已脱离学校生活,成为流浪儿童了。

各样的小孩子,我们处理应用各样的方法。顽皮的小孩子我们不应当讥笑他,我们应当鼓励他。愚笨的小孩子,我们不应当羞辱他,我们应当体谅他,帮助他。要晓得所谓"顽皮愚笨"的小孩子,我们要问他是不是真正顽皮,真正愚笨。有时候小孩子何尝顽皮,何尝愚笨。这都是教师教导得不得法,或者是父母教养不得法而已。我们大概记得爱迪生幼时读书，教师说他非常愚笨，非常顽皮。他问先生为什么二加二等于四，先生反说他是有意捣蛋。读了三个月，先生就请他回家。类似这种情形，在学校和家庭里可以说是屡见不鲜。我敢说小孩子一点不笨，一点不顽皮。这实在是父母的笨，教师的笨。他们不懂怎样教小孩，他们不明了小孩子的心理。

听说一位美国大学教授对于学校的训育有一种特别见解。若他小孩子的品行分数在 90 分以上就要加以严斥，若品行分数渐减到 60 分反而加以奖励。我当时听了很怀疑，过后想想觉得他这种教法很有深意。他要他的小孩子顽皮，他要他的小孩子强壮活泼，他视学校里训育的办法，无非是束缚儿童的自由，戕贼儿童的天性，养成儿童循规蹈矩，平凡驯服，庸弱的儿童而已。这位教授处理教导的方法，确有很深奥的意思。我们现在不要一般顺民式的儿童。我们要有勇敢、进取、合作、有思想、肯服务社会的儿童。我们应根据儿童的心理来培养儿童。

三、 不要自信太深

一般做父母的在家里好像是皇帝。无论发生了什么问题的时候，父母总是对的，错的总是小孩子。其实错的，大概是父母，小孩子可说没有不对的。我们看一桩事，不能单看一事的表面，我们应当考察事的究竟。有一个小孩子，一天放学回家和同学们经过一所桃园。桃树上结满着又红又大的桃子，有的同学爬上墙围，偷摘桃子，那时园丁看见了，就拼命出来迫赶。某小孩子自以为没有进去偷吃，无逃避之必要，所以不逃，园丁反而把他一把捉住，送到他家里。他的父亲不问情由，举起拳头，一顿痛打。即使这个小孩子也参加偷桃，做父母的也要问声为什么他的小孩要偷吃桃子，平日有没有买桃子给他吃；倘使没有，那小孩子偷桃子吃情有可原；错处不在小孩子偷桃，而在父母不买桃子给小孩子吃；再进一步说，即使做父母的买了桃子给他吃，而他还要偷桃子，那时候我们究竟应不应当打他，也要考虑考虑。要晓得在家里吃的桃子，绝对没有新从树上摘下的桃子来得好吃，尤其在树上自己摘下的桃子格外好吃。所以在这种情形之下，我们或者带了孩子们到那个桃园里，向园丁购买使小孩子自己采摘。这是我们从儿童本身着想，从体贴儿童的心理着想。

四、 不要迁怒

大凡是一个人，都是有喜怒哀乐的。有了喜怒哀乐，做父母的在家庭里最容易迁怒到小孩身上去。在快乐的时候，对于他的子女非常和善。在发怒的时候，就要迁怒于他的小孩子。有一次夫妇口角，到了晚上，一个 7 岁的小孩子向妈妈要饭吃。他的妈妈正在发怒的时候，就拿起他父亲的鞋子，打小孩子的脸，打得小孩子大哭不止。晚饭吃后，这个小孩子就发热，热得很厉害。三天之后，这个小孩子因为受惊太甚，竟一命呜呼了。这种迁怒的事实，可以说，没有一个父母不犯的。小孩子没有抵抗的能力，父母在小孩子的身上出气，是最容易的。你自己喜怒无常，小孩子却跟着你受晦气。这是我们做父母应当深以为戒的。

五、 要小孩子每天做件好事

普通一般人家的父母，对于他们的小孩子非常溺爱。家中一切事情，即使子女们能够做的，做父母的也不肯让他们自己去做。在有钱人家里，小孩子可说是养尊处优，在家里很少有帮助人的机会；做父母的只知道怎样地使他的小孩子吃得好、穿得好、长得好，只顾到儿童本身的享受，而没有顾到去培养儿童的人格。要培养儿童的人格，我们一定要他去帮助人，使人得着快乐。这一点，一般做父母的都没有想到，只知使小孩子快乐而不知如何教小孩子使别人快乐。如看见贫苦的人家，做父母的应当时时鼓励儿童去帮助他们，怜惜他们。有时在家庭里做父母的自己要人帮助的时候，也不教儿童来帮助自己，反而自己吃苦。这种"吃苦"精神固然是很好，可以发展自己的人格，不过太不顾到他们的子女了，所谓爱之适足以害之。所以凡是小孩子可以做的事，不妨教他们自己做；凡是小孩子可以帮助别人的事，不妨教他去帮助人。不要太溺爱儿童，不要使儿童安逸，而要使儿童如何得到真正的快乐。

上面所讲的几条原则，对于做父母的非常重要，愿共勉之。

——选自陈鹤琴：《怎样做父母》，《教育杂志》1935 年第 25 卷第 12 期。

【解读】

在本文中，陈鹤琴对社会上普遍忽视"做父母"责任的现象进行了批评，认为"做父母"并不是一桩容易的事，实在需要有一种专门的技能、专门的学识。他建议"天下做父母的，在未做父母之前，应当自问他有没有研究过怎样教养他未来的儿童，自问他自己应当有什么资格才配做父亲，应当有什么资格才配做母亲。对于儿童的生理，对于儿童的心理，在既做了父母之后，自问是否有相当的研究，相当的了解。我们应当如何以身作则，做小孩子的模范；如何教育儿童，做一个有益于社会的分子"。

陈鹤琴提出了做父母的五条要求：一要以身作则，认为"做父母的一举一动都直接或间接影响小孩子"。二要研究儿童的生理与心理，指出"有许多小孩子教养得不好，这不是小孩子的过失，完全是父母的过失"，是教师教导不得法，或者是父母教养不得法，为此要求在未做父母之前和既做父母之后都必须研究儿童的身体如何发育、儿童的心理如何发展、儿童的知识如何获得、儿童的人格如何培养等种种问题，这样才可以施行相当的教育。对各样的小孩，"应用各样的方法"。三不要自信太深，他批评有些父母自以为是，把错误都归结于小孩，"其实错的，大概是父母，小孩子可说没有不对的"。四不要迁怒，父母的喜怒哀乐在家庭里不要迁怒到小孩身上去。五要小孩每天做件好事，他反对父母对小孩的溺爱，"只顾到儿童本身的享受，而没有顾到去培养儿童的人格"。他认为父母要担当起培养儿童人格的责任，要教育儿童去帮助人，使人得到快乐，为此建议父母"凡是小孩子可以做的事，不妨教他们自己做；凡是小孩子可以帮助别人的事，不妨教他去帮助人"，并忠告"不要太溺爱儿童，不要使儿童安逸，而要使儿童如何得到真正的快乐"。

这五条"做父母"的要求，今天对有家庭责任感的人来说仍不啻为金玉良言，有很具体的指导作用。

（杨云兰）

梁漱溟(1893—1988)，原名焕鼎，字寿铭，广西桂林人，生长在北京。近现代哲学家、社会活动家、教育家。主要著作有《东西文化及其哲学》《乡村建设理论》《中国文化要义》《人心与人生》等，其著作汇编为《梁漱溟全集》。

梁漱溟

乡农学校的办法及其意义（节选）

【题解】 20世纪30年代初，中国掀起了一股乡村建设的热潮，许多教育机构、学术团体、大专院校、政府部门乃至个人，都纷纷到农村设立实(试)验区，其中最为著名的是晏阳初主持的河北定县实验区和梁漱溟主持的山东邹平实验区。1929年，梁漱溟先在河南辉县参与了河南村治学院的创办，村治学院不久停办后，他随即于1931年在邹平办起"山东乡村建设研究院"，并先后以邹平、菏泽两县为实验县，开展乡村建设试验。按照梁漱溟的东西文化理论，中国社会的主要弱点在于缺乏团体组织和科学，而这正是西方社会的两大长处。因此，乡村建设的主要任务就是为中国乡村创造团体组织的形式，在此基础上才能实施所有其他有关经济发展、技术普及、教育和政治改革的具体措施。乡村团体组织的基本形式就是乡农学校，这也是乡村建设运动的起点。为了阐明乡农学校的办理方法和意义，梁漱溟在1933年初发表了本文。

【原文】 邹平的乡村工作，是以乡农学校来进行。乡农学校就相当于江南一带的乡村改进会，或农村改进区；也相当于北方定县的平民学校。不过都不很相同。故略说明于下：

我们的办法，是在相当大小范围的乡村社会(二百户以上五百户以下的村落自然成一范围者为最相当)以内，成立乡农学校。在成立之初，必须先成立乡农学校校董会。因为在乡间倡办此事，非先得乡村领袖的同意与帮助，就无法作起。此好比平教会要成立平民学校，先联络地方人士成立某地平教促进分会一样。校董人选，起先须放宽些；例如不识字的人，亦可作校董。数目不必一定，五人乃至十余人都可。由校董会公聘当地知识较开明、品行较端正者作校长。校董与校长在乡间比较是有信用有力量的人；他们如肯出头提倡，学生就很容易召集。所谓学生，就

730

是当地的全民众。不过初入手时,范围不能太宽;应先以成年农民为学生。至于教员一人或二人就是我们作乡村运动的人来充当了。学校的组织,大概如此。

于此要注意看:乡农学校即是以此小范围乡村社会而组织成的,同时乡农学校所作的工夫,还即以此乡村社会作对象。乡农学校的组成分子,就是此全村社会的人。我们的目的是要化社会为学校,可称之曰"社会学校化"。在此简单组织中,我们已看见此乡农学校的构成成分,有三种人:一是乡村领袖;二是成年农民。此二种人即此乡村社会的重要成分,故先从他们入手,使他们在此形式的名义下联合起来,造成一种共同向上的关系。因为我们学校的宗旨,是谋个人的和社会的向上进步。第三种人就是乡村运动者。如果没有乡村运动者,就不能发生向上的作用与进步的意义。乡村运动者于此可算一新的成分。所谓新成分不一定是外来的人之意,他亦许是本地人,不过要知道他是代表一个新意思新运动而来的。他在此乡农学校或乡村社会中所以是新的成分,就是因为他怀抱着志愿要来更新这社会的。这三种人在这样的名义形式关系上(校长、校董、教员、学生)能联成一气,就可以发生作用,就可以让乡村社会活起来。

我们试加说明:在一乡村社会中,他们的乡村领袖不一定常常见面。就是彼与此、此与彼常常见面,也不一定是大家聚合。就是聚合,也不一定同多数民众一齐聚合。我们办乡农学校的第一个用意,就是使乡村领袖与民众因此多有聚合的机会。在平常的时候,没有聚合的机会,有什么困难的问题,只是心里苦闷,各自在家里为难叹气。现在聚合了,就可将他们共同的困难问题拿出来互相讨论,相向而叹气。自然就可以促他们认识他们共同的不幸命运,促他们自觉必须大家合力来解决。如匪患、兵祸、天旱、时疫、粮贱、捐重、烟赌盛行等,见面的时候,最易谈到。谈到以后,自然就要设法解决,因此或许就能发生大作用。假使他们不十分聚合时,我们的教员(乡村运动者)要设法从中作吸引的工夫、撮合的工夫,使他们聚合。假使他们虽聚合而谈不到问题上,则我们要提引问题,促使讨论。假使他们虽谈到问题,而想不出解决之道,将付之一叹的时候,我们要指示出一条道路,贡献一个办法,或彼此两相磋商研究出一个办法。因为单使他们设法,往往没法可设;单是我们出主意,又往往不能切合实际而可行。现在我们要与他们合在一气,则想出的办法或能合用也。我们不但帮助他想办法,我们还要引发鼓舞激励他们的兴趣意志,如此则乡村可以活起来。

中国近百年史,原可说是一部乡村破坏史。国际与国内的两重压迫,天灾与人祸的两种摧毁,使得乡村命运,益沉沦而就死。如此严重的压迫与摧毁,在知识短浅而又零散单弱的农人或农家有什么办法呢? 非我们(知识分子作乡村运动者)使他们发生公共观念,教他们大家合起来如何解决问题不可。合起来成为有组织的力量,然后乡村才可以起死回生。此力量所作的事,所解决的问题越多,则越能增厚而开拓出去。如此则可以达到我们的要求。我们的要求,便是乡村人有自觉有组织地来自救。所以我们的运动,实在就是乡村自救运动。

以上所说的"大家聚合"、"讨论问题"、"想出办法"、"发生作用"等等,都必须先从平淡处入手,别有日常的工夫可作,然后才能慢慢作到此效果。若想急切地径直发生作用,那一定不行。所谓平淡入手日常工夫者,是指乡校中识字、唱歌、讲话等功课而言。乡校功课约可分为两大类:

甲、各乡校同有的功课: 如识字,这是普通都有的功课,因各地农民多是不识字的,所以成为普遍的必要。又如我们正在试验而尚未作好的,如音乐唱歌,亦是各校一律宜用的。还有一种我们以为重要的,就是精神讲话。这门功课很有它的意义,在我们看现在中国的乡村社会,不止是经济破产,精神方面亦同样破产。这是指社会上许多旧信仰观念风尚习惯的动摇摧毁,而新的没有产生,以致一般乡民都陷于窘闷无主,意志消沉之中。此其所以然:(一)是因我们文化或社会生活的变化太厉害。农业社会照例是最保守的,尤其是老文化的中国乡村社会有它传之数千年而不变的道德观念。自近百年来与西洋交通以后,因为受国际竞争的打击,世界潮流的影响,乃不能不变。最近二十余年更激烈急剧的变化,或由上层而达下层,如变法维新革命等是;或由沿江、沿海而达内地,如一切生活习惯等是。而最后的影响都是达到农村。他们被迫地随着大家变,却不能了解为何要变,并且亦追赶不上,但又没有拒绝否认的勇气与判断。失去了社会上的价值判断,是非好歹漫无衡准,即有心人亦且窘闷无主。(二)是几十年来天灾人祸连续不断,他们精神上实在支撑不了。消沉寡趣,几无乐生之心,况复进取之心? 此种心理如不能加以转移开导,替他开出一条路来,则一切事业,都没法进行。这种功夫就是我们的精神讲话。大概起初要先顺着他的心理,以稳定他的意志,以中国的旧道理巩固他们的自信力。如此则我们与农民的心理感情才可以沟通融洽。然后再输入新的知识道理来改革从前不适用的一切，以适应现在的世界。乡农学校的普通功课，差不多就是如此。

乙、各乡校不必相同的功课：各乡校事实上必须应付它的环境来解决问题，才能发生我们所希望的作用与效果；故须自有它因时因地制宜的功课。例如有匪患的地方，他们自要感觉到讨论到匪患问题，我们的教员就可以帮助他们想办法。大家都赞同一个办法以后，就可以领导着农民实地去作。例如成立自卫组织，作自卫训练，这就是此时此地乡校的功课。再如山地可以造林，我们的教员要指点出来使他们注意，并且帮助他们想办法，像邹平西南部即多山，问他们本地人为何不种树？他们说："种树有好处，我们都知道；但种树容易，保护难，总不能长成材。"然研究商讨的结果，要大家合起来有组织地共同造林，共同保护，就可以解决这困难。当这去实行的时候，就是此地乡校的功课。邹平第二、三区一带地方，所成立之林业公会，不下数十处，皆乡农学校所倡导也。又如产棉区域，我们要帮助他们选用好的种子，指导种植方法，然后再指导他们组织运销合作社。这一切都是我们乡校的功课。因此乡农学校可以随时成立种种短期的职业补习班或讲习班，在实地作时就与他们讲解，如种棉、造林、织布、养蚕、烘茧等等。又因此可以随宜成立种种组织，如林业公会、机织合作、棉花运销合作、储蓄会、禁赌等等数不尽。

在这里可以看出来我们乡农学校的用意。我们要干的是什么？我们可以用八个字总结起来，就是"推动（或推进）社会，组织乡村"。我们一向认定此刻中国顶要紧的问题，是如何使社会进步的问题。并且要注意，此进步必须为有方向地向前进。原来人是活的，社会亦是活的，自能进步的，无待你推他而后进。但是中国的全社会，此刻是陷于矛盾扰乱之中；再就基本的乡村社会说，又是入于沉滞不动枯窘就死的地步，所以不是摧残进步妨碍进步的，便是疲顽不进的。此时非认明白一合适方向把定往前作，不能宁息纷乱；非作推动工夫、领导工夫，将必不能进步。但要作推进领导的工夫，又必须先加点组织，使它有自体，然后方好着手。因为我们是推动它进步，而不是替代它进步。所以要在使乡村人有自觉有点组织，仿佛成为有生命的一点萌芽，这才是社会进步的根本条件。如何组织呢？如刚才所说乡农学校的组织便是。然即此简单的组织，又非加推引工夫不能成功。可以说，"非组不能推;非推不能组"。"推进社会,组织乡村",两句话是循环的。更要知道:有一点组织,就有一点力量,亦就能有一点进步;有一点进步,便增一点力量,亦就更促进组织之发展。愈有组织愈有进步;愈有进步愈有组织。最有组织的社会,就是理想中最进步的社会。这两面亦是循环的;并且是一回事。

以下要声明叙述的,就是乡农学校不是一个零碎设置的,此乡校与彼乡校是要有联络的;更重要的是乡校之上须有一个大的团体或机关来指导提携他们的进行。这就是说乡校里边的教员(乡村运动者)不是孤单的,他是大的团体分派出去负着使命作新的运动的。——也或者在作乡村运动以后乃与大团体取得联络——如果不这样则他的工作不易进行,就是进行也进行不好。这有两点原因:(一)乡村所遇到的问题是多方面的,而一人不是万能的,如不与大团体取得联络为他的后盾,则他一人的能力来不及。所以必须得到后方的帮助,他才可以帮助农民。各地乡校教员,仿佛是到前线的士兵,许多材料与方法,都需后方大本营的传递供给;乃至人员的调遣与支配,皆需后方有作主脑的总机关才行。(二)如没有此大团体或总机关恐怕他们作推进社会的工夫,没有一定的方向。这个向东,那个向西,乱七八糟,即无效率。必须有总机关高高在上,望着前面确定目标,有计划有步骤地指挥着去作,才能应付得当,而不致散乱走错路向。

以上所说的"推进社会,组织乡村"的工作,我们拿来与其他相近似的工作相比较,则更容易明白我们的意义。有两种与我们相近似的工作:

一、已往革命工作中的农民运动;

二、近年教育界里新兴的乡村教育运动与民众教育运动。

············

近几年来从教育界的觉悟发生了一个新的风气,就是乡村教育运动与民众教育运动。现在南北各地都很盛行,政府当局也很提倡,如乡村师范与农民教育馆设立之众多,都是这种风气的表现。这种运动与我们颇有相同的地方,就是积极建设乡村,改善农民生活。但在另一点上看也可说不相同。他们比较地缺乏一根本的注意——要农民自觉有组织发生力量而解决自身问题的注意;不免枝枝节节地帮助农民,给他一点好处。尤其是政府所提倡的农民教育馆之类不免如此。可以说恰好我们与革命工作中的农民运动相同的一点,恰好也就是革命工作中的农民运动所缺乏的一点；他们都各站两极端，而我们居中间兼而有之。从这比较中就可以明白我们的工作。故我们的运动，不称农民运动，而称乡村运动；不称乡村教育，而称乡村建设。但最好是称乡村自救运动。乡村自救运动这一名词，既可以表现乡村的整个性；又可以表现工作积极的建设性；更重要的是表现靠乡村自身的意思。因为近百年来乡村在国际与国内两重破坏之下，更无可依靠，天然地逼成乡村自救。从现在许多省份要乡村武装保卫自己，就完全可以证明这句话。

或者我们亦可以这样说：必须乡村自救为本。——这就是必须乡村自救，而后才能去救他之意。我们知道，有很多人愿意帮助乡下人的，如一切农业试验机关，都愿意将它改良农业的方法以及好种子、好材料推广给农民。但如乡下人自己没组织、没办法，在人家就很难帮得上忙，在自己也难接受人家的帮助。又如现在的银行界，都很愿意将都市过剩的资金出贷给农民。一则资金可得流通活动，一则希望农民借着它的资金恢复生产，直接间接都于他有好处。但都因为乡下人没组织，没法子得到这种帮助。只有极少数地方（如华洋义赈会在河北各县，本院在邹平，金陵大学在乌江等例），乡下人因得指导略有组织，银行界才得投资，实在微乎其微。似这两边不得接头，实在很苦。国内的政治势力、国际的经济势力，固然都是破坏乡村的；而其实政府机关乃至外国人，也有许多愿意帮助农民的。除江西、湖北等地方政府正在竭力想救济农村不说外，我最近在南京看见卫生署的工作，对于社会公共卫生很有许多筹划，如果乡村有自觉有组织便可得到许多好处。至于外国人的帮忙，定县的平教工作全靠国外募款就是一个好例。总之，外面有许多好机缘给乡村，但都必须以乡村人的自觉、乡村人有组织为根本，才能得到这许多的帮助。

大体上说，总括来说，我们乡农学校的办法及其意义就是如此了。要往详细分析里说，还有许多话，现在都不说。但邹平等二十余县所举办的乡农学校都有高级部；这一点尚须略说几句，因为以上不曾提到高级部。以上所说本来是以成年农民为学生的普通部。但也声明过，乡校入手不得不从乡村重要成分的成年农民下工夫。但这只是一个入手处。我们的工夫是以整个社会的全民众为对象的，我们为完成推进社会的工作，应当在乡校中逐渐分设许多部或班。如就年龄的分别可以设儿童部、少年部等；就性别可以设妇女部等是。高级部则是就着求学的程度不同而分设的；——是要以受过四年、五年以上教育的青年为学生。但这样的学生在小范围的乡村社会中不易多得，所以高级部的设立必须在较大范围的乡村社会，如一区或十几个乡村才行。这样的学生我们希望造就他成为乡村事业的干部人才。因为一切乡村事业的举办，无不需要大家合作成立一种组织，才得进行；而在一切的组织中，多数民众固然是不可少的成分，但如果没有一二或二三较有头脑的干部人才，则此组织亦不能成功。在乡间曾受过几年教育的青年，正好作此种人选的预备。高级部设立的意义大概如此。他们的功课着重史地与农村问题。史地是让他们明白历史的变迁，而有自己所处时代地位的自觉。农村问题是让他们从眼前身受种种问题，往深处认识之，了解之。非明白历史的变迁，必不会应付现在的环境而创造未来的前途。非从深处认识问题，就不知道问题的来历，得不到解决问题的方法。然而这两件事皆非一般粗笨的农民所能谈到的。我们只能够领导曾经受过教育的乡村青年，向此目标去求了解。同时养成他作乡村事业的技术也是必要的。因为较进步的事业都要有技术的训练；而技术的训练也天然要施之于少数人，天然要施之于青年。——这便是乡农学校的高级部。

我所说的大约是许多原则，事实上也有与此相出入的地方；或正在向此方向进行而未能作到的地方。

——选自中国文化书院学术委员会编：《梁漱溟全集（第五卷）》，山东人民出版社 2005 年版，第 347—356 页。

解读

梁漱溟认为，近代西方文化的入侵以及中国为应对西方挑战而做的各种改革或革命的努力，最终都因为远离了中国文化之根而摧毁了农村社会的秩序和风俗道德。因此，唯一的解救之路是在乡村复兴儒学文化，为道德颓废、感情疏离的农村社会提供精神寄托，并重新激发农民的活力，将农村建设成由千万个共同的经济单位组成的新型社会，从而实现整体文化的复兴。

这千万个共同的经济单位，就是乡农学校。在本文中，梁漱溟详细介绍了乡农学校的单位结构："二百户以上五百户以下的"自然村落就成立一所乡农学校。学校由三种人构成：乡村领袖居于管理地位，成年农民是教育的主要对象，乡村运动者起谋划作用。所谓的谋划，具体是指乡村工作者要让"大家聚合""讨论问题""想出办法""发生作用"。梁漱溟意识到,官方世代的压迫和剥削使农民对卷入任何集体活动都存在深深的疑虑,所以乡村工作者不能从一开始就强迫村民们接受任何改革方案,而要先从"平淡处入手",以求得村民的信任。基本工作主要是识字、音乐唱歌和精神讲话三种。除了这些共同的工作外,各个乡农学校还可以根据实际情况因地制宜地开展职业补习教育,使得乡农们能够改善他们的经济处境。梁漱溟指出,上述这种类型的乡农学校只是最基层的普通部,随着工作的开展,根据农民文化程度的不同,还应该开设高级部,并且开设针对妇女、儿童、少年等人群的部门。另外,各乡农学校背后还有总机关的支持和协调。梁漱溟希望农民通过积极参与乡农学校的各种活动,能够把自己训练得更具思考能力和分析能力,更有主见,从而对现存的习惯和社会现状不再保持那种传统的消极接受的态度。

开办乡农学校的目的是"要化社会为学校",也就是"社会学校化",这样就能将农村改造成为一个儒家集体主义思想的大学校。这个目的是通过乡农学校的"推进社会,组织乡村"得以实现的。在此,梁漱溟非常强调农民要有自觉意识,要组织起来,"以乡村自救为本",否则,就算外部有帮助的愿望,也很难跟农村的实际结合起来。因此,梁漱溟将他的实践与晏阳初等人的实践区别开来,他认为晏阳初等人依靠大量国际捐款开展的工作主要还是一种"救人"的慈善救济事业,只是"枝枝节节地帮助农民,给他一点好处"。

作为现代新儒学的创始人之一,梁漱溟一生关心的主要问题是如何将中国历代传承下来的文化价值与现代化相适应,使广大的农村能够重新焕发生机。虽然他的乡村建设运动由于其思想的内在矛盾(比如他始终未能解决乡绅和大部分民众在利益上的明显对立)和全民族抗战的爆发而失败,但是他一生关心的这个主要问题至今仍然十分重要。正视和研究梁漱溟的乡村建设及乡村教育的理论和实践,也仍然具有很强的现实意义。

(叶哲铭)

　　《中国教育经典解读》于 2005 年出版后，受到读者的好评，部分高校把它列为中国教育史课程的重要教学参考文献。此次修订，增补了从两汉到明清时代的若干篇教育经典作品，同时对全书收录的教育经典的原文及其题解、注释、解读等做了进一步的校勘和规范工作。我们希望通过此次修订来丰富和完善本书的内容，从而进一步满足广大读者研读中国教育经典、深化理解中国传统文化教育的思想精髓的愿望。参加此次修订工作的裴子卫、罗佳玉、吴秋月、张筱菲均为我们所指导的浙江大学教育史专业的博士研究生。我们诚恳期待和欢迎广大读者批评指正。

田正平　肖　朗
于浙江大学教育学院
2023 年 6 月

第
一
版
后
记

　　我国是一个有着丰富教育遗产的文明古国，重教兴学是我们的优良传统之一。本书编撰的目的，就是为广大中小学教师和教育管理者学习中国教育的丰富遗产、提高教育素养、涵养人文精神，提供一个篇幅适当而又具有收藏价值的读本。本着这个宗旨，入选本书的古代教育论著，大多是对中华民族两千多年来的文化传承产生过积极影响、体现中国教育优秀传统的名作，它们是我国教育遗产中的瑰宝，不少篇章至今仍闪烁着智慧的光芒；入选本书的近代教育论著，以在中国传统教育向现代教育转化过程中发挥过重要影响的作品为主，这些作品不仅曾对时人起到了振聋发聩的启蒙作用，而且今天读来仍能给人以多方面的启示。全书以作者或作品的时代先后为序，各篇内容均包括题解、原文、注释、解读等四个部分。入选的教育论著，我们力求选取最好的版本为其底本；古代教育论著的注释一般依据旧注，或参考今人的校释，力求简明扼要、准确生动；各篇的解读在博采众家之说的基础上，力求揭示作品的思想内涵及其教育意义。

　　参加本书编撰的杨云兰、叶志坚、叶哲铭、张建中、刘崇民均为我们所指导的浙江大学教育史专业的博士研究生，他们做了大量具体的工作。

　　我们在编撰过程中，自始至终得到中国教育学会会长、北京师范大学教授顾明远先生的亲切关怀和指导，又承蒙中国教育学会副会长、教育界老前辈吕型伟先生拨冗赐序；本书的出版则得到了上海教育出版社领导的大力支持，尤其是本书的策划、责编张文忠副编审为此付出了辛勤的劳动。在本书即将付梓之际,我们谨向上述各位先生表示衷心的感谢和深深的敬意。

限于我们的水平,书中难免有不妥之处,敬请读者批评指正。

田正平　肖　朗

于浙江大学教育学院

2005 年 5 月

图书在版编目（CIP）数据

中国教育经典解读 / 田正平，肖朗主编. -- 2版.

上海：上海教育出版社，2025.7. -- ISBN 978-7-5720-2895-3

Ⅰ. G40-53

中国国家版本馆CIP数据核字第202498AE33号

责任编辑　孔令会

封面设计　陆　弦

中国教育经典解读（第二版）

田正平　肖　朗　主编

出版发行	上海教育出版社有限公司
官　　网	www.seph.com.cn
地　　址	上海市闵行区号景路159弄C座
邮　　编	201101
印　　刷	上海展强印刷有限公司
开　　本	700×1000　1/16　印张 47.25　插页 3
字　　数	741 千字
版　　次	2025年7月第1版
印　　次	2025年7月第1次印刷
书　　号	ISBN 978-7-5720-2895-3/G·2561
定　　价	188.00 元

如发现质量问题，读者可向本社调换　电话：021-64373213